LINUX

IN A NUTSHELL

LINUX
IN A NUTSHELL

3. Auflage

Ellen Siever, Stephen Spainhour,
Stephen Figgins & Jessica P. Hekman

Deutsche Übersetzung von
Matthias Kalle Dalheimer,
Sven Riedel, Ahmet Ertem & Matthias Warkus

O'REILLY®
Beijing · Cambridge · Farnham · Köln · Paris · Sebastopol · Taipei · Tokyo

Kommentare und Fragen können Sie gerne an uns richten:
O'Reilly Verlag
Balthasarstr. 81
50670 Köln
Tel.: 0221/9731600
Fax: 0221/9731608
E-Mail: kommentar@oreilly.de

1. Auflage 1997
2. Auflage 1999
3. Auflage 2001

Die Originalausgabe erschien 2000 unter dem Titel
Linux in a Nutshell, 3rd Edition im Verlag O'Reilly & Associates, Inc.

Die Deutsche Bibliothek - CIP - Einheitsaufnahme

Ein Titeldatensatz für diese Publikation ist
bei der Deutschen Bibliothek erhältlich.

Übersetzung und deutsche Bearbeitung: Matthias Kalle Dalheimer, Sven Riedel,
Ahmet Ertem & Matthias Warkus
Lektorat: Christine Haite, Köln
Korrektorat: Alexandra Müller, Oer-Erkenschwick
Satz: Stefan Göbel, reemers publishing services GmbH, Krefeld; www.reemers.de
Umschlaggestaltung: Edie Freedman, Risa Graziano & Pam Spremulli, Boston
Produktion: Geesche Kieckbusch, Köln
Druck: Druckerei Kösel, Kempten; www.koeselbuch.de

ISBN 3-89721-195-5

Dieses Buch ist auf 100% chlorfrei gebleichtem Papier gedruckt

Inhalt

Vorwort

Dies ist ein Buch über Linux, einen frei verfügbaren Clone des Unix-Betriebssystems für Personal Computer. Linux wurde zunächst von Linus Torvalds entwickelt, der den ersten Linux-Kernel programmierte und weiterhin die zentralen Verbesserungen koordiniert. Das Betriebssystem wächst durch die engagierten Beiträge vieler Programmierer und Hacker auf der ganzen Welt weiter, die alle über das Internet miteinander verbunden sind. Neben dem Kernel-Code enthält Linux Hilfsprogramme und Werkzeuge aus dem GNU-Projekt der Free Software Foundation und Berkeley Unix (BSD) sowie eine vollständige Portierung des X Window Systems (XFree86) des X Consortiums, neben vielen weiteren Features, die speziell für Linux entwickelt wurden. Auch Projekte neueren Datums erweitern Linux auf aufregende Art und Weise, manche durch Änderungen am Kernel – wie Real-Time Scheduling und RAID-Unterstützung –, manche durch Bibliotheken und Applikationen, die die Benutzung von Linux für den Anwender radikal verändern; die Desktops GNOME und KDE, die in diesem Buch kurz behandelt werden, sind die prominentesten Beispiele.

Dieses Buch ist eine Schnellreferenz zu den grundlegenden Befehlen und Features des Betriebssystems Linux. Wie andere Bücher in O'Reillys »In a Nutshell«-Serie richtet sich dieses Buch an Benutzer, die wissen, was sie wollen, und eine grundlegende Vorstellung haben, wie sie das erreichen, sich aber gerade nicht an den richtigen Befehl oder die richtige Option erinnern können. Wir hoffen, daß diese Referenz einen wichtigen Platz auf dem Schreibtisch der Linux-Benutzer einnehmen wird.

Andere Informationsquellen

Sie werden aus diesem Buch nicht lernen, wie man ein Linux-System installiert und verwaltet. Dazu sollten Sie O'Reillys *Learning Red Hat Linux* oder *Learning Debian GNU/Linux* von Bill McCarty lesen, die Linux-Distributionen auf CD-ROM enthalten und Hilfe zur Installation und Konfiguration geben. Eine gute Alternative dazu ist *Linux – Wegweiser zur Installation und Konfiguration* von Matt Welsh, Matthias Kalle Dalheimer und Lar Kaufman, ein detaillierter Führer für alle wichtigen Distributionen. Informationen zu Netzwerken finden Sie in *Linux – Wegweiser für Netzwerker* von Olaf Kirch und Terry Dawson. Neben den Linux-Titeln von O'Reilly sind auch unsere vielen Bücher zu X, Perl und Java für Linux-Anwender interessant.

Online-Dokumentation

Das Internet ist ebenfalls voll von Informationen über Linux. Eine der besten Ressourcen ist das Linux Documentation Project, das Sie unter *http://www.linuxdoc.org* finden. Es enthält eine Vielzahl von Kurzanleitungen namens HOWTOs, außerdem einige vollständige Handbücher. Online-Informationen zu den GNU-Werkzeugen in diesem Buch finden Sie unter *http://www.gnu.org* (oder auf einem der diversen Spiegel auf der ganzen Welt). Die Free Software Foundation, die für das GNU-Projekt zuständig ist, veröffentlicht ihre Dokumentation in Form einer Reihe von gedruckten Büchern über diverse Werkzeuge.

Linux Journal und Linux Magazine

Linux Journal und *Linux Magazine* sind zwei amerikanische und *Linux-Magazin* und *Linux-User* zwei deutsche monatlich erscheinende Magazine für die Linux-Gemeinde, teilweise gemacht von Linux-Aktivisten. Sie enthalten Artikel, die die ganze Bandbreite von der Beantwortung von Anfängerfragen bis zu Interna der Kernel-Programmierung abdecken. Sie finden diese Magazine unter *http://www.ssc.com* (Linux Journal), *http://www.linuxmagazine.com* (Linux Magazine), *http://www.linux-magazin.de* (Linux-Magazin) und *http://www.linux-user.de*.

Linux Usenet Newsgroups

Wenn Sie Zugriff auf Usenet-News haben, dann stehen Ihnen die folgenden Linux-bezogenen Newsgruppen zur Verfügung:

comp.os.linux.announce
: Eine moderierte Newsgruppe mit Ankündigungen neuer Software, Fehlermeldungen und wichtigen Neuigkeiten aus der Linux-Gemeinde. Alle Linux-Anwender sollten diese Gruppe lesen. Beiträge können per E-Mail an *linux-announce@news.ornl.gov* geschickt werden.

comp.os.linux.help
: Allgemeine Fragen und Antworten zur Installation und Benutzung von Linux.

comp.os.linux.admin
: Diskussionen rund um die Systemadministration unter Linux.

comp.os.linux.networking
: Diskussionen rund um Netzwerke mit Linux.

comp.os.linux.development
: Diskussionen über die Entwicklung des Linux-Kernels und des Systems selbst.

comp.os.linux.misc
: Eine Sammel-Newsgruppe für diverse Diskussionen, die nicht in eine der vorstehenden Kategorien fallen.

In Deutschland gibt es z.B. die Linux-Newsgruppe *de.comp.os.linux*.

Online-Linux-Support

Es gibt viele Möglichkeiten, online Hilfe zu bekommen. Freiwillige aus aller Welt bieten ihre Kenntnisse an, um Benutzern bei Fragen und Problemen zu helfen.

Das OpenProjects IRC-Netzwerk ist ein IRC-Netzwerk, das sich ganz offenen Projekten widmet, Open Source wie Open Hardware. Manche der Kanäle sind dazu gedacht, online Linux-Support zu leisten. IRC steht für Internet Relay Chat und ist ein Netzwerk-Dienst, mit dem Sie interaktiv im Internet mit anderen Benutzern kommunizieren können. IRC-Netzwerke unterstützen eine Vielzahl von Kanälen, in denen sich Gruppen von Leuten unterhalten. Alles, was Sie in einem Kanal eingeben, kann von allen anderen Teilnehmern in diesem Kanal gelesen werden.

Es gibt eine Reihe von aktiven Kanälen im OpenProjects IRC-Netzwerk, in denen Sie rund um die Uhr die ganze Woche über andere Benutzer finden, die willens und in der Lage sind, Ihnen beim Lösen von Linux-Problemen zu helfen oder einfach nur mit Ihnen zu klönen. Sie können diesen Dienst durch Installation eines IRC-Clients wie *irc-II*, Verbindung mit dem Server *irc.openprojects.org:6667* und Eintreten in den Kanal `#linpeople` benutzen.

Linux User Groups

Viele Linux User Groups auf der ganzen Welt unterstützen sich direkt. Sie engagieren sich bei Aktivitäten wie Installationstagen, Vorträgen und Seminaren, Demonstrationsnächten und anderem Beisammensein. Linux User Groups sind eine hervorragende Möglichkeit, andere Linux-Benutzer in Ihrer Gegend kennenzulernen. Es gibt eine Reihe von veröffentlichten Listen mit Linux User Groups, darunter:

Groups of Linux Users Everywhere
: *http://www.ssc.com/glue/groups*

LUG List Project
: *http://www.nllgg.nl/lugww*

LUG Registry
: *http://www.linux.org/users*

Linux User Groups und Stammtische in Deutschland
: *http://www.linux.de/groups*

Konventionen

Diese Schnellreferenz enthält die folgenden typographischen Konventionen:

Fettschrift
: wird für Befehle, Programme und Optionen verwendet. Alle in Fettschrift gezeigten Ausdrücke werden wörtlich eingegeben.

Kursivschrift
: wird verwendet, um Argumente und Variablen zu kennzeichnen, die durch benutzerspezifische Werte ersetzt werden sollten. Außerdem wird Kursivschrift für Dateinamen und Verzeichnisse benutzt und kennzeichnet Kommentare in Beispielen.

`Nichtproportionalschrift`
: zeigt den Inhalt von Dateien oder die Ausgabe von Kommentaren an.

`Nichtproportionalschrift fett`
: wird in Beispielen und Tabellen verwendet, um Befehle oder anderen Text anzuzeigen, der vom Benutzer wörtlich eingegeben werden sollte.

`Nichtproportionalschrift kursiv`
: wird in Beispielen und Tabellen verwendet, um Text zu kennzeichnen, der vom Benutzer durch seine eigenen Werte ersetzt werden sollte.

KAPITÄLCHEN
: kennzeichnen Menüpunkte und Buttons bei graphischen Oberflächen.

%, $ werden in manchen Beispielen als die Eingabeaufforderung der **tcsh**-Shell (%) oder der **bash**-Shell ($) verwendet.

[ ] umgeben optionale Elemente in einer Syntaxbeschreibung. (Die eckigen Klammern selbst sollten nie eingegeben werden.) Beachten Sie, daß viele Befehle das Argument [*Dateien*] enthalten. Wenn kein Dateiname angegeben wird, wird die Standardeingabe (also beispielsweise die Tastatur) als Eingabequelle verwendet. Beenden Sie die Eingabe in diesem Fall mit dem Dateiendezeichen.

EOF bedeutet das Dateiendezeichen (normalerweise Strg-D).

| wird in Syntaxbeschreibungen verwendet, um Alternativen aufzulisten, aus denen genau eine ausgewählt werden muß.

→ wird am Ende einer rechten Seite verwendet, um anzuzeigen, daß der aktuelle Eintrag auf der nächsten Seite fortgesetzt wird. Die Fortsetzung selbst wird durch ← gekennzeichnet.

Wenn Sie das Eulen-Symbol sehen, wissen Sie, daß der Text daneben (wie dieser hier) eine Randbemerkung ist.

Noch eine letzte Bemerkung zur Syntax. In vielen Fällen kann das Leerzeichen zwischen einer Option und ihrem Argument weggelassen werden. In anderen Fällen müssen die Leerzeichen (oder muß deren Fehlen) streng befolgt werden. Beispielsweise könnte **-w***n* (kein Leerzeichen dazwischen) etwas anderes bedeuten als **-w** *n*. Beachten Sie also die Verwendung von Leerzeichen in der Optionssyntax.

Danksagungen

Diese Auflage von *Linux in a Nutshell* ist das Ergebnis der gemeinsamen Arbeit vieler Leute. Danke an Andy Oram für seine Fähigkeiten als Lektor, Val Quercia für ihre Projekt-Management-Fähigkeiten und an beide für das Einspringen beim Überprüfen existierender Kapitel und beim Aktualisieren und Neuschreiben von neuem Material, wo es nötig war. Der Abschnitt über CVS, der einen Großteil des Kapitels 14 bildet, stammt von Gregor N. Purdy.

Als freie Software läßt Linux die großartige Kreativität und die Kultur des Teilens wiederaufleben, für die Unix lange Zeit bekannt war. Die unerreichte Flexibilität und Offenheit von Unix, die Neulinge oft verwirrend und frustrierend finden, aber ohne die sie schon nach einiger Zeit nicht mehr leben könnten, hat zu immer weiteren Erweiterungen, neuen Werkzeugen wie Perl und Experimenten in der Informatik inspiriert, die manchmal auch in den kommerziellen Computersystemen gelandet sind.

Viele erinnern sich wehmütig an die Zeit, als AT&T Unix umsonst an Universitäten weitergab und die University of Berkeley begann, ihre Version so zu verteilen, daß jeder an sie herankommen konnte. Für diese Veteranen kann Linux den Geist der Zusammenarbeit zurückbringen, umso mehr, als das Internet heute weit verbreitet ist. Und für die vielen Menschen, die zu jung sind, um sich an diese ersten offenen Systeme zu erinnern (so wie die vielen Studenten, die Linux-Anhänger sind), oder deren bisherige Erfahrungen schmerzhaft durch proprietäre Betriebssysteme eingeschränkt wurden, ist jetzt die Zeit gekommen, das Wunder frei verteilbaren Quelltextes und beliebig anpaßbarer Schnittstellen zu entdecken.

Der Linux-Kernel wurde ursprünglich von Linus Torvalds an der Universität Helsinki in Finnland entworfen und später von ihm in Zusammenarbeit mit vielen Freiwilligen aus aller Welt weiterentwickelt. Mit »Kernel« meinen wir den Kern des Betriebssystems selber – nicht die Applikationen (wie Compiler, Befehlsinterpreter usw.), die darauf laufen. Heute sind mit dem Begriff »Linux« oft der Kernel, die Applikationen und die gesamte Systemumgebung zusammen gemeint.

Die meisten Linux-Systeme dürfen genaugenommen nicht als »Unix-Version« bezeichnet werden, weil sie nicht den offiziellen Tests unterworfen und entsprechend lizenziert worden sind.[1] Mindestens eine Linux-Distribution ist aber in der Tat als POSIX.1 zertifiziert worden. Linux bietet aber alle von Standard-Unix-Systemen bekannten Programmierschnittstellen. Die meisten Unix-Werkzeuge wurden unter Linux reimplementiert, wie Sie aus diesem Buch ersehen können. Linux ist ein mächtiges, robustes, voll verwendbares System für Leute, die Unix mögen.

Die wirtschaftliche Bedeutung von Linux' Beliebtheit liegt in der Unterstützung der gewaltigen Menge an Hardware, die in IBM-kompatiblen Personal Computern verwendet wird, begründet. Leute, die an MS-DOS und Microsoft Windows gewöhnt sind, sind oft erstaunt und begeistert, wieviel schneller ihre Hardware mit Linux arbeitet – Linux macht von den vorhandenen Ressourcen einen sehr effizienten Gebrauch.

Während der ersten Jahre begeisterten sich viele Anwender aus verschiedenen finanziellen und politischen Gründen für Linux. Bald bemerkten Sie jedoch einen unerwarteten Vorteil von Linux: Es funktioniert besser als viele kommerzielle Systeme. Mit dem Datei- und Drukker-Server Samba beispielsweise kann Linux eine große Anzahl von PCs »bedienen« ohne abzustürzen. Und der Apache-Webserver unter Linux bietet mehr nützliche Eigenschaften für Webmaster als konkurrierende Produkte.

1 Bevor ein Betriebssystem Unix genannt werden darf, muß es sich einer Prüfung durch X/Open unterziehen.

KAPITEL 1

Einleitung

In nur wenigen Jahren hat sich Linux von einem Spielplatz für Studenten und Hacker über einen Neuankömmling im Server-Markt zu einem respektierten System weiterentwickelt, das einen berechtigten Platz in universitären und Firmen-Netzwerken einnimmt. Linux ist ein frei verteilbarer Clone des Betriebssystems Unix und taucht inzwischen überall auf. Es wird für Web-Server, Datei-Server und Workstations verwendet, anstelle von (oder auch zusätzlich zu) den Systemen der traditionellen Unix-Hersteller und Windows NT. Es paßt sich nicht nur gut in große Netzwerke ein (denn Linux ist sehr verträglich und arbeitet gut mit anderen Betriebssystemen zusammen), sondern ist auch unter Windows-Benutzern beliebt, die einmal ein Betriebssystem erleben wollen, bei dem sie mehr Geschwindigkeit, mehr Leistung und mehr Kontrolle über das System bekommen.

Die historische Bedeutung von Linux geht noch über das Eindringen in die Märkte der freien Betriebssysteme hinaus. Sein Erfolg hat unzählige andere freie oder Open Source-Projekte (*http://opensource.org*) inspiriert, darunter Samba, GNOME, und eine verwirrende Sammlung innovativer Projekte, die Sie auf diversen Sites wie SourceForge (*http://sourceforge.net*) finden können. Sowohl als Plattform für andere Entwickler als auch als Entwicklungsmodell hat Linux dem GNU-Projekt der Free Software Foundation gewaltigen Anschub gegeben, welche wiederum zentrale Software geliefert hat, die die Entwicklung von Linux erst möglich gemacht hat. Kurz gesagt ist Linux ein zentrales Element in der aufregendsten und produktivsten Bewegung freier Software, die die Welt je gesehen hat.

Wenn Sie selbst noch kein Linux haben oder nicht genau wissen, wie Sie damit anfangen sollen, können Sie sich im Vorwort informieren.

Das Aufregende an Linux

Linux ist freie Software: Jeder kann sich den Quellcode aus dem Internet frei herunterladen oder auf preiswerten CD-ROMs kaufen. Aber Linux ist vor allem deshalb so bekannt geworden – gerade in den letzten Monaten –, weil es mehr als freie Software ist: Es ist ausgesprochen gute Software. Mit Linux können Sie Ihre Hardware besser nutzen (insbesondere bei Intel-Systemen, für die Linux ursprünglich entwickelt worden war), und Sie werden durch weniger Abstürze genervt. Selbst die Sicherheit dieses Betriebssystems ist besser als die vieler kommerzieller Alternativen.

Für die technische Begutachtung bedanken wir uns bei Matt Welsh, berühmt durch *Linux – Wegweiser zur Installation und Konfiguration* und *Installation and Getting Started Guide*; Michael K. Johnson von Red Hat Software; Robert J. Chassell, Phil Hughes und Laurie Lynne Tucker vom *Linux Journal*; Arnold Robbins, Julian T. J. Midgley, Terry Dawson, Doug Moreen, Ron Passerini und Mark Stone.

Vorwort der Übersetzer

Die Übersetzung solcher Referenzhandbücher ist immer eine knifflige Angelegenheit, weil sie gespickt sind mit angloamerikanischen Fachbegriffen. Übersetzt man diese konsequent, besteht die Gefahr, daß kein Leser mehr versteht, wovon die Rede ist. Übersetzt man sie gar nicht, hat man eigentlich keine Übersetzung, sondern eine Ansammlung englischer Substantive, die mit deutschen Verben und Füllwörtern verbunden werden. Gemeinsam mit dem O'Reilly-Lektorat haben wir daher versucht, einen Mittelweg zu finden. Sicherlich wird es einige Aktivisten aus der »Haltet das Deutsche sauber«-Ecke geben, die sich vom nicht-vollständigen Übersetzen von Ausdrücken wie Newsgroup (Nachrichtengruppe?) auf den Schlips getreten fühlen, genauso wie Spezialisten, die sich vom Übersetzen von Ausdrücken wie File (»Der User öffnet das File X im Directory Y«?) unangenehm berührt fühlen. Wie wir aber aus einer Vielzahl von Zuschriften wissen, ist unser Mittelweg bei den Lesern bisher recht gut angekommen, und wir hoffen, auch dieses Mal die richtige sprachliche Balance gefunden zu haben. Ihnen als Leser obliegt es zu beurteilen, ob uns das gelungen ist.

Matthias Kalle Dalheimer
Sven Riedel
Ahmet Ertem
Matthias Warkus

Distributionen und Support

Es ist bequem, sich ein oder zwei neue Programme über das Internet herunterzuladen. Auch den Linux-Kernel mag man sich noch auf diese Weise besorgen. Sich aber ein komplettes System über die Telefonleitung zu ziehen, wäre unverhältnismäßig. Aus diesem Grund sind kommerzielle und nicht-kommerzielle Pakete, sogenannte Distributionen, entwickelt worden. Anfangs wurden diese noch auf Disketten vertrieben, etwa 50 für eine Distribution, von denen oft mindestens eine Diskette fehlerhaft war und ersetzt werden mußte. Als sich dann CD-ROM-Laufwerke verbreiteten, war Linux nicht mehr aufzuhalten.

Für viele Anwender ist es wichtig, für ein Betriebssystem guten technischen Support zur Verfügung zu haben. Usenet Newsgruppen sind ein Forum für schnelle Antworten und Hilfe und bieten vielen Anwendern bereits ausreichend Support. Sie können aber auch Support von den Anbietern der wichtigsten Linux-Distributionen sowie zahlreichen unabhängigen Experten erwerben. Für Linux steht mindestens ebenso guter Support zur Verfügung wie für kommerzielle Software.

Intel-Systeme sind nach wie vor die Rechner, auf denen Linux am häufigsten eingesetzt wird. Inzwischen ist Linux kommerziell aber auch für eine Reihe anderer Hardware-Systeme verfügbar, insbesondere auf dem PowerPC, dem 64-Bit Intel Itanium-Prozessor, der Alpha (entwikkelt von Digital Equipment Corporation, heute Compaq), dem SPARC- und dem MIPS-Chip.

Programme unter Linux

Linux-Programme sind nicht dieselben wie auf Standard-Unix-Systemen: Sie sind besser! Das liegt daran, daß die meisten aus dem GNU-Projekt der Free Software Foundation (FSF) stammen. GNU bedeutet »GNU's Not Unix« – das erste Wort der Phrase soll in Endlos-Rekursion expandiert werden.

Aus langjähriger Erfahrung mit Standard-Unix-Hilfsprogrammen und dank Fortschritten im Bereich der Informatik haben die Programmierer im GNU-Projekt es verstanden, neue Versionen der Standard-Werkzeuge zu schaffen, die mehr Funktionen haben, schneller und effizienter arbeiten und bei denen viele der Fehler und Inkonsistenzen der Originale ausgemerzt sind.

Während das GNU-Projekt die Programmierwerkzeuge und Standard-Befehle wie **grep** zur Verfügung gestellt hat, stammen die meisten Werkzeuge zur System- und Netzwerk-Verwaltung aus der Berkeley Software Distribution (BSD). Zusätzlich wurden Werkzeuge speziell für Linux geschrieben, um Bereiche abzudecken, die es nur unter Linux gibt (z.B. bestimmte Dateisysteme). Dieses Buch dokumentiert all die Standard-Unix-Befehle, die gewöhnlich auf Linux-Distributionen verfügbar sind.

Die dritte große Gruppe von häufig verwendeter Linux-Software ist das X Window System, das vom XFree86-Projekt, auf Standard-Intel-Chips portiert wurde. Wir können zwar in diesem Buch nicht die Vielzahl der Hilfsprogramme beschreiben, die unter X laufen, behandeln aber kurz einige nützliche Anpassungen für Ihren KDE-, GNOME- oder **fvwm**-Desktop.

Was Sie in diesem Buch finden werden

Dieses Buch basierte ursprünglich auf dem O'Reilly-Klassiker *Unix in a Nutshell*, ist aber um viel Linux-spezifische Informationen erweitert worden. Die aktuelle Auflage enthält Kapitel über Package-Manager (mit denen das Installieren, Aktualisieren und Entfernen zusammengehöriger Software-Dateien einfach wird), die KDE- und GNOME-Desktops und den **fvwm**-Window-Manager, sowie neue Befehle und erweiterte Besprechungen mehrerer Themen wie CVS und **bash**.

Linux in a Nutshell ist kein Linux-Lehrbuch, sondern eine Schnellreferenz, aber Neulinge wie auch sehr erfahrene Benutzer werden großen Nutzen daraus ziehen können. Wenn Sie ungefähr wissen, welchen Befehl Sie brauchen, aber sich nicht sicher sind, wie dieser funktioniert, oder welche Kombination von Optionen Sie genau benötigen, um eine bestimmte Ausgabe zu erreichen, dann ist dieses Buch die richtige Informationsquelle. Außerdem können Sie so etwas über Optionen erfahren, von denen Sie noch nie gehört haben.

Wie viele Computer-Systeme aus dem Zeitalter, in dem Unix entstand (den frühen siebziger Jahren des letzten Jahrhunderts), ist auch Linux im wesentlichen ein befehlsgesteuertes System. Die meisten Linux-Versionen enthalten einige grafische Werkzeuge, und es stehen auch einige kommerzielle Produkte zur Verfügung, aber keines dieser grafischen Werkzeuge ist besonders zentral für die Benutzung von Linux. Deswegen konzentriert sich dieses Buch wie das traditionelle *Unix in a Nutshell* auf die Shell und Befehle, die Sie in dieser ausführen.

Natürlich hat auch Linux ein Fenstersystem, und ein besonders mächtiges und flexibles dazu, so wie es sich für ein mächtiges und flexibles Betriebssystem eben gehört. Aber oft werden Sie einfach ein simuliertes VT100-Terminal (das **xterm**-Programm) aufmachen und dort Befehle eingeben. Sie werden zwischen den grafischen Programmen und den in diesem Buch genannten Befehlen hin- und herwechseln.

Das erste, was Sie also tun müssen, wenn Sie die Installation überwunden haben, ist sich mit den gängigsten Hilfsprogrammen vertraut machen, die Sie von der Eingabeaufforderung der Shell ausführen werden. Wenn Sie überhaupt nichts über Unix wissen, empfehlen wir Ihnen, eine Einführung zu lesen (die Einführungskapitel in den O'Reilly-Büchern *Learning Red Hat Linux*, *Learning Debian GNU/Linux* und *Linux Wegweiser zur Installation und Konfiguration* sind ein guter Start). Dieses Buch liefert den Zusammenhang für das Verständnis verschiedener Arten von Befehlen (einschließlich der Befehle zur Programmierung, zur Systemverwaltung und zur Netzwerk-Verwaltung) in Kapitel 2, *Überblick über die System- und Netzwerkverwaltung*, gefolgt von der Befehlsreferenz selbst in Kapitel 3, *Linux-Befehle*. Kapitel 3 ist natürlich der Schwerpunkt dieses Buches und füllt etwa ein Drittel der Seiten.

Die kleinen Kapitel, die unmittelbar auf Kapitel 3, *Linux-Befehle* folgen, helfen Ihnen dabei, Ihr System einzurichten. Weil die meisten Benutzer andere Betriebssysteme (ob das nun ein Microsoft Windows-System, OS/2, oder eine Unix-Variante ist) nicht völlig aufgeben wollen, koexistiert Linux oft mit anderen Systemen auf dem gleichen Computer. Der Benutzer kann das System booten, das er für eine bestimmte Aufgabe benötigt. Kapitel 4, *Boot-Verfahren* nennt die häufig benötigten Boot-Optionen auf Intel-Systemen, einschließlich LILO (Linux Loader) und Loadlin. Kapitel 5, *Die RPM- und Debian-Package-Manager*, behandelt den RPM-Package-Manager, der von den Red Hat-, SuSE- und Caldera-Distributionen verwendet wird, sowie den Debian Package-Manager **dpkg**. Package-Manager sind ein zentrales Werkzeug beim Installieren und Aktualisieren von Software; sie stellen sicher, daß Sie alle benötigten Dateien in den richtigen Versionen vorliegen haben.

Alle Befehle werden von der Shell interpretiert. Die Shell ist einfach ein Programm, das Befehle vom Anwender entgegen nimmt und ausführt. Verschiedene Shells haben manchmal auch etwas unterschiedliche Syntax, um das gleiche zu erreichen. Zwei beliebte Shells unter Linux sind **bash** und **tcsh**, die sich auf subtile Art und Weise unterscheiden. (Einer der Vorteile von Linux und anderen Unix-Systemen ist die Vielzahl von Shells, unter denen Sie wählen können und die alle ihre Stärken und Schwächen haben.) Dieses Buch enthält mehrere Kapitel über Shells. Es könnte eine gute Idee sein, diese zu lesen, nachdem Sie Linux bereits einige Zeit benutzt haben, weil sie hauptsächlich mächtige, fortgeschrittene Funktionen beschreiben, die Sie als geübter Benutzer verwenden wollen.

Um richtig etwas zu schaffen, müssen Sie einige große, umfassende Programme erlernen, insbesondere einen Editor und einige Skript-Werkzeuge. Die beiden großen Editoren, die unter Linux verwendet werden, sind **vi** und Emacs. Zu beiden gibt es Kapitel in diesem Buch. Auf die Editoren folgen zwei Kapitel über klassische Unix-Werkzeuge zum Manipulieren von Text-Dateien auf Zeilenbasis: **sed** und **gawk** (die GNU-Version des traditionellen **awk**). Zu jedem dieser Themen gibt es auch ein separates O'Reilly-Buch, die sich als nützlich erweisen könnten, weil keines dieser Werkzeuge besonders intuitiv zu benutzen ist. (Emacs kommt allerdings mit einem hervorragenden eingebauten Lernprogramm, das Sie mit **Ctrl-H**, gefolgt von **t** für »Tutorium« aufrufen können.)

CVS (Concurrent Versions System) und RCS (Revision Control System) verwalten Dateien, so daß Sie alte Versionen zurückholen und mehrere verschiedene Versionen gleichzeitig verwalten können. Diese beiden Werkzeuge wurden ursprünglich von Programmierern verwendet, die umfassende Anforderungen zum Bauen und Pflegen von Applikationen haben, haben sich aber als wertvoll für alle herausgestellt, die Dateien irgendwelcher Art verwalten müssen, insbesondere, wenn ein Team zu koordinieren ist. CVS ist eine Schicht über RCS, die das Leben leichter macht, wenn mehrere Leute eine Datei zur gleichen Zeit editieren wollen. Kapitel 14, *CVS und RCS* stellt CVS- und RCS-Befehle vor.

Jede Linux-Distribution ist etwas anders als die anderen, aber Sie werden schnell merken, daß die Befehle, die wir hier dokumentieren, diejenigen sind, die Sie am häufigsten brauchen, und die auf allen Distributionen gleich funktionieren. Wir behandeln hier grundlegende Befehle, Programmierwerkzeuge, Systemverwaltung und Netzwerkverwaltung. Manche Bereiche waren aber so groß, daß wir sie auslassen mußten. Die vielen Applikationen, die das X Window System benötigen, sind dieser Schere zum Opfer gefallen, desgleichen TEX (ein Textverarbeitungsprogramm, das im akademischen Bereich und von Linux-Benutzern im allgemeinen viel verwendet wird) wie auch die vielen nützlichen Programmiersprachen wie Perl, Tcl/Tk und Python, mit denen Benutzer die Fähigkeiten ihres Systems gewaltig erweitern können. Diese Themen würden das Buch aus dem Einband platzen lassen.

Dieses Buch sollte bequem zu benutzen sein, und das bedeutet, daß es klein werden mußte. Es enthält sicherlich nicht alles, was in den Man-Pages steht, aber in 95% der Fälle finden Sie hier, was Sie brauchen.

Quelltexte und Lizenzen

Sie erhalten Linux immer zusammen mit dem Quelltext. Dies gilt auch für alle Werkzeuge und Hilfsprogramme (es sei denn, Ihr Distributions-Hersteller bietet eine kommerzielle Applikation oder Bibliothek als besondere Dreingabe an). Vielleicht werden Sie nie einen Blick auf den Quelltext werfen, aber er ist der Schlüssel zur Stärke von Linux. Gemäß der Linux-Lizenz muß jeder, der Linux vertreibt, den Quelltext mitliefern. Das ermöglicht es denjenigen, die kompetent genug dazu sind, Fehler zu beheben, die Funktionsweise des Systems zu erlernen und dieses Wissen weiterzugeben und Verbesserungen zu machen, von denen wir alle profitieren. Die Linux-Lizenz ist die bekannte General Public License, auch als GPL oder »copyleft« bekannt, die von der Free Software Foundation (FSF) erdacht und populär gemacht wurde.

Die FSF, gegründet von Richard Stallman, ist ein Phänomen, das viele Leute für unmöglich hielten, wenn es nicht existierte. (Das gleiche gilt auch für Linux – wer hätte vor zehn Jahren daran geglaubt, daß ein robustes Betriebssystem in Gemeinschaftsarbeit über das Internet entwickelt und frei weitergegeben wird?) Einer der beliebtesten Editoren unter Unix, GNU Emacs, kommt von der FSF, genau wie der **gcc** und der **g++** (C- und C++ Compiler), die eine Zeitlang das Maß aller Dinge bildeten, was Optimierung und schnellen Code angeht.

Da sie sich der Weitergabe von Software gewidmet hat, stellt die FSF all ihren Code und die Dokumentation im Internet zur Verfügung und erlaubt es jedem, die Software zu verändern. Eines der Projekte der FSF ist die Debian-Linux-Distribution.

Um proprietäre Weiterentwicklungen auf der Basis von GNU-Code zu verhindern, verlangt die FSF, daß alle Erweiterungen ihres Codes unter derselben GPL-Lizenz zur Verfügung gestellt werden müssen, also auch mit Quelltexten. Dies soll Einzelpersonen und Institutionen ermuntern, Verbesserungen zu machen und diese wiederum mit anderen zu teilen. Das einzige, was nicht erlaubt ist, ist, Verbesserungen zu machen und diese dann ohne Weitergabe des Quelltextes zu verkaufen, weil damit der Vorteil der freien Quelltext-Weitergabe für die FSF und die Benutzer dahin wäre. Sie finden die GPL bei jeder Software unter dieser Lizenz sowie online unter *http://www.gnu.org/copyleft/gpl.html*.

Wie schon weiter oben erwähnt, kommen viele Linux-Werkzeuge nicht aus dem GNU-Projekt, sondern von BSD. Auch bei BSD handelt es sich um freie Software. Die Lizenzen unterscheiden sich deutlich, was Sie als Benutzer aber nicht interessieren muß. Der Unterschied besteht darin, daß Firmen die Software in ihre proprietären Produkte aufnehmen dürfen, was mit der GPL kaum möglich ist.

Ein Wegweiser für Anfänger

Wenn Sie sich gerade erst auf einem Linux-System zurecht finden, dann kann die schiere Menge von Befehlen erschlagend wirken. Um Ihnen bei der Orientierung zu helfen, nennen die folgenden Listen einige wichtige Befehle zu diversen Themen.

Kommunikation

ftp	File Transfer Protocol.
login	Anmelden.
rlogin	Auf einem entfernten System anmelden.
rsh	Eine Shell oder einen einzelnen Befehl auf einem entfernten System ausführen.
talk	Interaktiv Nachrichten mit anderen Terminals austauschen.
telnet	Mit einem anderen System verbinden.
tftp	Trivial File Transfer Protocol.
uudecode	Dateien dekodieren, die mit **uuencode** zum Verschicken vorbereitet wurden.

uuencode	Dateien mit Binärzeichen zum Verschicken enkodieren.
vacation	Automatisch auf E-Mail antworten.

Vergleiche

cmp	Zwei Dateien Byte für Byte vergleichen.
comm	Elemente in zwei sortierten Dateien vergleichen.
diff	Zwei Dateien Zeile für Zeile vergleichen.
diff3	Drei Dateien vergleichen.

Dateiverwaltung

cat	Dateien aneinanderhängen oder anzeigen.
chfn	Benutzerinformationen für finger, E-Mail usw. ändern.
cksum	Prüfsumme berechnen.
chmod	Zugriffsrechte von Dateien ändern.
chsh	Anmelde-Shell ändern.
cp	Dateien kopieren.
csplit	Dateien an bestimmten Stellen aufteilen.
dd	Dateien in Rohform kopieren.
file	Den Typ einer Datei bestimmen.
head	Die ersten paar Zeilen einer Datei anzeigen.
less	Dateien bildschirmweise anzeigen.
ln	Aliasnamen für Dateinamen erzeugen.
ls	Dateien oder Verzeichnisse auflisten.
merge	Änderungen in verschiedenen Dateien zusammenführen.
mkdir	Ein Verzeichnis erzeugen.
more	Dateien bildschirmweise anzeigen.
mv	Dateien oder Verzeichnisse verschieben oder umbenennen.
newgrp	Die aktuelle Gruppe ändern.
pwd	Das Arbeitsverzeichnis ausgeben.
rcp	Dateien auf ein entferntes System kopieren.
rm	Dateien löschen.
rmdir	Verzeichnisse löschen.
split	Dateien gleichmäßig aufteilen.
tail	Die letzten paar Zeilen einer Datei anzeigen.
wc	Zeilen, Wörter und Zeichen zählen.

Drucken

lpq	Den Status von Druckaufträgen anzeigen.
lpr	Dateien an den Drucker schicken.
lprm	Druckjobs löschen.
lpstat	Drucker-Status abfragen.
pr	Zum Drucken formatieren und paginieren.

Programmierung

ar	Archivdateien erzeugen oder aktualisieren.
as	Objektdatei erzeugen.
bison	Parsing-Tabellen erzeugen.
cpp	C-Code vorverarbeiten.
flex	Lexikalische Analyse.
g++	GNU C++-Compiler.
gcc	GNU C-Compiler.
ld	Linker.
m4	Makro-Prozessor.
make	Programme erzeugen.
ranlib	Symboltabelle eines Archivs neu erzeugen.
rpcgen	RPC- in C-Code übersetzen.
yacc	Parsing-Tabellen erzeugen.

Verwaltung von Programmen

cvs	Verschiedene Versionen von Quelldateien verwalten.
etags	Symbollisten für den Emacs-Editor erzeugen.
gctags	Symbollisten für den **vi**-Editor erzeugen.
gdb	GNU-Debugger.
gprof	Die Profiler-Daten einer Objektdatei anzeigen.
imake	Makefiles zur Verwendung mit **make** erzeugen.
make	Zusammengehörige Programme und Dateien verwalten, aktualisieren und regenerieren.
nm	Die Symboltabelle einer Objektdatei anzeigen.
patch	Änderungen an Quelldateien anbringen.
rcs	Verschiedene Versionen von Quelldateien verwalten.
size	Die Größe einer Objektdatei in Bytes ausgeben.
strace	Systemaufrufe und -signale verfolgen.
strip	Symbole aus einer Objektdatei entfernen.

Suchen

apropos	Man-Pages nach einem Thema durchsuchen.
egrep	Erweiterte Version von **grep**.
fgrep	Dateien nach Wörtern durchsuchen.
find	Das System nach Dateinamen durchsuchen.
grep	Dateien nach Textmustern durchsuchen.
strings	Binärdateien nach Textmustern durchsuchen.
whereis	Befehle suchen.

Shell-Programmierung

echo	Kommandozeilenargumente ausgeben.
expr	Arithmetische Operationen und Vergleiche ausführen.
printf	Kommandozeilenargumente formatieren und ausgeben.
sleep	Die Verarbeitung anhalten.
test	Eine Bedingung prüfen.

Speichern

bzip2	Dateien komprimieren, um Platz zu gewinnen.
cpio	Archive erzeugen und entpacken.
gunzip	Komprimierte Dateien (*.gz* und *.Z*) entpacken (bevorzugt).
gzip	Dateien komprimieren, um Platz zu gewinnen.
shar	Shell-Archiv erzeugen.
tar	Dateien von einem oder auf ein Archiv-Medium kopieren.
zcat	Den Inhalt komprimierter Dateien anzeigen.

Systemzustand

at	Befehle später ausführen.
atq	Von **at** vorgemerkte Aufträge anzeigen.
atrm	Von **at** vorgemerkten Auftrag entfernen.
chgrp	Dateigruppe ändern.
chown	Dateibesitzer ändern.
crontab	Befehle automatisieren.
date	Datum anzeigen oder setzen.
df	Freien Plattenplatz anzeigen.
du	Plattenbelegung anzeigen.
env	Umgebungsvariablen anzeigen.
finger	Informationen über Benutzer anzeigen.

kill	Einen laufenden Befehl abbrechen.
printenv	Umgebungsvariablen anzeigen.
ps	Prozesse anzeigen.
stty	Terminaleinstellungen einstellen oder anzeigen.
who	Anzeigen, wer gerade angemeldet ist.

Textverarbeitung

col	Steuerzeichen verarbeiten.
cut	Spalten zur Anzeige auswählen.
ex	Zeileneditor, der **vi** zugrundeliegt.
expand	Tabs in Leerzeichen konvertieren.
fmt	Mehr oder weniger einheitliche Zeilenlängen erzwingen.
fold	Zeilen umbrechen.
gawk	Zeilen oder Datensätze nacheinander verarbeiten.
ghostscript	PostScript- oder PDF-Dateien anzeigen.
groff	**troff**-Eingaben verarbeiten.
ispell	Interaktive Rechtschreibprüfung.
join	Verschiedene Spalten in einer Datenbank zusammenfassen.
paste	Spalten zusammenführen oder deren Reihenfolge verändern.
rev	Zeilen rückwärts ausgeben.
sed	Nicht-interaktiver Texteditor.
sort	Dateien sortieren oder zusammenführen.
tac	Zeilen rückwärts ausgeben.
tr	Zeichen übersetzen (umdefinieren).
uniq	Wiederholte oder nur einmal auftretende Zeilen in einer Datei finden.
vi	Bildschirmorientierter Texteditor.
xargs	Viele Argumente in verarbeitbare Portionen aufbrechen.

Diverse

banner	Aus Wörtern Schriftzüge formen.
bc	Taschenrechner mit beliebiger Genauigkeit.
cal	Kalender anzeigen.
clear	Bildschirm löschen.
man	Informationen über einen Befehl anzeigen.
nice	Die Priorität eines Auftrags herabsetzen.
nohup	Einen laufenden Auftrag nach dem Abmelden weiterlaufen lassen.
passwd	Anmelde-Paßwort festlegen.
script	Ein Protokoll der Anmelde-Sitzung erzeugen.

su	Superuser werden.
tee	Ausgaben gleichzeitig in einer Datei und auf dem Bildschirm ausgeben.
which	Den Dateinamen eines Befehls ausgeben.

KAPITEL 2

Überblick über die System- und Netzwerkverwaltung

Häufig benutzte Befehle

Im folgenden finden Sie Tabellen mit den wichtigsten Befehlen zur Systemverwaltung.

Uhrzeit

hwclock	Verwalten der Hardware-Uhr.
netdate	Uhrzeit anhand eines anderen Rechners einstellen.
rdate	Uhrzeit-Server verwalten.
zdump	Liste der Zeitzonen ausgeben.
zic	Dateien zur Zeitumrechnung anlegen.

Daemonen

apmd	Daemon für das Advanced Power Management.
bootpd	Internet-Boot-Protocol-Daemon.
fingerd	Finger-Daemon.
ftpd	File-Transfer-Protocol-Daemon.
gated	Routing-Tabellen netzwerkübergreifend verwalten.
identd	Herausfinden des Benutzers, der einen TCP/IP-Prozeß gestartet hat.
imapd	IMAP-Protocol-Mailbox-Server-Daemon.
inetd	Internet-Superserver-Daemon.
kerneld	Automatisches Laden von Kernel-Modulen.
klogd	Verwalten des **syslogd**.
lpd	Drucker-Daemon.

mountd	NFS-Server-Daemon.
named	Internet Domain Name Server.
nfsd	NFS-Daemon.
pop2d	POP-Server.
pop3d	POP-Server.
powerd	Überwacht die Verbindung zu unterbrechungsfreien Stromversorgungen.
pppd	Verwaltet Point-to-Point-Protokoll (PPP)-Verbindungen.
rdistd	Server für die Verteilung von Software.
rexecd	Server für die entfernte Ausführung von Programmen.
rlogind	**rlogin**-Server.
routed	Routing-Daemon.
rshd	Server für entfernte Shells.
rwhod	Server für entfernte who-Befehle.
syslogd	Daemon, der Systemmeldungen protokolliert.
talkd	Talk-Daemon.
tcpd	TCP-Netzwerk-Daemon.
tftpd	Daemon für das Trivial File Transfer Protocol (TFTP).
update	Daemon zum Schreiben der Dateibuffer auf die Festplatte.
ypbind	NIS-Binder-Prozeß.
yppasswdd	NIS-Server für die Änderung von Paßwörtern.
ypserv	NIS-Server-Prozeß.

Hardware

agetty	Benutzersitzung auf einem Terminal starten.
arp	Verwalten des ARP-Caches.
cardctl	Steuern von PCMCIA-Karten.
cardmgr	PCMCIA-Card Manager-Daemon.
cfdisk	Verwalten von Festplattenpartitionen (grafisches Interface).
fdisk	Verwalten von Festplattenpartitionen.
getty	Benutzersitzung auf einem Terminal starten.
kbdrate	Einstellen der Tastenwiederholrate der Tastatur.
ramsize	Ausgeben von Informationen über die RAM-Disk.
setserial	Einstellen der seriellen Schnittstellen.
slattach	Serielle Leitungen als Netzwerkschnittstellen ansprechen.

Rechnerinformationen

arch	Rechnerarchitektur ausgeben.
dnsdomainname	Ausgeben des DNS-Domänennamens.

domainname	Ausgeben des NIS-Domänennamens.
free	Speicherbelegung ausgeben.
host	Ausgeben von Rechner- und Zoneninformationen.
hostname	Rechnernamen ausgeben oder festlegen.
nslookup	Internet Domain Name Server abfragen.
uname	Informationen über den Rechner ausgeben.

Installation

cpio	Dateiarchive anlegen, kopieren und auslesen.
install	Kopieren von Dateien an Stellen, an denen Benutzer auf sie zugreifen können, sowie Setzen der Zugriffsrechte.
rdist	Dateien an andere Systeme weitergeben.
tar	Sichern oder Zurückholen von Dateien in oder aus Archivmedien oder anderen Dateien.

E-Mail

fetchmail	E-Mail von entfernten Servern abholen.
formail	Eingabe in E-Mail-Format konvertieren.
mailq	Eine Zusammenfassung der E-Mail-Warteschlange ausgeben.
makemap	Datenbankdateien von **sendmail** aktualisieren.
rmail	**uucp**-E-Mail weiterleiten.
sendmail	Eingehende und ausgehende E-Mail weiterleiten.

Verwalten von Dateisystemen

Auf UNIX-Systemen ist ein *Dateisystem* Hardware, die formatiert worden ist, um darauf Dateien ablegen zu können. Dateisysteme kann es auf Festplatten, Disketten, CD-ROMs oder anderen Speichermedien geben, auf die wahllos zugegriffen werden kann.

Das genaue Format und Verfahren, mit dem die Dateien abgelegt werden, ist hier unwichtig, weil das System eine einheitliche Schnittstelle für alle ihm bekannten *Dateisystemtypen* bereitstellt. Unter Linux ist das bekannteste Dateisystem das »Second Extended Filesystem« *(ext2fs)*, das vermutlich auch Sie zum Abspeichern von Dateien verwenden. Das Second Extended Filesystem wurde hauptsächlich für Linux entwickelt und unterstützt Dateinamen mit bis zu 256 Zeichen, eine maximale Dateisystemgröße von vier Terabyte und andere nützliche Dinge. (Es heißt »second«, also »zweites«, weil es der Nachfolger des ersten Dateisystems, des »Extended Filesystems«, ist.) Andere gebräuchliche Dateisystemtypen sind das MS-DOS-Dateisystem, mit dem unter Linux auf MS-DOS-Partitionen und -Disketten zugegriffen werden kann, und das ISO-9660-Dateisystem, das von CD-ROMs verwendet werden kann.

debugfs	Fehlersuche im **extfs**-Dateisystem.
dosfsck	Überprüfen und Reparieren eines DOS- oder VFAT-Dateisystems.
dumpe2fs	Ausgeben von Informationen über den Superblock und Blockgruppen.
e2fsck	Überprüfen und Reparieren eines Second-Extended-Dateisystems.

fdformat	Diskette formatieren.
fsck	Überprüfen und Reparieren von Dateisystemen.
fsck.minix	Überprüfen und Reparieren eines MINIX-Dateisystems.
fuser	Ausgeben der Prozesse, die ein Dateisystem benutzen.
mke2fs	Anlegen eines neuen Second-Extended-Dateisystems.
mkfs	Anlegen eines neuen Dateisystems.
mkfs.ext2	Ein anderer Name für **mke2fs**.
mkfs.minix	Anlegen eines neuen MINIX-Dateisystems.
mklost+found	Anlegen des *lost+found*-Verzeichnisses.
mkraid	RAID-Gerät einrichten.
mkswap	Anlegen eines Auslagerungsbereichs.
mount	Einhängen eines Dateisystems.
raidstart	RAID-Gerät aktivieren.
raidstop	RAID-Gerät deaktivieren.
rdev	Parameter des Wurzel-Dateisystems im Kernel-Image ändern.
rootflags	Ausgeben oder Setzen der Flags, mit denen das Wurzel-Dateisystem eingehängt wurde.
showmount	Ausgeben, an welche Rechner Dateisysteme exportiert werden.
swapdev	Anzeigen oder Einstellen von Parametern des Auslagerungsbereichs.
swapoff	Partition oder Datei nicht mehr zum Auslagern verwenden.
swapon	Verwenden einer Partition oder Datei zum Auslagern.
sync	Buffer der Dateisysteme auf die Medien schreiben.
tune2fs	Einstellen eines Second-Extended-Dateisystems.
umount	Aushängen eines Dateisystems.

Verwalten des Kernels

depmod	Liste der Modulabhängigkeiten erzeugen.
insmod	Laden eines neuen Kernel-Moduls.
lsmod	Anzeigen der geladenen Kernel-Module.
modprobe	Laden von Kernel-Modulen unter Berücksichtigung aller Abhängigkeiten.
rmmod	Entladen eines neuen Kernel-Moduls.

Netzwerke

dip	Einwähl-IP-Verbindungen aufbauen.
gdc	Verwalten des **gated**-Routing-Daemons.
ifconfig	Verwalten von Netzwerkschnittstellen.
ipchains	Firewall-Funktionen verwalten (2.2-Kernel).
iptables	Firewall-Funktionen verwalten (2.4-Kernel).

named Übersetzen zwischen Domänennamen und IP-Adressen.
netstat Ausgeben des Zustands des Netzwerks.
portmap Abbilden von Daemonen auf Ports.
rarp Verwalten der RARP-Tabelle.
route Verwalten von Routing-Tabellen.
routed Routing-Tabellen dynamisch aktualisieren.
rpcinfo RPC-Informationen ausgeben.
ruptime Abfragen, wie lange ein entferntes System schon läuft.
rwho Anzeigen, wer beim entfernten System angemeldet ist.
systat Den Status entfernter Systeme anzeigen.
traceroute Verfolgen des Weges durch das Netzwerk zu einem entfernten Rechner.

Verwaltung von NIS

domainname Einstellen oder Anzeigen der aktuellen NIS-Domäne.
makedbm NIS-Datenbanken neu aufbauen.
ypbind Mit einem NIS-Server verbinden.
ypcat Inhalt der NIS-Datenbank ausgeben.
ypchfn Benutzer-Information für finger, E-Mail usw. in der NIS-Datenbank ändern.
ypchsh Login-Shells von Benutzern in der NIS-Datenbank ändern.
ypinit Neue NIS-Datenbank anlegen.
ypmatch Ausgeben des Wertes eines oder mehrerer NIS-*Schlüssel*.
yppasswd Ändern des Paßwortes eines Benutzers in der NIS-Datenbank.
yppasswdd Aktualisieren der NIS-Datenbank nach **yppasswd**.
yppoll Bestimmen der Version einer NIS-Tabelle im NIS-Server.
yppush NIS-Tabelle weiterverbreiten.
ypserv NIS-Server-Daemon.
ypset **ypbind** auf einen bestimmten Server einstellen.
ypwhich Anzeigen des Namens des NIS-Servers oder des primären Tabellenlieferanten.
ypxfr Übertragen einer NIS-Datenbank vom Server auf den lokalen Rechner.

Drucken

lpc Drucker steuern.
tunelp Einstellen der Drucker-Parameter.

Sicherheit und Systemintegrität

badblocks	Suchen nach fehlerhaften Blöcken.
chroot	Ändern des Wurzelverzeichnisses.

Starten und Anhalten des Systems

bootpd	Internet-Boot-Protocol-Daemon.
bootpgw	Internet-Boot-Protocol-Gateway.
bootptest	Test des **bootpd**.
halt	System anhalten oder herunterfahren.
init	Runlevel ändern.
reboot	System herunterfahren und neu starten.
runlevel	Ausgeben des Runlevels.
shutdown	System herunterfahren.
telinit	Ändern des aktuellen Runlevels.
uptime	Anzeigen der Zeit, die seit dem Systemstart vergangen ist.

Systemaktivität und Prozeßverwaltung

Eine Reihe der Befehle in Kapitel 3, *Linux-Befehle*, sind besonders hilfreich bei der Verwaltung von Prozessen. Dazu gehören z.B. **kill**, **killall**, **killall5**, **pidof**, **ps** und **who**.

fuser	Identifizieren von Prozessen, die eine Datei oder ein Dateisystem verwenden.
psupdate	Aktualisieren der Datei */boot/psupdate*.
renice	Priorität eines laufenden Prozesses ändern.
top	Anzeigen der Prozesse, die die meiste CPU-Zeit belegen.

Benutzer

chpasswd	Mehrere Paßwörter ändern.
groupadd	Eine Gruppe hinzufügen.
groupdel	Eine Gruppe löschen.
groupmod	Gruppen modifizieren.
grpck	Korrektheit von Gruppendateien prüfen.
grpconv	Eine Gruppendatei in eine Shadow-Gruppendatei konvertieren.
lastlog	Erzeugen eines Berichts mit den letzten Anmeldezeiten der Benutzer.
newusers	Mehrere neue Benutzer auf einmal anlegen.
pwck	Korrektheit von Paßwortdateien prüfen.
pwconv	Paßwort-Datei in eine Shadow-Paßwort-Datei konvertieren.
rusers	Ausgeben von **who**-ähnlichen Informationen über andere Rechner.
rwall	Ausgeben einer Meldung an Benutzer auf entfernten Rechnern.

useradd	Einen neuen Benutzer hinzufügen.
userdel	Einen Benutzer sowie sein oder ihr Heimatverzeichnis löschen.
usermod	Informationen über einen Benutzer verändern.
w	Anzeigen der angemeldeten Benutzer.
wall	Ausgeben einer Meldung an alle angemeldeten Benutzer.
whoami	Anzeigen, wer gerade angemeldet ist.

Verschiedenes

cron	Befehle zur Ausführung zu bestimmten Zeiten vormerken.
dmesg	Anzeigen der Startmeldungen, nachdem das System gestartet worden ist.
ldconfig	Aktualisieren der Links auf Bibliotheken und des Caches.
logger	Mitteilungen an das Systemprotokoll schicken.
logrotate	Systemprotokolle komprimieren und rotieren.
rstat	Anzeigen des Systemstatus von Rechnern.
run-parts	Alle Skripten in einem Verzeichnis ausführen.

Überblick über die Netzwerkverwaltung

Netzwerke verbinden Computer, so daß verschiedene Systeme untereinander Informationen austauschen können. UNIX-Systeme stellen Benutzern wie Systemverwaltern traditionell einfache, aber mächtige Netzwerkdienste zur Verfügung, mit denen Sie überprüfen können, ob andere Rechner eingeschaltet und erreichbar sind, auf Dateien von anderen Systemen zugreifen können, miteinander via E-Mail kommunizieren können und vieles andere mehr.

Bei den meisten Netzwerkbefehlen muß auf jedem System ständig ein sogenannter Server-Prozeß im Hintergrund laufen, der auf Benutzeranfragen wartet und diese dann abarbeitet. Solche Prozesse nennt man auch *Daemonen*. Typische Beispiele, die grundlegende Funktionalitäten des Linux-Systems sicherstellen, sind **named** (übersetzt numerische IP-Adressen in alphanumerische Rechnernamen, die den Menschen so gut gefallen), **lpd** (sorgt für das Spooling) und **ftpd** (ermöglicht es Ihnen, sich via **ftp** zu einer anderen Maschine zu verbinden).

Die meisten UNIX-Netzwerkbefehle basieren auf den Internet-Protokollen. Bei diesen handelt es sich um standardisierte Methoden zur Kommunikation in einem Netzwerk über verschiedene, hierarchisch angeordnete Schichten. In den unteren Schichten behandeln die Protokolle z.B. Adressierung und Versandwege, in den oberen Schichten werden z.B. Benutzer lokalisiert und Befehle der Benutzer ausgeführt.

Die grundlegenden Benutzerbefehle, die bei den meisten Systemen, die die Internet-Protokolle verwenden, vorhanden sind, werden üblicherweise nach den beiden gebräuchlichsten Protokollen TCP/IP-Befehle genannt. Sie können diese Befehle benutzen, um mit anderen UNIX-Systemen zu kommunizieren, auch solchen, auf denen nicht Linux läuft. Viele der Befehle können auch zur Kommunikation mit Systemen verwendet werden, auf denen kein UNIX läuft, weil heutzutage sehr viele Systeme TCP/IP oder einen Teil davon unterstützen.

In diesem Kapitel werden auch NFS und NIS behandelt, mit denen Dateien und andere Informationen transparent in einem Netzwerk verteilt werden können, sowie **sendmail**.

TCP/IP -Administrationsbefehle

ftpd	Server für Dateiübertragungen.
gated	Verwalten von Routing-Tabellen zwischen Netzwerken.
host	Host- und Zoneninformationen ausgeben.
ifconfig	Parameter der Netzwerkschnittstelle konfigurieren.
named	Übersetzen von Domänen- und Rechnernamen in IP-Adressen.
netstat	Ausgeben des Netzwerkzustands.
nslookup	Anfragen an DNS-Server stellen.
ping	Überprüfen, ob ein entfernter Rechner erreichbar ist und antwortet.
pppd	Aufbauen von seriellen Verbindungen mittels PPP.
rdate	Absenden einer Mitteilung an den Time-Server, daß sich das Datum geändert hat.
route	Verwalten von Routing-Tabellen.
routed	Dynamisches Aktualisieren von Routing-Tabellen.
slattach	Serielle Leitung als Netzwerkschnittstelle einrichten.
telnetd	Ermöglichen von Telnet-Verbindungen zu diesem Rechner.
tftpd	Server für das TFTP-Protokoll.

NFS- und NIS-Administrationsbefehle

domainname	Einstellen oder Anzeigen der aktuellen NIS-Domäne.
makedbm	NIS-Datenbanken neu aufbauen.
portmap	Abbilden von DARPA-Ports auf RPC-Programmnummern.
rpcinfo	RPC-Informationen ausgeben.
ypbind	Mit einem NIS-Server verbinden.
ypcat	Inhalt der NIS-Datenbank ausgeben.
ypinit	Neue NIS-Datenbank anlegen.
ypmatch	Ausgeben des Wertes eines oder mehrerer NIS-*Schlüssel*.
yppasswd	Ändern des Paßwortes eines Benutzers in der NIS-Datenbank.
yppasswdd	Aktualisieren der NIS-Datenbank nach **yppasswd**.
yppoll	Bestimmen der Version einer NIS-Tabelle im NIS-Server.
yppush	NIS-Tabelle weiterverbreiten.
ypserv	NIS-Server-Daemon.
ypset	**ypbind** auf einen bestimmten Server einstellen.
ypwhich	Anzeigen des Namens des NIS-Servers oder des primären Tabellenlieferanten.
ypxfr	Übertragen einer NIS-Datenbank vom Server auf den lokalen Rechner.

Überblick über TCP/IP

TCP/IP ist eine Gruppe von Protokollen zur Kommunikation, die definieren, wie sich verschiedene Computer untereinander verständigen können. Der Name stammt von den beiden wichtigsten Protokollen, dem Transmission Control Protocol und dem Internet Protocol. Das Internet Protocol beschreibt, wie Daten in Form von Paketen zwischen Rechnern transportiert werden: Die Daten werden in Pakete aufgeteilt, die über andere Rechner im Netzwerk an ihr Ziel transportiert werden. Das Transmission Control Protocol sorgt dafür, daß die Daten einer Nachricht am Ziel in der richtigen Reihenfolge wieder zusammengesetzt werden und daß eventuell fehlende Daten noch einmal gesendet werden, bis sie korrekt empfangen werden konnten. Weitere Protokolle der TCP/IP-Familie:

Address Resolution Protocol (ARP)
: Übersetzung zwischen Internet- und lokalen Hardware-Adressen (z.B. Ethernet).

Internet Control Message Protocol (ICMP)
: Kontroll- und Fehlermeldungsprotokoll.

Point-to-Point Protocol (PPP)
: Ermöglicht es, TCP/IP (und andere Protokolle) über sowohl synchrone als auch asynchrone serielle Punkt-zu-Punkt-Verbindungen zu übertragen.

Reverse Address Resolution Protocol (RARP)
: Übersetzung zwischen lokalen Hardware- und Internet-Adressen (Gegenstück zu ARP).

Serial Line Internet Protocol (SLIP)
: IP über serielle Leitungen.

Simple Mail Transport Protocol (SMTP)
: Wird von **sendmail** verwendet, um E-Mail via TCP/IP zu versenden.

Simple Network Management Protocol (SNMP)
: Verwalten verteilter Netzwerke über TCP/IP.

User Datagram Protocol (UDP)
: Datenübertragung ohne die Verläßlichkeit von TCP.

Hintergrundinformationen zu TCP/IP finden Sie in dem dreibändigen Werk *Internetworking with TCP/IP* von Douglas R. Comer, erschienen bei Prentice-Hall, sowie in dem ebenfalls dreibändigen Werk *TCP/IP Illustrated* von W. Richard Stevens, erschienen bei Addison-Wesley. Genauere Beschreibungen der Befehle in diesem und im nächsten Kapitel finden Sie in *TCP/IP Netzwerk Administration, 2. Auflage*, von Craig Hunt sowie in *Linux – Wegweiser für Netzwerker* von Olaf Kirch und Terry Dawson, beide erschienen im O'Reilly Verlag.

In der Architektur der TCP/IP-Protokolle werden die Daten durch einen Stack (in Richtung auf das sogenannte *Network Access Layer*, die Netzwerkzugriffsschicht) geschickt und von dort über das Netz übertragen. Am anderen Ende durchlaufen die Daten den Stack in entgegengesetzter Richtung (siehe Abbildung 2-1).

Abbildung 2-1: Schichten in der Architektur des TCP/IP-Protokolls

IP-Adressen

Die IP-Adresse (also die »Internet-Adresse«) eines Rechners ist eine 32 Bit große Zahl, die einen Rechner eindeutig identifiziert. Jeder Rechner muß eine eindeutige IP-Adresse haben. Eine IP-Adresse besteht aus zwei Teilen: dem Netzwerkteil und dem Rechnerteil. Die Anzahl der Bits in der Adresse, die das Netzwerk und den Rechner identifizieren, ist abhängig von der Klasse der Adresse. Es gibt im wesentlichen drei Adreßklassen: A, B und C (siehe Abbildung 2-2). Die am weitesten links stehenden Bits geben an, zu welcher Klasse eine Adresse gehört.

Ein neuerer Standard namens Classless Inter-Domain Routing (CIDR) erweitert den Grundgedanken des Klassensystems dahingehend, daß die ersten Bits verwendet werden, um zu bestimmen, wohin die Pakete geroutet werden sollen. Mit CIDR kann eine neue Domäne mit einer beliebigen Anzahl von festen, links stehenden Bits erzeugt werden (und nicht nur mit Vielfachen von 8).

Ein neuer Standard namens IPv6 ändert die Adressierungsmethode und vergrößert die Anzahl der Felder, aber es wird noch ein Weilchen dauern, bevor jemand das verwendet.

Wenn Sie Ihren Rechner in das Internet bringen möchten, wenden Sie sich an das für Sie zuständige Network Information Center oder Ihren Provider, die Ihnen eine IP-Adresse zuteilen werden. Wenn Sie sich nicht mit anderen Netzwerken verbinden wollen, können Sie Ihre IP-Adresse beliebig wählen, solange Sie sich an die Syntax für IP-Adressen halten. Sie sollten dann eine der reservierten Adressen für private Netzwerke verwenden, die im RFC 1597 angegeben sind und nicht bei der IANA (Internet Assigned Numbers Authority, einem Büro, das international im Internet verwendete Nummern wie IP-Adressen und RFC-Nummern verwaltet) registriert werden müssen. Eine IP-Adresse ist etwas anderes als eine Ethernet-Adresse, die vom Hersteller der Ethernet-Karte festgelegt wird.

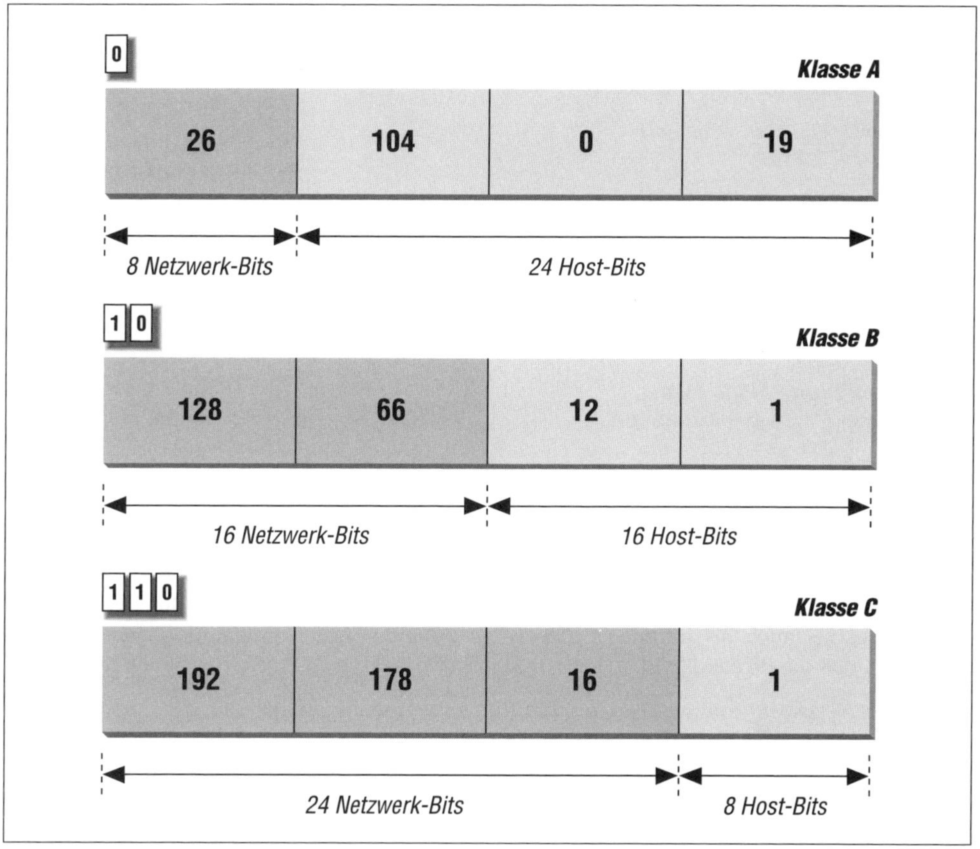

Abbildung 2-2: IP-Adreßstruktur

Gateways und Routing

Gateways sind Rechner, die Routing-Informationen und Datenpakete zwischen verschiedenen Netzwerken vermitteln. Jeder Teil eines Netzwerks, der einer separaten lokalen Verwaltung untersteht, wird als autonomes System (AS) bezeichnet. Autonome Systeme werden untereinander über externe Gateways verbunden. Ein autonomes System kann selbst wiederum ein System von Netzwerken enthalten, die über interne Gateways miteinander verknüpft sind.

Gateway-Protokolle

Zu den Gateway-Protokollen gehören:

EGP (Exterior Gateway Protocol)

BGP (Border Gateway Protocol)
: Protokolle zum Informationsaustausch für externe Gateways.

RIP (Routing Information Protocol)
: Internes Gateway-Protokoll, populär in LANs.

Hello Protocol

OSPF (Open Shortest Path First)
: Internes Gateway-Protokolle.

Routing-Daemonen

gated und **routed**, die Routing-Daemonen, versetzen einen Rechner in die Lage, als Gateway fungieren zu können. Es kann immer nur einer von beiden zu einer gegebenen Zeit auf einem Rechner laufen. **gated**, der »Gateway Routing Daemon«, ermöglicht es einem Rechner, sowohl als externes als auch als internes Gateway zu arbeiten. Die Konfiguration wird dadurch erleichtert, daß die Protokolle RIP, Hello, BGP und EGP in einem Paket kombiniert sind.

routed, ein Netzwerk-Routing-Daemon, der RIP verwendet, ermöglicht nur die Funktion eines internen Gateways. Er verwaltet die Internet-Routing-Tabellen. Mehr Informationen zu **gated** und **routed** finden Sie in Kapitel Kapitel 3, *Linux-Befehle*.

Routing-Tabellen

Routing-Tabellen enthalten die Informationen, die benötigt werden, um ein Paket an sein Ziel zu leiten. Zu diesen Informationen gehören unter anderem das Zielnetzwerk, der zu verwendende Gateway, der Zustand der Route und die Anzahl der übertragenen Pakete. Routing-Tabellen können mit dem **netstat**-Befehl angezeigt werden.

Name Service

Jeder Rechner in einem Netzwerk hat einen Namen, der Informationen über ihn enthält. Solche Rechnernamen können jedem Gerät, das über eine IP-Adresse verfügt, zugewiesen werden. Namen-Dienste übersetzen Rechnernamen, die für Menschen leicht zu merken sind, in IP-Adressen, mit denen Computer besser arbeiten können.

DNS und BIND

Der Domain Name Service (DNS) ist eine verteilte Datenbank von Informationen über Rechner eines Netzwerks. Die Struktur von DNS ist der der UNIX-Dateisysteme sehr ähnlich: ein umgedrehter Baum mit der Wurzel an der Spitze. Die Zweige des Baumes heißen *Domänen* (oder *Subdomänen*) und entsprechen IP-Adressen. Die bekannteste Implementierung von DNS ist BIND (Berkeley Internet Name Domain).

DNS arbeitet nach dem Client-Server-Modell. Ein sogenannter *Resolver* ist der Client, ein Programm, das Anfragen über Rechner stellt. Der *Name Server* ist ein Prozeß, der diese Anfragen beantwortet. Der Server im BIND-Paket ist der Daemon **named**. Name Server können mit dem **nslookup**-Befehl interaktiv nach Informationen über Rechner befragt werden. Weitere Details zu **named** und **nslookup** finden Sie in Kapitel Kapitel 3, *Linux-Befehle*.

Wenn Ihr Rechner der Name Server seiner Domäne ist, ist der Rechner dafür verantwortlich, die Namen der Rechner seiner Domäne zu verwalten und auf Anfrage herauszugeben. Andere Name Server im Internet werden ihn danach fragen.

Domänennamen

Der vollständige Domänenname ist eine Folge von Namen, die mit der eigenen Domäne beginnt und weiter zur Wurzeldomäne geht, wobei die Namen jeweils durch Punkte getrennt sind. Beispielsweise bezeichnet *oreilly.de* die Domäne *oreilly* (des O'Reilly Verlages), die unterhalb der erstrangigen Domäne *de* (für Deutschland) eingeordnet ist. Ein Rechner in dieser Domäne ist beispielsweise *www.oreilly.de*. Amerikanische Domänen sind traditionell in den folgenden erstrangigen Domänen zu finden, obwohl auch Domänen anderer Länder sich hier einordnen dürfen und es auch eine spezielle nationale Domäne für die USA (*.us*) gibt:

com Kommerzielle Unternehmen

edu Bildungseinrichtungen

gov Staatliche Einrichtungen

mil Militärische Einrichtungen

net Kommerzielle Internet-Organisationen, oft Internet Service Provider

org Diverse Organisationen

In den meisten anderen Ländern werden länderspezifische erstrangige Domänen wie *de* für Deutschland, *at* für Österreich und *ch* für die Schweiz verwendet.

Konfigurieren von TCP/IP

ifconfig

Die Netzwerkschnittstelle gibt an, wie die Netzwerk-Software die Hardware benutzt: Treiber, IP-Adresse usw. Um eine Netzwerkschnittstelle zu konfigurieren, verwenden Sie den **ifconfig**-Befehl. Mit **ifconfig** weisen Sie während der Startphase des Rechners einer Netzwerkschnittstelle eine IP-Adresse zu und setzen die Netzwerkmaske und Broadcast-Adresse. Sie können auch weitere Parameter der Schnittstelle einstellen, z.B. die Verwendung von ARP, den Einsatz von treiberspezifischem Code zur Fehlersuche oder die Adresse der Gegenstelle in einer Point-to-Point-Verbindung. Mehr Informationen zu **ifconfig** finden Sie in Kapitel Kapitel 3, *Linux-Befehle*.

Kommunikation über serielle Leitungen

Es gibt zwei Protokolle für die Kommunikation über serielle Leitungen: Serial Line IP (SLIP) und Point-to-Point Protocol (PPP). Mit diesen Protokollen können Computer Daten über eine serielle Schnittstelle und ein serielles Kabel anstatt über eine Netzwerkkarte und ein Ethernet-Kabel übertragen.

Unter Linux wird der Treiber für das SLIP-Protokoll im Kernel installiert. Um eine serielle Leitung auf SLIP einzustellen, wird das **slattach**-Programm verwendet (nähere Informationen zu **slattach** in Kapitel). Vergessen Sie bitte nicht, daß Sie auch nach dem Aufruf von **slattach** immer noch mit **ifconfig** die Netzwerkschnittstelle konfigurieren müssen. Wenn Ihr Rechner beispielsweise **hagfors** heißt und Sie sich in den Rechner **munkfors** einwählen wollen, geben Sie ein:

```
# ifconfig sl0 hagfors pointopoint munkfors
# route add munkfors
# route add default gw munkfors
```

Damit wird die Schnittstelle als Punkt-zu-Punkt-Verbindung zu **munkfors** konfiguriert und eine Route zu **munkfors** eingerichtet und als Default-Route festgelegt, womit **munkfors** als Gateway angegeben wird.

PPP wurde entwickelt, um einige der Probleme mit SLIP zu beseitigen: PPP kann auch Pakete aus Nicht-Internet-Protokollen bearbeiten und bietet Autorisation der Clients und Van-Jacobson-Header-Komprimierung. Außerdem kann PPP jedes Protokoll, das durch PPP hindurchgeleitet wird, dynamisch konfigurieren. Unter Linux existiert PPP zum einen als Treiber im Kernel und zum anderen als Daemon **pppd**. Weitere Informationen zu **pppd** in Kapitel 3, *Linux-Befehle*.

Problemsuche mit TCP/IP

Mit den folgenden Befehlen können TCP/IP-Probleme gefunden und behoben werden. Weitere Details zu diesen Befehlen finden Sie in Kapitel 3, *Linux-Befehle*.

ifconfig
: Ausgeben von Informationen über die grundlegende Konfiguration einer Netzwerkschnittstelle.

netstat
: Ausgeben des Netzwerkzustands.

ping
: Ausgeben, ob ein entfernter Rechner erreicht werden kann.

nslookup
: Abfragen des DNS Name Services.

traceroute
: Verfolgen der Route eines Pakets auf dem Weg zu einem entfernten Rechner.

Überblick über Firewalls und Masquerading

Ein Firewall-Rechner ist ein sicheres System, das zwischen einem internen und einem externen Netzwerk (dem Internet) sitzt. Er verwendet eine Regelmenge, anhand der er bestimmt, welcher Datenverkehr passieren darf und welcher blockiert wird. Während eine Firewall normalerweise dazu da ist, zu verhindern, daß böswilliger oder auch unabsichtlich schädlicher Verkehr von außen in das Netzwerk eindringt, kann sie auch so konfiguriert werden, daß der ausgehende Verkehr überwacht wird. Da die Firewall der einzige Zugangspunkt zum System ist, macht sie es einfacher, Verteidigungslinien aufzubauen und Aktivitäten zu überwachen.

Die Firewall kann auch so eingerichtet werden, daß das Netzwerk nach außen hin nur eine einzige IP-Adresse verwendet, auch wenn intern vielleicht mehrere IP-Adressen verwendet werden. Das wird als *Masquerading* bezeichnet. Masquerading kann als zusätzlicher Schutz dienen, weil schon die Existenz eines Netzwerks versteckt wird, aber auch den Aufwand und die Kosten ersparen, mehrere IP-Adressen zu beantragen.

Die Besprechung von **iptables** trifft auf die Version 2.4 des Linux-Kernels zu. Während dieses Buch geschrieben wurde, befanden sich sowohl **iptables** als auch der 2.4-Kernel noch in der Entwicklung. Das Endprodukt kann sich geringfügig von dem unterscheiden, das wir hier beschreiben. Weitere Informationen finden Sie im O'Reilly-Buch *Linux – Wegweiser für Netzwerker* von Olaf Kirch und Terry Dawson oder dem »Linux IPTABLES-HOWTO«. Sie finden dieses HOWTO wie auch eine Unmenge weiterer Information auf den Webseiten des Linux Documentation Projects (siehe Vorwort).

IP Firewalling und Masquerading gibt es auch in der Version 2.2 des Linux-Kernels durch das Hilfsprogramm **ipchains** und in der Version 2.4 über das **iptables**-Feature. Die 2.0-Kernel verwendeten einen Befehl namens **ipfwadm**, der für ältere Systeme im Befehlsabschnitt enthalten ist, hier aber nicht behandelt wird. Die beiden neueren Befehle sind sehr ähnlich, aber ein Teil des Aufbaus der verwendeten Regeln hat sich geändert. Außerdem sind die Firewalling-Funktionen im 2.4-Kernel so entworfen worden, daß sie erweitert werden können. Wenn eine Funktion in der Implementation fehlt, könnten Sie diese selbst hinzufügen. Wie das geht, steht im »Linux netfilter Hacking HOWTO«.

Bei den meisten Distributionen ist die Firewall-Unterstützung bereits im Kernel vorhanden, aber wenn das bei Ihnen nicht der Fall ist, dann müssen Sie die Firewall-Unterstützung bei einem 2.2-Kernel selbst einkompilieren, indem Sie **make config** ausführen und die folgenden Netzwerk-Optionen anwählen:

- Network firewalls
- TCP/IP networking
- IP: firewalling

Wenn Sie außerdem einen transparenten Proxy-Service auf Ihrer Firewall verwenden wollen, dann wählen Sie die folgende Option an:

- IP: transparent proxy support

Soll Ihre Firewall schließlich zudem Masquerading unterstützen, dann wählen Sie auch die folgenden Optionen aus:

- IP: masquerading
- IP: ICMP masquerading

Im 2.4-Kernel müssen Sie die folgenden Optionen auswählen:

- Network packet filtering (replaces **ipchains**)
- IP tables support (required for filtering/masq/NAT)
- Packet filtering

Es gibt mehrere erweiterte Target- und Muster-Regel-Module, die Sie eventuell auch einkompilieren wollen. Das Verhalten dieser Erweiterungsmodule wird beim Befehl **iptables** beschrieben. Wenn Sie schon eine Firewall für einen 2.2- oder 2.0-Kernel haben, dann können Sie auch die Unterstützung für diese älteren Befehle einkompilieren und mit Ihrem neuen Kernel anstelle des neueren **iptables**-Stil verwenden.

Zum Firewalling gehören eingebaute Regelmengen (sogenannte Ketten), deren Überprüfung jedes Netzwerk-Paket unterworfen wird. Im 2.4-Kernel werden diese Ketten auch in Tabellen organisiert, die die Filterfunktionen von den Masquerading- und den Paketänderungs-Funktionen trennen. Für alle Kernel gilt, daß die Zähler einer Regel inkrementiert und das Ziel einer Regel angewendet wird, wenn ein Treffer gefunden wurde. Ein Ziel kann ein Paket akzeptieren, zurückweisen, verändern oder sogar an eine andere Kette zur weiteren Verarbeitung weiterleiten. Details zu den Ketten in den **iptables**- und **ipchains**-Befehlen finden Sie bei den Beschreibungen der jeweiligen Befehle.

Neben diesen Ketten können Sie auch eigene definieren. Beispielsweise könnten Sie eine besondere Kette für Ihre PPP-Schnittstellen oder für Pakete von einem bestimmten Rechner schreiben. Um eine benutzerdefinierte Kette aufzurufen, müssen Sie sie zum Ziel einer Regel machen.

Es ist möglich, daß sich ein Paket durch eine Kette bewegt, ohne daß eine einzige Regel passend war. Wenn in einer benutzerdefinierten Kette keine Regel auf ein Paket paßte, dann wird die Kontrolle wieder an die aufrufende Kette zurückgegeben und die nächste Regel in dieser Kette überprüft. Wenn in einer eingebauten Kette keine Regel auf ein Paket paßte, dann wird die Default-Policy dieser Kette verwendet. Diese kann aus einem der speziellen Ziele bestehen, die bestimmen, was mit einem Paket passieren soll. Die zulässigen Ziele für jeden Befehl werden im Befehlsteil aufgeführt.

Im 2.2-Kernel verwenden Sie den Befehl **ipchains**, um die Regeln zu definieren. Wenn Sie alle Regeln definiert haben, können Sie **ipchains-save** aufrufen, im eine Datei mit allen Regeldefinitionen zu erzeugen; **ipchains-restore** restauriert diese Definitionen, wenn Sie den Rechner neu starten. Der entsprechende Befehl für den 2.4-Kernel zum Definieren von Regeln lautet **iptables**. **iptables-save** und **iptables-restore** waren noch nicht fertig, als wir dies schrieben, sollten aber ähnlich wie die **ipchains**-Gegenstücke funktionieren.

Weitere Informationen über die Entscheidungen, die Sie treffen müssen, und die Überlegungen beim Definieren von Regeln finden Sie in allgemeinen Büchern zu Firewalls wie dem O'Reilly-Buch *Einrichten von Internet Firewalls* von D. Brent Chapman und Elizabeth Zwicky.

Weitere Informationen zu **ipchains** und **iptables** finden Sie in *Linux – Wegweiser für Netzwerker*, 2. Aufl., von Olaf Kirch und Terry Dawson oder einem der relevanten HOWTOs wie dem »Linux IPCHAINS HOWTO« oder dem »Linux IPTABLES HOW-TO«.

Überblick über NFS

Das Network File System NFS ist ein verteiltes Dateisystem, mit dem Benutzer entfernte Dateisysteme einhängen, als ob sie auf dem lokalen Rechner vorhanden wären. NFS verwendet ein Client-Server-Modell, in dem ein Server Verzeichnisse exportiert und Clients diese Verzeichnisse in ihren Verzeichnisbaum einhängen, um an die in ihnen enthaltenen Dateien heranzukommen. Mit NFS ist es nicht mehr nötig, Kopien von Dateien auf mehreren Rechnern zu halten, weil alle Clients auf eine einzige Kopie auf dem Server zugreifen können. NFS ist ein RPC-basiertes Protokoll der Applikationsschicht. Weitere Informationen zu Netzwerkprotokollen finden Sie im Abschnitt »Überblick über TCP/IP«.

Verwalten von NFS

Um NFS-Clients und -Server einzurichten, müssen die NFS-Daemonen gestartet werden, der NFS-Server muß die Dateisysteme exportieren, und die Clients müssen sie bei sich einhängen. Die Datei */etc/exports* ist die Konfigurationsdatei des Servers; sie gibt an, welche Dateien und Verzeichnisse exportiert werden und wer wie darauf zugreifen darf. Die Namen und Adressen von Rechnern, die zugreifen dürfen, sind in der */etc/hosts*-Datei abgelegt.

Daemonen

Der Server-Daemon von NFS heißt **nfsd** und nimmt RPC-Aufrufe von Clients entgegen. Außerdem läuft auf NFS-Servern der **mountd**-Daemon, der Anfragen zum Einhängen bearbeitet. Auf dem Client werden die Caches und der Buffer von **biod**, dem Block-I/O-Daemon, verwaltet. Der **portmap**-Daemon bildet RPC-Programmnummern auf die entsprechenden TCP/IP-Portnummern ab.

Exportieren von Dateisystemen

Um einen NFS-Server einzurichten, sollten Sie zunächst überprüfen, ob der dafür bestimmte Rechner all die Rechner erreichen kann, die Verzeichnisse von ihm importieren wollen. Danach editieren Sie die Datei */etc/exports* und tragen dort all die Dateisysteme mit ihren Einhängepunkten ein, die exportiert werden sollen. Wenn Sie einen Automounter und **mountd** verwenden, werden die Dateien exportiert, falls es die Zugriffsrechte in */etc/exports* erlauben.

Einhängen von Dateisystemen

Um via NFS auf ein entferntes Dateisystem zugreifen zu können, muß es nach dem Start von NFS eingehängt werden – entweder durch Verwenden des **mount**-Befehls oder durch Eintragen des Einhängepunktes und des entfernten Dateisystems in die Datei */etc/fstab*. Der **mount**-Befehl ruft den **mountd**-Daemon des Servers, der die Zugriffsrechte des Clients überprüft und einen Zeiger auf das Dateisystem zurückgibt. Wenn ein Verzeichnis einmal eingehängt ist, bleibt es mit dem lokalen Verzeichnisbaum verbunden, bis es mit dem **umount**-Befehl wieder ausgehängt wird oder der lokale Rechner heruntergefahren wird.

Normalerweise kann nur der Superuser Dateisysteme via NFS einhängen. Man kann jedoch auch normalen Benutzern das Ein- und Aushängen von bestimmten Dateisystemen mit den **mount**- und **umount**-Befehlen erlauben, indem man die Option **user** in der Datei */etc/fstab* einträgt. Damit kann die Netzwerkbelastung reduziert werden, indem Verzeichnisse nur bei Bedarf eingehängt werden. Um das Einhängen durch normale Benutzer einzuschalten, sollten Sie für jedes einzuhängende Dateisystem einen Eintrag in */etc/fstab* anlegen.

Überblick über NIS

Das Network Information System NIS bezeichnet einen Dienst, der früher als Sun Yellow Pages (YP) bekannt war. Er wird verwendet, um Konfigurations-Informationen auf allen Rechnern eines Netzwerks einheitlich und konsistent zu halten. Dies wird dadurch erreicht, daß ein einzelner Rechner sämtliche Dateien und Datenbanken zur Systemverwaltung hält und diese Informationen an alle anderen Rechner des Netzwerks weitergibt. Die Informationen werden in Datenbanken übersetzt, den sogenannten Tabellen *(maps)*. NIS basiert auf dem RPC-Protokoll. Zur Zeit sind zwei NIS-Server für Linux frei verfügbar: **yps** und **ypserv**.

Server

Bei NIS gibt es zwei verschiedene Arten von Servern: Master und Slaves. Die Master-Server verwalten die Tabellen und verteilen sie an die Slave-Server, von denen sie von den Clients gelesen werden. Die Dateien stehen dann lokal den Prozessen zur Verfügung, die sie benötigen.

Domänen

Eine NIS-Domäne ist eine Gruppe von Rechnern, die dieselbe Menge an Tabellen benutzt. Die Tabellen sind in einem Unterverzeichnis von */var/yp*, das den gleichen Namen wie die Domäne hat, abgelegt. Die Rechner einer Domäne teilen sich die Informationen über Benutzer, Benutzergruppen und Rechner. NIS-Domänennamen werden mit dem **domainname**-Befehl eingestellt.

NIS-Tabellen

NIS speichert Informationen in Datenbankdateien, den sogenannten *maps* (Tabellen). Jede Tabelle besteht aus einem Paar von **dbm**-Datenbankdateien, von denen die eine ein Verzeichnis der Schlüssel und die andere die eigentlichen Daten enthält. Da **dbm**-Dateien keine Textdateien sind, müssen spezielle NIS-Werkzeuge wie **yppush** verwendet werden, um Tabellen zwischen Rechnern auszutauschen.

Die Datei */var/yp/YP_MAX_X_LATE* enthält eine komplette Aufstellung aller aktiven NIS-Tabellen sowie der NIS-Aliasnamen für NIS-Tabellen. Alle Tabellen müssen hier aufgeführt sein, damit NIS sie verteilen kann.

Werkzeuge zur Tabellenmanipulation

NIS-Tabellen werden mit den folgenden Hilfsprogrammen verwaltet:

makedbm
: Erzeugen von **dbm**-Dateien. Verändert werden sollten nur die *ypservers*-Tabelle und andere nichtstandardisierte Tabellen.

ypinit
: Erzeugen und Installieren von NIS-Datenbanken. Bearbeitet die Tabellen, wenn NIS initialisiert wird. Sollte nicht verwendet werden, wenn NIS bereits in Betrieb ist.

yppush
: Transferiert aktualisierte Tabellen vom Master-Server.

Verwalten von NIS

NIS wird durch das Einrichten von NIS-Servern und NIS-Clients eingeschaltet. Die Beschreibungen hier gehen von der Verwendung von **ypserv** aus, was keine Master/Slave-Server-Konfiguration erlaubt. Alle NIS-Befehle benötigen das RPC-**portmap**-Programm. Stellen Sie also sicher, daß es installiert ist und läuft, bevor Sie NIS einrichten.

Einrichten eines NIS-Servers

Zum Einrichten eines NIS-Servers gehören die folgenden Schritte:

1. Einstellen des NIS-Domänennamens mit **domainname**.
2. Editieren Sie die Datei *ypMakefile*, die angibt, welche Datenbanken aus welchen Quellen gebaut werden sollen.
3. Kopieren Sie *ypMakefile* nach */var/yp/Makefile*.
4. Starten Sie **make** im Verzeichnis */var/yp*, wodurch die Datenbanken erzeugt werden und der Server initialisiert wird.
5. Starten von **ypserv**, dem NIS-Server-Daemon.

Einrichten eines NIS-Clients

Zum Einrichten eines NIS-Clients gehört: Einstellen des Domänennamens mit **domainname** (der Name muß identisch mit dem beim Server verwendeten sein) und Starten von **ypbind**.

NIS-Benutzer-Accounts

In NIS-Netzwerken gibt es zwei Arten von Benutzer-Accounts: verteilte und lokale. Verteilte Accounts müssen vom Master-Rechner verwaltet werden; sie enthalten Informationen, die auf allen Rechnern der NIS-Domäne gleich sind. Änderungen an verteilten Accounts werden über NIS-Tabellen verteilt. Lokale Accounts werden vom lokalen Computer verwaltet; sie stellen Informationen zur Verfügung, die spezifisch für den jeweiligen Rechner sind. Diese lokalen

Informationen werden nicht von NIS-Tabellen beeinflußt, und Änderungen an ihnen beeinflussen auch NIS nicht. Wenn NIS installiert wird, werden für bereits existierende Accounts die lokalen Informationen verwendet, falls nichts anderes angegeben wird.

RPC und XDR

RPC (Remote Procedure Call) ist ein Protokoll, das sowohl von NFS als auch von NIS verwendet wird. Es erlaubt einem Rechner, eine Prozedur auf einem entfernten Rechner so aufzurufen, als ob sie lokal abgearbeitet werden würde. RPC besteht aus einer Implementierung in Form einer Bibliothek von Funktionen und einem Netzwerkstandard für die Datenrepräsentation namens XDR (eXternal Data Representation).

KAPITEL 3

Linux-Befehle

In diesem Kapitel werden die Benutzerbefehle von Linux vorgestellt (im Unterschied zu den Befehlen zur Programmentwicklung und zur Systemadministration). Der Beginn jeder Befehlsbeschreibung ist durch den Befehlsnamen am äußeren Rand der Seite markiert. Auf die erste Zeile mit einer Kurzdarstellung der Befehlssyntax folgen eine kurze Beschreibung und eine Liste aller vorhandenen Optionen. Zu vielen Befehlen werden am Ende des Eintrags noch Beispiele gegeben. Wenn Sie nur eine schnelle Gedächtnisstütze oder eine Anregung für einen Befehl benötigen, können Sie gleich zu den Beispielen springen.

Eine Liste der typografischen Konventionen zur Beschreibung der Befehle finden Sie im Vorwort. Zusätzliche Hilfestellung bei der Suche nach einem bestimmten Befehl finden Sie im Index am Ende dieses Buches.

Wir haben uns bemüht, beim Aufführen der Optionen so gründlich wie möglich zu sein. Die grundlegenden Informationen zu den einzelnen Befehlen und die meisten Optionen sollten korrekt sein; es gibt aber viele Linux-Distributionen und viele Versionen von Befehlen. Neue Optionen werden hinzugefügt und manchmal alte weggelassen. Deswegen können Sie auf Unterschiede zwischen den hier beschriebenen Optionen und denen auf Ihrem System stoßen. Wenn Sie meinen, eine Diskrepanz gefunden zu haben, lesen Sie in der Man-Page nach. Bei den meisten Befehlen können Sie auch die Option **--help** verwenden, um einen kurzen Hilfstext angezeigt zu bekommen. (Selbst wenn es diese Option nicht gibt, wird das doch meistens zu einer Fehlermeldung und dem Hilfstext führen.)

Traditionell verwenden Befehle einbuchstabige Optionen, denen ein einzelner Bindestrich vorangestellt wird, wie in **-d**. Eine etwas neuere Konvention sieht lange Optionen vor, denen zwei Bindestriche vorangestellt werden, etwa wie in **--debug**. Oft kann ein Feature sowohl mit dem alten als auch mit dem neuen Stil aufgerufen werden.

agetty

agetty [*Optionen*] *Port Baudrate* [*Terminal*]

Befehl zur Systemverwaltung. Die Linux-Version von **getty**. Stellt Terminaltyp, Übertragungsmodi, Geschwindigkeit und Verbindungsart ein. **agetty** wird von **init** aufgerufen und ist der zweite Prozeß in der Folge **init-getty-login-shell**, die letztlich zum Einloggen eines Benutzers am Linux-System führt. **agetty** liest den Benutzernamen ein und ruft den **login**-Befehl mit dem Benutzernamen als Argument auf. Während der Benutzername eingelesen wird, versucht sich **agetty** an das verwendete System hinsichtlich Übertragungsgeschwindigkeit und Gerätetyp anzupassen.

Sie müssen einen *Port* angeben, den **agetty** im */dev*-Verzeichnis sucht. Hier ist auch - möglich; in diesem Fall liest **agetty** von der Standardeingabe. Weiterhin müssen Sie eine *Baudrate* angeben. Dies kann eine durch Kommata getrennte Liste von Geschwindigkeiten sein, die von **agetty** der Reihe nach ausprobiert werden. Optional kann ein *Terminal* angegeben werden; dieser Wert überschreibt die TERM-Umgebungsvariable.

Optionen

-h
: Verwenden der Hardware-Flußkontrolle anstelle der Software-mäßigen.

-i
: Unterdrücken der Ausgabe von */etc/issue* vor Ausgabe der Anmeldeaufforderung.

-l *Programm*
: Angeben eines *Programms*, das anstelle von */bin/login* verwendet wird.

-m
: Versucht, die passende Übertragungsgeschwindigkeit (Baudrate) zu raten.

-t *Timeout*
: Gibt an, daß sich **agetty** beenden soll, wenn das Aufbauen der Verbindung erfolgreich ist, aber danach *Timeout* Sekunden lang keine Eingabe erfolgt.

-L
: Erwartet kein Carrier-Detect-Signal (lokale Verbindung). Diese Option wird verwendet, wenn Terminals direkt angeschlossen sind.

apmd [*Optionen*]

Befehl zur Systemverwaltung. **apmd** kümmert sich um Ereignisse, die der BIOS-Treiber für das Advanced Power Management meldet. Dazu gehören Meldungen über den Batteriezustand und Anforderungen, in den Sleep- oder Suspend-Modus zu gehen. **apmd** protokolliert alle Berichte, die er von **syslogd** erhält, und kümmert sich darum, daß die grundlegenden Sleep- und Suspend-Anforderungen korrekt behandelt werden. Sie können das Verhalten von **apmd** anpassen, indem Sie einen **apmd_proxy**-Befehl angeben, der beim Eintreffen eines Ereignisses ausgeführt werden soll.

Optionen

-c *n*, **--check** *n*
: Legt die Anzahl der Sekunden fest, die auf ein Ereignis gewartet werden soll, bevor der Batteriezustand erneut abgefragt wird. Der Default ist, beliebig lange zu warten. Durch Angeben dieser Option wird der Batteriezustand häufiger abgefragt.

-P *Befehl*, **--apmd_proxy** *Befehl*
: Gibt den **apmd_proxy**-Befehl an, der ausgeführt werden soll, wenn Ereignisse vom APM-Treiber gemeldet werden. Dies ist üblicherweise ein Shell-Skript. Der *Befehl* wird mit Parametern aufgerufen, die anzeigen, um welches Ereignis es sich handelt. Diese Parameter sind in der folgenden Liste zu finden.

-p *n*, **--percentage** *n*
: Protokollieren, wenn sich der Batteriezustand um *n* Prozent ändert. Der Default ist 5. Werte größer als 100 schalten das Protokollieren von Batteriezustandsänderungen ab.

-V, **--version**
: Version ausgeben und beenden.

-v, **--version**
: Verbose-Modus, alle Ereignisse werden protokolliert.

-W, **--wall**
: Alle Benutzer mit **wall** bei schwacher Batterie warnen.

-w *n*, **--warn** *n*
: Eine Warnung auf ALERT-Ebene protokollieren, wenn der Batteriezustand unter *n* Prozent fällt. Der Default ist 10. Negative Werte schalten das Warnen bei schwacher Batterie ab.

-q, **--quiet**
: Warnungen bei schwacher Batterie abschalten.

-?, **--help**
: Hilfetext ausgeben und beenden.

→

apmd
←

Parameter

Das apmd-Proxy-Skript wird mit den folgenden Parametern aufgerufen:

start Aufgerufen, wenn der Daemon startet.

stop Aufgerufen, wenn der Daemon anhält.

suspend [**system** | **user**]
Aufgerufen, wenn eine Suspend-Anforderung eingetroffen ist. Der zweite Parameter zeigt an, ob die Anforderung vom System oder vom Benutzer kam.

standby [**system** | **user**]
Aufgerufen, wenn eine Standby-Anforderung eingetroffen ist. Der zweite Parameter zeigt an, ob die Anforderung vom System oder vom Benutzer kam.

resume [**suspend** | **standby** | **critical**]
Aufgerufen, wenn das System den normalen Betrieb wieder aufnimmt. Der zweite Parameter zeigt den Modus an, in dem sich das System davor befand. (**critical** zeigt ein Notfall-Herunterfahren an. Das System kann danach instabil sein; Sie können den **resume**-Befehl verwenden, um das System danach zu reparieren.

change power
Aufgerufen, wenn die Systemstromversorgung von Wechselstrom auf Batterie oder umgekehrt wechselt.

change battery
Aufgerufen, wenn der APM-BIOS-Treiber meldet, daß die Batterie schwach ist.

change capability
Aufgerufen, wenn der APM-BIOS-Treiber meldet, daß Hardware, die seine Funktion beeinflußt, hinzugefügt oder entfernt worden ist.

apropos

apropos *string* ...

Durchsucht die kurzen Man-Page-Beschreibungen in der **whatis**-Datenbank nach *string* und gibt das Ergebnis auf der Standardausgabe aus. Verhält sich wie **whatis**, sucht aber nach Strings anstelle von Wörtern. Äquivalent zu **man -k**.

ar [-V] *Funktion* [*args*] [*Name*] *Archiv* [*Dateien*]

Faßt eine Gruppe von *Dateien* zu einer Archivdatei *Archiv* zusammen. Dieser Befehl wird meistens dazu verwendet, Bibliotheksdateien zu erzeugen, die vom Link-Editor **ld** verwendet werden. Es darf nur ein *Funktions*-Buchstabe verwendet werden, an den aber zusätzliche Argumente *args* angehängt werden dürfen (ohne Zwischenräume). *Name* bezeichnet den Namen einer Datei in *Archiv*. Wenn Dateien im Archiv ersetzt oder neue hinzugefügt werden, kann angegeben werden, daß sie vor oder hinter *Name* erscheinen sollen. Mit **-V** wird die Versionsnummer von **ar** auf Standardfehler ausgegeben.

Funktion

d Löschen von *Dateien* aus *Archiv*.

m Verschieben von *Dateien* nach *Archiv*.

p Ausgeben von *Dateien* in *Archiv*.

q Anhängen von *Dateien* an *Archiv*.

r Ersetzen von *Dateien* in *Archiv*.

t Anzeigen des Inhalts von *Archiv* oder von *Dateien*.

x Löschen von *Dateien* aus *Archiv*.

Argumente

a Wird bei **r** und **m** verwendet und gibt an, daß die Dateien hinter *Name* in das Archiv eingefügt werden sollen.

b Wie **a**, aber es wird vor *Name* eingefügt.

c Stillschweigendes Erzeugen des Archivs.

f Lange Dateinamen abkürzen.

i wie **b**

l Nur zur Kompatibilität mit früheren Versionen, hat unter Linux keine Bedeutung.

o Ursprüngliche Zeitstempel beibehalten.

s Erzwingen, daß die Symboltabelle des Archivs neu erzeugt wird (nützlich nach Verwendung des **strip**-Befehls).

S Symboltabelle nicht regenerieren.

u Wird im Zusammenhang mit **r** verwendet, um nur die Dateien zu ersetzen, die sich geändert haben, seit sie in das Archiv gestellt worden sind.

v Verbose-Modus; zu jeder Aktion wird eine Beschreibung ausgegeben.

→

ar ←	***Beispiel*** Ersetzen von **mylib.a** durch alle Objektdateien des aktuellen Verzeichnisses: `ar r mylib.a `ls *.o``
arch	**arch** Gibt den Typ der Rechnerarchitektur auf der Standardausgabe aus. Entspricht **uname -m**.
arp	**arp** [*Optionen*] TCP/IP-Befehl. Den ARP-Cache des Kernels (*/proc/net/arp*) löschen, ausgeben oder einen Eintrag hinzufügen. ***Optionen*** **-v** Verbose-Modus; **-t** *Typ*: Nach *Typ*-Einträgen suchen, wenn der ARP-Cache untersucht wird. *Typ* muß entweder **ether** (Ethernet) oder **ax25** (AX.25 Packet Radio) sein; **ether** ist der Default. **-a** [*Hosts*]: Die Einträge von *Hosts* anzeigen; wenn *Hosts* nicht angegeben ist, alle anzeigen. **-d** *Host*: Den Eintrag von *Host* entfernen. **-s** *Host Hardware-Adresse*: Den Eintrag *Host Hardware-Adresse* hinzufügen, wobei Adressen der Klasse **ether** aus sechs durch Kommata getrennten Byte in Hexadezimalschreibweise bestehen. **-f** *Datei*: Einträge aus *Datei* lesen und hinzufügen.
as	**as** [*Optionen*] *Dateien* Erzeugen einer Objektdatei aus allen in *Dateien* angegebenen Assembler-Quelldateien. Die Objektdateien erhalten den gleichen Namen wie die Quelldateien; das Suffix **.s** wird durch **.o** ersetzt. Zusätzlich zu den hier angegebenen Optionen gibt es auf manchen Systemen weitere, systemspezifische Optionen.

Optionen

- - [| *Dateien*]
: Einlesen der Quelldateien von der Standardeingabe oder, wenn das Pipe-Symbol angegeben ist, aus den *Dateien*.

-a[dhlns][=*Datei*]
: Wenn nur die **-a**-Option angegeben wird, werden Hochsprachen- und Assembler-Listing sowie die Symboltabelle ausgegeben. Die anderen Optionen schalten weitere Ausgaben ein oder aus:

  -ad Keine Debugging-Anweisungen ausgeben.

  -ah Wenn vorhanden, den Quelltext der Hochsprache mit ausgeben.

  -al Ausgeben eines Assembler-Listings.

  -an Unterdrücken der Verarbeitung von Ausdrücken.

  -as Ausgeben der Symboltabelle.

  =*Datei*
  : Die Ausgabe wird in die Datei *Datei* geschrieben.

-defsym *Symbol*=*Wert*
: Definiert das *Symbol* so, daß es den Wert *Wert* hat. *Wert* muß eine ganze Zahl sein.

-f Weglassen des Präprozessorlaufs.

- -gstabs
: Stabs-Debugging-Informationen generieren.

-o *Objektdatei*
: Schreiben der Ausgabe nach *Objektdatei* (der Default ist *Datei*.**o**).

-v Die Versionsnummer des Assemblers ausgeben.

-I *Pfad*
: Durchsuchen des *Pfad*es in **.include**-Anweisungen.

-K Ausgeben einer Warnung, bevor Differenzen (wie in .word SYM2-SYM1) verändert werden.

-L Lokale Symbole, die mit **L** beginnen, nicht entfernen.

-R Sowohl Daten- als auch Text-Segment in die »text section« schreiben.

-W Unterdrücken von Ausgaben.

at

at [*Optionen*] *Zeit*

Führt Befehle zu einer bestimmten *Zeit* und optional an einem bestimmten *Datum* aus. Die Befehle werden von der Standardeingabe oder einer Datei gelesen. (Siehe auch **batch**.) Die Eingabe wird durch *EOF* beendet. Die *Zeit* kann entweder als Zahlenwert für die Stunde (optional mit Minuten und Zusätzen) oder durch ein Schlüsselwort angegeben werden. Der Befehl kann ein Datum enthalten, das als Monat mit Tag, als Wochentag oder durch ein spezielles Schlüsselwort (*today* oder *tomorrow*) ausgedrückt wird. Ein Zuschlag (Inkrement) kann ebenfalls angegeben werden. Einzelheiten werden in den folgenen Absätzen erläutert.

Der Befehl **at** kann immer vom Superuser ausgeführt werden. Andere Benutzer müssen in der Datei */etc/at.allow* stehen, wenn diese existiert; ansonsten dürfen sie nicht in der Datei */etc/at.deny* stehen. Wenn keine dieser beiden Dateien existiert, kann nur der Superuser diesen Befehl ausführen.

Optionen

-c *Job* [*Job...*]
: Die angegebenen Jobs auf der Standardausgabe aneinanderhängen. Diese Option erwartet keine Zeitangabe.

-d *Job* [*Job...*]
: Die angegebenen Jobs löschen. Wie **atrm**.

-f *Datei*
: Liest den Befehl aus der *Datei* anstelle der Standardeingabe.

-l Gibt alle Jobs für den aktuellen Benutzer aus. Wie **atq**.

-m Sendet eine E-Mail an den Benutzer, wenn der Job fertig ist, unabhängig davon, ob bei dem Job eine Ausgabe erzeugt wurde.

-q *Buchstabe*
: Reiht den Job in die mit *Buchstabe* bezeichnete Warteschlange ein, wobei die *Buchstaben* von a–z und A–Z erlaubt sind. Die Standardwarteschlange ist a. (Die Warteschlange für batch ist standardmäßig b.) Je später der Buchstabe im Alphabet kommt, desto niedriger ist die Priorität, mit der die Jobs dieser Warteschlange laufen.

-V Gibt die Versionsnummer aus.

Uhrzeit

hh:mm [*Modifikatoren*]
: Stunden können eine oder zwei Ziffern haben (standardmäßig wird eine 24-Stunden-Uhr angenommen); zusätzliche Minuten können eine oder zwei Stellen haben; der Doppelpunkt kann entfallen, wenn die Zeit im Format *h*, *hh* oder *hhmm* angegeben wird. Zum Beispiel sind 5, 5:30, 0530, 19:45 gültige Zeitangaben. Wenn der Zusatz **am** oder **pm** hinzugefügt wird, basiert die Zeitangabe auf einer 12-Stunden-Uhr. Wenn der Modifikator **zulu** angehängt wird, bezieht sich die Zeitangabe auf Greenwich Mean Time.

midnight | **noon** | **teatime** | **now**
: Jedes dieser Schlüsselwörter kann anstelle einer numerischen Zeitangabe verwendet werden. **teatime** entspricht 4 Uhr nachmittags; auf **now** muß ein *Zuschlag* folgen.

Datum

Monat Zahl[, *Jahr*]
: *Monat* ist der englische Name eines der zwölf Kalendermonate, ausgeschrieben oder auf die drei ersten Buchstaben abgekürzt; *Zahl* ist der Kalendermonat, *Jahr* ist die vierstellige Jahreszahl. Wenn der Monat vor dem aktuellen Kalendermonat liegt, wird der Job für das folgende Jahr vorgemerkt.

Tag Der englische Name eines der sieben Wochentage, ausgeschrieben oder auf die ersten drei Buchstaben abgekürzt.

today | **tomorrow**
: Gibt den aktuellen oder den nächsten Tag an. Wenn *Datum* weggelassen wird, reiht **at** einen Job für **today** (am gleichen Tag) ein, wenn die angegebene *Zeit* später eintritt, anderenfalls am folgenden Tag.

Inkrement

Geben Sie einen numerischen Zuschlag an, wenn Sie die Ausführungszeit oder den Tag *relativ* zur aktuellen Zeit angeben möchten. Der Zahl sollte eines der Schlüsselwörter **minute**, **hour**, **day**, **week**, **month** oder **year** (oder deren Pluralformen) folgen. Das Schlüsselwort **next** kann als Synonym für **+ 1** verwendet werden.

Beispiele

Beachten Sie, daß die ersten beiden Befehle gleichwertig sind:

```
at 1945 pm December 9
at 7:45pm Dec 9
at 3 am Saturday
at now + 5 hours
at noon next day
```

atq

atq [*Optionen*]

Listet alle wartenden Jobs des Benutzers auf. Wenn der Superuser dieses Programm ausführt, werden die Jobs aller Benutzer aufgelistet. Wie **at -l**.

Optionen

-q *Warteschlange*
: Betrachtet nur die angegebene Warteschlange und ignoriert alle anderen Jobs.

-v
: Zeigt die bereits ausgeführten, aber noch nicht aus der Warteschlange gelöschten Jobs an.

-V
: Gibt die Versionsnummer aus.

atrm

atrm [*Optionen*] *Job* [*Job*...]

Löscht einen Job, der in der Warteschlange auf seine Ausführung wartet. Das Programm entspricht dem Befehl **at -d**.

Optionen

-q *Warteschlange*
: Entfernt den Job aus der angegebenen Warteschlange.

-V
: Gibt die Versionsnummer aus und beendet dann das Programm.

badblocks

badblocks [*Optionen*] *Gerät Blockzahl*

Befehl zur Systemverwaltung. Durchsucht *Gerät* nach schlechten Blöcken, wobei die Anzahl der Blöcke auf dem Gerät angegeben werden muß.

Optionen

-b *Blockgröße*
: Gibt die erwartete *Blockgröße* an.

-o *Datei*
: Umlenken der Ausgabe in *Datei*.

-v
: Verbose-Modus

-w
: Überprüft jeden Block, indem zunächst in ihn hineingeschrieben und danach wieder aus ihm gelesen wird.

banner [*Option*] [*Zeichen*]

banner

Die *Zeichen* werden als Spruchband ausgegeben. Wenn keine *Zeichen* auf der Kommandozeile angegeben sind, fordert **banner** Sie auf, welche einzugeben, die dann von der Standardeingabe gelesen werden. Defaultmäßig geht die Ausgabe auf die Standardausgabe, auch wenn sie eigentlich für einen Drucker gedacht ist.

Option

-w *Breite*
: Setzt die *Breite* auf den angegebenen Wert. Beachten Sie, daß die Ausgabe schmaler als der eingestellte Wert erscheint, wenn Sie nur Kleinbuchstaben verwenden. Wenn *–w* nicht angegeben wird, ist die voreingestellte Breite 132. Wird dagegen *–w* angegeben, aber keine *Breite*, dann ist der Default 80.

Beispiel

```
/usr/games/banner -w50 Alles Gute! |lpr
```

basename *Name* [*Suffix*]
basename *Option*

basename

Entfernt führende Verzeichniskomponenten aus einem Pfad. Wenn ein *Suffix* angegeben wird, wird auch dieses entfernt. Das Ergebnis wird auf der Standardausgabe ausgegeben.

Optionen

--help
: Gibt einen Hilfstext aus und beendet dann das Programm.

--version
: Gibt die Versionsnummer aus und beendet dann das Programm.

Beispiele

```
% basename /usr/lib/libm.a
libm.a

% basename /usr/lib/libm.a .a
libm
```

Befehls-referenz

batch

batch [*Optionen*] [*Zeit*]

Führt die an der Standardeingabe eingegebenen Befehle aus. Wenn keine Zeit angegeben ist, wird mit der Ausführung begonnen, sobald es die Systemlast erlaubt (wenn die durchschnittliche Last unter 0,8 gefallen ist). Das Programm arbeitet ähnlich wie **at**, es besteht aber nicht auf den Zeitpunkt, der für die Ausführung an der Kommandozeile angegeben wurde. Sehen Sie auch unter **at** nach.

Optionen

-f *Datei*
: Liest die Jobs aus der *Datei* anstelle der Standardeingabe.

-m
: Schickt dem Benutzer eine E-Mail, wenn der Job ausgeführt wurde – unabhängig davon, ob von dem Job eine Bildschirmausgabe erzeugt wurde oder nicht.

-q *Buchstabe*
: Stellt den Job in die durch *Buchstabe* angegebene Warteschlange, wobei *Buchstabe* ein einzelner Buchstabe im Bereich a–z und A–Z sein kann. Die Default-Warteschlange ist **b**. Je später der Buchstabe in der Alphabetreihenfolge steht, desto niedriger ist die Priorität, mit der die Jobs dieser Warteschlange laufen.

-V
: Gibt die Versionsnummer aus und beendet dann das Programm.

-v
: Gibt an, wann ein Job ausgeführt wird.

bash

bash [*Optionen*] [*Datei* [*Argumente*]]
sh [*Optionen*] [*Datei* [*Argumente*]]

Standard-Linux-Shell, ein Befehlsinterpreter, in dem alle weiteren Befehle eingegeben werden. Weitere Informationen finden Sie in Kapitel 7, *bash: Die Bourne-Again Shell*.

bc

bc [*Optionen*] [*Dateien*]

bc ist eine Programmiersprache (und ein Compiler), deren Syntax der von C ähnlich ist, die jedoch arithmetische Berechnungen mit unbegrenzter Genauigkeit durchführt. Der Sprachumfang von **bc** enthält Variablen, Schlüsselwörter und Symbole, die im folgenden kurz beschrieben werden. Am Ende werden einige Beispiele gegeben.

Das Programm führt interaktiv Berechnungen mit beliebiger Genauigkeit durch oder konvertiert Zahlen von einem Zahlensystem in ein anderes. Die Eingabe kann aus *Dateien* oder von der Standardeingabe gelesen werden. Um das Programm zu verlassen, geben Sie **quit** oder das Symbol für **EOF** ein.

Optionen

-l, --mathlib
Ermöglicht die Benutzung von Funktionen aus der mathematischen Bibliothek.

-s, --standard
Alle Erweiterungen werden ignoriert und die Daten exakt nach dem POSIX-Standard verarbeitet.

-w, --warn
Wenn Erweiterungen vom POSIX-Standard für **bc** genutzt werden, erscheint eine Warnung.

-q, --quiet
Keine Begrüßungsmeldung anzeigen.

-v, --version
Versionsnummer ausgeben.

Bezeichner

Ein Bezeichner ist eine Kette aus einem oder mehr Zeichen. Er muß mit einem Kleinbuchstaben beginnen, darf aber auch Zahlen und Unterstriche enthalten. Großbuchstaben sind nicht erlaubt. Bezeichner werden als Namen für Variablen, Felder und Funktionen verwendet. Normalerweise können Variablen Zahlen mit beliebiger Genauigkeit aufnehmen. In einem Programm können Sie eine Variable, ein Feld und eine Funktion mit dem gleichen Buchstaben bezeichnen. Die folgenden Bezeichner führen zu keinem Konflikt:

x Variable *x*.

x[*i*] Element *i* des Feldes *x*. *i* darf aus dem Bereich 0 bis 2047 stammen und auch ein Ausdruck sein.

x(*y*,*z*)
Aufruf der Funktion *x* mit den Parametern *y* und *z*.

Schlüsselwörter für Ein- und Ausgabe

ibase, **obase**, **scale** und **last** speichern einen Wert. Wenn sie allein auf einer Zeile eingegeben werden, wird deren aktueller Wert ausgegeben. Sie können deren Werte auch durch eine Zuweisung verändern. Die Buchstaben A–F werden als Ziffern mit den Werten 10 bis 15 interpretiert.

ibase = *n*
Die Zahlen, die eingegeben werden (z.B. über die Tastatur), werden zur Basis *n* interpretiert (der Default ist 10).

obase = *n*
Zahlen werden zur Basis *n* dargestellt (der Default ist 10). Bemerkung: Wenn **ibase** nicht mehr den Wert 10 hat, benutzen Sie die Ziffer A, um **ibase** oder **obase** wieder als Dezimalzahlen zu setzen.

→

scale = *n*
Zeigt die Ergebnisse mit *n* Dezimalstellen an (der Default ist 0, die Resultate werden also auf Ganzzahlwerte gekürzt). **scale** wird normalerweise nur bei Berechnungen zur Basis 10 benutzt.

last Wert der zuletzt ausgegebenen Zahl

Anweisungen

Ein Semikolon oder ein Zeilenwechsel trennt zwei Anweisungen voneinander. Geschweifte Klammern werden benötigt, um mehrere Anweisungen zusammenzufassen.

if (*Ausdruck*) {*Anweisungen*} [**else** {*Anweisungen*}]
Führt eine oder mehrere *Anweisungen* aus, wenn das Ergebnis von *Ausdruck* wahr ist. Anderenfalls wird nichts gemacht, oder wenn ein *else*-Teil angegeben ist, werden die alternativen *Anweisungen* bearbeitet. Zum Beispiel:

```
if(x==y) {i = i + 1} else {i = i - 1}
```

while (*Ausdruck*) {*Anweisungen*}
Wiederholt ein oder mehrere *Anweisungen*, solange *Ausdruck* wahr ist. Zum Beispiel:

```
while(i>0) {p = p*n; q = a/b; i = i-1}
```

for (*Ausdruck1*; *Relausdr*; *Ausdruck2*) {*Anweisungen*}
Ähnlich wie **while**; um beispielsweise die ersten 10 Vielfachen von 5 auszugeben, geben Sie ein:

```
for(i=1; i<=10; i++) i*5
```

GNU **bc** braucht nicht unbedingt drei Argumente für **for**. Wenn das erste oder das letzte Argument fehlt, werden diese Teile nicht ausgewertet. Wenn die Bedingung fehlt, wird sie immer als wahr eingestuft.

break
Unterbricht eine **while**- oder **for**-Schleife.

print *Liste*
GNU-Erweiterung; sie bietet eine zusätzliche Möglichkeit zur Ausgabe. Die *Liste* besteht aus einer durch Kommata getrennten Reihe von Zeichenketten und Ausdrücken; **print** gibt die Werte in der Reihenfolge der Liste aus. Am Ende der Ausgabe wird kein Zeilenwechsel ausgegeben. Ausdrücke werden berechnet, ausgegeben und der speziellen Variablen *last* zugewiesen. Zeichenketten (die auch Sonderzeichen enthalten dürfen; zum Beispiel solche, die mit \ beginnen) werden einfach ausgegeben. Folgende Backslash-Symbole sind erlaubt:

a Alarm oder Glocke

b Backspace

f Seitenvorschub

n Zeilenwechsel (NL)

r Zeilenende (CR)

q Anführungszeichen

t Tabulator

\ Backslash

continue
GNU-Erweiterung. In einem **for**-Statement wird sofort mit dem nächsten Schleifendurchlauf begonnen.

halt GNU-Erweiterung. Veranlaßt, den **bc**-Programmablauf abzubrechen.

limits
GNU-Erweiterung. Gibt die Wertebereiche der lokalen Version von **bc** aus.

Funktions-Schlüsselwörter

define *f* (*args*) {
Beginn der Definition der Funktion *f* mit den Argumenten *args*. Die Argumente werden durch Kommata getrennt. Die Anweisungen folgen auf den nächsten Zeilen. Die Definition endet mit }.

auto *x, y*
Erzeugt die lokalen Variablen *x* und *y*, initialisiert mit dem Wert 0, die nur innerhalb der Funktion angesprochen werden können. Die Variablendeklaration muß am Anfang der Funktionsdefinition erfolgen.

return(*Ausdruck*)
Liefert den Wert von *Ausdruck* zurück an das Programm. Wenn *Ausdruck* weggelassen wird, wird 0 zurückgegeben. Sinnvoll nur in Funktionsdefinitionen.

sqrt (*Ausdruck*)
Berechnet die Quadratwurzel des angegebenen *Ausdrucks*.

length (*Ausdruck*)
Berechnet, wie viele signifikante Stellen das Ergebnis von *Ausdruck* hat.

scale (*Ausdruck*)
Das gleiche wie **length**, es werden jedoch nur die Stellen vor dem Dezimalkomma gezählt.

read()
GNU-Erweiterung. Liest eine Zahl von der Standardeingabe. Liefert den Wert der (ein)gelesenen Zahl, interpretiert nach dem Wert von **ibase**.

→

Funktionen der mathematischen Bibliothek

Diese Funktionen stehen zur Verfügung, wenn das Programm **bc** mit der Option **-l** aufgerufen wurde. Die Bibliotheksfunktionen setzen **scale** auf 20.

s(*Winkel*)
: Berechnet den Sinus von *Winkel*, einer Konstanten oder eines Ausdrucks in Bogenmaß.

c(*Winkel*)
: Berechnet den Cosinus von *Winkel*, einer Konstanten oder eines Ausdrucks in Bogenmaß.

a(*n*) Berechnet den Arcustangens von *n* und liefert das Ergebnis in Bogenmaß.

e(*Ausdruck*)
: Berechnet »**e** hoch *Ausdruck*« (Potenz zur Basis **e**).

l(*Ausdruck*)
: Liefert den natürlichen Logarithmus von *Ausdruck*.

j(*n*, *x*)
: Liefert den Wert der Bessel-Funktion der ganzzahligen Ordnung *n*.

Operatoren

Operatoren können arithmetisch, Vorzeichen, Zuweisungen oder Relationen sein:

arithmetische
: + - * / % ^

unäre
: - ++ --

Zuweisung
: =+ =- =* =/ =% =^ =

relationale
: < <= > >= == !=

Andere Symbole

/* */ Schließen Kommentare ein.

() Kontrollieren die Reihenfolge, in der Unterausdrücke ausgewertet werden. Klammern können auch um eine Zuweisung gesetzt werden, um das Ergebnis des Ausdrucks ausgeben zu lassen.

{} Geschweifte Klammern werden benutzt, um Anweisungen zu einer Gruppe zusammenzufassen.

[] Eckige Klammern schließen den Index eines Feldes ein.

»Text«
: In Anführungszeichen stehender *Text* wird ausgegeben.

Beispiele

Bitte beachten Sie, daß das Programm Werte, die Sie als Zahl oder als Ausdruck eingeben, berechnet und das Ergebnis ausgibt. Zuweisungen erzeugen jedoch keine Anzeige, wenn sie nicht in runden Klammern stehen.

```
ibase = 8          Eingabe von Oktalzahlen
20                 Berechnet den (dezimalen) Wert dieser Oktalzahl.
16                 Auf dem Bildschirm erscheint die Dezimalzahl.
obase = 2          Ausgabe wird umgestellt auf binär statt dezimal.
20                 Eingabe der Oktalzahl
10000              Auf dem Bildschirm erscheint jetzt die Binärzahl.
ibase = A          Die Eingabebasis wird auf 10 zurückgesetzt.
scale = 3          Die Genauigkeit wird auf drei Dezimalstellen begrenzt.
8/7                Berechnet die Division.
1.001001000        Oops! Vergessen, die Ausgabebasis auf 10 zu setzen.
obase=10           Die Eingabebasis ist schon 10, deshalb ist A hier nicht
                   nötig.
8/7
1.142              Auf dem Bildschirm erscheint das Ergebnis
                   (abgeschnitten).
```

In den folgenden Zeilen wird die Benutzung von Funktionen gezeigt:

```
define p(r,n){     Funktion p benutzt zwei Argumente.
auto v             v ist eine lokale Variable.
v = r^n            r n-te Potenz von r.
return(v)}         Der Wert wird zurückgegeben.

scale=5
x=p(2.5,2)         x = 2.5 ^ 2
x                  x wird ausgegeben.
6.25
length(x)          Anzahl der Ziffern
3
scale(x)           Anzahl der Stellen nach dem Komma
2
```

---

biff [*Argumente*]

Der Benutzer wird bei ankommender Post benachrichtigt. **biff** arbeitet asynchron. Die Benachrichtigung funktioniert nur, wenn auf Ihrem System der **comsat(8)**-Server läuft. Durch den Befehl **biff y** wird die Benachrichtigung aktiviert, **biff n** schaltet die Benachrichtigung aus. Ohne Argumente wird der aktuelle Status von **biff** angezeigt.

bison

bison [*Optionen*] *Datei*

Konvertiert eine Datei *Datei* mit einer kontextfreien Grammatik in Parsing-Tabellen, die in die Datei *Datei.c* geschrieben werden. **bison** ist weitgehend kompatibel mit **yacc** und auch danach benannt. Die Eingabedateien sollten das Suffix *.y* haben, die Ausgabedateien behalten den Basisnamen der Eingabedatei. Alle Lang-Optionen (also die, die mit -- anfangen) können statt dessen auch mit einem + eingeleitet werden.

Optionen

-b *Präfix*, **--file-prefix=***Präfix*
: Alle Ausgabedateien fangen mit *Präfix* an.

-d, **--defines**
: Erzeugen einer Datei *Datei.h*, die **#define**-Anweisungen enthält. Diese bilden die von **bison** verwendeten Token-Codes auf die vom Benutzer bestimmten Token-Namen ab.

-r, **--raw**
: Verwenden von **bison**-Token-Nummern anstelle der **yacc**-kompatiblen Übersetzungen in *Datei.h*.

-k, **--token-table**
: Einfügen der Token-Namen und -Werte von YYNTOKENS, YYNNTS, YYNRULES und YYNSTATES in *Datei.c*.

-l, **--no-lines**
: Ausgabe von **#line**-Konstrukten in *Datei.c* unterdrücken. Sollte nur verwendet werden, wenn der Parser vollständig funktioniert.

-n, **--no-parser**
: Unterdrücken der Ausgabe des Parser-Codes; es werden nur die Deklarationen geschrieben. Alle Übersetzungen werden in den Body einer Switch-Anweisung geschrieben, die in die Datei *Datei.act* ausgegeben wird.

-o *Datei*, **--output-file=***Datei*
: Schreiben der Ausgabe nach *Datei*.

-p *Präfix*, **--name-prefix=***Präfix*
: Ersetzen von **yy** durch *Präfix* in allen extern verwendeten Symbolen.

-t, **--debug**
: Code zum Laufzeit-Debugging mit einfügen.

-v, **--verbose**
: Verbose-Modus. Ausgeben von Diagnose-Meldungen und Angaben zu den Parsing-Tabellen nach *Datei.output*.

-V, **--version**
: Ausgeben der Versionsnummer.

-y, --yacc, --fixed-output-files
Verwenden der **yacc**-Konventionen bei der Benennung von Ausgabedateien.

bootpd [*Optionen*] [*Konfigdatei* [*Dumpdatei*]]

TCP/IP-Befehl. Der Internet Boot Protocol Server. **bootpd** wird normalerweise von */etc/inetd* gestartet, indem die folgende Zeile in die Datei */etc/inetd.conf* aufgenommen wird:

```
bootps dgram udp wait root /etc/bootpd bootpd
```

Damit wird **bootpd** nur gestartet, wenn eine Anfrage an den Server eintrifft. Der Server kann aber auch von der Kommandozeile gestartet werden. Nach dem Starten liest **bootpd** zunächst seine Konfigurationsdatei */etc/bootptab* (oder die auf der Kommandozeile angegebene *Konfigdatei*) und wartet dann auf BOOTREQUEST-Pakete.

bootpd konsultiert */etc/services*, um die Portnummern herauszufinden, die verwendet werden sollen. Dabei werden zwei Einträge gelesen: **bootps** – der Port, auf dem der Server auf Anfragen warten soll – und **bootpc** – der Port, auf dem der Server den Clients antwortet.

Wenn **bootpd** mit der Option –DDEBUG kompiliert worden ist, schreibt er bei Empfang des Signals SIGUSR1 seine Datenbank im Speicher in die Datei */etc/bootpd.dump* oder in die auf der Kommandozeile angegebene *Dumpdatei*.

Optionen

-c *Verzeichnis*
bootpd arbeitet im angegebenen Verzeichnis.

-d *Stufe*
Angeben der Debugging-Stufe. Wenn *Stufe* nicht angegeben wird, wird die aktuelle Stufe um eins erhöht.

-t *Timeout*
Gibt einen Timeout-Wert in Minuten an. 0 bedeutet kein Timeout.

Die Konfigurationsdatei

Im Format der Konfigurationsdatei von **bootpd** beschreiben zweibuchstabige Symbole, bei denen die Groß-/Kleinschreibung relevant ist, verschiedene Parameter der einzelnen Rechner. Diese Parameter werden durch Doppelpunkte getrennt. Das allgemeine Format ist:

```
Rechnername:tg=Wert:tg=Wert:tg=Wert
```

wobei *Rechnername* der Name eines bootp-Clients und *tg* ein Symbol ist, das für ein Tag steht. Die folgenden Tags sind bekannt:

→

bootpd
←

Tags

Tag	Bedeutung
bf	Boot-Datei
bs	Größe der Boot-Datei in Blöcken von 512 Oktetten
cs	Adreßliste der Cookie-Server
ds	Adreßliste der DNS-Server
gw	Adreßliste der Gateways
ha	Hardware-Adresse des Rechners
hd	Home-Verzeichnis der Boot-Datei
hn	Senden des Rechnernamens
ht	Hardware-Typ des Rechners (siehe den RFC »Assigned Numbers«)
im	Adreßliste der Impress-Server
ip	IP-Adresse des Rechners
lg	Adreßliste der Log-Server
lp	Adreßliste der **lpr**-Server
ns	Adreßliste der IEN-116-Name-Server
rl	Adreßliste der Server für das Resource Location Protocol
sm	Subnetzmaske des Rechners
tc	Fortsetzungstabelle
to	Zeitverschiebung von UTC in Sekunden
ts	Adreßliste der Time Server
vm	Auswahl des Magic Cookies für den Hersteller

Außerdem gibt es das generische Tag **T***n*, wobei *n* eine Tag-Nummer des Herstellerfeldes aus dem RFC 1048 ist. Generische Daten können entweder als Folge von Hexadezimalzahlen oder als in Anführungszeichen stehender ASCII-String geschrieben werden.

bootpgw

bootpgw [*Optionen*] *Server*

Internet Boot Protocol Gateway. Verwalten eines Gateways, der **bootpd**-Anfragen an den Rechner *Server* weiterleitet. Außer BOOTREPLY-Paketen werden auch BOOTREQUEST-Pakete verarbeitet. **bootpg** wird normalerweise von */etc/inetd* gestartet, indem die folgende Zeile in die Datei */etc/inetd.conf* aufgenommen wird:

```
bootps dgram udp wait root /etc/bootpgw bootpgw
```

Damit wird **bootpgw** nur gestartet, wenn eine entsprechende Anfrage eintrifft. **bootpgw** kennt die gleichen Optionen wie **bootpd** mit Ausnahme von **-c**.

bootpgw

bootptest [*Optionen*] *Server* [*Muster*]

bootptest

TCP/IP-Befehl. Testet den **bootpd**-Daemon von *Server*, indem zehn Sekunden lang, oder bis der Server antwortet, jede Sekunde eine Anfrage geschickt wird. Die Optionen werden aus der *Muster*-Datei gelesen, falls diese angegeben wurde.

Optionen

-f *Datei*
: Liest den Boot-Dateinamen aus *Datei*.

-h Identifizieren des Clients über die Hardware-Adresse anstelle der IP-Adresse.

-m *magic-number*
: Stellt *magic-number* als erstes Wort des Herstelleroptionen-Feldes zur Verfügung.

bzip2 [*Optionen*] *Dateinamen*
bunzip2 [*Optionen*] *Dateinamen*
bzcat [*Option*] *Dateinamen*
bzip2recover *Dateinamen*

bzip2

Hilfsprogramm zum Komprimieren und Dekomprimieren von Dateien, ähnlich **gzip**, verwendet aber einen anderen Algorithmus und eine andere Kodierungsmethode, um eine bessere Komprimierung zu erreichen. **bzip2** ersetzt jede Datei in *Dateinamen* durch eine komprimierte Version der Datei, an deren Namen *.bz2* angehängt wird. **bunzip2** dekomprimiert jede von **bzip2** komprimierte Datei (und ignoriert alle anderen Dateien, vom Ausgeben einer Warnung abgesehen). **bzcat** dekomprimiert alle angegebenen Dateien auf die Standardausgabe, und **bzip2recover** wird dazu benutzt, Daten aus beschädigten Dateien zu retten.

Optionen

-- Ende der Optionen, alle weiteren Argumente sind Dateinamen.

-*Ziffer*
: Blockgröße beim Komprimieren auf *Ziffer* × 100 KByte einstellen, wobei *Ziffer* eine Ziffer zwischen 1 und 9 ist.

-c, --stdout
: Auf die Standardausgabe komprimieren oder dekomprimieren.

→

bzip2 ←	**-d, --decompress** Dekomprimierung erzwingen. **-f, --force** Überschreiben von Ausgabedateien erzwingen. Der Default ist nicht zu überschreiben. Erzwingt auch das Brechen von harten Links auf Dateien. **-k, --keep** Eingabedateien nicht löschen. **-L, --license, -V, --version** Lizenz- und Versionsinformation ausgeben und beenden. **-q, --quiet** Nur sehr wichtige Meldungen ausgeben. **-s, --small** Weniger Speicher verbrauchen, auf Kosten der Geschwindigkeit. **-t, --test** Die Integrität der Dateien überprüfen, aber nicht komprimieren. **-v, --verbose** Für jede verarbeitete Datei die erreichte Komprimierung anzeigen. Mehr vs bedeuten mehr Ausgaben. **-z, --compress** Erzwingt Komprimierung, auch wenn der Befehl als **bunzip2** oder **bzcat** aufgerufen wurde. **--repetitive-fast, --repetitive-best** Manchmal notwendig in Versionen vor 0.9.5 (die einen verbesserten Sortieralgorithmus hat), um die Kontrolle über den Algorithmus zu bekommen.
c++	**c++** [*Optionen*] *Dateien* Siehe **g++**.
cal	**cal** [*-jy*] [[*Monat*] *Jahr*] Gibt einen zwölfmonatigen (Jahres-)Kalender (beginnend mit Januar) für ein bestimmtes *Jahr* oder einen Monatskalender für einen bestimmten *Monat* in dem *Jahr* aus. Die Monate werden mit den Monatszahlen 1 bis 12 angegeben, als Jahre sind die Zahlen 1 bis 9999 zugelassen. Ohne Argumente wird der Kalender des aktuellen Monats angezeigt. ***Optionen*** **-j** Gibt den Julianischen Kalender aus (die Tage sind numeriert von 1 bis 365, beginnend am 1. Januar).

-m Montag als ersten Tag der Woche anzeigen.

-y Gibt den Kalender für das gesamte laufende Jahr aus.

Beispiele

```
cal 12 1995
cal 1994 > jahr_datei
```


cardctl [*Optionen*] *Befehl*

Befehl zur Systemverwaltung. Steuert PCMCIA-Sockets oder wählt das aktuelle Schema aus. Das aktuelle Schema wird zusammen mit der Adresse aller eingelegten Karten an Konfigurationsskripte geschickt (die defaultmäßig in */etc/pcmcia* stehen). Der Befehl **scheme** zweigt das Schema an oder ändert es. Alle anderen Befehle arbeiten auf dem mit seiner Nummer angegebenen Steckplatz oder, wenn keine Nummer angegeben wird, auf allen Steckplätzen.

Befehle

config [*Steckplatz*]
: Zeigt die aktuelle Konfiguration des Steckplatzes an.

eject [*Steckplatz*]
: Das System für das Auswerfen von Karten vorbereiten.

ident [*Steckplatz*]
: Identifikations-Informationen der Karten anzeigen.

insert [*Steckplatz*]
: Teilt dem System mit, daß eine Karte eingelegt worden ist.

reset [*Steckplatz*]
: Schickt der Karte ein Signal zum Zurücksetzen.

resume [*Steckplatz*]
: Versorgt den Steckplatz wieder mit Strom und konfiguriert ihn zur Verwendung.

scheme [*Steckplatz*]
: Zeigt das aktuelle Schema an oder ändert es auf das angegebene Schema *Name*.

status [*Steckplatz*]
: Zeigt den aktuellen Status des Steckplatzes an.

suspend [*Steckplatz*]
: Hält das Gerät an und dreht dem Steckplatz die Stromzufuhr ab.

Optionen

-c *Verzeichnis*
: Sucht die Konfigurationsinformationen der Karten in *Verzeichnis* anstelle von */etc/pcmcia*.

→

cardctl
←

-f *Datei*
: *Datei* verwenden, um das aktuelle Schema zu protokollieren (anstelle von */var/run/pcmcia-scheme*).

-s *Datei*
: Informationen über Steckplätze in *Dateiname* anstelle von */var/run/stab* suchen.

cardmgr

cardmgr [*Optionen*]

Befehl zur Systemverwaltung. Der Daemon für PCMCIA-Karten. **cardmgr** beobachtet PCMCIA-Steckplätze, ob Geräte hinzufügt oder entfernt worden sind. Wenn eine Karte entdeckt wird, versucht der Daemon, die ID der Karte auszulesen und die Karte anhand der Informationen in der Karten-Konfigurationsdatenbank (die normalerweise in */etc/pcmcia/config* steht) zu konfigurieren. Defaultmäßig erzeugt **cardmgr** einen Eintrag im Systemprotokoll und piept. Zwei hohe Piepstöne bedeuten, daß die Karte erfolgreich identifiziert und konfiguriert werden konnte. Ein hoher Piepston, gefolgt von einem tiefen Ton bedeutet, daß das Gerät identifiziert wurde, aber nicht konfiguriert werden konnte. Ein tiefer Ton bedeutet, daß die Karte nicht identifiziert werden konnte. Informationen über die aktuell konfigurierten Karten stehen in */var/run/stab*.

Optionen

-c*Verzeichnis*
: Die Konfigurationsdatenbank im Verzeichnis *Verzeichnis* anstelle von */etc/pcmcia* suchen.

-d
: **modprobe** anstelle von **insmod** verwenden, um den PCMCIA-Gerätetreiber zu laden.

-f
: **cardmgr** im Vordergrund laufen lassen, um die aktuellen Karten zu verarbeiten, danach als Daemon weiterlaufen lassen.

-m*Verzeichnis*
: Im Verzeichnis *Verzeichnis* nach Gerätemodulen für die Karten suchen (anstelle von */lib/modules/*`**uname -r**`).

-o
: Die vorhandenen Karten in einem Durchlauf konfigurieren, dann beenden.

-p*Datei*
: Die Prozeß-ID von **cardmgr** nach *Datei* schreiben (anstelle von */var/run/cardmgr.pid*).

-q
: Keine Piepstöne ausgeben.

-s*Datei*
: Steckplatzinformationen nach *Datei* anstelle von */var/run/stab* schreiben.

-v
: Verbose-Modus

-V
: Versionsnummer ausgeben und beenden.

cat [*Optionen*] [*Dateien*]

Liest (kon*kat*eniert) eine oder mehrere *Dateien* und schreibt sie auf die Standardausgabe. Wenn keine *Dateien* angegeben sind oder wenn auf der Kommandozeile das Symbol anstelle eines Dateinamens übergeben wird, liest cat von der Standardeingabe; die Eingabe wird dann mit *EOF* beendet. Sie können den Operator > benutzen, um mehrere Dateien aneinanderzuhängen; mit >> hängen Sie Dateien an eine bereits existierende Datei an.

Optionen

-A, **--show-all**
: gleichbedeutend mit **-vET**

-b, **--number-nonblank**
: Gibt zu jeder nicht-leeren Zeile die Zeilennummer am linken Rand aus, beginnend mit 1.

-e
: wie **-vE**

-E, **--show-ends**
: Gibt ein $ am Ende jeder Zeile aus.

-n, **--number**
: Gibt zu jeder Zeile die Zeilennummer am linken Rand aus, beginnend mit 1.

-s, **--squeeze-blank**
: Unterdrückt die Ausgabe zusätzlicher Leerzeilen.

-t
: wie **-vT**

-T, **--show-tabs**
: Gibt Tabulatoren als Zeichenkombination ^I aus.

-u
: Wird ignoriert und nur zur Erhaltung der Abwärtskompatibilität mit Unix angeboten.

-v, **--show-nonprinting**
: Alle Steuerzeichen mit Ausnahme von LF und TAB werden angezeigt.

Beispiele

`cat ch1`	*Gibt eine Datei aus.*
`cat ch1 ch2 ch3 > all`	*Fügt mehrere Dateien zusammen.*
`cat note5 >> notes`	*Hängt eine Datei an eine andere an.*
`cat > temp1`	*Erzeugt eine neue Datei; Eingabe beenden mit EOF.*
`cat > temp2 << STOP`	*Erzeugt eine neue Datei vom Terminal; Eingabe beenden mit* `STOP`.

cc

cc [*Optionen*] *Dateien*

Siehe **gcc**.

cpp

cpp [*Optionen*] [*Eingabedatei* [*Ausgabedatei*]]

GNU-C-Präprozessor. **cpp** wird als erster Durchgang jedes C-Übersetzungsvorgangs durch den **gcc**-Befehl aufgerufen. Die Ausgabe von **cpp** erfolgt in einer Form, die als Eingabe für den nächsten Durchgang des C-Compilers verwendet werden kann. Normalerweise ruft **cpp** den **gcc** auf, sobald er seine Verarbeitung abgeschlossen hat. *Eingabedatei* und *Ausgabedatei* sind die Ein- und Ausgabedatei für den Präprozessor; die Defaults sind Standardeingabe und -ausgabe.

Optionen

-$** Zurückweisen von **$ in Bezeichnern.

-dM Unterdrücken der normalen Ausgabe. Statt dessen wird eine Reihe von **#define**s geschrieben, welche die im Quelltext verwendeten Makros erzeugen.

-dD Ähnlich **-dM**. Vordefinierte Makros werden unterdrückt, und die Ergebnisse des Präprozessorlaufs werden mit ausgegeben.

-idirafter *Verzeichnis*
Suchen von Header-Dateien in *Verzeichnis*, wenn die Header-Datei in keinem anderen Verzeichnis im Include-Pfad gefunden wurde.

-imacros *Datei*
Verarbeitet zunächst die Makros in *Datei*, bevor die eigentliche Eingabedatei verarbeitet wird.

-include *Datei*
Verarbeitet zunächst *Datei* vor der eigentlichen Eingabedatei.

-iprefix *Präfix*
Wenn Verzeichnisse mit **-iwithprefix** hinzugefügt werden, wird diesen *Präfix* vorangestellt.

-iwithprefix *Verzeichnis*
Anhängen von *Verzeichnis* an die Liste der Verzeichnisse, die durchsucht werden, wenn eine Header-Datei im Include-Pfad nicht gefunden werden konnte. Falls **-iprefix** angegeben wurde, wird dieses Präfix *Verzeichnis* vorangestellt.

-lang-c, **-lang-c++**, **-lang-objc**, **-lang-objc++**
Angeben, daß der Quelltext in C, C++, Objective C oder Objective C++ geschrieben ist.

-lint
Alle lint-Befehle in Kommentaren werden als **#pragma lint**-*Befehl* ausgegeben.

-nostdinc
Nur die angegebenen, aber nicht die voreingestellten Verzeichnisse werden nach Header-Dateien durchsucht.

-nostdinc++
Unterdrücken des Durchsuchens von Verzeichnissen, die vermutlich C++-spezifische Header-Dateien enthalten.

-pedantic
Ausgeben besonders vieler Warnungen.

-pedantic-errors
Ausgeben eines fatalen Fehlers (der die Verarbeitung abbricht), wenn **-pedantic** eine Warnung ausgegeben hätte.

-traditional
Verhalten wie traditionelles C, nicht ANSI-C. **-undef**

Unterdrücken der Definition aller nicht-standardisierten Makros.

-A*Name*[=*def*]
Zusichern, daß *Name* den Wert *def* hat, als wäre diese Zusicherung mit **#assert** definiert worden.

-C Ausgeben aller Kommentare (außer denen, die auf der **cpp**-Kommandozeile angegeben wurden). Defaultmäßig entfernt **cpp** alle C-Kommentare.

-D*Name*[=*def*]
Definiert *Name* mit dem Wert *def* wie mit **#define**. Wenn kein Wert =*def* angegeben wird, erhält *Name* den Wert 1. **-D** hat eine niedrigere Priorität als **-U**.

-H Ausgeben der Pfadnamen eingefügter Dateien (einer pro Zeile) auf Standardfehler.

-I*Verzeichnis*
Durchsuchen des Verzeichnisses *Verzeichnis* nach **#include**-Dateien, deren Namen nicht mit / beginnen, bevor die Standardverzeichnisse durchsucht werden. **#include**-Dateien, die in doppelten Anführungszeichen stehen und deren Namen nicht mit / beginnen, werden zunächst im aktuellen Verzeichnis, dann in mit **-I** angegebenen Verzeichnissen und schließlich in Standardverzeichnissen gesucht.

-M [-MG]
Unterdrücken der normalen Ausgabe. Statt dessen werden **make**-Regeln ausgegeben, welche die Abhängigkeiten der Quelldatei beschreiben. Wenn **-MG** verwendet wird, wird angenommen, daß nicht vorhandene Header-Dateien während des Kompilationsprozesses im gleichen Verzeichnis wie die Quelldatei erzeugt werden.

-MD *Datei*
Ähnlich wie **-M**; die Ausgabe wird nach *Datei* geschrieben und die normale Verarbeitung nicht unterdrückt.

→

-MM
Ähnlich wie **-M**; es werden nur Abhängigkeiten für Dateien ausgegeben, die mit **#include** »*Datei*« angegeben worden sind.

-MMD *Datei*
Ähnlich wie **-MD**; es werden nur Abhängigkeiten von Header-Dateien des Benutzers ausgegeben.

-P Unterdrücken der Zeileninformationen, die im nächsten Durchgang vom Compiler verwendet werden würden.

-U*Name*
Entfernen jeder vorherigen Definition von *Name*. *Name* kann entweder ein internes, reserviertes Symbol des Präprozessors (auf Intel-Rechnern definiert **cpp unix** und **i386**) oder ein mit **-D** definiertes Symbol sein.

-Wcomment, **-Wcomments**
Ausgeben einer Warnung, wenn der Anfang eines verschachtelten Kommentars gefunden wird.

-Wtraditional
Ausgeben einer Warnung bei Konstrukten, die in ANSI-C anders als in traditionellem K&R-C interpretiert werden.

Besondere Symbole

cpp kennt eine Reihe von besonderen Symbolen, unter anderem:

__DATE__
Aktuelles Datum (z.B. May 27 2000)

__FILE__
Aktueller Dateiname (als C-String)

__LINE__
Aktuelle Zeilennummer (als Ganzzahl im Dezimalsystem)

__TIME__
Aktuelle Uhrzeit (z.B. 08:25:00)

Diese Symbole können überall, auch in Makros, verwendet werden, genau wie andere definierte Symbole auch. Die Zeilennummer und der Dateiname können mit der **#line**-Anweisung geändert werden.

Anweisungen

Alle Zeilen mit Anweisungen für **cpp** haben ein # in Spalte 1. Zwischen dem # und der Anweisung dürfen beliebig viele Leer- und Tabulatorzeichen stehen. Es gibt folgende Anweisungen:

#assert *Name (String)*
Definiert eine Frage namens *Name* mit der Antwort *String*. Zusicherungen können mit **#if**-Anweisungen abgefragt werden. Die vordefinierten Zusicherungen **#system**, **#cpu** und **#machine** können für Architektur-abhängige Änderungen verwendet werden.

#unassert *Name*
Entfernt die Zusicherung für die Frage *Name*.

#define *Name Token-String*
Definiert ein Makro *Name* mit dem Wert *Token-String*. Weitere Vorkommen von *Name* werden durch *Token-String* ersetzt.

#define *Name(arg, ... , arg) Token-String*
Makro-Substitution mit Argumenten. Bei einem Vorkommen von *Name* werden die dort angegebenen Argumente entsprechend in *Token-String* eingesetzt.

#undef *Name*
Hebt die Definition von *Name* auf. Auf derselben Zeile dürfen keine weiteren Token folgen.

#ident *String*
Fügt *String* in die »comment section« der Objektdatei ein.

#include "*Dateiname*", **#include**<*Dateiname*>
Fügt den Inhalt von *Dateiname* an dieser Stelle in den Quelltext ein. Hinter dem abschließenden " oder > dürfen auf derselben Zeile keine weiteren Token mehr stehen.

#line *Integer-Konstante* "*Dateiname*"
Gibt dem Compiler vor, daß die nächste Zeile als Zeile mit der Nummer *Integer-Konstante* zu betrachten ist. Falls *Dateiname* ebenfalls angegeben ist, wird dem Compiler weiterhin vorgegeben, daß die Eingabedatei als Datei mit dem Namen *Dateiname* zu betrachten ist.

#endif
Abschluß eines Abschnitts von Programmzeilen, die mit **#if**, **#ifdef** oder **#ifndef** eingeleitet wurden. Dahinter sind keine weiteren Token auf derselben Zeile erlaubt.

#ifdef *Name*
Alle folgenden Zeilen bis zum dazugehörigen **#endif** oder dem nächsten **#else** oder **#elif** werden nur in die Ausgabe übernommen, wenn *Name* definiert ist. Hinter *Name* sind auf derselben Zeile keine weiteren Token erlaubt.

#ifndef *Name*
Alle folgenden Zeilen bis zum dazugehörigen **#endif** oder dem nächsten **#else** oder **#elif** werden nur in die Ausgabe übernommen, wenn *Name* nicht definiert ist. Hinter *Name* sind auf derselben Zeile keine weiteren Token erlaubt.

#if *Konstanter-Ausdruck*
Alle folgenden Zeilen bis zum dazugehörigen **#endif** oder dem nächsten **#else** oder **#elif** werden nur in die Ausgabe übernommen, wenn *Konstanter-Ausdruck* zu einem von null verschiedenen Wert ausgewertet wird. Hinter *Konstanter-Ausdruck* sind auf derselben Zeile keine weiteren Token erlaubt.

→

cpp
←

#elif *Konstanter-Ausdruck*
Zwischen einer **#if**-, **#ifdef**- oder **#ifndef**-Anweisung und einer **#else**- oder **#endif**-Anweisung dürfen beliebig viele **#elif**-Anweisungen stehen. Die Zeilen zwischen der **#elif**- und der nächsten **#else**-, **#elif**- oder **#endif**-Anweisung werden genau dann in die Ausgabe übernommen, wenn die vorhergehende Test-Anweisung und alle folgenden **#elif**-Anweisungen zu null und *Konstanter-Ausdruck* zu einem von null verschiedenen Wert ausgewertet werden. Wenn *Konstanter-Ausdruck* zu einem von null verschiedenen Wert ausgewertet wird, werden alle folgenden **#elif**- und **#else**-Anweisungen bis zum dazugehörigen **#endif** ignoriert.

#else
Alle zwischen dieser Anweisung und dem dazugehörigen **#endif** stehenden Zeilen werden nur dann in die Ausgabe übernommen, wenn alle vorhergehenden Test-Anweisungen zu null ausgewertet wurden. Auf derselben Zeile sind keine weiteren Token erlaubt.

#error
Ausgeben eines fatalen Fehlers.

#warning
Ausgeben einer Warnung.

---

cfdisk

cfdisk [*Optionen*] [*Gerät*]

Befehl zur Systemverwaltung. Partitionieren einer Festplatte. Erlaubte Geräte sind */dev/hda* (Default), */dev/hdb*, */dev/sda*, */dev/sdb*, */dev/sdc* und */dev/sdd*. Siehe auch **fdisk**.

Optionen

-a Die aktuelle Partition wird mit dem Cursor anstelle von inverser Darstellung markiert.

-c *Zylinder*
Angeben der Zylinderanzahl.

-h *Köpfe*
Angeben der Kopfanzahl.

-s *Sektoren*
Angeben der Sektorenanzahl.

-z Partitionstabelle nicht einlesen. Das Partitionieren wird mit einer leeren Tabelle begonnen.

-P *Format*
Anzeigen der Partitionstabelle im angegebenen Format. Erlaubte Werte sind **r** (rohe Daten), **s** (Sektorenreihenfolge) und **t** (rohes Format).

Befehle

Pfeil nach oben, Pfeil nach unten
Bewegen zwischen den Partitionen.

b Einstellen, ob eine Partition zu booten sein soll oder nicht.

d Löschen der Partition (andere Partitionen können den Platz einnehmen).

g Verändern der Plattengeometrie. Es wird angefragt, was geändert werden soll: Zylinder (**c**), Köpfe (**h**) oder Sektoren (**s**).

h Hilfe

m Versuchen, die maximale Ausnutzung des vorhandenen Platzes in der Partition sicherzustellen.

n Anlegen einer neuen Partition. Es werden weitere Informationen abgefragt.

p Anzeigen der Partitionstabelle.

q Beenden, ohne die Änderungen zu speichern.

t Abfragen eines neuen Dateisystemtyps und Ändern der aktuellen Partition auf diesen Typ.

u Ändern der Größeneinheit der Partition, wobei zwischen MByte, Sektoren und Zylindern hin und her geschaltet wird.

W Speichern der Änderungen. Das »W« muß als Großbuchstabe eingegeben werden!

chattr [*Optionen*] *Modus Dateien*

Verändert die Dateiattribute von Dateien (vor allem im Linux-Second-Extended-Dateisystem (EXT2)). Das Programm arbeitet ähnlich wie **chmod** mit den Symbolen +, - und =. Der *Modus* wird in der Form *Operator Attribut* angegeben. Siehe auch **lsattr**.

Optionen

-R Verändert ganze Verzeichnisse mit ihren Inhalten rekursiv.

-V Gibt Informationen über den Attributmodus nach der Veränderung aus.

-v *Version*
Setzt die Versionsnummer der Datei.

Operatoren

\+ Attribut hinzufügen.

\- Attribut entfernen.

= Attribut zuweisen (nicht-angegebene Attribute löschen).

→

chattr
←

Attribute

A Die access time beim Ändern beibehalten.

a Append only, d.h., an die Datei können nur Daten angehängt werden. Kann nur vom Superuser gesetzt oder gelöscht werden.

c Komprimiert.

d Die Datei wird bei einer Datensicherung mit dump ignoriert.

i Immutable, d.h., die Datei kann nicht verändert werden. Kann nur vom Superuser gesetzt oder gelöscht werden.

s Die Datei wird sicher gelöscht, das heißt, sie wird durch Nullen überschrieben.

u Undeletable, d.h., die Datei kann nicht gelöscht werden.

S Der Lese-Cache und die auf der Platte gespeicherten Daten werden synchronisiert.

Beispiele

`chattr +a meinedatei` *als Superuser*

chfn

chfn [*Optionen*] [*Benutzername*]

Ändert die in */etc/passwd* gespeicherten Informationen, die vom Finger-Dämon angezeigt werden. Ohne *Optionen* fragt **chfn** die Änderungen interaktiv ab. Um das gesamte Informationsfeld zu löschen, geben Sie das Schlüsselwort **none** ein. Nur der Superuser kann Informationen über einen anderen Benutzer ändern. Bei allen anderen fragt **chfn** nach dem Paßwort des Benutzers, bevor die Änderungen vorgenommen werden.

Optionen

-f, **--full-name**
Ändert den eingetragenen Namen des Benutzers.

-h, **--home-phone**
Ändert den Eintrag für die private Telefonnummer des Benutzers.

-o, **--office**
Ändert den Eintrag für die Büroadresse des Benutzers.

-p, **--office-phone**
Ändert den Eintrag für die geschäftliche Telefonnummer des Benutzers.

-u, **--help**
Gibt einen Hilfstext aus und beendet dann das Programm.

-v, **--version**
Versionsinformationen ausgeben und das Programm beenden.

Beispiel

chfn

```
chfn -f "Ellen Siever" ellen
```

chgrp [*Optionen*] *NeueGruppe Dateien*
chgrp [*Optionen*]

chgrp

Ändert die Gruppenzugehörigkeit von einer oder mehreren *Dateien* in die angegebene *NeueGruppe* um. Die *NeueGruppe* kann als numerische Gruppen-ID oder als Gruppenname angegeben werden. Nur der Eigentümer einer Datei oder der Superuser kann die Gruppenzugehörigkeit ändern.

Optionen

-c, --changes
Gibt Informationen über die durchgeführten Änderungen aus.

-f, --silent, --quiet
Unterdrückt die Ausgabe von Fehlermeldungen, wenn Dateien nicht geändert werden können.

--help
Gibt einen Hilfstext aus und beendet dann das Programm.

-R, --recursive
Durchläuft rekursiv alle Unterverzeichnisse und führt die Änderungen an allen Dateien durch.

--reference=*Dateiname*
Wählt als neue Gruppe diejenige von *Dateiname*. *NeueGruppe* wird in diesem Fall nicht angegeben.

-v, --verbose
Gibt Versionsinformationen aus.

--version
Versionsinformationen ausgeben und das Programm beenden.

chmod

chmod [*Optionen*] *Modus Dateien*
chmod [*Optionen*] **--reference=***Dateiname Dateien*

Ändert den *Modus* für den Zugriff (Rechte) für eine oder mehrere *Dateien*. Nur der Eigentümer einer Datei oder der Superuser darf den Zugriffsmodus ändern. Der *Modus* kann als numerischer oder als symbolischer Wert in der Form *Wer Operator Recht* angegeben werden. Der *Wer*-Teil ist optional (wenn er fehlt, wird **a** als Vorgabe verwendet). Sie können mehrere Rechte gleichzeitig angeben, dürfen aber zwischen dem *Wer*-Teil und den Rechten nur einen Operator verwenden. Es können mehrere symbolische Modi in einer durch Kommata separierten Liste angegeben werden.

Optionen

-c, --changes
Gibt Informationen über die veränderten Dateien aus.

-f, --silent, --quiet
Informiert den Benutzer nicht, wenn **chmod** eine Datei nicht ändern kann.

--help
Gibt einen Hilfstext aus und beendet dann das Programm.

-R, --recursive
Geht rekursiv durch alle Unterverzeichnisse und führt die Modusänderung durch.

--reference=*Dateiname*
Ändert die Zugriffsrechte zu denen von *Dateiname*.

-v, --verbose
Gibt Informationen über jede Datei aus, egal, ob sie verändert wurde oder nicht.

--version
Versionsinformationen ausgeben und das Programm beenden.

Wer

u Benutzer

g Gruppe

o Andere

a Alle (Default)

Operator

+ Zugriffsrecht hinzufügen.

- Zugriffsrecht entfernen.

= Zugriffsrecht zuweisen (und alle anderen Zugriffsrechte entfernen).

Zugriffsrechte

r Lesen.

w Schreiben.

x Ausführen/Durchsuchen.

s SUID oder SGID.

t Sticky-Bit. Textmodus speichern (Dateien) oder das Entfernen von Dateien von anderen als den Eigentümern verhindern (Verzeichnisse).

u die aktuellen Zugriffsrechte des Benutzers

g die aktuellen Zugriffsrechte der Gruppe

o die aktuellen Zugriffsrechte aller anderen

Alternativ können die Rechte auch durch eine dreistellige Oktalzahl angegeben werden. Die erste Ziffer bezeichnet die Rechte des Eigentümers, die zweite die Gruppenrechte, und die dritte legt die Rechte der anderen Benutzer fest. Die Rechte werden errechnet, indem die folgenden Oktalwerte addiert werden:

4 Lesen.

2 Schreiben.

1 Ausführen/Durchsuchen.

Dieser Folge kann noch eine vierte Ziffer vorangehen. Diese weist die folgenden Modi zu:

4 Setzt Benutzer-ID bei Ausführung, um Rechte des Prozesses auf der Basis des Dateibesitzers, nicht desjenigen, der den Prozeß erzeugt hat, zu gewähren.

2 Setzt Benutzer-ID bei Ausführung, um Rechte des Prozesses auf der Basis der Gruppe der Datei, nicht desjenigen, der den Prozeß erzeugt hat, zu gewähren.

1 Sticky-Bit setzen.

Beispiele

Erlaubt dem Eigentümer das Ausführen der *Datei*:

```
chmod u+x Datei
```

Jeder der folgenden Befehle setzt die Rechte für die *Datei* so, daß der Eigentümer lesen, schreiben und ausführen (7), die Gruppe lesen und ausführen (5) und alle anderen nur ausführen (1) dürfen:

```
chmod 751 Datei
chmod u=rwx,g=rx,o=x Datei
```

→

chmod ←

Alle folgenden Befehle weisen allen Benutzern ausschließlich Leserechte für die *Datei* zu:

```
chmod =r Datei
chmod 444 Datei
chmod a-wx,a+r Datei
```

Setzt die Benutzer-ID bei der Ausführung, erlaubt dem Eigentümer das Lesen, Schreiben und Ausführen und der Gruppe und den anderen das Lesen und Ausführen:

```
chmod 4755 Datei
```

chown

chown [*Optionen*] *Neuerbesitzer Dateien*
chown [*Optionen*] **--reference=***Dateiname Dateien*

Ändert den Eigentümer von einer oder mehreren *Dateien* in den *Neuerbesitzer*. *Neuerbesitzer* kann entweder als numerische ID oder als Benutzername aus */etc/passwd* angegeben werden. **chown** erlaubt auch Benutzerbezeichnungen in den Formen *Neuerbesitzer:Neuegruppe* und *Neuerbesitzer.Neuegruppe*. Die letzten beiden Formen ändern auch die Gruppeneigentümerschaft. Nur der aktuelle Eigentümer einer Datei oder der Superuser darf die Eigentumsverhältnisse ändern.

Optionen

-c, --changes
Gibt Informationen über die veränderten Dateien aus.

--dereference
Symbolischen Links folgen.

-f, --silent, --quiet
Unterdrückt die Ausgabe von Fehlermeldungen über Dateien, die nicht verändert werden können.

-h, --no-dereference
Ändert die Eigentümerschaft aller symbolischen Links (auf Systemen, die das erlauben), anstelle der der Dateien, auf die die Links verweisen.

-v, --verbose
Gibt Informationen über alle Dateien aus, die **chown** zu ändern versucht, egal, ob die Änderung erfolgt ist oder nicht.

-R, --recursive
Geht rekursiv durch alle Unterverzeichnisse und führt die Änderungen durch.

--reference=*Dateiname*
Weist den Besitzer von *Dateiname* als neuen Besitzer zu, anstatt den neuen Besitzer direkt zu bestimmen.

--help
Gibt einen Hilfstext aus und beendet dann das Programm.

--version
Versionsinformationen ausgeben und das Programm beenden.

chown

---

chpasswd [*Option*]

chpasswd

Befehl zur Systemverwaltung. Ändert mehrere Benutzer-Paßwörter auf einmal. **chpasswd** erwartet die Eingabe in Form von *Benutzername*:-*Paßwort*-Paaren auf jeweils einer Zeile. Wenn die Option **-e** nicht angegeben wird, wird *Paßwort* verschlüsselt, bevor es gespeichert wird.

Option

-e Die angegebenen Paßwörter sind bereits verschlüsselt.

---

chroot *NeueWurzel* [*Befehl*]

chroot

Befehl zur Systemverwaltung. Ändern des Wurzelverzeichnisses für *Befehl* oder, falls keiner angegeben ist, für eine neue Kopie der Shell des Benutzers. Der Befehl oder die Shell werden relativ zum neuen Wurzelverzeichnis ausgeführt. Die Bedeutung des einleitenden / in Pfadnamen wird für diesen Befehl und alle seine Kinder zu *NeueWurzel* geändert. Außerdem wird das aktuelle Arbeitsverzeichnis auf *NeueWurzel* gesetzt. Dieser Befehl kann nur vom Superuser ausgeführt werden.

---

chsh [*Optionen*] [*Benutzername*]

chsh

Ändert die Login-Shell interaktiv oder mit dem Kommandozeilenargument. Gibt eine Warnung aus, wenn die Shell nicht in */etc/shells* eingetragen ist. Geben Sie den vollständigen Pfad zur Shell an. **chsh** fragt nach Ihrem Paßwort. Nur der Superuser kann die Shell eines anderen Benutzers ändern.

Optionen

-l, --list-shells
Gibt die erlaubten Shells aus, die in */etc/shells* aufgeführt sind.

-s *shell*, **--shell** *shell*
Benutzt die auf der Kommandozeile angegebene Shell.

-u, --help
Gibt einen Hilfstext aus und beendet dann das Programm.

-v, --version
Versionsinformationen ausgeben und das Programm beenden.

→

chsh
←

Beispiel

```
chsh -s /bin/tcsh
```

cksum

cksum [*Dateien*]

Berechnet eine Prüfsumme (CRC, Cyclic Redundancy Check) für alle *Dateien*, um auf Defekte (etwa während einer Datenübertragung) zu prüfen. Liest von der Standardeingabe, wenn das Zeichen – oder gar keine Dateien angegeben sind. Gibt die Prüfsumme, die Dateigröße in Byte und (wenn nicht von der Standardeingabe gelesen wurde) den Dateinamen aus.

clear

clear

Löscht den Terminalbildschirm.

cmp

cmp [*Optionen*] *Datei1 Datei2* [*Offset1* [*Offset2*]]

Vergleicht *Datei1* mit *Datei2*. Liest von der Standardeingabe, wenn *Datei1* als - bezeichnet ist oder fehlt. Die Dateien können einen beliebigen Typ haben. *Offset1* und *Offset2* sind optionale Offsets in die Dateien, die angeben, wo der Vergleich ansetzen soll. Siehe auch **comm** und **diff**.

Optionen

-c, --print-chars
Gibt die differierenden Bytes als Buchstaben aus.

-i *Offset*, **--ignore-initial=***Offset*
Überspringt die ersten *Offset*-Bytes der Eingabe.

-l, --verbose
Gibt Position und Inhalt aller differierenden Bytes aus.

-s, --quiet, --silent
Arbeitet still; gibt nichts aus, aber gibt einen Rückgabewert an das aufrufende Progamm:

0 *Die Dateien sind identisch.*
1 *Die Dateien unterscheiden sich.*
2 *Auf die Dateien kann nicht zugegriffen werden.*

Beispiel

Gibt eine Meldung aus, wenn zwei Dateien übereinstimmen (der Rückgabewert ist 0):

```
cmp -s old new && echo 'keine Änderungen'
```

col [*Optionen*]

col

Ein Filter zur Nachbearbeitung von Escape-Sequenzen und Zeilenvorschüben (LF), damit diese Ausgabe von **tbl** (oder **nroff**) in brauchbarer Form auf einem Terminal dargestellt werden kann.

Optionen

-b Backspace-Zeichen ignorieren; nützlich beim Drucken von Man-Pages.

-f Halbzeilenschritte verarbeiten, aber keine Zeilenrückschritte. (Normalerweise werden Halbzeilenschritte auf der nächsten vollständigen Zeile angezeigt.)

-l *n* Mindestens *n* Zeilen im Speicher halten. Die voreingestellte Buffer-Größe ist 128 Zeilen.

-x Normalerweise verringert **col** die Druckzeit durch Umwandeln von Folgen von Leerzeichen in Tabulatoren. Mit **-x** wird diese Umwandlung unterdrückt.

Beispiele

Datei mit **tbl** und **nroff** bearbeiten, dann die Ausgabe durch **col** und **more** laufen und so auf dem Bildschirm anzeigen lassen:

```
tbl myfile | nroff | col | more
```

Die Ausgabe einer Man-Page in *out.print* speichern, und dabei Backspaces (die ansonsten als ^H erscheinen würden) entfernen:

```
man ls | col -b > out.print
```

colcrt [*Optionen*] [*Dateien*]

colcrt

Ein Filter zur Nachbearbeitung von Escape-Sequenzen und Zeilenvorschüben (LF), damit diese Ausgabe von **tbl** (oder **nroff**) in brauchbarer Form auf einem Terminal dargestellt werden kann. Halbzeilige Zeichen (wie Indizes und Potenzen) und Unterstriche (die zu Querstrichen werden) werden auf eine neue Zeile zwischen den Ausgabezeilen gestellt.

Optionen

- Unterdrückt das Attribut »Unterstrichen«.

-2 Stellt Halbzeilen dar, indem die Ausgabe mit doppeltem Zeilenabstand formatiert wird.

Befehls-referenz

colrm

colrm [*Start* [*Stop*]]

Löscht die angegebenen Spalten aus einer Datei, wobei eine Spalte ein einzelnes Zeichen in einer Zeile ist. Das Programm liest von der Standardeingabe und schreibt in die Standardausgabe. Die Numerierung der Spalten beginnt mit 1. Der zu löschende Bereich beginnt in der durch *Start* und endet in der durch *Stop* angegebenen Spalte, jeweils einschließlich der begrenzenden Spalten. Ein Tabulator wird vollständig gelöscht, wenn der durch ihn erzeugte Raum in den zu löschenden Spaltenbereich ragt. Durch einen Backspace wird die Spaltenzahl um 1 erniedrigt.

Beispiel

```
colrm 3 5 < test1 > test2
```

column

column [*Optionen*] [*Dateien*]

Formatiert die Daten (Zeilen) der Eingabe in Spalten, wobei die Elemente zuerst die Ausgabezeilen auffüllen. Es wird von der Standardeingabe gelesen, wenn keine *Datei* angegeben ist.

Optionen

-c *Anzahl*
: Setzt die Gesamtbreite der Ausgabe auf die angegebene *Anzahl* Spalten.

-s *Zeichen*
: Bestimmt das angegebene *Zeichen* als Trenner der Elemente in den Eingabedaten. Diese Option ist nur im Zusammenhang mit **-t** von Bedeutung.

-t
: Formatiert die Eingabedaten zu einer Tabelle. Die Elemente werden in einer Eingabezeile durch Leerzeichen getrennt, wenn nicht ein anderes Trennzeichen mit der Option **-s** festgelegt wurde.

-x
: Die Eingabedaten werden so angeordnet, daß zuerst die Spalten gefüllt werden.

comm [*Optionen*] *Datei1 Datei2*

comm

Vergleicht die beiden sortierten Dateien *Datei1* und *Datei2* zeilenweise. Das Ergebnis wird in drei Spalten ausgegeben: Zeilen, die nur in *Datei1* enthalten sind, Zeilen, die nur in *Datei2* enthalten sind, und Zeilen, die in beiden Dateien enthalten sind. **comm** hat Ähnlichkeit mit **diff**, da beide Programme zwei Dateien vergleichen. **comm** kann aber auch ähnlich wie **uniq** benutzt werden: **comm** sucht die doppelten bzw. einzelnen Zeilen aus *zwei* sortierten Dateien, während **uniq** die doppelten bzw. einzelnen Zeilen in *derselben* sortierten Datei sucht.

Optionen

- Liest von der Standardeingabe.

-*Anzahl*
Unterdrückt die Ausgabe der Spalte *Nummer*. Es können mehrere Spalten gleichzeitig unterdrückt werden, indem die entsprechenden Ziffern ohne Trennzeichen angegeben werden.

--help
Hilfstext ausgeben und das Programm beenden.

--version
Versionsinformationen ausgeben und das Programm beenden.

Beispiel

Vergleicht zwei Kino-Hitlisten und gibt die Titel aus, die in beiden Listen erscheinen:

```
comm -12 siskel_top10 ebert_top10
```

compress [*Optionen*] *Dateien*

compress

Komprimiert eine oder mehrere *Dateien* und ersetzt dabei jede durch eine komprimierte Datei gleichen Namens mit dem Suffix *.Z*. Wenn keine Datei angegeben wird, wird von der Standardeingabe gelesen. Jede Datei wird für sich komprimiert. **compress** ignoriert Dateien, die symbolische Links sind. Siehe auch **gzip**.

Optionen

-b *maxbits*
Legt die maximale Bit-Anzahl fest.

-c Nicht in eine *.Z*-Datei, sondern auf die Standardausgabe schreiben.

-d Dekomprimieren anstatt zu komprimieren. Wie **uncompress**.

-f Das Erzeugen einer Ausgabedatei auch dann erzwingen, wenn es schon eine gibt.

→

compress ←

-r Wenn eine der angegebenen Dateien ein Verzeichnis ist, rekursiv komprimieren.

-v Kompressionsstatisken ausgeben.

-V Versions- und Kompilations-Informationen ausgeben und das Programm beenden.

---

cp

cp [*Optionen*] *Datei1 Datei2*
cp [*options*] *Dateien Verzeichnis*

Kopiert *Datei1* nach *Datei2* oder kopiert eine oder mehrere *Dateien* unter ihren aktuellen Namen in das *Verzeichnis*. Wenn das Ziel eine bereits existierende Datei ist, wird diese Datei überschrieben. Wenn das Ziel ein existierendes Verzeichnis ist, wird die Quelldatei in dieses Verzeichnis kopiert (das Verzeichnis wird *nicht* überschrieben).

Optionen

-a, **--archive**
Bewahrt die Eigenschaften (Eigentümer, Rechte etc.) und die Verzeichnisstruktur der Quelldateien auf, soweit das möglich ist. Diese Option entspricht **-dpR**.

-b, **--backup**
Erzeugt eine Sicherheitskopie von Dateien, die anderenfalls überschrieben würden.

-d, **--no-dereference**
Ein symbolischer Link wird nicht aufgelöst, das heißt, es wird anstelle der Daten, auf die der Link verweist, der Link selbst unverändert kopiert.

-f, **--force**
Überschreibt existierende Zieldateien ohne Warnung.

-i, **--interactive**
Wartet vor dem Überschreiben einer Zieldatei auf eine Bestätigung.

-l, **--link**
Erzeugt Hard-Links anstelle von Kopien von normalen Dateien.

-p, **--preserve**
Bewahrt die Eigenschaften der Quelldatei, einschließlich Eigentümer, Gruppe, Zugriffsrechte und Zeitstempel, auf.

-P, **--parents**
Bewahrt die Verzeichnisstruktur der Quelldateien auf. Als Ziel muß ein existierendes Verzeichnis angegeben werden. Der Befehl

```
cp --parents jphekman/book/ch1 newdir
```

kopiert zum Beispiel die Datei *jphekman/book/ch1* nach *newdir/jphekman/book/ch1* und erzeugt automatisch alle dazwischenliegenden Verzeichnisse.

-r, -R, --recursive
Kopiert normale Dateien und Unterverzeichnisse samt Inhalt rekursiv.

-S *Backup-Suffix*, **--suffix=***Backup-Suffix*
Legt die Endung fest, die beim Anlegen einer Sicherheitskopie an die Dateinamen angehängt wird. Diese Endung kann auch in der Umgebungsvariablen SIMPLE_BACKUP_SUFFIX angegeben werden. Der Default ist ~. Wenn Sie einen Punkt vor dem Suffix haben wollen, müssen Sie diesen explizit angeben (also *.bak*, nicht *bak*).

-s, --symbolic-link
Erzeugt symbolische Links anstelle von Kopien. Die Namen der Quelldateien müssen in diesem Fall mit dem gesamten, absoluten Pfadnamen angegeben werden.

-u, --update
Überschreibt eine existierende Zieldatei nur dann, wenn die Quelle die gleiche oder eine neuere Änderungszeit hat.

-v, --verbose
Gibt den Namen jeder Datei aus, bevor sie kopiert wird.

-V *typ*, **--version-control=***typ*
Stellt das Verhalten von cp beim Anlegen von Sicherheitskopien ein. Sie können dazu auch die Umgebungsvariable VERSION_CONTROL benutzen. Der Default ist **existing**. Gültige Werte für die Versionskontrolle sind:

t, numbered
Backups der gleichen Datei werden immer numeriert.

nil, existing
Erzeugt numerierte Backups, wenn bereits ein numeriertes Backup existiert; anderenfalls wird ein einfaches Backup erzeugt (und ein eventuell existierendes normales Backup überschrieben).

never, simple
Es werden immer einfache Backups gemacht.

-x, --one-file-system
Ignoriert Unterverzeichnisse auf anderen Dateisystemen.

cpio *Schalter* [*Optionen*]

Kopiert Dateiarchive zwischen Festplatte und Magnetband oder einem anderen Medium auf der lokalen Maschine hin oder her. Jeder der drei Schalter **-i**, **-o** oder **-p** eröffnet verschiedene zusätzliche Optionen:

→

Schalter

-i, --**extract** [*Optionen*] [*Muster*]
: Kopiert die Dateien vom Archiv in das Dateisystem, deren Dateinamen mit dem angegebenen *Muster* übereinstimmen. Jedes Muster kann Sonderzeichen zur Dateinamenserweiterung enthalten, wie sie in der Bourne Shell verwendet werden. (Die Muster sollten in Anführungszeichen eingeschlossen oder durch Fluchtsymbole geschützt werden, damit sie von **cpio** und nicht von der Shell interpretiert werden.) Wenn kein Muster angegeben ist, werden sämtliche Dateien aus dem Archiv in das Dateisystem kopiert. Bei der Ausführung des Programms werden existierende Dateien nicht durch ältere Versionen aus dem Archiv überschrieben (es sei denn, die Option **-u** ist gesetzt).

-o, --**create** [*Optionen*]
: Kopiert die Dateien aus dem Dateisystem auf das Archivmedium, deren Dateinamen auf der Standardeingabe benannt werden.

-p, --**pass-through** [*Optionen*] *Verzeichnis*
: Kopiert Dateien an eine andere Stelle desselben Systems. Die Kopien werden mit relativen Pfadnamen im angegebenen *Verzeichnis* erzeugt.

Vergleich der gültigen Optionen

Die verfügbaren Optionen zu den drei Flags **-i**, **-o** und **-p** werden jeweils in der ersten, zweiten und dritten Zeile unten dargestellt. (Das einleitende - wurde zugunsten der Übersichtlichkeit weggelassen.)

```
i:   bcdf mnrtsuv B SVCEHMR IF
o: 0a c           vABL VC HM O F
p: 0a  d lm      uv  L V     R
```

Optionen

-0, --**null**
: Die Dateinamen der Liste werden durch Nullbytes anstelle eines Zeilenendes voneinander getrennt. Damit können auch Dateien mit einem Zeilenwechsel im Namen verwendet werden.

-a, --**reset-access-time**
: Setzt das Datum des letzten Zugriffs auf die Dateien auf den Wert vor der Archivierung zurück.

-A, --**append**
: Hängt Dateien an ein existierendes Archiv an, das sich auf einer Festplattenpartition oder einer Diskette befinden muß. Der Name des Archivs wird mit **-O** oder **-F** angegeben.

-b, --**swap**
: Die Bytes in Datenwörtern und Halbwörtern werden getauscht, um zwischen 32-Bit-Integern von Little und von Big Endian-Systemen zu konvertieren.

-B Die Blockgröße der Ausgabe wird auf 5120 Byte erhöht (der Default liegt bei 512 Byte).

--blocksize=*Größe*
Setzt die Eingabe- oder Ausgabe-Blockgröße auf *Größe* × 512 Byte.

-c Liest oder schreibt Dateiinformationen im Archiv-Header als ASCII- Zeichen; sinnvoll, wenn Quell- und Zielrechner von unterschiedlichem Typ sind.

-C *n*, **--io-size=***n*
Wie **-B**, die Blockgröße kann aber durch einen beliebigen ganzzahligen Wert *n* frei gewählt werden.

-d, --make-directories
Erzeugt bei Bedarf neue Verzeichnisse.

-E *Datei*, **--pattern-file=***Datei*
Extrahiert Dateien aus den Archiven, deren Namen in der angegebenen *Datei* aufgelistet bzw. durch Muster beschrieben sind.

-f, --nonmatching
Kehrt die Bedeutung des Musters um; es werden nur Dateien extrahiert, deren Namen *nicht* auf das *Muster* passen.

-F *Datei*, **--file=***Datei*
Benutzt die angegebene *Datei* als Archiv, nicht die Standardein- oder Standardausgabe. Die *Datei* kann sich auf einem anderen Rechner befinden, wenn der Name in der Form *Benutzer@Hostname:Datei* angegeben wird, wobei *Benutzer@* optional ist.

--force-local
Nimmt an, daß die bei **-F**, **-I** oder **-O** angegebene Datei auf dem lokalen Rechner liegt, auch wenn der Name einen Doppelpunkt enthält, was normalerweise auf eine entfernte Datei hinweist.

-H *Typ*, **--format=***Typ*
Benutzt den angegebenen *Typ* für das Archivformat. Der Default beim Einlesen ist das automatische Erkennen. Gültige Formate sind (Angaben in Großbuchstaben sind ebenfalls erlaubt):

bin Binärformat

odc altes (POSIX.1-konformes) portables Format

newc
neues (SVR4-konformes) portables Format

crc neues (SVR4-konformes) portables Format mit zusätzlicher Prüfsumme

tar Tar-Format

ustar
POSIX.1-Tar-Format (es werden auch GNU-Tar-Archive erkannt)

→

hpbin
Binärformat von HP-UX (veraltet)

hpodc
portables Archivformat von HP-UX

-I *Datei*
Liest das Archiv aus der angegebenen *Datei*. Archivdateien auf entfernten Rechnern sind möglich (siehe Option **-F**).

-k ohne Funktion (für Abwärtskompatibilität)

-l, --link
Erzeugt Links anstelle von Kopien.

-L, --dereference
Folgt den symbolischen Links.

-m, --preserve-modification-time
Bewahrt die gespeicherte Änderungszeit der Dateien.

-M *Meldung*, **--message=***Meldung*
Gibt die *Meldung* aus, wenn das Speichermedium zur Archivierung gewechselt werden muß. Durch die Variable **%d** kann eine fortlaufende Nummer in die Meldung eingefügt werden. Die Option **-M** kann nur in Verbindung mit **-I** oder **-O** benutzt werden.

-n, --numeric-uid-gid
Bei einem ausführlichen Listing des Archivinhalts werden Benutzer- und Gruppen-ID in numerischer Form angezeigt.

--no-absolute-filenames
Alle zurückgelesenen Dateien relativ zum aktuellen Verzeichnis anlegen.

--no-preserve-owner
Beim Extrahieren von Dateien aus dem Archiv oder beim Kopieren wird die archivierte Benutzer- und Gruppen-ID nicht auf die extrahierten Daten übertragen. (Default für Benutzer ohne Root-Privilegien.)

-O *Datei*
Lenkt die Ausgabe in die angegebene *Datei* um. Es können auch Archive auf entfernten Rechnern erzeugt werden (siehe Option **-F**).

--only-verify-crc
Bei einem Archiv mit CRC die CRC jeder Datei verifizieren; die Dateien nicht wiedereinlesen.

--quiet
Die Anzahl der gelesenen Blöcke nicht ausgeben.

-r Die Dateien können interaktiv umbenannt werden.

-R [*Benutzer*][*:Gruppe*], **--owner** [*Benutzer*][*:Gruppe*]
: Weist den Dateien beim Kopieren den angegebenen Eigentümer und die Gruppe zu (nur für Benutzer mit Root-Privilegien möglich).

-s, --swap-bytes
: Die Bytes jedes 2-Byte-Halbwortes werden getauscht.

-S, --swap-half-words
: Die 2-Byte-Halbwörter jedes 4-Byte-Wortes werden getauscht.

--sparse
: Zum Herausschreiben und Durchleiten; schreibt Dateien, die große Blöcke von Nullen haben, als spärlich besetzte Dateien.

-t, --list
: Gibt ein Inhaltsverzeichnis eines Dateiarchivs aus (es werden keine Dateien kopiert). Zusammen mit der Option **-v** wird eine Ausgabe in der Art von **ls -l** erzeugt.

-u, --unconditional
: Unbedingte Kopie; alte Dateien aus dem Archiv können neuere Dateien im Dateisystem überschreiben.

-v, --verbose
: Gibt eine Liste der verarbeiteten Dateien aus.

-V, --dot
: Gibt einen Punkt für jede bearbeitete Datei aus. (Das zeigt das Fortschreiten von **cpio** an, ohne dabei den Bildschirm durcheinanderzubringen.)

--version
: Versionsnummer ausgeben und Programm beenden.

Beispiele

Erzeugt mit Hilfe von **find** eine Liste von Dateien, deren Namen auf *.old* enden, und benutzt diese Liste als Eingabe für **cpio**:

```
find . -name "*.old" -print | cpio -ocBv > /dev/rst8
```

Restauriert alle Dateien, deren Namen das Wort **save** enthalten, von einem Bandarchiv (Unterverzeichnisse werden bei Bedarf erzeugt):

```
cpio -icdv "*save*" < /dev/rst8
```

Kopiert einen Verzeichnisbaum:

```
find . -depth -print | cpio -padm /mydir
```

cron

cron

Befehl zur Systemverwaltung. Wird normalerweise während des Systemstarts aufgerufen. **cron** führt bestimmte Befehle, die in der *crontab* des jeweiligen Benutzers in */var/cron/tabs* stehen, zu vorgegebenen Zeiten aus. Die *crontab*-Dateien tragen dabei den Namen des Benutzers und werden mit Hilfe des Befehls **crontab** bearbeitet.

crontab

crontab [*Optionen*] [*Datei*]

Anzeigen, Installieren oder Deinstallieren Ihrer crontab-Datei. Der Superuser kann **crontab** auch durch Angabe von **-u** *Benutzer* für andere Benutzer ausführen. Eine crontab-Datei ist eine Liste von Befehlen auf je einer Zeile, die automatisch zu einem bestimmten Zeitpunkt ausgeführt werden. Vor jedem Befehl werden Zahlen angegeben, die die Ausführungszeit angeben. Diese Zahlen stehen folgendermaßen in insgesamt fünf Feldern:

Minute	`0-59`
Stunde	`0-23`
Tag	`1-31`
Monat	`1-12`
	`Jan, Feb, Mar, ...`
Wochentag	`0-6, wobei 0 = Sunday`
	`Sun, Mon, Tue, ...`

Verwenden Sie ein Komma zwischen mehrfachen Werten, einen Bindestrich für Bereiche und einen Stern für alle möglichen Werte. Ein Beispiel für eine *crontab*-Datei wäre:

```
59 3 * * 5     find / -print | backup_program
0 0 1,15 * *   echo "Timesheets due" | mail user
```

Hier wird jeden Freitag um 3:59 Uhr morgens ein Backup-Programm gestartet. Der zweite Befehl schickt am 1. und 15. jedes Monats eine Erinnerung per E-Mail.

Der Superuser kann den Befehl **crontab** immer ausführen. Andere Benutzer müssen in der Datei */etc/cron.allow* aufgeführt sein, wenn diese existiert; ansonsten dürfen sie nicht in der Datei */etc/cron.deny* stehen. Wenn keine der beiden Dateien existiert, kann nur der Superuser den Befehl ausführen.

Optionen

Die Optionen **-e**, **-l** und **-r** können nicht verwendet werden, wenn irgendwelche *Dateien* angegeben werden.

-e Die aktuelle *crontab*-Datei des Benutzers editieren (oder eine neue anlegen).

-l Den Inhalt der *crontab*-Datei des Benutzers auf der Standardausgabe ausgeben.

-r Die *crontab*-Datei des Benutzers löschen.

-u *user*
Gibt an, mit welchem Benutzer gearbeitet werden soll.

crontab

Befehls-referenz

csh [*Optionen*] [*Datei* [*Argumente*]]

csh

Die C-Shell, ein Kommandozeilen-Interpreter, in dem alle weiteren Befehle eingegeben werden. Mehr Informationen finden Sie in Kapitel 8, *csh und tcsh*.

csplit [*Optionen*] *Datei Argumente*

csplit

Zerlegt die angegebene *Datei* in Abschnitte und legt jeden Abschnitt einer Datei unter einem Namen der Form xx00 bis xx*n* (*n* < 100) ab. Die Trennstellen werden durch Muster festgelegt, die durch *Argumente* auf der Kommandozeile angegeben werden. Siehe auch **split**.

Optionen

\- Liest die Daten von der Standardeingabe.

-b *Suffix*, **--suffix-format=***Suffix*
Hängt das *Suffix* an die Ausgabe-Dateinamen an. Bei Angabe dieser Option wird die Option **-n** ignoriert. Das *Suffix* muß festlegen, wie eine Binärzahl in ein lesbares Format umgewandelt wird, und genau eines der folgenden Symbole enthalten: %**d**, %**i**, %**u**, %**o**, %**x** oder %**X**. Das Symbol wird interpretiert wie eine Formatanweisung von **printf**:

%**d** (Vorzeichenbehaftete) Dezimalzahl

%**i** Entspricht %**d**.

%**u** (Vorzeichenlose) Dezimalzahl

%**o** Oktalzahl

%**x** Hexadezimalzahl

%**X** Entspricht %**x**.

-f *Präfix*, **--prefix=***Präfix*
Die Namen der neu erzeugten Dateien beginnen mit dem angegebenen *Präfix* anstelle des voreingestellten **xx**.

→

-k, --keep-files
Behält die neu erzeugten Dateien, auch wenn bei der Ausführung des Programms ein Fehler auftritt (der normalerweise zur Löschung aller bereits erzeugten Dateien führen würde). Diese Option ist sinnvoll, wenn Sie eine beliebig hohe Anzahl von Wiederholungen angeben und verhindern wollen, daß ein out of range-Fehler zur Löschung der neuen Dateien führt.

-n *Anzahl*, **--digits=***Anzahl*
Erzeugt Ausgabe-Dateinamen mit der angegebenen *Anzahl* Stellen in der numerischen Endung. Der Default ist 2.

-s, -q, --silent, --quiet
Unterdrückt die Ausgabe der Zeichenzahl der einzelnen Abschnitte.

-z, --elide-empty-files
Leere Ausgabedateien werden nicht erzeugt, bei der Numerierung weiterer Ausgabedateien werden sie jedoch mitgezählt.

Argumente

Als Argumente können alle folgenden Ausdrücke einzeln und in Kombination verwendet werden. Ausdrücke, die Leerzeichen oder andere Sonderzeichen enthalten, müssen in einfache Anführungszeichen eingeschlossen werden.

/*Ausdruck*/[*Offset*]
Erzeugt eine Datei mit den Daten von der aktuellen Zeile bis zu einer Zeile, die den regulären *Ausdruck* enthält. Ein *Offset* kann in der Form +*n* oder -*n* angegeben werden, wobei *n* die Anzahl der Zeilen vor oder nach dem *Ausdruck* ist.

%*Ausdruck* %[*Offset*]
Das gleiche wie /*Ausdruck*/, mit dem Unterschied, daß keine Datei mit den Daten der Zeilen bis zur Zeile mit dem *Ausdruck* erzeugt wird.

Anzahl
Erzeugt eine Datei von der aktuellen Zeile bis (ausschließlich) der Zeile Nummer *Nummer*. Wenn dem Argument ein Wiederholungsbefehl folgt (eine Zahl innerhalb von {}), wird jeweils die angegebene Anzahl Zeilen in einer anderen Datei gespeichert.

{*n*} Wiederholt das letzte Argument *n*-mal. Der Wiederholungsbefehl kann jedem der obengenannten Argumente folgen. Dateien werden an den Stellen mit dem *Ausdruck* oder in Blöcke zu *Anzahl* Zeilen getrennt. Wenn ein * anstelle von *n* angegeben ist, wird das Argument so oft wiederholt, bis die Eingabedaten vollständig verarbeitet sind.

Beispiele

Erzeugt bis zu 20 Kapiteldateien aus einer Datei *novel*:

```
csplit -k -f chap. novel '/CHAPTER/' '{20}'
```

Erzeugt aus einer Datei **address_list** bis zu 100 Adreßdateien (**xx00** bis **xx99**) mit einer Länge von jeweils vier Zeilen:

```
csplit -k address_list 4 {99}
```

csplit

Befehls-referenz

---

ctags [*Optionen*] *Dateien*

ctags

Erzeugen einer Liste von Funktions- und Makronamen, die in den in *Dateien* angegebenen C-, C++-, FORTRAN-, Java-, Perl-, **yacc**- oder anderen Quelldateien vorkommen. Die Ausgabedatei hat standardmäßig den Namen *tags* und folgendes Format:

Name   *Datei*   *Kontext*

wobei *Name* der Funktions- oder Makroname, *Datei* die Quelldatei, in der *Name* definiert wurde, und *Kontext* ein Suchmuster ist, das die *Name* definierende Zeile angibt. Nachdem diese Liste erzeugt wurde, kann **vi** mit einer beliebigen Datei aufgerufen werden. Durch Eingabe von

```
:set tags=Tagsdatei
:tag Name
```

lädt **vi** die Quelldatei, in der *Name* laut *Tagsdatei* definiert ist. Die Quelldatei kann auch auf der Kommandozeile mit **-t** angegeben werden.

etags erzeugt eine entsprechende Datei, die mit Emacs verwendet werden kann.

Optionen

-a, --append
: Anhängen der Ausgabe an eine bereits existierende Tag-Liste.

-d, --defines
: Auch Tag-Einträge für C-Präprozessor-Definitionen ausgeben.

-i *Datei*, **--include=***Datei*
: An die Tags-Datei eine Anmerkung anhängen, daß *Datei* zusätzlich zur normalen Eingabedatei zu Rate gezogen werden sollte.

-l *Sprache*, **--language=***Sprache*
: Geht davon aus, daß die auf diese Option folgenden Dateien in der Sprache *Sprache* geschrieben worden sind. Mit der Option **-h** bekommen Sie eine Liste der Sprachen und deren Default-Dateinamen-Erweiterungen.

-o *Datei*, **--output=***Datei*
: In *Datei* schreiben.

→

ctags
←

-r*regexp*, --**regex=***regexp*
Für jede Zeile in auf diese Option folgenden Dateien, die auf *regexp* paßt, einen Tag aufnehmen.

-R, --**no-regex**
Zeilen in auf diese Option folgenden Dateien, die auf *regexp* passen, nicht aufnehmen.

-t, --**typedefs**
Tag-Einträge für **typedef**s schreiben.

-u, --**update**
Aktualisieren der Tags-Datei, so daß die veränderten Orte von Funktionen wiedergegeben werden. Alte Tags werden gelöscht, neue angehängt. Diese Option ist z.B. nützlich, wenn Funktionen in eine andere Quelldatei verschoben worden sind.

-v, --**vgrind**
Ausgeben eines Index-Listings nach Standardausgabe, das jede Funktion mit Quelldatei und Seitennummer enthält (eine Seite entspricht 64 Zeilen).

-w, --**no-warn**
Unterdrücken von Warnungen.

-x, --**cxref**
Ausgeben eines Listings, in dem für jede Funktion Zeilennummer, Quelldatei und Kontext angegeben werden.

-B, --**backward-search**
Durchsucht die Dateien vom Ende zum Anfang nach Tags.

-C, --**c++**
Erwartet, daß *.c*- und *.h*-Dateien C++-Code (anstelle von C-Code) enthalten.

-H, -h, --**help**
Informationen zur Verwendung ausgeben und Programm beenden.

-S, --**ignore-indentation**
Normalerweise verwendet **ctags** Einrückungen, um die Tag-Datei zu parsen. Mit dieser Option verläßt sich **ctags** weniger darauf.

-T, --**typedefs-and-c++**
Ausgeben von Tag-Einträgen für typedefs, structs, enums, unions und C++-Member-Funktionen.

-V, --**version**
Versionsnummer ausgeben und beenden.

cut *Optionen* [*Dateien*]

cut

Schneidet bestimmte Spalten oder Felder aus den angegebenen *Dateien* aus. Bei den folgenden Optionen wird als *Liste* eine Folge von ganzzahligen Werten akzeptiert. Einzelne Werte werden durch Kommata voneinander getrennt, Bereiche können durch einen Bindestrich angegeben werden (z.B. **1-10,15,20** oder **50-**). Sehen Sie auch bei **paste** und **join** nach.

Optionen

-b *Liste*, **--bytes** *Liste*
: Legt eine *Liste* von Positionen fest: Nur Bytes in diesen Positionen werden ausgegeben.

-c *Liste*, **--characters** *Liste*
: Es werden die Zeichen in den durch die *Liste* angegebenen Positionen ausgegeben.

-d *c*, **--delimiter** *c*
: Wird zusammen mit **-f** benutzt, um den Feldtrenner *c* festzulegen (Der Default ist tab); Sonderzeichen (z.B. Leerzeichen) müssen in Anführungszeichen angegeben werden.

-f *Liste*, **--fields** *Liste*
: Gibt die in der *Liste* festgelegten Felder aus.

-n
: Mehrere Bytes breite Zeichen nicht trennen.

-s, **--only-delimited**
: Zusammen mit **-f** wird die Ausgabe von Zeilen unterdrückt, in denen das Trennzeichen nicht vorkommt.

--output-delimiter=*String*
: *String* als Trennzeichen für die Ausgabe verwenden. Defaultmäßig wird das gleiche Trennzeichen wie für die Eingabe verwendet.

--help
: Gibt einen Hilfstext aus und beendet dann das Programm.

--version
: Versionsinformationen ausgeben und das Programm beenden.

Beispiele

Extrahiert Benutzernamen und tatsächliche Namen aus der Datei */etc/passwd*:

```
cut -d: -f1,5 /etc/passwd
```

Findet heraus, wer gerade eingeloggt ist, und listet nur die Login-Namen auf:

```
who | cut -d" " -f1
```

→

cut ←	Schneidet die Zeichen aus der vierten Spalte der *Datei* aus und fügt sie als erste Spalte in die gleiche Datei ein: `cut -c4 file | paste - file`

date

date [*Optionen*] [+*Format*] [*date*]

Schreibt oder setzt Systemzeit und -datum. Es kann ein Ausgabe*format* angegeben werden. Das Ausgabe*format* besteht aus Zeichenfolgen und Felddeskriptoren, die im folgenden beschrieben werden (logisch sortiert). Der Superuser kann Datum und Uhrzeit des Systems ändern.

Optionen

+*Format*
: Das Datum soll benutzerdefiniert ausgegeben werden. Zum Beispiel:

```
% date +"%A %j %n%k %p"
Tuesday 248
15 PM
```

Voreingestellt ist **%a %b %e %T %Z %Y** – z.B. Tue Sep 5 14:59:37 MET 2000.

-d *Datum*, **--date** *Datum*
: Gibt das *Datum*, welches in Anführungsstrichen stehen sollte, aus. *Datum* kann das Format *d* **days** oder *m* **months** *d* **days** haben, um ein zukünftiges Datum auszugeben. Mit **ago** kann ein vergangenes Datum ausgegeben werden. Auch hier kann ein Ausgabeformat angegeben werden, siehe hierzu den Abschnitt »Format«.

-f *Datumsdatei*, **--file=***Datumsdatei*
: Wie **-d**, aber eine Ausgabe für jede Zeile in der *Datumsdatei*.

-I [*Timespezifikation*], **--iso-8601**[=*Timespezifikation*]
: Anzeige im ISO-8601-Format. Wenn eine *Timespezifikation* angegeben wird, kann diese einen der Werte **date** (nur Datum), **hours**, **minutes** oder **seconds** haben, um die geforderte Präzision zu bekommen.

-r *Datei*, **--reference=***Datei*
: Zeigt den Zeitpunkt an, zu dem *Datei* das letzte Mal geändert wurde.

-R, **--rfc-822**
: Zeigt das Datum im RFC 822-Format an.

--help
: Gibt einen Hilfstext aus und beendet das Programm.

--version
: Gibt Versionsinformationen aus und beendet das Programm.

-s *Datum*, **--set** *Datum*
Setzt das Datum.

-u, --universal
Veranlaßt die Interpretation von Datum und Zeit nicht als lokale Zeit, sondern als Greenwich Mean Time (GMT).

Format

%	literales %
–	Datumsfelder nicht auffüllen (voreingestellt: von links mit Nullen füllen).
_	Datumsfelder mit Leerzeichen auffüllen (statt mit Nullen).
%a	Wochentag in abgekürzter Schreibweise
%b	Monatsname in abgekürzter Schreibweise
%c	Datum und Zeit in landesüblicher Darstellung
%d	Tag des Monats (01 bis 31)
%h	wie %b
%j	Tag des Jahres (Julianisches Datum: Tag von 001 bis 366)
%k	Stunde (24-Stunden-Format, ohne führende Nullen: 0 bis 23)
%l	Stunde (12-Stunden-Format, ohne führende Nullen: 1 bis 12)
%m	Monatsnummer (01 bis 12)
%n	Zeilenwechsel
%p	String, der Vor- oder Nachmittag anzeigt (Default: AM und PM)
%r	Abkürzung für **%I:%M:%S %p** (12-Stunden-Format)
%s	Sekunden seit dem 1970-01-01 00:00:00 (Unix-Zeit; Epoche, eine nicht-standardisierte Erweiterung)
%t	Tabulator
%w	Tag der Woche (Sonntag = 0)
%x	Datum in landesüblicher Darstellung
%y	Jahreszahl mit zwei Stellen (00 bis 99)
%z	Numerische Zeitzone im Stil von RFC-822
%A	Wochentag in voller Länge
%B	Monatsname in voller Länge
%D	Abkürzung für **%m/%d/%y** (6+2-stelliges Datum)
%H	Stunde (24-Stunden-Format: 00 bis 23)
%I	Stunde (12-Stunden-Format: 01 bis 12)
%M	Minuten (00 bis 59)
%S	Sekunden (00 bis 59)

→

date
←

%T Abkürzung für **%H:%M:%S** (6+2-stellige Zeit)

%U Wochennummer im Jahr (00 bis 53) mit Wochenbeginn am Sonntag

%V Wochennummer im Jahr (01–52) mit Wochenbeginn am Montag

%W Wochennummer im Jahr (00 bis 53) mit Wochenbeginn am Montag

%X Zeit in landesüblicher Darstellung

%Y Jahreszahl mit vier Stellen (z.B. 1996)

%Z Name der Zeitzone

Gültige Angaben zum Setzen von Datum und Uhrzeit

Strings zum Setzen des Datums können numerisch oder nicht-numerisch sein. Numerische Strings bestehen aus Uhrzeit, Tag und Jahr im Format *MMDDhhmm[[CC]YY][.ss]*. Nicht-numerische Strings können Monats-Strings, Zeitzonen, a.m. und p.m. enthalten.

Zeit Eine zweistellige Stunden- und eine zweistellige Minutenangabe (*hhmm*); *hh* verwendet 24 Stunden.

Tag Eine zweistellige Monats- und eine zweistellige Tagesabgabe (*MMDD*); der Default sind der aktuelle Tag und Monat.

Jahr Das Jahr kann entweder mit vollen vier Stellen oder nur mit zwei Stellen angegeben werden; der Default ist das aktuelle Jahr.

Beispiele

Datum auf 1. Juli (**0701**), 18.42 Uhr (**1842**), 1995 (**95**) setzen:

```
date 0701040095
```

Der Befehl:

```
date +"Hallo%t Datum ist %D %n%t Zeit ist %T"
```

erzeugt eine Ausgabe der Form:

```
Hallo     Datum ist 05/09/93
     Zeit ist 17:53:39
```

dd

dd *Optionen*

Kopiert eine Eingabedatei (**if=**) mit den angegebenen Bedingungen und schreibt das Ergebnis in eine Ausgabedatei (oder auf die Standardausgabe, wenn **of** nicht angegeben wird). Es können beliebig viele Optionen angegeben werden, auch wenn **if** und **of** die gängigsten sind und normalerweise als erste angegeben werden. Weil **dd** mit beliebigen Blockgrößen umgehen kann, ist es auch nützlich, wenn zwischen rohen physikalischen Geräten konvertiert werden soll.

Optionen

bs=*n*

Legt die Eingabe- und Ausgabeblockgröße auf *n* Byte fest; diese Option hat Vorrang vor **ibs** und **obs**.

cbs=*n*

Legt die Größe des Konvertierungsbuffers (die logische Datensatzlänge) auf *n* Byte fest. Sollte nur verwendet werden, wenn als Konvertierung **ascii**, **ebcdic**, **ibm**, **block** oder **unblock** definiert ist.

conv=*flags*

Konvertiert die Eingabe entsprechend einem oder mehreren der (gegebenenfalls durch Kommata getrennten) *Schalter*. Die ersten fünf Schalter schließen sich gegenseitig aus.

ascii von EBCDIC nach ASCII

ebcdic
von ASCII nach EBCDIC

ibm von ASCII nach EBCDIC mit IBM-Konventionen

block
von Datensätzen variabler Länge (also solchen, die durch einen Zeilenumbruch beendet werden) in Datensätze fester Länge

unblock
von Datensätzen fester Länge in Datensätze variabler Länge

lcase
von Großbuchstaben in Kleinbuchstaben

ucase
von Kleinbuchstaben in Großbuchstaben

noerror
Mit der Verarbeitung weitermachen, wenn Lesefehler auftreten.

notrunc
Die Ausgabedatei nicht verkürzen.

swab
Alle Byte-Paare vertauschen.

sync
Eingabeblöcke auf **ibs** auffüllen.

count=*n*

Nur *n* Eingabeblöcke kopieren.

ibs=*n*

Die Eingabeblockgröße auf *n* Byte festlegen (der Default ist 512).

if=*Datei*

Die Eingabe aus *Datei* lesen (voreingestellt ist die Standardeingabe).

→

dd
←

obs=*n*
Die Ausgabeblockgröße auf *n* Byte festlegen (der Default ist 512).

of=*Datei*
Die Ausgabe nach *Datei* schreiben (voreingestellt ist die Standardausgabe).

seek=*n*
n Blöcke vom Anfang der Datei vorspringen.

skip=*n*
n Blöcke am Anfang der Eingabedatei überspringen.

--help
Gibt einen Hilfstext aus und beendet dann das Programm.

--version
Gibt die Versionsnummer aus und beendet dann das Programm.

Sie können Größenangaben (*n*) durch Anfügen der Buchstaben **k**, **b** oder **w** mit 1024, 512 oder 2 multiplizieren. Sie können auch den Buchstaben **x** als Multiplikationsoperator zwischen zwei Zahlen verwenden.

Beispiele

Konvertiert eine Eingabedatei in Kleinbuchstaben:

```
dd if=caps_datei of=small_datei conv=lcase
```

Wandelt Daten variabler Länge in feste Länge um und schreibt diese in die Datei **out**:

```
data_retrieval_cmd | dd of=out conv=sync,block
```

debugfs

debugfs [[*Option*] *Gerät*]

Befehl zur Systemverwaltung. Debuggen eines **ext2**-Dateisystems. *Gerät* ist die Gerätedatei, die zu dem Gerät gehört, welches das **ext2**-Dateisystem enthält (z.B. */dev/hda3*).

Option

-w Schreiben auf das Dateisystem ermöglichen.

Befehle

cat *Datei*
Ausgeben des Inhalts einer Inode auf die Standardausgabe.

cd *Verzeichnis*
Wechseln des aktuellen Arbeitsverzeichnisses.

chroot *Verzeichnis*
Das Wurzelverzeichnis auf die angegebene Inode setzen.

close
Schließen des gerade geöffneten Dateisystems.

clri *Datei*
Löschen des Inhalts der Inode, die zu *Datei* gehört.

dump *Datei Ausgabedatei*
Ausgeben des Inhalts einer Inode in die *Ausgabedatei*.

expand_dir *Verzeichnis*
Expandieren des *Verzeichnisses*.

find_free_block [*Ziel*]
Finden und Allozieren des ersten freien Blocks nach *Ziel*.

find_free_inode [*Verzeichnis* [*Modus*]]
Finden und Allozieren einer freien Inode.

freeb *Block*
Markiert *Block* als nicht alloziert.

freei *Datei*
Gibt die zu *Datei* gehörende Inode frei.

help Ausgeben einer Liste der Befehle, die von **debugfs** verstanden werden.

icheck *Block*
Durchführen einer Block-Inode-Übersetzung.

initialize *Gerät Blockgröße*
Anlegen eines **ext2**-Dateisystems auf dem angegebenen *Gerät*.

kill_file *Datei*
Entfernen der angegebenen *Datei* und Freigeben aller ihrer Blöcke.

ln *Quelldatei Zieldatei*
Anlegen eines Links.

ls [*Pfadname*]
Emulieren des **ls**-Befehls.

modify_inode *Datei*
Modifizieren des Inhalts der zu *Datei* gehörenden Inode.

mkdir *Verzeichnis*
Anlegen des *Verzeichnisses*.

mknod *Datei* [**p** |[[**c** |**b**] *major minor*]]
Anlegen einer Gerätedatei.

ncheck *Inode*
Durchführen einer Inode-Namen-Übersetzung.

open [**-w**] *Gerät*
Öffnen eines Dateisystems.

pwd
Aktuelles Arbeitsverzeichnis ausgeben.

→

debugfs
←

quit
: **debugfs** beenden.

rm *Datei*
: *Datei* entfernen.

rmdir *Verzeichnis*
: *Verzeichnis* entfernen.

setb *Block*
: *Block* als belegt markieren.

seti *Datei*
: Die zu *Datei* gehörende Inode als in Benutzung markieren.

show_super_stats
: Inhalt des Superblocks ausgeben.

stat *Datei*
: Inhalt der zu *Datei* gehörenden Inode ausgeben.

testb *Block*
: Überprüfen, ob *Block* als alloziert markiert ist.

testi *Datei*
: Überprüfen, ob die zu *Datei* gehörende Inode als alloziert markiert ist.

unlink *Datei*
: Entfernen eines Links.

write *Quelldatei Datei*
: Anlegen von *Datei* im Dateisystem. Der Inhalt von *Quelldatei* wird in die neu angelegte Datei kopiert.

depmod

depmod [*Optionen*] *Module*

Befehl zur Systemverwaltung. Anlegen einer Datei mit Abhängigkeiten für die auf der Kommandozeile angegebenen Module. Diese Datei kann von **modprobe** verwendet werden, um automatisch alle nötigen Module nachzuladen. Normalerweise wird die Zeile **/sbin/depmod -a** in einer der Dateien in */etc/rc.d* aufgenommen, damit die Modulabhängigkeiten nach dem Hochfahren des Systems zur Verfügung stehen.

Optionen

-a Anlegen der Abhängigkeiten für alle in */etc/conf.modules* eingetragenen Module.

-d Debug-Modus. Alle ausgeführten Befehle werden angezeigt.

-e Nicht-aufgelöste Symbole anzeigen.

-v Verarbeitete Module anzeigen.

Dateien

depmod

/etc/conf.modules
: Informationen über Module: welche Module andere benötigen und welche Verzeichnisse zu welchem Typ Modul gehören.

/sbin/insmod, /sbin/rmmod
: Diese Programme werden von **depmod** verwendet.

Befehls-referenz

df [*Optionen*] [*Name*]

df

Zeigt den freien Plattenplatz (disk free) aller eingehängten Dateisysteme. Die Ausgabe erfolgt nur für eingehängte Dateisysteme oder den angegebenen *Namen*. (**df** kann nichts über nicht eingehängte Dateisysteme ausgeben.) Der Festplattenplatz wird in 1KB-Blöcken (Default) oder 512 Byte-Blöcken (wenn die Umgebungsvariable POSIXLY_CORRECT gesetzt ist) ausgegeben. *Name* kann ein Gerätename (beispielsweise */dev/hd**), der Verzeichnisname eines Einhängpunktes (beispielsweise */usr*) oder ein Verzeichnisname sein (in welchem Fall die Daten des gesamten Dateisystems ausgegeben werden, in dem sich dieses Verzeichnis befindet).

Optionen

-a, - -all
: Zeigt auch Dateisysteme an, die leer sind (0 Byte Kapazität).

- -block-size=*n*
: Den Plattenplatz als *n*-Byte-Blöcke ausgeben.

-h, - -human-readable
: Die Größen in einem für Menschen besser lesbaren Format ausgeben (etwa 1.9G anstelle von 1967156).

-H, - -si
: Wie **-h**, aber Zahlen als Potenz von 1000 anstelle von 1024 angeben.

-i, - -inodes
: Zeigt die Auslastung der Inodes an: freie, benutzte und prozentbelegte Inodes.

-k, - -kilobytes
: Erzwingt die Angabe des freien Platzes in KByte.

-l, - -local
: Nur lokale Dateisysteme anzeigen.

-m, - -megabytes
: Größen in MByte ausgeben.

- -no-sync
: Ergebnisse anzeigen, ohne zuerst **sync** auszuführen (d.h., ohne die Buffer herauszuschreiben). Dies ist der Default.

→

df
←

-P, --portability
POSIX-Ausgabeformat verwenden (also die Informationen über jedes Dateisystem auf genau einer Zeile ausgeben).

--sync
sync aufrufen (Buffer herausschreiben), bevor die Größen ermittelt und angezeigt werden.

-t *Typ*, **--type=***Typ*
Nur Dateisysteme des Typs *Typ* anzeigen.

-T, --print-type
Gibt zu jedem Dateisystem neben der Größe den zugehörigen Typ an.

-x *Typ*, **--exclude-type=***Typ*
Nur Dateisysteme von anderen Typen als *Typ* anzeigen.

--help
Gibt einen Hilfstext aus und beendet dann das Programm.

--version
Die Versionsnummer ausgeben und das Programm beenden.

---

diff

diff [*Optionen*] [*Verzoptionen*] *Datei1 Datei2*

Vergleicht zwei Textdateien. **diff** gibt diejenigen Zeilen aus, in denen sich *Datei1* und *Datei2* unterscheiden. Mit den ausgegebenen Zeilen wird der Zusammenhang angegeben – standardmäßig werden Zeilen aus *Datei1* durch ein **<** markiert und solche aus *Datei2* mit **>**. Den Zeilen stehen Befehle des Editors **ed** voran (**a**, **c** oder **d**), mit denen man *Datei1* in *Datei2* umwandeln könnte. Wird für eine der Dateien **-** angegeben, wird die Standardeingabe gelesen. Wenn eine der Dateien ein Verzeichnis ist, sucht **diff** die zum anderen Dateinamen passende Datei im angegebenen Verzeichnis (z.B. ist **diff mein_verz txtfile** das gleiche wie **diff mein_verz/txtfile txtfile**). Falls beide Dateien Verzeichnisse sind, bearbeitet **diff** diejenigen Dateien beider Verzeichnisse, die gleiche Namen haben (z.B. *altverz/text1* und *neu_verz/text1*); weiterhin führt **diff** gemeinsame Unterverzeichnisse und die Dateien auf, die sich jeweils nur in einem der Verzeichnisse befinden. Siehe auch **cmp**.

Optionen

-a, --text
Alle Dateien als Textdateien behandeln. Nützlich, um zu sehen, ob Binärdateien gleich sind.

-b, --ignore-space-change
Behandelt wiederholte Leerzeichen wie eins und ignoriert Leerzeichen an Zeilenenden.

-B, --ignore-blank-lines
Ignoriert Leerzeilen in den Dateien.

-c Kontext-**diff**: anderes Ausgabeformat, das die Zeilen in einem Textzusammenhang von 3 Zeilen ausgibt.

-C *n*, **--context**[=*n*]
Kontext-**diff**: *n* um jede geänderte Zeile herum ausgeben. Der Default-Kontext sind 3 Zeilen.

-d, --minimal
Um den Vergleich zu beschleunigen, Segmente mit vielen Änderungen ignorieren und eine kleinere Menge von Änderungen ausgeben.

-D*Symbol*, **--ifdef=***Symbol*
Wenn C-Dateien verarbeitet werden, eine Ausgabedatei erzeugen, die den Inhalt beider Eingabedateien enthält, einschließlich aller **#ifdef**- und **#ifndef**-Anweisungen, die die Anweisungen in den beiden Dateien wiedergeben.

-e, --ed
Liefert als Ausgabe eine Befehlsfolge für den Editor **ed** (**a**, **c**, **d**), mit der *Datei2* in *Datei1* überführt werden kann.

-F *regexp*, **--show-function-line**[=*regexp*]
Bei Kontext- und Unified-Diffs die letzte Zeile, die den regulären Ausdruck *regexp* enthält, vor jedem Block mit geänderten Dateien anzeigen.

-H Erhöht die Ausgabegeschwindigkeit bei langen Dateien, indem gezielt nach verstreuten, kleinen Veränderungen gesucht wird. Weiträumige Änderungen werden nicht als solche ausgegeben.

--help
Einen kurzen Hilfstext ausgeben.

--horizon-lines=*n*
Um ein kompakteres Listing zu bekommen, *n* Zeilen auf beiden Seiten der geänderten Zeilen beibehalten, wenn verglichen wird.

-i, --ignore-case
Behandelt Klein- und Großbuchstaben gleich.

-I *regexp*, **--ignore-matching-lines=***regexp*
Ignoriert Zeilen, die dem regulären Ausdruck *regexp* entsprechen.

-l, --paginate
Läßt die Ausgabe von **pr** in Seiten unterteilen.

-L *Label*, **--label** *Label*, **--label=***Label*
Bei Kontext- und Unified-Diff *Label* anstelle des Namens der verglichenen Datei ausgeben. Die erste derartige Option gilt für den ersten Dateinamen, die zweite für den zweiten.

--left-column
Gibt im Zwei-Spalten-Format (**-y**) bei gleichen Zeilen nur die linke Spalte aus.

→

diff
←

-n, --**rcs**
Erzeugt Ausgaben im RCS-Diff-Format.

-N, --**new-file**
Betrachtet fehlende Dateien als leer.

-p, --**show-c-function**
Wenn Dateien in C oder C-artigen Sprachen wie Java verarbeitet werden, die Funktion anzeigen, die den Block mit den geänderten Linien enthält. Setzt **-c** voraus, kann aber auch für Unified-Diffs verwendet werden.

-P, --**unidirectional-new-file**
Wenn zwei Verzeichnisse verglichen werden und im ersten eine Datei fehlt, die es im zweiten gibt, dann wird angenommen, daß es im ersten Verzeichnis eine leere Datei dieses Namens gibt.

-q, --**brief**
Es wird nur ausgegeben, *ob* sich die Dateien unterscheiden.

-r, --**recursive**
Vergleicht Unterverzeichnisse rekursiv.

-s, --**report-identical-files**
Gibt an, wenn sich Dateien *nicht* unterscheiden.

-S *Dateiname*, --**starting-file**=*Dateiname*
Beginnt beim Vergleich von Verzeichnissen mit der Datei *Dateiname* und überspringt Dateien, die in der Sortierreihenfolge weiter vorn stehen.

--**suppress-common-lines**
Unterdrückt im Zwei-Spalten-Format (**-y**) die Ausgabe gleicher Zeilen.

-t, --**expand-tabs**
Läßt die Tabulatoren in der Ausgabe zu entsprechend vielen Leerzeichen umwandeln.

-T, --**initial-tab**
Fügt einen Tabulator am Zeilenanfang an, um bereits vorhandene Tabulatoren korrekt anzuordnen.

-u Unified-**diff**: kompaktere Form von **-c**, in der alte und neue Zeilen in nur einem Block ausgegeben werden. Jede geänderte Zeile wird mit drei Zeilen Kontext umgeben.

-U *n*, --**unified**[=*n*]
Unified-**diff**: Alte und neue Zeilen werden in nur einem Block ausgegeben werden, wobei *n* Zeilen jeden Block mit geänderten Zeilen umgeben. Der Default sind drei Zeilen.

-v, --**version**
Gibt die Versionsnummer der **diff**-Version aus.

-w, --**ignore-all-space**
Zieht Leerzeichen überhaupt nicht zum Vergleich heran.

-W *n*, **--width=***n*
Gibt die maximale Ausgabebreite für das Zwei-Spalten-Format (**-y**) an, voreingestellt ist 130.

-x *regexp*, **--exclude=***regexp*
Unterläßt den Vergleich von Dateien in einem Verzeichnis, das dem regulären Ausdruck *regex* entspricht.

-X *Dateiname*, **--exclude-from=***Dateiname*
Unterläßt den Vergleich von Dateien in Verzeichnissen, die regulären Ausdrücken aus der Datei *Dateiname* entsprechen.

-y, --side-by-side
Erzeugt zweispaltige Ausgaben.

-*n* Bei Kontext- und Unified-**diff** *n* Zeilen Kontext ausgeben. Wie die Angabe einer Zahl bei **-C** oder **-U**.

diff3 [*Optionen*] *Datei1 Datei2 Datei3*

Vergleicht drei Dateien und gibt die Unterschiede aus. Maximal eine Datei kann als - angegeben werden (dann wird diese von der Standardeingabe gelesen). Die Ausgabe wird mit den folgenden Codes angezeigt:

====
Alle Dateien sind unterschiedlich.

====*1*
Datei1 unterscheidet sich.

====*2*
Datei2 unterscheidet sich.

====*3*
Datei3 unterscheidet sich.

diff3 hat auch die Aufgabe, Veränderungen in zwei Dateien zu erkennen, die von einer gemeinsamen Grundversion stammen, z.B. wenn zwei Personen unabhängig voneinander Veränderungen an einer Datei vorgenommen haben. **diff3** kann die Veränderungen zwischen der Grundversion und einer der neuen Dateien erkennen und erzeugt als Ausgabe die Änderungen, die an der anderen neuen Datei vorgenommen wurden, um alle Veränderungen zu berücksichtigen. Nicht-zusammengeführte Änderungen sind Stellen, an denen sich sowohl beide neueren Dateien voneinander als auch mindestens eine von ihnen sich von der Grunddatei unterscheidet. Änderungen gegenüber der Grunddatei, die in beiden neueren Dateien gleich sind, heißen *zusammengeführte Änderungen*. Wenn sich alle drei Dateien an der gleichen Stelle unterscheiden, nennt man das eine *überlappende Änderung*.

→

Dieses Verfahren wird auf der Kommandozeile so durchgeführt, daß *Datei2* die Grundversion ist. Konkret wird *Datei2* mit *Datei3* verglichen, und diese Unterschiede werden in *Datei1* integriert.

Optionen

-3, **--easy-only**
: Läßt eine **ed**-Befehlsfolge ausgeben, die alle unvereinten, nichtüberlappenden Änderungen zwischen *Datei1* und *Datei3* in *Datei1* aufnimmt.

-a, **--text**
: Behandelt alle Dateien als Textdateien.

-A, **--show-all**
: Läßt eine **ed**-Befehlsfolge aller Änderungen ausgeben; überlappende Änderungen werden in Klammern ausgegeben.

-e, **--ed**
: Läßt eine **ed**-Befehlsfolge ausgeben, die alle unvereinten Änderungen zwischen *Datei1* und *Datei3* in *Datei1* aufnimmt.

-E, **--show-overlap**
: Läßt eine **ed**-Befehlsfolge aller unvereinten Änderungen ausgeben; überlappende Änderungen werden in Klammern ausgegeben.

-x, **--overlap-only**
: Läßt eine **ed**-Befehlsfolge aller überlappenden Änderungen ausgeben, die in *Dateineu1* aufgenommen werden kann.

-X
: Wie **-x**, überlappende Änderungen werden in Klammern ausgegeben.

-m, **--merge**
: Läßt das Ergebnis aller Änderungen als Datei ausgeben.

-L *Label*, **--label=***Label*
: Benutzt in der Ausgabe *Label* als Dateinamen.

-i
: Nimmt zusätzlich die Befehle **w** (save) und **q** (quit) in die **ed**-Befehlsfolge auf, um **ed** mit Sichern zu verlassen.

-T, **--initial-tab**
: Fügt einen Tabulator am Zeilenanfang ein, um bereits vorhandene Tabulatoren korrekt anzuordnen.

-v, **--version**
: Versionsinformationen ausgeben und das Programm beenden.

dip [*Optionen*] [*chat Skriptdatei*]

Befehl zur Systemverwaltung. Einrichten oder Initiieren von Dialup-Internet-Verbindungen. **dip** kann dazu verwendet werden, um Verbindungen für Benutzer aufzubauen, die sich in einen Rechner einwählen oder aus einem Rechner herauswählen. Die Befehle können interaktiv oder aus einer Skriptdatei heraus verwendet werden. Um Einwahlverbindungen zu ermöglichen, wird **dip** oft als Shell verwendet und kann durch die Befehle **diplogin** und **diplogini** aufgerufen werden.

Optionen

-a
: Im Einwählmodus wird nach dem Benutzernamen und dem Paßwort gefragt. Wie beim **dplogini**-Befehl.

-i
: Startet eine Login-Shell für eine Einwahlverbindung. Wie bei **diplogin**-Befehl.

-k
: Beendet den jüngsten **dip**-Prozeß oder den Prozeß, der auf dem mit **-l** angegebenen Gerät läuft.

-l *Gerät*
: Wird zusammen mit der Option **-k** verwendet. Gibt ein TTY-*Gerät* an.

-m *mtu*
: Maximum Transfer Unit. Der Default ist 296.

-p *Protokoll*
: Das zu verwendende *Protokoll*: SLIP, CSLIP, PPP oder TERM.

-t
: Befehlsmodus. Wird normalerweise zum Testen verwendet.

-v
: Verbose-Modus

Befehle

Die meisten dieser Befehle können entweder interaktiv oder aus einer Skriptdatei heraus verwendet werden.

beep *Anzahl*
: Das Terminal *Anzahl*mal anpiepen.

bootp
: Lokale und entfernte IP-Adressen über das BOOTP-Protokoll ermitteln.

break
: Ein BREAK schicken.

chatkey *Schlüsselwort Code*
: Ein Modemantwort-Schlüsselwort auf einen numerischen Code abbilden.

→

config [interface | routing] [pre | up | down | post] *Argumente*
Die Charakteristika der Schnittstelle (**interface**) oder der Routing-Tabelle (**routing**) einstellen, bevor die Verbindung hergestellt wird, wenn sie hergestellt worden ist, wenn sie abgebaut wird oder nachdem sie abgebaut worden ist. Die Syntax von *Argumente* entspricht der der Befehle **ifconfig** und **route**.

databits 7 | 8
Legt die Anzahl der Datenbits fest.

dec *$Variable* [*Wert*]
Dekrementiert *Variable* um den Wert *Wert*. Der Default ist 1.

default
Legt die Default-Route zur IP-Adresse des Rechners, zu dem die Verbindung aufgebaut wurde, fest.

dial *Telefonnummer* [*Timeout*]
Die angegebene Telefonnummer wählen. Abbrechen, wenn das entfernte Modem nicht innerhalb von *timeout* Sekunden antwortet. **$errlvl** wird entsprechend der Antwort des Modems gesetzt.

echo on | off
Die Anzeige der Modem-Befehle ein- oder ausschalten.

exit [*n*]
Das Skript beenden. Optional kann die Zahl *n* als Rückgabewert angegeben werden.

flush
Eingabebuffer leeren.

get *$Variable* [**ask** | **remote** [*Timeout*]] *Wert*
$Variable den Wert *Wert* zuweisen. Wenn **ask** angegeben wird, wird der Benutzer nach einem Wert gefragt. Wenn **remote** angegeben wird, wird der Wert vom entfernten Rechner geholt. Nach *Timeout* Sekunden wird dies abgebrochen.

goto *Marke*
Zum durch *Marke* gekennzeichneten Abschnitt springen.

help Verfügbare Befehle aufführen.

if *Ausdruck goto Marke*
Zum mit *Marke* gekennzeichneten Abschnitt springen, wenn der Ausdruck *Ausdruck* zu einem wahren Wert ausgewertet wird. Ein Ausdruck ist ein Vergleich einer Variablen mit einer Konstanten unter Verwendung eines der Operatoren =, !=, , =.

inc *$Variable* [*Wert*]
Inkrementiert *Variable* um den Wert *Wert*. Der Default ist 1.

init *String*
Legt den String fest, mit dem das Modem initialisiert wird. Der Default ist ATE0 Q0 V1 X1.

mode *Protokoll*
Legt das Verbindungs-*Protokoll* fest. Zulässige Werte sind SLIP, CSLIP, PPP und TERM; der Default ist SLIP.

netmask *Maske*
Einstellen der Subnetz-Maske.

parity E|O|N
Einstellen der Leitungs-Parity auf even, odd oder none.

password
Den Benutzer nach seinem Paßwort fragen.

proxyarp
Einen Proxy-ARP-Eintrag in der lokalen ARP-Tabelle eintragen.

print *$Variable*
Den Inhalt der Variablen *$Variable* anzeigen.

psend *Befehl*
Den Befehl *Befehl* in einer Shell ausführen, und die Ausgabe an das serielle Gerät schicken. Die Befehle werden mit der realen UID des Benutzers ausgeführt.

port *Gerät*
Das serielle Gerät festlegen, mit dem das Modem verbunden ist.

quit
Mit einem von null verschiedenen Rückgabewert abbrechen, die Verbindung beenden.

reset
Das Modem zurücksetzen.

securid
Den Benutzer nach dem veränderbaren Anteil seines ACE-System-SecureID-Paßworts fragen, und diesen zusammen mit dem gespeicherten Präfix zum entfernten System schicken.

securidf *Präfix*
Den unveränderbaren Anteil eines ACE-System-SecureID-Paßworts abspeichern.

send *String*
Den String *String* an das serielle Gerät schicken.

shell *Befehl*
Den Befehl in einer Shell unter der realen UID des Benutzers ausführen.

skey [*timeout*]
Auf eine S/Key-Herausforderung warten, und den Benutzer dann nach dem geheimen Schlüssel fragen. Die Antwort wird generiert und abgeschickt. Der Befehl wird abgebrochen, wenn die Herausforderung nicht innerhalb von *timeout* Sekunden geschickt wird. S/Key-Unterstützung muß in **dip** hineinkompiliert werden.

sleep *Sekunden*
Sekunden Sekunden warten.

→

dip ←	**speed** *bits-per-second* Die Schnittstellengeschwindigkeit einstellen. Der Default ist 38400. **stopbits 1|2** Die Anzahl der Stop-Bits einstellen. **term** Den Terminalmodus einschalten. Tastatureingaben werden direkt an das serielle Gerät geschickt. **timeout** *Sekunden* Die Anzahl der Sekunden einstellen, die die Verbindung inaktiv sein darf, bevor sie geschlossen wird. **wait** *Text* [*timeout*] *timeout* Sekunden auf den Text *Text* vom entfernten System warten. Wenn *timeout* nicht angegeben wird, wird beliebig lange gewartet.
dirname	**dirname** *Pfadname* Gibt den *Pfadnamen* ohne die letzte Ebene aus. Das ist nützlich, wenn der eigentliche Dateiname von einem Pfadnamen abgetrennt werden soll. Wenn es keine Schrägstriche (Verzeichnisebenen) in *Pfadname* gibt, gibt **dirname** . für das aktuelle Verzeichnis aus. Siehe auch **basename**.
dmesg	**dmesg** [*Optionen*] Befehl zur Systemverwaltung. Anzeigen der Kontrollmeldungen des Systems aus dem Ringbuffer des Kernels. In diesem Buffer sind alle Kernel-Meldungen seit dem letzten Hochfahren oder, falls der Buffer voll war, nur die neuesten abgelegt. ***Optionen*** **-c** Löschen des Buffers nach der Ausgabe der Meldungen. **-n** *Ebene* Gibt an, von welcher Stufe die Systemmeldungen ausgegeben werden sollen.
dnsdomainname	**dnsdomainname** TCP/IP-Befehl. Ausgeben des DNS-Domänennamens des Systems. Siehe auch **hostname**.

domainname [*Name*]

domainname

NFS/NIS-Befehl. Setzen oder Anzeigen der aktuellen NIS-Domäne. Wenn kein Argument angegeben wird, zeigt **domainname** die aktuelle NIS-Domäne an. Das Einstellen der Domäne durch Angabe eines Arguments ist dem Superuser vorbehalten.

dosfsck [*Optionen*] *Gerät*
fsck.ext2 [*Optionen*] *Gerät*

dosfsck

Befehl zur Systemverwaltung. Ähnlich **fsck**, aber speziell für MS-DOS-Dateisysteme. Wenn **fsck** ein MS-DOS-Dateisystem überprüft, wird dieser Befehl aufgerufen. Normalerweise speichert **dosfsck** alle Änderungen im Hauptspeicher und schreibt sie zurück, wenn die Überprüfungen abgeschlossen sind.

Optionen

-a
Das System automatisch reparieren; nicht beim Benutzer nachfragen.

-A
Die Atari-Version des MS-DOS-Dateisystems verwenden.

-d *Datei*
Datei aus der Dateibelegungstabelle (File Allocation Table) entfernen. Überprüfung auch dann erzwingen, wenn der Kernel das Dateisystem bereits als gültig gekennzeichnet hat. **dosfsck** beendet sich normalerweise ohne Überprüfung, wenn das System sauber zu sein scheint.

-l *Datei*
Beschädigte Blöcke aus *Datei* lesen (und zusätzlich nach weiteren suchen).

-n
Sicherstellen, daß keine Änderungen ins Dateisystem geschrieben werden. Automatisch »no« antworten, wenn gefragt wird.

-p
Alle beschädigten Blöcke nicht-interaktiv reparieren.

-t
Timing-Statistiken anzeigen.

-v
Verbose-Modus

-y
Automatisch »yes« antworten, wenn gefragt wird.

-B *Größe*
Den Superblock an Position *Größe* erwarten, beenden, wenn er nicht da ist.

-F
Vor dem Überprüfen Buffer-Caches herausschreiben.

-L *Datei*
Beschädigte Blöcke aus *Datei* lesen, nicht auch noch danach suchen.

du

du [*Optionen*] [*Verzeichnisse*]

Zeigt den belegten Plattenplatz (disk usage) für das *Verzeichnis* und dessen Unterverzeichnisse in KByte-Blöcken an. Ohne Argumente erfolgt die Angabe für das Arbeitsverzeichnis.

Optionen

-a, **- -all**
: Zeigt die Belegung für alle Dateien (nicht nur Verzeichnisse) an.

-b, **- -bytes**
: Schreibt Byte als Ausgabeeinheit vor.

-c, **- -total**
: Gibt zum Schluß zusätzlich die Gesamtsumme aller Argumente aus.

-D, **- -dereference-args**
: Folgt symbolischen Links, jedoch nur für die in der Kommandozeile angegebenen *Verzeichnisse*.

-h, **- -human-readable**
: Gibt die Größen in einem Format aus, das für Menschen besser lesbar ist.

-H, **- -si**
: Wie **-h**, die Zahlen sind aber als Potenz von 1000 und nicht von 1024 angegeben.

-k, **- -kilobytes**
: Läßt die Ausgabe in KByte erfolgen (Default).

-l, **- -count-links**
: Zählt Dateien, auf die durch Links mehrfach verwiesen wird, entsprechend häufig mit.

-L, **- -dereference**
: Folgt symbolischen Links.

- -exclude=*Muster*
: Dateien, auf die *Muster* paßt, nicht berücksichtigen.

- -max-depth=*Anzahl*
: Größen für Verzeichnisse nur bis zu *Anzahl* Ebenen unterhalb der Startebene (Ebene 0) melden.

-m, **- -megabytes**
: Größen in MByte ausgeben.

-s, **- -summarize**
: Nur die Gesamtsumme für jedes angegebene Verzeichnis ausgeben.

-S, **- -separate-dirs**
: Zählt die Belegung der Unterverzeichnisse nicht zu der Belegung ihrer Eltern hinzu.

-x, --one-file-system
Nur die Dateien im aktuellen Dateisystem anzeigen.

-X, --exclude-from=*Datei*
Dateien nicht berücksichtigen, auf die mindestens eines der Muster in *Datei* paßt.

--help
Gibt einen Hilfstext aus und beendet dann das Programm.

--version
Gibt die Version aus und beendet dann das Programm.

dumpe2fs *Gerät*

Befehl zur Systemverwaltung. Ausgeben von Informationen über den Superblock und die Blockgruppen von *Gerät*.

dumpkeys [*Optionen*]

Gibt Angaben zu den Tastaturbelegungstabellen aus. Siehe auch die Beschreibung zu *keytables* in den Man-Pages.

Optionen

-1, --separate-lines
Jedes Modifikator/Keycode-Paar auf einer Zeile ausgeben und den unmodifizierten Keycodes **plain** voranstellen.

-c*charset*, **--charset=***charset*
Wählt den Zeichensatz aus, mit dem die Belegung ausgegeben werden soll. Der Default ist **iso-8859-1**. Die weiteren zulässigen Zeichensätze können Sie mit der Option **--help** sehen.

--compose-only
Gibt nur die Kombinationen für die Compose-Taste aus. Funktioniert nur, wenn der Kernel Compose-Tasten unterstützt.

-f, --full-table
Lange Ausgabe: zu jeder Taste wird ihre Belegung mit allen Modifiern ausgegeben.

--funcs-only
Gibt nur die Definitionen der Funktionstasten aus.

-h, --help
Gibt einen Hilfetext und die Versionsnummer aus.

→

dumpkeys
←

-i, --short-info
Kurze Information: Angaben zu erlaubten *keycode keywords* in den Tastaturtabellen, der Anzahl der zulässigen Aktionen für eine Taste, eine Liste der erlaubten Bereiche der *action codes* (die rechten Seiten der Tastendefinitionen) sowie die Anzahl der vom Kernel unterstützten Funktionstasten.

--keys-only
Gibt nur die einfachen Tastenbelegungen aus.

-l, --long-info
Lange Information: Zusätzlich zur kurzen Information wird eine Liste der *action symbols* und ihrer Zahlenwerte ausgegeben.

-n, --numeric
Gibt die Werte der *key actions* hexadezimal aus, keine Umsetzung auf symbolische Namen.

-S *Anzahl*, **--shape=***Anzahl*
Anzahl bestimmt die Tabellenform. Zulässige Werte sind:

0 Default

1 wie **--full-table**

2 wie **--separate-lines**

3 eine Zeile pro Keycode bis zum ersten Loch, dann eine Zeile pro Modifikator/Keycode-Paar

---

e2fsck

e2fsck [*Optionen*] *Gerät*
fsck.ext2 [*Optionen*] *Gerät*

Befehl zur Systemverwaltung. Ähnlich wie **fsck**, aber speziell für das Second-Extended-Dateisystem von Linux. (**fsck** ruft **fsck.ext2** auf, wenn es sich um ein Second Extended handelt.)

Optionen

-b *Superblock*
Verwenden von *Superblock* anstelle des Default-Superblocks.

-d Debugging-Modus

-f Erzwingt ein Überprüfen auch dann, wenn der Kernel das Dateisystem bereits als gültig markiert hat. Normalerweise beendet sich **e2fsck** ohne Überprüfungen, wenn der Kernel das Dateisystem als sauber akzeptiert hat.

-l *Datei*
Aus *Datei* wird eine Liste mit defekten Blöcken ausgelesen. Zusätzlich wird auch das Gerät nach defekten Blöcken durchsucht.

-n	Sicherstellen, daß keine Änderungen am Dateisystem vorgenommen werden. Jede Rückfrage des Programms wird automatisch mit »nein« beantwortet.	e2fsck
-p	(»Putzen«) Nicht-interaktives Reparieren aller defekten Blöcke.	
-t	Ausgeben von Zeit-Statistiken.	
-v	Verbose-Modus	
-y	Automatisches Beantworten aller Rückfragen mit »ja«	

-B *Größe*

Erwartet, daß der Superblock die angegebene *Größe* hat. Wenn dies nicht der Fall ist, beendet sich **e2fsck**.

-F Leeren der Buffer-Caches vor der Überprüfung.

-L *Datei*

Aus *Datei* wird eine Liste defekter Blöcke entnommen, das Gerät wird darüber hinaus nicht nach weiteren defekten Blöcken durchsucht.

---

echo [-n] [*String*]

echo

Gibt seine *Argumente* aus. **echo** ist in viele Shells fest eingebaut, hier wird der Befehl unter **/bin/echo** beschrieben. Einige Zeichenkombinationen werden wie folgt umgesetzt:

\a	Alert (bell) – Signal
\b	Backspace – Rücktaste
\c	Unterdrückt den abschließenden Zeilenwechsel.
\f	Form feed – Seitenvorschub
\n	Newline – Zeilenwechsel
\r	Carriage return – Zeilenende
\t	Horizontal tab – waagerechter Tabulator
\v	Vertical tab – senkrechter Tabulator
\\	Literal backslash – das Zeichen \

nnn

Druckt das ASCII-Zeichen mit dem Oktalwert *nnn*.

Optionen

-e Aktiviert Zeichenfolgen mit Sonderbedeutung. (In manchen Versionen ist diese Option nicht notwendig, damit die Zeichenfolgen funktionieren.)

-E Zeichenfolgen mit Sonderbedeutung abschalten.

-n Unterdrückt den abschließenden Zeilenwechsel.

--help

Gibt einen Hilfstext aus und beendet dann das Programm.

→

echo
←

- -version
Versionsinformationen ausgeben und das Programm beenden.

Beispiele

```
/bin/echo "testing printer" | lp
/bin/echo "TITLE\nTITLE" > file ; cat doc1 doc2 >> file
/bin/echo "Warning: ringing bell \a"
```

egrep

egrep [*Optionen*] [*regexp*] [*Dateien*]

Durchsucht eine oder mehrere *Dateien* nach Zeilen, die dem regulären Ausdruck *Muster* entsprechen. Einige reguläre Ausdrücke werden von **egrep** nicht unterstützt: \(, \), *n*, \<, \>, \{ und \}, dafür aber zusätzlich die Ausdrücke **+**, **?**, **|** und **( )**. Zur Erinnerung: Diese Zeichen haben spezielle Bedeutungen in Shells und sollten entsprechend geschützt werden. Eine Beschreibung regulärer Ausdrücke finden Sie in Kapitel Kapitel 9, *Mustervergleiche*. Der Rückgabewert ist **0**, falls Zeilen übereinstimmen, **1**, falls nicht, sowie **2** bei Fehlern.

Unter **grep** finden Sie eine Liste der verfügbaren Optionen. Siehe auch **fgrep**. **egrep** ist normalerweise schneller als diese beiden Befehle.

Beispiele

Nach allen Vorkommen von *Victor* oder *Victoria* in *Datei* suchen:

```
egrep 'Victor(ia)*' Datei
egrep '(Victor|Victoria)' Datei
```

Zeichenketten der Art *old.doc1* oder *new.doc2* in *Dateien* suchen und mit Zeilennummern ausgeben:

```
egrep -n '(old|new)\.doc?' Dateien
```

emacs

emacs [*Optionen*] [*Dateien*]

Ein Editor zum Bearbeiten von Text sowie für alle Dinge, die sonst noch bei der Arbeit anfallen können. Eine genaue Beschreibung finden Sie in Kapitel Kapitel 10, *Der Editor Emacs*.

env [*Option*] [*Variable=Wert* ...] [*Befehl*] **env**

Gibt alle Umgebungsvariablen aus. Wenn die *Variable* angegeben ist, wird sie vorübergehend auf *Wert* gesetzt, und die so geänderten Umgebungsvariablen werden ausgegeben. Wenn ein *Befehl* angegeben ist, wird er unter der so geänderten Umgebung ausgeführt.

Optionen

-, -i, --ignore-environment
: Ignoriert die bereits bestehenden Umgebungsvariablen.

-u *Name*, **--unset** *Name*
: Nimmt die Aktivierung der angegebenen Umgebungsvariable zurück.

--help
: Gibt einen Hilfstext aus und beendet dann das Programm.

--version
: Versionsinformationen ausgeben und das Programm beenden.

etags [*Optionen*] *Dateien* **etags**

Erzeugen einer Liste von Funktions- und Makronamen, die in den in *Dateien* angegebenen C-, Pascal-, FORTRAN-, **yacc**- oder **lex**-Quelldateien vorkommen. Die Ausgabedatei hat standardmäßig den Namen *tags* und folgendes Format:

```
Name      Datei      Kontext
```

wobei *Name* der Funktions- oder Makroname, *Datei* die Quelldatei, in der *Name* definiert wurde, und *Kontext* ein Suchmuster ist, das die *Name* definierende Zeile angibt. Nachdem diese Liste erzeugt wurde, kann Emacs mit einer beliebigen Datei aufgerufen werden. Nach Eingabe von

```
ESC-x visit-tags-table
```

fragt Emacs nach dem Namen einer Tag-Datei; der Default ist TAGS. Jetzt kann mit

```
ESC-x find-tag
```

in die Datei gewechselt werden, die laut *Tags-Datei* einen bestimmten *Namen* enthält. Emacs fragt nach dem zu suchenden Tag. **ctags** erzeugt eine entsprechende Datei, die mit **vi** verwendet werden kann.

→

Befehls-referenz

etags
←

Optionen

-a, --append
Anhängen der Ausgabe an eine bereits existierende Tag-Liste.

-d, --defines
Auch Tag-Einträge für C-Präprozessor-Definitionen ausgeben.

-i *Datei*, **--include=***Datei*
Fügt eine Anmerkung zur Tags-Datei hinzu, daß *Datei* neben der normalen Eingabedatei gelesen werden soll.

-l *Sprache*, **--language=***Sprache*
Von den auf diese Option folgenden Dateien wird angenommen, daß sie in der Sprache *Sprache* geschrieben sind. Verwenden Sie die Option **-h**, um eine Liste der Sprachen und der Default-Dateinamenserweiterungen zu bekommen.

-o *Datei*, **--output=***Datei*
Nach *Datei* schreiben.

-r *regexp*, **--regex=***regexp*
Einen Tag für jede Zeile aufnehmen, auf die in den auf diese Option folgenden Dateien der reguläre Ausdruck *regex* paßt.

-C, --c++
Erwartet, daß *.c*- und *.h*-Dateien C++-Code (anstelle von C-Code) enthalten.

-D, --no-defines
Unterdrücken der Ausgabe von Tag-Einträgen für C-Präprozessor-Definitionen.

-H, -h, --help
Einen Hilfetext ausgeben.

-R, --noregex
Für die auf diese Option folgenden Dateien keine Tags auf der Basis der Musterübereinstimmung aufnehmen.

-S, --ignore-indentation
Normalerweise verwendet **etags** Einrückungen, um die Tag-Datei zu parsen. Mit dieser Option verläßt sich **etags** weniger darauf.

-V, --version
Die Versionsnummer ausgeben.

ex

ex [*Optionen*] *Datei*

Ein interaktiver, kommandogestützter Editor. Eine genauere Beschreibung finden Sie in Kapitel Kapitel 11, *Der Editor vi*.

expand [*Optionen*] *Dateien*

expand

Wandelt die Tabulatoren in den angegebenen Dateien (– steht für die Standardeingabe) in die entsprechende Anzahl von Leerzeichen um und gibt das Ergebnis auf der Standardausgabe aus.

Optionen

–Tabs, **-t**, **- -tabs** *Tabs*
: *Tabs* ist eine Zahlenliste (durch Kommata getrennt), welche die Position der Tabulatorwerte angibt. Falls genau eine Zahl angegeben wird, werden Tabulatoren in diesem gleichmäßigen Abstand gesetzt. Voreingestellt sind Tabulatoren in einem Abstand von acht Leerzeichen. Bei **-t** und **--tabs** kann die Zahlenliste auch durch Leerzeichen getrennt sein.

-i, - -initial
: Ersetzt Tabulatoren nur an Zeilenanfängen.

- -help
: Gibt einen Hilfstext aus und beendet dann das Programm.

- -version
: Versionsinformationen ausgeben und das Programm beenden.

expr *arg1 Operator arg2* [*Operator arg3* ...]

expr

expr wertet seine Argumente als Ausdruck aus, um das Resultat auszugeben. Die Bestandteile des Ausdrucks müssen getrennt werden, im Normalfall durch Leerzeichen. Argumente sind normalerweise ganze Zahlen, die explizit angegeben oder das Ergebnis der Auswertung einer Shell-Variablen sind. Es gibt drei Operator-Typen: arithmetische, relationale und logische. Der Rückgabewert von **expr** ist **0** (Ausdruck ist weder leer noch null), **1** (Ausdruck ist leer oder null) oder **2** (ungültiger Ausdruck).

Arithmetische Operatoren

Mit diesen Operatoren können mathematische Ausdrücke aufgebaut werden, deren Ergebnisse ausgegeben werden.

+ Addiert *arg2* zu *arg1*.

- Subtrahiert *arg2* von *arg1*.

* Multipliziert die Argumente.

/ Dividiert *arg1* durch *arg2*.

% Nimmt den Divisionsrest von *arg1* dividiert durch *arg2*.

→

Addition und Subtraktion werden zuletzt durchgeführt, falls sie nicht in runde Klammern eingeschlossen sind. Bei den Operatoren *, (und) sollte man ihre spezielle Bedeutung für Shells beachten und sie entsprechend schützen.

Vergleichsoperatoren

Diese Operatoren ermöglichen Vergleiche zwischen zwei Argumenten. Dies können auch Zeichenketten sein, dann erfolgt der Vergleich länderspezifisch. Ist ein Vergleichsausdruck wahr, wird 1 geliefert, sonst 0. Achtung: > und < haben eine spezielle Bedeutung in Shells.

=, ==
: Testet auf Gleichheit.

!=
: Testet auf Verschiedenheit.

>
: Testet, ob *arg1* größer als *arg2* ist.

>=
: Testet, ob *arg1* größer oder gleich *arg2* ist.

<
: Testet, ob *arg1* kleiner als *arg2* ist.

<=
: Testet, ob *arg1* kleiner oder gleich *arg2* ist.

Logische Operatoren

Auch diese Operatoren ermöglichen Vergleiche. Das Resultat kann *arg1* (oder ein Teil davon), *arg2* oder 0 sein. Achtung: **|** und **&** haben eine spezielle Bedeutung in Shells.

|
: Logisches ODER: Liefert *arg1*, wenn *arg1* weder null noch leer ist, sonst *arg2*.

&
: Logisches UND: Liefert *arg1*, wenn *arg1* und *arg2* weder null noch leer sind, sonst 0.

:
: Wie **grep**: *arg2* dient als Suchmuster, das in *arg1* gesucht wird. *arg2* muß ein regulärer Ausdruck sein. Falls ein Teil des Musters aus *arg2* in \(\) eingeschlossen ist, wird der Teil von *arg1* geliefert, der dem Ausdruck entspricht. Anderenfalls wird die Anzahl der Zeichen geliefert, die dem Ausdruck entsprechen. Das Suchmuster beginnt immer am Wortanfang, deshalb muß der Suchausdruck mit .* anfangen, um anderen Wortteilen zu entsprechen.

Schlüsselwörter

index *String Zeichenliste*
: Liefert die erste Position in *String*, an der ein Zeichen aus *Zeichenliste* vorkommt, oder 0, falls kein Zeichen aus *Zeichenliste* in *String* vorkommt.

length *String*
: Liefert die Länge von *String*.

match *String regex*
: wie *String : regex*

quote *Token*
: Behandelt *Token* als einen String, selbst wenn es normalerweise ein Schlüsselwort oder ein Operator wäre.

substr *String Start Länge*
: Liefert eine Teilkette von *String* ab Position *Start* mit der Länge *Länge*. Liefert null, wenn *Start* oder *Länge* negativ oder keine Zahl ist.

Beispiele

Punktrechnung geht vor Strichrechnung, das Ergebnis ist 10:

```
expr 5 + 10 / 2
```

Klammern gehen vor, das Ergebnis ist 7 (7,5 mit Nachkommastellen):

```
expr \( 5 + 10 \) / 2
```

1 zu der Variablen **i** hinzuzählen. Üblicherweise werden so Variablen in Shell-Skripten hochgezählt:

```
i=`expr $i + 1`
```

Gibt 1 (für wahr) aus, falls die Variable **a** »hello« ist:

```
expr $a = hello
```

Gibt 1 (für wahr) aus, falls die Variable **b** plus 5 größer oder gleich 10 ist:

```
expr $b + 5 \>= 10
```

Der fünfte, sechste und siebte Buchstabe im Wort *character*:

```
expr substr character 5 3
```

In den folgenden Beispielen ist die Variable **p** gleich »version.100«. So wird die Anzahl der Zeichen in **p** ausgegeben: **p**:

`expr $p : '.*'` *Das Ergebnis ist 11.*

Alle Zeichen suchen und ausgeben:

`expr $p : '\(.*\)'` *Das Ergebnis ist "version.100".*

Die Anzahl der aufeinanderfolgenden Kleinbuchstaben am Anfang von **p** ausgeben:

`expr $p : '[a-z]*'` *Das Ergebnis ist 7.*

Die aufeinanderfolgenden Kleinbuchstaben am Anfang von **p** ausgeben:

`expr $p : '\([a-z]*\)'`
Das Ergebnis ist "version".

→

expr ←	**$x** auf fünf Zeichen kürzen, falls es fünf Zeichen oder mehr hat; sonst einfach **$x** ausgeben (das logische ODER nimmt das zweite Argument, falls das erste 0 ist, es also keinen Treffer gab).
	`expr $x : '\(.....\)' | $x`
	In einem Shell-Skript einen Dateinamen auf die ersten fünf Buchstaben kürzen:
	``mv $x `expr $x : '\(.....\)' | $x` ``
	(Um das Überschreiben von vorhandenen Dateien zu vermeiden, benutzen Sie gegebenenfalls **mv -i**.)

false	**false** Liefert ohne weitere Aktion einen Rückgabewert wie ein fehlerhaft gelaufenes Programm (ungleich null). Nützlich für Shell-Skripten. Siehe auch **true**.
fdformat	**fdformat** [*Optionen*] *Gerät* Eine Diskette im Diskettenlaufwerk formatieren. Die zugehörigen Gerätedateien sind für gewöhnlich **/dev/fd0** und **/dev/fd1**. ***Option*** **-n** Unterläßt die abschließende Erfolgskontrolle.
fdisk	**fdisk** [*Optionen*] [*Gerät*] Befehl zur Systemverwaltung. Verwalten von Festplattenpartitionen über ein Menü. **fdisk** gibt Informationen über die Partitionen aus, legt Partitionen an, löscht sie wieder und legt die aktive Partition fest. Auf jede der vier (physikalischen) Partitionen kann ein anderes Betriebssystem installiert werden, es kann aber nur jeweils eine Partition aktiv sein. Die kleinste empfohlene Größe für eine Linux-Systempartition beträgt 40 MByte. *Gerät* ist normalerweise */dev/hda*, */dev/hdb*, */dev/sda*, */dev/sdb*, */dev/hdc*, */dev/hdd* etc. Siehe auch **cfdisk**. ***Optionen*** **-l** Partitionstabellen ausgeben und Programm beenden. **-s***Partition* Größe der *Partition* ausgeben, wenn es sich nicht um eine DOS-Partition handelt.

Befehle

a Aktuelle Partition bootbar oder nicht-bootbar schalten.

d Aktuelle Partition löschen.

l Alle bekannten Partitionstypen aufführen.

m Hauptmenü

n Anlegen einer neuen Partition; es wird nach weiteren Informationen gefragt.

p Ausgeben einer Liste der Partitionen einschließlich Informationen über jede.

q Beenden; nicht speichern.

t Ändern des Partitionstyps der aktuellen Partition.

u Ändern der bei Anzeigen und Eingaben verwendeten Einheit. Mögliche Werte sind Zylinder und Sektoren.

v Überprüfen: Die Partitionstabelle wird auf Fehler überprüft und die Summe des nicht-zugewiesenen Speicherplatzes ausgegeben.

w Änderungen speichern und Programm beenden.

fetchmail [*Optionen*] [*Server...*]

Befehl zur Systemverwaltung. Holt E-Mails von E-Mail-Servern ab und leitet sie an das lokale E-Mail-Zustellungssystem weiter. **fetchmail** holt E-Mail von Servern, die die gängigen E-Mail-Protokolle POP2, POP3, IMAP2bis und IMAP$ unterstützen. Die Nachrichten werden via SMTP über den Port 25 auf dem lokalen Rechner und über das E-Mail-Zustellungsprogram Ihres Systems (beispielsweise *sendmail*) zugestellt und können dann mit den E-Mail-Programmen des Benutzers gelesen werden. Die Einstellungen von **fetchmail** werden in der Datei *~/.fetchmailrc* abgelegt. Parameter und Server können auch auf der Kommandozeile angegeben werden. Solche Angaben haben Vorrang vor denen in der Datei *.fetchmailrc*. **fetchmail** ist kompatibel mit dem Programm **popclient**; die Benutzer können beide verwenden, ohne irgendwelche Einstellungen ändern zu müssen.

Optionen

-a, - -all
Holt alle Nachrichten vom Server, auch solche, die schon einmal geholt, aber auf dem Server gelassen worden sind. Defaultmäßig werden nur neue Nachrichten abgeholt.

→

fetchmail
←

-A *Typ*, **--auth** *Typ*
Gibt die Art der Authentifizierung an. *Typ* kann entweder **password**, **kerberos_v5** oder **kerberos** sein. Der Authentifizierungstyp wird normalerweise von **fetchmail** standardmäßig festgelegt, weswegen diese Option nicht sehr nützlich ist.

-B *n*, **--fetchlimit** *n*
Legt fest, wie viele Nachrichten maximal in einer Abfrage vom Server geholt werden sollen.

-b *n*, **--batchlimit** *n*
Legt die maximale Anzahl von Nachrichten fest, die auf einmal an den SMTP-Daemon geschickt werden. Wenn diese Grenze erreicht ist, wird die Verbindung beendet und neu aufgebaut. Der Default ist 0, also keine Beschränkung.

-c, **--check**
Überprüft, ob auf einem Server Nachrichten vorliegen, ohne welche zu holen oder zu löschen. Funktioniert mit IMAP, aber schlecht oder gar nicht mit anderen Protokollen.

-D [*Domain*], **--smtpaddress** [*Domain*]
Gibt die Domain an, die in den an SMTP übergebenen **RCPT TO**-Zeilen stehen soll. Der Default ist localhost.

-E *Header*, **--envelope** *Header*
Ändert die Header-Zeile, die die Envelope-Adresse der Nachricht enthält (normalerweise »X-Envelope-to:«), in *Header*.

-e *n*, **--expunge** *n*
Schickt den EXPUNGE-Befehl an einen IMAP-Server, d.h., es wird nach *n* zum Löschen markierten Nachrichten auch wirklich gelöscht. Die Einstellung 0 bedeutet, daß nur am Ende der Sitzung gelöscht wird. Normalerweise wird nach jedem Löschen ein **expunge** ausgeführt.

-F, **--flush**
Löscht bei POP3- und IMAP-Servern bereits abgeholte Nachrichten vom Server, bevor neue geholt werden.

-f *Datei*, **--fetchmailrc** *Datei*
Gibt einen alternativen Dateinamen für die Konfigurationsdatei von **fetchmail** an.

-I *Spezifikation*, **--interface** *Spezifikation*
Legt fest, daß der E-Mail-Server bereits vor dem eigentlichen Abholen unter einer bestimmten IP-Adresse (oder einem Bereich von Adressen) erreichbar ist. Die *Spezifikation* wird als *Schnittstelle/IP-Adresse/Maske* angegeben. Der erste Teil kennzeichnet die Art der erwarteten TCP-Verbindung (*sl0*, *ppp0* usw.), der zweite ist die IP-Adresse und der dritte die Bitmaske für die IP-Adresse, angenommen als 255.255.255.255.

-K, **--nokeep**
Löscht alle abgeholten Nachrichten vom Server.

-k, --keep
Läßt abgeholte Nachrichten auf dem Server liegen.

-l *Größe,* **--limit** *Größe*
Legt die maximale Größe von Nachrichten fest, die vom Server abgeholt werden können. Größere Nachrichten bleiben auf dem Server liegen und werden als nicht gelesen gekennzeichnet.

-M *Schnittstelle,* **--monitor** *Schnittstelle*
Im Daemon-Modus wird mit dieser Option die TCP/IP-Schnittstelle *Schnittstelle* zusätzlich überwacht und die Abfrage übersprungen, wenn es keine Aktivitäten gibt. Das ist bei PPP-Verbindungen nützlich, die bei fehlender Aktivität automatisch beendet werden.

-m *Befehl,* **--mda** *Befehl*
Nachrichten direkt an das E-Mail-Zustellungsprogramm übergeben und nicht an den Port 25 schicken. Der Befehl *Befehl* besteht aus dem Pfad und den Optionen des Programms, beispielsweise **/usr/lib/sendmail -oem**. Ein %T im Befehl wird durch die lokale Zustellungsadresse ersetzt, ein %F durch die Absender-Adresse (From-Adresse).

-n, --norewrite
Lokale E-Mail-IDs nicht zu vollständigen Adressen expandieren. Mit dieser Option wird die erwartete Adressierung abgeschaltet; sie sollte daher nur zum Finden von Problemen verwendet werden.

-P *n,* **--port** *n*
Einen Port angeben, mit dem **fetchmail** sich auf dem E-Mail-Server verbinden soll. Die Default-Portnummern für die unterstützten Protokolle reichen normalerweise aus.

-p *Protokoll,* **--protocol** *Protokoll*
Gibt das Protokoll an, das beim Abfragen des E-Mail-Servers verwendet werden soll. *Protokoll* kann folgende Werte haben:

POP2
Post Office Protocol 2

POP3
Post Office Protocol 3

APOP
POP3 mit MD5-Authentifizierung

RPOP
POP3 mit RPOP-Authentifizierung

KPOP
POP3 mit Kerberos v4-Authentifizierung auf Port 1109

IMAP
IMAP2bis, IMAP4 oder IMAP4rev1. **fetchmail** erkennt den Funktionsumfang automatisch.

→

fetchmail ←

IMAP-K4
: IMAP4 oder IMAP4rev1 mit Kerberos v4-Authentifizierung

IMAP-GSS
: IMAP4 oder IMAP4rev1 mit GSSAPI-Authentifizierung

ETRN
: ESMTP

-Q *String*, **--qvirtual** *String*
: Entfernt das Präfix *String*, den Rechnernamen des lokalen Benutzers, aus der Adresse im Envelope-Header (wie »Delivered-To:«).

-r *Ordner*, **--folder** *Ordner*
: Nachrichten aus dem angegebenen Ordner vom Server holen.

-s, --silent
: Während des Abholens Statusmeldungen unterdrücken.

-U, --uidl
: Bei POP3 das Alter der aufbewahrten Nachrichten über die Liste der eindeutigen IDs verfolgen.

-u *Name*, **--username** *Name*
: Legt den Benutzernamen fest, mit dem sich **fetchmail** beim Server einloggen soll.

-V, --version
: Gibt die Versionsnummer von **fetchmail** aus und zeigt die Optionen für jeden E-Mail-Server an. Es werden keine Nachrichten abgeholt.

-v, --verbose
: Während des Abholens alle Statusmeldungen anzeigen.

-Z *nnn*, **--antispam** *nnn*
: Gibt den SMTP-Fehler *nnn* an, mit dem ein Ablehnen von Spam durch den Client gemeldet wird. Wenn *nnn* -1 ist, wird diese Option abgeschaltet.

fgrep

fgrep [*Optionen*] *Muster* [*Dateien*]

Durchsucht eine oder mehrere *Dateien* nach Zeilen, welche die Zeichenkette *Muster* enthalten. Der Rückgabewert ist **0**, falls Zeilen übereinstimmen, **1**, falls nicht, sowie **2** bei Fehlern.

Die verfügbaren Optionen finden Sie unter **grep**. Siehe auch **egrep**.

Beispiele

Alle Zeilen aus *Datei* ausgeben, die keine Leerzeichen enthalten:

```
fgrep -v ' ' Datei
```

Alle Zeilen aus *Datei* ausgeben, die Wörter aus der Datei **Rechtschreib Lexikon** enthalten:

```
fgrep -f RechtschreibLexikon Datei
```

fgrep

file [*Optionen*] *Dateien*

file

file stellt den Typ einer *Datei* anhand der enthaltenen Daten fest. Hierfür nutzt es die Informationen aus der Datei */etc/magic* (oder */usr/share/magic*).

Befehls-referenz

Optionen

-b Kurzmodus; stellt den Ausgabezeilen nicht die Dateinamen voran.

-c Überprüft das Format der Magic-Datei. (Das Argument *Datei* ... ist hier nicht zulässig.) Wird normalerweise zusammen mit **-m** verwendet.

-f *Datei*
Liest die Namen der zu überprüfenden Dateien aus *Datei*.

-L Folgt symbolischen Links. Standardmäßig werden sie nicht verfolgt.

-m *Datei*
Sucht Informationen in *Datei* statt in */usr/share/magic*.

-n Standardausgabe herausschreiben, nachdem eine Datei überprüft wurde.

-s Nicht nur normale Dateien, sondern auch Block- und Zeichen-Geräte-Dateien überprüfen.

-v Versionsnummer des Programms ausgeben.

-z Versucht, weitere Informationen zu komprimierten Dateien zu erhalten.

file erkennt viele Dateitypen. Die Ausgabe erfolgt zeilenweise als Dateiname, gefolgt vom erkannten Dateityp, wie zum Beispiel:

```
ascii text
c program text
c-shell commands
data
empty
iAPX 386 executable
directory
[nt]roff, tbl, or eqn input text
shell commands
symbolic link to ../usr/etc/arp
```

Beispiel

Alle Dateien suchen, die troff/nroff-Text zu enthalten scheinen:

```
file * | grep roff
```

find

find [*Pfadnamen*] [*Bedingungen*]

find ist nützlich, um eine Gruppe von Dateien nach verschiedenen Kriterien zusammenzustellen. Hierfür wird der Verzeichnisbaum – bei jedem *Pfadnamen* beginnend – abwärts durchsucht, um Dateien zu finden, die den angegebenen *Bedingungen* entsprechen. Der voreingestellte Pfadname ist das Arbeitsverzeichnis. Als besonders nützliche Bedingungen seien vorab erwähnt: **-print** (voreingestellt, falls keine andere Bedingung angegeben ist), **-name** und **-type** (einfache Suche), **-exec** und **-size** (erweiterte Suche) und **-mtime** und **-user** (zu administrativen Zwecken).

Bedingungen können durch geschützte Klammern \(\) gruppiert, durch ! negiert (\! in der C-Shell!), durch **-o** als Alternativen angegeben sowie wiederholt werden. Letzteres ist sinnvoll, um weitere Einschränkungen anzugeben, z.B. bei **-name**, **-type** und **-perm**.

Bedingungen und Aktionen

-atime +*n* | -*n* | *n*
: Findet Dateien, die mindestens vor *n* (+*n*) Tagen, innerhalb der letzten *n* (-*n*) Tage oder vor genau *n* Tagen gelesen wurden. Hinweis: **find** ändert die Zugriffszeit (*access time*) aller Verzeichnisse, die als *Pfadnamen* angegeben wurden.

-ctime +*n* | -*n* | *n*
: Findet Dateien, deren Inode mindestens vor *n* (+*n*) Tagen, innerhalb der letzten *n* (-*n*) Tage oder vor genau *n* Tagen geändert wurde. Eine Inode wird durch jede Aktion geändert, die den Eintrag einer Datei im Verzeichnis ändert, wie z.B. **chmod**.

-depth
: Findet beim Abstieg durch den Verzeichnisbaum die Dateien eines Verzeichnisses *vor* dem Verzeichnis selbst. Dadurch werden Dateien in tieferliegenden Verzeichnissen vor Dateien in höherliegenden Verzeichnissen gefunden. Dies ist nützlich, wenn Dateien in Verzeichnissen liegen, die nicht-schreibbar sind, wenn z.B. **find** mit **cpio** zusammen benutzt wird.

-exec *Befehl* { } \;
: Führt den Linux-*Befehl* mit jeder von **find** gefundenen Datei aus (wird der bezeichnete *Befehl* mit dieser Datei erfolgreich ausgeführt, gibt es 0 als Rückkehrstatus zurück). Wenn der *Befehl* ausgeführt wird, ersetzt das Argument { } den aktuellen Dateinamen. Die ganze Sequenz wird mit einem geschützten Semikolon (\;) abgeschlossen.

-follow
: Folgt symbolischen Links und merkt sich die aufgesuchten Verzeichnisse (nicht mit **-type l** verwenden).

-group *gname*
Sucht Dateien, die zu der mit *gname* bezeichneten Gruppe gehören. *gname* kann entweder der Gruppenname oder die Gruppen-ID-Nummer sein.

-inum *n*
Sucht Dateien mit der Inode-Nummer *n*.

-links *n*
Sucht Dateien, die *n* Links haben.

-mount, -xdev
Sucht nach Dateien, die sich im gleichen Dateisystem wie *Pfadname* befinden.

-mtime **+***n* | **-***n* | *n*
Findet Dateien, die vor mehr als *n* (+*n*), weniger als *n* (-*n*) oder exakt *n* Tagen zuletzt modifiziert wurden. Eine Modifizierung ist eine Änderung an den Daten einer Datei.

-name *Muster*
Sucht nach Dateien, deren Bezeichnungen mit dem *Muster* übereinstimmen. Dateinamen mit Metazeichen können im Muster verwendet werden, müssen aber vor der Shell geschützt werden.

-newer *Datei*
Sucht Dateien, die später als *Datei* modifiziert wurden; ähnlich wie **-mtime**. **-follow** berücksichtigt diese Bedingung nur, wenn sie nach **-follow** auf der Kommandozeile erscheint.

-ok *Befehl* { } \;
Entspricht **-exec**, verlangt aber vom Benutzer vor der Ausführung des *Befehls* eine Bestätigung in Form von **y**.

-perm *nnn*
Sucht die Dateien, deren Berechtigungen (z.B. **rwx**) der oktalen Ziffer *nnn* exakt entsprechen (z.B. 664 entspricht **-rw-rw-r--**). Durch Voranstellen eines Minuszeichens werden alle Dateien gefunden, die mindestens die angegebenen Berechtigungs-Bits gesetzt haben (z.B. **-perm -600** entspricht **-rw*******, wobei * jeder Modus sein kann).

-print
Gibt die gefundenen Dateien und Verzeichnisse mit ihren kompletten Pfadnamen aus. Liefert den Wahrheitswert true zurück.

-regex *Muster*
Wie **-path**, verwendet aber grep-artige reguläre Ausdrücke anstelle von Shell-artigen Dateinamen-Wildcards, wie sie in **-name** und **-path** verwendet werden.

-size *n*[c]
Sucht Dateien, die *n* Blöcke enthalten oder, wenn **c** angegeben ist, *n* Zeichen lang sind.

→

-type *c*

Sucht Dateien vom Typ *c*. *c* kann **b** (blockorientierte Gerätedatei), **c** (zeichenorientierte Gerätedatei), **d** (Verzeichnis), **p** (FIFO oder Named Pipe), **l** (symbolischer Link) oder **f** (einfache Datei) sein.

-user *Benutzer*

Sucht Dateien, die dem mit Namen oder ID bezeichneten *Benutzer* gehören.

-daystart

Veranlaßt die Berechnung von Zeiten vom Beginn des aktuellen Tages an – nicht 24 Stunden davor.

-maxdepth *Anzahl*

Beschränkt die Tiefe der Suche auf die angegebene *Anzahl* von Verzeichnisebenen.

-mindepth *Anzahl*

Läßt die Suche erst ab der angegebenen Tiefe von Verzeichnisebenen beginnen.

-noleaf

Erzwingt die Bearbeitung aller Verzeichniseinträge. Normalerweise kann davon ausgegangen werden, daß jedes Verzeichnis wenigstens zwei harte Links enthält (das Verzeichnis selbst und das Elternverzeichnis), die nicht durchsucht werden müssen. **-noleaf** unterdrückt diese Annahme, was sinnvoll ist, wenn **find** auf Nicht-Unix-Dateisystemen läuft.

-amin **+***n* | **-***n* | *n*

Sucht Dateien, auf die vor mehr als *n* (+*n*), weniger als *n* (-*n*) oder genau *n* Minuten zugegriffen wurde.

-anewer *Datei*

Sucht Dateien, auf die nach der letzten Änderung zugegriffen wurde. **-follow** berücksichtigt diese Bedingung nur, wenn sie nach **-follow** auf der Kommandozeile erscheint.

-cmin **+***n* | **-***n* | *n*

Sucht Dateien, die vor mehr als *n* (+*n*), weniger als *n* (-*n*) oder genau *n* Minuten verändert wurden.

-cnewer *Datei*

Sucht Dateien, deren Inode nach der letzten Änderung des Dateikörpers verändert wurde. **-follow** berücksichtigt diese Bedingung nur, wenn sie nach **-follow** auf der Kommandozeile erscheint.

-empty

Sucht alle leeren Dateien. Wird sowohl auf reguläre Dateien als auch auf Verzeichnisse angewandt.

-false

Liefert immer den Wahrheitswert FALSCH für jede gefundene Datei.

-fstype *Typ*
Sucht nur in Dateisystemen des angegebenen *Typs*. Erlaubte Dateisystemtypen sind unter anderem **minix**, **ext**, **ext2**, **xia**, **msdos**, **umsdos**, **vfat**, **proc**, **nfs**, **iso9660**, **hpfs**, **sysv**, **smb** und **ncpfs**.

-gid *id*
Sucht Dateien mit der numerischen Gruppen-ID *id*.

-ilname *Muster*
Entspricht **-lname** ohne Unterscheidung von Groß- und Kleinschreibung.

-iname *Muster*
Entspricht **-name** ohne Unterscheidung von Groß- und Kleinschreibung.

-ipath *Muster*
Entspricht **-path** ohne Unterscheidung von Groß- und Kleinschreibung.

-iregex *Muster*
Entspricht **-regex** ohne Unterscheidung von Groß- und Kleinschreibung.

-lname *Muster*
Sucht nach symbolischen Links, die auf Dateien zeigen, deren Namen mit dem angegebenen *Muster* übereinstimmen. Das *Muster* kann Shell-Metazeichen enthalten. / oder . werden nicht besonders behandelt. Groß- und Kleinschreibung wird ignoriert.

-mmin +*n* | -*n* | *n*
Sucht Dateien, die vor mehr als *n* (+*n*), weniger als *n* (-*n*) oder genau *n* Minuten verändert wurden.

-nouser
Sucht Dateien, deren Eigentümer keine gültige ID auf dem System haben.

-nogroup
Sucht Dateien, deren Gruppe keine gültige ID auf dem System hat.

-path *Muster*
Sucht Dateien, deren Namen auf das angegebene *Muster* passen. Es werden komplette Pfadnamen relativ zum Anfangspfadnamen erwartet, / und . haben also keine besondere Bedeutung.

Beispiele

Listet alle Dateien (und Unterverzeichnisse) des Home-Verzeichnisses auf:

```
find $HOME -print
```

Listet alle Dateien mit dem Namen *chapter1* im Verzeichnis */work* auf:

→

find
←

```
find /work -name chapter1 -print
```

Listet alle Dateien von *ann*, deren Name mit *memo* beginnt, auf:

```
find /work -name 'memo*' -user ann -print
```

Durchsucht das Dateisystem (vom Wurzelverzeichnis an) nach Verzeichnissen für Man-Pages:

```
find / -type d -name 'man*' -print
```

Durchsucht das aktuelle Verzeichnis nach Dateinamen, die nicht mit einem Großbuchstaben beginnen, und schickt sie zum Drucker:

```
find . \! -name '[A-Z]*' -exec lpr {} \;
```

Sucht und komprimiert Dateien, deren Namen (noch) nicht mit .gz enden:

```
gzip `find . \! -name '*.gz' -print`
```

Löscht alle leeren Dateien aus dem System (interaktiver Modus):

```
find / -size 0 -ok rm {} \;
```

Durchsucht das System nach Dateien, die innerhalb der letzten zwei Tage modifiziert wurden (als gute Kandidaten für ein Backup):

```
find / -mtime -2 -print
```

Sucht rekursiv in einem Verzeichnisbaum nach einem Muster:

```
find /book -print | xargs grep '[Nn]utshell'
```

Wenn die Dateien *kt1* und *k2* im aktuellen Verzeichnis existieren, können ihre Namen mit dem folgenden Befehl ausgegeben werden:

```
$ find . -name 'kt[0-9]'
 ./kt1
 ./kt2
```

Da der Befehl die Namen mit einem vorangestellten Pfad ./ ausgibt, müssen Sie diesen auch angeben, wenn Sie die Option **-path** verwenden wollen:

```
$ find . -path './kt[0-9]'
../kt1
../kt2
```

Die Option **-regex** verwendet wie **-path** einen vollständigen Pfadnamen, behandelt das folgende Argument aber als regulären Ausdruck und nicht als Dateisuchmuster (auch wenn das Ergebnis in diesem Fall das gleiche ist):

```
$ find . -regex './kt[0-9]'
../kt1
../kt2
```

finger [*Optionen*] *Benutzer*

finger

Gibt Informationen über einen oder mehrere *Benutzer* aus, unter anderem die Inhalte der Dateien *.plan* und *.project* im Home-Verzeichnis jedes *Benutzers*. Der *Benutzer* kann entweder die Benutzerkennung (genaue Angabe) oder der Vor- oder Nachname sein (Angabe über alle passenden Namen). Innerhalb eines Netzwerkes sind auch *Benutzer* der Form *benutzer@host* und *@host* zulässig.

Optionen

-l Langes Ausgabeformat (Default): wie **-s**, zusätzlich Angaben zu Home-Verzeichnis, Privattelefon, Login-Shell, gelesener Post, den Dateien *.plan*, *.project* und *.forward*.

-m Unterläßt die Ausgabe der Realnamen.

-p Unterläßt die Ausgabe der Dateien *.plan* und *.project*.

-s Kurzes Ausgabeformat: Benutzerkennung, Realname, Terminalname, Status zu **write**, Zeit der letzten Aktivität, Bürolage und -telefonnummer.

in.fingerd [*Option*]

fingerd

TCP/IP-Befehl. Server für Informationen über entfernte Benutzer. **fingerd** ist eine Netzwerk-Schnittstelle für das **finger**-Programm. Sie wartet auf TCP-Verbindungen am **finger**-Port und liest bei jeder Verbindung genau eine Eingabezeile, leitet diese an **finger** weiter und kopiert die Ausgabe von **finger** zum Benutzer auf der Client-Maschine. **fingerd** wird von **inetd** gestartet und muß einen Eintrag in der Konfigurationsdatei von **inetd**, */etc/inetd.conf*, haben.

Option

-w Zusätzliche Informationen wie die Laufzeit des Systems und den Namen des Betriebssystems ausgeben.

flex [*Optionen*] [*Datei*]

flex

flex (Fast Lexical Analyzer Generator) ist eine schnellere Variante von **lex**. Aus regulären Ausdrücken und C-Anweisungen, die in einer oder mehreren Eingabedateien stehen, erzeugt **flex** ein Programm zur lexikalischen Analyse mit dem Namen *lex.yy.c*. Siehe auch **bison**, **yacc** und *lex & yacc* von John Levine, Tony Mason und Doug Brown.

Optionen

-b Erzeugen von Backup-Informationen in *lex.backup*.

-d Debugging-Modus

→

flex
←

-f schnellere Übersetzung (nur bei kleinen Programmen)

-h Zusammenfassung der Optionen

-i Scannen ohne Berücksichtigung von Groß- und Kleinschreibung.

-l größtmögliche Kompatibilität mit **lex**

-o *Datei*
Schreiben der Ausgabe nach *Datei* anstatt nach *lex.yy.c*.

-p Ausgeben eines Performance-Berichts.

-s Abbruch, wenn der Scanner auf Eingabesymbole trifft, die zu keiner seiner Regeln passen.

-t Schreiben der Ausgabe nach Standardausgabe. (Defaultmäßg wird nach *lex.yy.c* geschrieben.)

-v Ausgeben einer Statistik.

-w Unterdrücken von Warnungen.

-B Erzeugen eines nicht-interaktiven Scanners, der im Batch-Betrieb arbeitet.

-F Verwenden einer schnellen Tabellen-Repräsentation für den Scanner.

-I Erzeugen eines interaktiven Scanners (Default).

-L Unterdrücken von **#line**-Anweisungen in *lex.yy.c*.

-P *Präfix*
Verwenden von *Präfix* anstelle des Defaults **yy** für alle global sichtbaren Variablen und Funktionen.

-V Ausgabe der Versionsnummer

-7 Erzeugen eines 7-Bit-Scanners.

-8 Erzeugen eines 8-Bit-Scanners (Default).

-+ Erzeugen einer C++-Scanner-Klasse.

-C Scanner-Tabellen komprimieren, aber keine Äquivalenzklassen erzeugen.

-Ca Tabellen ausrichten. Dies bringt schnelleren Zugriff auf Kosten eines höheren Speicherverbrauchs.

-Ce Erzeugen von Äquivalenzklassen. Dies bringt kleinere Tabellen bei geringen Performance-Einbußen (Default).

-Cf Erzeugen von vollen, nicht-komprimierten Scanner-Tabellen.

-CF Erzeugen von schnellen Scanner-Tabellen. Ähnlich wie **-F**.

-Cm
Erzeugen von Meta-Äquivalenzklassen (Default).

-Cr **read()**-Systemaufrufe anstatt der Funktionen der Standard-I/O-Bibliothek verwenden.

fmt [*Optionen*] [*Dateien*]

fmt

Setzt den Text der Dateien im Blocksatz der angegebenen Breite durch Auffüllen von Zeilen und Entfernen von Zeilenwechseln. Standardgemäß werden Leerzeilen, die Position von Leerzeichen und der Einzug am Zeilenanfang erhalten. **fmt** versucht, Zeilenumbrüche an Satzenden durchzuführen sowie sie nach dem ersten oder vor dem letzten Wort eines Satzes zu vermeiden.

Optionen

-c, --crown-margin
: Weist an, die Einrückung der ersten beiden Zeilen eines Absatzes zu erhalten und diejenige der zweiten Zeile für den Rest des Absatzes zu verwenden.

-p *Präfix*, **--prefix=***Präfix*
: Formatiert nur Zeilen, die mit *Präfix* anfangen.

-s, --split-only
: Entfernt keine Zeilenumbrüche der Eingabe.

-t, --tagged-paragraph
: Wie **-c**, falls die Einrückungen der ersten beiden Zeilen eines Absatzes verschieden sind. Sonst wird die erste Zeile als eigener Absatz angesehen.

-u, --uniform-spacing
: Erzwingt genau ein Leerzeichen zwischen Wörtern und zwei Leerzeichen zwischen Sätzen.

-w *Breite*, **--width=***Breite*
: Setzt die Ausgabebreite auf *Breite*. Voreingestellt ist 75.

--help
: Gibt einen Hilfstext aus und beendet dann das Programm.

--version
: Versionsinformationen ausgeben und das Programm beenden.

fold [*Option*] [*Dateien*]

fold

Fügt Zeilenumbrüche derart in die Eingabedateien ein, daß die entstehenden Zeilen nicht größer als die eingestellte Breite (voreingestellt: 80) sind. **fold** fügt die Umbrüche exakt bei der eingestellten Breite ein, selbst wenn es mitten im Wort ist. Liest von der Standardeingabe, falls - als Dateiname angegeben wird.

Optionen

-b, --bytes
: Zählt einzelne Zeichen und nicht Ausgabespalten, d.h. Tabulatoren, Backspaces.

→

fold
←

-s, --spaces
Führt den Umbruch – soweit möglich – nur an Leerzeichen durch.

-w, --width *Breite*
Setzt die maximale Zeilenlänge auf *Breite*.

formail

formail [*Optionen*]

Filtert die Standardeingabe in ein gültiges Mailbox-Format. Wenn kein Absender erkannt wird, setzt das Programm statt dessen *foo@bar* ein. Ohne weitere Kommandozeilenargumente werden fehlerhafte **From**-Zeilen durch ein > am Zeilenanfang entwertet.

Optionen

+*überspringen*
Unterdrückt die Trennung der angegebenen Anzahl Nachrichten am Beginn der Eingabe.

-*gesamt*
Beendet die Trennung der Eingabedaten nach der angegebenen Anzahl Nachrichten.

-a *Headerfeld*
Hängt das angegebene *Headerfeld* an den Header an, wenn dieses Feld nicht bereits existiert. Wenn der Inhalt des Feldes Message-ID oder Resent-Message-ID ohne weitere Angaben ist, wird automatisch eine eindeutige Message-ID erzeugt und eingetragen.

-b Unterdrückt die Entwertung von fehlerhaften **From**-Zeilen.

-c Wenn Felder im Header mehr als eine Zeile lang sind, werden sie zu einer Zeile zusammengefaßt.

-d Erlaubt die Verarbeitung von Eingabedaten, die nicht im strikten Mailbox-Format vorliegen.

-e Erlaubt die Aneinanderreihung von Nachrichten ohne die sonst übliche Leerzeile zur Trennung.

-f Unterdrückt die Veränderung von Zeilen, die dem Mailbox-Format nicht entsprechen. Beispielsweise wird keine **From**-Zeile am Anfang jeder Nachricht eingefügt.

-i *Headerfeld*
Hängt das *Headerfeld* an den Header an, egal, ob ein solches Feld bereits existiert oder nicht. Ein existierendes Feld wird in **Old**-*Headerfeld* umbenannt, wenn es nicht leer ist.

-k Zur Benutzung zusammen mit der Option **-r**. Der Nachrichtentext bleibt ebenso wie die durch **-r** bestimmten Felder erhalten.

-m *Minfelder*
Erwartet die angegebene Mindestzeilenzahl, bevor der Anfang einer neuen Nachricht erkannt wird. Der Default ist 2.

-n Erlaubt mehrere parallele **formails** zur Verarbeitung einzelner Nachrichten.

-p *Präfix*
Bestimmt das angegebene *Präfix* anstelle des voreingestellten > zur Entwertung fehlerhafter Header-Zeilen.

-q Unterdrückt die Ausgabe von Meldungen über Schreibfehler, doppelte Nachrichten und unzutreffende **Content-Length**-Felder. Das ist der Default; benutzen Sie **-q-**, um die Meldungen anzeigen zu lassen.

-r Alle existierenden Felder bis auf **X-Loop** werden verworfen, und ein neuer Auto-Reply-Header wird erzeugt. Einzelne Felder können mit der Option **-i** geschützt werden.

-s Diese Option kennzeichnet das Ende der Optionsliste. Alle darauffolgenden Kommandozeilenargumente werden als Befehl interpretiert, dem die einzelnen Nachrichten auf der Standardeingabe übergeben werden.

-t Veranlaßt das Akzeptieren der Return-Adresse (normalerweise bevorzugt **formail** maschinengenerierte Adressen).

-u *Headerfeld*
Das erste auftretende Feld des angegebenen Typs wird unverändert weitergegeben, alle weiteren werden gelöscht.

-x *Headerfeld*
Gibt den Inhalt des Feldes auf einer einzelnen Zeile aus.

-z Wenn nötig, werden Leerzeichen zwischen Feldname und Feldinhalt eingefügt und leere Felder entfernt.

-A *Headerfeld*
Hängt das *Headerfeld* an den Header an, egal, ob es bereits existiert oder nicht.

-B Die Eingabedaten werden im BABYL-**rmail**-Format erwartet.

-D *Maxlänge idcache*
Die Message-IDs werden in einer Datei *idcache* der maximalen Größe *Maxlänge* gespeichert, und durch Vergleich wird ermittelt, ob die aktuelle Nachricht bereits verarbeitet wurde. Wenn das Programm die Nachrichten nicht trennt, wird der Wahrheitswert TRUE zurückgeliefert, wenn eine doppelte Nachricht gefunden wurde. Wenn das Programm die Nachrichten trennt, werden doppelte Nachrichten nicht ausgegeben. Zusammen mit der Option **-r** wird die E-Mail-Adresse des Absenders anstelle der Message-ID verwendet.

-I *Headerfeld*
Hängt das *Headerfeld* an den Header an, egal, ob ein gleichnamiges Feld bereits existiert oder nicht. Ein existierendes Feld wird gelöscht.

→

formail ←

-R *Altesfeld Neuesfeld*
: Wandelt alle Feldnamen *Altesfeld* um in *Neuesfeld*.

-U *Headerfeld*
: Löscht alle Felder mit dem angegebenen Namen bis auf das letzte.

-Y Veranlaßt die Formatierung im Berkeley-Stil. Beispielsweise wird das Feld **Content-Length**: ignoriert.

-X *Headerfeld*
: Zeigt den Feldnamen und dessen Inhalt auf einer einzelnen Zeile an.

---

free

free [*Optionen*]

Gibt Informationen über den Hauptspeicherverbrauch aus: Gesamtzahl, benutzte und freie Blöcke, ausgelagerte und mehrfach genutzte Blöcke sowie die benutzten Puffer.

Optionen

-b Berechnet den Speicherverbrauch in Byte.

-k Berechnet den Speicherverbrauch in KByte (Default).

-m Berechnet den Speicherverbrauch in MByte.

-o Unterläßt die Angaben zu Puffern bei der Ausgabe. Der Schalter **-o** unterdrückt die Ausgabe der »-/+ buffers«-Zeile.

-s *sek*
: Gibt die Informationen alle *sek* Sekunden aus.

-t Gibt zusätzlich am Ende eine Summe über alle Gesamtgrößen aus.

-V Gibt die Versionsnummer aus.

---

fsck

fsck [*Optionen*] [*Dateisystem*] ...

Befehl zur Systemverwaltung. Ruft das Überprüfungs- und Reparaturprogramm des jeweiligen Dateisystemtyps auf. Wenn ein Dateisystem in einem ordnungsgemäßen Zustand ist, werden die Anzahl der Dateien und die Anzahl der belegten Blöcke und der freien Blöcke ausgegeben. Wenn ein Dateisystem in einem inkonsistenten Zustand ist, fragt **fsck** vor jedem Reparaturversuch nach. Der Rückgabewert von **fsck** ist die Summe der folgenden möglichen Zustände:

1 Es wurden Fehler gefunden und behoben.

2 Neustarten des Systems empfohlen.

4 Es wurden Fehler gefunden, aber nicht behoben.

8 Ein interner Fehler in **fsck** ist aufgetreten.

16 **fsck** wurde falsch aufgerufen.

128 Ein Fehler im Zusammenhang mit einer dynamischen Bibliothek ist aufgetreten.

fsck

Optionen

-- Alle folgenden Optionen werden an das dateisystemspezifische Programm weitergereicht, genau wie alle Optionen, die **fsck** selbst nicht erkennt.

-r Interaktiver Modus: Vor jedem Reparaturversuch wird zurückgefragt.

-s serieller Modus

-t *dstyp*
Angeben des Dateisystemtyps. Dateisysteme anderer Typen werden nicht überprüft.

-A Überprüfen aller in */etc/fstab* aufgeführten Dateisysteme.

-N Normale Ausführung unterdrücken; es wird lediglich ausgegeben, was gemacht werden würde.

-R Nur sinnvoll mit **-A**: Alle Dateisysteme in */etc/fstab* mit Ausnahme des Wurzel-Dateisystems werden überprüft.

-T Startmeldung nicht ausgeben.

-V Verbose-Modus

fsck.minix [*Optionen*] *Gerät*

fsck.minix

Befehl zur Systemverwaltung. Ähnlich wie **fsck**, aber speziell für MINIX-Dateisysteme.

Optionen

-a Automatischer Modus: Reparieren ohne Rückfragen.

-f Erzwingt ein Überprüfen auch dann, wenn der Kernel das Dateisystem bereits als gültig markiert hat. Normalerweise beendet sich **fsck.minix** ohne Überprüfungen, wenn der Kernel das Dateisystem als sauber akzeptiert hat.

-l Ausgeben der Dateisysteme.

-m MINIX-ähnliche »mode not cleared"-Warnungen einschalten.

-r Interaktiver Modus: Vor jedem Reparaturversuch wird rückgefragt.

-s Informationen über die Superblöcke ausgeben.

-v Verbose-Modus

ftp

ftp [*Optionen*] [*Host*]

Überträgt Dateien zwischen dem lokalen Rechner und einem entfernten *Host* hin und her. Nach der Optionsliste sind die interaktiven Befehle zur Bedienung des Programms beschrieben. Einige der Befehle sind Schalter, die ein Feature von **ftp** ein- bzw. ausschalten.

Optionen

-d Aktiviert Debugging.

-g Schaltet die Dateinamenserweiterung aus.

-i Schaltet den interaktiven Modus ab.

-n Unterdrückt das automatische Einloggen nach dem Verbindungsaufbau.

-v Ausführliche Meldungen; zeigt alle Antworten der Gegenstelle.

Befehle

![*Befehl* [*Argumente*]]
Startet eine interaktive Shell auf dem lokalen Rechner. Wenn *Argumente* angegeben sind, wird das erste als Programm ausgeführt, während der Rest der Argumente diesem Programm übergeben wird.

$ *Makroname* [*Argumente*]
Führt das mit *Makroname* bezeichnete und mit dem Befehl **macdef** erstellte Makro aus. *Argumente* werden unverändert an das Makro übergeben.

account [*Paßwort*]
Liefert ein zusätzliches Paßwort, das die Gegenstelle nach dem erfolgreichen Login verlangt, um Zugang zu Ressourcen zu gewähren. Wenn kein *Paßwort* zusammen mit dem Befehl angegeben wird, muß das *Paßwort* interaktiv eingegeben werden (ohne Echo).

append *LokaleDatei* [*EntfernteDatei*]
Hängt eine lokale Datei an eine Datei auf dem entfernten Rechner an. Wird kein Name für die *EntfernteDatei* angegeben, dient der lokale Dateiname als Bezeichnung, nachdem er durch eventuelle **ntrans**- oder **nmap**-Einstellungen modifiziert wurde. Für die Dateiübertragung werden die aktuellen Einstellungen von *type*, *format*, *mode* und *structure* verwendet.

ascii Setzt den Transfertyp auf Netzwerk-ASCII (Default).

bell Veranlaßt die Ausgabe eines Alarmtons nach dem Abschluß jedes Übertragungsbefehls.

binary
Setzt den Transfertyp auf binär.

bye Beendet die FTP-Verbindung und das Programm.

case Schaltet die Umwandlung von Groß-/Kleinschreibung beim Transfer durch **mget** um. Der Default für diesen Schalter ist **aus**. Wenn der Schalter **ein**geschaltet wird, werden vollständig in Großbuchstaben erscheinende Dateinamen von der Gegenstelle in Dateinamen mit Kleinbuchstaben auf dem lokalen Rechner umgewandelt.

cd *Verzeichnis*
Wechselt das Arbeitsverzeichnis auf der Gegenstelle in das angegebene *Verzeichnis*.

cdup
Wechselt das Arbeitsverzeichnis auf der Gegenstelle in das Elternverzeichnis.

chmod [*Modus*] [*EntfernteDatei*]
Ändert die Zugriffsrechte von *EntfernteDatei*. Wenn kein *Modus* angegeben ist, wird dieser interaktiv abgefragt.

close
Beendet eine FTP-Verbindung und kehrt zum Befehlsmodus zurück.

cr Schaltet die Wagenrücklauf-(carriage return-)Unterdrückung beim ASCII-Dateitransfer um.

delete *EntfernteDatei*
Löscht die angegebene *Datei* auf der Gegenstelle.

debug [*Debug-Wert*]
Aktiviert Debugging. Die optionale Angabe eines *Debug-Wert*es erlaubt die Feineinstellung.

dir [*EntferntesVerzeichnis*] [*LokaleDatei*]
Gibt eine Liste des Inhalts von *EntferntesVerzeichnis* auf der Gegenstelle aus bzw. schreibt sie in die optional angegebene lokale *Datei*. Fehlt die Angabe des *Verzeichnisses*, wird das aktuelle Verzeichnis aufgelistet. Wenn keine lokale *Datei* angegeben ist oder an deren Stelle ein – übergeben wird, erfolgt die Ausgabe auf das lokale Terminal.

disconnect
Synonym für **close**

form *Format*
Stellt das Dateitransferformat ein. Der Default ist *file*.

get *EntfernteDatei* [*LokaleDatei*]
Holt die *EntfernteDatei* von der Gegenstelle und speichert sie auf dem lokalen Rechner. Wenn die *LokaleDatei* nicht angegeben ist, wird der Name der entfernten Datei verwendet, nachdem er durch die aktuellen Einstellungen von **case**, **ntrans** und **nmap** modifiziert wurde. Wenn anstelle der lokalen Datei ein – angegeben wird, erscheint die Ausgabe auf dem lokalen Terminal.

→

glob
Schaltet die Dateinamenserweiterung für **mdelete**, **mget** und **mput** aus bzw. ein. Wenn **glob** abgeschaltet ist, werden die Dateinamen zeichengetreu übernommen und nicht erweitert.

hash
Schaltet die Ausgabe eines Nummernzeichens (#) für jeden übertragenen Datenblock ein bzw. aus.

help [*Befehl*]
Gibt Hilfsinformationen über den angegebenen *Befehl* aus. Ohne Argument wird eine Liste aller verfügbaren Befehle ausgegeben.

idle [*Sekunden*]
Holt/setzt den Leerlauf-Zeitgeber auf der Gegenstelle. Die Gegenstelle hält eine Verbindung bei Inaktivität für die angegebene Anzahl *Sekunden* offen. Ohne Argument wird die aktuelle Einstellung angezeigt.

image
Entspricht dem Befehl **binary**.

lcd [*Verzeichnis*]
Ändert das Arbeitsverzeichnis auf dem lokalen Rechner. Wenn kein *Verzeichnis* angegeben ist, wird in das Home-Verzeichnis des Benutzers gewechselt.

ls [*EntferntesVerzeichnis*] [*LokaleDatei*]
Gibt eine Liste des Inhalts von *EntferntesVerzeichnis* auf der Gegenstelle aus bzw. schreibt sie in die optional angegebene *LokaleDatei*. Fehlt die Angabe von *EntferntesVerzeichnis*, wird das aktuelle Verzeichnis aufgelistet. Wenn keine *LokaleDatei* angegeben ist oder an deren Stelle ein – übergeben wird, erfolgt die Ausgabe auf dem lokalen Terminal.

macdef *Makroname*
Definiert ein Makro. Aufeinanderfolgende Zeilen werden unter der Bezeichnung *Makroname* gespeichert; eine Leerzeile beendet den Makro-Eingabemodus. Wenn das Symbol **$i** im Makro erscheint, wird dieses bei der Ausführung durch ein Argument ersetzt und die Ausführung wiederholt, bis alle Argumente abgearbeitet sind. Ein zeichengetreues **$** kann durch ein \ vor dieser Interpretation geschützt werden.

mdelete *EntfernteDateien*
Löscht die angegebenen Dateien auf der Gegenstelle.

mdir *EntfernteDateien LokaleDateien*
Entspricht dem Befehl **dir**, es können aber mehrere Verzeichnisse angegeben werden.

mget *EntfernteDateien*
Führt eine Dateinamenserweiterung auf der Gegenstelle durch und überträgt mittels **get** alle auf diese Weise angegebenen Dateien.

mkdir *Verzeichnis*
Erzeugt ein neues *Verzeichnis* auf dem entfernten Rechner.

mls *EntfernteDateien LokaleDatei*
Wie **nlist**, es können jedoch mehrere *EntfernteDateien* angegeben werden, und die Angabe einer lokalen Datei ist erforderlich.

mode [*Modusname*]
Setzt den Dateitransfermodus auf den angegebenen Wert. Voreingestellt ist der *stream*-Modus.

modtime [*Dateiname*]
Zeigt das Datum der letzten Änderung der *Datei* auf der Gegenstelle an.

mput [*LokaleDateien*]
Führt eine Dateinamenserweiterung auf dem lokalen Rechner durch und überträgt mittels **put** die auf diese Weise angegebenen Dateien.

newer *EntfernteDatei* [*LokaleDatei*]
Holt die externe Datei, wenn diese neuer ist als die lokale Datei.

nlist [*EntferntesVerzeichnis*] [*LokaleDatei*]
Gibt eine Liste des Inhalts von *EntferntesVerzeichnis* auf der Gegenstelle aus bzw. schreibt sie in die optional angegebene lokale *Datei*. Fehlt die Angabe des Verzeichnisses, wird das aktuelle Verzeichnis aufgelistet.

nmap [*Einmuster Ausmuster*]
Schaltet den Mechanismus zur Dateinamenabbildung ein bzw. aus. Die Abbildung erfolgt entsprechend dem Muster *Einmuster*, einer Vorlage für ankommende Dateinamen, und *Ausmuster*, das den resultierenden Dateinamen bestimmt. Die Symbole $1 bis $9 werden als Variablen behandelt: Beispielsweise würde das *Einmuster* **$1.$2** beim eingehenden Dateinamen **readme.txt** die Variable $1 mit **readme** und $2 mit **txt** belegen. Das *Ausmuster* **$1.data** würde zu einem Ausgabedateinamen **readme.data** führen. $0 enthält den vollständigen Dateinamen. **[String1, String2]** wird durch *String1* ersetzt, sofern dieser nicht leer ist. Wenn doch, würde er durch *String2* ersetzt.

ntrans [*Einzeichen* [*Auszeichen*]]
Schaltet den Mechanismus zur Zeichenübersetzung ein bzw. aus. Entsprechen Zeichen eines Dateinamens den Zeichen in *Einzeichen*, werden sie durch die entsprechenden Zeichen aus *Auszeichen* ersetzt. Sind keine Argumente angegeben, ist der Mechanismus abgeschaltet. Sind Argumente angegeben, gilt:

- Zeichen in externen Dateinamen werden während der Ausführung der Befehle **mput** und **put** übersetzt, wenn kein Zieldateiname angegeben ist.

→

- Zeichen in lokalen Dateinamen werden während der Ausführung der Befehle **mget** und **get** übersetzt, wenn kein lokaler Zieldateiname angegeben ist.

open *Host* [*Port*]
: Stellt eine Verbindung zum angegebenen *Host* her. Eine Portnummer kann optional angegeben werden. In diesem Fall versucht **ftp**, die Verbindung über diesen Port aufzubauen.

prompt
: Schaltet die interaktive Eingabeaufforderung für die **m***-Befehle ein bzw. aus.

proxy *ftp-Befehl*
: Führt einen ftp-Befehl auf einer zweiten Steuerverbindung aus, zum Beispiel um Befehle auf zwei verschiedenen Gegenstellen gleichzeitig auszuführen.

put *LokaleDatei* [*EntfernteDatei*]
: Speichert eine lokale Datei auf der Gegenstelle. Wenn kein Name für die *EntfernteDatei* angegeben ist, wird der lokale Dateiname nach der Umwandlung entsprechend den Einstellungen von **ntrans** und **nmap** verwendet. Der Dateitransfer findet entsprechend den Einstellungen von *type*, *file*, *structure* und *transfer mode* statt.

pwd
: Gibt den Namen des aktuellen Arbeitsverzeichnisses auf dem entfernten Rechner aus.

quit
: Synonym für **bye**

quote *Argument1 Argument2...*
: Sendet die Argumente unverändert an den externen FTP-Server.

recv *EntfernteDatei* [*LokaleDatei*]
: Synonym für **get**

reget *EntfernteDatei* [*LokaleDatei*]
: Holt eine *EntfernteDatei* (wie **get**), nimmt die Übertragung jedoch am Ende der lokalen Datei wieder auf. Hilfreich, um einen abgebrochenen Transfer fortzusetzen.

remotehelp [*Befehl*]
: Fordert Hilfe über den angegebenen *Befehl* von der Gegenstelle an. Ohne die Angabe eines Befehls wird normalerweise eine Liste der verfügbaren Befehle ausgegeben.

remotestatus [*Datei*]
: Zeigt den Status der Gegenstelle oder, wenn eine *Datei* angegeben ist, den Status dieser Datei an.

rename [*Alt*] [*Neu*]
: Benennt auf der Gegenstelle die Datei *Alt* um in *Neu*.

reset
: Löscht die Antwort-Warteschlange.

restart *Bytezahl*
Nimmt den Dateitransfer an einer bestimmten Bytezahl wieder auf.

rmdir [*Verzeichnis*]
Löscht ein *Verzeichnis* auf dem entfernten Rechner.

runique
Schaltet den Mechanismus zur lokalen Speicherung mit eindeutigen Dateinamen um. Wenn die Option eingeschaltet ist, werden Dateinamen mit den Endungen .1, .2 usw. ergänzt, wenn das zur Vermeidung von doppelten Dateinamen erforderlich ist. Der Default ist aus.

send *LokaleDatei* [*EntfernteDatei*]
Synonym für **put**.

sendport
Schaltet die Verwendung der **PORT**-Befehle um.

site [*Befehl*]
Holt/setzt systemspezifische Informationen von/auf der Gegenstelle.

size *Datei*
Liefert die Größe der *Datei* von der Gegenstelle.

status
Zeigt den aktuellen Status von **ftp** an.

struct [*Struktur-Name*]
Setzt die Dateitransferstruktur entsprechend dem Argument. Als Standard wird die **stream**-Struktur verwendet.

sunique
Schaltet den Mechanismus zur Erzeugung eindeutiger Dateinamen auf der Gegenstelle ein bzw. aus.

system
Gibt den Typ des Betriebssystems der Gegenstelle aus.

tenex
Setzt den Dateitransfertyp auf den für die Kommunikation mit TENEX-Rechnern erforderlichen Wert.

trace
Schaltet die Paketverfolgung ein bzw. aus.

type [*Typ-Name*]
Setzt den Dateitransfermodus auf den angegebenen Wert. Ist kein Typ angegeben, wird die aktuelle Einstellung angezeigt. Der Default ist ASCII.

umask [*Maske*]
Setzt die Maske für den Dateierzeugungsmodus auf der Gegenstelle. Ist keine Maske angegeben, wird der aktuelle Wert angezeigt.

→

ftp
←

user *Benutzername* [*Paßwort*] [*Account*]
Loggt den Benutzer bei der Gegenstelle ein. **ftp** erfragt Paßwort und Account interaktiv, wenn sie nicht als Argument übergeben wurden.

verbose
Schaltet informative Ausgabe hinzu.

? [*Befehl*]
Entspricht dem Befehl **help**.

---

ftpd

in.ftpd [*Optionen*]

TCP/IP-Befehl. Internet File Transfer Protocol Server. Der Server verwendet das TCP-Protokoll und wartet auf dem in der **ftp**-Spezifikation angegebenen Port. **ftpd** wird von **inetd** gestartet und muß einen Eintrag in der Konfigurationsdatei von **inetd**, */etc/inetd.conf*, haben.

Optionen

-d Debugging-Informationen in das Systemlog schreiben.

-l Jede FTP-Sitzung im Systemlog mitprotokollieren.

-T*maxtimeout*
Setzen der maximalen Timeout-Periode. Der Default ist zwei Stunden.

-t*timeout*
Setzen der Timeout-Periode auf *timeout* Sekunden.

---

fuser

fuser [*Optionen*] [*Dateien* | *Dateisysteme*]

Identifizieren der Prozesse, die eine Datei oder ein Dateisystem benutzen. **fuser** gibt die Prozeß-IDs der Prozesse aus, die *Dateien* oder lokale *Dateisysteme* verwenden. Auf jede Prozeß-ID folgt ein einbuchstabiger Code: **c**, wenn der Prozeß die Datei als aktuelles Verzeichnis verwendet, **f**, wenn die Datei geöffnet ist, **m**, wenn es sich um eine gemeinsam genutzte Bibliothek handelt und **r**, wenn es sich um das Wurzelverzeichnis handelt. Alle Benutzer, die */dev/kmem* und */dev/mem* lesen dürfen, können **fuser** benutzen, aber nur ein privilegierter Benutzer kann Prozesse eines anderen Benutzers beenden. **fuser** funktioniert nicht mit entfernten (NFS-)Dateien.

Wenn mehr als eine Gruppe von Dateien angegeben wird, können die Optionen für alle weiteren Dateigruppen neu angegeben werden. Ein einzelner Querstrich (–) hebt alle aktuell gültigen Optionen wieder auf und läßt für die nächste Gruppe von Dateien neue Optionen gelten.

fuser

Optionen

- Alle Optionen auf ihre Defaults zurücksetzen.

-Signal
Das Signal *Signal* anstelle von SIGKILL schicken.

-a Informationen über alle Dateien anzeigen, auch wenn keine Prozesse auf sie zugreifen.

-i Beim Benutzer zurückfragen, bevor ein Prozeß beendet wird. Wird ignoriert, wenn nicht auch **-k** angegeben wird.

-k An jeden Prozeß SIGKILL schicken.

-l Die Signalnamen ausgeben.

-m Erwartet, daß die Dateien auf einem eingehängten Dateisystem liegen; alle Dateien, die auf dieses Dateisystem zugreifen, berücksichtigen.

-s wenige Ausgaben

-u Der Login-Name des Benutzers folgt der Prozeß-ID in Klammern.

-v Verbose-Modus

-V Versionsinformationen anzeigen.

---

g++

g++ [*Optionen*] *Dateien*

Aufrufen von **gcc** mit den zur Übersetzung von C++-Quelldateien notwendigen Optionen. **g++** erkennt die gleichen Dateiextensionen wie **gcc** sowie zusätzlich C++-Quelldateien (**.C**-, **.cc**- und **.cxx**-Dateien) und bereits vom Präprozessor verarbeitete C++-Dateien (*.ii*-Dateien). Siehe auch **gcc**.

---

gated

gated [*Optionen*]

TCP/IP-Befehl. Gateway-Routing-Daemon. **gated** verarbeitet mehrere Routing-Protokolle und ersetzt **routed** und andere Routing-Daemonen, welche die Protokolle Hello, EGP und BGP sprechen. **gated** kann die Routing-Protokolle RIP, BGP, EGP, Hello und OSPF bedienen und auf eines oder mehrere dieser Protokolle eingestellt werden.

Optionen

-c Durchsuchen der Konfigurationsdatei nach syntaktischen Fehlern. Danach beendet sich **gated** und hinterläßt eine Dump-Datei in */usr/tmp/gated_dump*.

-f *Konfigurationsdatei*
Verwenden einer anderen *Konfigurationsdatei*. Der Default ist */etc/gated.conf*.

→

gated ←

-n Die Routing-Tabellen des Kernels nicht verändern.

-t [*Trace_Optionen*]
gated mit den angegebenen Trace-Optionen starten. Wenn keine Schalter angegeben werden, wird **general** angenommen. Die zur Verfügung stehenden Schalter sind:

adv Policy-Blöcke verwalten.

all Umfaßt **normal**, **policy**, **route**, **state**, **task** und **timer**.

general
Umfaßt **normal** und **route**.

iflist Schnittstellenliste des Kernels

normal
normale Protokollinstanzen

parse
lexikalisches Analyse- und Parser-Programm

policy
Instanzen, in denen eine Policy auf im- oder exportierte Routen angewendet wird

route
jede Veränderung der Routing-Tabelle

state
Übergänge der Zustandsmaschine

symbols
Aus dem Kernel gelesene Symbole – beachten Sie bitte, daß diese Symbole gelesen werden, bevor die Konfigurationsdatei geparst worden ist, so daß diese Option auf der Kommandozeile angegeben werden muß.

task System-Tasks und -schnittstellen

timer
Timer-Benutzung

-C Die Konfigurationsdatei wird auf Fehler überprüft und das Programm beendet. Wenn Fehler auftraten, wird 1 zurückgegeben, ansonsten 0.

-N Das Programm nicht automatisch in den Hintergrund stellen.

gawk

gawk [*Optionen*] *'skript'* [*var=Wert...*] [*Dateien*]
gawk [*Optionen*] **-f** *Skriptdatei* [*var=Wert...*] [*Dateien*]

Die GNU-Version von **awk**, ein Programm zur Erkennung von Textmustern, zum Bearbeiten von Textzeilen und für andere Arten der Textmanipulation. Siehe Kapitel Kapitel 13, *Die Skriptsprache gawk* für weitere Informationen.

gcc [*Optionen*] *Dateien*

Kompiliert eine oder mehrere C-Quelldateien (*datei*.c), Assembler-Quelldateien (*datei*.s) oder bereits vom Präprozessor verarbeitete Quelldateien (*datei.i*). Wenn das Suffix der Datei nicht bekannt ist, wird angenommen, daß es sich um eine Objektdatei oder eine Bibliothek handelt. **gcc** ruft automatisch den Link-Editor **ld** auf, es sei denn, eine der Optionen **-c**, **-S** oder **-E** wurde angegeben. Wenn eine Objektdatei erzeugt wird, hat diese das Suffix *.o* und den gleichen Basisnamen wie die Quelldatei. Defaultmäßig wird die Ausgabe nach **a.out** geschrieben. **gcc** kennt viele systemspezifische Optionen, die hier nicht besprochen werden.

Anmerkung: **gcc** ist die GNU-Variante von **cc**. Auf den meisten Linux-Systemen wird bei Eingabe von **cc** ebenfalls der **gcc** aufgerufen. Der Befehl **g++** ruft den **gcc** mit den zur Übersetzung von C++-Quelltexten notwendigen Optionen auf.

Optionen

-a Erzeugen von Profiler-Informationen für Anweisungsblöcke.

-ansi
: Erzwingen voller Konformität mit dem ANSI-Standard.

-b *Maschine*
: Erzeugen von Maschinencode für einen Rechner des Typs *Maschine*.

-c Erzeugen einer »linkbaren« Objektdatei für jede Quelldatei; der Link-Editor wird nicht aufgerufen.

-dD Print **#defines**.

-dM Unterdrücken der normalen Ausgabe. Statt dessen werden alle **#defines** ausgegeben, die nach dem Ende des Präprozessoraufrufs definiert werden.

-dN Nur die Makronamen von **#defines** werden ausgegeben, nicht die Argumente oder Werte.

-fno-asm
: **asm**, **inline** und **typeof** nicht als Schlüsselwörter ansehen. Wird von **-ansi** impliziert.

-fno-builtin
: Keine eingebauten Funktionen erkennen, wenn sie nicht mit zwei Unterstrichen beginnen.

-fno-gnu-keywords
: **classof**, **headof**, **signature**, **sigof** und **typeof** nicht als Schlüsselwörter ansehen.

-fno-ident
: **#ident**-Anweisungen werden nicht beachtet.

→

-fsigned-bitfields

-funsigned-bitfields

-fno-signed-bitfields

-fno-unsigned-bitfields
Setzt die Default-Kontrolle von Bitfeldern auf vorzeichenbehaftet oder nicht-vorzeichenbehaftet, wenn dies nicht explizit deklariert wird.

-fsigned-char
Der Datentyp **char** wird als vorzeichenlos interpretiert.

-fsyntax-only
Es wird nur die Syntax des Quelltextes überprüft, aber keine Objektdatei erzeugt.

-funsigned-char
Der Datentyp **char** wird als vorzeichenbehaftet interpretiert.

-g Einfügen von Debugging-Informationen zur Verwendung mit **gdb** in die Objektdatei.

-g*Stufe*
Einfügen von Debugging-Informationen der Stufe *Stufe*. Gültige Werte sind 1, 2 und 3, wobei 1 den niedrigsten Informationsgehalt bezeichnet. Der Default ist 2.

-idirafter *Verzeichnis*
Das Verzeichnis *Verzeichnis* wird durchsucht, wenn keine Header-Datei im normalen Include-Pfad gefunden werden konnte.

-include *Datei*
Vor der Verarbeitung der Eingabedateien wird zunächst *Datei* verarbeitet.

-imacros *Datei*
Vor der Verarbeitung der Eingabedateien werden zunächst die Makros in *Datei* verarbeitet.

-iprefix *Präfix*
Wenn Verzeichnisse dem Suchpfad mit **-iwithprefix** hinzugefügt werden, wird jedem dieser Verzeichnisse *Präfix* vorangestellt.

-isystem *Verzeichnis*
Fügt *Verzeichnis* der Liste der Verzeichnisse hinzu, die durchsucht werden, wenn keine Systemdatei im normalen Include-Pfad gefunden wird.

-iwithprefix *Verzeichnis*
Das Verzeichnis *Verzeichnis* wird der Liste der Verzeichnisse hinzugefügt, die durchsucht werden, wenn keine Header-Datei im normalen Include-Pfad gefunden werden konnte. Wenn vorher **-iprefix** verwendet wurde, wird dieser Wert dem Verzeichnisnamen vorangestellt.

-l*lib* »Linken« mit Bibliothek *lib*.

-nostartfiles
Der Link-Editor ignoriert die standardmäßigen System-Startdateien.

-nostdinc
Header-Dateien werden nur in den angegebenen, aber nicht in den Standardverzeichnissen gesucht.

-nostdinc++
Header-Dateien werden nicht in Verzeichnissen durchsucht, in denen C++-spezifische Header-Dateien vermutet werden.

-nostdlib
Nicht mit den Standardbibliotheken »linken«.

-o *Datei*
Schreiben der Ausgabe nach *Datei*. Der Default ist *a.out*.

-p Profiling-Informationen zur Verwendung mit **prof** ausgeben.

-pedantic
Besonders viele Warnungen ausgeben.

-pedantic-errors
Ausgeben eines Fehlers (und damit kein Erzeugen einer Objektdatei) in allen Fällen, in denen **-pedantic** eine Warnung ausgegeben hätte.

-pg Einfügen von Profiling-Informationen zur Verwendung mit **gprof**.

-pipe
Die temporären Informationen zwischen den Compiler-Läufen werden über Pipes anstelle von temporären Dateien übertragen.

-s Alle Informationen über Symboltabellen und Relozierungen aus der ausführbaren Datei entfernen.

-save-temps
Temporäre Dateien beim Kompilieren im aktuellen Verzeichnis speichern.

static
Statische anstelle von dynamischen Bibliotheken erzeugen.

-traditional
Weitestgehendes Imitieren des Verhaltens traditioneller C-Compiler.

-traditional-cpp
Weitestgehendes Imitieren des Verhaltens traditioneller C-Präprozessoren.

-trigraphs
Unterstützung für Trigraphen einschalten.

→

-u *Symbol*

Erzwingen, daß der Link-Editor in den Bibliotheken nach dem Symbol *Symbol* sucht und diese Bibliotheken dazubindet, falls das Symbol gefunden wurde.

-undef

Nur die Konstanten definieren, die vom Sprachstandard gefordert werden, nicht systemspezifische Konstanten wie **unix**.

-v Verbose-Modus. Angezeigt werden die ausgeführten Befehle, die Versionsnummer des **gcc** und die Versionsnummer des Präprozessors.

-w Unterdrücken von Warnungen.

-x *Sprache*

Erwartet, daß die Quelldatei in der Sprache *Sprache* geschrieben ist. Gültige Werte für *Sprache* sind: **c**, **objective-c**, **c-header**, **c++**, **cpp-output**, **assembler** und **assembler-with-cpp**. Wenn **none** angegeben wird, wird die Sprache anhand der Dateiextension erraten.

-A*Bedingung(Antwort)*

Wenn der Präprozessor auf einen konditionalen Ausdruck wie **#if** *Bedingung* stößt, wird *Antwort* angenommen. Die Standardantworten können mit **-A-** abgeschaltet werden.

-B*Pfad*

Pfad als das Verzeichnis angeben, in dem die Compiler-Dateien liegen.

-C Kommentare bleiben während des Präprozessierens erhalten. Nur sinnvoll mit **-E**.

-D*Name*[=*def*]

Definiert das Symbol *Name* mit dem Wert *def*, genau wie mit einer **#define**-Anweisung. Wenn =*def* nicht angegeben wird, wird 1 als Wert angenommen. **-D** hat eine niedrigere Priorität als **-U**.

-E Quelldateien werden präprozessiert, aber nicht kompiliert. Das Ergebnis wird auf Standardausgabe ausgegeben.

-I*Verzeichnis*

Einfügen von *Verzeichnis* in die Liste der Verzeichnisse, in denen nach Header-Dateien gesucht wird. Wenn *Verzeichnis* - ist, werden die mit **-I** vor dem **-I-** angegebenen Verzeichnisse nur durchsucht, wenn **#include "Datei"** anstelle von **#include <Datei>** angegeben wurde.

-L*Verzeichnis*

Durchsuchen von *Verzeichnis* nach Bibliotheken zusätzlich zu den Standardverzeichnissen.

-M Anstatt zu kompilieren, wird eine Regel ausgegeben, die zur Aufnahme in Makefiles geeignet ist und die Abhängigkeiten der Quelldatei auf der Basis der **#include**-Anweisungen beschreibt. Impliziert **-E**.

-MD
Ähnlich wie **-M**, schreibt aber neben der normalen Kompilation Abhängigkeitsinformationen in Dateien, die auf ».*d*« enden.

-MG
Wird zusammen mit **-M** oder **-MM** benutzt. Unterdrückt Fehlermeldungen, wenn keine Header-Datei existiert; das ist nützlich, wenn die Datei während des Erstellungsvorgangs automatisch erzeugt wird.

-MMD
Ähnlich wie **-MD**, speichert aber nur Informationen über Header-Dateien, nicht über System-Header-Dateien.

-MM
Ähnlich wie **-M**, beschränkt die Regeln aber auf Nicht-Standard-**#include**-Dateien, also nur Dateien, die mit **#include** »*Datei*« eingebunden werden, aber nicht die, die mit **#include** <*Datei*> eingebunden werden.

-H Ausgeben der eingefügten Dateien (eine pro Zeile) nach Standardausgabe.

-O[*Stufe*]
Optimieren der Objektdateien. *Stufe* kann einer der Werte 1, 2, 3 oder 0 sein. Der Default ist 1. 0 schaltet die Optimierung ab, 3 ist die höchste Optimierungsstufe.

-P Präprozessiert die Eingabe ohne Erzeugung von Zeileninformationen, die im nächsten Durchlauf verwendet werden könnten. Nur sinnvoll zusammen mit **-E**.

-S Erzeugen von Assembler-Dateien aus den Quelldateien, aber kein Aufrufen des Assemblers.

-U*Name*
Entfernen von bisher bekannten Definitionen des Symbols *Name*, wobei *Name* ein reserviertes Symbol des Präprozessors oder ein mit **-D** definiertes Symbol sein kann. Auf Intel-Rechnern definierte Symbole sind **unix** und **i386**.

-V *Version*
Wenn vorhanden, wird der **gcc** mit der angegebenen *Version* gestartet.

-W Ausgeben von mehr Warnungen als normal.

-Wl,*Option*
Aufrufen des Link-Editors mit *Option*. *Option* kann eine durch Kommata getrennte Liste von Optionen sein.

-Wa,*Option*
Aufrufen des Assemblers mit *Option*. *Option* kann eine durch Kommata getrennte Liste von Optionen sein.

→

gcc
←

-Waggregate-return
Ausgeben einer Warnung, wenn Funktionen definiert oder aufgerufen werden, die structs oder unions zurückgeben.

-Wall
Schaltet **-W**, **-Wchar-subscripts**, **-Wcomment**, **-Wformat**, **-Wimplicit**, **-Wparentheses**, **-Wreturn-type**, **-Wswitch**, **-Wtemplate-debugging**, **-Wtrigraphs**, **-Wuninitialized** und **-Wunused** ein.

-Wcast-align
Ausgeben einer Warnung, wenn Pointer auf einen Typ »gecastet« werden, so daß die notwendige Ausrichtung größer wird als ursprünglich.

-Wcast-qual
Ausgeben einer Warnung, wenn Pointer auf Typen »gecastet« werden, die nicht die gleichen Typattribute wie das Original haben.

-Wchar-subscripts
Ausgeben einer Warnung, wenn Arrays mit Indizes vom Typ **char** definiert oder verwendet werden.

-Wcomment
Ausgeben einer Warnung, wenn der Beginn eines verschachtelten Kommentars gefunden wird.

-Wconversion
Ausgeben einer Warnung bei bestimmten Typkonversionen.

-Werror
Abbruch beim ersten Auftreten eines Fehlers.

-Wformat
Ausgeben einer Warnung bei inkorrekt formatierten **printf**- und **scanf**-Aufrufen.

-Wimplicit
Ausgeben einer Warnung, wenn Funktionen oder Parameter implizit definiert werden.

-Winline
Ausgeben einer Warnung bei illegalen Inline-Funktionen.

-Wmissing-declarations
Ausgeben einer Warnung, wenn eine globale Funktion definiert wird, ohne vorher deklariert worden zu sein.

-Wmissing-prototypes
Ausgeben einer Warnung, wenn globale Funktionen definiert werden, ohne daß vorher ein Prototyp deklariert wurde.

-Wnested-externs
Ausgeben einer Warnung, wenn eine **extern**-Deklaration innerhalb einer Funktion gefunden wurde.

-Wno-import
Keine Warnung ausgeben, wenn **#import** verwendet wird.

-Wp,*Optionen*
Die angegebenen *Optionen* an den Präprozessor übergeben. Mehrere Optionen werden durch Kommata getrennt. Diese Option hat nichts mit Warnungen zu tun.

-Wparentheses
Mehr Warnungen bezüglich vergessener Klammern ausgeben.

-Wpointer-arith
Ausgeben einer Warnung bei Auftreten von Code, der versucht, die Größe einer Funktion oder von **void** zu bestimmen.

-Wredundant-decls
Ausgeben einer Warnung, wenn etwas öfter als einmal in einem Gültigkeitsbereich deklariert wird.

-Wreturn-type
Ausgeben einer Warnung, wenn Funktionen ohne Rückgabewerte oder mit falschen Rückgabewerten definiert werden.

-Wshadow
Ausgeben einer Warnung, wenn eine lokale Variable eine andere überschattet.

-Wstrict-prototypes
Nur Code akzeptieren, in dem alle Argumenttypen in Funktionsdeklarationen und -definitionen spezifiziert werden.

-Wswitch
Ausgeben einer Warnung bei switch-Anweisungen bezüglich Aufzählungstypen, in denen nicht alle Werte des Aufzählungstyps auftreten.

-Wtemplate-debugging
Ausgeben einer Warnung, wenn Debugging-Informationen für C++-Templates nicht zur Verfügung stehen.

-Wtraditional
Ausgeben einer Warnung, wenn Code verwendet wird, der in ANSI-C und traditionellem KWtrigraphs

Ausgeben einer Warnung bei Trigraphen.

-Wuninitialized
Ausgeben einer Warnung, wenn nicht-initialisierte, automatische Variablen verwendet werden.

-Wunused
Ausgeben einer Warnung, wenn eine Variable oder Funktion nicht benutzt wird.

-Xlinker *Option*
Option an den Link-Editor übergeben. Eine Link-Editor-Option mit einem Argument erfordert zwei **-X**-Optionen, die erste gibt dabei die Option und die zweite das Argument an.

→

gcc ←

Pragma-Anweisungen

#pragma interface [*Header-Datei*]
Wird in Header-Dateien benutzt und erzwingt, daß die Definitionsinformation in den Objektdateien als Referenz und nicht als lokale Kopie aufgenommen wird. C++-spezifisch.

#pragma implementation [*Header-Datei*]
Wird in normalen Quelldateien verwendet und erzwingt die Ausgabe vollständiger Informationen aus der Header-Datei *Header-Datei* (oder, wenn *Header-Datei* nicht angegeben wird, aus der Header-Datei, die denselben Basisnamen wie die Datei hat, welche die Pragma-Anweisung enthält). Diese Information ist global sichtbar. Normalerweise enthält die angegebene Header-Datei eine **#pragma interface**-Anweisung.

---

gdb

gdb [*Optionen*] [*Programm* [*core* |*pid*]]

GDB, der GNU-DeBugger, ermöglicht es, in einzelnen Schritten durch ein C-, C++- oder Modula-2-Programm zu laufen, um so herauszufinden, an welcher Stelle ein Fehler auftritt. Das Programm, das untersucht werden soll, wird üblicherweise als Kommandozeilenargument angegeben. Außerdem kann eine Core-Datei oder eine Prozeßnummer (wenn ein bereits laufendes Programm durch einen Debugger geschickt werden soll) angegeben werden.

Optionen

-s *Datei,* **-symbols=***Datei*
Laden der Symboltabelle aus der *Datei*. Wird auch **-e** angegeben, ist diese Datei auch das Programm, das durch den Debugger soll.

-e *Datei,* **-exec=***Datei*
Debuggen der Datei *Datei*. Wenn zusätzlich **-s** angegeben wird, wird auch die Symboltabelle eingelesen.

-c *Datei,* **-core=***Datei*
Suchen von Core-Dump-Informationen in der Datei *Datei*.

-x *Datei,* **-command=***Datei*
Lesen und Ausführen von **gdb**-Befehlen aus der Datei *Datei*.

-d *Verzeichnis,* **-directory=***Verzeichnis*
Quelldateien auch im Verzeichnis *Verzeichnis* suchen.

-n, -nx
Die Datei *.gdbinit* nicht berücksichtigen.

-q, -quiet
Start- und Copyright-Meldungen unterdrücken.

-batch
Ausführen aller in *.gdbinit* und mit **-x** angegebenen Befehle ohne Ausgeben von Start-Meldungen. Nach der Ausführung beendet sich **gdb** wieder.

-cd=*Verzeichnis*
Verzeichnis als aktuelles Arbeitsverzeichnis von **gdb** verwenden.

-f, -fullname
Anzeigen des vollen Pfadnamens und der Zeilennummer in jedem Stack Frame.

-b *bps*
Einstellen der Geschwindigkeit der seriellen Schnittstelle, die vom GDB benutzt wird.

-tty=*Gerät*
Einstellen der Standardeingabe und -ausgabe auf *Gerät*.

Häufig verwendete Befehle

Die folgenden Befehle des GDB werden besonders häufig verwendet. Sie finden hier nur eine Auswahl, da es viel zu viele Befehle im GDB gibt, um sie alle hier aufführen zu können.

bt Ausgeben der aktuellen Stelle im Programm sowie eines Stack Traces, der anzeigt, wie das Programm an die aktuelle Stelle gekommen ist. (**where** macht das gleiche.)

break
Setzen eines Haltepunktes.

cd Wechseln des aktuellen Verzeichnisses.

clear
Löschen des Haltepunktes, an dem das Programm zuletzt angehalten hat.

commands
Ausgeben der Befehle, die ausgeführt werden, wenn das Programm auf einen Haltepunkt stößt.

c Fortsetzen der Programmausführung nach dem Erreichen eines Haltepunktes.

delete
Löschen eines Haltepunktes oder eines Überwachungspunktes; wird auch in Verbindung mit anderen Befehlen benutzt.

display
Anzeigen von Variablen oder Ausdrücken, wenn ein Haltepunkt erreicht wird.

down
Abwärts im Stack bewegen. Der erreichte Stack Frame wird der aktuelle.

→

gdb
←

frame
Auswahl eines Frames für den nächsten **continue**-Befehl.

info Ausgeben von Informationen über das Programm. **info breakpoints** zeigt beispielsweise alle Halte- und Überwachungspunkte an.

jump
Fortsetzen der Ausführung an einer anderen Stelle in der Quelldatei.

kill Abbrechen des von **gdb** kontrollierten Prozesses.

list Ausgeben eines Teils der Quelldatei, die zu der aktuellen Stelle im Programm gehört.

next
Ausführen der nächsten Zeile Quelltext. Wenn es sich um einen Funktionsaufruf handelt, wird diese Funktion vollständig ausgeführt.

print
Ausgeben des Wertes einer Variable oder eines Ausdrucks.

pwd
Ausgeben des aktuellen Arbeitsverzeichnisses.

ptype
Ausgeben des Inhalts eines Datentyps (z.B. einer Struktur oder einer C++-Klasse).

quit Beenden von **gdb**.

reverse-search
Rückwärts nach einem regulären Ausdruck in der Quelldatei suchen.

run Starten des Programms.

search
Vorwärts nach einem regulären Ausdruck in der Quelldatei suchen.

set variable
Zuweisen eines Wertes an eine Variable.

signal
Senden eines Signals an den laufenden Prozeß.

step Ausführen der nächsten Zeile des Quelltextes. Wenn es sich um einen Funktionsaufruf handelt, wird in die Funktion hineingesprungen und dort angehalten.

undisplay
Aufheben des **display**-Befehls; Ausdrücke werden nicht mehr angezeigt.

until
Beenden der aktuellen Schleife.

up Aufwärts im Stack bewegen. Der erreichte Stack Frame wird der aktuelle.

watch
Setzen eines Überwachungspunktes *(watchpoint)*, also eines Haltepunktes auf Daten.

whatis
Ausgeben des Typs einer Variablen oder einer Funktion.

gdc [*Optionen*] *Befehl*

TCP/IP-Befehl. Verwalten von **gated**. Es stehen verschiedene Befehle zum Starten und Beenden des Daemons, zum Schicken von Signalen, zur Verwaltung der Konfigurationsdateien und zum Verwalten von Zuständen und Core-Dumps zur Verfügung.

Optionen

-c *Größe*
Angeben der maximalen Core-Dump-Größe.

-f *Größe*
Angeben der maximalen Dump-Datei-Größe.

-m *Größe*
Angeben der maximalen Datensegmentgröße.

-n Unterdrücken der Bearbeitung der Kernel-Tabelle mit Weiterleitungsinformationen.

-q Stiller Modus: Warnungen werden unterdrückt, Fehlermeldungen an den Systemlog anstelle von Standardfehler geschickt.

-s *Größe*
Angeben der maximalen Stack-Größe.

-t *Sekunden*
Sekunden (Default: 10) auf das Vollenden der zum Starten und Anhalten angegebenen Operationen warten.

Befehle

BACKOUT
Ersetzt */etc/gated.conf* durch */etc/gated.conf–*, unabhängig davon, ob diese existiert.

backout
Ersetzt */etc/gated.conf* durch */etc/gated.conf–*, sofern diese existiert.

checkconf
Gibt Meldungen über syntaktische Fehler in */etc/gated. conf* aus.

checknew
Gibt Meldungen über syntaktische Fehler in */etc/gated. conf+* aus.

→

COREDUMP
Erzwingt einen Core Dump und beendet **gated**.

createconf
Legt eine leere Datei */etc/gated.conf+* an, sofern diese noch nicht existiert, und setzt diese auf Zugriffsrechte 664, Besitzer **root**, Gruppe **gdmaint**.

dump
Erzwingt einen Core Dump von **gated** in */usr/tmp/gated_ dump* und setzt danach die normale Abarbeitung fort.

interface
Neuladen der Schnittstellenkonfiguration.

KILL
Unmittelbar und ohne Sicherung abbrechen.

modeconf
Setzen aller Konfigurationsdateien auf Modus 664, Besitzer **root**, Gruppe **gdmaint**.

newconf
Sofern */etc/gated.conf+* existiert, wird diese Datei nach */etc/gated.conf* verschoben. Die alte */etc/gated.conf* wird in */etc/gated.conf–* umbenannt.

reconfig
Neuladen der Konfigurationsdatei.

restart
Anhalten und Neustarten von **gated**.

rmcore
Entfernen aller Core-Dateien von **gated**.

rmdmp
Entfernen aller Zustands-Dumps von **gated**.

rmparse
Entfernen aller **gated**-Dateien, die Meldungen über syntaktische Fehler enthalten. Diese werden durch die **checkconf**- und **checknew**-Befehle angelegt.

running
Rückgabe von 0, wenn **gated** läuft, sonst 1.

start **gated** starten, sofern es noch nicht läuft. In diesem Fall wird eine Fehlermeldung ausgegeben.

stop **gated** so schonend wie möglich anhalten.

term
Schonend beenden.

toggletrace
Tracing ein- oder ausschalten.

Befehls-referenz

Dateien

/etc/gcd.conf+
: Die Text-Konfigurationsdatei. Wenn Sie mit der Funktion zufrieden sind, können Sie sie mit **gdc newconf** als */etc/gated.conf* installieren.

/etc/gated.conf–
: Sicherungsdatei der alten Konfigurationsdatei

/etc/gated.conf––
: Sicherungsdatei der Sicherungsdatei der alten Konfigurationsdatei

/etc/gated.conf
: eigentliche Konfigurationsdatei

/etc/gated.pid
: Prozeß-ID von **gated**

/usr/tmp/gated_dump
: Zustands-Dump-Datei

/usr/tmp/gated_parse
: Liste der syntaktischen Fehler, die beim Lesen der Konfigurationsdatei gefunden wurden

getkeycodes

Gibt die Tabelle des Systemkerns aus, welche die Abbildung von Tastatur-Scancodes auf Keycodes enthält.

getty [*Optionen*] *Port* [*Geschwindigkeit* [*Terminal* [*Verbindungsart*]]]

Befehl zur Systemverwaltung. Einstellen des Terminaltyps, der Modi, der Übertragungsraten und der Verbindungsart. Auf Linux-Systemen kann auch **agetty** verwendet werden, das eine andere Syntax benutzt. **getty** wird von **init** aufgerufen und ist der zweite Prozeß in der **init-getty-login-shell**-Folge, an deren Ende ein Benutzer sich auf dem Linux-System anmeldet. **getty** liest den Anmeldenamen des Benutzers ein und ruft den **login**-Befehl mit dem Benutzernamen als Parameter auf. Während des Einlesens des Namens versucht **getty**, sich dem System hinsichtlich Geschwindigkeit und des verwendeten Gerätetyps anzupassen.

→

getty ←

Sie müssen einen *Port* angeben, anhand dessen sich **getty** mit dem Gerät */dev/port* verbindet. **getty** liest danach seine Default-Datei, üblicherweise */etc/default/getty*, mit Laufzeitwerten und -parametern ein. Die meisten von ihnen können auch auf der Kommandozeile angegeben werden, aber die Werte in der Default-Datei haben Vorrang. Anhand des *Geschwindigkeit*-Arguments wird ein Eintrag in der Datei */etc/gettydefs* ermittelt, der die anfängliche Baudrate, die TTY-Einstellungen und die Anmeldeaufforderung, die erreichte Geschwindigkeit und die Verbindungseinstellungen enthält. Der erste Eintrag in */etc/gettydefs* ist der Default. *Terminal* gibt den Terminaltyp an, *Verbindungsart* die (optionale) Verbindungsart.

Optionen

-c *Datei*
: Überprüfen einer *gettydefs*-Datei. Die Inhalte und eventuelle Fehlermeldungen werden auf die Standardausgabe ausgegeben.

-d *Datei*
: Verwenden einer anderen Default-Datei.

-h Kein Auflegen am Port erzwingen, während **getty** sich initialisiert.

-r *Pause*
: Wartet auf ein einzelnes Zeichen am Port und macht danach *Pause* Sekunden Pause.

-t *Timeout*
: Wenn innerhalb von *Timeout* Sekunden kein Benutzername eingegeben wird, wird die Verbindung geschlossen.

-w *String*
: Wartet vor der weiteren Abarbeitung auf die Zeichen *String* vom Port.

---

gprof

gprof [*Optionen*] [*Objektdatei*]

Anzeigen der Profiling-Daten einer Objektdatei. Die Symboltabelle der Datei wird mit dem Profil des Aufrufgraphen in der Datei *gmon.out* verglichen, die beim Kompilieren mit **gcc -pg** angelegt wurde.

Optionen

-a Statisch deklarierte Funktionen nicht ausgeben. Da die ihnen zugeordneten Informationen für die Profiling-Daten trotzdem relevant sein könnten, werden diese an die Informationen der unmittelbar zuvor geladenen Funktionen angehängt.

-b Keine Informationen über jedes Feld anzeigen.

-c Verwenden der »text section« der Objektdatei, um den statischen Aufrufgraphen des Programms zu bestimmen. Statische Eltern und Kinder werden mit null Aufrufen angezeigt.

-e *Routine*
Keine Einträge für *Routine* und deren Kinder anzeigen.

-f *Routine*
Nur *Routine* ausgeben. Die Zeit, die in anderen Routinen verbracht wurde, wird *Routine* zugeschlagen.

-k *von nach*
Entfernen der Kanten zwischen den Routinen *von* und *nach*.

-s
Zusammenfassen der Profiling-Information in der Datei *gmon.sum*.

-v
Ausgeben der Versionsnummer und Beenden von **gprof**.

-z
Auch nicht-verwendete Aufrufe ausgeben.

-E *Routine*
Keine Einträge für *Routine* und deren Kinder anzeigen. Die in diesen Programmteilen verbrachte Zeit wird bei der Berechnung der Gesamtzeit ebenfalls vernachlässigt.

-F *Routine*
Nur *Routine* ausgeben. Die Zeit, die in anderen Routinen verbracht wurde, wird vernachlässigt.

---

grep [*Optionen*] *Muster* [*Dateien*]

grep

Durchsucht eine oder mehrere *Dateien* nach Zeilen, die dem regulären Ausdruck *Muster* entsprechen. Eine Beschreibung regulärer Ausdrücke finden Sie in Kapitel Kapitel 9, *Mustervergleiche*. Der Rückgabewert ist **0**, falls Zeilen übereinstimmen, **1**, falls nicht, sowie **2** bei Fehlern. Siehe auch **egrep** und **fgrep**.

Optionen

-a, --text
Ausgabezeilen mit Binärdaten nicht unterdrücken; als Text behandeln.

-b, --byte-offset
Gibt den Versatz in Bytes in der Eingabedatei vor jeder Ausgabezeile aus.

-c, --count
Gibt nur die Anzahl der Trefferzeilen aus. Mit den Optionen **-v** und **--revert-match** werden die nicht passenden Zeilen gezählt.

-d *Aktion*, **--directories=***Aktion*
Definiert eine Aktion zum Verarbeiten von Verzeichnissen. Zulässige Werte sind:

read Verzeichnisse wie normale Dateien lesen (Default).

skip Verzeichnisse überspringen.

→

recurse
Alle Dateien unter jedem Verzeichnis rekursiv lesen. Wie **-r**.

-e *Muster,* **--regexp=***Muster*
Sucht nach *Muster.* Funktioniert genauso wie die Angabe des Suchmusters als Argument, ist zudem nützlich, um Muster zu schützen, die mit einem – anfangen.

-f *Datei,* **--file=***Datei*
Liest eine Liste von Suchmustern aus *Datei* (je eines pro Zeile).

-h, --no-filename
Gibt die passenden Zeilen, aber nicht die Dateinamen aus (das Gegenstück zu **-l**).

-i, --ignore-case
Behandelt Klein- und Großbuchstaben gleich.

-l, --files-with-matches
Nennt die Namen der Dateien mit Treffern, aber keine einzelnen Trefferzeilen; das Durchsuchen jeder Datei wird nach dem ersten Treffer abgebrochen.

-n, --line-number
Gibt die Zeilen und ihre Zeilennummern aus.

-q, --quiet, --silent
Unterdrückt die normale Ausgabe; das Durchsuchen wird nach dem ersten Treffer abgebrochen.

-r, --recursive
Liest alle Dateien unterhalb aller Verzeichnisse rekursiv. Wie **-d recurse**.

-s, --no-messages
Unterdrückt Fehlermeldungen über nicht-vorhandene und unlesbare Dateien.

-v, --revert-match
Alle Zeilen ausgeben, auf die das Suchmuster *nicht* paßt.

-w, --word-regexp
Nur nach ganzen Wörtern suchen. Wörter sind Zeichenfolgen, die durch Zeichen getrennt sind, die keine Buchstaben, Ziffern oder Unterstriche sind.

-x, --line-regexp
Gibt die Zeilen nur aus, wenn das Suchmuster auf die gesamte Zeile paßt.

-A *Anzahl,* **--after-context=***Anzahl*
Gibt nach der Trefferzeile *Anzahl* weitere Zeilen aus.

-B *Anzahl,* **--before-context=***Anzahl*
Gibt vor der Trefferzeile *Anzahl* weitere Zeilen aus.

-C[*Anzahl*], **--context=**[*Anzahl*], **-***Anzahl*

grep

Gibt *Anzahl* Zeilen Kontext vor und nach der Trefferzeile aus; der Default sind zwei Kontextzeilen.

-L, --files-without-match
Nennt die Dateien, die keine Trefferzeilen enthalten.

-V, --version
Gibt die Versionsnummer aus und beendet dann das Programm.

Beispiele

Die Anzahl der Benutzer ausgeben, die **tcsh** nutzen:

```
grep -c /bin/tcsh /etc/passwd
```

Alle Header-Dateien namentlich angeben, die mindestens eine **#include**-Direktive enthalten:

```
grep -l '^#include' /usr/include/*
```

Alle Dateien namentlich angeben, die nicht *Muster* enthalten:

```
grep -c muster files | grep :0
```

groff [*Optionen*] [*Dateien*]
troff [*Optionen*] [*Dateien*]

groff

Ein Frontend für das Dokumentenformatiersystem **groff**, das normalerweise **troff** mit einem Postprozessor für das gewählte Gerät aufruft. Optionen ohne Argumente können nach einem einzelnen Strich (-) verwendet werden. Der Dateiname – steht für die Standardeingabe.

Optionen

-a Eine ASCII-Annäherung der gesetzten Ausgabe erzeugen.

-b Einen Backtrace ausgeben.

-C Kompatibilitätsmodus einschalten.

-d*cs*, **-d***Name*=*s*
Definiert das Zeichen *c* oder den String *Name* mit dem Wert *s*.

-e Dateien mit **eqn** vorverarbeiten.

-E Keine Fehlermeldungen ausgeben.

-f*fam*
fam als Default-Fontfamilie verwenden.

-F*Verzeichnis*
Verzeichnis nach Unterverzeichnissen namens *DESC* und Fontdateien durchsuchen, bevor der Default */usr/lib/groff/font* verwendet wird.

-h Hilfetext ausgeben.

→

groff
←

-i Von der Standardeingabe lesen, nachdem alle *Dateien* eingelesen worden sind.

-l Die Ausgabe an einen Drucker schicken (entsprechend dem Druckbefehl in der Gerätebeschreibungsdatei).

-L*Argument*
Argument an den Spooler übergeben. Jedes Argument sollte mit einer eigenen **-L**-Option übergeben werden.

-m*Name*
Liest die Makrodatei *tmac.name*.

-M*Verzeichnis*
Verwendet *Verzeichnis* vor dem Default-Verzeichnis */usr/lib/groff/tmac*.

-n*Anzahl*
Verwendet *Anzahl* als erste Seitennummer.

-N Keine Zeilenwechsel in Begrenzungszeichen von **eqn** zulassen, entspricht der Option **-N** von **eqn**.

-o*Liste*
Gibt nur die in *Liste*, einer durch Kommata getrennten Liste von Seitenbereichen, angegebenen Seiten aus.

-p Dateien mit **pic** vorverarbeiten.

-P*Argument*
Argument an den Postprozessor übergeben. Jedes Argument sollte mit einer eigenen **-P**-Option übergeben werden.

-r*cn*, *-Name=n*
Das Nummernregister *c* oder *Name* auf *n* setzen. *c* ist ein einzelnes Zeichen und *n* ein beliebiger numerischer **troff**-Ausdruck.

-R Dateien mit **refer** vorverarbeiten.

-s Dateien mit **soelim** vorverarbeiten.

-S Den Sicherheitsmodus verwenden (also z.B. die Option **-S** an **pic** übergeben und die Makros **-msafer** mit **troff** verwenden).

-t Dateien mit **tbl** vorverarbeiten.

-T*Gerät*
Die Ausgabe für das Gerät *Gerät* aufbereiten; der Default ist **ps**.

-v Versionsnummern von von **groff** gestarteten Programmen ausgeben.

-V Die Pipeline auf der Standardausgabe ausgeben, anstatt sie auszuführen.

-w*Name*
Die Warnung *Name* einschalten. Sie können diese Option mehrmals angeben. Eine Liste der Warnungen finden Sie in der Man-Page von **troff**.

-W*Name*
: Die Warnung *Name* einschalten. Sie können diese Option mehrmals angeben. Eine Liste der Warnungen finden Sie in der Man-Page von **troff**.

-z **troff**-Ausgaben (außer Fehlermeldungen) unterdrücken.

-Z Die Ausgabe von **troff** nicht nachbearbeiten. Normalerweise startet **groff** automatisch den passenden Postprozessor.

Geräte

ascii Schreibmaschinenartiges Gerät

dvi
: TEX-DVI-Format

latin1
: Schreibmaschinenartige Geräte, die die Zeichenmenge ISO-Latin-1 verwenden.

ps
: PostScript

X75
: 75-dpi X11-Vorschau

X100
: 100-dpi X11-Vorschau

lj4
: HP LaserJet4-kompatible (oder andere PCL5-kompatible) Drucker

Umgebungsvariablen

GROFF_COMMAND_PREFIX
: Wenn diese Variable auf X gesetzt ist, führt **groff Xtroff** anstelle von **troff** aus.

GROFF_FONT_PATH
: Durch Doppelpunkte getrennte Liste von Verzeichnissen, in denen nach dem Verzeichnis *Gerätename* gesucht wird.

GROFF_TMAC_PATH
: Durch Doppelpunkte getrennte Liste von Verzeichnissen, in denen nach Makro-Dateien gesucht wird.

GROFF_TMPDIR
: Wenn diese Variable gesetzt ist, werden temporäre Dateien in diesem Verzeichnis erzeugt, ansonsten in TMPDIR (falls gesetzt) oder */tmp* (falls TMPDIR nicht gesetzt ist).

GROFF_TYPESETTER
: Default-Gerät

PATH
: Suchpfad für die Befehle, die **groff** ausführt

groupadd	**groupadd** [*Optionen*] *Gruppe* Befehl zur Systemverwaltung. Erzeugt eine neue Gruppe namens *Gruppe*. ***Optionen*** **-g***gid* Eine numerische Gruppen-ID zuweisen. (Defaultmäßig wird die erste freie ID größer als 500 verwendet.) Der Wert darf noch nicht verwendet worden sein, sofern die Option **-o** nicht verwendet wird. **-o** Eine bereits vorhandene ID von der Option **-g** akzeptieren.
groupdel	**groupdel** *Gruppe* Befehl zur Systemverwaltung. Die Gruppe *Gruppe* aus den Systemdateien entfernen. Sie müssen trotzdem noch Dateien suchen, die zu dieser Gruppe gehören, und die Zugriffsrechte dieser Dateien ändern.
groupmod	**groupmod** [*Optionen*] *Gruppe* Befehl zur Systemadministration. Verändert die Gruppeninformationen von *Gruppe*. ***Optionen*** **-g** *gid* Den numerischen Wert der Gruppen-ID ändern. Alle Dateien, die die alte Gruppen-ID *gid* haben, müssen manuell geändert werden. Die neue Gruppen-ID darf nicht schon vergeben sein, es sei denn, die Option **-o** wird verwendet. **-n** *Name* Den Gruppennamen in *Name* ändern. **-o** Auch bereits vorhandene Gruppen-IDs akzeptieren.
groups	**groups** [*Optionen*] [*Benutzer*] Zeigt die Gruppen an, zu denen jeder *Benutzer* gehört (der Default-Benutzer ist der Besitzer der aktuellen Gruppe). Die Gruppen stehen in */etc/passwd* und */etc/group*. ***Optionen*** **--help** Hilfstext ausgeben.

--version
Versionsinformationen ausgeben.

groups

grpck [*Option*] [*Dateien*]

grpck

Befehl zur Systemverwaltung. Beschädigte oder doppelte Einträge aus den Gruppen */etc/group* und */etc/gshadow* entfernen. Bei anderen Fehlern wird eine Warnung ausgegeben. **grpck** fragt nach, bevor es einen Eintrag löscht. Wenn der Benutzer das Löschen ablehnt, wird das Programm beendet. Wenn es im nicht-interaktiven Modus läuft, ist die Antwort immer nein. Es können auch andere *group*- und *gshadow*-Dateien durch Angabe von *Dateien* überprüft werden. Wenn andere Fehler gefunden werden, wird der Benutzer aufgefordert, den Befehl **groupmod** auszuführen.

Option

-n nicht-interaktiver Modus

Fehlercodes

0 Erfolg

1 Syntaxfehler

2 Es wurden einer oder mehrere fehlerhafte Gruppeneinträge gefunden.

3 Konnte Gruppendateien nicht öffnen.

4 Konnte Gruppendateien nicht sperren.

5 Konnte Gruppendateien nicht schreiben.

grpconv
grpunconv

grpconv

Befehl zur Systemadministration. Wie pwconv erzeugt auch dieser Befehl eine Schatten-Gruppendatei, um Ihre verschlüsselten Gruppen-Paßwörter vor Paßwort-Knack-Programmen in Sicherheit zu bringen. **grpconv** erzeugt die Datei */etc/gshadow* anhand Ihrer bereits existierenden Datei */etc/groups* und ersetzt die verschlüsselten Paßwort-Einträge durch **x**. Wenn Sie neue Einträge zur Datei */etc/groups* hinzufügen, können Sie **grpconv** erneut ausführen, um die neue Information nach */etc/gshadow* zu übertragen. Einträge, die bereits das Paßwort **x** haben, werden ignoriert, die anderen konvertiert. **grpunconv** restauriert die verschlüsselten Paßwörter in Ihrer Datei */etc/groups* und entfernt die Datei */etc/gshadow*.

gs

gs [*Optionen*] [*Dateien*]

Ein Interpreter für die Sprachen PostScript und PDF (Portable Document Format) von Adobe Systems. Wenn – anstelle von *Dateien* verwendet wird, wird von der Standardeingabe gelesen.

Optionen

- - *Dateiname Argument1 ...*
: Betrachtet das nächste Argument als Dateiname, verwendet alle weiteren Argumente aber zur Definition von ARGUMENTS in userdict (nicht systemdict) als Array dieser Strings, bevor die Datei verarbeitet wird.

-g*Breite***x***Höhe*
: Breite und Höhe des Geräts angeben; diese Option ist für Systeme wie das X Window System gedacht.

-q schweigsames Starten

-r*Wert*, **-r***Wert1***x***Wert2*
: X- und Y-Auflösungen angeben (für Geräte wie Drucker, die verschiedene X- und Y-Auflösungen unterstützen). Wenn nur ein Wert angegeben wird, dann wird dieser für beide Auflösungen verwendet.

-D*Name***=***Token*, **-d***Name***=***Token*
: Definiert einen Namen im systemdict mit der angegebenen Definition. Der Token muß genau ein Token sein (wie es durch den Token-Operator definiert wird) und darf keinen Leerraum enthalten.

-D*Name*, **-d***Name*
: Definiert einen Namen im systemdict mit einem Null-Wert.

-I*Verzeichnisse*
: Fügt die angegebene Liste von Verzeichnissen am Anfang des Suchpfads für Bibliotheksdateien ein.

-S*Name***=***String*, **-s***Name***=***String*
: Definiert einen Namen im systemdict mit dem angegebenen String als Wert.

Besondere Namen

-dDISKFONTS
: Veranlaßt, daß einzelne Zeichen von der Festplatte geladen werden, wenn sie das erstemal auftreten.

-dNOBIND
: Schaltet den Operator **bind** ab. Nur zum Debuggen nützlich.

-dNOCACHE
: Schaltet das Caching von Zeichen ab. Nur zum Debuggen nützlich.

-dNODISPLAY
Unterdrückt die normale Initialisierung des Ausgabegeräts. Kann zum Debuggen nützlich sein.

-dNOPAUSE
Schaltet die Eingabeaufforderung und das Anhalten am Ende jeder Seite ab.

-dNOPLATFONTS
Schaltet die Verwendung von Zeichensätzen, die von der zugrundeliegenden Plattform (beispielsweise dem X Window System) bereitgestellt werden, ab.

-dSAFER
Schaltet die Operatoren *deletefile* und *renamefile* und die Fähigkeit, Dateien für etwas anderes als nur zum Lesen zu öffnen, ab.

-dWRITESYSTEMDICT
Beläßt systemdict schreibbar.

-sDEVICE=*Gerät*
Wählt ein alternatives initiales Ausgabegerät.

-sOUTPUTFILE=*Dateiname*
Wählt eine alternative Ausgabedatei (oder Pipe) für das initiale Ausgabegerät.

gunzip

gunzip [*Optionen*] [*Dateien*]

Dekomprimiert *Dateien*, die mit **gzip** komprimiert worden waren. Für die einzelnen Optionen siehe **gzip**.

gzexe

gzexe [*Option*] [*Dateien*]

gzexe komprimiert Programmdateien. Wenn diese gestartet werden, dekomprimieren sie sich selbständig, so daß Plattenplatz auf Kosten von Ausführungszeit eingespart wird. **gzexe** erstellt Backup-Dateien (*Dateiname*), die nach dem Testen der komprimierten Programmdatei gelöscht werden sollten.

Option

-d Dateien dekomprimieren.

gzip

gzip [*Optionen*] [*Dateien*]
gunzip [*Optionen*] [*Dateien*]
zcat [*Optionen*] [*Dateien*]

gzip komprimiert die angegebene(n) Datei(en) (oder die Daten von der Standardeingabe) mit der Lempel-Ziv-Codierung (LZ77). Die komprimierte Datei wird umbenannt in *Datei.gz*. Dabei werden Zugriffsrechte und Zeitstempel beibehalten und symbolische Links ignoriert. Dekomprimiert wird mit **gunzip**, das, sofern nicht anders angegeben, dieselben Optionen benutzt wie **gzip**. **zcat** ist identisch mit **gunzip -c** und kennt die unten angegebenen Optionen **-fhLV**. Dateien, die mit **compress** komprimiert wurden, können ebenfalls dekomprimiert werden.

Optionen

-*n*, **--fast**, **--best**
: Legt die Kompressionsgeschwindigkeit fest. *n* kann Werte von 1 bis 9 annehmen, wobei mit steigender Ziffer die Kompressionsrate steigt, die Geschwindigkeit hingegen sinkt. 1 oder **--fast** bedeutet also schnellstmögliche Bearbeitung (bei weniger Kompression), während 9 oder **--best** die bestmögliche Kompression (bei langsamer Verarbeitung) ergibt.

-a, --ascii
: ASCII-Textmodus: Konvertiert Zeilenenden nach den lokalen Konventionen. Diese Option wird nur auf einigen Nicht-Unix-Systemen unterstützt.

-c, --stdout, --to-stdout
: Schreibt die komprimierten Daten auf die Standardausgabe, anstatt die Quelldatei zu ersetzen.

-d, --decompress, --uncompress
: Entspricht dem Programm **gunzip**.

-f, --force
: Erzwingt die Durchführung der Komprimierung. **gzip** fordert normalerweise eine Bestätigung, falls die angegebene Datei mehrere symbolische Links besitzt, die entsprechende *.gz*-Version bereits existiert oder bereits komprimierte Daten von einem Terminal eingelesen werden.

-h --help
: Hilfetext anzeigen und beenden.

-l, --list
Erwartet bereits komprimierte Dateien als Argument. Die Dateien dürfen mit einer der folgenden Methoden komprimiert sein: **gzip**, **deflate**, **compress**, **lzh** und **pack**. Für jede Datei werden die unkomprimierte und die komprimierte Länge (letztere immer –1 bei Dateien, die nicht von **gzip** stammen), Kompressionsrate und Originalname angegeben. Mit **-v** werden zusätzlich die Kompressionsmethode, die 32-Bit-CRC der unkomprimierten Daten und die Zeitstempel angezeigt. Mit **-N** werden dabei die in der komprimierten Datei gesicherten Originalnamen und Zeitstempel verwendet.

-L, --license
Die Lizenz von **gzip** anzeigen und beenden.

-n, --no-name
Beim Komprimieren nicht den ursprünglichen Dateinamen und Zeitstempel speichern. Wenn dekomprimiert wird, nicht den ursprünglichen Dateinamen (sofern vorhanden) und den ursprünglichen Zeitstempel (sofern vorhanden) restaurieren. Diese Option ist beim Dekomprimieren voreingestellt.

-N, --name
(Default) Speichert Originalnamen und Zeitstempel in der komprimierten Datei. Bei **gunzip** oder **gzip -d** werden Originalname und Zeitstempel restauriert.

-q, --quiet
Unterdrückt alle Meldungen.

-r, --recursive
Komprimiert rekursiv die Inhalte eines Verzeichnisses, sofern ein Verzeichnisname als Dateiargument angegeben wurde.

-S *Suffix*, **--suffix** *Suffix*
Fügt *Suffix* und den Originalnamen an. Voreingestellt ist **gz**. Fehlt beim Dekomprimieren unter Verwendung dieser Option die Angabe einer Endung, so versucht **gunzip**, alle angegebenen Dateien zu dekomprimieren, egal, welche Endung sie haben.

-t, --test
Testet komprimierte Dateien auf ihre Fehlerfreiheit.

-v, --verbose
Gibt bei jeder Datei den Namen und die Kompressionsrate an.

-V, --version
Zeigt die Versionsnummer und die Compiler-Optionen an.

halt

halt [*Optionen*]

Befehl zur Systemadministration. In */var/log/wtmp* wird ein Vermerk eingetragen. Wenn der Runlevel des Systems 0 oder 6 ist, werden alle Prozesse angehalten, ansonsten wird **shutdown -nf** aufgerufen.

Optionen

-d Schreiben nach */var/log/wtmp* unterdrücken.

-f **halt** auch dann aufrufen, wenn normalerweise **shutdown -nf** aufgerufen werden würde, d.h., ein Aufruf von **halt** wird auch dann erzwungen, wenn sich das System nicht in Runlevel 0 oder 6 befindet.

-n Den üblichen Aufruf von **sync** nicht ausführen.

-w Unterdrücken der normalen Operation; es wird lediglich nach */var/log/wtmp* geschrieben.

head

head [*Optionen*] [*Dateien*]

head druckt die ersten Zeilen (Vorgabewert: 10) von einer oder mehreren Dateien. Ohne Angabe von Dateien wird von der Standardeingabe gelesen, bei mehr als einer Datei wird eine Header-Zeile für jede Datei ausgegeben.

Optionen

-c *Anzahl*[**bkm**], **--bytes** *Anzahl*
Druckt die angegebene *Anzahl* oder, falls nach *Anzahl* ein **b**, **k** oder **m** steht, die ersten *Anzahl* 512-Byte-, 1-KByte- oder 1-MByte-Blöcke.

--help
Hilfetext anzeigen und beenden.

-n *Anzahl*, **--lines** *Anzahl*, *-Anzahl*
Druckt die angegebene *Anzahl* Zeilen. Der Default ist 10.

-q, **--quiet**, **--silent**
Stiller Modus; keine Überschriften mit den Dateinamen ausgeben.

-v, **--verbose**
Druckt auch für nur eine Datei eine Header-Zeile.

--version
Versionsnummer anzeigen und beenden.

Beispiele

Zeigt die ersten 20 Zeilen der Datei **telefonliste**:

```
head -20 telefonliste
```

Zeigt die ersten zehn Telefonnummern mit der Vorwahl 0563:

```
grep '(0563)' telefonliste | head
```

head

host

Host [*Optionen*] *Host* [*Server*]
Host [*Optionen*] *Zone* [*Server*]

Befehls-
referenz

Befehl zur Systemverwaltung. Im DNS enthaltene Informationen über die angegebenen Hosts oder Zonen ausgeben. Hosts können IP-Adressen oder Hostnamen sein. **host** konvertiert IP-Adressen standardmäßig in Hostnamen und hängt die lokale Domain an Hostnamen ohne Punkt am Ende an. Die Default-Server werden aus */etc/resolv.conf* ermittelt. Nähere Informationen zu Hosts und Zonen finden Sie in den Kapiteln 1 und 2 von *DNS und BIND* von Paul Albitz und Cricket Liu, erschienen im O'Reilly Verlag.

Optionen

-a
: wie **-t ANY**

-c *Klasse*
: Sucht nach einem Resource Record der angegebenen Klasse (IN, INTERNET, CS, CSNET, CH, CHAOS, HS, HESIOD, ANY oder *). Der Default ist IN.

-d
: Debugging-Modus. **-dd** gibt noch mehr aus.

-e
: Keine Informationen über Domains außerhalb der angegebenen Zone ausgeben. Bei Hostnamen-Abfragen keine zusätzlichen Informationen (»additional information«) und autoritative Name Server (»authoritative nameserver«) ausgeben.

-f *Datei*
: Informationen sowohl in die angegebene Datei als auch auf die Standardausgabe ausgeben.

-i
: Zu einer IP-Adresse die zugehörige *in-addr.arpa*-Adresse, die Klasse (immer PTR) und den Hostnamen zurückgeben.

-l *Zone*
: Alle Rechner in der angegebenen Zone aufführen.

-m
: Nur MR-, MG- und MB-Datensätze anzeigen; MR-(»renamed mail box«-) und MG-(»mail group«-)Datensätze rekursiv in MB-(»mail box«-)Datensätze auflösen.

-o
: Keine Ausgaben auf der Standardausgabe machen.

-p [*Server*]
: Wird zusammen mit **-l** verwendet. Fragt bei Zonentransfers nur den primären Name Server (oder *Server*) ab und nicht alle autoritativen Server, die antworten. Das ist nützlich zum Testen nicht-registrierter Zonen.

-q
: Warnungen, aber keine Fehlermeldungen unterdrücken.

→

host
←

-r Den angesprochenen Server nicht bitten, andere Server zu fragen; nur die Informationen verwenden, die der Server zwischengespeichert hat.

-t *Typ*
Im Resource Record nach Einträgen des Typs *Typ* suchen. *Typ* kann A, NS, PTR, ANY oder * (alle) sein.

-u TCP anstelle von UDP verwenden.

-v Verbose-Modus. Enthält alle Felder aus dem Resource Record, auch die verbleibende Lebenszeit (»time-to-live«) und die Klasse, außerdem die zusätzlichen Informationen (»additional information«) und die autoritativen Name Server (»authoritative nameservers«), die vom entfernten Name Server gemeldet werden.

-vv Extremer Verbose-Modus. Enthält Informationen über die Defaults von *host*.

-w Nicht aufgeben, den gewünschten Server abzufragen.

-x Ermöglicht die Angabe mehrerer Hosts oder Zonen. Wenn auch ein Server angegeben werden soll, muß dem Argument ein -X vorangestellt werden.

-A Bei Hostnamen wird die zugehörige IP-Adresse ermittelt und dann dazu wiederum der Hostname abgefragt, um zu sehen, ob die beiden übereinstimmen. Bei IP-Adressen wird der zugehörige Hostname ermittelt und dann festgestellt, ob der so ermittelte Host die Adresse als seine eigene anerkennt. Bei Zonen werden die IP-Adressen aller Hosts abgefragt. Das Programm beendet sich stillschweigend, wenn keine Nicht-Übereinstimmungen festgestellt werden.

-C Ähnlich -l, überprüft aber auch, ob die Name Server der Zone wirklich autoritativ sind. Die SOA-Datensätze (»start of authority«) der Zone geben (in den NS-Feldern) die autoritativen Name Server an. Diese Server werden abgefragt, und wenn diese keine SOA-Datensätze haben, wird eine schwache Delegierung gemeldet. Auch andere Überprüfungen werden durchgeführt.

-D Ähnlich -H, schließt aber auch die Namen von Hosts mit mehr als einer Adresse pro definiertem Namen ein.

-E Ähnlich -H, behandelt aber Extra-Zonen-Hosts nicht als Fehler. Extra-Zonen-Hosts sind Hosts in einer undefinierten Subdomain.

-F *Datei*
Die Standardausgabe nach *Datei* umleiten, zusätzliche Resource Record-Ausgaben nur auf die Standardausgabe ausgeben.

-G *Zone*
Ähnlich -H, enthält aber nur die Namen von Gateway-Hosts.

-H *Zone*
: Gibt die Anzahl der eindeutigen Hosts in der *Zone* aus. Es werden keine Aliasnamen, aber alle gefundenen Fehler (Extra-Zonen-Hosts, doppelte Hosts) ausgegeben.

-I *Zeichen*
: Keine Warnungen bei Domainnamen mit den illegalen *Zeichen*, wie beispielsweise _, ausgeben.

-L *Ebene*
: Wird zusammen mit **-l** verwendet. Führt alle delegierten Zonen in dieser Zone rekursiv bis zu einer Tiefe von *Ebene* auf.

-P *Server*
: Wird zusammen mit **-l** verwendet. *Server* sollte eine durch Kommata getrennte Liste sein. Damit werden die bevorzugten Hosts für sekundäre Server angegeben, die verwendet werden, wenn Zonendaten kopiert werden. Diejenigen Server, bei denen die meisten Domainkomponenten in einem bestimmten Teil von *Server* zutreffen, haben die höchste Priorität.

-R Nicht-vollqualifizierte Hostnamen wie BIND behandeln, und jede Komponente der lokalen Domain suchen.

-S Wird zusammen mit **-l** verwendet. Gibt alle Hosts in der Zone auf der Standardausgabe aus. Hosts in Unterzonen werden nicht ausgegeben, Klassen und IP-Adressen dagegen schon. Warnungen (illegale Namen, schwache Delegierungen, fehlende Datensätze usw.) werden auf Standardfehler ausgegeben.

-T Die verbleibende Lebenszeit ausgeben (»time-to-live«; wie lange Informationen über jeden Host im Zwischenspeicher bleiben, bevor der Name Server die Informationen auffrischt).

-X *Server*
: Gibt einen abzufragenden Server an; es können mehrere Hosts oder Zonen angegeben werden.

-Z Wenn Resource Records ausgegeben werden, wird auch der Punkt am Ende von Domainnamen mit ausgeben, außerdem auch die verbleibende Lebenszeit (»time-to-live«) und der Klassenname.

hostid

Gibt die ID-Nummer des aktuellen Hosts in hexadezimaler Schreibweise aus.

hostname

hostname [*Option*] [*NamedesHosts*]

hostname setzt oder liefert den Namen des lokalen Hosts. Nur privilegierte Benutzer können den Namen mit dem *hostname*-Argument setzen.

Option

-a, --alias
Den Alias-Namen des Hosts (sofern verwendet) anzeigen.

-d, --domain
Liefert den DNS-Domain-Namen.

-f, --fqdn, --long
Liefert den vollständigen Domain-Namen.

-F *Datei*, **--file** *Datei*
Den Hostnamen aus *Datei* lesen.

-h, --help
Hilfetext ausgeben und beenden.

-i, --ip-address
IP-Adressen des Hosts ausgeben.

-s, --short
Entfernt die Domain-Informationen vom ausgegebenen Namen.

-v, --verbose
Verbose-Modus

-V, --version
Versionsinformationen ausgeben und beenden.

-y, --yp, --nis
Den NIS-Domänennamen anzeigen. Der Superuser kann durch Angabe von *NamedesHosts* einen neuen NIS-Domänennamen festlegen.

hwclock

hwclock [*Optionen*]

Befehl zur Systemadministration. Lesen oder Einstellen der Echtzeituhr. **hwclock** verwaltet Änderungsinformationen in */etc/adjtime*, die verwendet werden kann, um festzulegen, um wieviel diese Uhr von der realen Zeit abweichen darf. **hwclock** ersetzt den Befehl **clock**. Die einbuchstabigen Optionen bleiben aus Kompatibilitätsgründen zum älteren Befehl erhalten.

Optionen

Sie können eine der folgenden Optionen angeben:

-a Anpassen der Echtzeituhr auf Basis der Informationen in */etc/adjtime* und Einstellen der Systemuhr auf die neue Zeit.

--adjust
Anpassen der Echtzeituhr auf Basis der Informationen in */etc/adjtime*.

--date *Datum*
Ist nur zusammen mit der Option **--set** sinnvoll. *Datum* ist ein String in einem für den Befehl **date** zulässigen Format.

--debug
Informationen über die Aktionen von **hwclock** ausgeben.

-r, --show
Die aktuelle, in der Echtzeituhr gespeicherte Zeit ausgeben.

-s, --hctosys
Die Systemuhr anhand der Echtzeituhr stellen.

--set
Die Echtzeituhr auf den in der Option **--date** angegebenen Wert stellen.

--test
Nichts ändern. Gut zum Überprüfen der Syntax.

-u, --utc
Die Echtzeituhr wird als Universal Coordinated Time gespeichert.

--version
Versionsnummer ausgeben und beenden.

-w, --systohc
Echtzeituhr anhand der Systemuhr stellen.

icmpinfo [*Optionen*]

TCP/IP-Befehl. Fängt ICMP-Pakete ab und interpretiert sie. Ausgegeben werden: Adresse und Name des Senders, Ausgangsport, Zielport, Sequenznummer und Paketgröße. Standardmäßig werden nur Informationen über Pakete, die sich merkwürdig verhalten, ausgegeben.

Optionen

-k Beenden des **syslogd**-Prozesses, der durch **-l** gestartet wurde.

-l Protokollieren via **syslogd**. Diese Option kann nur vom Superuser verwendet werden.

-n IP-Adressen anstelle von Hostnamen verwenden.

-p Decodieren der Portnummer unterdrücken: Es wird nicht versucht, den Namen des Services, der auf diesem Port lauscht, herauszufinden.

-s IP-Adresse der Schnittstelle ausgeben, die das Paket empfangen hat, falls es mehrere Schnittstellen auf dem Rechner gibt.

→

icmpinfo ←	-v Verbose-Modus. Auch Informationen über normale ICMP-Pakete ausgeben. Noch mehr Informationen können Sie mit **-vv** und **-vvv** erhalten.
id	**id** [*Optionen*] [*Benutzername*] **id** zeigt Informationen über den aktuellen oder angegebenen Benutzer an: Benutzer-ID, Gruppen-ID, effektive Benutzer- und Gruppen-ID, falls von Bedeutung, sowie zusätzliche Gruppen-IDs. ***Optionen*** -g, **--group** Gibt lediglich die Gruppen-ID aus. -G, **--groups** Liefert nur zusätzliche Gruppen-IDs. -n, **--name** Liefert zusammen mit **-u**, **-g** oder **-G** den Benutzer- oder Gruppennamen anstatt der ID-Nummer. -r, **--real** Liefert zusammen mit **-u**, **-g** oder **-G** die reale Benutzer- oder Gruppen-ID anstatt der effektiven IDs. -u, **--user** Gibt nur die Benutzer-ID aus. **--help** Gibt einen Hilfstext aus und beendet dann das Programm. **--version** Versionsinformationen ausgeben.
identd	**in.identd** [*Optionen*] [*Kerneldatei* [*Kmemdatei*]] TCP/IP-Befehl. Stellt den Namen des Benutzers, dessen Prozeß die angegebene TCP/IP-Verbindung verwendet, zur Verfügung. Sie können den Kernel und sein Speicherabbild angeben. ***Optionen*** -a *IP-Adresse* Bindet das Socket an die *IP-Adresse*. Nur sinnvoll im Zusammenhang mit **-b**. Standardmäßig wird an die Adresse INADDR_ANY gebunden. -b Von der Kommandozeile aus starten; darf nicht zusammen mit **inetd** verwendet werden. -d Debugging-Anfragen zulassen.

-g*gid*
: Versucht, in der Gruppe *gid* zu arbeiten. Nur sinnvoll mit **-b**.

-i Als Daemon starten; pro Anfrage wird ein Prozeß gestartet.

-l Meldungen via **syslogd** ausgeben.

-m Mehrere Anfragen pro Sitzung zulassen.

-n Benutzer-IDs anstelle von Benutzernamen ausgeben.

-N Keinen Benutzernamen und keine Benutzer-ID angeben, wenn im Home-Verzeichnis des Benutzers die Datei *.noident* existiert.

-o Immer OTHER zurückgeben, wenn nach dem Typ des Betriebssystems gefragt wird.

-p*Port*
: An *Port* lauschen statt am Default-Port 113.

-t*Sekunden*
: Beenden, wenn nach *Sekunden* Sekunden keine neuen Anfragen eingetroffen sind. Beachten Sie, daß in diesem Fall bei Verwendung von **-i** oder **-w** die nächste Anfrage in einem neuen **identd**-Prozeß resultiert. Der Default für *Sekunden* ist unendlich (nie beenden).

-u*uid*
: Versucht, als Benutzer *uid* zu starten. Nur sinnvoll mit **-b**.

-V Ausgeben der Versionsnummer und Datei beenden.

-w Als Daemon starten; ein Prozeß bedient alle Anfragen.

---

ifconfig [*Schnittstelle*]
ifconfig [*Schnittstelle Adressfamilie Parameter Adressen*]

TCP/IP-Befehl. Zuweisen einer Adresse an eine Netzwerkschnittstelle (z.B. eine Ethernet-Karte oder eine PPP-Verbindung) oder Konfigurieren von Netzwerkschnittstellen-Parametern. **ifconfig** wird üblicherweise beim Hochfahren des Systems benutzt, um die Netzwerkadresse jeder vorhandenen Schnittstelle festzulegen. Außerdem können mit **ifconfig** später die Adresse der Schnittstelle oder andere Betriebsparameter geändert werden. Ohne Argumente gibt **ifconfig** die aktuelle Konfiguration aller aktiven Netzwerkschnittstellen aus. Wird nur eine Netzwerkschnittstelle als einziges Argument angegeben, wird deren Konfiguration ausgegeben.

Argumente

Schnittstelle
: Ein String der Form *Name Einheit*, z.B. **eth0**.

→

ifconfig
←

Adressfamilie

Da eine Schnittstelle Daten in verschiedenen Protokollen empfangen kann, die alle unterschiedliche Adressierungen verwenden, kann mit *Adressfamilie* die Interpretation der weiteren Parameter eingestellt werden. Erlaubte Werte sind **inet** (TCP/IP), **ax25** (AX.25 Packet Radio), **ddp** (Appletalk Phase 2) und **ipx** (Novell). Der Default ist **inet**.

Parameter

Mit **ifconfig** können die folgenden Parameter eingestellt werden:

allmulti/-allmulti
Ein- oder Ausschalten des Sendens eingehender Frames an die Netzwerkschicht des Kernels.

arp/-arp
Ein- oder Ausschalten der Nutzung des Address Resolution Protocols, um Abbildungen zwischen Netzwerk- (Software-) Adressen und Hardware-Adressen herzustellen.

broadcast
(Nur bei **inet**.) Angeben der Adresse, die für Broadcasts im Netzwerk verwendet wird. Der Default ist die Adresse der Schnittstelle, bei der im Rechneranteil alle Bits auf 1 gesetzt sind, also z.B. x.y.z.255 bei einem Klasse-C-Netzwerk.

debug/-debug
Ein- oder Ausschalten des treiberabhängigen Debugging-Codes.

dest_address
Angeben der Adresse des Gegenübers am anderen Ende einer Punkt-zu-Punkt-Verbindung.

down
Schaltet eine Schnittstelle vorübergehend ab.

hw *Klasse Adresse*
Einstellen von Klasse und Adresse der Hardware. *Klasse* ist entweder **ether** (Ethernet), **ax25** (AX.25 Packet Radio) oder **ARCnet**.

irq *adr*
Einstellen der IRQ-Leitung des Geräts.

metric *n*
Einstellen der Routing-Metrik der Schnittstelle auf *n*. Der Default ist 0.

mtu *Anzahl*
Einstellen der Maximum Transfer Unit (MTU) der Schnittstelle.

multicast
Setzen des Multicast-Schalters.

netmask *Maske*
(Nur bei **inet**.) Gibt an, wieviel von der Adresse reserviert wird, um Netzwerke in Subnetzwerke aufzuteilen. *Maske* kann als einzelne hexadezimale Nummer mit führendem 0x, also Internet-Adresse in Punkt-Notation, oder als in der Tabelle *networks* aufgeführtes Pseudo-Netzwerk angegeben werden.

pointopoint/-pointopoint [*address*]
Ein- und Ausschalten von Punkt-zu-Punkt-Verbindungen, so daß diese Verbindung der Kommunikation zwischen diesen beiden Rechnern vorbehalten ist.

up Schaltet eine Schnittstelle ein (zum Senden und Empfangen bereit).

trailers/-trailer
Ein- und Ausschalten einer nachfolgenden Kapselung beim Senden auf der Linkebene.

Adresse
Entweder ein Rechnername aus der Rechnerliste (*/etc/hosts*) oder eine Internet-Adresse in der Standard-Punkt-Notation.

imake *Optionen*

imake

imake (*include make*) ist eine **cpp**-Schnittstelle zum **make**-Werkzeug und beseitigt die üblichen Portabilitätsprobleme von **make**, indem Systemabhängigkeiten in einem zentralen Satz von Konfigurationsdateien aufgeführt werden, die somit von der Beschreibung der zu erzeugenden Programme getrennt sind. Die **make**-Ziele werden in einer Datei *Imakefile* systemunabhängig in Form von **cpp**-Makros beschrieben. **imake** verarbeitet die Konfigurationsdateien und das *Imakefile* mit **cpp** und erzeugt daraus systemabhängige *Makefiles*, die danach von **make** verwendet werden können.

Eine der Konfigurationsdateien ist eine Template-Datei, die Master-Datei von **imake**. Diese Template-Datei, die standardmäßig *Imake.tmpl* heißt, lädt die anderen Konfigurationsdateien, die systemabhängige Beschreibungen wie Variablenzuweisungen, lokale Einstellungen und **cpp**-Makros enthalten, per **#include**-Anweisung und steuert die Reihenfolge, in der diese Dateien verarbeitet werden. Jede Datei beeinflußt die Verarbeitung später eingefügter Dateien und nachfolgender Abschnitte in *Imake.tmpl*. In **imake**-Konfigurationsdateien können Kommentare verwendet werden, aber dem einleitenden # muß ein leerer C-Kommentar vorangestellt werden:

```
/**/#
```

Weitere Informationen finden Sie unter **cpp** und **make** sowie im Nutshell-Handbuch *Software Portability with imake* von Paul DuBois.

→

Optionen

-D*Definition*
: Setzen verzeichnisspezifischer Variablen. Diese Option wird direkt an **cpp** weitergegeben.

-e
: Ausführen des erzeugten *Makefile*. Standardmäßig wird dies dem Benutzer überlassen.

-f *Dateiname*
: Angeben des Namens der verzeichnisspezifischen Eingabedatei. Der Default ist *Imakefile*.

-I*Verzeichnis*
: Angeben des Verzeichnisses, in dem die Template-Datei und die anderen Konfigurationsdateien zu finden sind. Diese Option wird direkt an **cpp** weitergegeben.

-s *Dateiname*
: Angeben des Namens des zu erzeugenden *Makefile*. Wenn *Dateiname* ein Bindestrich ist, wird die Ausgabe auf die Standardausgabe geschrieben. Standardmäßig heißt die erzeugte Datei *Makefile*.

-T*Template*
: Angeben der von **cpp** verwendeten Template-Datei. Diese Datei steht üblicherweise in einem Verzeichnis, das mit **-I** angegeben wurde. Der Default ist *Imake.tmpl*.

-v
: Ausgeben der **cpp**-Kommandozeile, mit der das *Makefile* erzeugt wird.

Werkzeuge

Im folgenden finden Sie eine Liste von Werkzeugen, die von **imake** verwendet werden.

makedepend [*Optionen*] *Dateien*
: Erzeugen der Abhängigkeiten von Header-Dateien in *Dateien*. **makedepend** liest die übergebenen Dateien ein und sucht nach **#include**-, **#define**-, **#undef**-, **#ifdef**-, **#ifndef**-, **#endif**-, **#if**- und **#else**-Anweisungen, um zu bestimmen, welche **#include**-Anweisungen während der Übersetzung tatsächlich zum Tragen kommen. **makedepend** bestimmt daraus rekursiv die Abhängigkeiten und schreibt diese in das *Makefile*. Diese Angabe wird von **make** verwendet, um zu bestimmen, welche Dateien neu übersetzt werden müssen, wenn eine Header-Datei verändert wurde. **makedepend** kennt die folgenden Optionen:

-- *Optionen* --
: Ignorieren aller unbekannten Optionen nach dem doppelten Bindestrich. Ein zweiter doppelter Bindestrich beendet diesen Zustand. Bekannte Optionen zwischen den beiden doppelten Bindestrichen werden normal verarbeitet.

-a Anhängen der Abhängigkeiten an die existierenden, anstatt existierende Abhängigkeiten zu ersetzen.

-f*Dateiname*
Ausgeben der Abhängigkeiten in die Datei mit dem Namen *Dateiname*, anstatt sie an *Makefile* anzuhängen

-m Ausgeben einer Warnung, wenn eine Header-Datei mehrfach eingelesen wird.

-s*String*
Verwenden von *String* als Abgrenzung im *Makefile*. Der Default ist **# DO NOT DELETE THIS LINE – makedepend depends on it**.

-v Verbose-Modus. Ausgeben aller Dateien, die von der untersuchten Quelldatei eingelesen werden.

-D*Name*
Definieren des Symbols *Name* mit dem angegebenen Wert (erste Variante) oder mit 1 (zweite Variante).

-I *Verzeichnisse*
Hinzufügen des Verzeichnisses *Verzeichnis* zur Liste der zu durchsuchenden Verzeichnisse.

-Y *Verzeichnis*
Nur in *Verzeichnis* nach Header-Dateien suchen. Die Standardverzeichnisse werden ignoriert.

mkdirhier *Verzeichnis...*
Erzeugen des Verzeichnisses *Verzeichnis* und aller fehlenden Eltern-Verzeichnisse während der Installation von Dateien.

xmkmf [*Option*] [*Wurzelverzeichnis*] [*Aktuellesverzeichnis*]
Erstmaliges Erzeugen eines *Makefile* aus einem *Imakefile*. *Wurzelverzeichnis* gibt den Ort des Wurzelverzeichnisses des Projekts an. *Aktuellesverzeichnis* wird normalerweise weggelassen und bezeichnet einen relativen Dateinamen vom Beginn des Quelltextbaums zum aktuellen Verzeichnis. Die Option **-a** entspricht der folgenden Befehlsfolge:

```
% xmkmf
% make Makefiles
% make includes
% make depend
```

Konfigurationsdateien

Im folgenden finden Sie eine Liste der von **imake** verwendeten Konfigurationsdateien.

Imake.tmpl
Haupt-Template von **imake**. *Imake.tmpl* speichert alle anderen Konfigurationsdateien sowie die Datei *Imakefile* im aktuellen Verzeichnis.

→

Imake.params
Enthält Definitionen, die für verschiedene Installationen und Hersteller gleichermaßen gelten.

Imake.rules
Enthält **cpp**-Makros, die für die jeweilige Plattform geschrieben wurden. Die Makros werden von **imake** mit Hilfe des **cpp** verarbeitet. Fortsetzungszeilen werden durch die Zeichenkette @@\ (zwei Klammeraffen und ein Backslash) angezeigt.

site.def
Enthält Informationen, die für die lokale Installation spezifisch sind (und nicht für den jeweiligen Hersteller des Systems). Dazu gehören beispielsweise Installationsverzeichnisse, welche Programme erzeugt werden sollen und welche besonderen Programme oder Programmversionen während des Übersetzungsprozesses verwendet werden sollen. Die Datei *site.def* ist auf jedem Rechner anders.

Project.tmpl
Enthält X-spezifische Variablen.

Library.tmpl
Enthält Regeln zur Verwendung und Erzeugung von Bibliotheken.

Server.tmpl
Enthält Server-spezifische Regeln.

.cf Bei den *.cf*-Dateien handelt es sich um die herstellerabhängigen, sogenannten *VendorFiles*, die in *Imake.vb* zu finden sind. Eine *.cf*-Datei enthält plattformspezifische Definitionen wie Versionsnummern des Betriebssystems oder des Compilers sowie Workarounds für auf dieser Plattform nicht vorhandene Befehle. Die Definitionen in den *.cf*-Dateien haben Vorrang vor den Defaults in *Imake.params*.

Die Datei Imakefile

Die Datei *Imakefile* ist eine Datei, die in jedem Verzeichnis zu finden ist und angibt, welche Dateien zu erzeugen und zu installieren sowie welche Regeln dazu anzuwenden sind. **imake** liest die Datei *Imakefile* ein und expandiert die dort zu findenden Regeln in Einträge in der Datei *Makefile*. Ein *Imakefile* kann außerdem **make**-Variablendefinitionen und Abhängigkeiten enthalten. Die Abhängigkeiten werden in Form von **cpp**-Makros beschrieben, die in *Imake.rules* definiert sind. Wenn Sie das *Imakefile* verändern, müssen Sie das zugehörige *Makefile* und die Abhängigkeiten neu erzeugen. Weitere Informationen zu **imake** finden Sie in *Software Portability with imake* von Paul DuBois.

imapd

imapd

TCP/IP-Befehl. Interactive Mail Access Protocol (IMAP) Server Daemon. **imapd** wird von **inetd** gestartet und lauscht auf Port 143 den Anfragen von IMAP-Clients. IMAP ermöglicht es E-Mail-Programmen, auf entfernte Mailboxen zuzugreifen und sie zu verwalten, als ob sie lokal vorhanden wären. IMAP kann zum Online- und Offline-Lesen von Mail verwendet werden. Das bekannte Mail-Programm Pine enthält IMAP-Unterstützung.

inetd [*Option*] [*Konfigurationsdatei*]

inetd

TCP/IP-Befehl. Daemon für (fast) alle Internet-Dienste. **inetd** lauscht an mehreren Ports den eingehenden Verbindungsanfragen. Wenn eine solche eintrifft, startet **inetd** den passenden Server. Nachdem **inetd** gestartet ist, liest der Daemon zunächst seine Konfigurations-Informationen ein; entweder aus der angegebenen *Konfigurationsdatei* oder aus der Default-Konfigurationsdatei */etc/inetd.conf*. Dann ruft er **getservbyname** auf, legt für jeden Server einen Socket an und bindet jeden Socket an den Port des Servers. Danach wird für alle TCP-Sockets **listen** aufgerufen und mit **select** gewartet, bis eine Verbindungsanfrage oder ein Datagramm eintrifft.

Wenn auf einem überwachten Socket eine Verbindungsanfrage eintrifft, ruft **inetd accept** auf und legt einen neuen Socket an. Dann startet es mit **fork**, **dup** und **exec** den passenden Server. **stdin**, **stdout** und **stderr** des neuen Servers sind auf den neuen Socket gesetzt, wodurch der Server mit dem Prozeß des Clients verbunden ist.

Wenn an einem Datagramm-Socket Daten anliegen, startet **inetd** den passenden Server mit Hilfe von **fork**, **dup** und **exec**. Dem Server werden mögliche Argumente übergeben; **stdin**, **stdout** und **stderr** werden auf den neuen Socket gesetzt. Wenn ein Datagramm-Socket als **wait** markiert ist, muß der aufgerufene Server zunächst die Nachricht verarbeiten, bevor **inetd** den Socket für neue Verbindungen freigibt. Wenn der Socket auf **nowait** gesetzt ist, verarbeitet **inetd** auf diesem Port weitere eingehende Nachrichten.

inetd kann die folgenden Server starten: **bootpd**, **bootpgw**, **fingerd**, **ftpd**, **rexecd**, **rlogind**, **rshd**, **talkd**, **telnetd** und **tftpd**. **named**, **routed**, **rwhod**, **sendmail**, **listen** und alle NFS-Server sollten nie von **inetd** gestartet werden.

Wenn **inetd** das Signal **SIGHUP** empfängt, liest es seine Konfigurationsdatei neu ein. Dadurch können Dienste hinzugefügt, entfernt oder geändert werden, ohne daß **inetd** neu gestartet werden muß.

→

inetd
←

Option

-d Einschalten des Debuggings auf Socket-Ebene; Ausgeben der Debugging-Informationen nach stdout.

Dateien

/etc/inetd.conf
Default-Konfigurationsdatei

/var/run/inetd.pid
Prozeß-ID von **inetd**

info

info [*Optionen*] [*Stichwörter*]

info ist ein GNU-Hypertext-Betrachter: Er zeigt Online-Dokumentationen an, die aus Texinfo-Eingaben hergestellt wurden. Infodateien besitzen eine hierarchische Anordnung und können Menüs für Unterbegriffe enthalten. Wird **info** ohne Angabe von Optionen gestartet, wird zunächst die Hauptinfodatei angezeigt (üblicherweise */usr/info/dir*). Wenn mehrere *Stichwörter* angegeben sind, wird das erste Stichwort aus dem Menü der Hauptinfodatei herausgesucht, das nächste Stichwort aus dem Menü der dadurch bestimmten Unterdatei usw. Die Anzeige zu Beginn kann außerdem durch die **-f**- und **-n**-Optionen beeinflußt werden.

Optionen

-d *Verzeichnisse*, **--directory** *Verzeichnisse*
Durchsucht *Verzeichnisse*, eine durch Kommata getrennte Liste, nach Infodateien. Wird diese Option nicht verwendet, so wird die Umgebungsvariable INFOPATH oder der Vorgabewert */usr/info* verwendet.

--dribble *Datei*
Speichert jeden Tastendruck in der angegebenen *Datei*. Die gespeicherten Tastendrücke können später mit der **--restore**-Option dazu benutzt werden, um schnell wieder an dieselbe Stelle zu gelangen.

-f *Datei*, **--file** *Datei*
Zeigt eine bestimmte Infodatei an.

-n *node*, **--node** *node*
Zeigt den angegebenen Node in der Infodatei an.

-o *Datei*, **--output** *Datei*
Schreibt die Informationen in *Datei* anstatt auf den Bildschirm.

--help
Zeigt eine kurze Hilfe an.

--restore *Datei*
: Führt nach dem Start die in *Datei* gespeicherten Tastendrücke aus.

--subnodes
: Zeigt die in der Infodatei verwalteten Unterbegriffe an.

--version
: Gibt die Versionsnummer des Programms aus.

--vi-keys
: vi-artige Tastenbelegungen verwenden.

info

Befehls-referenz

---

init [*Option*] [*Runlevel*]

init

Option

-t *Sekunden*
: Befehl zur Systemverwaltung. Beim Wechseln von Runleveln wird SIGKILL *Sekunden* Sekunden nach SIGTERM geschickt. Der Default ist 20.

Dateien

init ist der allererste Prozeß, den ein Unix-Rechner beim Hochfahren startet. Er überprüft die Konsistenz der Dateisysteme und startet mit **fork/exec** andere Prozesse anhand der Angaben in */etc/inittab*. Welche Prozesse gestartet werden, ist abhängig vom *Runlevel*. Jedes Ende eines Prozesses wird in */var/run/utmp* und */var/log/wtmp* aufgezeichnet. Beim Wechsel des Runlevels schickt **init** an alle Prozesse, die im neuen Runlevel nicht laufen können, zunächst ein SIGTERM- und 20 Sekunden später ein SIGKILL-Signal.

Runlevel

Der aktuelle Runlevel kann mit **telinit** geändert werden. **telinit** ist oft nur ein Link auf **init**. Die Default-Runlevels unterscheiden sich von Distribution zu Distribution, aber die folgenden sind immer vorhanden:

0 Anhalten des Systems.

1, s, S
: Single-User-Modus (Wartungsmodus)

6 Neustarten des Systems.

q, Q Erneutes Einlesen von */etc/inittab*.

Überprüfen Sie die Datei */etc/inittab*, um die auf Ihrem System vorgesehenen Runlevels zu erfahren.

insmod

insmod [*Optionen*] *Datei* [*Symbol=Wert ...*]

Befehl zur Systemverwaltung. Laden des Moduls *Datei* in den Kernel, wobei alle auf der Kommandozeile definierten Symbole geändert werden. Wenn der Name der Moduldatei *Datei.o* oder *Datei.mod* ist, heißt das Modul *Datei*.

Optionen

-f
Erzwingt das Laden des Moduls auch dann, wenn Probleme auftreten.

-m
Gibt eine Ladetabelle aus.

-o *Name*
Der Name des Moduls wird nicht aus dem Dateinamen abgeleitet, sondern ist *Name*.

-x
Kein Export; es werden keine externen Symbole des Moduls zu der Symboltabelle des Kernels hinzugefügt.

install

install [*Optionen*] [*Datei*] *Verzeichnisse*

Befehl zur Systemverwaltung. Wird hauptsächlich in Makefiles verwendet, um Dateien zu aktualisieren. **install** kopiert Dateien in vom Benutzer angegebene Verzeichnisse, wobei keine Dateien überschrieben werden. **install** funktioniert ähnlich wie **cp**, versucht aber, Zugriffsrechte, Besitzer und Gruppe zu setzen.

Optionen

-d, **--directory**
Fehlende Verzeichnisse anlegen.

-g *Gruppe*, **--group** *Gruppe*
Gruppen-ID der neuen Datei auf *Gruppe* setzen (kann nur vom Superuser ausgeführt werden).

-m *Modus*, **--mode** *Modus*
Zugriffsrechte auf die neue Datei auf *Modus* setzen. *Modus* kann oktal oder symbolisch angegeben werden. Der Default ist **0755**.

-o [*Besitzer*], **--owner** [*Besitzer*]
Besitzer-ID auf *Besitzer* setzen; wenn kein Besitzer angegeben ist, auf **root** (kann nur vom Superuser ausgeführt werden).

-s, **--strip**
Symboltabelle entfernen.

Befehls-
referenz

ipchains *Befehl* [*Optionen*]

Befehl zur Systemverwaltung. Editieren von IP-Firewall-Regeln in 2.2-Linux-Kerneln. Ein 2.2-Kernel mit Firewall-Unterstützung untersucht die Header aller Netzwerkpakete und vergleicht diese mit Musterregeln, um zu sehen, was er mit dem Paket tun soll. Eine Firewall-Regel besteht aus einem Suchkriterium und einem Ziel (Target), einem Resultat, das verwendet werden soll, wenn das Suchkriterium auf das Paket zutrifft. Diese Regeln sind in Ketten organisiert. Sie können damit eine Firewall aufbauen oder einfach bestimmte Netzwerkverbindungen ablehnen.

Firewall-Regeln sind in Ketten organisiert, einer geordneten Checkliste, die der Kernel abarbeitet, um nach Treffern zu suchen. Es gibt drei eingebaute Ketten namens **input**, **output** und **forward**. Pakete, die in das System kommen, werden mit der **input**-Kette getestet, Pakete, die das System verlassen, gegen die **output**-Kette und eingehende Pakete, die für ein anderes System gedacht sind, gegen die **forward**-Kette. Jede dieser Ketten hat ein Default-Ziel, das verwendet wird, wenn kein Treffer gefunden wurde. Es können auch benutzerdefinierte Ketten erzeugt und als Ziele für Pakete verwendet werden; diese haben aber keine Default-Ziele. Wenn in einer benutzerdefinierten Kette kein Treffer gefunden wurde, wird das Paket an die Kette zurückgegeben, aus der die benutzerdefinierte Kette aufgerufen wurde, und mit der nächsten Regel in der Kette verglichen.

ipchains ändert nur die Regeln im laufenden Kernel. Wenn das System abgeschaltet oder neu gestartet wird, gehen diese Änderungen verloren. Sie können den Befehl **ipchains-save** verwenden, um ein Skript zu erzeugen, mit dem Sie später mit **ipchains-restore** Ihre Firewall-Einstellungen restaurieren können. Solche Skripten werden oft beim Systemstart aufgerufen; viele Distributionen haben ein Initialisierungsskript für **ipchains**, das die Ausgabe von **ipchains-save** verwendet.

Befehle

ipchains wird immer mit einem der folgenden Befehle aufgerufen:

-A *Kette Regeln*, **--append** *Kette Regeln*
: Die *Regeln* an die *Kette* anhängen.

-I *Kette Zahl Regeln*, **--insert** *Kette Zahl Regeln*
: Die *Regeln* an der durch *Zahl* angegebenen Positionen in die *Kette* einfügen.

-D *Kette Regeln*, **--delete** *Kette Regeln*
: *Regeln* aus der *Kette* löschen. Die Regeln können durch ihre Positionsnummer in der Kette und durch eine allgemeine Regelbeschreibung angegeben werden.

→

ipchains
←

-R *Kette Zahl Regel,* **--replace** *Kette Zahl Regel*
Eine Regel in der *Kette* ersetzen. Die zu ersetzende Regel wird durch ihre Position mit *Zahl* angegeben.

-C *Kette Regel,* **--check** *Kette Regel*
Ein Netzwerk-Paket erzeugen, das auf die angegebene *Regel* paßt, und überprüfen, was die *Kette* damit macht. Die Regel muß die Quelle, das Ziel, das Protokoll und die Schnittstelle des zu konstruierenden Pakets angeben.

-L [*Kette*], **--list** *Kette*
Alle Regeln in *Kette* ausgeben. Wenn keine Kette angegeben wird, alle Regeln in allen Ketten ausgeben.

-ML, --masquerading --list
Masquerading-Verbindungen ausgeben.

-MS *tcp tcpfin udp,* **--masquerading --set** *tcp tcpfin udp*
Timeout-Werte in Sekunden für Masquerading-Verbindungen festlegen. **-MS** erwartet immer drei Parameter, die die Timeout-Werte für TCP-Sitzungen, TCP-Sitzungen, die ein FIN-Paket empfangen haben, und UDP-Pakete angeben.

-F *Kette, --flush Kette*
Alle Regeln aus *Kette* entfernen.

-Z [*Kette*], **--zero** [*Kette*]
Die Zähler für Pakete und Bytes in *Kette* zurücksetzen. Wenn keine Kette angegeben wird, werden die Zähler in allen Ketten zurückgesetzt. Wenn keine Kette angegeben wird, dafür aber auch der Befehl **-L**, dann werden die aktuellen Zählerwerte vor dem Zurücksetzen ausgegeben.

-N *Kette,* **--new-chain** *Kette*
Eine neue *Kette* erzeugen. Der Name der Kette muß eindeutig sein.

-X [*Kette*], **--delete-chain** *Kette*
Kette löschen. Nur benutzerdefinierte Ketten können gelöscht werden, und es darf auch keine Referenzen auf die zu löschende Kette mehr geben. Wenn kein Argument angegeben wird, werden alle benutzerdefinierten Ketten gelöscht.

-P *Kette Ziel,* **--policy** *Kette Ziel*
Das Default-Ziel für eine eingebaute *Kette* angegeben; das Ziel darf nicht selbst wieder eine Kette sein.

-h [*icmp*]
Einen kurzen Hilfetext ausgeben. Wenn die Option **icmp** angegeben wird, wird eine Liste der zulässigen ICMP-Typen ausgegeben.

Ziele

Ein Ziel kann der Name einer Kette oder einer der folgenden Werte sein:

ACCEPT
Das Paket durchlassen.

DENY
Das Paket verwerfen.

MASQ
Das Paket maskieren, so daß es aussieht, als käme es vom aktuellen System. Entgegengesetzte Pakete aus maskierten Verbindungen werden automatisch demaskiert. Dieses Ziel ist nur für die Kette **forward** oder benutzerdefinierte Ketten, die zum Weiterleiten von Paketen verwendet werden, zulässig. Um dieses Ziel verwenden zu können, muß IP-Masquerading in den Kernel einkompiliert sein.

REDIRECT [*Port*]
Eingehende Pakete auf einen lokalen *Port* umleiten, auf dem ein transparenter Proxy läuft. Wenn der angegebene Port 0 ist oder keiner angegeben ist, wird der Ziel-Port des Pakets als Port für die Umleitung verwendet. **REDIRECT** ist nur in der **input**-Kette oder in benutzerdefinierten Ketten, die für eingehende Pakete verwendet werden, zulässig. Unterstützung für transparente Proxies muß in den Kernel einkompiliert sein.

REJECT
Das Paket verwerfen und eine ICMP-Nachricht an den Absender schicken, die mitteilt, daß das Paket verworfen wurde.

RETURN
In die Kette zurückkehren, aus der diese Kette aufgerufen wurde, und die nächste Regel überprüfen. Wenn **RETURN** das Ziel einer eingebauten Kette ist, wird das Default-Ziel der eingebauten Kette verwendet.

Parameter für Regelspezifikationen

Diese Optionen werden dazu benutzt, Regeln zur Verwendung mit den vorstehenden Befehlen zu erzeugen. Regeln bestehen aus einem Suchkriterium und üblicherweise einem Ziel, zu dem gesprungen werden soll (**-j**), wenn das Suchkriterium erfüllt wurde. Viele der Parameter für diese Suchkriterien können durch Voranstellen eines Ausrufungszeichens (!) auch in ihrer logischen Bedeutung umgedreht werden. Diese Regeln passen dann auf alles außer den angegebenen Parameter.

-p [!] *Name*, **--protocol** [!]*Name*
Die Regel paßt auf Pakete des Protokolls *Name*. Der Wert von *Name* kann als Name oder als in der Datei */etc/protocols* vorhandene Zahl angegeben werden. Die gängigsten Werte sind **tcp**, **udp**, **icmp** und der spezielle Wert **all**. Die Zahl 0 entspricht dem Wert **all**; dies ist auch der Defaultwert, wenn diese Option nicht verwendet wird.

→

ipchains
←

-s [!] *Adresse*[*/Maske*] [!] [*Port*], **--source** [!] *Adresse*[*/Maske*] [!] [*Port*]
Gibt die Quell-Adresse und den Port von Paketen an, auf die diese Regel paßt. Die Adresse kann in Form eines Hostnamens, eines Netzwerknamens oder einer IP-Adresse angegeben werden. Die optionale Maske ist die zu verwendende Netzmaske, die entweder in traditioneller Form (also z.B. /255.255.255.0) oder in der modernen Form (also z.B. 24) angegeben werden. Der optionale Port gibt den TCP-, UDP- oder ICMP-Typ an, der paßt. Sie können nur dann eine Portspezifikation angeben, wenn Sie den Parameter **-p** mit einem der Protokolle **tcp**, **udp** oder **icmp** angegeben haben. Ein Doppelpunkt kann verwendet werden, um Bereiche von Ports oder ICMP-Werten anzugeben (beispielsweise 20:25 für die Ports 20 bis 25). Wenn der erste *Port*-Parameter fehlt, ist der Defaultwert 0, wenn der zweite fehlt, ist der Defaultwert 65535.

-d [!] *Adresse*[*/Maske*] [!] [*Port*], **--destination** [!] *Adresse*[*/Maske*] [*Port*]
Die Regel paßt auf Pakete mit der Ziel-*Adresse*. Die Syntax dieses Befehlsparameters ist die gleiche wie bei der Option **-s**.

-j *Ziel*, **--jump** *Ziel*
Zu einem bestimmten Ziel oder einer benutzerdefinierten Kette springen. Wenn diese Option für eine Regel nicht angegeben wird, dann führen Treffer bei dieser Regel nur zum Erhöhen der Zähler der Regel, und das Paket wird mit der nächsten Regel verglichen.

-i [!] *Name*, **--interface** *Name*
Die Regel paßt auf Pakete von der Schnittstelle *Name*[+]. *Name* ist die von Ihrem System verwendete Netzwerk-Schnittstelle (also beispielsweise **eth0** oder **ppp0**). Ein **+** kann als Jokerzeichen verwendet werden, **ppp+** würde also beispielsweise auf jede Schnittstelle passen, deren Name mit **ppp** beginnt.

[!] **-f**, [!] **--Fragment**
Die Regel paßt auf alles außer dem ersten Fragment eines fragmentierten Pakets.

--source-port [!] *Port*
Die Regel paßt auf Pakete mit dem Quellport *Port*. Die Syntax zum Angeben von Ports finden Sie bei der Beschreibung der Option **-s**.

--destination-port [!] *Port*
Die Regel paßt auf Pakete mit dem Zielport *Port*. Die Syntax zum Angeben von Ports finden Sie bei der Beschreibung der Option **-s**.

--icmp-type [!] *Typ*
Die Regel paßt auf Pakete mit dem ICMP-Typ *Typ* (Name oder Nummer).

Optionen

-b, --bidirectional
Stellt die Regel sowohl in die Eingangs- als auch die Ausgangs-Kette, damit Pakete in beiden Richtungen geprüft werden.

-v, --verbose
Verbose-Modus

-n, --numeric
Die IP-Adresse und Port-Nummern in numerischer Form ausgeben. Defaultmäßig werden, wo möglich, Namen angezeigt.

-l, --log
Informationen über passende Pakete in das Systemprotokoll schreiben.

-t *Undmaske Xormaske,* **--TOS** *Undmaske Xormaske*
Ändert das Type of Service-Feld im Header des Pakets. Das TOS-Feld wird zunächst mit der 8 Bit breiten hexadezimalen Maske *Undmaske* durch ein logisches UND verknüpft, dann mit der 8 Bit breiten hexadezimalen Maske *Xormaske* durch XOR verknüpft. Regeln, die das minderwertigste Bit (LSB) des TOS-Feldes betreffen würden, werden zurückgewiesen.

-x, --exact
Alle Zahlen in einer Liste (**-L**) expandieren. Den exakten Wert der Paket- und Byte-Zähler anstelle von gerundeten Werten anzeigen.

[!] **-y, --syn**
Nur diejenigen TCP-Verbindungsanfragen passen, bei denen das SYN-Bit gesetzt und die ACK- und FIN-Bits gelöscht sind. Damit werden eingehende TCP-Verbindungen blockiert, ausgehende bleiben unbeeinträchtigt.

--line-numbers
Wird zusammen mit dem Befehl **-L** verwendet. Fügt jeder Regel im Listing die Zeilennummer hinzu, die die Position in der Kette angibt.

--no-warnings
Alle Warnungen abschalten.

ipchains-restore [*Optionen*]

ipchains-restore

Befehl zur Systemverwaltung. Stellt Firewall-Regeln wieder her. **ipchains-restore** arbeitet mit Befehlen, die von **ipchains-save** generiert wurden und verwendet diese, um die Firewall-Regeln für alle Ketten wieder herzustellen. Wird oft von Initialisierungsskripten verwendet, um die Firewall-Einstellungen beim Booten festzulegen.

→

ipchains-restore ←

Optionen

-f Erzwingt Aktualisierungen der existierenden Ketten ohne Rückfrage.

-v Regeln ausgeben, die wiederhergestellt werden.

-p Wenn eine nicht-existierende Kette Ziel einer Regel ist, diese Kette erzeugen.

---

ipchains-save

ipchains-save [*Kette*] [*Option*]

Befehl zur Systemverwaltung. Gibt die IP-Firewall-Regeln, die derzeit im Kernel gespeichert sind, auf **stdout** aus. Wenn keine *Kette* angegeben wird, werden alle Ketten ausgegeben. Die Ausgabe wird normalerweise in eine Datei umgeleitet, die dann später von **ipchains-restore** zum Wiederherstellen der Firewall verwendet werden kann.

Option

-v Die Regeln sowohl auf stderr als auch auf stdout ausgeben, was sie beim Umleiten der Ausgabe besser sichtbar macht.

---

ipfwadm

ipfwadm *Kategorie Befehl Parameter* [*Optionen*]
ipfwadm *–M* [*–l* | *–s*] [*Optionen*]

Dient zur Verwaltung einer Firewall, ihrer Buchführungsregeln und des IP-Masqueradings im Linux-2.0-Kernel. Dieser Befehl wird für den 2.2-Kernel durch **ipchains** und dieser wiederum für den 2.4-Kernel durch **iptables** ersetzt.

Es gibt vier Kategorien von Regeln: IP-Paket-Buchführung, IP-Eingehende-Firewall, IP-Ausgehende-Firewall und IP-Weiterleitende-Firewall. Die Regeln werden nach Kategorien getrennt in separaten Listen gehalten. Die Man-Page zu **ipfw**(4) enthält nähere Informationen, wie diese Listen aufgebaut sind.

Jeder **ipfwadm**-Befehl gibt nur eine Kategorie und eine Regel an. Um eine sichere Firewall einzurichten, müssen Sie den Befehl **ipfwadm** mehrfach ausführen; erst die Kombination der Regeln stellt sicher, daß Ihre Firewall so arbeitet, wie Sie sich das vorstellen. Die zweite Form des Befehls dient dem Masquerading. Die unten beschriebenen Befehle **-l** und **-s** sind die einzigen, die mit der Kategorie Masquerading, **-M**, verwendet werden können.

Kategorien

Es muß einer der folgenden Schalter angegeben werden, um festzulegen, auf welche Kategorie von Regeln der folgende Befehl zutreffen soll.

-A [*Richtung*]
IP-Buchhaltungsregeln. Es kann optional eine Richtung angegeben werden:

in Nur eingehende Pakete zählen.

out Nur ausgehende Pakete zählen.

both
Sowohl eingehende als auch ausgehende Pakete zählen; dies ist der Default.

-F Regeln für eine weiterleitende IP-Firewall

-I Regeln für eine eingehende IP-Firewall

-M Verwaltung des IP-Masqueradings. Kann nur zusammen mit den Befehlen **-l** und **-s** verwendet werden.

-O Regeln für eine ausgehende IP-Firewall

Befehle

Auf die Kategorie folgt ein Befehl, der angibt, welche Aktion durchgeführt werden soll. Wenn nichts anderes angegeben wird, kann nur eine Aktion auf der Kommandozeile angegeben werden. Bei den Befehlen, bei denen ein Verhalten (»Policy«) angegeben werden kann, sind folgende Werte möglich:

accept
Passende Pakete können empfangen, verwendet oder weitergeleitet werden.

deny
Passende Pakete dürfen nicht empfangen, verwendet oder weitergeleitet werden.

reject
Passende Pakete dürfen nicht empfangen, verwendet oder weitergeleitet werden. Außerdem wird an den verschickenden Host eine ICMP-Fehlermeldung gesendet.

Die Befehle lauten:

-a [*Policy*]
Eine oder mehrere Regeln an das Ende der Regeln für die Kategorie anhängen. Bei Buchhaltungsregeln kann keine Policy angegeben werden. Bei Firewall-Regeln muß eine Policy angegeben werden. Wenn die Quell- und/oder Zielnamen auf mehr als eine Adresse passen, dann wird für jede mögliche Adreßkombination eine Regel angefügt.

→

-c Überprüfen, ob dieses IP-Paket von der durch die Kategorie repräsentierten Firewall akzeptiert, verworfen oder zurückgewiesen werden würde. Diese Option kann nur bei den Kategorien **-i**, **-O** und **-F** verwendet werden, außerdem muß der Parameter **-V** (siehe unten) angegeben werden.

-d [*Policy*]
Einen oder mehrere Einträge aus der Liste der Regeln für die Kategorie löschen. Bei Buchhaltungsregeln wird keine Policy angegeben. Die bei diesem Befehl angegebenen Parameter müssen genau mit den Parametern aus den Befehlen **-a** oder **-i** übereinstimmen, ansonsten wird keine Regel gefunden und folglich auch keine entfernt. Nur die erste passende Regel wird aus der Liste gelöscht.

-f Alle Regeln für die Kategorie entfernen.

-h Einen Hilfetext mit einer kurzen Beschreibung der Befehlssyntax anzeigen; wird ohne Kategorie verwendet:

```
% ipfwadm -h
```

-i [*Policy*]
Eine neue Regel am Anfang der gewählten Liste für die Kategorie einfügen. Bei Buchhaltungsregeln wird keine Policy angegeben; bei Firewall-Regeln muß eine Policy angegeben werden. Wenn die Quell- und/oder Zielnamen auf mehr als eine Adresse passen, dann wird für jede mögliche Adreßkombination eine Regel angefügt.

-l Alle Regeln der Kategorie ausgeben. Dieser Befehl kann mit dem Befehl **-z** kombiniert werden, um die Paket- und Byte-Zähler nach Ausgabe der aktuellen Werte zurückzusetzen. Wenn nicht auch die Option **-x** angegeben wird, werden die Paket- und Byte-Zähler als *number***K** und *number***M**, gerundet auf die nächste ganze Zahl, angezeigt. Siehe dazu auch die Optionen **-e** und **-x** unter »Optionen« weiter unten.

-p *Policy*
Die Default-Policy für den gewählten Firewall-Typ auf *Policy* ändern. Die Default-Policy wird verwendet, wenn keine passende Regel gefunden wird. Nur zusammen mit **-I**, **-O** und **-F** zulässig.

-s *tcp tcpfin udp*
Legt die Timeout-Werte für das Masquerading fest und kann nur bei **-M** verwendet werden. Die drei Parameter müssen angegeben werden und stellen die Timeout-Werte in Sekunden für TCP-Sitzungen, TCP-Sitzungen nach dem Empfang eines FIN-Pakets und UDP-Pakete dar. Ein Timeout-Wert von 0 behält den aktuellen Timeout-Wert des entsprechenden Eintrags bei.

-z Die Paket- und Byte-Zähler für alle Regeln der Kategorie zurücksetzen. Dieser Befehl kann mit dem Befehl **-l** kombiniert werden.

Parameter

Die folgenden Parameter können, sofern nichts anderes angegeben ist, bei den Befehlen **-a**, **-i**, **-c** und **-d** angegeben werden. Auf einer **ipfwadm**-Kommandozeile können mehrere Parameter angegeben werden.

-D *Adresse*[*/Maske*] [*Port* ...]
: Die Ziel-Spezifikation (optional). Die Syntax, die Default-Werte und andere Anforderungen werden unter **-S** beschrieben. ICMP-Typen können bei **-D** nicht angegeben werden.

-P *Protokoll*
: Das Protokoll der Regel oder des Pakets; mögliche Werte sind **tcp**, **udp**, **icmp** oder **all**. Der Default ist **all**, also alle Protokolle. **-P** kann nicht beim Befehl **-c** verwendet werden.

-S Adresse[*/Maske*] [*Port* ...]
: Die Quell-IP-Adresse, angegeben als Hostname, als Netzwerkname oder als IP-Adresse. Der Default für die Quelladresse und die Maske ist 0.0.0.0/0. Wenn **-S** angegeben wird, muß auch **-P** angegeben werden. Die optionale Maske wird entweder als Netzwerkmaske oder als Anzahl der Einsen am linken Ende der Netzwerkmaske angegeben (24 ist also gleichbedeutend mit 255.255.255.0). Der Default ist 32. Ein oder mehrere Werte für *Port* können zusätzlich optional angegeben werden, womit festgelegt werden kann, auf welche Ports oder ICMP-Typen die Regel zutreffen soll. Der Default ist **all**. Ports können auch über ihren Eintrag in */etc/services* angegeben werden. Die Syntax zur Angabe eines Bereichs von Ports lautet:

```
lowport:highport
```

Zum Beispiel:

```
-S 172.29.16.1/24 ftp:ftp-data
```

-V *Adresse*
: Die Adresse der Netzwerkschnittstelle, von der das Paket empfangen wird (wenn die Kategorie **-I** ist) beziehungsweise an die es gesendet wird (wenn die Kategorie **-O** ist). *Adresse* kann ein Hostname oder eine IP-Adresse sein und hat den Default 0.0.0.0, was auf die Adresse der Schnittstelle zutrifft. **-V** muß beim Befehl **-c** angegeben werden:

```
-V 172.29.16.1
```

-W *Name*
: Identisch mit **-V**, verwendet aber einen Gerätenamen anstelle einer Adresse:

```
-W ppp0
```

→

Optionen

-b Bidirektionaler Modus. Die Regel gilt für IP-Pakete in beiden Richtungen. Diese Option ist nur bei den Befehlen **-a**, **-i** und **-d** zulässig.

-e Erweiterte Ausgabe. Wird beim Befehl **-l** verwendet, um auch die Schnittstellenadresse und eventuelle Regeloptionen anzuzeigen. Wenn Firewall-Regeln ausgegeben werden, werden auch die Paket- und Byte-Zähler sowie die TOS-Masken (»type of service«) angezeigt. Wird diese Option bei **-M** verwendet, werden zusätzlich Informationen zu den Delta-Folgennummern angezeigt.

-k Trifft auf TCP-Acknowledgment-Pakete zu, also nur auf TCP-Pakete, bei denen das ACK-Bit gesetzt ist. Diese Option wird bei allen anderen Protokollen ignoriert und kann nur bei den Befehlen **-a**, **-i** und **-d** verwendet werden.

-m Masquerading-Pakete zum Weiterleiten akzeptieren, und diese so erscheinen lassen, als würden sie vom lokalen Rechner kommen. Erkennt Pakete in umgekehrter Richtung und demaskiert sie automatisch, wobei die weiterleitende Firewall umgangen wird. Diese Option ist nur in Regeln für die weiterleitende Firewall zulässig, die das Verhalten **accept** haben. Der Kernel muß mit der Option CONFIG_IP_MASQUERADE kompiliert worden sein.

-n Numerische Ausgabe. Gibt IP-Adressen und Portnummern in numerischer Form aus.

-o Protokolliert Pakete, die auf diese Regel passen, im Systemprotokoll. Diese Option ist nur bei den Befehlen **-a**, **-i** und **-d** zulässig. Der Kernel muß mit der Option CONFIG_IP_FIREWALL_VERBOSE definiert worden sein.

-r [*Port*]
Leitet Pakete auf einen lokalen Socket um, selbst wenn sie an einen entfernten Rechner gehen sollen. Wenn *Port* 0 ist (der Default), wird der Zielport des Pakets verwendet. Diese Regel kann nur in eingehenden Firewall-Regeln mit dem Verhalten **accept** verwendet werden. Der Kernel muß mit der Option CONFIG_IP_TRANSPARENT_PROXY kompiliert worden sein.

-t *Andmaske Xormaske*
Gibt die Masken an, mit denen das TOS-Feld im IP-Header modifiziert wird. Wenn ein Paket (mit oder ohne Masquerading) von einer Firewall-Regel akzeptiert wird, wird das TOS-Feld bitweise mit *Andmaske* UND-verknüpft und das daraus entstehende Resultat wiederum bitweise mit *Xormaske* XOR-verknüpft. Die Masken werden als 8 Bit große Hexadezimalzahlen angegeben. Diese Option ist nur bei den Befehlen **-a**, **-i** und **-d** zulässig und hat keine Bedeutung, wenn sie mit Buchhaltungsregeln oder Firewall-Regeln kombiniert wird, die ein Paket verwerfen oder zurückweisen.

-v Verbose-Modus. Gibt detaillierte Informationen über die Regel oder das Paket aus, die/das hinzugefügt, entfernt oder überprüft werden soll. Diese Option ist nur bei den Befehlen **-a**, **-i**, **-d** und **-c** zulässig.

-x Zahlen expandieren. Zeigt den genauen Wert der Paket- und Byte-Zähler anstelle gerundeter Werte an. Diese Option ist nur zulässig, wenn die Zähler ohnehin ausgegeben werden (siehe dazu auch die Option **-e**).

-y Trifft auf TCP-Pakete zu, bei denen das SYN-Bit gesetzt und das ACK-Bit gelöscht ist. Diese Option wird bei allen anderen Protokollen ignoriert und kann nur bei den Befehlen **-a**, **-i** und **-d** verwendet werden.

iptables

iptables *Befehl* [*Optionen*]

Befehl zur Systemverwaltung. Konfiguriert die *Netfilter*-Filterregeln. Im 2.4-Kernel ist die **ipchains**-Firewall-Funktionalität durch das Kernel-Modul *netfilter* ersetzt worden. *netfilter* kann so konfiguriert werden, daß es genau wie **ipchains** funktioniert, wird aber auch mit dem Modul **iptables** geliefert, das ähnlich wie **ipchains** funktioniert, aber erweiterbar ist. *iptables*-Regeln bestehen aus Suchkriterien und einem Ziel, einem Resultat, welches angewendet wird, wenn das Paket auf die Kriterien paßt. Die Regeln sind in Ketten organisiert. Sie können diese Regeln dazu verwenden, eine Firewall aufzubauen, Ihr lokales Netzwerk zu maskieren oder einfach nur bestimmte Arten von Netzwerkverbindungen zurückzuweisen.

Es gibt drei eingebaute Tabellen für **iptables**, eine für das Filtern von Paketen (**filter**), eine für Network Address Translation (**nat**) und die letzte für spezielle Paket-Manipulationen (**mangle**). Firewall-Regeln sind in Ketten organisiert, geordneten Listen von Regeln, die der Kernel auf der Suche nach Treffern durchläuft. Die Tabelle **filter** hat drei eingebaute Ketten: **INPUT**, **OUTPUT** und **FORWARD**. Die Ketten **INPUT** und **OUTPUT** bearbeiten Pakete, die vom Host-System ausgehen oder für dieses bestimmt sind. Die Kette **FORWARD** bearbeitet Pakete, die das System nur durchlaufen. Die Tabelle **nat** hat ebenfalls drei eingebaute Ketten: **PREROUTING**, **POSTROUTING** und **OUTPUT**. **mangle** hat nur zwei Ketten: **PREROUTING** und **OUTPUT**.

→

netfilter überprüft Pakete, die im System eintreffen. Nachdem alle eventuellen **PREROUTING**-Regeln angewendet worden sind, werden die Pakete an die **INPUT**-Kette beziehungsweise die **FORWARD**-Kette, wenn die Pakete das System nur passieren, weitergereicht. Beim Verlassen des Systems werden die Pakete durch die **OUTPUT**-Kette und dann durch alle eventuellen **POSTROUTING**-Regeln durchgereicht. Jede dieser Ketten hat ein Default-Ziel, das verwendet wird, wenn keine Regel paßt. Es können auch benutzerdefinierte Ketten erzeugt und als Ziele für Pakete verwendet werden, diese haben aber keine Default-Ziele. Wenn in einer benutzerdefinierten Kette kein Treffer gefunden wird, dann wird das Paket an die Kette zurückgegeben, von der die aktuelle Kette aufgerufen wurde, und mit der nächsten Regel in dieser Kette verglichen.

iptables ändert nur die Regeln im laufenden Kernel. Wenn das System abgeschaltet oder neu gestartet wird, gehen alle Änderungen verloren. Sie können den Befehl **iptables-save** verwenden, um ein Skript zu erzeugen, mit dem die Firewall-Einstellungen später mittels **iptables-restore** wiederhergestellt werden. Solche Skripten werden häufig beim Systemstart verwendet. Viele Distributionen haben ein Initialisierungsskript für **iptables**, das die Ausgabe von **iptables-save** verwendet.

Befehle

iptables wird immer mit einem der folgenden Befehle aufgerufen:

-A *Kette Regeln,* **--append** *Kette Regeln*
: Die *Regeln* an die *Kette* anhängen.

-I *Kette Zahl Regeln,* **--insert** *Kette Zahl Regeln*
: Die *Regeln* an der durch *Zahl* angegebenen Positionen in die *Kette* einfügen.

-D *Kette Regeln,* **--delete** *Kette Regeln*
: *Regeln* aus der *Kette* löschen. Die Regeln können durch ihre Positionsnummer in der Kette und durch eine allgemeine Regelbeschreibung angegeben werden.

-R *Kette Zahl Regel,* **--replace** *Kette Zahl Regel*
: Eine Regel in der *Kette* ersetzen. Die zu ersetzende Regel wird durch ihre Position mit *Zahl* angegeben.

-C *Kette Regel,* **--check** *Kette Regeln*
: Ein Netzwerk-Paket erzeugen, das auf die angegebene *Regel* paßt, und überprüfen, was die *Kette* damit macht. Die Regel muß die Quelle, das Ziel, das Protokoll und die Schnittstelle des zu konstruierenden Pakets angeben.

-L [*Kette*], **--list** *Kette*
: Alle Regeln in *Kette* ausgeben. Wenn keine Kette angegeben wird, alle Regeln in allen Ketten ausgeben.

-F [*Kette*], **--flush** *Kette*
: Alle Regeln aus *Kette* oder aus allen Ketten, wenn *Kette* nicht angegeben wird, löschen.

-Z [*Kette*], **--zero** *Kette*
: Die Zähler für Pakete und Bytes in *Kette* zurücksetzen. Wenn keine Kette angegeben wird, werden die Zähler in allen Ketten zurückgesetzt. Wenn keine Kette angegeben wird, dafür aber auch der Befehl **-L**, dann werden die aktuellen Zählerwerte vor dem Zurücksetzen ausgegeben.

-N *Kette*, **--new-chain** *Kette*
: Eine neue *Kette* erzeugen. Der Name der Kette muß eindeutig sein. Auf diese Weise werden benutzerdefinierte Ketten erzeugt.

-X [*Kette*], **--delete-chain** *Kette*
: Die angegebene benutzerdefinierte *Kette* oder alle benutzerdefinierten Ketten, wenn keine Kette angegeben wird, löschen.

-P *Kette Ziel*, **--policy** *Kette Ziel*
: Das Default-Ziel für eine eingebaute *Kette* angegeben; das Ziel darf nicht selbst wieder eine Kette sein.

-E *AlteKette NeueKette*, **--rename-chain** *AlteKette NeueKette*
: *AlteKette* in *NeueKette* umbenennen.

-h [*icmp*]
: Einen kurzen Hilfetext ausgeben. Wenn die Option **icmp** angegeben wird, wird eine Liste der zulässigen ICMP-Typen ausgegeben.

Ziele

Ein Ziel kann der Name einer Kette oder einer der folgenden Werte sein:

ACCEPT
: Das Paket durchlassen.

DROP
: Das Paket verwerfen.

QUEUE
: Das Paket zur Verarbeitung an den User Space schicken.

RETURN
: In die Kette zurückkehren, aus der diese Kette aufgerufen wurde, und die nächste Regel überprüfen. Wenn **RETURN** das Ziel einer eingebauten Kette ist, wird das Default-Ziel der eingebauten Kette verwendet.

→

Parameter für Regelspezifikationen

Diese Optionen werden dazu benutzt, Regeln zur Verwendung mit den vorstehenden Befehlen zu erzeugen. Regeln bestehen aus einem Suchkriterium und üblicherweise einem Ziel, zu dem gesprungen werden soll (-j), wenn das Suchkriterium erfüllt wurde. Viele der Parameter für diese Suchkriterien können durch Voranstellen eines Ausrufungszeichens (!) auch in ihrer logischen Bedeutung umgedreht werden. Diese Regeln passen dann auf alles außer den angegebenen Parameter.

-p [!] *Name,* **--protocol** [!]*Name*
: Die Regel paßt auf Pakete des Protokolls *Name*. Der Wert von *Name* kann als Name oder als in der Datei */etc/protocols* vorhandene Zahl angegeben werden. Die gängigsten Werte sind **tcp**, **udp**, **icmp** und der spezielle Wert **all**. Die Zahl 0 entspricht dem Wert **all**; dies ist auch der Defaultwert, wenn diese Option nicht verwendet wird. Wenn es für das angegebene Protokoll erweiterte Regeln gibt, werden diese automatisch geladen. Sie müssen sie nicht explizit mit der Option **-m** laden.

-s [!] *Adresse*[*/Maske*] [!] [*Port*], **--source** [!] *Adresse*[*/Maske*] [!] [*Port*]
: Gibt die Quell-Adresse an, auf die diese Regel paßt. Die Adresse kann in Form eines Hostnamens, eines Netzwerknamens oder einer IP-Adresse angegeben werden. Die optionale Maske ist die zu verwendende Netzmaske, die entweder in traditioneller Form (also z.B. /255.255.255.0) oder in der modernen Form (also z.B. 24) angegeben werden.

-d [!] *Adresse*[*/Maske*] [!] [*Port*], **--destination** [!] *Adresse*[*/Maske*] [*Port*]
: Die Regel paßt auf Pakete mit der Ziel-*Adresse*. Die Syntax dieses Befehlsparameters ist die gleiche wie bei der Option **-s**.

-j *Ziel,* **--jump** *Ziel*
: Zu einem bestimmten Ziel oder einer benutzerdefinierten Kette springen. Wenn diese Option für eine Regel nicht angegeben wird, dann führen Treffer bei dieser Regel nur zum Erhöhen der Zähler der Regel, und das Paket wird mit der nächsten Regel verglichen.

-i [!] *Name*[+], **--in-interface** *Name*[+]
: Die Regel paßt auf Pakete von der Schnittstelle *Name*[+]. *Name* ist die von Ihrem System verwendete Netzwerk-Schnittstelle (also beispielsweise **eth0** oder **ppp0**). Ein **+** kann als Jokerzeichen verwendet werden, **ppp+** würde also beispielsweise auf jede Schnittstelle passen, deren Name mit **ppp** beginnt.

-o [!] *Name*[+], **--out-interface** *Name*[+]
: Die Regel paßt auf Pakete, die von der Netzwerk-Schnittstelle *Name* geschickt werden. Die Syntax von *Name* wird bei der Beschreibung von **-i** erklärt.

[!] -f, [!]- -**fragment**
: Die Regel paßt auf alles außer dem ersten Fragment eines fragmentierten Pakets.

Optionen

-v, - -**verbose**
: Verbose-Modus

-n, - -**numeric**
: Die IP-Adresse und Port-Nummern in numerischer Form ausgeben. Defaultmäßig werden, wo möglich, Namen angezeigt.

-x, - -**exact**
: Alle Zahlen in einer Liste (-L) expandieren. Den exakten Wert der Paket- und Byte-Zähler anstelle von gerundeten Werten anzeigen.

-m *Modul*, - -**match**
: Die zu *Modul* gehörenden Regelerweiterungen explizit laden. Siehe dazu den folgenden Abschnitt »Suchen in Erweiterungen«.

-h [icmp], - -**help** [icmp]
: Einen Hilfetext ausgeben. Wenn **icmp** angegeben wird, wird eine Liste gültiger ICMP-Typnamen ausgegeben. **-h** kann auch zusammen mit der Option **-m** verwendet werden, um Hilfe zu einem Erweiterungsmodul zu bekommen.

- -**line-numbers**
: Wird zusammen mit dem Befehl **-L** verwendet. Fügt jeder Regel im Listing die Zeilennummer hinzu, die die Position in der Kette angibt.

Erweiterungen suchen

Netfilter wird mit mehreren Kernel-Modulen geliefert, die die Suchmöglichkeiten der Regeln erweitern. Diejenigen Erweiterungen, die zu bestimmten Protokollen gehören, werden automatisch geladen, wenn die Option **-p** verwendet wird, um das Protokoll anzugeben. Alle anderen müssen explizit mit der Option **-m** geladen werden.

tcp Wird geladen, wenn **-p tcp** das einzige angegebene Protokoll ist.

- -**source-port** [!] [*Port*][*:Port*], - -**sport** [!] [*Port*][*:Port*]
: Die Regel paßt auf die angegebenen Quellports. Mit dem Doppelpunkt kann ein Bereich von Ports angegeben werden. Wenn der erste Port weggelassen wird, wird 0 angenommen, wenn der zweite Port weggelassen wird, ist der Default 65535. Anstelle des Doppelpunkts kann auch ein Bindestrich verwendet werden.

- -**destination-port** [!] [*Port*][*:Port*], - -**dport** [!] [*Port*][*:Port*]
: Die Regel paßt auf die angegebenen Zielports. Die Syntax ist die gleiche wie bei - -**source-port**.

→

--tcp-flags [!] *Maske comp*
Die Regel paßt auf Pakete, in denen die in *Maske* und *comp* genannten Flags gesetzt sind. *Maske* ist eine durch Kommata getrennte Liste von Flags, die geprüft werden sollen. *comp* ist eine Kommata-getrennte Liste von Flags, die gesetzt werden müssen, damit die Regel paßt. Mögliche Flags sind SYN, ACK, FIN, RST, URG, PSH, ALL und NONE.

[!] **--syn**
Die Regel paßt auf Pakete, bei denen das SYN-Bit gesetzt und die ACK- und FIN-BITS gelöscht sind. Dies sind Pakete, mit denen TCP-Verbindungen angefordert werden; das Blokkieren dieser Pakete verhindert eingehende Verbindungen. Diese Option ist eine Abkürzung für **--tcp-flags SYN, RST,ACK SYN**.

udp Wird geladen, wenn **-p udp** das einzige angegebene Protokoll ist.

--source-port [!] [*Port*][*:Port*], **--sport** [!] [*Port*][*:Port*]
Die Regel paßt auf die angegebenen Quellports. Die Syntax ist die gleiche wie bei der Option **--source-port** der TCP-Erweiterung.

--destination-port [!] [*Port*][*:Port*], **--dport** [!] [*Port*][*:Port*]
Die Regel paßt auf die angegebenen Zielports. Die Syntax ist die gleiche wie bei der Option **--source-port** der TCP-Erweiterung.

icmp
Wird geladen, wenn **-p icmp** das einzige angegebene Protokoll ist.

--icmp-type [!] *Typ*
Die Regel paßt auf den angegebenen ICMP-*Typ*. *Typ* kann ein numerischer ICMP-Typ oder einer der von **iptables -p icmp -h** angezeigten ICMP-Typnamen sein.

mac Wird explizit mit der Option **-m** geladen.

--mac-source [!] *Adresse*
Die Regel paßt auf die Quell-*Adresse*, die das Paket übertragen hat. *Adresse* muß in durch Doppelpunkte getrennter Hexbyte-Notation angegeben werden. (Beispiel: **--mac-source 00:60:08:91:CC:B7**)

limit
Wird explizit mit der Option **-m** geladen. Die **limit**-Erweiterung wird dazu verwendet, die Anzahl der passenden Pakete zu begrenzen. Das ist besonders in Kombination mit dem Ziel **LOG** nützlich. Regeln, die diese Erweiterung verwenden, passen solange, bis die angegebene Grenze erreicht ist.

--limit *Rate*

Die Regel paßt auf Adressen mit der angegebenen *Rate. Rate* wird als Zahl mit optional angehängtem **/second**, **/minute**, **hour** oder **/day** angegeben. Wenn diese Option nicht verwendet wird, ist der Default '3/hour'.

--limit-burst [*Zahl*]

Legt die maximale Anzahl von Paketen fest, die in einem Burst passen. Wenn diese Zahl erreicht ist, passen keine weiteren Pakete mehr auf diese Regel, bis die Zahl wieder aufgeladen worden ist. Das geschieht mit der durch die Option **--limit** angegebenen Rate. Wenn diese Option nicht angegeben wird, ist der Default 5.

multiport

Wird explizit mit der Option **-m** geladen. Die **multiport**-Erweiterungen passen auf Mengen von Quell- oder Ziel-Ports. Diese Regeln können nur zusammen mit **-p tcp** und **-p udp** verwendet werden. Bis zu 15 Ports können in einer durch Kommata getrennten Liste angegeben werden.

--source-port [*Ports*]

Die Regel paßt auf die angegebenen Quellports.

--destination-port [*Ports*]

Die Regel paßt auf die angegebenen Zielports.

--port [*Ports*]

Die Regel paßt, wenn das Paket den gleichen Quell- und Zielport hat und der Port in *Ports* enthalten ist.

mark

Wird explizit mit der Option **- m** geladen. Dieses Modul arbeitet mit dem Erweiterungs-Ziel **MARK** zusammen:

--mark *Wert*[*/Maske*]

Paßt auf den angegebenen, vorzeichenlosen Markierungswert-Wert. Wenn eine Maske angegeben wird, wird diese vor dem Vergleich logisch-UND mit der Markierung verknüpft.

owner

Wird explizit mit der Option **-m** geladen. Die **owner**-Erweiterungen prüfen die Benutzer-, Gruppen-, Prozeß- und Sitzungs-IDs eines lokalen Paket-Erzeugers. Das ist nur in einer **OUTPUT**-Kette sinnvoll.

--uid-owner *BenutzerID*

Die Regel paßt auf Pakete, die von einem Prozeß erzeugt wurden, der *BenutzerID* gehört.

--gid-owner *GruppenID*

Die Regel paßt auf Pakete, die von einem Prozeß erzeugt wurden, der *GruppenID* gehört.

→

--pid-owner *ProzeßID*
: Die Regel paßt auf Pakete, die vom Prozeß mit der ID *Prozeß ID* erzeugt wurden.

--sid-owner *SitzungsID*
: Die Regel paßt auf Pakete, die von einem Paket in der Sitzung *SitzungsID* erzeugt wurden.

state
: Wird explizit mit der Option **-m** geladen. Dieses Modul prüft den Verbindungszustand eines Pakets.

--state *Zustände*
: Die Regel paßt, wenn das Paket einen der in der durch Kommata getrennten Liste angegebenen Zustände hat. Zulässige Zustände sind **INVALID**, **ESTABLISHED**, **NEW** und **RELATED**.

tos
: Wird explizit mit der Option **-m** geladen. Dieses Modul prüft das Type of Service-Field im Header eines Pakets.

--tos *Wert*
: Die Regel paßt, wenn das Paket den TOS *Wert* hat. *Wert* kann ein numerischer Wert oder ein Type of Service-Name sein. **iptables -m tos -h** gibt eine Liste zulässiger TOS-Werte aus.

Ziel-Erweiterungen

Erweiterungs-Ziele sind optionale zusätzliche Ziele, die von separaten Kernel-Modulen unterstützt werden. Sie haben eigene Option.

LOG
: Informationen über das Paket im Systemprotokoll speichern.

--log-level *Ebene*
: Stellt die Ebene als Name oder Nummer (wie in *syslog.conf* definiert) ein.

--log-prefix *Präfix*
: Jedem Protokolleintrag den String *Präfix* voranstellen. Der Präfix-String kann bis zu 30 Zeichen lang sein.

--log-tcp-sequence
: Die TCP-Sequenz-Nummern protokollieren. Dies ist ein Sicherheitsrisiko, wenn Anwender das Systemprotokoll lesen können.

--log-tcp-options
: Optionen aus dem TCP-Paket-Header protokollieren.

--log-ip-options
: Optionen aus dem IP-Paket-Header protokollieren.

MARK
: Wird dazu verwendet, Pakete mit einem vorzeichenlosen Integer-Wert zu markieren, den Sie später in der Sucherweiterung **mark** verwenden können. Kann nur in der **mangle**-Tabelle verwendet werden.

--set-mark *Wert*
Markiert das Paket mit *Wert*.

REJECT
Verwirft das Paket und sendet gegebenenfalls eine ICMP-Nachricht an den Absender, in der das Verwerfen des Pakets gemeldet wird. Wenn das Paket eine ICMP-Fehlermeldung, ein unbekannter ICMP-Typ oder ein Nicht-Head-Fragment war oder wenn bereits zu viele ICMP-Nachrichten an diese Adresse geschickt worden sind, wird keine Nachricht geschickt.

--reject-with *Typ*
Schickt den angegebenen ICMP-Nachrichtentyp. Zulässige Werte sind **icmp-net-unreachable**, **icmp-host-unreachable**, **icmp-port-unreachable** und **icmp-proto-unreachable**. Wenn das Paket ein ICMP-Ping-Paket war, kann *Typ* auch **echo-reply** sein.

TOS
Setzt das Type of Service-Field im IP-Header. **TOS** ist nur bei Regeln in der Tabelle **mangle** ein zulässiges Ziel.

--set-tos *Wert*
Setzt das TOS-Feld auf *Wert*. Der Wert kann als 8-Bit breiter Wert oder als TOS-Name angegeben werden. Eine Liste der zulässigen Namen bekommen Sie mit **iptables -j TOS -h**.

SNAT
Ändert die Quelladresse dieses und aller zukünftigen Pakete in der aktuellen Verbindung. **SNAT** kann nur als Teil der Kette **POST-ROUTING** in der Tabelle **nat** verwendet werden.

--to-source *Adresse*[*–Adresse*][*Port–Port*]
Gibt die neue Quelladresse oder einen Bereich von Adressen an. Wenn eines der Protokolle **tcp** oder **udp** mit der Option **-p** angegeben worden sind, können auch Quellports angegeben werden. Wenn keiner angegeben wird, wird die neue Quelle nach Möglichkeit auf den gleichen Port abgebildet. Wenn das nicht möglich ist, werden Ports unter 512 auf andere Ports unter 512, Ports zwischen 512 und 1024 auf andere Ports unter 1024 und Ports über 1024 auf andere Ports über 1024 abgebildet.

DNAT
Ändert die Zieladresse des aktuellen und aller weiteren Pakete in der aktuellen Verbindung. **DNAT** kann nur als Bestandteil der **POSTROUTING**-Tabelle in der Tabelle **nat** verwendet werden.

--to-destination *Adresse*[*–Adresse*][*Port–Port*]
Gibt die neue Zieladresse oder einen Bereich von Adressen an. Die Argumente für diese Option sind die gleichen wie bei der Option **--to-source** des Erweiterungs-Ziels **SNAT**.

→

iptables
←

MASQUERADE
Maskiert das Paket so, daß es aussieht, als stamme es vom aktuellen System. Entgegengesetzte Pakete aus maskierten Verbindungen werden automatisch demaskiert. Dieses Ziel kann nur in Ketten in der Tabelle *nat* verwendet werden, die eingehende Pakete bearbeiten, und sollte nur bei dynamischen IP-Adressen (wie bei Dial-Up-Verbindungen) benutzt werden. Für statische Adressen sollte **DNAT** verwendet werden.

--to-ports *Port*[–*Port*]
Gibt den Port oder einen Bereich von Ports an, der zum Maskieren verwendet werden soll. Diese Option ist nur zulässig, wenn eines der Protokolle **tcp** und **udp** mit der Option **-p** angegeben worden sind. Wenn diese Option nicht benutzt wird, wird der Port des maskierten Pakets nicht verändert.

REDIRECT [**--to-port** *Port*]
Leitet das Paket auf den lokalen *Port* um. Dies ist nützlich für transparente Proxies.

--to-ports *Port*[-*Port*]
Gibt den Port oder den Bereich von Ports im lokalen System an, auf den das Paket umgeleitet werden soll. Diese Option ist nur zulässig, wenn eines der Protokolle **tcp** oder **udp** mit der Option **-p** angegeben worden ist. Wenn diese Option nicht angegeben wird, wird der Port des umgeleiteten Pakets nicht geändert.

iptables-restore

iptables-restore [*Datei*]

Befehl zur Systemverwaltung. Stellt Firewall-Regeln wieder her. **iptables-restore** erwartet Befehle, die von **iptables-save** generiert wurden, und benutzt sie dazu, die Firewall-Regeln für jede Kette wiederherzustellen. Wird oft in Initialisierungsskripten verwendet, um die Firewall-Einstellungen beim Booten wiederherzustellen. *Datei* ist der Name einer Datei, deren Inhalt von **iptables-save** erzeugt wurde. Wenn keine Datei angegeben wird, wird die Eingabe von der Standardeingabe gelesen. Dieser Befehl befand sich noch in der Entwicklung, als dieses Buch in den Druck ging; es gibt möglicherweise noch weitere Optionen als die hier aufgeführten.

iptables-save [*Kette*]

iptables-save

Befehl zur Systemverwaltung. Gibt die IP-Firewall-Regeln, die derzeit im Kernel gespeichert sind, auf der Standardausgabe aus. Wenn keine *Kette* angegeben wird, werden alle Ketten ausgegeben. Die Ausgabe kann in eine Datei umgeleitet werden, die dann später von **iptables-restore** verwendet werden kann, um die Firewall wiederherzustellen. Dieser Befehl befand sich noch in der Entwicklung, als dieses Buch in den Druck ging; es gibt möglicherweise noch weitere Optionen als die hier aufgeführten.

Befehls-referenz

ispell [*Optionen*] [*Dateien*]

ispell

ispell vergleicht die Wörter in einer oder mehreren angegebenen *Dateien* mit dem Systemwörterbuch. Unbekannte Wörter werden am oberen Bildschirmrand angezeigt, zusammen mit der wahrscheinlich korrekten Schreibweise. Eine Textkorrektur ist mittels verschiedener Befehle möglich.

Optionen

-b Legt eine Sicherheitskopie der Datei in *Datei*.**bak** an.

-d *Datei*
Benutzt *Datei* statt des Systemwörterbuchs.

-m Schlägt verschiedene Deklinations- und Konjugationsformen vor.

-n Interpretiert die angegebene Datei als nroff- oder troff-Datei.

-p *Datei*
Benutzt *Datei* anstatt des persönlichen Wörterbuchs.

-t Interpretiert die angegebene Datei als TeX- oder LaTeX-Datei.

-w *Zeichen*
Definiert *Zeichen* als erlaubt, zusätzlich zu a–z und A–Z.

-x Legt keine Sicherheitskopie der Originaldatei an.

-B Untersucht unbekannte Wörter zusätzlich darauf, ob sie aus zwei bekannten Wörtern bestehen, zwischen denen lediglich ein Leerzeichen fehlt.

-C Unterdrückt Fehlermeldungen, wenn lediglich ein Leerzeichen fehlt.

-L *Anzahl*
Zeigt *Anzahl* Zeilen aus dem laufenden Text an, um den Zusammenhang darzustellen.

-M Listet interaktive Befehle am unteren Bildschirmrand auf.

-N Unterdrückt die Anzeige der interaktiven Befehle.

→

ispell ←

-P Unterdrückt den Vorschlag von unterschiedlichen Deklinations- und Konjugationsformen.

-S Sortiert Vorschläge nach ihrer Wahrscheinlichkeit.

-T *Typ*
Interpretiert alle Dateien als mit *Typ* formatiert.

-W *n*
Ignoriert Wörter mit *n* oder weniger Buchstaben.

-V Benutzt »Dach«-Schreibweise (^L) für die Anzeige von Steuerzeichen und **M-** für die Anzeige von Zeichen mit gesetztem höchstwertigem Bit.

Interaktive Befehle

? Hilfemeldung anzeigen.

Leertaste
Das Wort an dieser Stelle akzeptieren.

Nummer
Ersetzt falsches Wort durch Vorschlag Nummer *Nummer*.

!*Befehl*
Ruft die Shell auf und führt den *Befehl* aus. Vor der Rückkehr wird auf einen Tastendruck gewartet.

a Akzeptiert das Wort als korrekt, nimmt es jedoch nicht in das persönliche Wörterbuch auf.

i Akzeptiert das Wort als korrekt und fügt es (mit der Groß-/Kleinschreibung wie in der Datei) dem persönlichen Wörterbuch hinzu.

l Durchsucht das Systemwörterbuch.

q Beendet das Programm, ohne die Änderungen zu speichern.

r Ersetzt das falsche Wort.

u Akzeptiert das Wort und fügt es in Kleinbuchstaben dem persönlichen Wörterbuch hinzu.

x Speichert die Änderungen und springt zur nächsten Datei.

^L Bildschirm neu zeichnen.

^Z **ispell** vorübergehend unterbrechen.

---

join

join [*Optionen*] *Datei1 Datei2*

Führt die Zeilen zweier sortierter Dateien anhand von Übereinstimmungen in einem gemeinsamen Feld zusammen. Wenn *Datei1* oder *Datei2* – ist, wird von der Standardeingabe gelesen.

Optionen

-a *Dateinummer*
: Gibt neben der normalen Ausgabe für jede Zeile ohne Gegenstück eine Zeile in der Datei *Dateinummer* aus.

-e *String*
: Ersetzt die fehlenden Eingabefelder durch *String*.

-i, --ignore-case
: Groß-/Kleinschreibungsunterschiede beim Vergleichen ignorieren.

-1 *Feldnummer1*
: Das Vergleichsfeld in *Datei1* ist *Feldnummer1*. Der Default ist das erste Feld.

-2 *Feldnummer2*
: Das Vergleichsfeld in *Datei2* ist *Feldnummer2*. Der Default ist das erste Feld.

-o *Feldliste*
: Sortiert die Ausgabefelder anhand von *Feldliste*, wobei jeder Eintrag in dieser Liste das Format *Dateinummer.Feldnummer* hat. Die Einträge werden durch Kommata oder Leerzeichen voneinander getrennt.

-t *Zeichen*
: Gibt das Feldtrennzeichen an (der Default ist beliebiger Leerraum).

-v *Dateinummer*
: Gibt nur Zeilen ohne Gegenstück aus *Dateinummer* aus.

--help
: Gibt einen Hilfstext aus und beendet dann das Programm.

--version
: Gibt die Versionsnummer aus und beendet dann das Programm.

kbd_mode

kbd_mode [*Option*]

kbd_mode gibt den aktuellen Tastaturmodus aus oder stellt ihn ein. Dies kann RAW, MEDIUMRAW oder XLATE sein.

Optionen

-a Setzt Modus auf XLATE (ASCII-Modus).

-k Setzt Modus auf MEDIUMRAW (Tastaturcode-Modus).

-s Setzt Modus auf RAW (Scancode-Modus).

-u Setzt Modus auf UNICODE (UTF-8-Modus).

kbdrate

kbdrate [*Optionen*]

Befehl zur Systemverwaltung. Einstellen der Geschwindigkeit und Verzögerung beim Wiederholen von Zeichen über die Tastatur. Wenn keine Optionen angegeben werden, wird die Wiederholrate auf 10,9 Zeichen pro Sekunde und die Default-Verzögerung auf 250 Millisekunden eingestellt. Beim Hochfahren von Linux wird die Wiederholrate dagegen auf 30 Zeichen pro Sekunde gesetzt.

Optionen

-s Keine Meldungen ausgeben.

-r *Rate*
: Angeben der Wiederholrate. Die folgenden Werte sind erlaubt (jeweils in Zeichen pro Sekunde): 2.0, 2.1, 2.3, 2.5, 2.7, 3.0, 3.3, 3.7, 4.0, 4.3, 4.6, 5.0, 5.5, 6.0, 6.7, 7.5, 8.0, 8.6, 9.2, 10.0, 10.9, 12.0, 13.3, 15.0, 16.0, 17.1, 18.5, 20.0, 21.8, 24.0, 26.7 und 30.0.

-d *Verzögerung*
: Angeben der Verzögerung. Die folgenden Werte (in Millisekunden) sind erlaubt: 250, 500, 750 und 1000.

kerneld

kerneld

Befehl zur Systemadministration. **kerneld** lädt Kernel-Module bei Bedarf automatisch, wodurch der Speicherverbrauch durch den Kernel aufgrund unbenutzter Module reduziert und das manuelle Laden von Modulen mit **modprobe** oder **insmod** unnötig gemacht wird. Wenn ein Modul mehr als eine Minute nicht verwendet worden ist, wird es von **kerneld** automatisch entfernt.

kerneld ist ein Bestandteil des modutils-Pakets und wird während der Konfiguration des Kernels eingerichtet. Seine Funktionalität wird durch Interaktionen zwischen diesem Paket und dem Kernel gewährleistet. **kerneld** kennt die gebräuchlichsten Modultypen. Wenn mehr als ein Modul für ein Gerät (z.B. einen Netzwerktreiber) verwendet werden kann, zieht **kerneld** die Konfigurationsinformationen in */etc/conf.modules*, die Pfadinformationen und Aliasnamen für alle ladbaren Module enthalten, zu Rate, um das richtige Modul zu bestimmen.

kerneld kann auch dazu verwendet werden, um bei Bedarf Netzwerkverbindungen über Telefonleitungen, wie z.B. SLIP oder PPP, aufzubauen (»dial-on-demand«). Der Wunsch nach einer Netzwerkverbindung veranlaßt **kerneld**, die entsprechenden Module zu laden und die Verbindung zum Server aufzubauen.

kill [*Option*] *IDs*

Dies ist der Befehl **/bin/kill**; es gibt auch einen Shell-Befehl gleichen Namens. Der Befehl schickt ein Signal, um einen oder mehrere durch ihre IDs angegebenen Prozesse zu beenden. Dazu muß Ihnen der Prozeß gehören, oder Sie müssen der Superuser sein. Wenn kein Signal angegeben wird, wird TERM geschickt.

Optionen

-l
: Listet alle Signale auf.

-p
: Die Prozeß-ID des namentlich angegebenen Prozesses ausgeben, aber kein Signal schicken. Geben Sie den vollständigen Pfad an, um diese Option verwenden zu können (z.B. **/bin/kill -p**).

-*Signal*
: Die Signalnummer entsprechend */usr/include/sys/signal.h*) oder der Signalname (aus **kill -l**). Das Signal Nummer 9 (HUP) kann nicht vom Prozeß abgefangen werden; Sie können damit einen Prozeß beenden, den ein normales **kill** nicht beenden kann. Der Default ist TERM.

killall [*Optionen*] *Namen*

killall beendet Prozesse anhand ihrer Namen. Führt mehr als ein Prozeß den angegebenen Befehl aus, werden alle beendet. Befehlsnamen, die ein / enthalten, werden als Programmdateien interpretiert. Es werden alle Prozesse beendet, die dieses Programm ausführen.

Optionen

–*Signal*
: Sendet *Signal* an den Prozeß (Vorgabewert ist TERM). *Signal* kann ein Signalname oder eine Nummer sein.

e
: Verlangt beim Beenden von Prozessen mit sehr langen Namen (mit mehr als 15 Zeichen) den genauen Namen. Normalerweise löscht **killall** alles, auf das die ersten 15 Zeichen passen. Mit **-e** werden solche Einträge übersprungen. (**-v** gibt in diesem Fall für jeden übersprungenen Eintrag eine Meldung aus.)

-g
: Beendet die Prozeßgruppe, zu der der Prozeß gehört.

-i
: Fragt nach, bevor ein Prozeß abgebrochen wird.

-l
: Gibt eine Liste aller verfügbaren Signale aus.

-q
: Keine Fehlermeldung bei nicht-beendeten Prozessen ausgeben.

-v
: Zeigt nach dem Löschen eines Prozesses eine Erfolgsmeldung mit der Prozeß-ID an (verbose).

→

killall ←	**-V** Versionsinformationmen ausgeben. **-w** Darauf warteten, daß alle beendeten Prozesse auch wirklich beendet sind. Beachten Sie, daß **killall** ewig warten muß, wenn das Signal ignoriert wurde, keine Wirkung hatte oder der Prozeß ein Zombie bleibt.
killall5	**killall5** **killall5** ist das System-V-Äquivalent von **killall**. Dieses Programm löscht alle laufenden Prozesse bis auf diejenigen, von denen es selbst abhängt.
klogd	**klogd** [*Optionen*] Befehl zur Systemadministration. Bestimmt, welche Kernel-Meldungen auf der Konsole ausgegeben werden sollen, ordnet die Meldungen nach Prioritäten und speichert sie via **syslogd** ab. Auf vielen anderen Betriebssystemen sind **syslogd** und **klogd** ein Programm, aber unter Linux sind sie getrennt. **klogd** erhält die Kernel-Meldungen durch Absuchen des */proc*-Dateisystems sowie von Systemaufrufen von **syslogd**. Standardmäßig erscheinen keine Meldungen auf der Konsole. Die Meldungen sind in acht Ebenen aufgeteilt (0–7); die Ebenennummer wird jeder Meldung vorangestellt. ***Prioritätsebenen*** 0 Notfallsituation (**KERN_EMERG**) 1 Ein fataler Fehler ist aufgetreten (**KERN_ALERT**). 2 Ein schwerwiegender Fehler ist aufgetreten (**KERN_CRIT**). 3 Ein Fehler ist aufgetreten (**KERN_ERR**). 4 Warnung (**KERN_WARNING**) 5 Normale Situation, eine Überprüfung ist aber angeraten (**KERN_NOTICE**). 6 Information (**KERN_INFO**) 7 Debugging-Meldung (**KERN_DEBUG**) ***Optionen*** **-c** *Ebene* Alle Meldungen mit einer höheren Priorität (niedrigeren Nummer) als *Ebene* werden auf die Konsole ausgegeben. **-d** Debugging-Modus

-f *Datei*
Alle Meldungen in *Datei* ausgeben; normales Logging unterdrükken.

klogd

-k *Datei*
Datei als Quelle für Kernel-Symbole verwenden.

-n Nicht automatisch in den Hintergrund gehen. Dies wird benötigt, wenn **klogd** von **init** aus gestartet wird.

-o One-Shot-Modus. Alle aktuellen Meldungen werden nach Prioritäten sortiert und ausgegeben, danach beendet sich **klogd**.

-s Keine Meldungen aus dem */proc*-Dateisystem lesen.

Dateien

/usr/include/linux/kernel.h, /usr/include/sys/syslog.h
Definitionen der einzelnen Ebenen

/proc/kmsg
Datei in */proc*, die nach Meldungen abgesucht wird

/var/run/klogd.pid
Prozeß-ID von **klogd**

---

ksyms [*Optionen*]

ksyms

Befehl zur Systemverwaltung. Ausgeben einer Liste aller exportierten Kernel-Symbole mit Namen, Adresse und definierendem Modul (wo möglich).

Optionen

-a Auch Symbole nicht-geladener Module ausgeben.

-h Startmeldung nicht mit ausgeben.

-m Startadresse und Größe mit ausgeben. Nur sinnvoll für Symbole aus geladenen Modulen.

Datei

/proc/ksyms
Enthält die gleichen Informationen.

---

lastlog [*Optionen*]

lastlog

Befehl zur Systemverwaltung. Gibt die letzten Anmeldezeiten für System-Accounts aus. Die Anmeldeinformationen werden aus der Datei */var/log/lastlog* gelesen.

→

lastlog
←

Optionen

-t*n* Nur Anmeldungen ausgeben, die nicht mehr als *n* Tage zurückliegen.

-u*Name*
Nur die Informationen für den Benutzer *Name* ausgeben.

---

ld

ld [*Optionen*] *Objektdateien*

ld faßt mehrere *Objektdateien* in der angegebenen Reihenfolge in einer einzelnen, ausführbaren Datei zusammen, die standardmäßig *a.out* heißt. **ld** ist der Link-Editor und wird meistens automatisch vom Compiler aufgerufen.

Optionen

-c *Datei*
Lesen und Ausführen von Link-Editor-Befehlen aus der Datei *Datei*.

-d, -dc, -dp
Sie weisen häufig verwendeten Symbolen auch dann Platz zu, wenn eine relozierbare Datei erzeugt wird.

-defsym *Symbol=Ausdruck*
Erzeugen des globalen Symbols *Symbol* mit dem Wert *Ausdruck*.

-e *Symbol*
Symbol als Adresse des Einsprungpunkts der erzeugten Datei verwenden.

-i Erzeugen einer »linkbaren« Ausgabedatei; die Magic Number wird, wenn möglich, auf OMAGIC gesetzt.

-l*Archiv*
Aufnehmen der Archivdatei oder der dynamischen Bibliothek *Archiv* in die Liste der zu »linkenden« Dateien.

-m *Linker*
Emulation von *Linker*.

-n Die »Text Section« der Ausgabedatei auf Nur-Lesen setzen. Die Magic Number wird, wenn möglich, auf NMAGIC gesetzt.

-noinhibit-exec
Auch wenn beim »Linken« Fehler aufgetreten sind, wird eine Ausgabedatei erzeugt.

-o *Datei*
Die Ausgabe wird nach *Datei* anstelle von *a.out* geschrieben.

-oformat *Format*
Angeben des Formats der Ausgabe.

-r Erzeugen einer »linkbaren« Ausgabedatei; die Magic Number wird, wenn möglich, auf QMAGIC gesetzt.

-s Keine Symbolinformationen in der Ausgabe aufnehmen.

-shared
Eine dynamische Bibliothek (Shared Library) erzeugen.

-sort-common
Globale allgemeine Symbole werden nicht nach Größe sortiert.

-t Ausgeben des Namens jeder Eingabedatei, während sie verarbeitet wird.

-u *Symbol*
Deklarieren des Symbols *Symbol* als undefiniert.

-v, - -version
Anzeigen der Versionsnummer.

- -verbose
Ausgeben von Informationen über **ld** sowie der Namen der Eingabedateien, während versucht wird, sie zu öffnen.

-warn-common
Ausgeben einer Warnung, wenn allgemein verwendete Symbole mit anderen Konstrukten kombiniert werden.

-warn-once
Nur eine Warnung für jedes undefinierte Symbol ausgeben.

-x Wird in Verbindung mit **-s** und **-S** verwendet und löscht alle lokalen Symbole, die mit **L** beginnen.

-L *Verzeichnis*
Durchsuchen des Verzeichnisses *Verzeichnis* nach Bibliotheken vor den Standardverzeichnissen.

-M Ausgeben einer Link-Editor-Symboltabelle auf Standardausgabe.

-Map *Datei*
Ausgeben einer Link-Editor-Symboltabelle in die Datei *Datei*.

-N Sowohl Daten- als auch Textsegmente dürfen gelesen und geschrieben werden. Wenn Unix Magic Numbers unterstützt werden, wird die Ausgabe entsprechend markiert. Das Datensegment wird nicht an einer Seitengrenze ausgerichtet.

-R *Datei*
Einlesen der Symbolnamen und Adressen aus der Datei *Datei*. *Datei* wird aber nicht reloziert und auch nicht in die Ausgabedatei mit aufgenommen.

-S Keine Symbolinformationen für den Debugger in die Ausgabedatei schreiben.

-Tbss *Adresse*
Anfang des Bss-Segments der Ausgabedatei auf *Adresse* festlegen.

→

ld
←

-Tdata *Adresse*
Anfang des Daten-Segments der Ausgabedatei auf *Adresse* festlegen.

-Ttext *Adresse*
Anfang des Text-Segments der Ausgabedatei auf *Adresse* festlegen.

-Ur Identisch mit **-r**, außer wenn C++-Programme »gelinkt« werden. In diesem Fall werden auch Referenzen auf Konstruktoren aufgelöst.

-X Wird in Verbindung mit **-s** und **-S** verwendet und löscht alle lokalen Symbole, die mit **L** beginnen.

-V Ausgeben der Versionsnummer und der Emulationen, die bei der **-m**-Option verwendet werden können.

ldconfig

ldconfig [*Optionen*] *Verzeichnisse*

Befehl zur Systemverwaltung. Untersucht die Bibliotheken in *Verzeichnisse*, */etc/ld.so.conf*, */usr/lib* und */lib* und aktualisiert Links und den Cache, soweit notwendig. **ldconfig** wird normalerweise aus Startdateien heraus oder nach der Installation neuer dynamischer Bibliotheken ausgeführt.

Optionen

-D Debugging. Alle normalen Funktionen werden nicht ausgeführt.

-l Bibliotheksmodus. Erwartet, daß die Argumente keine Verzeichnisse, sondern Bibliotheken sind, und legt die Links der angegebenen Bibliotheken automatisch an.

-n Durchsuchen von */usr/lib* und */lib* sowie Einlesen von */etc/ld.so.conf* unterdrücken; den Cache nicht verwenden.

-N Den Cache nicht verwenden, nur die Links anlegen.

-p Alle Verzeichnisse und möglichen Bibliotheken im Cache ausgeben. Erwartet keine Argumente.

-v Verbose-Modus. Ausgeben der Versionsnummer und jedes Verzeichnisses einschließlich der dort angelegten Links.

-X Keine Links anlegen, nur den Cache neu aufbauen.

Dateien

/lib/ld.so
Linker- und Ladeprogramm

/etc/ld.so.conf
Liste der Verzeichnisse, in denen üblicherweise Bibliotheken abgelegt werden.

/etc/ld.so.cache
Liste der Bibliotheken, die in den in */etc/ld.so.conf* angegebenen Verzeichnissen gefunden wurden

ldconfig

ldd [*Optionen*] *Programme*

ldd

Ausgeben einer Liste dynamischer Bibliotheken, welche die angegebenen *Programme* benötigen.

Optionen

-v Ausgeben der Versionsnummer von **ldd**.

-V Ausgeben der Versionsnummer des Linkers.

less [*Optionen*] [*Dateiname*]

less

less ist ein Programm zum Durchblättern von Dateien oder Bildschirmausgaben. Es wurde geschrieben, um die mangelnde Funktionalität von **more** auszugleichen. Einige der Befehle erlauben eine vorherige Zifferneingabe.

Optionen

-[z]*Anzahl*
Setzt die Anzahl der jeweils anzuzeigenden Zeilen auf den angegebenen Wert; voreingestellt ist eine Bildschirmseite. Eine negative *Anzahl* setzt die Anzahl der Zeilen auf *Anzahl* abzüglich der momentanen Zeilenzahl.

+[+]*Befehl*
Führt den angegebenen *Befehl* gleich beim Start aus. Falls der *Befehl* eine Zahl ist, wird zu der entsprechenden Zeile gesprungen. Die Option ++ läßt diesen Befehl auf jede Datei in der Dateiliste der Kommandozeile wirken.

-? Zeigt einen Hilfebildschirm. Alle anderen Optionen werden ignoriert, es werden auch keine Dateiinhalte angezeigt.

-a Bewirkt, daß bei Suchbefehlen ab der letzten angezeigten Zeile gesucht wird, nicht von der zweiten angezeigten Zeile an.

-b*Anzahl*
Benutzt die angegebene *Anzahl* Puffer für jede Datei (Vorgabe: 10). Puffer belegen jeweils 1 KByte Speicher.

-c Führt einen Bildschirmaufbau von oben, nicht von unten her durch.

-d Unterdrückt die Anzeige von Terminal-Fehlermeldungen.

-e Beendet das Programm, nachdem zweimal *EOF* erreicht wurde.

→

less ←

-f Unterdrückt Warnungen beim Öffnen von Binärdateien.

-g Zeigt nur den vom letzten Suchkommando gefundenen Text hervorgehoben an, nicht alle passenden Textstellen.

-h*Anzahl*
: Blättert niemals mehr als *Anzahl* Zeilen auf einmal zurück.

-i Macht Suchanfragen unabhängig von Groß-/Kleinschreibung, solange der zu suchende Text keine Großbuchstaben enthält.

-j*Nummer*
: Positioniert die »Zielzeile« auf der *Nummer*-ten Bildschirmzeile. »Zielzeile« kann das Ergebnis einer Suche oder eines Sprungs sein. Die Zeilen werden vom oberen Bildschirmrand aus gezählt. Bei einer negativen *Nummer* wird vom unteren Bildschirmrand aus gezählt.

-k*Datei*
: Liest *Datei* zur Definition einer speziellen Tastaturbelegung.

-m Zeigt eine dem **more**-Programm entsprechende Statusmeldung (Prompt) inklusive der Prozentanzeige des bereits angezeigten Textes an.

-n Schaltet das Zählen der Zeilennummern ab. Dadurch werden die **-m**- und **-M**-Optionen sowie die Befehle **=** und **v** beeinflußt (die Zeilennummer wird nicht an den Editor weitergegeben).

-o*Datei*
: Kopiert die Ausgabe von aus einer Pipe stammenden Informationen in *Datei* und auf den Bildschirm. Es wird nach einer Bestätigung verlangt, wenn *Datei* bereits existiert.

-p*Muster*
: Sucht beim Start nach dem ersten Auftreten von *Muster*.

  m Setzt einen kurzen Prompt (definiert durch **-m**).

  M Setzt einen langen Prompt (definiert durch **-M**).

  = Setzt eine Nachricht entsprechend dem Befehl **=**.

-q Deaktiviert den Signalton bei Versuchen, vor den Dateianfang oder hinter *EOF* zu blättern. Statt dessen wird, wenn möglich, ein optisches Signal erzeugt.

-r Zeigt Steuerzeichen direkt an, anstatt die übliche ^*x*-Notation zu benutzen. Diese Option kann bei Erscheinen bestimmter Steuerzeichen zu Anzeigeproblemen führen.

-s Druckt aufeinanderfolgende Leerzeilen als eine Zeile.

-t*Tag*
: Editiert die Datei, die *Tag* enthält. Es wird in der Datei *./tags* nachgeschlagen (angelegt von **ctags**).

-u Behandelt Backspaces und Wagenrückläufe als druckbare Zeichen.

-w Zeigt Zeilen nach einem *EOF* als Leerzeilen an, anstatt sie mit einer Tilde (~) zu füllen.

-x*n* Setzt die Tabulatorweite auf *n* Zeichen. Vorgabewert ist 8.

-y*n* Blättert niemals mehr als *Anzahl* Zeilen auf einmal vorwärts.

-B Verhindert das automatische Belegen von Puffern für Daten aus einer Pipe. Falls durch **-b** eine Pufferzahl vorgegeben wurde, werden genau so viele Puffer belegt. Falls notwendig, werden Informationen aus vorhergehenden Bildschirmen gelöscht, um Platz zu schaffen.

-C Zeichnet den Bildschirm neu, indem er gelöscht und dann von oben nach unten aufgebaut wird.

-E Beendet das Programm, nachdem *EOF* erreicht wurde.

-G Unterdrückt das Hervorheben gefundener Textstellen.

-I Macht Suchanfragen unabhängig von Groß-/Kleinschreibung, auch wenn der zu suchende Text Großbuchstaben enthält.

-M Zeigt noch mehr Informationen im Prompt als mit **-m**, inklusive Prozentsatz der angezeigten Daten, Gesamtzeilenzahl und aktueller Zeilennummer.

-N Druckt die aktuelle Zeilennummer vor jeder Zeile.

-O*Datei*
Entspricht **-o**, aber überschreibt vorhandene Dateien ohne Rückfrage.

-P[m,M,=]*Prompt*
Setzt den *prompt* (entsprechend **-m**, **-M** oder **=**). Vorgegeben ist ein kurzer Prompt (**-m**).

-Q Unterdrückt die Auslösung eines Signaltons.

-S Schneidet lange Zeilen ab, anstatt sie auf die nächste Zeile umzubrechen.

-T*Datei*
Liest zusammen mit der **-t** Option oder dem **:t** Befehl statt *./tags* die Datei *Datei*.

-U Interpretiert Backspaces und Wagenrückläufe als Steuerzeichen.

-X Unterdrückt die Initialisierungs- und Deinitialisierungssequenzen von Termcap.

Befehle

Vielen Befehlen kann ein numerisches Argument vorangestellt werden, was in der Befehlsbeschreibung als an *Anzahl* aufgegriffen wird.

SPACE, ^V, f, ^F
Blättert um die eingestellte Zeilenzahl weiter (üblicherweise eine Bildschirmseite).

→

less ←

z Wirkt ähnlich wie SPACE, jedoch kann hier die gewünschte Zeilenzahl mit angegeben werden, die dann auch für SPACE gilt.

RETURN, ^N, e, ^E, j, ^J
Blättert um die eingestellte Zeilenzahl weiter (üblicherweise eine Zeile), auch wenn dies mehr als eine Bildschirmseite wäre.

d, ^D
Blättert um eine halbe Bildschirmseite weiter. Wird ein Wert angegeben, so wird dieser als neue Zeilenzahl festgelegt.

b, ^B, ESC-v
Blättert rückwärts, normalerweise eine Bildschirmseite weit.

w Entspricht **b**, erlaubt aber das Einstellen eines Standardwertes, der dann auch für **b** gilt.

y, ^Y, ^P, k, ^K
Blättert rückwärts. Voreingestellt ist eine Zeile. Bei Angabe einer größeren Zeilenzahl wird auch dann geblättert, wenn dabei eine Bildschirmseite überschritten wird.

u, ^U
Blättert rückwärts, üblicherweise eine halbe Bildschirmseite weit. Wird eine Zeilenzahl angegeben, so ist diese der neue Vorgabewert.

r, ^R, ^L
Baut den Bildschirm neu auf.

R Entspricht **r**, löscht jedoch bereits gepufferte Eingaben.

F Blättert vorwärts. Wenn dabei ein *EOF* erreicht wird, wird versucht, weitere Daten zu lesen. **less** verhält sich dann ähnlich wie **tail -f**.

g, <, ESC-<
Springt zu einer Zeile. Voreingestellt ist Zeile 1.

G, >, ESC->
Springt zu einer Zeile. Voreingestellt ist die letzte Zeile.

p, % Bis zu einer Position springen, an der *Anzahl* Prozent des Dateiinhalts erreicht sind.

{ Sucht die passende }, falls die erste Bildschirmzeile eine { enthält. Befinden sich mehrere { in der ersten Bildschirmzeile, wird nach der Nummer gefragt, deren Gegenstück gesucht werden soll.

} Sucht die passende {, falls die letzte Bildschirmzeile eine } enthält. Befinden sich mehrere } in der untersten Bildschirmzeile, wird nach der Nummer gefragt, deren Gegenstück gesucht werden soll.

(Sucht die passende), falls die erste Bildschirmzeile eine (enthält. Befinden sich mehrere (in der ersten Bildschirmzeile, wird nach der Nummer gefragt, deren Gegenstück gesucht werden soll.

) Sucht die passende (, falls die letzte Bildschirmzeile eine) enthält. Befinden sich mehrere) in der untersten Bildschirmzeile, wird nach der Nummer gefragt, deren Gegenstück gesucht werden soll.

[Sucht die passende], falls die erste Bildschirmzeile eine [enthält. Befinden sich mehrere [in der ersten Bildschirmzeile, wird nach der Nummer gefragt, deren Gegenstück gesucht werden soll.

] Sucht die passende [, falls die letzte Bildschirmzeile eine] enthält. Befinden sich mehrere] in der untersten Bildschirmzeile, wird nach der Nummer gefragt, deren Gegenstück gesucht werden soll.

ESC-^F
: Entspricht {, fragt jedoch nach zwei Zeichen, auf die sich die Suche beziehen soll.

ESC-^B
: Entspricht }, fragt jedoch nach zwei Zeichen, auf die sich die Suche beziehen soll.

m Fragt nach einem Kleinbuchstaben, der als Markierung für die aktuelle Zeile benutzt werden soll.

' Fragt nach einem Kleinbuchstaben und begibt sich in die durch ihn markierte Zeile. Folgende Sonderzeichen sind vordefiniert:

- ' Kehrt zur Stelle vor der letzten »großen Bewegung« zurück.
- ^ Springt an den Dateianfang.
- $ Springt an das Dateiende.

^X^X
: Entspricht '.

/Muster
: Sucht nach dem nächsten Auftauchen von *Muster*, ausgehend von der zweiten angezeigten Zeile. Vor *Muster* können folgende Sonderzeichen angewendet werden:

- ! Sucht nach Zeilen, die *Muster* NICHT enthalten.
- * Sucht in der nächsten Datei weiter, falls *Muster* in der aktuellen Datei nicht vorkommt.
- @ Sucht von der ersten Zeile der ersten angegebenen Datei an, egal, wo man sich gerade befindet.

?Muster
: Sucht rückwärts, beginnend bei der Zeile vor der ersten angezeigten Zeile. !, * und @ werden wie bei / interpretiert.

ESC-*/Muster*
: Entspricht /* .

ESC-*?Muster*
: Entspricht ?*.

n Wiederholt die letzte Suche nach *Muster*.

→

less
←

N Wiederholt die letzte Suche nach *Muster*, jedoch in umgekehrter Richtung.

ESC-n
Wiederholt die letzte Suche, jedoch so, als wäre sie mit * versehen gewesen.

ESC-N
Wiederholt die letzte Suche, jedoch so, als wäre sie mit * versehen gewesen, und in umgekehrter Richtung.

ESC-u
Schaltet das Hervorheben gefundener Textstellen ein oder aus.

:e [*Dateiname*]
Liest *Dateiname* ein und fügt die Datei der Liste der zu bearbeitenden Dateien hinzu. Fehlt die Angabe von *Dateiname*, wird die aktuelle Datei neu eingelesen. *Dateiname* kann Sonderzeichen enthalten:

% aktueller Dateiname

Name der vorherigen Datei

^X^V, E
Entspricht **:e**.

:n Liest die nächste Datei in der Dateienliste.

:p Liest die vorherige Datei in der Dateienliste.

:x Liest die erste Datei in der Dateienliste.

:f, =, ^G
Gibt folgende Informationen aus: Dateiname, Position in der Dateienliste, Zeilennummer der ersten Bildschirmzeile, Gesamtanzahl der Zeilen, Zeichennummer des ersten Zeichens auf dem Bildschirm und die Gesamtzeichenzahl.

- Führt, gefolgt von einer gültigen Kommandozeilenoption, die entsprechende Einstellung am laufenden Programm durch. Ein eventuell erforderliches Argument wird interaktiv erfragt.

-+ Setzt, gefolgt von einer gültigen Kommandozeilenoption, die entsprechene Einstellung auf den Standardwert zurück.

-- Setzt, gefolgt von einer gültigen Kommandozeilenoption, die entsprechene Einstellung auf das Gegenteil vom Standardwert, wenn solch ein Wert eindeutig bestimmt ist.

_ Zeigt, gefolgt von einer gültigen Kommandozeilenoption, die aktuelle Einstellung an.

+*Befehl*
Führt den *Befehl* jedesmal aus, wenn eine neue Datei eingelesen wird.

q, :q, :Q, ZZ
Beendet das Programm.

v Ist nicht in allen Versionen verfügbar. Es wird **vi** bzw. der in $VISUAL oder $EDITOR angegebene Editor aufgerufen.

! [*Befehl*]
Ist nicht in allen Versionen verfügbar. Es wird **sh** bzw. $SHELL aufgerufen. Wurde ein *Befehl* angegeben, wird er ausgeführt und die Shell beendet. Folgende Sonderzeichen sind verfügbar:

% Name der aktuellen Datei

\# Name der letzten Datei

!! Letzter Shell-Befehl

| *Markierung* **Befehl**
Ist nicht in allen Versionen verfügbar. Ein Ausschnitt der Datei, von der ersten Bildschirmzeile bis *Markierung*, wird an den *Befehl* weitergereicht. *Markierung* kann eine gesetzte Markierung oder eines der folgenden Sonderzeichen sein:

^ ab Dateianfang

$ bis Dateiende

., **newline**
aktueller Bildschirminhalt

less

Befehls-referenz

Statusmeldungen

Die Statusmeldung (Prompt) kann über die Option **-P** frei definiert werden. Dabei werden bestimmte Zeichenketten verschieden interpretiert. Diejenigen, die mit % anfangen, werden immer ausgewertet, die mit ? beginnenden Ausdrücke werden nur ausgewertet, wenn bestimmte Bedingungen zutreffen. Einige Audrücke bestimmen die Position bestimmter Bildschirmzeilen. Diese Ausdrücke benötigen eine Angabe über die anzuwendende Methode. Weitere Informationen finden Sie bei der Option **-P** und in der Man-Page.

ln [*Optionen*] *Quellname* [*Zielname*]
ln [*Optionen*] *Quellnamen Zielverzeichnis*

ln

ln erstellt Pseudonyme (Verknüpfungen) für Dateien, so daß diese unter verschiedenen Namen angesprochen werden können. In der ersten Form wird die Datei *Quellname* mit dem Pseudonym *Zielname* verknüpft, wobei *Zielname* normalerweise ein neuer Dateiname oder (falls nicht angegeben) der Name des aktuellen Verzeichnisses ist. Ist *Zielname* eine existierende Datei, so wird sie mit der Verknüpfung auf *Quellname* überschrieben; ist *Zielname* ein existierendes Verzeichnis, wird eine Verknüpfung namens *Quellname* in diesem Verzeichnis angelegt. In der zweiten Form werden im *Zielverzeichnis* gleichnamige Verknüpfungen auf die *Quellnamen* angelegt.

→

Optionen

-b, --backup
Kopiert Dateien, bevor sie gelöscht werden.

-d, -F, --directory
Soll feste Verknüpfungen auf Verzeichnisse erzeugen. Um die Konsistenz des Dateisystems zu erhalten, ist diese Funktion unter Linux verboten.

-f, --force
Unterdrückt die Rückfrage beim Überschreiben von Dateien (force).

--help
Hilfetext ausgeben und beenden.

-i, --interactive
Fragt nach Erlaubnis, bevor Dateien überschrieben werden.

-n, --no-dereference
Ersetzt symbolische Verknüpfungen, anstatt sie als Referenz auf ihre Verknüpfung auszuwerten. **--force** ist in diesem Zusammenhang nützlich.

-s, --symbolic
Erstellt eine symbolische Verknüpfung. Dies erlaubt Verknüpfungen zu Verzeichnissen und über Dateisystemgrenzen hinweg und ermöglicht es, den Namen der verknüpften Datei zu sehen, wenn **ls -l** aufgerufen wird (andernfalls wäre der Name des Verknüpfungsziels unsichtbar).

-S *Suffix*, **--suffix** *Suffix*
Hängt *Suffix* an die Sicherheitskopien an anstatt der Vorgabeendung ~.

-v, --verbose
Verbose-Modus

--version
Versionsinformationen ausgeben und das Programm beenden.

-V, --version-control *Wert*
Definiert die Namensgebung beim Anlegen von Sicherheitskopien.

t, numbered
numeriert

nil, existing
Einfach (~), es sei denn, eine numerierte Sicherheitskopie existiert bereits. In diesem Fall wird eine weitere numerierte Kopie angelegt.

never, simple
einfach

locate [*Optionen*] *Muster* — **locate**

locate durchsucht Datenbanken mit Dateinamen und listet Übereinstimmungen auf. *, ?, [und] werden gesondert behandelt; / und . nicht. Als Übereinstimmung gewertet werden alle Dateien, die *Muster* enthalten, es sei denn, *Muster* enthält eines oder mehrere der oben aufgeführten Sonderzeichen. In diesem Falle muß die Übereinstimmung komplett sein.

Optionen

-d *Pfad*, --database=*Pfad*
: Durchsucht Datenbanken in *Pfad*. *Pfad* muß eine durch Kommata getrennte Liste sein.

-h, --help
: Hilfetext anzeigen und beenden.

--version
: Versionsnummer ausgeben und beenden.

---

lockfile [*Optionen*] *Dateinamen* — **lockfile**

lockfile generiert Signaldateien, um Zugriffe auf eine Datei zu begrenzen. Wenn eine Signaldatei nicht angelegt werden kann (da schon vorhanden), wird eine Pause von acht Sekunden eingelegt und dann ein erneuter Versuch gestartet, bis es gelingt. Das Programm bearbeitet Flags in der Reihenfolge ihrer Angabe. Das bedeutet, daß ein Flag nur die nach ihm angegebenen Dateien betrifft.

Optionen

-*Wartezeit*
: Gibt die Zeit an, die **lockfile** wartet, bevor es erneut versucht, eine Datei zu erzeugen. Der Default liegt bei 8 Sekunden.

-! Invertiert den Rückgabewert. Nützlich in Shell-Skripten.

-l *Sperrzeit*
: Gibt die Zeit (in Sekunden) an, nach der eine Sperrdatei nach ihrer letzten Veränderung automatisch entfernt wird. Siehe auch -s.

-ml, -mu
: Wenn die Zugriffsrechte auf das E-Mail-Spool-Verzeichnis des Systems es erlauben oder **lockfile** entsprechende setgid-Rechte hat, kann es Ihre System-Mailbox mit **-ml** und **-mu** entsprechend sperren und entsperren.

→

lockfile
←

-r *Versuche*
Bricht nach der angegebenen Anzahl vergeblicher *Versuche* ab; voreingestellt ist –1 (unendlich). Wird abgebrochen, werden alle bereits angelegten Signaldateien wieder gelöscht.

-s *Wartezeit*
Nachdem eine Sperrdatei zwangsweise entfernt worden ist (siehe -l), folgt defaultmäßig eine Wartezeit von 16 Sekunden (damit nicht unabsichtlich eine gerade von einem anderen Programm angelegte Sperrdatei gelöscht wird). Mit dieser Option können Sie die Wartezeit bestimmen.

---

logger

logger [*Optionen*] [*Meldung...*]

TCP/IP-Befehl. Hinzufügen von Meldungen in die Log-Dateien des Systems. Die Meldung kann von der Kommandozeile oder der Standardeingabe gelesen werden.

Optionen

-f *Datei*
Einlesen der *Nachricht* aus *Datei*.

-i Hinzufügen der Prozeßnummer des **logger**-Prozesses.

-p *pri*
Meldung mit der angegebenen Priorität *pri* versehen. Der Default ist »user.notice«.

-t *Tag*
Jede Zeile mit dem angegebenen *Tag* markieren.

---

login

login [*Name* | *Option*]

login meldet einen Benutzer bei einem System an. Der Benutzer wird nach seinem Benutzernamen (*Name* kann in der Kommandozeile angegeben werden) und seinem Paßwort (falls benötigt) gefragt.

Falls die Anmeldung erfolgreich war, aktualisiert **login** Protokolldateien, setzt verschiedene Umgebungsvariablen, teilt dem Benutzer mit, ob er Post erhalten hat, und führt die Startdateien aus.

Niemand – mit Ausnahme von **root** – kann sich einloggen, wenn */etc/nologin* existiert. Diese Datei wird vor Abbruch einer Verbindung angezeigt. **root** kann sich in diesem Fall ausschließlich von einem TTY-Terminal einloggen, das in */etc/securetty* benannt ist. Existiert *~/.hushlogin*, erfolgt die Anmeldung ohne Ausgabe von Statusmeldungen. Ist */var/adm/lastlog* vorhanden, wird der Zeitpunkt der letzten Anmeldung ausgegeben.

login

Optionen

-f Soll die Authentifizierung einer zweiten Login-Prozedur umgehen, wird aber unter Linux nicht unterstützt.

-h *Host*
: Dient beim Login von einem entfernten Rechner zur Übergabe des *Hosts* vom Ursprungsrechner der Verbindung. Diese Option ist nur verfügbar, wenn der Login-Prozeß mit Superuser-Rechten läuft.

-p Unterdrückt das Setzen von Umgebungsvariablen. Die vorherige Konfiguration wird beibehalten.

---

logname

logname [*Option*]

logname durchsucht */etc/utmp* nach dem Login-Namen des Benutzers. Bei Erfolg wird er ausgegeben, ansonsten wird eine Fehlermeldung angezeigt.

Optionen

--help
: Hilfetext ausgeben und beenden.

--version
: Versionsnummer ausgeben und beenden.

---

logrotate

logrotate [*Optionen*] *Konfigurationsdateien*

Befehl zur Systemverwaltung. Protokolldateien entsprechend der Befehle in den *Konfigurationsdateien* manipulieren.

Optionen

-d Debugging Modus. Die Protokolldateien werden nicht verändert.

-s, **--state** *Datei*
: Zustandsinformationen in *Datei* speichern. Der Default ist */var/lib/logrotate.status*.

--usage
: Informationen über die Version und das Copyright ausgeben.

Befehle

compress
: Alte Versionen der Protokolldateien mit **gzip** komprimieren.

→

logrotate
←

copytruncate
Protokolldatei erst kopieren, dann verkürzen. Kann bei Programmen verwendet werden, deren Protokollausgaben nicht vorübergehend angehalten werden können.

create [*Zugriffsrechte*] [*Besitzer*] [*Gruppe*]
Nach der Rotation wird die Prokolldatei mit den angegebenen Parametern neu angelegt. *Zugriffsrechte* muß als Oktalzahl angegeben werden. Wenn einer der Parameter fehlt, werden die ursprünglichen Attribute der Datei verwendet.

daily
Protokolldateien täglich rotieren.

delaycompress
Protokolldatei erst bei der nächsten Rotation komprimieren.

errors *Adresse*
Alle Fehler per E-Mail an die angegebene *Adresse* melden.

endscript
Beendet ein **postrotate**- bzw. **prerotate**-Skript.

ifempty
Protokolldatei auch dann rotieren, wenn sie leer ist. Überschreibt die Default-Option **notifempty**.

include *Datei*
Datei in die aktuelle Datei einlesen. Wenn es sich bei *Datei* um ein Verzeichnis handelt, werden alle Dateien in diesem Verzeichnis eingelesen.

mail *Adresse*
Alle gelöschten Protokolldateien per E-Mail an die angegebene *Adresse* schicken.

monthly
Protokolldateien nur beim ersten Aufruf von **logrotate** in einem Monat rotieren.

nocompress
Überschreibt **compress**.

nocopytruncate
Überschreibt **copytruncate**.

nocreate
Überschreibt **create**.

nodelaycompress
Überschreibt **delaycompress**.

noolddir
Überschreibt **olddir**.

notifempty
Überschreibt **ifempty**.

olddir *Verzeichnis*
Verschiebt die Protokolldateien zum Rotieren nach *Verzeichnis*. *Verzeichnis* muß auf dem gleichen physikalischen Gerät wie die ursprünglichen Protokolldateien liegen.

postrotate
Leitet ein Skript von Anweisungen ein, die ausgeführt werden, nachdem die Protokolldatei rotiert worden ist. Das Skript endet mit der Anweisung **endscript**.

prerotate
Leitet ein Skript von Anweisungen ein, die ausgeführt werden, bevor die Protokolldatei rotiert wird. Das Skript endet mit der Anweisung **endscript**.

rotate *Anzahl*
Gibt an, wie oft eine Protokolldatei rotiert wird, bevor sie entfernt wird.

size *n*[**k** |**M**]
Rotiert eine Protokolldatei, wenn sie größer als *n* Byte ist. Auf *n* kann optional ein **k** für KByte oder ein **M** für MByte folgen.

look

look [*Optionen*] *String* [*Datei*]

look sucht in *Datei* (Vorgabe: */usr/dict/words*) nach Textzeilen, die mit *String* anfangen.

Optionen

-a Alternatives Wörterbuch */usr/dict/web2* verwenden.

-d Vergleicht nur alphanumerische Zeichen.

-f Sucht ohne Berücksichtigung der Groß-/Kleinschreibung.

-t *Zeichen*
Untersucht nur Zeichen bis einschließlich *Zeichen*.

lpc

lpc [*Befehl*]

Befehl zur Systemverwaltung. Steuert einen Drucker. Wenn **lpc** ohne Befehl aufgerufen wird, werden Befehle von der Standardeingabe gelesen.

Befehle

?, **help** [*Befehle*]
Gibt eine Liste der Befehle oder einen Hilfetext zu bestimmten Befehlen aus.

→

lpc
←

abort all | *Drucker*
Beendet den aktuellen Drucker-Daemon und sperrt das Drucken auf dem angegebenen *Drucker*.

clean all | *Drucker*
Dateien, die nicht gedruckt werden können, aus den angegebenen Druckerwarteschlangen löschen.

disable all | *Drucker*
Die angegebenen Druckerwarteschlangen anhalten.

down all | *Drucker Meldung*
Die angegebenen Druckerwarteschlangen anhalten, und *Meldung* in die Statusdatei der Drucker schreiben.

enable all | *Drucker*
Die angegebenen Druckerwarteschlangen freigeben.

exit, quit
lpc beenden.

restart all | *Drucker*
Die Drucker-Daemonen für die angegebenen Drucker neu starten.

start all | *Drucker*
Die angegebenen Druckerwarteschlangen einschalten, und Drukker-Daemonen starten.

status all | *Drucker*
Den Zustand der angegebenen Drucker ausgeben.

stop all | *Drucker*
Die angegebenen Drucker-Daemonen anhalten, nachdem alle anstehenden Druckaufträge vollständig abgearbeitet worden sind.

topq printer [*Jobnummern*] [*Benutzer*]
Die angegebenen Druckaufträge in der Reihenfolge ihrer Nennung an die Spitze der Druckerwarteschlange stellen.

up all | *Drucker*
Druckerwarteschlangen einschalten, und für die angegebenen Drucker die Daemonen neu starten.

lpd [*Option*] [*Port*]

TCP/IP-Befehl. Drucker-Daemon. **lpd** wird üblicherweise beim Hochfahren des Systems gestartet. Der Daemon liest die Datei */etc/printcap*, um herauszufinden, welche Drucker existieren, und druckt eventuell noch vor einem Systemabsturz liegengebliebene Dateien aus. Danach akzeptiert er Anforderungen, Druckdateien in eine Warteschlange zu übertragen, kopiert Dateien in den Spool-Bereich, zeigt den Zustand der Warteschlange an oder entfernt Druckaufträge aus der Warteschlange. In allen Fällen wird für jede Anfrage ein neuer Prozeß gestartet, während der Daemon selbst weiter auf Anfragen wartet. Wenn *port* angegeben wird, lauscht **lpd** an diesem Port, anderenfalls verwendet er **getservbyname**, um den richtigen Port herauszufinden.

Die Datei *lock* in jedem Spool-Verzeichnis verhindert, daß mehrere Daemonen gleichzeitig aktiv werden können. Nachdem ein Daemon diese Sperre gesetzt hat, durchsucht er das Verzeichnis nach Dateien, deren Namen mit *cf* anfangen. Diese Dateien enthalten Namen von Dateien, die ausgedruckt werden sollen, sowie weitere Anweisungen. Jede Zeile beginnt mit einem Schlüsselbuchstaben, der Informationen über den Druckauftrag angibt oder wie der Rest der Zeile zu interpretieren ist. Die folgenden Schlüsselbuchstaben sind zulässig:

C Klassifizierung – ein String, der in der Klassifizierungszeile des Zwischenblattes ausgegeben wird

c **cifplot**-Datei

f eine formatierte Datei, d.h. eine zu druckende Datei, die bereits formatiert worden ist

g Graphendatei

H Rechnername – der Name des Rechners, auf dem **lpd** gestartet wurde

J Jobname – String, der als Jobname auf dem Zwischenblatt verwendet wird

L Literal – Diese Zeile enthält Identifizierungsinformationen aus der Paßwortdatei und veranlaßt, daß eine Titelseite gedruckt wird.

l eine formatierte Datei, bei der die Ausgabe von Seitenvorschüben und der Ausdruck von Steuerzeichen unterdrückt werden sollen

M Senden einer E-Mail an den angegebenen Benutzer, wenn der Druckjob vollständig ausgeführt worden ist.

n **ditroff**-Datei

P Name des Benutzers, der **lpd** aufgerufen hat

r DVI-Datei

T String, der als Titel für den **pr**-Befehl verwendet wird

t **troff**-Datei

U Name der Datei, die nach dem Ausdruck entfernt werden soll

→

lpd
←

Option

-l Alle gültigen Anfragen protokollieren.

Dateien

/etc/printcap
Beschreibungsdatei für Drucker

*/var/spool/**
Spool-Verzeichnisse

/var/spool//minfree*
Platz, der im Spool-Bereich mindestens frei bleiben muß

*/dev/lp**
Drucker-Gerätedateien

/etc/hosts.equiv
Namen der Rechner, die auf den Drucker zugreifen dürfen

/etc/hosts.lpd
Namen der Rechner, die zwar auf den Drucker zugreifen dürfen, aber keine administrativen Befehle ausführen können

---

lpq

lpq [*Optionen*] [*Benutzer*]

lpq überprüft die Drucker-Warteschlange nach dem Status von Druckaufträgen. Für jeden Auftrag werden Benutzername, Position in der Warteschlange, Dateiname, Auftragsnummer und Dateigröße in Byte angezeigt. Ist *Benutzer* angegeben, werden nur die Informationen über Aufträge des angegebenen Benutzers angezeigt.

Optionen

-l Druckt Informationen über jede Datei, die von einem Druckauftrag betroffen ist.

-P*Drucker*
Bestimmt, für welchen Drucker die Warteschlange überprüft werden soll. Fehlt diese Angabe, so wird der Systemdrucker oder der in der PRINTER-Umgebungsvariablen angegebene Drucker angenommen.

Nummer
Prüft den Status einer bestimmten Jobnummer.

---

lpr

lpr [*Optionen*] *Dateien*

lpr fügt der Drucker-Warteschlange *Dateien* hinzu.

Optionen

-c Erwartet Daten, die von **cifplot** stammen.

-d Erwartet Daten im DVI-(Device-independent-)Format, die von TEX stammen.

-f Benutzt einen Filter, der das erste Zeichen einer Zeile als ein Standard-»carriage-control«-Zeichen interpretiert.

-g Erwartet plot-Daten, die dem Standard der **plot**-Routinen entsprechen.

-l Benutzt einen Filter, der den Druck von Steuerzeichen erlaubt und Seitenvorschübe unterdrückt.

-n Erwartet Daten von **ditroff** (device-independent **troff**).

-p Benutzt **pr** zum Formatieren der Dateien.

-t Erwartet Daten von **troff** (Cat-phototypesetter-Befehle).

-v Erwartet Rasterdaten für Geräte wie den Benson Varian.

-P*Drucker*
Fügt die Dateien der Warteschlange für *Drucker* hinzu. Wenn diese Option nicht angegeben wird, wird der Drucker in der Umgebungsvariablen PRINTER oder ein System-Default verwendet.

-h Unterdrückt den Ausdruck der Vorsatzseite.

-m Schickt eine Nachricht an den Benutzer, wenn der Druckauftrag ausgeführt wurde.

-r Entfernt die Dateien nach erfolgtem Ausdruck (zusammen mit der -s- Option).

-s Benutzt symbolische Verknüpfungen, anstatt die Dateien in das Spool-Verzeichnis zu kopieren. Dies spart Zeit und Plattenplatz bei großen Druckaufträgen. Die Dateien dürfen vor Abschluß des Druckvorgangs weder verändert noch entfernt werden (automatisches Entfernen mit **-s**).

- #*Anzahl*
Druckt *Anzahl* Kopien der angegebenen Dateien.

-C *String*
Ersetzt den Systemnamen auf der Vorsatzseite durch *String*.

-J *Name*
Ersetzt den Dateinamen auf der Vorsatzseite durch *Name*. Wenn diese Option nicht angegeben wird, wird der Name der ersten Datei verwendet.

-T *Titel*
Benutzt *Titel* als Titelbezeichnung, wenn **pr** verwendet wird.

→

lpr ←	-i [*Spalten*] Rückt die Ausgabe ein. Der Default ist 8 und kann durch Angabe des *Spalten*-Arguments geändert werden. -w *Anzahl* Setzt *Anzahl* Zeichen als zu verwendende Seitenbreite für **pr**.
lprm	**lprm** [*Optionen*] [*Jobnummer*] [*Benutzer*] **lprm** entfernt einen Druckauftrag aus der Drucker-Warteschlange. Es wird die Angabe der Auftragsnummer benötigt, wie sie von **lpq** geliefert wird. Ein privilegierter Benutzer kann auch einen *Benutzer* angeben, dessen sämtliche Druckaufträge gelöscht werden sollen. ***Optionen*** -P*Drucker* Bestimmt, bei welchem Drucker Aufträge aus der Warteschlange entfernt werden sollen. Fehlt diese Angabe, so wird der Systemdrucker oder der in der PRINTER-Umgebungsvariablen angegebene Drucker angenommen. - Entfernt alle Aufträge in der Warteschlange, die zu einem bestimmten *Benutzer* gehören.
lpstat	**lpstat** [*Optionen*] Zeigt den Status der Drucker-Warteschlange an. Bei Optionen, die ein *Liste*-Argument erwarten, kann man durch Weglassen der Liste auch alle Informationen zu dieser Option bekommen. Die Elemente in *Liste* können durch Kommata oder, wenn die Liste in doppelten Anführungsstrichen eingeschlossen ist, Leerzeichen voneinander getrennt werden. ***Optionen*** **-a** [*Liste*] Zeigt an, ob die *Liste* von Drucker- oder Klassennamen Anfragen entgegennimmt. **-c** [*Liste*] Zeigt Informationen über die Drucker-Klassen in *Liste* an. **-d** Zeigt das Default-Drucker-Ziel an. **-f** [*Liste*] Überprüft, ob **lp** die *Liste* von Formularen bekannt ist.

-l Wird zusammen mit der Option **-f** verwendet, um die verfügbaren Formulare anzuzeigen, zusammen mit der Option **-p**, um die Drucker-Konfigurationen anzuzeigen, oder zusammen mit der Option **-s**, um die Drucker anzuzeigen, die für den angegebenen Zeichensatz oder das Typenrad geeignet sind.

-o [*Liste*]
: Zeigt den Status von Ausgabeanforderungen an. *Liste* enthält Druckernamen, Klassennamen oder Job-IDs.

-p [*Liste*]
: Zeigt den Status der in *Liste* genannten Drucker an.

-r Zeigt an, ob der Drucker-Scheduler ein- oder ausgeschaltet ist.

-R Zeigt die Position eines Jobs in der Drucker-Warteschlange an.

-s Faßt den Druck-Status zusammen (zeigt fast alles an).

-t Zeigt alle Status-Informationen an.

-u [*Liste*]
: Zeigt den Job-Status der Benutzer in *Liste* an. *Liste* kann **all** sein, um Informationen über alle Benutzer anzuzeigen.

-v [*Liste*]
: Zeigt die Geräte an, die zu den Druckern in *Liste* gehören.

lpstat

lptest [*Länge*] [*Anzahl*]

lptest

Erzeugt ein Drucker-Testmuster auf der Standardausgabe. Gibt ein versetztes Standard-Muster aller druckbaren ASCII-Zeichen aus, die jeweils Zeile für Zeile um eine Position verschoben sind.

Parameter

Länge
: Gibt die Länge der Ausgabezeilen an (der Default ist 79).

Anzahl
: Gibt an, wie viele Zeilen ausgegeben werden sollen (der Default sind 200).

ls

ls [*Optionen*] [*Namen*]

ls zeigt den Inhalt von Verzeichnissen an. Sind keine *Namen* angegeben, werden die Dateien im aktuellen Verzeichnis aufgelistet. Sind einer oder mehrere *Namen* angegeben, werden entweder die Dateien im Verzeichnis *Name* aufgelistet oder alle Dateien, deren Name zu *Name* paßt. Dabei darf *Namen* Sonderzeichen enthalten. Die verschiedenen Optionen erlauben die Anzeige einer Vielzahl von Informationen in unterschiedlichen Formaten. Die nützlichsten Optionen sind unter anderem **-F**, **-R**, **-l** und **-s**. Einige Optionen hingegen schließen sich gegenseitig aus, wie **-u** und **-c**.

Optionen

-1, **--format=single-column**
: Gibt jeden Dateieintrag in einer eigenen Zeile aus.

-a
: Listet alle Dateien auf, auch die normalerweise versteckten Dateien, deren Namen mit einem Punkt beginnen.

-b, **--escape**
: Zeigt nicht-darstellbare Zeichen als Oktalzahl an.

-c, **--time-ctime**, **--time=status**
: Sortiert die Dateien anhand der Zeit ihrer letzten Statusänderung (nicht anhand der letzten Inhaltsveränderung).

--color, **--colour**, **--color=yes**, **--colour=yes**
: Färbt die Dateinamen abhängig vom Dateityp ein.

--color=no, **--colour=no**
: Schaltet die Einfärbung ab. Dies ist der Default. Mit dieser Option kann eine vorige Farbeinstellung überschrieben werden.

--color=tty, **--colour=tty**
: Wie **--color**, aber nur, wenn die Standardausgabe ein Terminal ist. Sehr nützlich für Shell-Skripten und Befehls-Aliase, insbesondere dann, wenn Ihr bevorzugtes Anzeigeprogramm keine Farbkontrollcodes unterstützt.

-d, **--directory**
: Listet nur die Verzeichnisnamen auf, nicht ihren Inhalt.

-f
: Unterdrückt das Sortieren der Dateinamen. Die Ausgabe erfolgt entsprechend der physikalischen Position im Verzeichnis.

--full-time
: Zeiten vollständig anstatt unter Verwendung der Standardabkürzungen angeben.

--help
: Hilfetext ausgeben und beenden.

-i, **--inode**
: Zeigt die Inode-Nummer für jede Datei an.

-k, --kilobytes
Gibt Dateilängen in KByte aus. Die Umgebungsvariable POSIXLY_CORRECT wird ignoriert.

-l, --format=long, --format=verbose
Gibt Daten im erweiterten Format aus. Dies beinhaltet die Angabe von Zugriffsrechten, Besitzer, Länge, Zeitpunkt der letzten Änderung und mehr.

-m, --format=commas
Gibt eine durch Kommata getrennte Namensliste aus.

-n, --numeric-uid-gid
Entspricht -l, jedoch werden statt des Besitzernamens und der Gruppe die Gruppen-ID- und Benutzer-ID-Nummer ausgegeben.

-p Markiert Verzeichnisse, indem ein / an ihren Namen angehängt wird.

-q, --hide-control-chars
Zeigt nicht-darstellbare Zeichen als ? an.

-r, --reverse
Dreht die Sortierreihenfolge um.

-s, --size
Zeigt die Dateilänge in Blöcken zu 512 Byte an, wenn POSIXLY_CORRECT gesetzt ist. Ansonsten wird die Länge in KByte ausgegeben.

-t, --sort=time
Sortiert anhand des Zeitpunktes der letzten Änderung (neueste zuerst).

-u, --time=atime, --time=access, --time=use
Sortiert anhand des Zeitpunktes des letzten Zugriffs.

--version
Versionsnummer auf der Standardausgabe ausgeben und beenden.

-x, --format=across, --format=horizontal
Gibt die Namen horizontal sortiert aus.

-A, --almost-all
Entspricht *-l*, jedoch werden . und .. nicht mit angezeigt.

-B, --ignore-backups
Ignoriert Dateien, die auf ~ enden, sofern sie nicht explizit angefordert werden.

-C, --format=vertical
Gibt die Namen in Spalten aus (Default).

-F, --classify
Klassifiziert Dateieinträge durch Anhängen folgender Zeichen: / für Verzeichnisse, * für Programmdateien, @ für symbolische Verknüpfungen, | für FIFOs und = für Sockets.

→

-G, --no-group
Unterdrückt den Gruppennamen im erweiterten Format.

-I, --ignore *Muster*
Keine Dateien anzeigen, deren Namen auf das Dateimuster *Muster* passen, es sei denn, sie stehen auf der Kommandozeile.

-L, --dereference
Zeigt statt einer symbolischen Verknüpfung die Datei oder das Verzeichnis, auf die oder das diese Verknüpfung verweist.

-N, --literal
Gibt die Namen aus, ohne sie in " einzufassen.

-Q, --quote-name
Faßt Dateinamen in " ein. Nicht-druckbare Zeichen werden als Oktalzahl dargestellt.

-R, --recursive
Gibt rekursiv den Inhalt von Unterverzeichnissen aus.

-S, --sort=size
Sortiert nach Größe, beginnend mit den größten Dateien.

-T, --tabsize *Spalten*
Nimmt an, daß jeder Tabstop *Spalten* Spalten breit ist. Der Default ist 8.

-U, --sort=none
Unterdrückt das Sortieren der Dateinamen entsprechend -f, benutzt jedoch zur Ausgabe das erweiterte Format.

-X, --sort=extension
Sortiert anhand der Dateinamenserweiterung.

Beispiele

Alle Dateien des aktuellen Verzeichnisses sollen mitsamt ihrer Größe aufgelistet werden. Dabei sollen besondere Dateien markiert und die Namen in Spalten ausgegeben werden:

```
ls -asCF
```

Der Status der Verzeichnisse */bin* und */etc* soll ausgegeben werden:

```
ls -ld /bin /etc
```

Alle C-Quelltexte im aktuellen Verzeichnis sollen, beginnend mit der ältesten Datei, aufgelistet werden:

```
ls -rt *.c
```

Die Anzahl der (sichtbaren) Dateien im aktuellen Verzeichnis soll ermittelt werden:

```
ls | wc -l
```

lsattr [*Optionen*] [*Dateien*]

lsattr

lsattr gibt die Attribute von Dateien auf einem »Linux Second Extended File System« aus. Siehe auch **chattr**.

Optionen

-a Zeigt alle (auch »unsichtbare«) Dateien in den angegebenen Verzeichnissen an.

-d Zeigt die Verzeichnisattribute anstatt die Attribute der enthaltenen Dateien an.

-R Zeigt rekursiv auch die Inhalte von Unterverzeichnissen an.

-v Gibt die Version der Dateien aus.

-V Gibt die Version des Befehls aus und beendet das Programm.

lsmod

lsmod

Befehl zur Systemverwaltung. Anzeigen aller geladenen Module mit Namen, Größe (in 4k-Einheiten) und einer Liste der Module, die diese benötigen (falls zutreffend).

Datei

/proc/modules
Enthält die gleichen Informationen.

m4 [*Optionen*] [*Makros*] [*Dateien*]

m4

Makroprozessor für C- und andere Dateien

Optionen

-e, --interactive
Interaktiv arbeiten und Interrupts ignorieren.

-d*Stufe*, **--debug=***Stufe*
Einstellen der Debugging-*Stufe*.

-l*n*, **--arglength=***n*
Angeben der Länge der Debugging-Ausgabe.

-o *Datei*, **--error-output=***Datei*
Schreiben der Ausgabe nach *Datei*. Entgegen dem Optionsnamen werden Fehlermeldungen nach Standardfehler geschrieben.

-p, --prefix-built-ins
Den Namen aller eingebauten Makros **m4_** voranstellen.

-s, --synclines
#line-Anweisungen für den C-Präprozessor einfügen.

→

m4
←

-B*n* Einstellen der Größe des Rückhalte- und Argumentbuffers auf *n* (der Default ist 4096).

-D*Name*[=*Wert*], **--define=***Name*[=*Wert*]
Definieren des Symbols *Name* mit dem Wert *Wert* oder mit 0, falls *Wert* nicht angegeben wird.

-E, --fatal-warnings
Alle Warnungen werden als fatal angesehen, und die Ausführung wird nach der ersten Warnung abgebrochen.

-F*Datei*, **--freeze-state** *Datei*
Abspeichern eines eingefrorenen Zustands in der Datei *Datei*, aus der er später wieder geladen werden kann.

-G, --traditional
Verhalten wie ein traditioneller **m4**. Ignorieren der GNU-Erweiterungen.

-H*n*, **--hashsize=***n*
Einstellen der Größe der Hash-Tabelle für die Symbole auf *n* (der Default ist 509).

-I*Verzeichnis*, **--include=***Verzeichnis*
Include-Dateien auch in *Verzeichnis* suchen.

-Q, --quiet, --silent
Keine Warnungen ausgeben.

-R*Datei*, **--reload-state** *Datei*
Einlesen des eingefrorenen Zustands in der *Datei* vor der Programmausführung.

-U*Name*, **--undefine=***Name*
Aufheben der Symboldefinition von *Name*.

mail

mail [*Optionen*] [*Benutzer*]

Post lesen oder an andere *Benutzer* senden. Das **mail**-Programm ermöglicht das Erstellen, Senden, Empfangen, Weiterleiten und Beantworten von elektronischer Post. **mail** hat zwei Hauptmodi: den Schreibmodus, in dem eine neue Nachricht erzeugt werden kann, und den Befehlsmodus, in dem die Mailbox verwaltet wird.

mail ist ein mächtiges Werkzeug, aber es ist für den Neuling etwas schwierig zu bedienen. Die meisten Linux-Distributionen enthalten daher **pine** und **elm**, die ähnliche Funktionen mit etwas mehr Komfort anbieten.

Dieser Abschnitt stellt **mail**-Befehle, -Optionen und -Dateien vor. Um Ihnen einen schnellen Einstieg zu ermöglichen, sind hier kurz die beiden wichtigsten Befehle aufgeführt.

In den interaktiven Modus zum Lesen der Post gelangt man mit dem Befehl:

```
mail
```

Um eine Nachricht an einen bestimmten *Benutzer* zu schreiben, ruft man das Programm so auf:

`mail` *`Benutzer`*

Geben Sie den Text Ihrer Nachricht Zeile für Zeile ein; drücken Sie am Ende jeder Zeile die Eingabetaste. Um die Nachricht zu beenden, geben Sie einen einzelnen Punkt (`.`) in der ersten Spalte einer neuen Zeile ein und drücken die Eingabetaste.

Kommandozeilenoptionen

-b *Liste*
: Verändert das verborgene »Weitere Empfänger«-Feld in eine durch Kommata getrennte *Liste*.

-c *Liste*
: Verändert das »Weitere Empfänger«-Feld in eine durch Kommata getrennte *Liste*.

-d
: Gibt Debugging-Informationen aus.

-f [*Datei*]
: Verarbeitet den Inhalt der *Datei* anstatt */var/spool/mail/$USER*. Wenn *Datei* nicht angegeben wird, wird die Datei *mbox* im Heimatverzeichnis des Benutzers verwendet.

-i
: keine Antwort auf tty-Unterbrechungssignale

-n
: Ignoriert */etc/mail.rc* beim Start.

-p
: Liest Post im POP-Modus.

-s *Betreff*
: Ändert den Betreff in *Betreff*.

-u
: Verarbeitet den Inhalt von */var/spool/mail/$USER* (Default).

-v
: Alle Meldungen. Gibt die Informationen über den Versand der Post auf der Standardausgabe aus.

-I
: interaktiv, auch wenn die Standardeingabe umgelenkt ist

-N
: Beim Drucken einer E-Mail oder beim Wechseln in ein E-Mail-Verzeichnis keinen Nachrichten-Header anzeigen.

-P
: Schaltet den POP-Modus aus.

Befehle im Schreibmodus

~!
: Aus dem Schreibmodus in eine Shell wechseln.

~?
: Gibt eine Liste der Sonderzeichen im Schreibmodus aus.

→

mail
←

~b *Namen*
Fügt einen *Bcc:*-Header hinzu oder verändert ihn.

~c *Namen*
Fügt einen *Cc:*-Header hinzu oder verändert ihn.

~d Liest die *dead.letter*-Datei ein.

~e Ruft den Editor auf.

~f *Nachrichten*
Fügt *Nachrichten* in die gerade erzeugte Nachricht ein.

~F *Nachrichten*
Vergleichbar mit ~f, aber mit Nachrichten-Header.

~h Fügt alle Nachrichten-Header hinzu oder verändert sie.

~m *Nachrichten*
Vergleichbar mit ~f, aber mit einem Tab eingerückt.

~M *Nachrichten*
Vergleichbar mit ~m, aber mit Nachrichten-Header.

~p Zeigt Nachrichten-Header-Felder und die versandte Nachricht an.

~q Bricht das Schreiben der aktuellen Nachricht ab.

~r *Dateiname*
Hängt Datei an die aktuelle Nachricht an.

~s *String*
Setzt den *Betreff:*-Header auf *String*.

~t *Namen*
Fügt Namen in die *To:*-Liste ein oder verändert sie.

~v Ruft den in der VISUAL-Umgebungsvariablen stehenden Editor auf.

~| *Befehl*
Leitet die Nachricht durch einen *Befehl*.

~: *Mail-Befehl*
Führt den *Mail-Befehl* aus.

~ ~*String*
Fügt *String* in den Nachrichtentext unter Voranstellung einer Tilde ein. Wenn die Zeichenkette enthält, muß sie mit einem \ geschützt werden.

Befehle im Befehlsmodus

?	Zeigt eine Zusammenfassung der Befehle (Hilfeseite).
!	Führt einen Shell-Befehl aus.
- *Nummer*	Gibt die um *Nummer* zurückliegende Nachricht aus; Standardeinstellung ist die unmittelbar zurückliegende.
alias (a)	Gibt die Alias-Liste aus oder erzeugt sie.
alternates (alt)	Bezeichnet die Remote-Accounts auf Remote-Rechnern. Veranlaßt *mail*, keine Antworten dorthin zu senden.
chdir (c)	**cd** in das Home-Verzeichnis oder das angegebene Verzeichnis.
copy (co)	Vergleichbar mit *save* (sichern), markiert Nachrichten aber nicht zum Löschen.
delete (d)	Löscht eine Nachricht.
dp	Löscht die aktuelle Nachricht und zeigt die nächste an.
edit (e)	Editiert eine Nachricht.
exit (ex, x)	Beendet *mail*, ohne den Ordner zu aktualisieren.
file (fi)	Wechselt den Ordner.
folder (fold)	Liest die in einer Datei gespeicherten Nachrichten. Mögliche Dateien sind: # vorhergehende Datei % System-Mailbox %*Benutzer* System-Mailbox von *Benutzer* & *mbox* +*Ordner* Datei im Verzeichnisnis *Ordner*.
folders	Zeigt die Ordner an.
headers (h)	Zeigt die Nachrichten-Header auf der aktuellen Eingabeaufforderung an.
headers+ (h+)	Bewegt ein Fenster mit Headern vorwärts.
headers- (h-)	Bewegt ein Fenster mit Headern rückwärts.
help	Vergleichbar mit ?
hold (ho)	Hält die Nachrichten im System-Briefkasten.
ignore	Fügt der Liste der zu ignorierenden Felder weitere Felder hinzu.
mail *Benutzer* **(m)**	Schreibt eine Nachricht an *Benutzer*.

→

mail
←

mbox	Standardeinstellung. Bewegt die bezeichneten Nachrichten beim Beenden nach mbox.
next (n)	Zeigt die nächste Nachricht oder die nächste Nachricht, auf die das Argument zutrifft.
preserve (pr)	Synonym für **hold**
print [*Liste*] **(p)**	Zeigt jede Nachricht an, die in der *Liste* vorkommt.
Print [*Liste*] **(P)**	Vergleichbar mit **print**, zeigt jedoch die Header-Felder mit an.
quit (q)	Beendet *mail* und aktualisiert den Ordner.
reply (r)	Antwort an den Autor und alle Empfänger der E-Mail.
Reply (R)	Antwortet ausschließlich dem Autor der E-Mail.
respond	Vergleichbar mit **reply**
retain	Bindet immer die in der Liste enthaltenen Header-Felder mit ein, wenn Nachrichten angezeigt werden. Ohne Argumente werden die zurückgehaltenen Felder angezeigt.
save (s)	Sichert Nachrichten in einem Ordner.
saveignore	Entfernt die zu ignorierenden Felder beim Speichern.
saveretain	Übergeht **saveignore**, um die angegebenen Felder zu behalten.
set (se)	Setzt die **mail**-Optionen oder gibt den aktuellen Status aus.
shell (sh)	Eröffnet eine neue Shell.
size	Gibt die Größe der angegebenen Nachrichten aus.
source	Liest Befehle aus einer Datei.
top	Zeigt die ersten paar Zeilen der angegebenen Nachrichten an.
type (t)	Vergleichbar mit **print**.
Type (T)	Vergleichbar mit **Print**.
unalias	Verwirft die vorher definierten Aliase.
undelete (u)	Stellt gelöschte Nachrichten wieder her.
unread (U)	Markiert die angegebenen Nachrichten als ungelesen.
unset (uns)	Setzt die **mail**-Optionen zurück.
visual (v)	Editiert die Nachrichten mit dem in der VISUAL-Variablen angegebenen Editor.

write (w)	Schreibt eine Nachricht ohne Header in eine Datei.
xit (x)	wie **exit**
z	Lenkt die Aufmerksamkeit von **mail** auf die nächste Bildschirmseite mit Text. Mit **z-** kehrt man zurück.

Optionen von mail

Diese Optionen werden innerhalb der *.mailrc*-Datei verwendet. Die Syntax ist »**set** *Option*« oder »**unset** *Option*«.

append	Fügt mbox Nachrichten hinzu.
ask	Erwartet Eingabe des Betreffs.
askbcc	Erwartet die Eingabe der Blindkopie-Empfänger.
askcc	Erwartet die Eingabe für weitere Empfänger.
asksub	Erwartet Eingabe für die **Subject**:-(Betreff-) Zeile.
autoprint	Nach einem Löschen nächste Nachricht ausgeben.
chron	Zeigt die Nachrichten in zeitlicher Abfolge, die neuesten zuletzt.
debug	Wie **-d** auf der Kommandozeile.
dot	Verwendet einen einzelnen . als *EOF* (Dateiende).
folder	Bestimmt ein Verzeichnis, in dem die Nachrichten-Ordner liegen.
hold	Behält beim Beenden die Nachrichten in der System-Mailbox.
ignore	Ignoriert Interrupt-Signale vom Terminal. Gibt sie als @ aus.
ignoreeof	Behandelt **^D** nicht als ein *EOF*.
metoo	Entfernt Absender nicht aus Gruppen, wenn sie angeschrieben werden.
noheader	Vergleichbar mit **-N** auf der Kommandozeile.
nokerberos	Empfängt POP-Post via POP3-Protokoll, nicht mit dem KPOP-Protokoll.
nosave	Speichert abgebrochene Briefe nicht in *dead.letter*.
pop-mail	Empfängt Post mit dem POP3-Protokoll und speichert sie in *mbox.pop*.

→

mail
←

prompt	Ändert den Text der Eingabeaufforderung.
Replyall	Ändert die Rollen von **Reply** und **reply**.
quiet	Gibt keine Versionsnummer beim Start aus.
searchheaders	Erweitert bei der Angabe des Bezeichners */x:y* alle Nachrichten, welche die Zeichenkette *y* im *x*-Header enthalten.
verbose	wie **-v** auf der Kommandozeile
verbose-pop	Zeigt den aktuellen Status während des Empfangs von POP-Post an.

Besondere Dateien

calendar	Enthält Erinnerungen, die das Betriebssystem an Sie schickt.
.maildelivery	E-Mail-Transport-Konfigurationsdatei
.mailrc	E-Mail-Konfigurationsdatei
triplog	Speichert die Empfänger Ihrer automatischen Antworten.
tripnote	Enthält die automatischen Antworten.

mailq

mailq [*Option*]

Befehl zur Systemverwaltung. Listet alle Nachrichten in der Warteschlange von **sendmail** auf. Entspricht **sendmail -bp**.

Option

-v Verbose-Modus

mailstats

mailstats [*Optionen*]

Befehl zur Systemverwaltung. Zeigt einen formatierten Bericht der aktuellen E-Mail-Statistik von **sendmail** an.

Optionen

-C *Datei*
Die **sendmail**-Konfigurationsdatei *Datei* anstelle der Default-Datei *sendmail.cf* verwenden.

mailstats

-f *Datei*
: Die **sendmail**-Statistikdatei *Datei* anstelle der in der **sendmail**-Konfigurationsdatei angegebenen Datei verwenden.

-o
: Den Namen des E-Mail-Clients nicht im Bericht anzeigen.

make

Befehls-referenz

make [*Optionen*] [*Ziele*] [*Makro Definitionen*]

Erzeugen eines oder mehrerer sogenannter Ziele anhand der Abhängigkeitsinformationen in der Beschreibungsdatei im aktuellen Verzeichnis. Defaultmäßig heißt diese Datei *makefile* oder *Makefile*. Optionen, Ziele und Makrodefinitionen dürfen in beliebiger Reihenfolge auftreten. Makrodefinitionen werden in folgender Form angegeben:

```
Name=String
```

Weitere Informationen über **make** finden Sie im Nutshell-Handbuch *Managing Projects with make* von Andrew Oram and Steve Talbott.

Optionen

-d, --**debug**
: Ausgeben detaillierter Informationen zum Debuggen von Makefiles.

-e, --**environment-overrides**
: Umgebungsvariablen haben Vorrang vor Makrodefinitionen in Makefiles.

-f *Makefile*, --**file**=*Makefile*, --**makefile**=*Makefile*
: *Makefile* wird als Beschreibungsdatei verwendet; wenn - angegeben wird, werden die Informationen von der Standardeingabe gelesen.

-h, --**help**
: Ausgeben der Optionen von **make**.

-i, --**ignore-errors**
: Ignorieren von Fehlercodes aufgerufener Befehle (wie **.IGNORE**).

-j [*Jobs*], --**jobs** [=*Jobs*]
: Wenn möglich, *Jobs* verschiedene Jobs gleichzeitig ausführen. Wenn keine Zahl angegeben wird, wird versucht, so viele Jobs wie möglich auszuführen.

-k, --**keep-going**
: Wenn das aktuelle Ziel nicht erzeugt werden kann, trotzdem versuchen, andere Ziele zu erzeugen.

-l [*Last*], --**load-average** [=*Last*], --**max-load** [=*Last*]
: Wird im Zusammenhang mit **-j** verwendet. **make** versucht, die Systemlast unter *Last*, einer Fließkommazahl, zu halten.

→

-n, --just-print, --dry-run, --recon
Ausgeben der Befehle, die ausgeführt würden, ohne sie tatsächlich auszuführen (wird zum Testen von Makefiles verwendet).

-o *Datei*, **--old-file=***Datei*, **--assume-old=***Datei*
Datei und andere Ziele, die davon abhängig sind, nicht neu erzeugen.

-p, --print-data-base
Ausgeben der Regeln und Variablen neben der normalen Ausführung.

-q, --question
Ausgeben von 0, wenn nichts neu erzeugt werden muß, ansonsten wird ein von null verschiedener Wert ausgegeben.

-r, --no-built-in-rules
Keine eingebauten Regeln verwenden.

-s, --silent, --quiet
Kommandozeilen nicht anzeigen (wie **.SILENT**).

-t, --touch
Neu zu erzeugende Dateien auf die aktuelle Uhrzeit setzen, so daß sie als aktuell gelten und nicht neu erzeugt werden.

-v, --version
Anzeigen der Versionsnummer von **make**.

-w, --print-directory
Ausgeben des aktuellen Arbeitsverzeichnisses vor und nach der Ausführung.

--warn -undefined -variables
Ausgeben einer Warnung, wenn ein Makro verwendet wird, ohne definiert zu sein.

-C *Verzeichnis*, **--directory** *Verzeichnis*
Wechseln nach *Verzeichnis* vor dem Beginn der normalen Operationen. Folgende **-C**-Anweisungen veranlassen einen Verzeichniswechsel in ein relativ zum aktuellen Arbeitsverzeichnis bestimmtes Verzeichnis.

-I *Verzeichnis*, **--include-dir** *Verzeichnis*
Include-Dateien auch in *Verzeichnis* suchen.

-S, --no-keep-going, --stop
Aufheben von **-k**. Dies ist in rekursiven **make**-Aufrufen nützlich.

-W *Datei*, **--what-if** *Datei*, **--new-file** *Datei*, **--assume-new** *Datei*
Annehmen, daß *Datei* gerade verändert worden ist.

Zeilen in der Beschreibungsdatei

Anweisungen in den Beschreibungsdateien werden Zeile für Zeile interpretiert. Wenn sich eine Anweisung über mehrere Zeilen erstrekken soll, muß am Ende aller Zeilen – mit Ausnahme der letzten – ein Backslash (\) stehen, damit die nachfolgenden Zeilen als Folgezeilen interpretiert werden. Die Beschreibungsdateien dürfen die folgenden Typen von Zeilen enthalten:

Leerzeilen
: Leerzeilen werden ignoriert.

Kommentarzeilen
: Ein Doppelkreuz (#) kann an beliebiger Stelle einer Zeile verwendet werden. **make** ignoriert alles, was dem Doppelkreuz auf derselben Zeile folgt.

Abhängigkeitszeilen
: In Abhängigkeit von einem oder mehreren Zielen werden die folgenden Befehle ausgeführt. Die folgenden Schreibweisen sind möglich:

```
Ziele : Abhängigkeiten
Ziele : Abhängigkeiten ; Befehl
```

Die folgenden Befehle werden ausgeführt, wenn die *Abhängigkeiten*, deren Namen Platzhalterzeichen enthalten dürfen, neuer sind als die Ziele oder deren Ziele noch gar nicht existieren. Wenn keine Abhängigkeiten angegeben werden, werden die Befehle immer ausgeführt, wenn das entsprechende Ziel angegeben wird. Vor den *Ziele*n darf kein Tabulatorzeichen stehen.

Suffix-Regeln
: Suffix-Regeln geben an, wie eine Datei mit dem zweiten Suffix aus einer Datei mit dem ersten Suffix erzeugt werden kann, wenn die Dateinamen vor dem Suffix identisch sind. Es kann eines der beiden folgenden Formate verwendet werden:

```
.suffix.suffix:
.suffix:
```

Die zweite Schreibweise besagt, daß die Datei mit dem Basis-Dateinamen aus der Datei mit demselben Dateinamen und dem angehängten Suffix erzeugt werden kann.

Befehle
: Befehle stehen unterhalb einer Abhängigkeitszeile. Befehlszeilen fangen grundsätzlich mit einem Tabulatorzeichen an. Wenn einer Befehlszeile ein Bindestrich (–) vorangestellt wird, ignoriert **make** Fehler in der Befehlsausführung. Wenn der Befehlszeile ein Klammeraffe (@) vorangestellt wird, wird die Befehlszeile nicht auf dem Bildschirm ausgegeben, es sei denn, **make** wurde mit der Option **-n** aufgerufen.

→

Makrodefinitionen

Makrodefinitionen haben die folgende Form:

```
Name = String
```

oder

```
define Name
String
endef
```

Die Leerzeichen vor und nach dem Gleichheitszeichen sind optional.

include-Anweisungen

Include-Anweisungen ähneln den entsprechenden Anweisungen des C-Präprozessors und haben die Form:

```
include Dateien
```

Interne Makros

$? Die Liste der Abhängigkeiten, die neuer als das aktuelle Ziel sind. Kann nur in normalen Regeln, aber nicht in Suffix-Regeln verwendet werden.

$@ Der Name des aktuellen Ziels. Werden Bibliotheken erzeugt, bezeichnet dieses Makro den Namen der Bibliothek. Kann in normalen Regeln und Suffix-Regeln verwendet werden.

$< Name der aktuellen Abhängigkeit, die neuer ist als das aktuelle Ziel

$* Name (ohne Suffix) der aktuellen Abhängigkeit, der neuer ist als das aktuelle Ziel. Kann nur in Suffix-Regeln verwendet werden.

$% Name der dazugehörigen .o-Datei, wenn das aktuelle Ziel eine Bibliothek ist. Kann in normalen Regeln und in Suffix-Regeln verwendet werden.

$^ Eine durch Leerzeichen getrennte Liste aller Abhängigkeiten; jede Abhängigkeit tritt nur einmal auf.

$+ Eine durch Leerzeichen getrennte Liste aller Abhängigkeiten; jede Abhängigkeit kann mehrfach auftreten.

Muster-Regeln

Muster-Regeln sind eine Generalisierung der Suffix-Regeln. Wenn sowohl Ziel als auch Abhängigkeit ein %-Zeichen enthalten, ersetzt GNU **make** entsprechende Teile existierender Dateinamen. Beispielsweise kann die eingebaute Suffix-Regel

```
$(cc) -o $@ $<
```

folgendermaßen als Muster-Regel formuliert werden:

```
%.o : %.c
$(CC) -o $@ $<
```

Makromodifikatoren

D Der Verzeichnis-Anteil jedes internen Makronamens mit Ausnahme von **$?**. Verwendungsmöglichkeiten:

```
$(*D)   $$(@D)   $(?D)   $(<D)
$(%D)   $(@D)    $(^D)
```

F Der Datei-Anteil jedes internen Makronamens mit Ausnahme von **$?**. Verwendungsmöglichkeiten:

```
$(*F)   $$(@F)   $(?F)   $(<F)
$(%F)   $(@F)    $(^F)
```

Funktionen

$(subst *von, nach, String***)**
Ersetzen jedes Auftretens von *von* in *String* durch *nach*

$(patsubst *Muster, nach, String***)**
Ähnlich wie **subst**, aber interpretiert % als Platzhalterzeichen in *Muster*. Ersetzt jedes Wort in *String*, das auf *Muster* paßt, durch *nach*.

$(strip *String***)**
Entfernen von überflüssigen Leerzeichen und Tabulatoren.

$(findstring *Substring, Hauptstring***)**
Gibt *Substring* zurück, wenn dieser in *Hauptstring* existiert, anderenfalls wird ein leerer String zurückgegeben.

$(filter *Muster, String***)**
Gibt diejenigen Wörter in *String* zurück, die auf mindestens ein Wort in *Muster* passen. *Muster* darf den Platzhalter % enthalten.

$(filter-out *Muster, String***)**
Entfernt diejenigen Wörter in *String*, die auf mindestens ein Wort in *Muster* passen. *Muster* darf das Platzhalterzeichen % enthalten.

$(sort *Liste***)**
Gibt *Liste* in lexikalisch sortierter Reihenfolge zurück.

$(dir *Liste***)**
Gibt den Verzeichnis-Anteil (alles bis zum letzten Schrägstrich) jedes Dateinamens in *Liste* zurück.

$(notdir *Liste***)**
Gibt den Dateinamen-Anteil (alles nach dem letzten Schrägstrich) jedes Dateinamens in *Liste* zurück.

$(suffix *Liste***)**
Gibt den Suffix-Anteil (alles nach dem letzten Punkt) jedes Dateinamens in *Liste* zurück.

→

$(basename *Liste***)**
Gibt den Basis-Dateinamen (alles bis zum letzten Punkt) jedes Dateinamens in *Liste* zurück.

$(addsuffix *Suffix,Liste***)**
Rückgabe jedes Dateinamens in *Liste*, wobei jeweils *Suffix* angehängt wird.

$(addprefix *Präfix,Liste***)**
Rückgabe jedes Dateinamens in *Liste*, wobei jeweils *Präfix* vorangestellt wird.

$(join *Liste1,Liste2***)**
Zurückgeben einer Liste, in der Wort für Wort die jeweiligen Elemente der beiden Listen aneinandergehängt werden. Beispiel: **$(join a b,.c .o)** ergibt **a.c b.o**.

$(word *n,String***)**
Gibt das *n*-te Wort von *String* zurück.

$(words *String***)**
Gibt die Anzahl der Wörter in *String* zurück.

$(firstword *Liste***)**
Gibt das erste Wort in *Liste* zurück.

$(wildcard *Muster***)**
Gibt eine Liste von Dateien im aktuellen Verzeichnis zurück, deren Namen auf *Muster* passen.

$(origin *Variable***)**
Gibt eine der folgenden Zeichenketten zurück, die angeben, wie die *Variable* definiert wurde: **undefined**, **default**, **environment**, **environment override**, **file**, **command line**, **override** oder **automatic**.

$(shell *Befehl***)**
Führt den *Befehl* aus und gibt das Ergebnis zurück. Zeilenvorschübe in der Ausgabe des Befehls werden in Leerzeichen umgewandelt. Diese **make**-Funktion funktioniert ähnlich wie die Befehls-Substitution in den meisten Shells.

Ersetzen von Makro-Zeichenketten

$ (*Makro:s1=s2* **)**
Evaluiert die aktuelle Definition von **${***Makro***}**, nachdem für jedes Auftreten von *s1*, das direkt vor einem Leer- oder Tabulatorzeichen oder einem Zeilenende steht, *s2* eingesetzt wurde.

Besondere Ziele

.DEFAULT:
Befehle, die zu diesem Ziel gehören, werden ausgeführt, wenn **make** keine Einträge oder Suffix-Regeln in der Beschreibungsdatei findet, mit denen das geforderte Ziel erzeugt werden kann.

.EXPORT_ALL_VARIABLES:
: Wenn dieses Ziel in der Beschreibungsdatei angegeben wird, werden alle Makros zu den Kind-Prozessen exportiert.

.IGNORE:
: Fehlercodes von Befehlen werden ignoriert. Entspricht der **-i**-Option.

.PHONY:
: Befehle, die zu einem so gekennzeichneten Ziel gehören, werden immer ausgeführt, auch wenn das Ziel existiert und aktuell ist.

.PRECIOUS:
: Dateien, die zu einem so gekennzeichneten Ziel gehören, werden nicht gelöscht, wenn **make** ein Signal (wie Interrupt) erhält, das die Bearbeitung abbricht, oder wenn der aufgerufene Befehl einen Fehlercode zurückgibt.

.SILENT:
: Die Befehle werden ausgeführt, aber nicht ausgegeben. Entspricht der **-s**-Option.

.SUFFIXES:
: Die hier angegebenen Suffixe sollen in Suffix-Regeln berücksichtigt werden. Wenn keine Suffixe angegeben werden, werden die existierenden Suffix-Regeln abgeschaltet.

makedbm [*Optionen*] *Eingabedatei Ausgabedatei*

NFS/NIS-Befehl. Erzeugt eine **dbm**-Datei für NIS. **makedbm** erzeugt aus der *Eingabedatei* ein Dateipaar *Ausgabedatei.pag* und *Ausgabedatei.dir* im **ndbm**-Format. Jede Zeile der Eingabedatei wird in einen **dbm**-Datensatz konvertiert. Alle Zeichen bis zum ersten Tabulator oder Leerzeichen bilden den Schlüssel, alle anderen die Daten. Wenn eine Zeile mit \ endet, werden die Daten dieser Zeile auf der nächsten Zeile fortgesetzt. Das #-Zeichen muß von den NIS-Clients interpretiert werden, **makedbm** betrachtet es nicht als Kommentarzeichen. Die *Eingabedatei* kann auch **-** sein; in diesem Fall wird von der Standardeingabe gelesen.

makedbm erzeugt einen speziellen Eintrag mit dem Schlüssel **yp**_*Letzte_Änderung*, bei dem es sich um das Datum der Eingabedatei (oder der aktuellen Datei, falls die Eingabe von der Standardeingabe gelesen wird) handelt.

Optionen

-b Die Tabelle wird an alle Server mit Hilfe des Name-Server-Daemons **named** weitergegeben.

-d yp_*Domainname*
: Anlegen eines speziellen Eintrags mit dem Schlüssel **yp**_*Domainname*.

→

makedbm
←

-i yp_*Eingabedatei*
Anlegen eines speziellen Eintrags mit dem Schlüssel **yp_***Eingabedatei*.

-l Schlüssel der angegebenen Tabelle in Kleinbuchstaben konvertieren.

-m yp_*Mastername*
Anlegen eines speziellen Eintrags mit dem Schlüssel **yp_***Mastername*. Wenn kein Master-Rechnername angegeben wird, wird der Wert von **yp_***Mastername* auf den lokalen Rechnernamen gesetzt.

-o yp_*Ausgabedatei*
Anlegen eines speziellen Eintrags mit dem Schlüssel **yp_***Ausgabedatei*.

-s Sichere Tabellen. Es werden nur Verbindungen aus sicheren NIS-Netzwerken akzeptiert.

-u dbm *Dateiname*
Zurückkonvertieren einer **dbm**-Datei – Ausgeben einer **dbm**-Datei mit einem Eintrag pro Zeile und je einem Leerzeichen zwischen Schlüsseln und Werten.

Beispiel

Es ist nicht schwer, Shell-Skripten zu schreiben, um Standarddateien wie */etc/passwd* in die Schlüssel/Wert-Form zu konvertieren, die von **makedbm** verwendet wird. Beispielsweise liest das folgende **awk**-Programm

```
BEGIN { FS =":";OFS = "\t";}
{ print $1, $0}
```

die Datei */etc/passwd* und konvertiert sie in eine Form, die von **makedbm** in die NIS-Datei *passwd.byname* umgewandelt werden kann. Der Schlüssel ist dabei ein Benutzername, und der Wert ist der Rest der Zeile in */etc/passwd*.

makemap

makemap [*Optionen*] *Typ Name*

Befehl zur Systemverwaltung. Konvertiert Daten von der Standardeingabe in **sendmail**-Datenbanktabellen. Die Eingabe sollte in der Form

Schlüssel Wert

vorliegen. Kommentarzeilen können mit # eingefügt und Parameter mit %**n** substituiert werden. Ein wörtliches % muß als %% eingegeben werden. Der Typ ist entweder **dbm**, **hash** oder **btree**. *Name* ist ein Dateiname, an den **makemap** die Standardsuffixe anhängt.

Optionen

makemap

-d Doppelte Einträge zulassen. Nur möglich, wenn **btree**-Tabellen verwendet werden.

-f Umwandlung von Groß- in Kleinbuchstaben nicht vornehmen.

-N An jeden Schlüssel ein Nullbyte anhängen.

-o An eine existierende Datei anhängen, anstatt sie zu ersetzen.

-r Wenn Schlüssel schon existieren, werden sie ersetzt. Standardmäßig beendet sich **makemap**, wenn es auf doppelte Schlüssel trifft.

-s Sicherheitsüberprüfungen ignorieren.

-v Verbose-Modus

man [*Optionen*] [*Abschnitt*] [*Titel*]

man

Zeigt die Online-Handbücher an. **man** findet und gibt die benannten *Titel* und *Abschnitte* aus.

Optionen

-7, **--ascii**
Erwartet eine reine ASCII-Datei und formatiert sie für ein 7-Bit-Terminal oder einen Terminal-Emulator.

-a, **--all**
Zeigt alle Seiten, auf die *Titel* zutrifft.

-b Zeigt die Datei mit Leerzeilen an.

-d, **--debug**
Zeigt Informationen zur Fehlersuche an. Unterdrückt die Ausgabe von Man-Pages.

-f, **--whatis**
wie der **whatis**-Befehl

-k, **--apropos**
wie der **apropos**-Befehl

-l, **--local-file**
Durchsucht lokale Dateien, keine System-Dateien, nach Online-Handbüchern. Wenn **i** als *Dateiname* angegeben wird, wird die Standardeingabe durchsucht.

-m *System,* **--systems=***System*
Durchsucht *System*-Handbuchseiten. *System* muß eine durch Kommata getrennte Liste sein.

-p *Präprozessoren,* **--preprocessor=***Präprozessoren*
Bearbeitet Online-Handbücher mit *Präprozessoren*, bevor sie an **nroff**, **troff** oder **groff** übergeben werden. Startet immer zuerst **soelim**.

→

man
←

-r *Prompt*, --**prompt**=*Prompt*
Setzt die Eingabeaufforderung, wenn **less** als Anzeigeprogramm verwendet wird.

-t, --**troff**
Formatiert die Handbuchseite mit */usr/bin/groff –Tgv –mandoc*. Wird implizit von **-T** und **-Z** vorausgesetzt.

-u, --**update**
Überprüft die Übereinstimmung zwischen Handbuch-Cache und Dateisystem.

-w, --**where**, --**location**
Gibt den Pfadnamen des Handbuchs an, ohne es anzuzeigen.

-D, --**default**
Setzt alle Optionen auf Standardwerte zurück.

-L *Lokale*, --**locale**=*Lokale*
Vermutet aktuellen Ort als *Lokale*, ohne **setlocale()** zu beachten.

-M *Pfad*, --**manpath**=*Pfad*
Sucht nach Online-Handbüchern im *Pfad*. Ignoriert die **-m**-Option.

-P*Anzeigeprogramm*, --**pager**=*Anzeigeprogramm*
Wählt ein Anzeigeprogramm *Anzeigeprogramm* für die Ausgabe.

-T *Gerät*, --**troff-device**[=*Gerät*]
Formatiert **groff**- oder **troff**-Ausgabe für das *Gerät*, wie z.B. **dvi**, **latin1**, **X75** und **X100**.

-Z, --**ditroff**
Erlaubt keine Nachbearbeitung von Online-Handbüchern, nachdem **groff** seine Arbeit beendet hat.

Abschnittsnamen

Online-Handbücher sind nach den Zielgruppen in Abschnitte aufgeteilt.

1 Ausführbare Programme und Shell-Befehle

2 Systemaufrufe (Funktionen, die vom Kernel bereitgestellt werden)

3 Bibliotheken-Aufrufe (Funktionen innerhalb von System-Bibliotheken)

4 Spezielle Dateien (gewöhnlich in */dev* zu finden)

5 Dateiformate und Konventionen, z.B. */etc/passwd*

6 Spiele

7 Makro-Pakete und Konventionen

8 Befehl zur Systemverwaltung (gewöhnlich nur für den Superuser)

9 Kernel-Routinen (kein Standard)

manpath [*Optionen*]

manpath

Versucht, den Pfad zu den Online-Handbüchern zu bestimmen. Überprüft zuerst, ob die Variable $MANPATH gesetzt ist. Wenn sie nicht gesetzt ist, sucht es in */etc/manpath.conf*, in Anwender-Umgebungsvariablen und im aktuellen Arbeitsverzeichnis. Der Befehl **manpath** ist ein symbolischer Link auf **man**; die meisten Optionen werden bei **manpath** aber ignoriert.

Optionen

-d, --debug
Gibt Debugging- (Fehlersuche-) Informationen aus.

-h Gibt einen Hilfstext aus und beendet dann das Programm.

merge [*Optionen*] *Datei1 Datei2 Datei3*

merge

Führt ein dreiseitiges Zusammenführen von Dateien durch. **merge** baut alle Änderungen, die von *Datei2* zu *Datei3* geführt haben, in *Datei1* ein. Das Ergebnis steht normalerweise in *Datei1*. **merge** ist nützlich, um getrennt voneinander vorgenommene Änderungen an einem Original wieder zusammenzuführen. Nehmen Sie an, daß *Datei2* das Original ist und sowohl *Datei1* als auch *Datei3* Modifikationen von *Datei2* sind. **merge** faßt dann diese Änderungen zusammen. Ein Konflikt tritt auf, wenn *Datei1* und *Datei3* Änderungen in überlappenden Dateisegmenten enthalten. Wenn ein Konflikt aufgetreten ist, dann gibt **merge** normalerweise eine Warnung aus und umklammert den Konflikt mit <<<<<<< und >>>>>>>. Ein typischer Konflikt sieht folgendermaßen aus:

```
<<<<<<< Datei1
relevante Zeilen aus Datei1
=======
relevante Zeilen aus Datei3
>>>>>>> Datei3
```

Wenn es Konflikte gibt, dann sollte der Benutzer das Ergebnis editieren und eine der beiden Varianten löschen.

Optionen

-e Bei Konflikten keine Warnung ausgeben.

-p Gibt das Ergebnis auf der Standardausgabe aus, anstatt *Datei1* zu überschreiben.

-q Gibt bei Konflikten keine Warnung aus.

→

merge
←

-A Gibt Konflikte im **-A**-Stil von **diff3** aus, sofern dies von **diff3** unterstützt wird. Damit werden alle Änderungen von *Datei2* nach *Datei3* in *Datei1* zusammengeführt, und die ausführlichste Ausgabe wird erzeugt.

-E Gibt weniger ausführliche Konfliktinformationen als **-A** aus; dies ist der Default.

-L *Label*
Gibt bis zu drei Label an, die anstelle der korrespondierenden Dateinamen in Konfliktmeldungen verwendet werden sollen. Der folgende Befehl:

```
merge -L x -L y -L z Datei_a Datei_b Datei_c
```

erzeugt also Ausgaben, die aussehen, als wären sie von *x*, *y* und *z* gekommen anstatt von *Datei_a*, *Datei_b* und *Datei_c*.

-V Versionsnummer ausgeben.

---

mesg

mesg [*Option*]

Ändert die Fähigkeit anderer Anwender, **write**-Nachrichten an Ihr Terminal zu senden. Ohne Optionen wird der aktuelle Status angezeigt.

Optionen

n Verbietet **write**-Nachrichten.

y Erlaubt **write**-Nachrichten (Standard).

---

mimencode

mimencode [*Optionen*] [*Dateiname*] [**-o** *Ausgabedatei*]
mimencode [*Optionen*] [*Dateiname*] [-o *Ausgabedatei*]

Übersetzt von und in die MIME-Codierungsformate, den vorgeschlagenen Standard für Internet-Multimedia-E-Mail. Defaultmäßig liest **mimencode** die Standardeingabe und schreibt eine Base64-codierte Version der Eingabe auf die Standardausgabe.

Optionen

-b Verwendet die Base64-Codierung (Default).

-o *Ausgabedatei*
Schreibt die Ausgabe in die angegebene Datei anstatt auf die Standardausgabe.

-p Übersetzt beim Decodieren decodierte CRLF-Folgen in die lokale Zeilenvorschubkonvention und macht beim Codieren das Gegenteil. Das ist nur sinnvoll, wenn die Default-Base64-Codierung aktiv ist.

-q	Verwendet die quoted-printable-Codierung anstelle von Base64.
-u	Decodiert die Standardeingabe, anstatt sie zu codieren.

mkdir [*Optionen*] *Verzeichnisse*

Erstellt ein oder mehrere *Verzeichnisse*. Um ein Verzeichnis erstellen zu können, muß man Schreibberechtigung im Elternverzeichnis haben. Siehe auch **rmdir**. Die Standard-Zugriffsberechtigung von neuen Verzeichnissen ist 0777, verändert durch das System oder die **umask** des Benutzers.

Optionen

-m, --mode *Modus*
: Setzt den Zugriffsberechtigungs-*Modus* für neue Verzeichnisse. Siehe **chmod** für eine Erläuterung der verschiedenen Formate von *Modus*.

-p, --parents
: Legt Unterverzeichnisse in einem nicht-existierenden Verzeichnis an.

--verbose
: Für jedes erzeugte Verzeichnis eine Meldung ausgeben.

--help
: Gibt einen Hilfstext aus und beendet dann das Programm.

--version
: Gibt die Version aus und beendet dann das Programm.

Beispiele

Erstellt ein schreibgeschütztes Verzeichnis **persönlich**:

```
mkdir -m 444 persoenlich
```

Die folgenden Eingaben:

```
mkdir work; cd work
mkdir junk; cd junk
mkdir questions; cd ../..
```

können vereinfacht werden durch:

```
mkdir -p work/junk/questions
```

mke2fs

mke2fs [*Optionen*] *Gerät* [*Blöcke*]
mkfs.ext2 [*Optionen*] *Gerät* [*Blöcke*]

Befehl zur Systemverwaltung. Das *Gerät* als Linux-Second-Extended-Dateisystem formatieren. Die Anzahl der Blöcke auf dem Gerät kann angegeben oder von **mke2fs** erraten werden.

Optionen

-b *Blockgröße*
: Blockgröße in Byte angeben.

-c
: Vor der Formatierung das Gerät auf defekte Blöcke überprüfen.

-f *Fragmentgröße*
: Fragmentgröße in Byte angeben.

-i *Bytes-pro-Inode*
: Anlegen einer Inode für jede *Bytes-pro-Inode* Byte Plattenplatz. Der Wert für *Bytes-pro-Inode* muß 1024 oder größer sein, der Default ist 4096.

-l *Dateiname*
: Eine Liste mit defekten Blöcken aus *Dateiname* lesen.

-m *Reserve*
: *Reserve* Prozent der Blöcke für den Superuser reservieren.

-q
: Stiller Modus

-v
: Verbose-Modus

-S
: Nur den Superblock und die Gruppendeskriptoren schreiben, und das Schreiben der Inode-Tabelle sowie der Block- und Inode-Bitmaps unterdrücken. Nur nützlich, wenn versucht wird, beschädigte Dateisysteme zu retten.

mkfs

mkfs [*Optionen*] [*fs-Optionen*] *Dateisystem* [*Blöcke*]

Befehl zur Systemverwaltung. Anlegen eines Dateisystems auf einem Gerät (z.B. einer Festplattenpartition). *Dateisystem* ist entweder der Name eines Geräts oder der Einhängepunkt. **mkfs** ist eigentlich nur ein Zugangsprogramm, das die dateisystemspezifische Version von **mkfs**, abhängig vom Dateisystemtyp, der mit der **-t**-Option angegeben wird, aufruft. Zum Anlegen eines Linux-Second-Extended-Dateisystems wird beispielsweise **mkfs.ext2** (was wiederum identisch mit **mke2fs** ist) aufgerufen. MS-DOS-Dateisysteme werden mit **mkfs.msdos** angelegt. *Dateisystem-Optionen* sind Optionen, die spezifisch für das jeweilige Dateisystem sind. *Blöcke* ist die Größe des Dateisystems in Blöcken zu 1024 Byte.

Optionen

-V Ausführliche Ausgaben u.a. aller Befehle, die zum Anlegen des jeweiligen Dateisystems notwendig sind.

-t *fs-Typ*
Teilt **mkfs** mit, was für ein Dateisystem angelegt werden soll.

Dateisystem-spezifische Optionen
Diese Optionen müssen den generischen Optionen folgen und dürfen nicht mit diesen vermischt werden. Die meisten Formatierprogramme für Dateisysteme unterstützen die folgenden drei Optionen:

-c Vor Anlegen des Dateisystems das Gerät auf defekte Blöcke überprüfen.

-l *Datei*
Aus der *Datei* eine Liste der defekten Blöcke des Geräts einlesen.

-v Ausführliche Ausgaben machen.

---

mkfs.minix [*Optionen*] *Gerät Größe*

Befehl zur Systemverwaltung. Anlegen eines MINIX-Dateisystems auf *Gerät*.

---

mklost+found

Befehl zur Systemverwaltung. Anlegen eines *lost+found*-Verzeichnisses im aktuellen Arbeitsverzeichnis. Gedacht für Linux-Second-Extended-Dateisysteme.

---

mkraid [*Optionen*] *Geräte*

Befehl zur Systemverwaltung. Das in der Konfigurationsdatei */etc/raidtab* definierte RAID-Array *Geräte* einrichten. **mkraid** kann dazu verwendet werden, ein neues Array zu initialisieren oder ältere RAID-Geräte-Arrays für einen neuen Kernel zu aktualisieren. Die Initialisierung zerstört alle Daten auf den Festplatten, aus denen das Array aufgebaut ist.

Optionen

-c *Datei,* **--configfile** *Datei*
Datei anstelle von */etc/raidtab* verwenden.

-f, --force
Die Geräte, aus denen das RAID-Array aufgebaut werden soll, auch dann initialisieren, wenn sich Daten auf ihnen befinden.

→

mkraid
←

-h, --help
Einen Hilfstext ausgeben und beenden.

-o, --upgrade
Ein älteres Array für die RAID-Version des aktuellen Kernels aktualisieren. Die Daten auf dem alten Array bleiben erhalten.

-V, --version
Versionsinformationen ausgeben und beenden.

---

mkswap

mkswap [*Option*] *Gerät* [*Größe*]

Befehl zur Systemverwaltung. Anlegen eines Auslagerungsbereichs (swap space) auf dem angegebenen *Gerät*. Die Größe wird in Blöcken von etwa 4K angegeben.

Option

-c Suchen nach defekten Blöcken, bevor der Auslagerungsbereich angelegt wird.

---

modprobe

modprobe [*Optionen*] [*Module*]

Befehl zur Systemverwaltung. Ohne Optionen versucht **modprobe**, das angegebene Modul und alle anderen Module, von denen es abhängig ist, zu laden. Wenn mehr als ein Modul angegeben wird, wird nur versucht, die weiter hinten stehenden Module zu laden, wenn die weiter vorn stehenden nicht geladen werden konnten.

Optionen

-a Alle angegebenen Module laden, nicht nur das erste.

-l [*Muster*]
Alle vorhandenen Module anzeigen. Diese Option kann mit **-t** kombiniert werden, um den Typ der Module anzugeben. Wenn *Muster* angegeben wird, wird danach gesucht.

-r Die angegebenen Module und alle, auf denen sie aufbauen, entfernen.

-t *Typ*
Nur einen bestimmten Modultyp laden. In */etc/conf.modules* finden Sie die Verzeichnisse, die jeweils alle Module eines Typs enthalten.

Dateien

modprobe

/etc/conf.modules
: Informationen über Module: auf welchen anderen Modulen sie aufbauen und welche Verzeichnisse bestimmte Modultypen enthalten.

/sbin/insmod, /sbin/rmmod, /sbin/depmod
: Programme, die **modprobe** benutzt.

more [*Optionen*] [*Dateien*]

more

Zeigt die angegebenen *Dateien* Seite für Seite an. Siehe **less** als eine Alternative zu **more**. Manchen Befehlen kann eine Nummer vorangestellt werden.

Optionen

+*Nummer*
: Beginnt Anzeige ab Zeile *Nummer*.

-**num** *Anzahl*
: Setzt die Bildschirmgröße auf *Anzahl* Zeilen.

+/*Muster*
: Beginnt mit der Anzeige zwei Zeilen vor *Muster*.

-c Erneuert die Anzeige von oben her, anstatt zu blättern.

-d Anzeige des Hinweises »Zum Fortfahren Leertaste drücken, q zum Abbrechen« als Antwort auf unzulässige Eingaben; schaltet den Warnton ab.

-f Zählt die Textzeilen anstatt der Bildschirmzeilen. Nützlich, wenn lange Zeilen außerhalb des Anzeigebereichs umbrochen werden.

-l Ignoriert Seitenvorschub (**Strg-L**). Bedingt, daß ein Wagenrücklauf als **Strg-M** eingegeben werden muß.

-p Stellt jede Seite neu dar, anstatt zu rollen. Das ist manchmal schneller.

-r Erzwingt die Anzeige von Steuerzeichen in der Form ^*x*.

-s Zusammenpressen (squeeze); zeigt mehrere Leerzeichen als eins an.

-u Unterdrückt unterstrichene Buchstaben.

Befehle

Alle Befehle in **more** basieren auf **vi**-Befehlen. Vor vielen Befehlen kann ein Argument angegeben werden.

SPACE
: Zeigt die nächste Seite des Textes an.

→

more
←

z Zeigt die nächsten *Zeilen* des Textes an und definiert eine Bildschirmseite in *Zeilen* Zeilen um. Standard ist eine Bildschirmseite.

RETURN
: Zeigt die nächsten *Zeilen* des Textes, definiert eine Bildschirmseite in *Zeilen* Zeilen um. Default ist eine Zeile.

d, ^D
: Rollt *Textzeilen* und definiert die Anzahl der zu rollenden *Zeilen* in Zeilen. Standard ist eine Zeile.

q, Q, **INTERRUPT**
: Beenden.

s Überspringt eine Textzeile.

f Überspringt eine Bildschirmseite.

b, ^B
: Springt eine Bildschirmseite zurück.

' Kehrt an den Ort der ersten Suche zurück.

= Gibt die aktuelle Zeilennummer aus.

/Muster
: Sucht nach *Muster*, springt zum *Nummer*-ten Vorkommen, wenn ein Argument angegeben wurde.

n Wiederholt letzte Suche, springt zum *Nummer*-ten Vorkommen, wenn ein Argument angegeben wurde.

!*Befehl*, :!*Befehl*
: Ruft eine Shell auf und führt den *Befehl* dort aus.

v Ruft den Editor **vi** in der aktuellen Datei an der aktuellen Zeile auf.

^L Zeichnet den Bildschirm neu.

:n Springt zur nächsten Datei.

:p Springt zur vorherigen Datei.

:f Gibt den aktuellen Dateinamen und die aktuelle Zeilennummer aus.

. Führt vorigen Befehl erneut aus.

Beispiele

Blättert durch *Datei* im »freien« Modus und gibt Eingabeaufforderungen aus:

```
more -cd Datei
```

Formatiert *doc* auf dem Bildschirm und entfernt Unterstreichungen:

```
nroff doc | more -u
```

Zeigt die Dokumentation des **grep**-Befehls an; beginnt nahe dem Wort »BUGS« und faßt zusätzliche Leerzeichen zusammen:

```
man grep | more +/BUGS -s
```

mount [*Optionen*] [*Gerätedatei*] [*Einhängepunkt*]

Befehl zur Systemverwaltung. Einhängen einer Dateistruktur. Mit **mount** wird dem System mitgeteilt, daß eine entfernbare Dateistruktur auf der *Gerätedatei* vorliegt. Die Dateistruktur wird am *Einhängepunkt* eingehängt. Es muß sich dabei um ein bereits existierendes Verzeichnis handeln, das leer sein sollte. Dieser Einhängepunkt wird die Wurzel der gerade eingehängten Dateistruktur. Wenn **mount** ohne Argumente aufgerufen wird, gibt es den Namen jedes eingehängten Geräts, den zugehörigen Einhängepunkt, den Zeitpunkt des Einhängens und die Information, ob die Dateistruktur schreibbar ist, aus. Nur der Superuser kann **mount** verwenden.

Optionen

-a Alle in */etc/fstab* genannten Dateisysteme einhängen. Dies ist die einzige Option, bei der keine *Gerätedatei* und kein *Einhängepunkt* angegeben werden können.

-f Vorgetäuschtes Einhängen. Gerät und Verzeichnis werden überprüft, das eigentliche Einhängen wird aber nicht vorgenommen.

-n Das Einhängen nicht in */etc/mtab* verzeichnen.

-o *Option*
Dies ist die einzige Option von **mount**, die eine *Gerätedatei* und einen *Einhängepunkt* erwartet. Sie können den Einhängepunkt mit folgenden *Optionen* näher spezifizieren:

async
Ein- und Ausgaben vom und zum Gerät asynchron lesen und schreiben.

auto Einhängen mit der **-a**-Option erlauben.

defaults
Bei allen Optionen werden die Default-Werte verwendet (**async**, **auto**, **dev**, **exec**, **nouser**, **rw** und **suid**).

dev Alle Gerätedateien, die sich im Dateisystem befinden, interpretieren.

exec
Binärdateien dürfen ausgeführt werden.

noauto
Einhängen über die **-a**-Option ist nicht erlaubt.

nodev
Gerätedateien, die sich im Dateisystem befinden, nicht interpretieren.

noexec
Binärdateien dürfen nicht ausgeführt werden.

nosuid
suid- und **sgid**-Bits werden nicht berücksichtigt.

→

nouser
Nur der Superuser hat Zugriff auf das Dateisystem.

remount
Erwartet, daß das Dateisystem bereits eingehängt ist, und hängt es erneut ein.

ro Nur lesender Zugriff auf das Dateisystem.

rw Lesender und schreibender Zugriff auf das Dateisystem.

suid Berücksichtigen der **suid**- und **sgid**-Bits.

sync
Ein- und Ausgaben von und zu dem Gerät synchron lesen und schreiben.

user Auch andere Benutzer als der Superuser können das Dateisystem einhängen. In diesem Fall sind die Defaults **nodev**, **noexec** und **nosuid**, wenn keine anderen Angaben gemacht werden.

check=relaxed|normal|strict
Gibt an, wie streng die Integration eines MS-DOS-Dateisystems gehandhabt werden soll.

conv=binary|text|auto
Gibt die Methode an, mit der MS-DOS- und ISO-9660-Dateisysteme konvertiert werden sollen.

debug
Debugging für MS-DOS- und **ext2fs**-Dateisysteme einschalten.

errors=continue|remount|ro|panic
Angeben, welche Aktion beim Auftreten eines Fehlers ausgeführt werden soll. Nur für das **ext2fs**-Dateisystem.

-r Dateisystem nur zum Lesen einhängen.

-t *Typ*
Gibt den Typ des Dateisystems an. Mögliche Werte sind: **minix**, **ext**, **ext2**, **xiafs**, **hpfs**, **msdos**, **umsdos**, **vfat**, **proc**, **nfs**, **iso9660**, **smbfs**, **ncpfs**, **affs**, **ufs**, **romfs**, **sysv**, **xenix** und **coherent**. Beachten Sie, daß **ext** und **xiafs** nur bei Kerneln älter als 2.1.21 möglich sind und daß **sysv** anstelle von **xenix** und **coherent** verwendet werden sollte.

-v Ausführliche Ausgaben über den Einhängevorgang machen.

-w Dateisystem zum Lesen und Schreiben einhängen (der Default).

Dateien

/etc/fstab
Gibt die Dateisysteme an, die eingehängt werden sollen, sowie die dabei zu verwendenden Optionen.

/etc/mtab
Eine Liste der aktuell eingehängten Dateien und der Optionen, mit denen sie eingehängt worden sind.

mount

rpc.mountd [*Optionen*]

mountd

NFS/NIS-Befehl. NFS Mount Server. **mountd** liest die Datei */etc/exports*, um zu bestimmen, welche Dateisysteme anderen Rechnern zum Einhängen zur Verfügung stehen sollen. Außerdem stellt er Informationen darüber zur Verfügung, welcher Client welches Dateisystem eingehängt hat. Siehe auch **nfsd**.

Optionen

-d, --debug
Debugging-Modus. Alle Debugging-Informationen werden über **syslogd** ausgegeben.

-f *Datei*, **--exports-file** *Datei*
Die Export-Zugriffsrechte werden aus *Datei* anstelle von */etc/exports* gelesen.

-n, --allow-non-root
Erlaubt auch Einhänge-Anforderungen, die auf einem nicht-reservierten Port eintreffen.

-p, --promiscuous
Erlaubt Anforderungen von jedem Rechner.

-r, --re-export
Erlaubt das Weiterexportieren importierter Dateisysteme.

-v, --version
Ausgeben der Versionsnummer.

Datei

/etc/exports
Informationen über Zugriffsrechte zum Einhängen.

mv [*Option*] *Quellen Ziel*

mv

Verschiebt oder benennt Dateien und Verzeichnisse um. Die Quelle (erste Spalte) und das Ziel (zweite Spalte) bestimmen das Ergebnis (dritte Spalte):

→

Befehls-
referenz

Quelle	Ziel	Resultat
Datei	*Name* (nicht vorhanden)	Benennt Datei um in *Name*.
Datei	existierende Datei	Überschreibt existierende Datei mit der Quelldatei.
Verzeichnis	*Name* (nicht vorhanden)	Benennt Verzeichnisse um in *Name*.
Verzeichnis	vorhandenes Verzeichnis	Verschobenes Verzeichnis wird ein Unterverzeichnis im existierenden Verzeichnis.
Eine oder mehrere Dateien	existierendes Verzeichnis	Dateien in das Verzeichnis verschieben.

Optionen

-b, --backup
: Erzeugt eine Sicherungskopie, bevor die Dateien gelöscht werden.

-f, --force
: Verschiebt die Quelle, auch wenn das *Ziel* vorhanden ist; unterdrückt Meldungen über fehlende Zugriffsrechte.

--help
: Hilfetext ausgeben und beenden.

-i, --interactive
: Verlangt eine Bestätigung, bevor Dateien gelöscht werden.

-u, --update
: Verschiebt Dateien nur, wenn sie neuer sind als die gleichnamigen Dateien.

-v, --verbose
: Gibt den Namen jeder Datei vor dem Verschieben aus.

--version
: Versionsnummer auf der Standardausgabe ausgeben, dann beenden.

-S *Suffix*, **--suffix=***Suffix*
: Überschreibt die Umgebungsvariable SIMPLE_BACKUP_SUFFIX, die das Suffix bestimmt, das für einfache Backup-Dateien verwendet wird. Wenn kein Suffix gesetzt wird, ist der Default eine Tilde (~).

-V *Wert*, **--version-control=***Wert*

Überschreibt die Umgebungsvariable VERSION_CONTROL, die bestimmt, welche Art von Backup gemacht wird. Wenn kein Typ angegeben ist, wird **existing** verwendet. Die möglichen Werte für die Umgebungsvariable VERSION_CONTROL und diese Option sind die gleichen wie die der GNU-Emacs-Variablen »version-control«:

t, numbered

Immer numerierte Backups erstellen.

nil, existing

Numerierte Backups von Dateien erzeugen, die bereits welche haben, von anderen Dateien einfache Backups erstellen.

never, simple

Immer einfache Backups erstellen.

named [*Optionen*]

TCP/IP-Befehl. Internet Domain Name Server. **named** wird von Resolver-Bibliotheken benutzt, um Zugriff auf die verteilte Namensdatenbank des Internet zu erhalten. Ohne Argumente gestartet, liest **named** seine Anfangsdaten aus der Datei */etc/named.boot* und lauscht an einem privilegierten Port nach Anfragen. Siehe RFC 1034 und RFC 1035, um weitere Informationen zu erhalten.

Es gibt mehrere **named**-Programme in den verschiedenen Linux-Archiven, die sich alle unterschiedlich verhalten. Seien Sie also nicht beunruhigt, wenn Ihre Version sich nicht so verhält, wie hier beschrieben. Es sollte eine Dokumentation dazu vorliegen.

Optionen

-d *Debugging-Ebene*

Ausgeben von Debugging-Informationen. *Debugging-Ebene* gibt an, welche Informationen ausgegeben werden sollen.

-p *Port*

Verwenden von Port Nummer *Port*. Der Default ist 42.

[**-b**] *Bootdatei*

Die Datei, die anstelle von *named.boot* verwendet werden soll. Das **-b** ist optional und erlaubt es, einen Dateinamen anzugeben, der mit einem Bindestrich beginnt.

Datei

/etc/named.boot

Wird beim Starten von **named** gelesen.

namei

namei [*Optionen*] *Pfadname* [*Pfadname . . .*]

Folgt einem Pfadnamen, bis ein Endpunkt gefunden wird (beispielsweise eine Datei, ein Verzeichnis, ein Zeichengerät usw.). Wenn **namei** auf einen symbolischen Link stößt, dann wird der Link angezeigt und verfolgt; die Ausgabe wird eingerückt, um den Kontext anzuzeigen. **namei** gibt eine Meldung aus, wenn die maximale Anzahl symbolischer Links, die es auf diesem System geben darf, überschritten worden ist.

Optionen

-m Zeigt die Modus-Bits jedes Dateityps in der Art von **ls** an; beispielsweise: »rwxr-xr-x«.

-x Zeigt Mount-Point-Verzeichnisse mit **D** anstelle von **d**.

Zeichen für Dateitypen

In jeder Ausgabezeile gibt **namei** eines der folgenden Zeichen aus, um den gefundenen Dateityp anzuzeigen:

- `-` eine reguläre Datei
- `?` irgendein Fehler
- `b` ein Blockgerät
- `c` ein Zeichengerät
- `d` ein Verzeichnis
- `f:` der Pfadname, der gerade aufgelöst werden soll
- `l` ein symbolischer Link (sowohl der Link als auch sein Ziel werden angezeigt)
- `s` ein Socket

netdate

netdate [*Optionen*] [*Protokoll*] *Hostname...*

TCP/IP-Befehl. Stellt die Uhr des Systems nach der Uhrzeit eines der Rechner der *Rechnernamen*-Liste. **netdate** versucht herauszufinden, welcher Rechner die zuverlässigste Quelle ist. Wenn **netdate** nicht vom Superuser gestartet wird, teilt es lediglich die ermittelte Uhrzeit mit, stellt aber die Systemzeit nicht ein. Sie können ein *Protokoll* zur Datenübertragung angeben, entweder einmal für alle oder auch für jeden Rechner einzeln. Es stehen zur Verfügung: **udp** (der Default) und **tcp**.

Optionen

netdate

-l *Zeit*
: Der zuverlässigste Rechner von der Liste wird folgendermaßen bestimmt: Die Rechner werden nach den Zeiten, die sie zurückmelden, in Gruppen sortiert. Der erste Rechner der größten Gruppe wird ein zweitesmal nach der Zeit gefragt. Bei beiden Abfragen wird die Differenz zwischen der zurückgegebenen Zeit und der aktuellen Systemzeit des lokalen Rechners gespeichert. Diese beiden Differenzen werden verglichen. Wenn der Unterschied größer als *Zeit* ist (der Default ist fünf Sekunden), wird der Rechner als inakkurat angesehen.

-v
: Zeigt die Gruppen an, nach denen die Rechner sortiert sind.

---

netstat [*Optionen*]

netstat

TCP/IP-Befehl. Zeigt den Netzwerkstatus an. Für jeden aktiven Socket werden das Protokoll, die Anzahl der Bytes, die zum Empfang und zum Versand anstehen, die Portnummer, die Adresse und Portnummer der Gegenstelle sowie der Zustand des Sockets ausgegeben.

Optionen

-a Zeigt den Zustand aller Sockets an, nicht nur der aktiven.

-c Ständiges Anzeigen der Informationen; die Anzeige wird einmal pro Sekunde aktualisiert.

-i Statistiken über Netzwerkgeräte mit anzeigen.

-n Netzwerkadressen als Nummern anzeigen.

-o Zusätzliche Informationen über Timer-Zustände ausgeben.

-r Routing-Tabellen anzeigen.

-t Nur TCP-Sockets anzeigen.

-u Nur UDP-Sockets anzeigen.

-v Versionsnummer ausgeben und Programm beenden.

-w Nur reine IP-Sockets (weder UDP noch TCP) anzeigen.

-x Nur Unix-Domänensockets anzeigen.

---

newgrp [*Gruppe*]

newgrp

Ändert die Gruppenzugehörigkeit eines Benutzers auf die angegebene Gruppe. Wenn keine Gruppe angegeben wird, wird die Anmeldegruppe des Benutzers verwendet. Die neue Gruppe wird anschließend für Zugriffsrechtskontrollen verwendet.

newusers	**newusers** *Datei* Befehl zur Systemverwaltung. Erzeugt oder aktualisiert System-Benutzer anhand der Einträge in *Datei*. Jede Zeile in *Datei* hat genau das gleiche Format wie die Einträge */etc/passwd*; die Einträge sind aber nicht verschlüsselt, und Gruppen-IDs können als Name oder Nummer angegeben werden. Beim Aktualisieren wird das Paßwort-Alter-Feld ignoriert, wenn der Benutzer bereits in der Paßwort-Datei */etc/shadow* existiert. Wenn ein Gruppenname oder eine ID noch nicht existiert, wird sie erzeugt. Wenn ein Home-Verzeichnis noch nicht existiert, wird es erzeugt.
nfsd	**rpc.nfsd** [*Optionen*] Befehl zur Systemverwaltung. **rpc.nfsd** ist ein Daemon, der bei Bedarf die NFS-Server-Daemonen startet, welche die Anfragen von Clients bedienen. Diese Daemonen befinden sich im Benutzer-Adreßraum. Die Optionen sind die gleichen wie bei **mountd**.
nice	**nice** [*Option*] [*Befehl* [*Argumente*]] Führt einen *Befehl* und *Argumente* mit einer veränderten Priorität aus (z.B. »nett« sein zu anderen Anwendern). Ohne Argumente wird die standardmäßige Priorität angezeigt (Grad der Nettigkeit). Wenn **nice** ein Kind-Prozeß ist, wird die Priorität des Eltern-Prozesses ausgegeben. Die Nettigkeit kann in einem Bereich von –20 (höchste Priorität) bis zu 19 (niedrigste Priorität) liegen. ***Optionen*** **--help** Gibt einen Hilfstext aus und beendet dann das Programm. **-n** *Adjustment, –Adjustment,* **--adjustment=***Adjustment* Startet *Befehl* mit einer Nettigkeit, erhöht um *Adjustment* (1–19); Standard ist 10. Ein privilegierter Anwender **root** kann die Priorität erhöhen, indem er ein negatives *Adjustment* verwendet **--version** Versionsinformationen ausgeben und das Programm beenden.

nm [*Optionen*] [*Objektdateien*]

Ausgeben der Symboltabelle einer oder mehrerer Objektdateien in alphabetischer Reihenfolge. Wenn keine Dateien angegeben werden, wird die Symboltabelle der Datei *a.out* ausgegeben. Zur Ausgabe jedes Symbols gehören Wert, Typ, Größe, Name etc. Weiterhin kann ein Schlüsselbuchstabe, der das Symbol näher beschreibt, ausgegeben werden.

Optionen

-a, **--debug-syms**
: Ausgeben von Symbolen für den Debugger.

-f *Format*
: Angabe des Ausgabeformats (**bsd**, **sysv** oder **posix**). Der Default ist **bsd**.

-g, **--extern-only**
: Nur externe Symbole ausgeben.

-n, -v, **--numeric-sort**
: Sortieren der externen Symbole nach Adressen.

-p, **--no-sort**
: Kein Sortieren der Symbole.

-r, **--reverse-sort**
: Alphabetisches oder numerisches Sortieren der Symbole in umgekehrter Reihenfolge.

--size-sort
: Sortieren der Symbole nach Größe.

-u, **--undefined-only**
: Nur undefinierte Symbole ausgeben.

-A, -o, **-print-file-name**
: Ausgeben der Dateinamen, aus denen die jeweiligen Symbole stammen, vor den Symbolen.

-C, **--demangle**
: Übersetzen von internen Symbolnamen in lesbare Versionen.

-D, **--dynamic**
: Ausgeben dynamischer (nicht-normaler) Symbole. Dies ist nur bei dynamischen Objekten (wie beispielsweise manchen dynamischen Bibliotheken) sinnvoll.

-P, **--portability**
: Wie **-f posix**.

-V, **--version**
: Ausgeben der Versionsnummer von **nm** auf Standardfehler.

nohup

nohup *Befehl* [*Argumente*]

Führt weiterhin den bezeichneten *Befehl* mit entsprechenden *Argumenten* aus, nachdem sich der Anwender ausgeloggt hat. (Schützt Programme vor den Signalen SIGHUP, SIGINT, SIGQUIT und SIGTERM; z.B. **kein hangup**.) TTY-Ausgaben werden standardmäßig an die Datei *nohup.out* angehängt. Moderne Shells erhalten Hintergrundprozesse standardmäßig; dieser Befehl ist nur bei der originalen Bourne Shell von Bedeutung.

nslookup

nslookup [–*Option...*] [*zu_suchender_Rechner* | – [*Server*]]

TCP/IP-Befehl. Stellt Anfragen an Internet Domain Name Server. **nslookup** kennt zwei Modi: interaktiv und nicht-interaktiv. Im interaktiven Modus kann der Benutzer Name Server nach Informationen über diverse Rechner und Domänen befragen oder eine Liste aller Rechner einer Domäne ausgeben. **nslookup** startet im interaktiven Modus, wenn entweder kein Argument angegeben wird oder das erste Argument ein Bindestrich und das zweite Argument ein Rechnername oder die Internet-Adresse eines Name Servers ist. Im nicht-interaktiven Modus werden nur der Name und die angeforderte Information über einen Rechner oder eine Domäne ausgegeben. Der nicht-interaktive Modus wird gestartet, wenn das erste Argument der Name eines Rechners ist, zu dem Informationen angefordert werden. Das optionale zweite Argument gibt den zu verwendenden Name Server an.

Optionen

Alle beim interaktiven **set**-Befehl aufgeführten Optionen können mit der Syntax -*Schlüsselwort*[=*Wert*] auch von der Kommandozeile aus verwendet werden, indem dem Schlüsselwort ein – vorangestellt wird.

Interaktive Befehle

exit **nslookup** beenden.

finger [*Name*] [> | >>*Dateiname*]
: Mit dem Finger-Server auf dem aktuellen Rechner verbinden, dabei *Datei* anlegen oder die Ausgabe an diese Datei anhängen.

help, ?
: Ausgeben einer kurzen Befehlsübersicht.

Host [*Server*]
: Informationen über *Host* vom aktuellen Default-Server oder dem angegebenen *Server* abfragen.

ls -[ahd] *Domäne* [> | >>*Dateiname*]
: Ausgeben der über *Domäne* verfügbaren Informationen. Diese können auch in eine neu angelegte Datei geschrieben oder an eine bereits vorhandene angehängt werden. Mit der **-a**-Option werden Aliasnamen der Rechner der Domäne ausgegeben, mit **-h** Informationen über die CPUs und Betriebssysteme der Rechner und mit **-d** der gesamte Inhalt eines Zonentransfers.

lserver *Domäne*
: Wechseln des Default-Servers zu *Domäne*. Der ursprüngliche Server wird verwendet, um die Informationen über *Domäne* zu erhalten.

root Wechseln des Default-Servers zum Server der Wurzeldomäne des gesamten Namensraums.

server *Domäne*
: Wechseln des Default-Servers zu *Domäne*. Der aktuelle Default-Server wird verwendet, um die Informationen über *Domäne* zu erhalten.

set *Schlüsselwort*[=*Wert*]
: Ändern von Einstellungen für Anfragen. Die möglichen Schlüsselwörter sind:

  all Ausgeben der aktuellen Werte der häufig benutzten **set**-Optionen.

  class=*Name*
  : Einstellen der Abfrageklasse auf IN (Internet), CHAOS, HESIOD oder ANY (alle). Der Default ist IN.

  domain=*Name*
  : Wechseln des Default-Domänennamens zu *Name*.

  [no]debug
  : Debugging-Modus ein- oder ausschalten.

  [no]d2
  : Ausführlichen Debugging-Modus ein- oder ausschalten.

  [no]defname
  : Den Default-Domänennamen an jede Anfrage anhängen.

  [no]ignoretc
  : Bei verkürzten Paketen eine erneute Anfrage, diesmal mit einer **tcp**-Verbindung, starten (**noignoretc**) oder einen Fehler ausgeben (**ignoretc**).

  [no]recurse
  : Teilt dem Name Server mit, ob er andere Name Server zu Rate ziehen soll oder nicht, wenn er die gewünschten Informationen nicht selbst bereitstellen kann.

→

nslookup
←

[no]search
: Wenn **search** eingeschaltet ist und der zu suchende Name nicht mit einem Punkt endet, werden die Domänen der Suchliste (**srchlist**) an den Namen angehängt; wenn **search** ausgeschaltet ist, der Name der Default-Domäne.

[no]vc
: Schaltet die Verwendung von TCP statt UDP ein bzw. aus.

port=*Port*
: Verwenden von Port Nummer *Port* beim Name Server.

querytype= *Wert*
: Siehe **type=***Wert*.

retry=*Anzahl*
: Gibt die Anzahl der Wiederholversuche an.

root=*Host*
: Stellt den Wurzel-Server ein.

srchlist=*Domäne*
: Die angegebenen *Domänen* werden durchsucht.

timeout=*Sekunden*
: Ändert das Timeout-Intervall für das Warten auf eine Antwort auf *Sekunden* Sekunden.

type= *Wert*
: Einstellen des Informationstyps, der auf eine Anfrage hin zurückgegeben werden soll. Mögliche Werte:

A	Internet-Adresse des Rechners
ANY	alle verfügbaren Informationen
CNAME	kanonischer Name eines Aliasnamens
HINFO	CPU und Betriebssystemtyp
MD	Ziel einer E-Mail
MG	Gruppenmitgliedschaft einer E-Mail
MINFO	Mailbox- oder Mailing-Listen-Informationen
MR	tatsächlicher Name einer Mailbox
MX	Weiterleitungs-Informationen für E-Mail
NS	Name Server der benannten Zone
PTR	Rechnername oder ein Zeiger auf weitere Informationen
SOA	Kontaktinformationen einer Zone (»start-of-authority«)
TXT	textuelle Informationen
UINFO	Benutzerinformationen
WKS	unterstützte, allgemein bekannte Dienste

view Dateiname
Sortieren und Anzeigen der Ausgaben vorhergehender **ls**-Befehle mit **more**.

nslookup

---

passwd [*Benutzer*]

passwd

Erzeugt oder verändert das Paßwort des *Benutzers*. Nur der Anwender selbst oder der Superuser root kann ein Paßwort ändern. Normale Benutzer müssen zum Ändern ihres Paßwortes ihren Namen nicht angeben.

Befehls-referenz

---

paste [*Optionen*] *Dateien*

paste

Fügt die Zeilen von zwei oder mehr *Dateien*, getrennt durch einen Tabulator, in Spalten zusammen. Siehe auch **cut**, **join** und **pr**.

Optionen

\-
Ersetzt einen Dateinamen durch die Standardeingabe.

-d*Zeichen*, **--delimiters**=*Zeichen*
Trennt die Spalten mit *Zeichen* anstelle eines Tabulators. Anmerkung: Spalten können mit unterschiedlichen Zeichen getrennt werden, wenn mehr als ein *Zeichen* angegeben wird.

--help
Hilfetext ausgeben und beenden.

--version
Versionsinformationen ausgeben und das Programm beenden.

-s, **--serial**
Fügt fortlaufende Zeilen zu einer Datei zusammen.

Beispiele

Erzeugt eine dreispaltige *Datei* aus den Dateien *x*, *y* und *z*:

```
paste x y z > Datei
```

Erzeugt eine zweispaltige Liste der aktuellen Benutzer:

```
who | paste - -
```

Erzeugt aus allen Zeilen einer Datei eine einzelne Zeile:

```
paste -s -d"\t\n" list
```

patch

patch [*Optionen*] [*Original* [*Patchdatei*]]

Anwenden der Patches in *Patchdatei* auf *Original*. Das Original wird durch die neue, »gepatchte« Version ersetzt. Eine Sicherungskopie des Originals wird nach *Original.orig* oder *Original~* geschrieben.

Optionen

\+ [*Optionen*] [*Original2*]
: Erneutes Anwenden der Patches mit anderen Optionen oder auf ein anderes Original.

-b, **--backup**
: Die Originaldatei wird gesichert.

-z *Suffix*, **--suffix=***Suffix*
: Sichert die Originaldatei in *Original.Suffix*.

-B *Präfix*, **--prefix=***Präfix*
: Der Sicherung der Originaldatei wird *Präfix* vorangestellt.

-c, **--context**
: *Patchdatei* wird als Kontext-Diff interpretiert.

-d *Verzeichnis*, **--directory=***Verzeichnis*
: Wechseln nach *Verzeichnis*, bevor das Patchen beginnt.

D String, **--ifdef=***String*
: Alle Veränderungen am Original werden gekennzeichnet mit

```
#ifdef
string
#endif
```

-e, **--ed**
: Der Inhalt von *Patchdatei* wird als **ed**-Befehl interpretiert.

-E, **--remove-empty-files**
: Wenn die Anwendung von **patch** zu leeren Dateien führt, werden diese gelöscht.

-f, **--force**
: Erzwingt alle Änderungen, auch wenn diese falsch aussehen. Wenn die Originaldatei nicht existiert, wird der entsprechende Patch übersprungen. Patches werden auch angewandt, wenn die Versionsnummer falsch ist. Patches werden als irreversibel angenommen.

-i *Datei*, **--input=***Datei*
: Liest den Patch aus *Datei* anstelle von **stdin**.

-t, **--batch**
: Patches werden übersprungen, wenn die Originaldatei nicht existiert.

-F *Anzahl*, **--fuzz=***Anzahl*
Angeben der maximalen Anzahl von Zeilen, die ignoriert werden sollen, wenn **patch** entscheidet, an welcher Stelle ein Patch angebracht werden soll. Der Default ist 2. Diese Option ist nur bei Kontext-Diffs sinnvoll.

-l, **--ignore-whitespace**
Bei Mustervergleichen wird Leerraum (Whitespace) ignoriert.

-n, **--normal**
Interpretiert *Patchdatei* als normale Diff-Datei (kein Kontext-Diff).

-N, **--forward**
Ignorieren von Patches, die vermutlich rückgängig gemacht oder bereits angewendet wurden.

-o *Datei*, **--output=***Datei*
Schreiben der Ausgabe nach *Datei*.

-p[*Anzahl*], **--strip**[=*Anzahl*]
Gibt an, wieviel vom Pfadnamen weggelassen wird. Wenn *Anzahl* 0 ist, wird alles weggelassen, so daß nur der Dateiname übrigbleibt. Wenn *Anzahl* 1 ist, wird der erste Schrägstrich weggelassen; jeder weitere höhere Wert läßt einen weiteren Verzeichnisnamen weg.

-r *Datei*, **--reject-file=***Datei*
Schreibt nicht-akzeptierte Abschnitte (Teile der Patch-Datei, die nicht angewendet werden konnten) in die Datei *Datei*. Der Default ist *Original.rej*.

-R, **--reverse**
Ausführen eines umgedrehten Patch-Vorgangs. Damit kann versucht werden, eine Patch-Operation rückgängig zu machen, indem die alten und neuen Dateien vertauscht werden.

-s, **--silent**, **--quiet**
Unterdrücken der Ausgaben während des Patch-Vorgangs.

-u, **--unified**
Interpretiert *Patchdatei* als Unified Diff.

-V *Methode*, **--version-control=***Methode*
Gibt an, wie Sicherungskopien erzeugt werden sollen (kann mit **-B** überschrieben werden). Erlaubte Werte für *Methode* sind:

t, numbered
numerierte Sicherungskopien

nil, existing
Dateien werden anhand bereits vorhandener Sicherungen gesichert. Einfache Sicherungen sind der Default. Dies ist das Default-Verhalten von **patch**.

never, simple
Es werden nur einfache Sicherungskopien angelegt.

→

patch ←

Umgebungsvariablen

TMPDIR
Gibt das Verzeichnis für temporäre Dateien an, voreingestellt ist */tmp*.

SIMPLE_BACKUP_SUFFIX
Enthält ein Suffix, das an Sicherungskopien anstelle von *.orig* oder ~ angehängt wird.

VERSION_CONTROL
Gibt an, wie Sicherungskopien benannt werden sollen (siehe **-V**).

pathchk

pathchk [*Option*] *Dateinamen*

Überprüft die Gültigkeit und Übertragbarkeit von *Dateinamen*. Speziell wird überprüft, ob alle Verzeichnisse im Pfad durchsuchbar sind und ob die Länge der Dateinamen korrekt ist.

Optionen

-p, --portability
Überprüft die Übertragbarkeit auf alle POSIX-kompatiblen Systeme.

--help
Gibt einen Hilfetext aus und beendet das Programm.

--version
Versionsinformationen ausgeben und das Programm beenden.

pcnfsd

/usr/sbin/rpc.pcnfsd

NFS/NIS-Befehl. NFS-Authentifizierungs- und -Drucker-Server. **pcnfsd** ist ein RPC-Server, der ONC-Clients auf PCs unterstützt. Er wird häufig aus */etc/rc.d/rc.inet2* gestartet. **pcnfsd** liest zunächst die Konfigurationsdatei */etc/pcnfsd.conf* ein und bedient danach Anfragen, die an die Programmnummer 150001 gerichtet sind. Die aktuelle Version des **pcnfsd**-Daemons unterstützt (zum Zeitpunkt der Drucklegung dieses Buches) sowohl Version 1 als auch Version 2 des **pcnfsd**-Protokolls. Anfragen, die von **pcnfsd** bedient werden, fallen in drei verschiedene Kategorien: Authentifizierung, Drucken und Diverses. Für die Systemverwaltung sind nur Authentifizierung und Drucken interessant.

Authentisierung

Wenn **pcnfsd** eine PCNFSD_AUTH- oder PCNFSD2_AUTH-Anfrage bekommt, meldet der Daemon den Benutzer durch Überprüfen des Benutzernamens und Paßwortes an und gibt die Benutzer-ID, die Gruppen-ID, das Home-Verzeichnis und die **umask** zurück. Außerdem schreibt **pcnfsd** einen Datensatz in die *wtmp*-Datenbank. Wenn Sie das nicht wollen, fügen Sie die folgende Zeile zu Ihrer Datei */etc/pcnfsd.conf* hinzu:

```
wtmp off
```

Drucken

pcnfsd unterstützt ein NFS-basierendes Druckmodell, bei dem die Druckdaten vom Client zum Server übertragen werden. Das Client-System schickt eine PCNFSD_PR_INIT- oder PCNFSD2_PR_INIT-Anfrage, und der Server gibt den Pfad auf ein Spool-Verzeichnis zurück, das der Client verwenden kann und das von NFS exportiert wird. **pcnfsd** erzeugt für jeden seiner Clients ein Unterverzeichnis, normalerweise unterhalb von */usr/spool/pncfs*. Der Name des Unterverzeichnisses ist der Hostname des Client-Systems. Wenn Sie ein anderes Elternverzeichnis verwenden wollen, fügen Sie die Zeile

```
spooldir Pfad
```

in Ihre Datei */etc/pcnfsd.conf*. Wenn ein Client das Spool-Verzeichnis eingehängt hat und die Druckdaten in eine Datei in diesem Verzeichnis geschrieben hat, schickt er eine PCNFSD_PR_START- oder PCNFSD2_PR_START-Anfrage. **pcnfsd** baut einen Befehl für das Drucksystem auf dem Server-Betriebssystem zusammen und führt diesen Befehl unter der Identität des PC-Benutzers aus. Jede Druckanfrage enthält den Namen des zu verwendenden Druckers. **pcnfsd** interpretiert einen Drucker entweder als ein Ziel, das von einem Druckerspooler auf dem System bedient wird, oder als einen virtuellen Drucker. Virtuelle Drucker werden durch die folgende Zeile in der Datei */etc/pcnfsd.conf* definiert:

```
printer Name Alias Befehl
```

wobei *Name* der Name des Druckers ist, den Sie definieren wollen, *Alias* der Name eines realen Druckers, der zu diesem Drucker gehören soll, und *Befehl* ein Befehl, der ausgeführt wird, wenn eine Datei auf *Name* gedruckt wird.

perl

perl

perl ist eine mächtige Programmiersprache zur Textverarbeitung, die viele der nützlichsten Methoden von Shell, C, **awk** und **sed** kombiniert und durch eigene Features erweitert. Weitere Informationen finden Sie in den Büchern *Einführung in Perl* von Randal L. Schwartz und Tom Christiansen und *Programmieren mit Perl* von Larry Wall, Tom Christiansen und Randal L. Schwartz.

pidof

pidof [*Optionen*] *Programme*

Zeigt die Prozeßidentifikationsnummern der in der Kommandozeile angegebenen Programme an. **pidof** ist ein symbolischer Link auf **killall5**.

Optionen

-o *pids*
: Überspringt die Prozesse mit den angegebenen Identifikationsnummern (*pids*). Sie können eine Liste mit mehreren Nummern angeben.

-s
: Liefert eine einzelne Prozeßidentifikationsnummer.

-x
: Gibt auch die Prozeß-IDs der Shells zurück, die die angegebenen Skripten ausführen.

ping

ping [*Optionen*] *Host*

Befehl zur Systemverwaltung. Sicherstellen, daß ein entfernter Rechner am Netz ist, und antworten. **ping** ist zum Testen, Ausmessen und Verwalten von Netzwerken gedacht. Wegen der mit **ping** einhergehenden, hohen Netzwerklast ist es nicht sinnvoll, **ping** im normalen Betrieb oder aus automatisierten Skripten heraus aufzurufen.

Optionen

-c *count*
: Nur *Anzahl* ECHO_RESPONSE-Pakete senden (und empfangen).

-d
: Schaltet die SO_DEBUG-Option beim verwendeten Socket ein.

-f
: Sendet ausgehende **ping**-Pakete in der gleichen Geschwindigkeit, in der Antwortpakete eingehen, mindestens aber 100 Pakete pro Sekunde. Dies ist eine schwere Belastung für ein Netzwerk und sollte mit Bedacht verwendet werden; nur der Superuser kann diese Option verwenden.

-i *Sekunden*
: Wartet *Sekunden* Sekunden, bevor das nächste Paket gesendet wird. Der Default ist eine Sekunde. Diese Option ist inkompatibel mit der **-f**-Option.

-l *Anzahl*
: Schickt zunächst *Anzahl* Pakete so schnell wie möglich, bevor zum normalen Verhalten übergegangen wird.

-n
: Nur numerische Ausgabe; es wird nicht versucht, symbolische Namen für Rechner-Adressen nachzuschlagen.

-p *Bits*
: Schickt bis zu 16 Füllbyte in jedem Paket. Diese Option ist nützlich, um datenabhängige Netzwerkprobleme zu diagnostizieren. *Bits* wird in Hexadezimalzahlen angegeben. Beispielsweise schickt **-p ff** Pakete, die mit lauter Einsen gefüllt sind.

-q
: Stilles Arbeiten – nichts außer den zusammenfassenden Zeilen am Anfang und Ende wird angezeigt.

-r
: Umgeht die normalen Routing-Tabellen und schickt die Pakete direkt an einen Rechner eines angeschlossenen Netzwerks.

-s *Paketgröße*
: Gibt an, wie viele Datenbytes geschickt werden sollen. Der Default ist 56, was wegen der 8 Byte des ICMP-Headers zu 64 ICMP-Datenbyte führt.

-v
: Verbose – auch andere empfangene Pakete außer ICMP-Paketen werden angezeigt.

-R
: Einstellen der IP-Routenprotokolloption, mit der die Route eines Pakets im IP-Header verzeichnet wird. Der Inhalt der Route wird ausgegeben, wenn die Option **-v** angegeben wird, und er wird bei empfangenen Paketen eingetragen, wenn der angesprochene Rechner die Routen wieder zurückgeschickt hat oder die **-l**-Option eingeschaltet ist.

in.pop2d

Befehl zur Systemverwaltung. Erlaubt es Benutzern, sich mit Port 109 zu verbinden und den Inhalt ihrer Mailbox in */var/spool/mail* abzurufen. **pop2d** erwartet den Benutzernamen und ein Paßwort, bevor Nachrichten übersendet werden. Siehe auch **pop3d**.

Befehle

Jeder Befehl muß auf einer separaten Zeile stehen.

HELO
: Fragt nach Benutzername und Paßwort.

→

pop2d
←

FOLD
Öffnet */var/spool/mail/$USER*.

HOST
Öffnet */var/spool/pop/$USER*.

READ
Liest eine Nachricht.

RETR
Überträgt eine Nachricht.

ACKS
Speichert die zuletzt übertragene Nachricht und springt zur nächsten.

ACKD
Löscht die zuletzt übertragene Nachricht und springt zur nächsten.

NACK
Speichert die zuletzt übertragene Nachricht und fordert sie erneut an.

QUIT
Beenden.

pop3d

in.pop3d

Befehl zur Systemverwaltung. **pop3d** ist eine neuere Version von **pop2d**. Das Verhalten ist ähnlich, die verwendeten Befehle sind aber geringfügig anders.

Befehle

USER
Fragt nach dem Benutzernamen.

PASS
Fragt nach dem Paßwort.

STAT
Zeigt die Anzahl der Nachrichten in der Mailbox und ihre Gesamtgröße an.

LIST Zeigt die Größe der einzelnen Nachrichten an.

DELE
Löscht eine Nachricht.

NOOP
keine Funktion

LAST
Gibt die Nummer der zuletzt übertragenen und gelesenen Nachricht aus.

RSET
Setzt alle Löschmarkierungen zurück.

TOP Gibt den ersten Teil der Nachricht aus.

QUIT
Beenden.

pop3d

rpc.portmap [*Option*]

portmap

NFS/NIS-Befehl. Bildet RPC-Programmnummern auf IP-Ports ab. **portmap** ist ein Server, der RPC-Programmnummern in die zugehörigen IP-Portnummern konvertiert. Er muß gestartet sein, damit RPC-Aufrufe ausgeführt werden können. Wenn ein RPC-Server startet, teilt er **portmap** mit, an welchem Port er lauscht und welche RPC-Programmnummern er bedienen kann. Wenn ein Client einen RPC-Aufruf ausführen möchte, kontaktiert er zunächst **portmap** auf dem Server, um die Portnummer zu bestimmen, an welche die RPC-Pakete geschickt werden sollen. **portmap** muß der erste gestartete RPC-Server sein.

Option

-d Startet **portmap** im Debugging-Modus und nicht als Daemon.

powerd *Gerät*

powerd

Befehl zur Systemverwaltung. Beobachtet die Verbindung zu einer unterbrechungsfreien Stromversorgung. Wenn der Strom schwächer wird, teilt **powerd init** mit, die **powerwait**- und **powerfail**-Einträge auszuführen; wenn die Stromversorgung wieder voll hergestellt ist, wird **init** mitgeteilt, die **powerokwait**-Einträge auszuführen.

pppd [*Optionen*] [*Terminal*] [*Geschwindigkeit*]

pppd

Befehl zur Systemverwaltung. PPP steht für Point-to-Point Protocol (Punkt-zu-Punkt-Protokoll). Mit PPP können Datagramme über eine serielle Verbindung übertragen werden. **pppd** versucht, entweder das angegebene *Terminal*, das in */dev* vorhanden sein muß, oder das kontrollierende Terminal für PPP (Default) zu konfigurieren. Außerdem können Sie die Baudrate mit *Geschwindigkeit* einstellen.

→

Optionen

asyncmap *Tabelle*
Angeben, welche Steuerzeichen nicht übertragen werden sollen. *Tabelle* sollte eine 32 Bit große Hexadezimalzahl sein, in der jedes Bit ein zu maskierendes Zeichen repräsentiert. Beispielsweise repräsentiert 00000001 das Zeichen 0x00 und 80000000 das Zeichen 0x1f oder _. Es können mehrere Zeichen angegeben werden.

auth Verlangt eine Selbst-Authentifizierung der Gegenstelle, bevor die ersten Pakete übertragen werden.

connect *Befehl*
Verbindet, wie in *Befehl* angegeben. *Befehl* kann eine ausführbare Binärdatei oder ein Shell-Befehl sein.

debug, -d
Erhöht die Debugging-Ebene.

defaultroute
Fügt eine neue Default-Route hinzu, für welche die Gegenstelle als Gateway fungiert. Wenn die Verbindung beendet wird, wird die Route entfernt.

-detach
Arbeitet im Vordergrund. Normalerweise erzeugt **pppd** eine Kopie von sich und arbeitet im Hintergrund.

disconnect *Befehl*
Beendet die Verbindung, wie in *Befehl* angegeben. *Befehl* kann eine ausführbare Binärdatei oder ein Shell-Befehl sein.

domain *d*
Legt den Domänennamen *d* fest.

escape *Zeichenliste*
Maskieren aller Zeichen in *Zeichenliste*, wobei es sich um eine durch Kommata getrennte Liste von Hexadezimalzahlen handeln soll. 0x20–0x3f und 0x5e können nicht maskiert werden.

file *Datei*
Optionen aus *Datei* einlesen.

lock Nur **pppd** darf auf das verwendete Gerät zugreifen.

mru *Bytes*
Pakete mit mehr als *Bytes* Bytes zurückweisen.

name *Name*
Gibt den Rechnernamen für das lokale System an.

netmask *Maske*
Angeben der Netzmaske (z.B. 255.255.255.0).

passive, -p
Programm nicht beenden, wenn die Gegenstelle nicht auf den Wunsch zum Verbindungsaufbau antwortet. Statt dessen wird auf ein gültiges Paket von der Gegenstelle gewartet.

silent
Keine Pakete schicken, bevor nicht eines empfangen wurde.

[*Lokale_IP_Adresse*]:[*Entfernte_IP_Adresse*]
Angeben der lokalen und entfernten IP-Adressen, entweder als Rechnernamen oder als numerische Adressen.

Dateien

/var/run/pppn.pid
Prozeßnummer von **pppd**. Das *n* in *pppn.pid* ist die Nummer der PPP-Schnittstelle, die zu diesem **pppd**-Prozeß gehört.

/etc/ppp/ip-up
Binärdatei oder Skript, die oder das ausgeführt wird, wenn die PPP-Verbindung aktiv wird.

/etc/ppp/ip-down
Binärdatei oder Skript, die oder das ausgeführt wird, wenn die PPP-Verbindung beendet wird.

/etc/ppp/pap-secrets
Benutzernamen, Paßwörter und IP-Adressen für die Authentifizierung via PAP.

/etc/ppp/options
System-Defaults. Die Optionen in dieser Datei werden *vor* denen der Kommandozeile gesetzt.

~/.ppprc
Die Default-Optionen des Benutzers. Diese werden vor den Kommandozeilenoptionen, aber nach den System-Defaults gelesen.

/etc/ppp/options.ttyname
Der Name der voreingestellten seriellen Schnittstelle.

pr

pr [*Dateien*]

Konvertiert eine Textdatei in eine eventuell mehrspaltig formatierte Version mit Seitennummern und Headern. Wenn anstelle des Dateinamens ein - angegeben ist, liest das Programm von der Standardeingabe.

Optionen

+*Anf_Seite*[*:End_Seite*], **--pages=**[*Anf_Seite*[*:End_Seite*]
Beginnt die Aufgabe auf Seite *Anf_Seite* und endet sie auf *End_Seite* (sofern angegeben).

→

-*Anzahl*, --**columns=***Anzahl*
Veranlaßt die Formatierung in der angegebenen *Anzahl* Spalten.

-**a**, --**across**
Veranlaßt das Auffüllen horizontaler Spalten vor den vertikalen Spalten.

-**c**, --**show-control-chars**
Veranlaßt die Umwandlung von Steuerzeichen in Caret-Notation (wie z.B. ^C) und anderer nicht-druckbarer Zeichen in Oktalzahldarstellung mit Backslash.

-**d**, --**double-space**
Veranlaßt die Ausgabe mit doppeltem Zeilenabstand.

-**e** [*Tab-Zeichen* [*Breite*]], --**expand-tabs=**[*Tab-Zeichen* [*Breite*]]
Verwandelt Tabulatoren (oder die angegebenen *Tab-Zeichen*) in Folgen von Leerzeichen. Wenn eine *Breite* angegeben ist, werden die Tabulatoren in die entsprechende Anzahl Zeichen umgewandelt (der Default ist 8).

-**f**, -**F**, --**form-feed**
Veranlaßt die Trennung der Seiten durch Seitenvorschub anstelle von Zeilenvorschub.

-**h** *Header*, --**header=***Header*
Veranlaßt die Benutzung der angegebenen *Header* anstelle des Dateinamens.

-**i**[*Ausgabe-Tab-Zeichen* [*Ausgabe-Tab-Breite*]],
--**output-tabs**[=*Ausgabe-Tab-Zeichen* [*Ausgabe-Tab-Breite*]]
Ersetzt Leerzeichen bei der Ausgabe durch Tabulatoren. Ein alternatives Tabulatorzeichen (der Default ist das normale Tabulatorzeichen) und eine Breite (der Default ist 8) können angegeben werden.

-**J**, --**join-lines**
Faßt volle Zeilen zusammen; ignoriert -**W**, falls diese gesetzt ist.

-**l** *Anzahl*, --**length=***Anzahl*
Setzt die Seitenlänge auf die angegebene *Anzahl* Zeilen (der Default ist 66). Wenn die Zeilenanzahl kleiner ist als 10, wird die Ausgabe von Kopf- und Fußzeilen unterdrückt.

-**m**, --**merge**
Veranlaßt die parallele Ausgabe von jeweils einer Datei je Spalte.

-**n**[*Trennzeichen* [*Ziffern*]], --**Anzahl-Zeilen**[=*Trennzeichen* [*Ziffern*]]
Veranlaßt das Hinzufügen von Zeilennummern vor jeder Spaltenzeile oder – bei paralleler Ausgabe – vor jeder Zeile. Wenn ein *Trennzeichen* angegeben ist, wird dieses Zeichen anstelle des Tabulators an die Zeilennummer angehängt. Die optionale Angabe einer *Anzahl-Zeilen* begrenzt die Zeilennummern auf die angegebene Anzahl Stellen (der Default ist 5).

-o *Breite,* **--indent=***Breite*

Setzt den linken Seitenrand auf die angegebene *Breite.*

-r, **--no-file-warnings**

Unterdrückt die Ausgabe von Warnungen, wenn eine Eingabedatei nicht geöffnet werden kann.

-s[*Trennzeichen*], **--separator[=***Trennzeichen*]

Veranlaßt die Benutzung des angegebenen *Trennzeichens* (Default ist der Tabulator) anstelle der Leerzeichen zur Trennung der Ausgabespalten.

-S[*String*], **--separator[=***String*]

Die Spalten mit *String* trennen. Der Default ist ein Tabulator bei **-J** und ein Leerzeichen sonst.

-t, **--omit-header**

Unterdrückt die Ausgabe der Kopf- und Fußzeilen und der Füllzeilen am Seitenende.

-T, **--omit-pagination**

Wie **-t**, unterdrückt aber auch Seitenvorschübe.

-v, **--show-non-printing**

Veranlaßt die Umwandlung nicht-druckbarer Zeichen in Oktalzahlen mit Backslash.

-w *Seitenbreite,* **--width=***Seitenbreite*

Setzt die Seitenbreite auf *Seitenbreite* Spalten. Der Default ist 72.

-W *Seitenbreite,* **--page-width=***Seitenbreite*

Setzt die Seitenbreite auf grundsätzlich *Seitenbreite* Zeichen. Der Default ist 72.

--help

Gibt einen Hilfetext aus und beendet das Programm.

--version

Versionsinformationen ausgeben und das Programm beenden.

pr

---

praliases [*Option*]

praliases

Befehl zur Systemverwaltung. **praliases** gibt die aktuellen E-Mail-Aliasnamen von **sendmail** aus. (Diese sind normalerweise in einer der Dateien */etc/aliases* oder */etc/aliases.db* definiert.)

Option

-f *Datei*

List die Aliasnamen aus der angegebenen Datei anstelle der Default-Aliasdateien von **sendmail**.

printenv

printenv [*Variablen*]

Gibt die Werte aller Umgebungsvariablen oder optional nur der angegebenen *Variablen* aus.

printf

printf *Formate* [*Strings*]

Gibt die angegebenen Strings in den ebenfalls angegebenen Formaten aus. *Formate* können gewöhnliche Textzeichen, C-artige Escape-Sequenzen oder, gängiger, eine Reihe von Konvertierungsargumenten sein, die unten aufgeführt sind.

Argumente

%s Gibt den nächsten *String* aus.

%*n*$s
: Gibt den *n*-ten *String* aus.

%[-]*m*[.*n*]s
: Gibt den nächsten *String* in einem *m* Zeichen breiten Feld aus. Optional kann das Feld auf die ersten *n* Zeichen von *String* begrenzt werden. Die Strings werden rechtsbündig ausgerichtet, sofern der Schalter für die linksbündige Ausrichtung, -, nicht angegeben wurde.

Beispiele

```
printf '%s %s\n' "Meine Dateien sind in" $HOME
printf '%-25.15s %s\n' "Meine Dateien sind in" $HOME
```

ps

ps [*Optionen*]

Gibt Informationen zu den aktiven Prozessen aus. Beachten Sie, daß Sie die Optionen nicht durch ein – einleiten müssen. Beim Vergleich der Menge ausgegebener Daten ergibt sich, daß **-e** mehr ausgibt als **-a** und **-l** mehr als **-f**.

Optionen

pids Es werden nur Daten zu den Prozessen mit den angegebenen Identifikationsnummern ausgegeben. Die Angabe auf der Kommandozeile erfolgt in einer durch Kommata separierten Liste.

a Es werden alle aktiven Prozesse aufgelistet.

c Es wird der in **task_struct** verzeichnete Befehl angezeigt.

e Die Variablen der Programmumgebung werden angezeigt.

f Die Prozeßfamilien werden als Bäume dargestellt.

h Die Ausgabe der Kopfzeile wird unterdrückt.

j Jobs-Format

l Veranlaßt die Ausgabe eines langen Listings.

m Memory-Format

n Benutzer-IDs und WCHAN werden als Zahlenwerte ausgegeben.

r Es werden nur die laufenden Prozesse angezeigt.

s Signal-Format

--sort*Trennzeichen* [+ |–]*Schlüssel* [,[+ |–]*Schlüssel* [,...]]
: Wie O, jedoch zur Verwendung mit langen Schlüsselwörtern. Näheres im Abschnitt »Sortierschlüssel«.

t*tty* Es werden nur die auf dem angegebenen *tty* laufenden Prozesse angezeigt.

u Veranlaßt die Ausgabe des Benutzernamens und der Startzeit.

v *vm*-Format

w Breites Format. Lange Zeilen werden nicht abgeschnitten.

x Weitet die Anzeige auf solche Prozesse aus, die mit keinem Terminal verbunden sind.

O[+|-]*Schlüssel* [,[+ |-]*Schlüssel* [,...]]
: Sortiert die Ausgabeliste. Weiteres in der Liste *Schlüssel*.

  \+ Legt die normale Sortierrichtung für den Schlüssel fest.

  \- Kehrt die Sortierrichtung für den Schlüssel um.

S Enthält die CPU-Zeit und die Seitenfehler der Kind-Prozesse.

Sortierschlüssel

c, cmd
: Name der Programmdatei

C, cmdline
: gesamte Kommandozeile

f, flags
: Flags

g, pgrp
: Gruppenidentifikationsnummer des Prozesses

G, tpgid
: Gruppenidentifikationsnummer des verbundenen Terminals

j, cutime
: kumulative Benutzerzeit

J, cstime
: kumulative Systemzeit

k, utime
: Benutzerzeit

→

K, stime
Systemzeit

m, min_flt
Anzahl der »Minor Page Faults«

M, maj_flt
Anzahl der »Major Page Faults«

n, cmin_flt
kumulierte Anzahl der »Minor Page Faults«

N, cmaj_flt
kumulierte Anzahl der »Major Page Faults«

o, session
Session-ID

p, pid
Prozeßidentifikationsnummer

P, ppid
Prozeßidentifikationsnummer der Eltern

r, rss
Resident Set Size

R, resident
Resident Pages

s, size
Größe des benutzten Speichers

S, share
Anzahl der mit anderen Prozessen geteilten Speicherseiten

t, tty
Nummer des Terminals

T, start_time
Startzeit des Prozesses

U, uid
Benutzeridentifikationsnummer

u, user
Benutzername

v, vsize
Größe des benutzten virtuellen Speichers

y, priority
Scheduler-Priorität des Prozesses

Felder

PRI Scheduler-Priorität des Prozesses. Eine höhere Zahl zeigt eine niedrigere Priorität an.

NI Der **nice**-Wert des Prozesses. Eine höhere Zahl bedeutet weniger CPU-Zeit.

SIZE Größe des virtuellen Speicherbereichs

ps

RSS die »Resident Set Size« (Größe des physikalischen Arbeitsspeichers) in KByte

WCHAN
die Kernel-Funktion, in der der Prozeß schläft

STAT
der Status des Prozesses

- R lauffähig
- T gestoppt
- D nicht-unterbrechbarer Schlaf
- S schlafend
- Z Zombie
- W Keine Speicherseiten belegt (zweites Feld).
- N positiver **nice**-Wert (drittes Feld)

TT verbundenes TTY

PAGEIN
Anzahl der »Major Page Faults«

TRS Größe des Textsegments

SWAP
Größe des benutzten Swap-Bereichs

SHARE
Größe des mit anderen Prozessen geteilten Speicherbereichs

---

psupdate [*Tabellendatei*]

psupdate

Befehl zur Systemverwaltung. Aktualisieren der **psupdate**-Datenbank (auf manchen Systemen */boot/ psupdate*, auf anderen */etc/psdatabase*), die Informationen über die Tabellendatei (»map file«) des Kernel-Images enthält. Wenn keine Tabellendatei angegeben wird, wird die Default-Datei verwendet (je nach Distribution */usr/src/linux/vmlinux* oder */usr/src/linux/tools/zSystem*).

---

pwck [*Option*] [*Dateien*]

pwck

Befehl zur Systemverwaltung. Entfernt fehlerhafte oder doppelte Einträge aus den Dateien */etc/passwd* und */etc/shadow*. **pwck** fragt vor dem Löschen eines Eintrags nach. Wenn Sie das Löschen ablehnen, beendet sich das Programm. Durch Angabe von *Dateien* können auch andere als die Standarddateien geprüft werden. Wenn korrigierbare Fehler gefunden werden, werden Sie aufgefordert, den Befehl **usermod** zu verwenden.

→

pwck
←

Option

–n Nicht-interaktiver Modus. Es wird nicht nach einer Eingabe gefragt, und keine Einträge werden gelöscht. Statt dessen wird ein passender Rückgabecode zurückgegeben.

Rückgabecode

0 erfolgreich

1 Syntaxfehler

2 Es wurden einer oder mehrere fehlerhafte Einträge gefunden.

3 Paßwortdateien konnten nicht geöffnet werden.

4 Paßwortdateien konnten nicht gesperrt werden.

5 Paßwortdateien konnten nicht geschrieben werden.

---

pwconv

pwconv
pwunconv

Befehl zur Systemverwaltung. Konvertiert nicht-verschattete Einträge in in der Datei */etc/passwd* in verschattete Einträge in der Datei */etc/shadow*. Das verschlüsselte Paßwort in */etc/password* wird durch ein x ersetzt. Die verschatteten Paßwörter verhindern den Einsatz von Paßwort-Knack-Programmen. **pwconv** erzeugt anhand der Informationen in der Datei */etc/login.defs* zusätzliche Verfalls-Informationen für die Einträge in */etc/shadow*. Wenn Sie neue Einträge zu */etc/passwd* hinzufügen, können Sie **pwconv** erneut ausführen, um die neuen Informationen nach */etc/shadow* zu übertragen. Bereits verschattete Einträge bleiben unangetastet. **pwunconv** restauriert die verschlüsselten Paßwörter in Ihrer Datei */etc/passwd* und entfernt die Datei */etc/shadow*. Dabei gehen einige Verfalls-Informationen verloren.

---

pwd

pwd

Gibt den vollständigen Pfadnamen des aktuellen Arbeitsverzeichnisses aus. Siehe auch den Shell-Befehl **dirs**, den es sowohl in der **bash** als auch in der **csh/tcsh** gibt.

---

quota

quota [*Optionen*] [*Benutzer* | *Gruppe*]

Zeigt den Plattenplatzverbrauch und den insgesamt zugestandenen Platz für den angegebenen Benutzer oder die angegebene Gruppe. Ohne Argument wird die Quote des aktuellen Benutzers angezeigt. Dieser Befehl nennt die Quoten für alle Dateisysteme, die in */etc/fstab* aufgeführt sind.

Optionen

quota

-g Wenn das Argument *Benutzer* angegeben wurde, zeigt der Befehl mit dieser Option die Quoten der Gruppen, zu denen der Benutzer gehört, anstelle der Quoten des Benutzers.

-q Zeigt nur auf den Dateisystemen die Quote an, auf denen der Benutzer die Quote überschritten hat.

-u Das Default-Verhalten. Wenn diese Option zusammen mit **-g** verwendet wird, werden Quoteninformationen sowohl über den Benutzer als auch über die Gruppe angezeigt.

-v Zeigt die Quoten auch auf Dateisystemen an, auf denen derzeit gar kein Platz belegt wird.

Befehls-referenz

---

raidstart [*Optionen*] [*Geräte*]
raidstop [*Optionen*] [*Geräte*]

raidstart

Befehl zur Systemverwaltung. Startet RAID-*Geräte*, die in der RAID-Konfigurationsdatei */etc/raidtab* definiert sind, oder hält sie an. Wenn die Option **-a** (oder **--all**) verwendet wird, müssen keine *Geräte* angegeben werden; der Befehl wirkt dann auf alle in der Konfigurationsdatei definierten Geräte.

Optionen

-a, **--all**
Der Befehl wirkt auf alle in der RAID-Konfigurationsdatei definierten Geräte.

-c *Datei*, **--configfile** *Datei*
Datei anstelle von */etc/raidtab* verwenden.

-h, **--help**
Hilfstext ausgeben und beenden.

-V, **--version**
Version ausgeben und beenden.

---

ramsize [*Option*] [*Image* [*Größe* [*Position*]]]

ramsize

Befehl zur Systemverwaltung. Wenn keine Optionen angegeben werden, werden Benutzungs-Informationen zur RAM-Disk ausgegeben. Das Bytepaar an Position 504 im Kernel-Image gibt normalerweise die Größe der RAM-Disk an. Mit *Image* kann ein Kernel-Image angegeben werden, mit *Position* eine andere Position im Image. Wenn *Größe* angegeben wird, wird eine neue Größe für die RAM-Disk gesetzt. **rdev -r** ist identisch mit **ramsize**.

→

ramsize ←

Option

-o *Position*
: wie *Position* als Argument

ranlib

ranlib *Dateiname*

Einen Index für die Archivdatei *Datei* erzeugen. Wie **ar -s**.

rarp

rarp [*Optionen*]

Befehl zur Systemverwaltung. Verwalten der Tabelle des Reverse Address Resolution Protocols (RARP). Die Tabelle ist normalerweise die virtuelle Datei */proc/net/rarp*.

Optionen

-a [*Rechnername*]
: Anzeigen aller Einträge. Wenn *Rechnername* angegeben wird (darf eine Liste sein), werden nur die darauf passenden Einträge angezeigt.

-d *Rechnername*
: Entfernt die auf *Rechnername* (darf eine Liste sein) passenden Einträge.

-s *Rechnername HW_Adresse*
: Fügt einen neuen Eintrag für *Rechnername* mit der Hardware-Adresse *HW-Adresse* hinzu.

-t *Typ*
: Berücksichtigt beim Auslesen oder Ändern der Tabelle nur Einträge des Typs *Typ*. *Typ* kann entweder **ether** (Default) oder **ax25** sein.

-v
: Verbose-Modus

rcp

rcp [*Optionen*] *Datei1 Datei2*
rcp [*Optionen*] *Datei ... Verzeichnis*

Kopiert Dateien zwischen zwei Rechnern. Jede *Datei* oder jedes *Verzeichnis* ist entweder ein Name auf dem entfernten Rechner in der Form *Benutzer@Rechnername:Pfadname* oder ein lokaler Pfadname.

Optionen

-k
: Versucht Tickets für den entfernten Host zu bekommen; fragt **krb_realmofhost** ab, um den Realm zu ermitteln.

-p Erhält das Datum der letzten Änderung und den Zugriffsmodus der Quelldateien bei der Kopie.

-r Wenn eine der Quellen ein Verzeichnis ist, werden alle darin enthaltenen Dateien und Verzeichnisse rekursiv in das Zielverzeichnis kopiert.

-x Schaltet für alle über **rcp** übertragenen Daten die DES-Verschlüsselung ein.

rcp

Befehls-referenz

rdate [*Optionen*] [*Host...*]

rdate

TCP/IP-Befehl. Holt das Datum und die Uhrzeit von einem oder mehreren Rechnern im Netzwerk und stellt optional die lokale Systemzeit ein.

Optionen

-p Gibt die empfangenen Daten aus.

-s Stellt die lokale Systemzeit ein; kann nur vom Superuser verwendet werden.

rdev [*Optionen*] [*Image* [*Wert* [*Position*]]]

rdev

Befehl zur Systemverwaltung. Wenn keine Argumente angegeben werden, wird eine Zeile in */etc/mtab*-Syntax angezeigt, die das Wurzel-Dateisystem beschreibt. Anderenfalls ändert **rdev** die Werte der Bytes im Kernel-Image, welche die Größe der RAM-Disk (standardmäßig Position 504), den VGA-Modus (standardmäßig Position 506) und das Gerät, welches das Wurzelverzeichnis enthält (standardmäßig Position 508), angeben. Das zu ändernde Kernel-*Image* muß, der neue *Wert* oder eine andere *Position* kann angegeben werden.

Optionen

-o *Position*
wie *Position* als Argument

-r **rdev** verhält sich wie **ramsize**.

-s **rdev** verhält sich wie **swapdev**.

-v **rdev** verhält sich wie **vidmode**.

-R **rdev** verhält sich wie **rootflags**.

rdist

rdist [*Optionen*] [*Namen*]

Befehl zur Systemverwaltung. Client-Programm für die Verteilung von Programmen auf andere Rechner. **rdist** hat identische Kopien von Dateien auf mehreren Rechnern. Das Programm liest Befehle aus einer *Distributionsdatei* ein, die das Aktualisieren der Dateien oder Verzeichnisse steuern. Die Distributionsdatei wird mit der **-f**-Option, der **-c**-Option oder mit - angegeben; im letzteren Fall wird sie von der Standardeingabe eingelesen.

Optionen

-a *Anzahl*
: Keine Dateisysteme aktualisieren, auf denen weniger als *Anzahl* Bytes frei sind.

-c *Name* [*Benutzername*@]*Rechner*[:*Ziel*]
: Die Argumente werden als kleine *Distributionsdatei* interpretiert, wobei *Benutzername* der Benutzer ist, als der das Programm sich einloggen soll, *Name* die lokale, zu übertragende Datei und *Ziel* der entfernte Name, unter dem die Datei installiert werden soll.

-d *Variable*=*Wert*
: Definiert die Variable *Variable* mit dem Wert *Wert*. Mit dieser Option werden Variablen neu definiert oder Variablendefinitionen in der *Distributionsdatei* überschrieben.

-f *Datei*
: Eingabe aus *Datei* lesen (der Default ist *Distributionsdatei*). Wenn *Datei* - ist, wird von der Standardeingabe gelesen.

-l *Optionen*
: Optionen zum Protokollieren auf dem lokalen Rechner angeben.

-m *Rechner*
: Nur *Rechner* aktualisieren. Kann mehrfach für mehrere *Rechner* angegeben werden.

-n
: Normale Ausführung unterdrücken, und statt dessen die Befehle anzeigen, die ausgeführt worden wären.

-o*Optionen*
: Eine oder mehrere durch Kommata getrennte Optionen angeben:

chknfs
: Keine Dateien bearbeiten, die auf NFS-Dateisystemen liegen.

chkreadonly
: Dateisystem überprüfen, ob es auch schreibbar ist, bevor eine Aktualisierung versucht wird.

chksym
: Keine Dateien aktualisieren, die auf dem lokalen Rechner liegen, aber symbolische Links auf Dateien auf einem entfernten Rechner sind.

compare
: Dateien vergleichen; dieser Vergleich wird als Kriterium dafür herangezogen, welche Dateien aktualisiert werden müssen.

follow
: Symbolische Links interpretieren; Kopieren der Datei, auf die ein Link zeigt, anstatt auf der entfernten Maschine einen symbolischen Link anzulegen.

ignlnks
: Links, die unauflösbar erscheinen, ignorieren.

nochkgroup
: Nicht die Gruppen-ID einer Datei aktualisieren, es sei denn, die ganze Datei muß aktualisiert werden.

nochkmode
: Nicht die Zugriffsrechte einer Datei aktualisieren, es sei denn, die ganze Datei muß aktualisiert werden.

nochkowner
: Nicht die Benutzer-ID einer Datei aktualisieren, es sei denn, die ganze Datei muß aktualisiert werden.

nodescend
: Nicht rekursiv in Verzeichnisse absteigen.

noexec
: Keine ausführbaren Dateien, die im *a.out*-Format sind, verteilen.

numchkgroup
: Gruppenrechte werden anhand der ID anstelle des Namens überprüft.

numchkowner
: Der Besitzer wird anhand der ID anstelle des Namens überprüft.

quiet
: Stiller Modus; ausgeführte Befehle werden nicht ausgegeben.

remove
: Dateien, die auf dem entfernten Rechner, aber nicht auf dem lokalen vorhanden sind, entfernen.

savetargets
: Aktualisierte Dateien in *Name.old* sichern.

verify
: Eine Liste aller Dateien auf dem entfernten Rechner, die aktualisiert werden müßten, ausgeben, aber die Aktualisierung selbst nicht vornehmen.

→

rdist
←

whole
Erhalten von Verzeichnisstrukturen durch Anlegen von Unterverzeichnissen auf dem entfernten Rechner. Wenn beispielsweise die Datei */foo/bar* in das Verzeichnis */baz* kopiert wird, wird daraus */baz/foo/bar* anstelle des Defaults */baz/bar*.

younger
Keine Dateien aktualisieren, die jünger als die Master-Dateien sind.

-p *Pfad*
Den Pfad angeben, in dem **rdistd** auf dem entfernten Rechner gesucht wird.

-t *Sekunden*
Angeben der Timeout-Periode (Default: 900 Sekunden), nach der **rdist** die Verbindung zu einem entfernten Server schließt, wenn dieser noch nicht geantwortet hat.

-A *Anzahl*
Minimale *Anzahl* an Inodes, die **rdist** erwartet, angeben.

-D Debugging-Modus

-F Alle Befehle sequentiell, d.h. ohne Starten neuer Prozesse, ausführen.

-L *Optionen*
Logging-Optionen auf dem entfernten Rechner angeben.

-M *Anzahl*
Nicht mehr als *Anzahl* Kindprozesse von **rdist** simultan ablaufen lassen. Der Default ist 4.

-P *Pfad*
Den Pfad zu *rsh* auf der lokalen Maschine angeben.

rdistd

rdistd *Optionen*

Befehl zur Systemverwaltung. Starten des **rdist**-Servers. Es *muß* grundsätzlich die **-S**-Option angegeben werden, es sei denn, Sie erfragen mit **-V** nur die Versionsinformationen.

Optionen

-D Debugging-Modus

-S Server starten.

-V Versionsnummer ausgeben und Programm beenden.

reboot [*Optionen*]

reboot

Befehl zur Systemverwaltung. Dateisysteme schließen, System herunterfahren und neu starten. Da dieser Befehl alle Prozesse sofort anhält, sollte er nur im Single-User-Modus (Wartungsmodus) verwendet werden. Wenn sich das System nicht in Runlevel 0 oder 6 befindet, ruft **reboot** statt dessen **shutdown -nf** auf.

Optionen

-d
: Nicht nach */var/log/wtmp* schreiben.

-f
: Auch dann **reboot** aufrufen, wenn normalerweise **shutdown** aufgerufen werden würde.

-n
: Den normalen Aufruf von **sync** unterdrücken.

-w
: Normale Ausführung unterdrücken; nur nach */var/log/wtmp* schreiben.

renice [*Priorität*] [*Optionen*] [*Ziel*]

renice

Kontrolliert die Scheduler-Priorität verschiedener Prozesse, nachdem sie gestartet sind. Das Programm kann einzelne Prozesse, Prozeßgruppen und sämtliche Prozesse eines Benutzers beeinflussen. Der Superuser kann die Priorität der Prozesse anderer Benutzer verändern. Die *Priorität* für normale Benutzer muß zwischen 0 und dem Wert der Umgebungsvariablen PRIO_MAX (normalerweise 20) liegen. Höhere Zahlen machen den Prozeß »freundlicher« gegenüber anderen Prozessen. Der Superuser kann auch negative Prioritäten bis zum Wert von PRIO_MIN vergeben, um die Prozesse zu beschleunigen.

Optionen

+*Zahl*
: Veranlaßt die Erhöhung der Prioritätszahl um *Zahl*.

-*Zahl*
: Veranlaßt die Verringerung der Prioritätszahl um *Zahl*.

-g
: Interpretiert das angegebene *Ziel* als Identifikationsnummer der Prozeßgruppe.

-p
: Interpretiert das angegebene *Ziel* als Prozeßidentifikationsnummer (Default).

-u
: Interpretiert das angegebene *Ziel* als Benutzername.

reset	**reset** Löscht den Bildschirminhalt und setzt das Terminal in den Einschaltzustand zurück.
rev	**rev** [*Datei*] Dreht die Zeilen einer Datei auf der Standardausgabe um. Die Reihenfolge der Zeichen jeder Zeile wird umgedreht. Wenn keine Datei angegeben wird, liest der Befehl von der Standardeingabe.
rexecd	**rexecd** *Kommandozeile* TCP/IP-Befehl. Server für die **rexec**-Routine. **rexecd** ermöglicht es, Programme auf entfernten Rechnern auszuführen. Die Authentifizierung geschieht dabei über Benutzernamen und Paßwörter. **rexecd** wird von **inetd** gestartet und muß daher in der Konfigurationsdatei von **inetd**, */etc/inetd.conf*, eingetragen sein. Wenn **rexecd** eine Service-Anfrage erhält, läuft das folgende Protokoll ab: 1. Der Server liest alle Zeichen aus dem Socket, bis ein Nullbyte auftritt. Der resultierende String wird als ASCII-Dezimalzahl interpretiert. 2. Wenn die in Schritt 1 erhaltene Zahl nicht null ist, wird sie als Portnummer eines zweiten Streams interpretiert, der für **stderr** verwendet wird. Es wird eine zweite Verbindung zu dem angegebenen Port auf dem Client-Rechner aufgebaut. 3. Ein höchstens sechzehn Zeichen langer und mit einem Nullbyte terminierter Benutzername wird vom ursprünglichen Socket gelesen. 4. Ein höchstens sechzehn Zeichen langes und mit einem Nullbyte terminiertes, nicht-verschlüsseltes Paßwort wird vom ursprünglichen Socket gelesen. 5. Ein mit einem Nullbyte terminierter Befehl wird vom ursprünglichen Socket gelesen. Die Länge des Befehls ist durch die maximale Größe der Argumentliste auf dem System beschränkt. 6. **rexecd** überprüft dann Benutzername sowie Paßwort und wechselt, falls die Authentifizierung erfolgreich verlief, in das Home-Verzeichnis und richtet die Benutzer- und Gruppenzugriffsrechte ein. 7. Über die mit **stderr** geknüpfte Verbindung wird ein Nullbyte geschickt. Die bereits geholte Kommandozeile wird an die normale Anmelde-Shell des Benutzers weitergegeben. Die Shell erbt die von **rexecd** aufgebauten Verbindungen.

Diagnostics

Username too long
Der Benutzername ist länger als sechzehn Zeichen.

Password too long
Das Paßwort ist länger als sechzehn Zeichen.

Command too long
Der übergebene Befehl ist größer als erlaubt.

Login incorrect
Der angegebene Benutzer ist dem System nicht bekannt.

Password incorrect
Es wurde ein falsches Paßwort angegeben.

No remote directory
Es konnte nicht in das Home-Verzeichnis verzweigt werden.

Try again
Der Server konnte kein Duplikat seines Prozesses anlegen.

<shellname>:...
Der Server konnte kein Duplikat seines Prozesses anlegen. Die Anmelde-Shell des Benutzers konnte nicht gestartet werden.

rlogin *Host* [*Optionen*]

rlogin dient zum Einloggen in einen entfernten Rechner. Das Programm verbindet das Terminal des lokalen Rechners mit dem entfernten Zielrechner mit dem angegebenen *Host*. Der Terminaltyp auf dem entfernten Rechner ist identisch mit dem Ihres lokalen Terminals. Die Fenstergröße wird ebenfalls vom entfernten Rechner übernommen, wenn der Server das erlaubt.

Optionen

-8 Erlaubt die Eingabe von 8-Bit-Daten zu jeder Zeit.

-ec Verwendet das angegebene Zeichen *c* als Fluchtsymbol (der Default ist ~).

-d Schaltet in den Debug-Modus.

-k Versucht, Tickets vom entfernten Host zu bekommen; erbittet diese im durch **krb_realm-ofhost** bestimmten Realm.

-l *Benutzername*
Verwendet den angegebenen *Benutzernamen* auf dem entfernten Rechner. Ohne diese Angabe wird der lokale Name des Benutzers verwendet.

-x Schaltet die DES-Verschlüsselung für alle Daten ein, die über die **rlogin**-Sitzung geschickt werden.

→

rlogin ←

-E Unterdrückt die Interpretation irgendeines Fluchtsymbols.

-K Unterdrückt jede Kerberos-Authentifizierung.

-L Erlaubt den Ablauf einer **rlogin**-Session ohne Nachbearbeitung der Ausgabe (**litout**-Modus).

rlogind

rlogind [*Optionen*]

TCP/IP-Befehl. Der Server für das **rlogin**-Programm. Er ermöglicht Benutzern entfernter Rechner das Einloggen auf diesem Rechner. Die Authentifizierung basiert auf privilegierten Portnummern von vertrauenswürdigen Rechnern. **rlogind** wird von **inetd** aufgerufen, wenn ein entferntes Einloggen durchgeführt werden soll, und führt das folgende Protokoll aus:

- Der Server überprüft den Port des Clients, von dem die Verbindung ausgeht. Wenn die Portnummer nicht im Bereich 0-1023 liegt, bricht der Server die Verbindung ab.
- Der Server überprüft die Adresse des Clients und versucht, den dazugehörigen Rechnernamen herauszufinden. Wenn der Rechnername nicht bestimmt werden kann, wird die Punkt-Notation der Rechneradresse verwendet.

Im Zuge des Anmeldevorgangs werden die Baudrate und der Terminaltyp des Terminals des Clients, wie er in der Umgebungsvariablen TERM steht, übermittelt.

Optionen

-a Rechnernamen überprüfen.

-l Keine Authentifizierung von Rechnern über eine *.rhosts*-Datei, die nicht **root** gehört, vornehmen.

-n Keep-Alive-Nachrichten unterdrücken.

rm

rm [*Optionen*] *Dateien*

Löscht eine oder mehrere *Dateien*. Um eine Datei löschen zu können, brauchen Sie Schreibberechtigung für das Verzeichnis, in dem die Datei enthalten ist, Sie brauchen aber kein Schreibrecht für die Datei selbst. Wenn Sie kein Schreibrecht für die Datei haben, müssen Sie den Löschbefehl vor der Ausführung bestätigen (**y** oder **n**).

Optionen

-d, --Verzeichnis
Löscht Verzeichnisse, selbst wenn diese nicht leer sind. Diese Option kann nur mit Superuser-Rechten ausgeführt werden.

-f, --force
Löscht schreibgeschützte Dateien ohne zusätzliche Bestätigung.

--help
Hilfetext ausgeben und beenden.

-i, --interactive
Erwartet vor der Löschung jeder einzelnen Datei eine interaktive Bestätigung (**y** zum Löschen) oder eine Ablehnung (**n** für Erhalten).

-r, -R, --recursive
Wenn anstelle einer *Datei* ein Verzeichnis auf der Kommandozeile angegeben ist, werden das Verzeichnis und sein gesamter Inhalt mit allen Unterverzeichnissen rekursiv gelöscht. Seien Sie gewarnt: Diese Option kann gefährlich sein.

-v, --verbose
Verbose-Modus einschalten. (**rm** gibt in diesem Modus den Namen jeder Datei aus, bevor sie entfernt wird.)

--version
Versionsinformationen ausgeben und das Programm beenden.

-- Kennzeichnet das Ende der Optionen. Benutzen Sie diese Notation, wenn Sie einen Dateinamen übergeben müssen, der mit einem - beginnt.

rmail *Benutzer...*

TCP/IP-Befehl. Bearbeitet einkommende E-Mail von anderen Rechnern, die via **uucp** empfangen wurde. Dabei werden die **From**-Zeilen in der von **mail** generierten Form in eine einzige Zeile der Form **Rückleitweg!Absender** umgewandelt. Die so verarbeitete Nachricht wird an **sendmail** zur weiteren Zustellung weitergeleitet. **rmail** ist speziell für die Zusammenarbeit mit **uucp** und **sendmail** entwickelt worden.

rmdir [*Optionen*] *Verzeichnisse*

Löscht die angegebenen *Verzeichnisse* (nicht deren Inhalt). *Verzeichnisse* werden aus ihren Überverzeichnissen gelöscht und müssen leer sein (wenn das nicht der Fall ist, können Sie statt dessen **rm -r** benutzen). Siehe auch **mkdir**.

Optionen

--help
Gibt einen Hilfetext aus und beendet das Programm.

--ignore-fail-on-non-empty
Ignoriert Fehler beim Entfernen nicht-leerer Verzeichnisse.

→

rmdir
←

-p, --parents
Löscht *Verzeichnisse* und alle übergeordneten Verzeichnisse des Pfades, die als Resultat der Löschung leer werden. Diese Option dient zur Löschung leerer Verzeichnisbäume.

--verbose
Schaltet den Verbose-Modus ein, der eine Meldung für jedes verarbeitete Verzeichnis ausgibt.

--version
Versionsinformationen ausgeben und das Programm beenden.

rmmod

rmmod [*Option*] *Module*

Befehl zur Systemverwaltung. Ein Modul oder eine Liste von Modulen aus dem Kernel entladen. Dies kann nur erfolgreich durchgeführt werden, wenn die angegebenen Module weder in Gebrauch sind noch von anderen Modulen verwendet werden.

Option

-r Module rekursiv entfernen (alle Module, die das angegebene Modul benutzen).

rootflags

rootflags [*Option*] *Image* [*Schalter* [*Position*]]

Befehl zur Systemverwaltung. Setzen der *Schalter* in einem Kernel-*Image*. Wenn keine Argumente angegeben werden, werden die *Schalter* des Kernel-*Images* ausgegeben. Bei *Schalter* handelt es sich um eine zwei Byte große Ganzzahl, die an Position 498 im Kernel-*Image* steht. Zur Zeit ist der einzige Effekt dieses Schalters, daß das Wurzeldateisystem nur zum Lesen eingehängt wird, wenn der Wert von *Schalter* ungleich null ist. Sie können die *Schalter* verändern, indem Sie das zu ändernde Kernel-*Image* und die neuen *Schalter* angeben. Außerdem kann auch eine andere Position angegeben werden (der Default ist 498). **rdev -R** ist ein Synonym für **rootflags**. Wenn **LILO** verwendet wird, wird **rootflags** nicht gebraucht. Die *Schalter* können dann auch beim Booten von **LILO** aus gesetzt werden.

Option

-o *Position*
wie *Position* als Argument

route [*Option*] [*Befehl*]

route

Befehls-referenz

TCP/IP-Befehl. Manipulieren der Routing-Tabellen, die normalerweise von **routed** verwaltet werden. **route** kennt zwei Befehle: **add**, um eine Route hinzuzufügen, und **del**, um eine Route zu löschen. Die beiden Befehle haben die folgende Syntax:

> **add [-net | -Host]** *Adresse* **[gw** *Gateway***]**
> **[netmask** *Maske***] [mss** *tcp-mss***] [dev** *Gerät***]**
> **del** *Adresse*

Adresse wird als normale Route behandelt, wenn nicht **-net** angegeben wird oder *Adresse* in */etc/networks* steht. **-Host** kann verwendet werden, um anzuzeigen, daß es sich bei *Adresse* um eine normale Route handelt, unabhängig davon, ob die Adresse in */etc/networks* steht. Das Schlüsselwort **Default** gibt an, daß diese Route immer dann zu verwenden ist, wenn keine andere bekannt ist. Außerdem können Sie angeben: einen *Gateway*, durch den Pakete für die *Adresse* geroutet werden, eine Netzmaske *Maske* und die maximale Segmentgröße des TCP-Protokolls *tcp-mss* sowie das *Gerät*, das mit der Route verbunden ist. Die Routing-Tabellen können nur vom Superuser verändert werden.

Wenn kein Befehl angegeben wird, gibt **route** die Routing-Tabellen aus.

Option

-n Zeigt numerische Adressen an; schlägt die Hostnamen nicht nach. (Nützlich, wenn DNS nicht richtig funktioniert.)

routed [*Optionen*] [*Logdatei*]

routed

TCP/IP-Befehl. Netzwerk-Routing-Daemon. **routed** wird vom Superuser während des Hochfahrens des Systems gestartet, um die Internet-Routing-Tabellen zu verwalten. Der Daemon verwendet dabei eine Variante des Xerox NS Routing Information Protocols, um die Einträge in der Routing-Tabelle des Kernels aktuell zu halten. Nach dem Start verwendet **routed** den SIOCGIFCONF-ioctl-Aufruf, um diejenigen Netzwerkschnittstellen zu finden, die direkt mit dem System verbunden und aktiv sind. **routed** schickt ein REQUEST-Paket an jede Schnittstelle und läuft dann in einer Schleife, in der er auf REQUEST- und RESPONSE-Pakete von anderen Rechnern wartet. Wenn ein REQUEST-Paket eintrifft, stellt **routed** – basierend auf den in seinen internen Tabellen enthaltenen Informationen – eine Antwort zusammen. Das so generierte RESPONSE-Paket enthält eine Liste der bekannten Routen. Alle empfangenen RESPONSE-Pakete werden dazu verwendet, die Routing-Tabellen entsprechend zu aktualisieren.

→

routed ←

Bei jeder Aktualisierung speichert **routed** die Änderungen in seinen internen Tabellen, aktualisiert die Routing-Tabelle des Kernels und erzeugt ein RESPONSE-Paket, das diese Änderungen wiedergibt und an alle direkt angeschlossenen Rechner und Netzwerke übertragen wird.

Optionen

-d Debugging-Modus. Zusätzliche Informationen in *Logdatei* mitprotokollieren.

-g Eine Route zum Default-Ziel anbieten.

-q das Gegenteil von **-s**

-s Erzwingt, daß **routed** Routing-Informationen herausgibt, unabhängig davon, ob er als Router zwischen Netzwerken fungiert oder nicht.

-t Verhindert, daß **routed** sich in den Hintergrund legt und sich vom kontrollierenden Terminal abkoppelt. Damit beenden Interrupts von der Tastatur den Prozeß.

rpcgen

rpcgen [*Optionen*] *Datei*

rpcgen parst die in RPC geschriebene Datei *Datei* und erzeugt ein C-Programm, das die RPC-Beschreibung implementiert. Header-Dateien, die aus *Datei*.**x** erzeugt wurden, werden nach *Datei*.**h**, XDR-Routinen nach *Datei*_**xdr.c**, Server-Code nach *Datei*_**svc.c** und Client-Code nach *Datei*_**clnt.c** geschrieben. Zeilen, die mit einem %-Zeichen beginnen, werden ignoriert. Standardmäßig erzeugt **rpcgen** Code, der kompatibel ist mit SunOS 4.1. Nähere Informationen zu RPC finden Sie in *Power Programming with RPC* von John Bloomer.

-a Erzeugen aller Dateien (Client- und Server-Code).

-5 Erzeugen von SVR4-kompatiblem Code.

-c Erzeugen von XDR-Routinen. Kann nicht in Verbindung mit anderen Optionen verwendet werden.

-C Erzeugen von ANSI-C-Code (Default).

-D*Name*[=*Wert*]
Definieren des Symbols *Name*. Der Wert von *Name* ist *Wert* oder 1, falls *Wert* nicht angegeben wird.

-h Ausgeben einer Header-Datei. Wenn auch **-T** angegeben wird, enthält die Header-Datei Code für RPC-Sprungtabellen. Kann nicht in Verbindung mit anderen Optionen verwendet werden.

-I Produziert einen Server, der mit **inetd** kompatibel ist.

-K *Sekunden*
Gibt die Zeit an, die der Server warten soll, nachdem er eine Anfrage beantwortet hat und bevor er sich beendet. Der Default ist 120. Wenn *Sekunden* -1 ist, beendet sich der Server nie.

-l Erzeugt Client-Code. Kann nicht in Verbindung mit anderen Optionen verwendet werden.

-m Nur Server-Code erzeugen. Es wird keine main()-Funktion erzeugt. Kann nicht in Verbindung mit anderen Optionen verwendet werden.

-N Neuer Stil. Prozeduren dürfen mehr als ein Argument haben. Nicht unbedingt kompatibel mit dem alten Stil.

-o [*Datei*]
Schreiben der Ausgabe nach *Datei* oder nach Standardausgabe.

-Ss Nur ein Server-Code-Gerüst erzeugen.

-t Erzeugen einer RPC-Sprungtabelle. Kann nicht in Verbindung mit anderen Optionen verwendet werden.

-T Unterstützung für RPC-Sprungtabellen erzeugen.

rpcinfo [*Optionen*] [*Host*] [*Programm*] [*Version*]

NFS/NIS-Befehl. Ausgeben von RPC-Informationen. *Programm* kann entweder ein Name oder eine Nummer sein. Wenn *Version* mit angegeben wird, versucht **rpcinfo**, die entsprechende Version des angegebenen *Programms* aufzurufen. Ansonsten versucht es, alle registrierten Versionen von *Programm* zu finden, indem Version 0 aufgerufen und versucht wird, jede registrierte Version aufzurufen.

Optionen

-b *Programm Version*
Ausführen eines RPC-Broadcasts via UDP an das angegebene *Programm* mit der angegebenen *Version* und Ausgeben der Namen aller Rechner, die darauf antworten.

-d *Programm Version*
Löschen der *Version* von *Programm* aus der Registrierungsdatenbank. Kann nur vom Superuser oder von demjenigen Benutzer, dessen Prozeß die Registrierung vorgenommen hat, ausgeführt werden.

-n *Portnummer*
Bei Verwendung von **-t** und **-u** den Port *Portnummer* verwenden.

→

rpcinfo
←

-p [*Host*]
: Ausgeben einer Liste aller registrierten RPC-Programme auf *Host*. Wenn *Host* weggelassen wird, wird die Ausgabe des **hostname**-Befehls verwendet.

-t *Host Programm* [*Version*]
: Durchführen eines RPC-Aufrufs via TCP an *Programm* auf dem *Host* und ausgeben, ob eine Antwort empfangen wurde.

-u *Host Programm* [*Version*]
: Durchführen eines RPC-Aufrufs via UDP an *Programm* auf dem *Host* und ausgeben, ob eine Antwort empfangen wurde.

Beispiele

Anzeigen aller RPC-Dienste, die auf der lokalen Maschine registriert sind:

```
$ rpcinfo -p
```

Anzeigen aller RPC-Dienste, die auf dem Rechner **ratbert** installiert sind:

```
$ rpcinfo -p ratbert
```

Anzeigen aller Maschinen im lokalen Netz, auf denen der Network Information Service (NIS) läuft:

```
$ rpcinfo -b ypserv Version | uniq
```

wobei *Version* die aktuelle NIS-Versionsnummer ist, die Sie aus dem oben angegebenen **-p**-Schalter erhalten.

---

rpm

rpm [*Optionen*]

Das RPM-System ist ein frei erhältliches Verpackungssystem zur Verteilung und Installation von Software. RPM-Pakete werden mit dem Befehl **rpm** erzeugt, installiert und abgefragt. Näheres zu diesem Befehl finden Sie in Kapitel 5.

---

rsh

rsh [*Optionen*] *Host* [*Befehl*]

Führt einen *Befehl* auf einem entfernten Rechner aus oder startet eine interaktive Shell mit **rlogin**, wenn kein Befehl angegeben ist.

Optionen

-d Schaltet Socket-Debugging ein.

-k Veranlaßt **rsh**, sich Tickets für den entfernten Host in dessen Realm anstelle des von **krb_realmofhost(3)** ermittelten Realms zu holen.

-l *Benutzername*
Versucht, sich mit dem angegebenen *Benutzername*n auf dem entfernten Rechner einzuloggen. Ohne diese Angabe wird der lokale Name des Benutzers verwendet.

-n Veranlaßt die Umlenkung der Standardeingabe für **rsh** auf das Spezial-Device */dev/null*. (Diese Option sollte verwendet werden, wenn ein **rsh**-Prozeß von einem Shell-Prompt in den Hintergrund geschickt wird, um die Eingabe vom Terminal wegzulenken.)

-x Schaltet die DES-Verschlüsselung für alle Datenübertragungen ein.

-K Unterdrückt die Kerberos-Authentifizierung.

rshd [*Optionen*]

TCP/IP-Befehl. Server für das Starten von nicht-interaktiven Shells auf entfernten Rechnern, also für Befehle wie **rcmd** oder **rcp**. **rshd** wird von **inetd** gestartet und muß in der Konfigurationsdatei von **inetd**, */etc/inetd.conf*, eingetragen sein.

Die Optionen entsprechen genau denen von **rlogind**, mit Ausnahme der Option **-L**, die es nur bei **rshd** gibt.

Option

-L Alle erfolgreichen Verbindungen und fehlgeschlagenen Versuche via **syslogd** protokollieren.

rstat *Host*

TCP/IP-Befehl. Faßt den Systemzustand von *Host*, die aktuelle Zeit, die Maschinenlaufzeit und die Lastmittel (die Mittelwerte aller Jobs in der Warteschlange) zusammen. Fragt den **rstat_svc**-Daemon des entfernten Hosts.

run-parts [*Optionen*] [*Verzeichnis*]

Befehl zur Systemverwaltung. Führt alle Skripten in *Verzeichnis* in lexikalischer Reihenfolge aus. Läßt Skripten weg, deren Dateinamen nicht-alphanumerische Zeichen (ausgenommen Unterstriche und Bindestriche) enthalten.

Optionen

-- Interpretiert alle folgenden Argumente als Dateinamen und nicht als Optionen.

→

run-parts ←	**- -test** Gibt eine Liste der Skripten aus, die ausgeführt werden würden, führt sie aber nicht wirklich aus. **- -umask=***umask* Gibt die *umask* an. Der Default ist 022.
runlevel	**runlevel** Befehl zur Systemverwaltung. Ausgeben der vorherigen und aktuellen Runlevel des Systems.
ruptime	**ruptime** [*Optionen*] TCP/IP-Befehl. Anzeigen, wie lange jeder Rechner im lokalen Netzwerk seit seinem letzten Systemstart bereits läuft und wie viele Benutzer auf ihm eingeloggt sind. Wenn ein Rechner sich elf Minuten lang nicht gemeldet hat, wird angenommen, daß er nicht in Betrieb ist. ***Optionen*** **-a** Auch Benutzer ausgeben, die mehr als eine Stunde keinen Befehl mehr eingegeben haben. **-l** Rechner nach durchschnittlicher Last sortieren. **-r** Normale Sortierreihenfolge umdrehen. **-t** Maschinen nach Laufzeiten seit dem letzten Systemstart sortieren. **-u** Rechner nach der Anzahl der eingeloggten Benutzer sortieren.
rusers	**rusers** [*Optionen*] [*Host*] TCP/IP-Befehl. Ausgeben, welche Benutzer auf *Host* oder auf allen lokalen Rechnern eingeloggt sind. Die Ausgabe geschieht im Format des **who**-Befehls. ***Optionen*** **-a** Auch Rechner ausgeben, auf denen niemand eingeloggt ist. **-l** Weitere Informationen ausgeben: Terminal, Datum, Uhrzeit, Zeit ohne Befehlseingabe, entfernter Rechner.

rwall *Host* [*Datei*]

rwall

TCP/IP-Befehl. Gibt eine Nachricht an alle Benutzer aus, die auf *Host* eingeloggt sind. Wenn *Datei* angegeben ist, wird die Meldung daraus entnommen, ansonsten wird sie von der Standardeingabe gelesen.

rwho [*Option*]

rwho

Meldet, wer auf allen Rechnern im lokalen Netzwerk eingeloggt ist (ähnlich **who**).

Option

-a Führt auch solche Benutzer auf, die seit mehr als einer Stunde nichts mehr getan haben.

rwhod

rwhod

TCP/IP-Befehl. Server für den Systemzustand, der die von **rwho** und **ruptime** verwendete Datenbank pflegt. Seine Funktionalität basiert auf der Fähigkeit, Nachrichten an alle Rechner eines Netzwerks schicken zu können. Als Produzent von Informationen fragt **rwhod** periodisch den Zustand des Systems ab und erzeugt daraus Zustandsmeldungen, die an alle Rechner im Netzwerk geschickt werden. Als Konsument von Informationen lauscht **rwhod** den Zustandsmeldungen von **rwhod**-Servern auf anderen Systemen, überprüft diese und speichert sie dann in einer Reihe von Dateien im Verzeichnis */var/spool/rwho* ab. Nachrichten, die der **rwhod**-Server empfängt, werden verworfen, wenn sie nicht am Server-Port von **rwhod** eintreffen. Zustandsmeldungen werden etwa alle drei Minuten erzeugt.

script [*Option*] [*Datei*]

script

Erzeugt eine Kopie der aktuellen Shell und protokolliert eine Sitzung am Terminal mit. Das Sitzungsprotokoll wird nach *Datei* geschrieben. Wenn keine *Datei* angegeben wird, wird das Protokoll in der Datei *Typescript* im aktuellen Verzeichnis abgelegt. Die Protokollierung endet, wenn die Kopie der Shell beendet wird, normalerweise mit Strg-D oder **exit**.

Option

-a Anhängen des Protokolls an den Inhalt von *Datei* oder *Typescript*, anstatt den vorherigen Inhalt zu überschreiben.

sed

sed [*Optionen*] [*Befehl*] [*Dateien*]

sed ist ein »Datenstrom-Editor« zur Bearbeitung einer Liste von *Dateien* ohne interaktive Beteiligung des Benutzers. Lesen Sie Kapitel Kapitel 12, *Der Editor sed*, um weitere Informationen zu erhalten.

sendmail

sendmail [*Schalter*] [*Adresse...*]

Befehl zur Systemverwaltung. **sendmail** ist ein Mail Transfer Agent (MTA) oder einfacher gesagt ein E-Mail-Router. Es nimmt Nachrichten von E-Mail-Benutzerprogrammen entgegen, bringt die Anschrift in die entsprechende Form, die vom zustellenden Programm verstanden wird, und leitet die E-Mail an das Zustellungsprogramm weiter.

Kommandozeilenschalter

-b*x* Einstellen des Betriebsmodus auf *x*. Die Betriebsmodi sind:

- a ARPA-Modus
- d Als Daemon starten.
- i Initialisieren der Alias-Datenbank.
- m Nachrichten zustellen (Default).
- p Ausgeben der Nachrichten-Warteschlange.
- s Bei **sendmail** eingehende Nachrichten via SMTP entgegennehmen.
- t Test-Modus
- v Nur Adressen überprüfen, aber keine Zustellung veranlassen.

-C *Datei*
: Verwenden der Konfigurationsdatei *Datei*.

-d *Ebene*
: Einstellen der Debugging-Ebene.

-F *Name*
: Einstellen des vollen Namens des Benutzers auf *Name*.

-f *Name*
: Der Name des Absenders ist *Name*.

-h *cnt*
: Den Hop-Zähler (zählt, wie oft eine Nachricht von **sendmail** verarbeitet wurde) auf *Anzahl* setzen.

-n Keine Aliasnamen verwenden, nicht weiterleiten.

-o *x Wert*
: Option *x* auf den Wert *Wert* setzen. Die Optionen werden weiter unten beschrieben.

-p *Protokoll*
: Nachrichten mit dem angegebenen *Protokoll* empfangen.

-q [*Zeit*]
: In der Warteschlange stehende Nachrichten sofort oder nach der angegebenen *Zeit* verarbeiten (z.B. halbstündig bei **-q30m**).

-r *Name*
: veraltete Form von **-f**

-t
: Lesen der Header-Felder **To:**, **Cc:** und **Bcc:**. Die E-Mail wird an jeden Empfänger auf dieser Liste geschickt.

-v
: Verbose-Modus

-X *Datei*
: Sämtlichen E-Mail-Verkehr in *Datei* mitprotokollieren. Sollte nicht für normales Logging verwendet werden.

Konfigurationsoptionen

Die folgenden Optionen können mit dem **-o**-Schalter auf der Kommandozeile oder einer **O**-Zeile in der Konfigurationsdatei eingestellt werden:

7
: Alle eingehenden Nachrichten auf 7 Bit formatieren.

a*min*
: Wenn die Option **D** eingeschaltet ist, wird *min* Minuten darauf gewartet, daß die Alias-Datenbank neu aufgebaut wird, bevor eine Warnung ausgegeben wird, daß die Alias-Datenbank veraltet ist.

A*Datei*
: Andere Alias-Datei verwenden.

b*Minblocks*[/*Maxgröße*]
: Verlangt, daß mindestens *Minblocks* frei bleiben. Die maximale Größe einer Nachricht wird auf *Maxgröße* gesetzt. Wenn *Maxgröße* weggelassen wird, ist der Schrägstrich optional.

B*Zeichen*
: Einstellen des Ersetzungszeichens für nicht in Anführungszeichen stehende Leerzeichen.

c
: Wenn eine Verbindung als »teuer« gilt, nicht sofort eine Verbindung aufbauen.

C*Anzahl*
: Kontrollieren und Aktualisieren der Warteschlange, wenn eine Nachricht an mehrere Empfänger gesendet wird. **sendmail** schreibt die Liste der Empfänger neu, nachdem jeweils *Anzahl* Empfänger verarbeitet worden sind.

→

sendmail
←

d*x* Einstellen des Zustellungsmodus. Die vorhandenen Zustellungsmodi sind **i** für interaktive (synchrone) Zustellung, **b** für Zustellung im Hintergrund (asynchron), **q** für Einreihen der Nachricht in die Warteschlange (Zustellung erst, wenn die Warteschlange nächstesmal geleert wird) und **d** für Einreihen in die Warteschlange, ohne daß DNS-Anfragen vorgenommen werden.

D Alias-Datenbank, wenn nötig, automatisch neu aufbauen.

e*x* Einstellen des Fehlerverarbeitungsmodus. Gültige Modi sind **m** für Zurücksenden einer Fehlernachricht, **w** für Zurückschreiben einer Fehlernachricht, **p** für Ausgeben der Fehlermeldung auf das Terminal (Default), **q** für Verwerfen der Fehlermeldung und **e** für spezielle, im BerkNet verwendete Fehlerbehandlung.

E*Text*
Einstellen des Headers für Fehlermeldungen. Bei *Text* handelt es sich entweder um Text, welcher der Fehlermeldung hinzugefügt werden soll, oder um einen Dateinamen. Ein Dateiname muß mit vollem Pfad angegeben werden und mit einem Schrägstrich beginnen.

f Unix-gemäße **From**:-Zeilen am Anfang einer Nachricht nicht entfernen.

F*Modus*
Default-Zugriffsrechte für temporäre Dateien einstellen. Wenn diese Option nicht angegeben wird, sind die Default-Zugriffsrechte 0644.

G Lokale E-Mail-Namen mit dem GECOS-Feld in der Paßwort-Datei vergleichen.

g *n* Zu verwendende Gruppen-ID, wenn Mailprogramme aufgerufen werden.

H*Datei*
SMTP-Hilfedatei

h *Anzahl*
Maximal *Anzahl* Hops pro Nachricht erlauben.

i Einzelne Punkte auf einer Zeile nicht als Ende einer Nachricht interpretieren.

I *arg*
DNS-Anfragen verwenden und optimieren. Wenn keine DNS-Verbindungen zustande kommen, werden die Nachrichten in die Warteschlange eingereiht. Die *arg*-Argumente funktionieren wie die Schalter von resolver, nur ohne das RES_- Präfix. Jedem Schalter kann ein Plus- oder Minuszeichen vorangestellt werden, um die zugehörige Name-Server-Option ein- oder auszuschalten. Zwischen dem **I** und dem ersten Schalter muß ein Leerzeichen oder ein Tabulator stehen.

j MIME-Format für Fehlermeldungen verwenden.

J*Pfad*
ein alternativer Suchpfad für *.forward*

k*Anzahl*
Größe des Verbindungs-Caches angeben.

K*Zeit*
Timeout für Verbindungen auf *Zeit* einstellen.

l Errors-To:-Header nicht ignorieren.

L*n* Logging-Stufe angeben.

m Nachricht auch an den Absender schicken, wenn er auf einer Aliasliste steht.

MX*Wert*
Definition eines Makros auf der Kommandozeile. Zuweisung von *Wert* an das Makro *X*.

n Während der Ausführung von **newaliases** die rechte Seite der Aliase validieren.

o Wenn diese Option eingeschaltet ist, dürfen die Nachrichten auch Header des alten Typs haben, ansonsten müssen sie neue Header haben (d.h. Kommata statt Leerzeichen zwischen den Empfängern).

p*was,was,...*
Einstellen, wie privat oder öffentlich sich der SMTP-Daemon verhalten soll. Die einzelnen *was*-Argumente sollten voneinander durch Kommata getrennt werden. Die *was*-Argumente können unter den folgenden ausgewählt werden:

public
SMTP voll öffentlich machen (Default).

needmailhelo
Verlangt, daß ein anderer Rechner zunächst HELO oder ELHO sendet, bevor eine Nachricht geschickt wird.

needexpnhelo
Verlangt, daß ein anderer Rechner zunächst HELO oder ELHO sendet, bevor eine Adreßexpansionsanfrage beantwortet wird.

needvrfyhelo
Wie das vorstehende Argument, aber für Verifizierungsanfragen.

noexpn
Alle Expansionsanfragen ablehnen.

novrfy
Alle Verifikationsanfragen ablehnen.

→

authwarnings
Besondere Header in Nachrichten einfügen, die den Empfängern mitteilen, daß die Nachricht möglicherweise nicht authentisch ist.

goaway
Alle oben stehenden Optionen außer **public** einschalten.

restrictmailq
Benutzer derselben Gruppe wie die Besitzer des Warteschlangenverzeichnisses dürfen die Warteschlange einsehen.

restrictqrun
Nur der Superuser und der Besitzer des Warteschlangenverzeichnisses dürfen das Abarbeiten der Warteschlange initiieren.

P*Benutzer*
Kopien jeder nicht zustell- oder weiterleitbaren Nachricht an *Benutzer* (üblicherweise Postmaster) schicken.

q*Faktor*
Multiplikator (Faktor) für das Einstellen von Nachrichten in die Warteschlange bei hoher Systemlast

Q*Schlangenverzeichnis*
Auswahl des Verzeichnisses, in dem Nachrichten auf Zustellung warten.

R Keine Routen-Adressen entfernen.

S*Datei*
Statistiken in *Datei* abspeichern.

s Immer eine Warteschlangendatei anlegen, auch dann, wenn es nicht unbedingt notwendig ist.

T*Zeit*
Einstellen des Timeouts für nicht-zugestellte Nachrichten in der Warteschlange auf die angegebene *Zeit*.

t*stz, dtz*
Einstellen des Namens der Zeitzone.

U*Datenbank*
Benutzerdatenbank *Datenbank* für Weiterleitungsinformationen zu Rate ziehen.

u*N* Default-Benutzer-ID für Mailprogramme einstellen.

v Verbose-Modus

V*Host*
Notfall-MX-Rechner. *Host* sollte der vollqualifizierte Domänenname des Notfall-Rechners sein.

w Verwenden eines DNS-A-Datensatzes, wenn der MX-Datensatz nicht eindeutig ist.

x*load*
: Nachrichten nicht weiterleiten, sondern in die Warteschlange stellen, wenn die Systemlast höher als *Last* ist.

X*Last*
: SMTP-Verbindungen zurückweisen, wenn die Systemlast höher als *Last* ist.

y*Faktor*
: Lange Empfängerlisten mit dem *Faktor* bestrafen.

Y
: Jeden Job, der von der Warteschlange ausgeführt wird, in einem eigenen Prozeß starten. Dies trägt auf Systemen mit wenig Speicher dazu bei, die Größe der laufenden Prozesse zu verringern.

z*Faktor*
: Multiplikator für Prioritätserhöhungen. Hiermit wird bestimmt, wieviel Gewicht auf den **Precedence**-Header gelegt wird. Der Default von **sendmail** ist 1800.

Z*Zahl*
: Die Priorität von Elementen in der Warteschlange um *Zahl* erhöhen, nachdem jeder Job verarbeitet wurde. **sendmail** verwendet einen Default von 90000.

Von sendmail verwendete Dateien

/usr/lib/sendmail
: das Binärprogramm von **sendmail**

/usr/bin/newaliases
: Ein Link auf */usr/lib/sendmail*; veranlaßt, daß die Aliasdatenbank neu aufgebaut wird.

/usr/bin/mailq
: Ausgeben des Inhalts der Nachrichtenwarteschlange.

/etc/sendmail.cf
: Konfigurationsdatei in Textform

/etc/sendmail.hf
: SMTP-Hilfedatei

/usr/lib/sendmail.st
: Statistikdatei. Muß nicht vorhanden sein.

/etc/aliases
: Aliasdatei in Textform

/etc/aliases.{pag,dir}
: Aliasdateien in **dbm**-Format

/var/spool/mqueue
: Verzeichnis, in dem die Warteschlange und temporäre Dateien abgelegt werden

/var/spool/mqueue/qf
: Kontrolldateien der Nachrichten

→

sendmail
←

/var/spool/mqueue/df
Datendateien der Nachrichten

/var/spool/mqueue/lf
Lock-Dateien

/var/spool/mqueue/tf
Temporäre Kopien der *qf*-Dateien. Werden verwendet, wenn die Warteschlangendatei neu aufgebaut wird.

/var/spool/mqueue/nf
Wird benutzt, wenn eine eindeutige ID erzeugt wird.

/var/spool/mqueue/xf
Protokoll der aktuellen Sitzung

---

setfdprm

setfdprm [*Optionen*] *Gerät* [*Name*]

Diskettenparameter laden, die beim automatischen Konfigurieren von Diskettenlaufwerken verwendet werden.

Optionen

-c *Gerät*
Parameter von *Gerät* löschen.

-n *Gerät*
Die Meldungen beim Erkennen des Formats für *Gerät* abschalten.

-p *Gerät* [*Name* | *Parameter*]
Die Parameter für *Gerät* permanent zurücksetzen. Sie können *Name* verwenden, um eine Konfiguration anzugeben, oder die Parameter individuell festlegen. Die folgenden Parameter können angegeben werden: **dev**, **size**, **sect**, **heads**, **tracks**, **stretch**, **gap**, **rate**, **spec1** und **fmt_gap**. In */etc/fdprm* stehen die ursprünglichen Werte.

-y *Gerät*
Die Meldungen beim Erkennen des Formats für *Gerät* einschalten.

---

setsid

setsid *Befehl* [*Argumente*]

Befehl zur Systemverwaltung. Den angegebenen Befehl und optionale Befehlsargumente in einer neuen Sitzung ausführen.

sh [*Optionen*] [*Datei* [*Argumente*]] — **sh**

Die Standard-Shell für Unix, ein Kommandozeilen-Interpreter, in den alle weiteren Kommandos eingegeben werden. Unter Linux ist das in der Regel ein anderer Name für die **bash**-Shell. Siehe Kapitel Kapitel 7, *bash: Die Bourne-Again Shell.*

shar [*Optionen*] *Dateien*
shar -S [*Optionen*] — **shar**

Erzeugt Shell-Archive (shar-Dateien) im Textformat, die als E-Mail verschickt werden können. Diese Dateien können später durch Ausführung mit */bin/sh* wieder entpackt werden. Auch andere Befehle müssen auf dem System des Empfängers vorhanden sein, beispielsweise **compress**, **gzip**, **uudecode**. Das resultierende Archiv wird auf die Standardausgabe geschrieben, sofern die Option **-o** nicht verwendet wird.

Optionen

-a, **--net-headers**
: Ermöglicht die automatische Generierung von Headern. Wenn Sie diese Option verwenden, müssen Sie auch **-n** verwenden.

-b *Bits,* **--bits-per-code=***Bits*
: **-b** *Bits* als Parameter von **compress** (beim Komprimieren). Der Default-Wert ist 12. Die Option **-b** schaltet automatisch die Option **-Z** ein.

-c, **--cut-mark**
: Beginnt die shar-Datei mit einer »Cut here«-Zeile.

-d *Trennzeichen,* **--here-delimiter=***Trennzeichen*
: Verwendet *Trennzeichen* als Trennzeichen für die Dateien im Archiv anstelle des Defaults SHAR_EOF.

-f, **--basename**
: Verwendet beim Restaurieren nur einfache Dateinamen. Das ist nützlich, wenn ein shar-Archiv aus mehreren Verzeichnissen oder einem anderen Verzeichnis zusammengebaut wird. (Wenn ein Verzeichnisname an **shar** übergeben wird, dann wird die Substruktur dieses Verzeichnisses restauriert, egal, ob **-f** angegeben wurde oder nicht.)

-g *Ebene,* **--level-for-gzip=***Ebene*
: Verwendet *Ebene* als Parameter von **gzip** (beim Komprimieren). Der Default ist 9. Die Option **-g** schaltet die Option **-z** automatisch ein.

--help
: Hilfetext ausgeben, dann beenden.

→

shar
←

-l *nn*, --**whole-size-limit**=*nn*
Begrenzt die Größe der Ausgabedatei auf *nn* Kilobyte, trennt aber keine Eingabedateien auf. Kann nur zusammen mit **-o** verwendet werden.

-m, --**no-timestamp**
Keine **touch**-Befehle zum Restaurieren der Dateiänderungsdaten beim Entpacken der Dateien generieren.

-n *Name*, --**archive-name**=*Name*
Der Name des Archivs, der im Header der shar-Dateien stehen soll. Muß angegeben werden, wenn die Option **-a** verwendet wird.

--**no-i18n**
Keine internationalisierten Shell-Archive erzeugen; nur englische Default-Meldungen verwenden. Standardmäßig erzeugt **shar** Archive, die versuchen, die Meldungen in der bevorzugten Sprache des Entpackers (wie in der Umgebungsvariablen LANG oder LC_MESSAGES angegeben) auszugeben.

-o *Präfix*, --**output-prefix**=*Präfix*
Speichert das Archiv in den Dateien *Präfix*.01 bis *Präfix.nn* (anstatt die Ausgabe auf die Standardausgabe zu schreiben). Diese Option muß verwendet werden, wenn **-l** oder **-L** gesetzt ist.

-p, --**intermix-type**
Positionale Parameteroptionen erlauben. Die Optionen **-B**, **-T**, **-z** und **-Z** können eingebettet werden, und Dateien rechts von der Option werden im angegebenen Modus verarbeitet.

--**print-text-domain-dir**
Gibt das Verzeichnis aus, in dem **shar** nach Meldungsdateien für die verschiedenen Sprachen sucht, und beendet **shar** dann.

-q, --**quiet**, --**silent**
Verbose-Modus abschalten.

-s *wer@wo*, --**submitter**=*wer@wo*
Gibt den Namen und die Adresse des Packers an, anstatt diese automatisch von **shar** bestimmen zu lassen.

--**version**
Versionsnummer auf der Standardausgabe ausgeben und beenden.

-w, --**no-character-count**
Nach dem Entpacken nicht jede Datei mit **wc -c** überprüfen. Diese Überprüfung wird standardmäßig durchgeführt.

-x, --**no-check-existing**
Existierende Dateien überschreiben, ohne nachzufragen. Defaultmäßig wird nachgefragt und keine existierende Datei überschrieben. Wenn **-c** dem Skript beim Entpacken als Parameter übergeben wird (**sh** *archiv* **-c**), dann werden existierende Dateien bedingungslos überschrieben. Siehe auch **-X**.

-z, - -gzip
: Alle Dateien vor dem Packen mit **gzip** und **uuencode** komprimieren und verschlüsseln. So ein Archiv muß mit **uudecode** und **gunzip** (oder **zcat**) entpackt werden.

-B, - -uuencode
: Alle Dateien als Binärdateien ansehen und vor dem Packen mit **uuencode** verschlüsseln. Das vergrößert das Archiv, das mit **uudecode** entpackt werden muß.

-D, - -no-md5-digest
: Keine »md5sum«-Prüfsummen zum Überprüfen der entpackten Dateien verwenden. Defaultmäßig wird diese Überprüfung durchgeführt.

-F, - -force-prefix
: Veranlaßt, daß das Präfixzeichen jeder Zeile vorangestellt wird, auch wenn das nicht unbedingt notwendig ist. Vergrößert das Archiv möglicherweise geringfügig, insbesondere, wenn **-B** oder **-Z** verwendet werden.

-L *nn*, **- -split-size-limit=***nn*
: Begrenzt die Größe der Ausgabedateien auf *nn* Kilobyte und teilt Dateien bei Bedarf auf. Die mit dieser Option erzeugten Archivteile müssen in der richtigen Reihenfolge entpackt werden. Kann nur zusammen mit **-o** verwendet werden.

-M, - -mixed-uuencode
: Dateien im gemischten Modus packen (Default). Dateien werden nach Text- und Binärdateien unterschieden; Binärdateien werden vor dem Packen mit **uuencode** verschlüsselt.

-P, - -no-piping
: Temporäre Dateien anstelle von Pipes in der shar-Datei verwenden.

-Q, - -quiet-unshar
: Verbose-Modus abschalten.

-S, stdin-file-list
: Die Liste der zu packenden Dateien von der Standardeingabe statt von der Standardausgabe lesen. Die Eingabe muß in einer Form ähnlich der von **find** generierten stehen, mit einem Dateinamen pro Zeile.

-T, - -text-files
: Alle Dateien als Textdateien betrachten.

-V, - -vanilla-operation
: »Gewöhnliche« Shell-Archive erzeugen, die beim Entpacken nur **sed** und **echo** benötigen.

-X, - -query-user
: Fragt den Benutzer, ob Dateien beim Entpacken überschrieben werden sollen.

→

shar ←

-Z, --**compress**
Alle Dateien vor dem Packen mit **compress** komprimieren und mit **uuencode** verschlüsseln.

showmount

showmount [*Optionen*] [*Host*]

NFS/NIS-Befehl. Zeigt Informationen über einen NFS-Server an. Diese Informationen werden über einen **mountd**-Server auf *Host* verwaltet. Der Default-Wert von *Host* ist der von **hostname** zurückgegebene Wert. Wenn keine Optionen angegeben werden, werden die Clients angezeigt, die Verzeichnisse von *Host* beziehen. **showmount** steht normalerweise in */usr/sbin*, also nicht im Default-Suchpfad.

Optionen

-a, --**all**
Alle von anderen Rechnern eingehängten Verzeichnisse im Format

Hostname:Verzeichnis

anzeigen, wobei *Hostname* der Name des Clients und *Verzeichnis* das Wurzelverzeichnis des eingehängten Dateisystems ist.

-d, --**directories**
Alle Verzeichnisse anzeigen, die von entfernten Clients eingehängt worden sind.

-e, --**exports**
Die Liste der exportierten Dateisysteme ausgeben.

-h, --**help**
Einen kurzen Hilfetext anzeigen.

--**no-headers**
Keine Überschriften ausgeben.

-v, --**version**
Die Versionsnummer des Programms anzeigen.

shutdown [*Optionen*] *wann* [*Nachricht*]

shutdown

Befehl zur Systemverwaltung. Jede Programmabarbeitung beenden. *wann* kann eine bestimmte Zeit (im Format *hh*:*mm*), eine Anzahl von Minuten, die gewartet wird (im Format +*m*), oder **now** sein. Eine *Nachricht* an alle Benutzer fordert diese auf, sich abzumelden. An alle Prozesse wird das Signal SIGTERM geschickt, damit sie sich ordnungsgemäß beenden können. Das eigentliche Herunterfahren wird durch */etc/init* ausgeführt. Dabei wird das System in den Runlevel 1 versetzt. Nur der Superuser kann den **shutdown**-Befehl ausführen. Nachrichten an alle Benutzer (Default oder angegeben) werden während der Wartezeit in regelmäßigen Abständen geschickt; je näher der Zeitpunkt des Herunterfahrens rückt, desto öfter.

Optionen

-c Prozeß des Herunterfahrens (z.B. während der Wartezeit) abbrechen.

-f Schnelles Neustarten, indem der übliche Aufruf von **fsck** übergangen wird.

-h Anhalten des Systems, wenn das Herunterfahren abgeschlossen ist.

-k Ausgeben der Warnung, aber das eigentliche Herunterfahren nicht durchführen.

-n Herunterfahren ohne Aufruf von **init** vornehmen.

-r System nach erfolgtem Herunterfahren neu starten.

-t *sek*
Mindestens *sek* Sekunden zwischen dem Beenden der Prozesse und dem Wechsel des Runlevels warten.

size [*Optionen*] [*Objektdatei*...]

size

Ausgeben der Anzahl an Bytes in jeder Sektion von *Objektdatei* sowie der Gesamtgröße. Wenn *Objektdatei* nicht angegeben wird, wird *a.out* angenommen.

Optionen

-d Ausgeben der Größe in dezimaler und hexadezimaler Darstellung.

--format *Format*
Formatieren der Ausgabe im System-V-Format (**--format sysv**) oder BSD-Format (**--format berkeley**).

-o Ausgeben der Größe in oktaler und hexadezimaler Darstellung.

→

size ←

--radix *Basis*
: Gibt an, wie die Größe ausgegeben werden soll: hexadezimal und dezimal (wenn *Basis* 10 oder 16 ist) oder hexadezimal und oktal (wenn *Basis* 8 ist).

-x Gibt die Größe in hexadezimaler und dezimaler Darstellung an.

-A Verhalten entsprechend dem System-V-**size**-Befehl

-B Verhalten entsprechend dem BSD-**size**-Befehl

---

slattach

slattach [*Optionen*] [*Terminal*]

TCP/IP-Befehl. Serielle Leitungen als Netzwerkschnittstellen konfigurieren, womit sie für die Verwendung als Punkt-zu-Punkt-Verbindung vorbereitet sind. Nur der Superuser kann eine Netzwerkschnittstelle mit einer seriellen Leitung verbinden oder die Verbindung auflösen.

Optionen

-c *Befehl*
: *Befehl* ausführen, wenn die Verbindung getrennt wird.

-d Debugging-Modus

-e Programm sofort beenden, nachdem das Gerät initialisiert worden ist.

-h Beenden, wenn die Verbindung getrennt wird.

-l UUCP-ähnliche Lock-Dateien in */var/spool/uucp* anlegen.

-L Dreidrahtverbindungen zulassen.

-m Leitung nicht in den 8-Bit-Modus versetzen.

-n ähnlich wie **mesg n**

-p *Protokoll*
: Angeben des zu verwendenden Protokolls. *Protokoll* kann **slip**, **adaptive**, **ppp** oder **kiss** sein.

-q Stiller Modus, keine Nachrichten ausgeben.

-s *Geschwindigkeit*
: Leitungsgeschwindigkeit angeben.

---

sleep

sleep *Dauer*[*Einheit*]

Wartet die angegebene *Dauer*, bevor ein anderes Kommando ausgeführt wird. Der Default für *Einheit* ist Sekunden.

Zeit	Einheit
s	Sekunden
m	Minuten
h	Stunden
d	Tage

sleep

Befehls-referenz

sort

sort [*Optionen*] [*Dateien*]

Sortiert die Zeilen der angegebenen *Dateien*. Vergleicht bestimmte Felder jeweils zweier Zeilen oder, falls keine Felder angegeben sind, die gesamten Zeilen paarweise in der systemspezifischen Ordnung. Siehe auch **uniq**, **comm** und **join**.

Optionen

-b Führende Tabs und Leerzeichen werden ignoriert.

-c Überprüft, ob die *Dateien* bereits sortiert sind. In diesem Fall wird keine Ausgabe erzeugt.

-d Sortiert in lexikalischer Ordnung.

-f »Fold« – ignoriert Groß- und Kleinschreibung.

--help
Hilfetext ausgeben und beenden.

-i Ignoriert nicht-druckbare Zeichen (solche außerhalb des Bereichs ASCII 040–176).

-m Fügt mehrere sortierte Eingabedateien zusammen.

-n Sortiert in arithmetischer Ordnung.

-o*Datei*
Veranlaßt die Ausgabe in die angegebene *Datei*.

-r Kehrt die Sortierordnung um.

-t*c* Bestimmt das angegebene Zeichen *c* zum Feldtrenner des Sortierschlüssels (der Default ist Tab).

-u Identische Eingabezeilen erscheinen nur einmal (unique) in der Ausgabe.

-z*recsz*
Stellt *recsz* Bytes für eine beliebige Zeile in der Datei bereit. Diese Option verhindert in bestimmte Fällen ungewollte Abbrüche von **sort**.

→

sort
←

+*n* [–*m*]
Bestimmt die Zeichen zwischen *n* (ausschließlich) und *m* (einschließlich) zum Sortierschlüssel; wenn *m* fehlt, werden alle Zeichen bis zum Zeilenende zum Schlüssel. Positionen werden in der Form *a.b* angegeben, das bedeutet Zeichen Nummer *b* von Feld Nummer *a*. Wenn kein *b*-Teil angegeben ist, wird nach dem ersten Zeichen im Feld sortiert.

-k *n* [,*m*]
Ähnlich wie +. Die ersten *n*–1 Felder werden ignoriert und die Felder *n* bis *m*–1 zur Sortierung verwendet. Die Felder werden mit 1 beginnend numeriert.

--version
Versionsnummer ausgeben und beenden.

-M
Interpretiert die ersten drei Buchstaben jeder Zeile als Monatskürzel (JAN, FEB etc.). In der Sortierreihenfolge kommt JAN vor FEB vor jedem weiteren gültigen Monatsnamen vor ungültigen Monatsnamen.

-T *Tempverzeichnis*
Bestimmt das angegebene Verzeichnis zur Benutzung für temporäre Dateien.

Beispiele

Erzeugt eine Dateiliste mit abnehmender Anzahl von Zeilen:

```
wc -l * | sort -r
```

Bringt eine Wortliste in lexikalische Ordnung, entfernt Duplikate und gibt die Häufigkeit der einzelnen Wörter aus:

```
sort -fd wordlist | uniq -c
```

Sortiert die Paßwortdatei in numerischer Ordnung anhand des dritten Feldes (Benutzer-ID):

```
sort +2n -t: /etc/passwd
```

split

split [*Option*] [*Quelldatei*] [*Zieldatei*]

split teilt eine *Quelldatei* in Segmente mit einer bestimmten Anzahl von Zeilen. Die *Quelldatei* bleibt unverändert, und die Produkte landen in Ausgabedateien mit den Namen *Zielpräfix***aa**, *Zielpräfix***ab** und so weiter (der Default ist **xaa**, **xab** etc.). Das Programm liest von der Standardeingabe, wenn keine *Quelldatei* angegeben ist oder statt dessen ein - übergeben wird. Siehe auch **csplit**.

split

Optionen

-n, -l *n*, **--lines=***n*
: Teilt die *Quelldatei* in Segmente mit jeweils *n* Zeilen (der Default ist 1000).

-b *n*[**bkm**], **--bytes=***n*[**bkm**]
: Teilt die *Quelldatei* in Segmente zu jeweils *n* Byte bzw. der angegebenen Zahl folgender Einheiten:

b	512 Byte
k	1 KByte
m	1 MByte

-C *Bytes*[**bkm**], **--line-bytes=***Bytes*[**bkm**]
: Teilt die *Quelldatei* in Segmente mit maximal *n* Byte. Es wird zusätzlich sichergestellt, daß nur vollständige Zeilen eingefügt werden.

--help
: Hilfetext ausgeben und beenden.

--verbose
: Gibt für jede Zieldatei eine Meldung aus.

--version
: Versionsinformationen ausgeben und das Programm beenden.

- Liest die Quelldaten von der Standardeingabe.

Beispiele

Teile *bigfile* in Segmente mit jeweils 1000 Zeilen:

```
split bigfile
```

Füge vier Dateien zusammen und teile sie wieder in Dateien zu jeweils zehn Zeilen mit den Namen *new.aa*, *new.ab* etc. Beachten Sie, daß ohne das – in der Kommandozeile **new.** als nicht-existierender Dateiname behandelt würde

```
cat list[1-4] | split -10 - new.
```

stat

stat *Dateiname* [*Dateinamen . . .*]

Gibt den Inhalt einer Inode, wie ihn **stat(2)** zurückgibt, in lesbarem Format aus. Die Fehlermeldungen »Can't stat file« und »Can't lstat file« weisen normalerweise darauf hin, daß die Datei nicht existiert. »Can't readlink file« ist im allgemeinen ein Anzeichen dafür, daß mit einem symbolischen Link etwas nicht in Ordnung ist.

→

stat
←

Ausgabe

Beispielausgabe des Befehls:

```
stat /

  File: "/"
  Size: 1024 Filetype: Directory
  Mode: (0755/drwxr-xr-x) Uid: ( 0/ root) Gid: ( 0/ system)
Device: 3,3 Inode: 2 Links: 21
Access: Tue Apr 11 04:02:01 2000(00000.11:47:35)
Modify: Wed Nov 17 11:46:38 1999(00146.03:02:58)
Change: Wed Nov 17 11:46:38 1999(00146.03:02:58)
```

strace

strace [*Optionen*] *Befehle* [*Argumente*]

Die Systemaufrufe und Signale für *Befehl* und *Argumente* protokollieren. **strace** zeigt Ihnen, wie Daten zwischen dem Programm und dem Kernel hin- und hergereicht werden. Ohne *Optionen* gibt **strace** für jeden Systemaufruf eine Zeile auf **stderr** aus. Diese zeigt den Namen, die übergebenen Argumente, den Rückgabewert und alle eventuell aufgetretenen Fehlermeldungen an. Ein Signal wird sowohl mit dem Signal-Symbol als auch einen Beschreibungstext dargestellt.

Optionen

-a *n* Die Rückgabewerte in der Spalte *n* ausrichten.

-c Alle Aufrufe und Signale zählen und am Ende eine Zusammenstellung erzeugen.

-d Debug-Modus. Debugging-Informationen für **strace** auf **stderr** ausgeben.

-e *Schlüsselwort*[=[!]*Werte*
: Übergibt einen Ausdruck an **strace**, mit dem die protokollierten Aufrufe oder Signale eingeschränkt oder deren Darstellung geändert werden kann. Die Werte dieser Ausdrücke können als durch Kommata getrennte Liste angegeben werden. Das Voranstellen eines Ausrufungszeichens (!) dreht die Bedeutung der Liste um. Es können die besonderen *Werte* **all** und **none** wie auch die bei den folgenden Schlüsselwörtern genannten Werte verwendet werden.

abbrev= *Namen*
: Ausgaben von großen Strukturen für die in *Namen* genannten Systemaufrufe abkürzen.

read= *Deskriptoren*
: Alle Daten ausgeben, die von den angegebenen Dateideskriptoren gelesen wurden.

signal= *Symbole*
: Die genannten Signal-Symbole protokollieren (Beispiel: **signal=**SIGIO,SIGHUP).

trace= *Werte*
: Die genannten *Werte* verfolgen. *Werte* kann eine Liste von Systemaufrufnamen oder eine der folgenden Mengen von Systemaufrufen sein:

file	Aufrufe, die einen Dateinamen als Argument erwarten
ipc	Interprozeß-Kommunikation
network	Netzwerk
process	Prozeß-Verwaltung
signal	Signal-bezogen

verbose= *Namen*
: Strukturen für die in *Namen* angegebenen Systemaufrufe nicht abkürzen. Der Default ist **none**.

write= *Deskriptoren*
: Alle Daten ausgeben, die auf die angegebenen Dateideskriptoren geschrieben wurden.

-f
: Geforkte Prozesse verfolgen.

-ff
: Systemaufrufe von geforkten Prozessen in separate Dateien namens *Dateiname.pid* schreiben, wenn die Option **-o** verwendet wird.

-h
: Hilfetext ausgeben und beenden.

-i
: Bei jedem Systemaufruf den Instruktionszeiger ausgeben.

-o *Dateiname*
: Die Ausgabe in *Dateiname* anstelle von nach **stderr** schreiben. Wenn *Dateiname* mit dem Pipe-Symbol | beginnt, wird der Rest des Namens als Befehl betrachtet, an den die Ausgabe weitergeleitet werden soll.

-O *n*
: Die eingebauten Timing-Schätzungen von **strace** überschreiben und für das Timing jedes Systemaufrufs einfach *n* Mikrosekunden abziehen, um die Zeit für die Messung zu kompensieren.

-p *pid*
: Mit der angegebenen Prozeß-ID verbinden und das Verfolgen starten. **strace** kann mehr als einen Prozeß verfolgen, wenn die Option **-p** mehr als einmal angegeben wird. Das Verfolgen wird mit Strg-C abgebrochen.

-q
: Keine Meldungen beim Aufbau und Abbau von Verbindungen ausgeben.

→

strace ←

-r Relative Zeitstempel. Die Zeit in Mikrosekunden zwischen Systemaufrufen ausgeben.

-s *n* Nur die ersten *n* Zeichen eines Strings ausgeben. Der Defaultwert ist 32.

-S *Wert*
Die Ausgabe der Option **-c** nach dem angegebenen *Wert* sortieren. *Wert* kann **calls**, **name**, **time** oder **nothing** sein. Der Default ist **time**.

-T Die Zeit ausgeben, die in jedem Systemaufruf verbracht wird.

-t Die Uhrzeit in jeder Ausgabezeile ausgeben.

-tt Die Uhrzeit einschließlich Mikrosekunden in jeder Ausgabezeile ausgeben.

-ttt Den Zeitstempel in jeder Zeile als Anzahl der Sekunden seit der Epoche (1. Januar 1970, 0:00 Uhr) angeben.

-u *Benutzername*
Den Befehl als *Benutzername* ausgeben. Wird benötigt, wenn **setuid**- und **setgid**-Programme verfolgt werden sollen.

-V Versionsnummer ausgeben und beenden.

-v Verbose-Modus. Keine Strukturinformationen abkürzen.

-x Alle Nicht-ASCII-Strings als Hexadezimalwerte ausgeben.

-xx Alle Strings hexadezimal ausgeben.

strfile

strfile [*Optionen*] *Eingabedatei* [*Ausgabedatei*]
unstr [**-c** *Trennzeichen*] *Eingabedatei*[*.ext*] [*Ausgabedatei*]

strfile erzeugt eine Datei mit wahllosem Zugriff zum Speichern von Strings. Die Eingabedatei sollte eine Datei sein, die Zeilengruppen enthält, die durch ein einzelnes Prozentzeichen (%) oder ein anderes angegebenes *Trennzeichen* voneinander getrennt sind. **strfile** erzeugt eine Ausgabedatei, die eine Header-Struktur und eine Tabelle von Datei-Offsets für jede Zeilengruppe enthält, was einen wahllosen Zugriff auf die Strings ermöglicht. Wenn die Ausgabedatei auf der Kommandozeile nicht angegeben wird, bekommt sie den Namen *sourcefile.dat*. **unstr** macht die Arbeit von **strfile** wieder rückgängig und gibt die Strings in der Eingabedatei in der Reihenfolge aus, in der sie im Datei-Header stehen. Wenn keine Ausgabedatei angegeben wird, schreibt dieser Befehl auf die Standardausgabe, ansonsten in die angegebene Datei. **unstr** kann auch verwendet werden, um das Trennzeichen in einer String-Datei global zu ändern.

Optionen

Von den folgenden Optionen kann nur **-c** auch bei **unstr** verwendet werden. Alle anderen Optionen sind nur bei **strfile** zulässig.

-c *Trennzeichen*
Ändert das Trennzeichen vom Prozentzeichen in *Trennzeichen*. Kann sowohl bei **strfile** als auch bei **unstr** verwendet werden.

-i Groß-/Kleinschreibung beim Sortieren der Strings ignorieren.

-o Sortiert die Strings alphabetisch.

-r Gestaltet den Zugriff auf die Strings wahlfrei.

-s Still arbeiten, am Ende keine Zusammenfassung ausgeben.

-x Das STR_ROTATED-Bit im Header-Feld *str_flags* setzen.

strings [*Optionen*] *Dateien*

Durchsucht jede angegebene *Datei* und gibt alle darin gefundenen druckbaren Zeichen-Strings aus, die mindestens vier Zeichen lang sind und auf die ein nicht-druckbares Zeichen folgt.

Optionen

-, -a, **--all**
Durchsucht Objektdateien vollständig; defaultmäßig werden bei Objektdateien nur die initialisierten und geladenen Abschnitte durchsucht.

-f, **--print-file-name**
Gibt vor jedem String den Namen der Datei aus.

-*Min-Länge,* -n *Min-Länge,* **--bytes=***Min-Länge*
Gibt nur Strings aus, die aus mindestens *Min-Länge* Zeichen bestehen.

-t *Basis,* **--radix=***Basis*
Gibt den Offset in der Datei vor jedem String im durch *Basis* angegebenen Format aus:

d Dezimal

o Oktal

x Hexadezimal

--target=*Format*
Gibt ein anderes Objektcode-Format als Alternative zum Systemformat an.

-o wie -t o

--help
Gibt einen Hilfstext aus und beendet dann das Programm.

-v, **--version**
Versionsinformationen ausgeben und das Programm beenden.

strip

strip [*Optionen*] *Dateien*

Entfernen der Symbole aus den Objektdateien *Dateien*, wodurch die Größe der Objektdateien reduziert und Plattenplatz gespart wird.

Optionen

-F *Format*, **--target=***Format*
: Nimmt an, daß die Eingabedateien das Format *Format* haben.

-O *Format*, **--output-target=***Format*
: Schreibt die Ausgabedateien im Format *Format*.

-R *Sektion*, **--remove-section=***Sektion*
: Löscht die *Sektion*.

-s, **--strip-all**
: Entfernt alle Symbole.

-S, -g, **--strip-debug**
: Entfernt Debugging-Symbole.

-x, **--discard-all**
: Entfernt nicht-globale Symbole.

-X, **--discard-locals**
: Entfernt vom Compiler erzeugte lokale Symbole.

-v, **--verbose**
: Verbose-Modus

stty

stty [*Optionen*] [*Modi*]

Setzt die Terminal-I/O-Optionen für das aktuelle Eingabegerät. Ohne Optionen zeigt das Programm die aktiven Einstellungen an, sofern sie von den mit **stty sane** erzeugten Standardeinstellungen abweichen. Dabei steht ^ für ein Strg-Zeichen und ^` für einen leeren Eintrag. Die meisten Modi können umgekehrt oder abgeschaltet werden, indem ein optionales – vorangestellt wird (in eckige Klammern eingeschlossen). Die entsprechende Beschreibung wird ebenfalls in eckigen Klammern dargestellt. Einige Argumente benutzen von POSIX abweichende Erweiterungen; sie sind durch ein * gekennzeichnet.

Optionen

-a, **--all**
: Zeigt alle veränderbaren Einstellungen an.

-g Zeigt die Einstellungen in hexadezimaler Form.

Steuermodi

n Setzt die Übertragungsgeschwindigkeit zum Terminal auf *n* (z.B. 2400).

[-]clocal
Schaltet die Modemsteuerung [ein]/aus.

[-]cread
Schaltet den Empfänger ein/[aus].

cs*Bits*
Wählt die Zahl der Bits pro Zeichen aus (5 – 8).

[-]cstopb
[Ein]/zwei Stop-Bits pro gesendetes Zeichen.

[-]hup
Trennt die (Modem-)Verbindung nach dem letzten Schließen [nicht].

[-]hupcl
wie oben

ispeed *n*
Setzt Terminal-Empfangsgeschwindigkeit auf *n*.

ospeed *n*
Setzt Terminal-Sendegeschwindigkeit auf *n*.

[-]parenb
Setzt die Paritätserzeugung und -prüfung [nicht].

[-]parodd
Nutzt [gerade]/ungerade Parität.

[-]crtscts*
Setzt RTS/CTS-Handshaking [nicht].

Datenflußkontrolle

Die folgenden Modi zur Datenflußkontrolle sind durch Kombination der Flags *ortsfl*, *ctsflow* und *rtsflow* möglich:

Flag-Einstellung	Datenflußmodus
ortsfl rtsflow ctsflow	unidirektionale Flußkontrolle
ortsfl rtsflow –ctsflow	RTS wird bei Sendebereitschaft gesetzt.
ortsfl –rtsflow ctsflow	ohne Effekt
ortsfl –rtsflow –ctsflow	bidirektionale Flußkontrolle
–ortsfl rtsflow ctsflow	bidirektionale Flußkontrolle
–ortsfl rtsflow –ctsflow	ohne Effekt
–ortsfl –rtsflow ctsflow	Datenübertragung wird bei fallendem CTS angehalten.
–ortsfl –rtsflow –ctsflow	Schaltet Hardware-Flußkontrolle ab.

→

stty
←

Eingabemodi

[-]brkint
Signalisiert INTR bei einem Break [nicht].

[-]icrnl
Bildet bei der Eingabe CR [nicht] auf NL ab.

[-]ignbrk
Ignoriert Break bei Eingabe [nicht].

[-]igncr
Ignoriert CR bei Eingabe [nicht].

[-]ignpar
Ignoriert Paritätsfehler [nicht].

[-]inlcr
Bildet bei der Eingabe NL [nicht] auf CR ab.

[-]inpck
Schaltet die Eingabeparitätsprüfung [nicht] ein.

[-]istrip
Verkürzt die Eingabezeichen [nicht] auf 7 Bit.

[-]iuclc*
Wandelt eingehende Großbuchstaben [nicht] in Kleinbuchstaben um.

[-]ixany*
Startet mit jedem Zeichen [XON] die Ausgabe.

[-]ixoff [-]tandem
Sendet [keine] START/STOP-Zeichen, wenn die Eingabe-Warteschlange fast leer/voll ist.

[-]ixon
Aktiviert die START/STOP-Ausgangskontrolle [nicht].

[-]parmrk
Markiert Paritätsfehler [nicht].

[-]imaxbel*
Wenn der Eingabepuffer zu voll ist, um ein weiteres Zeichen zu empfangen, [wird der Eingabepuffer geleert] wird ein akustisches Signal ausgegeben und der Eingabepuffer nicht geleert.

Ausgabemodi

bs*n* Wählt Verzögerungsart für Backspaces (0 oder 1).

cr*n* Wählt Verzögerungsart für Wagenrücklauf (0-3).

ff*n* Wählt Verzögerungsart für Seitenvorschübe (0 oder 1).

nl*n* Wählt Verzögerungsart für Zeilenvorschübe (0 oder 1).

tab*n*
Wählt Verzögerungsart für horizontale Tabulatoren (0-3).

vt*n* Wählt die Verzögerungsart für vertikale Tabulatoren (0 oder 1).

[-]ocrnl*
Bildet bei der Ausgabe NL [nicht] auf CR-NL ab.

[-]ofdel*
Setzt die Füllzeichen auf [NULL]/DEL.

[-]ofill*
Verzögert die Ausgabe mit [Warten]/Füllzeichen.

[-]olcuc*
Wandelt ausgehende Kleinbuchstaben [nicht] in Großbuchstaben um.

[-]onlcr*
Bildet bei der Ausgabe NL [nicht] auf CR-NL ab.

[-]onlret*
Auf dem Terminal führt NL [nicht] die CR-Funktion aus.

[-]onocr*
Gibt in Spalte 0 [keine] CRs aus.

[-]opost
Bearbeitet die Ausgabe [nicht] nach; ignoriert alle anderen Ausgabemodi.

Lokale Modi

[-]echo
Wiederholt die gelesenen Zeichen [nicht].

[-]echoe, [-]crterase
Stellt ERASE-Zeichen [nicht] als Backspace-Leerzeichen-Backspace-Zeichenfolge dar.

[-]echok
Gibt [kein] NL nach KILL-Zeichen aus.

[-]echonl
Ein NL wird im kanonischen Modus [nicht] reflektiert, auch wenn das Echo für andere Zeichen abgeschaltet ist.

[-]icanon
Schaltet die kanonische Eingabe zur Sonderbehandlung von ERASE, KILL, WERASE und RPRINT [nicht] ein.

[-]iexten
Schaltet die erweiterten Funktionen für Eingabedaten [nicht] ein.

[-]isig
Schaltet die Zeichenprüfung hinsichtlich INTR, SUSPEND und QUIT [nicht] ein.

[-]noflsh
Schaltet die Pufferausgabe nach INTR oder QUIT [nicht] ab.

→

stty
←

[-]**tostop***
Sendet [kein] SIGTTOU, wenn Hintergrundprozesse auf ein Terminal schreiben.

[-]**xcase***
Ändert bei der lokalen Ausgabe die Groß- und Kleinschreibung [nicht].

[-]**echoprt**, [-]**prterase***
Beim Löschen werden Zeichen [nicht] in \ und / eingeschlossen reflektiert.

[-]**echoctl**. [-]**ctlecho***
Reflektiert Steuerzeichen [nicht] als ^*Zeichen* (z.B. ^Z).

[-]**echoke** [-]**crtkill***
Löschzeichen, wie durch die Einstellungen **echoprt** und **echoe** definiert.

Steuerungszuweisungen

ctrl-char c
Setzt das Steuerzeichen auf *c*. *Steuerzeichen* sind: **dsusp** (Eingabepuffer-Flush und sendet Stop), **eof**, **eol**, **eol2** (alternatives End-of-line), **erase**, **intr**, **lnext** (behandelt nächstes Zeichen uninterpretiert), **kill**, **rprnt** (schreibt Zeile neu), **quit**, **start**, **stop**, **susp**, **swtch** oder **werase** (löscht letztes Zeichen). *c* kann ein buchstäbliches Steuerzeichen, ein Zeichen in Caret-Notation (z.B. ^Z), eine Hexadezimalzahl (muß mit 0x beginnen), eine Oktalzahl (muß mit 0 beginnen) oder eine Dezimalzahl sein. Sie schalten ein Steuerzeichen ab, indem Sie den Wert ^- oder **undef** zuweisen.

min *n*
Setzt die Minimalzahl von Zeichen, die einen Lesevorgang im **-icanon**-Modus abschließen, bevor der Timer abgelaufen ist.

time *n*
Setzt die Anzahl der Zehntelsekunden, nach denen der Timer im **-icanon**-Modus abläuft, bevor die in **min** festgelegte Anzahl Zeichen gelesen wurde.

line *i*
Setzt das Schnittstellenprotokoll (Line-Discipline) auf *i* (1–126).

Kombinationsmodi

cooked
Entspricht **-raw**.

[-]**evenp** [-]**parity**
Entspricht [–]**parenb** und **cs**[**8**]7.

[-]**parity**
Entspricht [-]**parenb** und **cs**[**8**]7.

ek Setzt die Zeichen ERASE und KILL auf **Strg-h** und **Strg-u**.

[-]lcase
Setzt [Hebt] **xcase**, **iuclc** und **olcuc** [auf].

[-]LCASE
Entspricht **[-]lcase**.

[-]nl Setzt [Hebt] **icrnl** und **onlcr** [auf]. **-nl** hebt darüber hinaus **inlcr**, **igncr**, **ocrnl** und **onlret** auf.

[-]oddp
Entspricht **[-]parenb**, **[-]parodd** und **cs7[8]**.

[-]raw
Schaltet die raw-Ein- und -Ausgabe (nicht ERASE, KILL, INTR, QUIT, EOT, SWITCH oder Ausgabenachbearbeitung) [nicht] ein.

sane Setzt alle Modi auf sinnvolle Werte zurück.

[-]tabs*
[Wandelt die Tabulatoren in Leerzeichen um.] Behält die Tabulatoren bei der Ausgabe bei.

[-]cbreak
Entspricht **-icanon**.

[-]pass8
Entspricht **-parenb -istrip cs8**.

[-]litout
Entspricht **-parenb -istrip cs8**.

[-]decctlq*
Entspricht **-ixany**.

crt Entspricht **echoe echoctl echoke**.

dec Entspricht **echoe echoctl echoke -ixany**. Zusätzlich wird INTERRUPT zu ^C, ERASE zu DEL und KILL zu ^U.

Spezialeinstellungen

ispeed *Geschwindigkeit*
Bestimmt die Eingabegeschwindigkeit.

ospeed *Geschwindigkeit*
Bestimmt die Ausgabegeschwindigkeit.

rows *Zeilen* *
Bestimmt die Anzahl der Zeilen.

cols *Spalten*, **columns** *Spalten* *
Bestimmt die Anzahl der Spalten.

size*
Gibt die aktuelle Einstellung für Zeilen- und Spaltenzahl aus.

line *discipline* *
Gibt die Line-Discipline an.

speed
Gibt die aktuelle Terminalgeschwindigkeit aus.

su	**su** [*Option*] [*Benutzer*] [*Shell-Argumente*]

Erzeugt eine Shell mit der effektiven Benutzeridentifikation eines anderen *Benutzers*. Wenn kein *Benutzer* angegeben ist, wird eine Shell für den Superuser (root) erzeugt (Sie werden also Superuser). Geben Sie das Zeichen für *EOF*, um die Shell wieder zu verlassen. Sie können die Shell mit bestimmten Optionen starten, indem Sie die entsprechenden *Shell-Argumente* übergeben (wenn Sie beispielsweise die Shell **sh** verwenden, können Sie **-c** *Befehl* angeben, um diesen *Befehl* direkt auszuführen).

Optionen

-, -l, --login
: Veranlaßt die Durchführung einer normalen Login-Sequenz (z.B. wird die Laufzeitumgebung des entsprechenden Benutzers initialisiert).

-c *Befehl*, **--command=***Befehl*
: Führt den angegebenen *Befehl* in der neuen Shell aus und beendet sich sofort nach dessen Ausführung. Wenn der *Befehl* aus mehr als einem Wort besteht, sollte es in Anführungszeichen eingeschlossen werden – zum Beispiel:

```
su -c 'find / -name \*.c -print' nobody
```

-f, --fast
: Veranlaßt den Aufruf der Shell mit der Option **-f**. Bei der **csh** und der **tcsh** unterdrückt dies das Lesen der Datei *.cshrc*. Bei der **bash** unterdrückt das die Dateinamenserweiterung.

-m, -p, --preserve-environment
: Setzt die Umgebungsvariablen nicht zurück.

-s *Shell*, **--shell=***Shell*
: Führt das Programm *Shell* anstelle des in */etc/passwd* festgelegten Programms aus, wenn *Shell* nicht eingeschränkt ist.

--help
: Hilfetext ausgeben und beenden.

--version
: Versionsinformationen ausgeben und das Programm beenden.

sum	**sum** [*Optionen*] *Dateien*

Eine Prüfsumme sowie die Anzahl von (1 KByte großen) Blöcken einer Datei berechnen und ausgeben. Nützlich zum Überprüfen einer Datenübertragung.

Optionen

sum

-r Der Default. Verwendet den BSD-Prüfsummenalgorithmus.

-s, --sysv
Verwendet den alternativen, unter System V verwendeten Prüfsummenalgorithmus. Die Blockgröße beträgt 512 Byte.

--help
Hilfetext ausgeben und beenden.

--version
Gibt die Versionsnummer aus und beendet dann das Programm.

---

swapdev [*Option*] [*Image* [*Swapgerät* [*Position*]]]

swapdev

Befehl zur Systemverwaltung. Wenn keine Argumente angegeben werden, werden Informationen zur Benutzung über das Auslagerungsgerät ausgegeben. Wenn lediglich die Lage des Kernel-*Images* angegeben wird, werden die dort vorgefundenen Informationen ausgegeben. Um diese Informationen zu verändern, muß ein neues Auslagerungsgerät angegeben werden. Außerdem kann eine *Position* im Kernel-*Image* angegeben werden, an der Informationen verändert werden sollen. **rdev -s** ist ein Synonym für **swapdev**.

Option

-o *Position*
Wie *Position* als Argument.

---

swapoff -a | *Gerät ...*

swapoff

Befehl zur Systemverwaltung. *Gerät* (kann auch eine durch Leerzeichen getrennte Liste sein) nicht mehr als Auslagerungsgerät verwenden.

Option

-a In */etc/fstab* nach Geräten suchen, die mit **sw** markiert sind, und diese anstelle von *Gerät* verwenden.

---

swapon [*Optionen*] *Gerät ...*

swapon

Befehl zur Systemverwaltung. *Gerät* (kann auch eine durch Leerzeichen getrennte Liste sein) als Auslagerungsgerät verwenden.

Optionen

-a In */etc/fstab* nach Geräten suchen, die mit **sw** markiert sind, und diese anstelle von *Gerät* verwenden.

→

swapon ←	-p *Priorität* Gibt die *Priorität* des Auslagerungsgeräts an. Auslagerungsbereiche mit höherer Priorität werden vor solchen mit niedrigerer Priorität verwendet.
sync	**sync** Befehl zur Systemverwaltung. Schreibt die Buffer der Dateisysteme auf die Festplatte. **sync** führt den **sync()**-Systemaufruf aus. Wenn das System angehalten werden soll, muß **sync** aufgerufen werden, um die Integrität des Dateisystems zu gewährleisten. **shutdown** ruft **sync** automatisch auf, bevor das System heruntergefahren wird. **sync** kann einige Sekunden für die Ausführung benötigen. Daher sollte für eine kurze Zeit **sleep** aufgerufen werden, bevor **halt** oder **reboot** aufgerufen wird. Beachten Sie bitte, daß das System immer mit **shutdown** heruntergefahren oder neu gestartet werden sollte, da **shutdown** sich um das Aufrufen von **sync** und andere Verwaltungsaufgaben kümmert.
sysklogd	**sysklogd** Befehl zur Systemverwaltung. **syslogd** ist das Linux-Programm, das die Funktionalität von **syslogd** bereitstellt und sich genauso wie die BSD-Version von **syslogd** verhält. Der Unterschied sollte für den Benutzer nicht sichtbar sein. Allerdings ist **sysklogd** völlig anders programmiert und unterstützt auch eine etwas erweiterte Syntax. Der Daemon wird als **syslogd** aufgerufen. Siehe auch **klogd**. ***Optionen*** -d Debugging einschalten. -f *Konfigurationsdatei* Andere Konfigurationsdatei angeben. -h Nachrichten von entfernten Rechnern an weiterleitende Rechner weiterleiten. -l *Hostliste* Rechner angeben, die nur mit ihrem Rechnernamen, aber nicht mit ihrem vollqualifizierten Domänennamen aufgeführt werden. Wenn mehrere Rechner angegeben werden, müssen die Namen durch Doppelpunkte getrennt werden. -m *Markierungsintervall* Abstand zwischen zwei Zeitmarkierungen auswählen. -n Nicht automatisch in den Hintergrund gehen. Wird benötigt, wenn **syslogd** von **init** gestartet wird.

-p *Socket*
: Schickt das Protokoll an *Socket* statt an */dev/log*.

-r Nachrichten vom Netzwerk über ein Internet-Domänen-Socket mit dem **syslog**-Dienst empfangen.

-s *Domänenliste*
: In *Domänenliste* angegebene Domänennamen vor dem Protokollieren entfernen. Wenn mehrere Domänennamen angegeben werden, sollten sie durch einen Doppelpunkt getrennt werden.

---

syslogd

TCP/IP-Befehl. Protokolliert Systemmeldungen in einer Reihe von Dateien, die in der Konfigurationsdatei */etc/syslog.conf* angegeben werden. Jede Meldung besteht aus einer Zeile. Eine Meldung kann einen Prioritätscode enthalten, der durch eine Zahl in spitzen Klammern am Anfang der Zeile angegeben wird. Die Prioritäten werden innerhalb *<sys/syslog.h>* definiert. **syslogd** liest aus den Internet-Domänen-Sokkets, die in */etc/services* angegeben sind. Um **syslogd** zu beenden, schikken Sie ihm ein SIGTERM-Signal.

---

systat [*Optionen*] *Host*

Befehl zur Systemverwaltung. Holt Informationen über das Netzwerk oder den Systemzustand eines entfernten Hosts durch Anfragen beim **netstat**-, **systat**- oder **daytime**-Dienst.

Optionen

-n, --netstat
: Nur den **netstat**-Dienst befragen.

-p *Port*, **--port** *Port*
: Bei der Anfrage zu verwendender Port.

-s, --systat
: Nur den **systat**-Dienst befragen.

-t, --time
: Nur den **daytime**-Dienst befragen.

tac

tac [*Optionen*] [*Datei*]

Das Programm **tac** ist nach dem bekannteren **cat** benannt und gibt Dateien rückwärts aus. Ohne Angabe einer *Datei* oder mit einem - an deren Stelle liest das Programm von der Standardeingabe. **tac** arbeitet feldorientiert und gibt alle Felder in umgekehrter Reihenfolge aus. Als Feldtrenner ist das Zeilenende voreingestellt, die letzte Zeile wird also zuerst ausgegeben.

Optionen

-b, --before
Legt fest, daß der Feldtrenner vor dem Feld steht, das er begrenzt.

-r, --regex
Ermöglicht die Verwendung von regulären Ausdrücken bei der Angabe des Feldtrenners.

-s *Feldtrenner*, **--separator=***Feldtrenner*
Legt einen neuen *Feldtrenner* fest (der Default ist das Zeilenende).

--help
Gibt einen Hilfetext aus und beendet das Programm.

--version
Versionsinformationen ausgeben und das Programm beenden.

tail

tail [*Optionen*] [*Datei*]

Gibt die letzten zehn Zeilen der angegebenen *Datei* (oder der Standardeingabe, wenn an deren Stelle ein - erscheint) aus.

Optionen

–*n*[*k*]
Beginnt die Ausgabe an der *n*-ten Stelle vom Ende der Datei an. Durch *k* wird angegeben, wie die Stellen gezählt werden: **l** steht für Zeilen (lines, der Default), **b** für Blöcke (512 Byte) oder **c** für Zeichen (character).

–*k* wie –*n*, aber mit einem Default-Wert von 10

+*n*[*k*]
Wie -*n*, die Stellen werden jedoch vom Anfang der Datei an gezählt.

+*k* Wie -*k*, aber vom Anfang der Datei aus zählen.

-c *Anzahl*{**bkm**}, **--bytes** *Anzahl*{**bkm**}
Gibt die angegebene *Anzahl* Bytes vom Ende der Datei her aus. Eine abweichende Blockgröße kann durch Anhängen der folgenden Buchstaben erreicht werden:

b 512 Byte

k 1 KByte

m 1 MByte

-f Veranlaßt das Programm, nicht am Dateiende abzubrechen, sondern mit der Ausgabe zu folgen, wenn die Datei wächst. Sie beenden das Programm durch die Tastenkombination **Strg-C**.

-n *Anzahl*, **--lines** *Anzahl*
Gibt die letzten *Anzahl* Zeilen aus.

-q, **--quiet**, **--silent**
Unterdrückt die Ausgabe der Dateinamen als Header.

--version
Versionsinformationen ausgeben und das Programm beenden.

Beispiele

Zeigt die letzten 20 Zeilen, in denen die Zeichenkette **.Ah** vorkommt:

```
grep '\.Ah' Datei | tail -20
```

Zeigt die letzten zehn Zeichen der Shell-Variablen **Name**:

```
echo "$name" | tail -c
```

Gibt die letzten zwei Blöcke der Datei **bigfile** aus:

```
tail -2b bigfile
```


talk *Person* [*tty-Name*]

Das Programm **talk** ermöglicht den Dialog mit einem Benutzer an einem anderen Terminal. Die angesprochene *Person* ist entweder der Login-Name von einem Benutzer des lokalen Rechners oder eine Adresse der Form *user@host* auf einem entfernten Rechner. Um mit einem Benutzer zu kommunizieren, der mehrfach eingeloggt ist, geben Sie zusätzlich den *tty-Namen* an, um das gewünschte Terminal zu bezeichnen. Sobald die Verbindung hergestellt ist, können die Beteilig ten simultan schreiben und die Ausgabe gleichzeitig in den geteilten Terminalfenstern lesen. Um den Bildschirminhalt neu aufzubauen, geben Sie die Tastenkombination **Strg-L** ein. Um das Programm zu beenden, geben Sie die Tastenkombination zur Unterbrechung ein (normalerweise **Strg-C**); **talk** stellt den Bilschirminhalt wieder so her, wie es ihn beim Aufruf vorgefunden hat.

talkd

talkd [*Option*]

TCP/IP-Befehl. Server für die Kommunikation zwischen entfernten Benutzern. **talkd** teilt einem Benutzer mit, daß jemand mit ihm eine Konversation beginnen möchte. Ein **talk**-Client beginnt ein Rendezvous durch Senden einer CTL_MSG-Nachricht des Typs LOOK_UP an den Server. Der Server durchsucht dann seine Einladungstabellen nach einer existierenden Gesprächseinladung für den Client. Wenn keine gefunden wird, schickt der Rufende eine ANNOUNCE-Nachricht, die dazu führt, daß der Server an alle Anmelde-Terminals des Angerufenen eine Nachricht schickt und um eine Verbindung bittet. Wenn der Angerufene antwortet, antwortet der lokale Server wiederum mit der Rendezvous-Adresse, und es wird eine Stream-Verbindung aufgebaut, über welche die Konversation stattfindet.

Option

-d Debugging-Informationen via **syslogd** ausgeben.

tar

tar [*Optionen*] [*Tardatei*] [*Dateien*]

Kopieren von *Dateien* in ein oder aus einem Archiv. Wenn unter den *Dateien* Verzeichnisse sind, verarbeitet **tar** den gesamten darunterliegenden Verzeichnisbaum. Wenn kein Archiv mit der **-f**-Option angegeben wurde, wird die Standardein- bzw. -ausgabe verwendet. Der Bindestrich vor Optionen ist optional. Die einzige Ausnahme ist die Verwendung von langen Optionen wie **--modification-time**. In diesem Fall ist die genaue Syntax:

```
tar --Lange-Option -Funktions-Optionen Dateien
```

Beispiel:

```
tar --modification-time -xvf tararchiv.tar
```

Funktionsoptionen

Sie müssen genau eine dieser Optionen angeben, die vor allen anderen Optionen stehen muß:

-c, --create
Neues Archiv anlegen.

-d, --compare
Vergleichen der im Archiv abgelegten Dateien mit *Dateien*. Alle Unterschiede (z.B. fehlende Dateien, unterschiedliche Größen, unterschiedliche Dateiattribute wie Zugriffsrechte und Änderungszeiten) werden ausgegeben.

-r, --append
Dateien an das Ende eines bereits existierenden Archivs anhängen.

-t, --list
Ausgeben der Namen von *Dateien*, wenn sie im Archiv abgespeichert sind; wenn *Dateien* nicht angegeben wird, wird der gesamte Inhalt des Archivs ausgegeben.

-u, --update
Dateien hinzufügen, wenn sie sich noch nicht im Archiv befinden oder sich geändert haben.

-x, --extract, --get
Dateien aus dem Archiv extrahieren (wenn *Dateien* nicht angegeben wird, alle Dateien extrahieren).

-A, --catenate, --concatenate
Ein zweites Archiv an das Ende des ersten anhängen.

Optionen

n Gerät Nummer *n* auswählen, wobei *n* zwischen 0 und 9999 liegen muß. Der Default steht in */etc/default/tar*.

[*Laufwerk*][*Dichte*]
(Band-)*Laufwerk* (0–7) und (Schreib-)*Dichte* (**l**, **m** oder **h** für niedrige, mittlere oder hohe Schreibdichte) angeben.

--atime-preserve
Ursprüngliche Zugriffszeit bei den extrahierten Dateien erhalten.

-b, --block-size=*n*
Blockgröße auf *n* × 512 Byte setzen.

--checkpoint
Angetroffene Verzeichnisnamen ausgeben.

--exclude=*Datei*
Datei aus jeder Dateiliste entfernen.

-f *Archiv*, file–*Dateiname*
Archiv *Archiv* verwenden. *Dateiname* kann auch die Form *Rechnername:Dateiname* haben.

--force-local
Dateinamen der Form *Rechnername:Dateiname* als lokale Dateien interpretieren.

-g, --listed-incremental
Inkrementelle Sicherung des neuen Typs anlegen.

-h, --dereference
Symbolische Links dereferenzieren.

-i, --ignore-zeros
Blöcke der Größe Null (d.h. *EOFs*) ignorieren.

→

--ignore-failed-read
Unlesbare Dateien bei der Archivierung ignorieren. Das Default-Verhalten ist ein Programmabbruch.

-k, --keep-old-files
Wenn Dateien extrahiert werden, Dateien mit ähnlichen Namen nicht überschreiben. Statt dessen wird eine Fehlermeldung ausgegeben.

-l, --one-file-system
Keine Dateien aus anderen Dateisystemen archivieren.

-m, --modification-time
Modifizierungszeiten nicht restaurieren; sie werden auf den Zeitpunkt der Extraktion gesetzt.

--null
Dateinamen, die via **-T** gelesen werden, dürfen mit null abgeschlossen werden. Überschreibt **-C**.

--old, --portability, --preserve
Äquivalent zu **-p** und **-s**

-p, --same-permissions, --preserve-permissions
Besitzer- und Gruppen-ID bleiben so wie im Original.

--remove-files
Originaldateien nach Aufnahme im Archiv löschen.

--rsh-command=*Befehl*
Nicht mit **rsh** zu einem entfernten Rechner verbinden, sondern statt dessen *Befehl* verwenden.

-s, --same-order, --preserve-order
Beim Extrahieren Dateinamen nach der Reihenfolge im Archiv sortieren.

--totals
Bytesummen ausgeben.

--use-compress-program=*Programm*
Archivierte Dateien mit *Programm* komprimieren, und extrahierte Dateien mit *Programm* dekomprimieren.

-v, --verbose
Verbose-Modus. Dateinamen ausgeben, die einem Archiv hinzugefügt oder aus einem Archiv extrahiert werden.

-w, --interactive
Jede Aktion vom Benutzer mit **y** bestätigen lassen.

-z, --gzip, --ungzip
Dateien vor der Archivierung mit **gzip** komprimieren und vor der Extraktion mit **gunzip** dekomprimieren.

-C, --directory=*Verzeichnis*
Vor der Befehlsausführung nach *Verzeichnis* wechseln.

-F, --info-script, --new-volume-script=*Skript*
Setzt **-M** voraus (mehrere Archivdateien). Am Ende jeder Archivdatei wird *Skript* ausgeführt.

-G, --incremental
Inkrementelle Sicherungen des alten Typs anlegen.

-K *Datei,* **--starting-file** *Datei*
tar-Operation mit *Datei* im Archiv beginnen.

-L, --tape-length=*Länge*
Höchstens *Länge* × 1024 Byte auf jedes Band schreiben.

-M, --multivolume
Multi-Volume-Archiv auslesen (oder mit **-c** anlegen).

-N *Datum,* **--after-date** *Datum*
Dateien ignorieren, die älter als *Datum* sind.

-O, --to-stdout
Extrahierte Dateien auf die Standardausgabe ausgeben.

-P, --absolute-paths
Keine Schrägstriche am Anfang von Dateinamen entfernen.

-R, --record-number
Datensatznummer des Archivs anzeigen.

-S, --sparse
Kurze Dateien auf eine besondere, effizientere Weise behandeln.

-T *Dateiname,* **--files-from** *Dateiname*
Namen der zu archivierenden oder zu extrahierenden Dateien *Datei* entnehmen.

-V *Name,* **--label=***Name*
Dieses Volume mit *Name* benennen.

-W, --verify
Archiv nach dem Anlegen auf Integrität prüfen.

-X *Datei,* **--exclude** *Datei*
Die in *Datei* enthaltenen Dateien nicht archivieren oder extrahieren.

-Z, --compress, --uncompress
Dateien mit **compress** vor der Archivierung komprimieren und mit **uncompress** vor der Extraktion dekomprimieren.

Beispiele

Ein Archiv mit den Verzeichnisbäumen */bin* und */usr/bin* anlegen (**c**), den Fortschritt anzeigen (**v**), und das Archiv auf dem Bandlaufwerk */dev/rmt0* ablegen:

```
tar cvf /dev/rmt0 /bin /usr/bin
```

Den Inhalt des Bandes in einem Format wie **ls -l** anzeigen:

→

tar
←

```
tar tvf /dev/rmt0
```

Das */bin*-Verzeichnis extrahieren:

```
tar xvf /dev/rmt0 /bin
```

Ein Archiv des aktuellen Verzeichnisses anlegen und in der Datei *backup.tar* speichern:

```
tar cvf - `find . -print` > backup.tar
```

(Der einzelne Bindestrich teilt **tar** mit, daß das Archiv auf die Standardausgabe geschrieben werden soll. Diese wird dann in die Datei *backup.tar* umgeleitet.)

---

tcpd

tcpd

TCP/IP-Befehl. Ein Daemon, der eingehende TCP/IP-Anfragen (wie z.B. von **telnet**, **ftp**, **finger**, **exec** oder **rlogin**) überwacht. Sämtliche Dienste können überprüft und protokolliert werden, bevor die Anfragen an den entsprechenden Daemon weitergereicht werden.

---

tcpdchk

tcpdchk [*Optionen*]

TCP/IP-Befehl. Liest die Konfigurationsdateien des TCP-Wrappers ein (*etc/hosts.allow* und */etc/hosts.deny*), gibt eine Liste der möglichen Probleme aus und macht Vorschläge, wie diese zu beheben sind.

Optionen

-a Eine Regelliste mit ausgeben. Es ist kein ALLOW-Schlüsselwort erforderlich, bevor von anderen Netzwerken auf den lokalen Rechner zugegriffen werden darf.

-d *./hosts.allow* und *.hosts.deny* anstelle von */etc/hosts.allow* und */etc/hosts.deny* einlesen.

-i *Konfigurationsdatei*
Gibt den Ort der Dateien *inetd.conf* und *tlid.conf* an. Diese Dateien werden von **tcpdchk** bei der Überprüfung der TCP-Wrapper-Dateien verwendet.

-v Verbose-Modus

tcpdmatch [*Optionen*] *Daemon Client*

tcpdmatch

TCP/IP-Befehl. Sagt die Antwort des TCP-Wrappers auf eine bestimmte Anfrage voraus. Sie müssen angeben, an welchen *Daemon* sich die Anfrage richtet und von welchem *Client* sie ausgeht (als Syntax kann *benutzer@client* oder ein Wildcard-Zeichen verwendet werden). Die Aktionen des Wrappers werden aus */etc/hosts.allow* und */etc/hosts.deny* bestimmt.

Optionen

-d *./hosts.allow* und *.hosts.deny* anstelle von */etc/hosts.allow* und */etc/hosts.deny* einlesen.

-i *Konfigurationsdatei*
Gibt den Ort der Dateien *inetd.conf* und *tlid.conf* an. Diese Dateien werden von **tcpmatch** bei der Überprüfung der TCP-Wrapper-Dateien verwendet.

tcsh [*Optionen*] [*Datei* [*Argumente*]]

tcsh

Eine erweiterte Version der C-Shell, ein Kommandozeilen-Interpreter, in den alle weiteren Kommandos eingegeben werden. Um weitere Informationen zu erhalten, lesen Sie Kapitel Kapitel 8, *csh und tcsh*.

tee [*Optionen*] *Dateien*

tee

Liest die Ausgabe eines anderen Programms und kopiert sie sowohl auf die Standardausgabe als auch in die angegebene *Datei*.

Optionen

-a, --append
Die Daten werden an die *Datei* angehängt, anstatt sie zu überschreiben.

-i, --ignore-interrupts
Interrupt-Signale ignorieren.

--help
Hilfetext ausgeben und beenden.

--version
Versionsinformationen ausgeben und das Programm beenden.

Beispiel

`ls -l | tee savefile` *Zeigt ein Listing und speichert es für später.*

telinit

telinit [*Option*] [*Runlevel*]

Befehl zur Systemverwaltung. Teilt **init** mit, daß der Runlevel des Systems gewechselt werden soll. **telinit** ist eigentlich nur ein Link auf den **init**-Befehl, dem Ursprung aller Prozesse.

Option

-t *Sekunden*
: Schickt das SIGKILL-Signal *Sekunden* Sekunden nach SIGTERM. Der Default ist 20.

Runlevel

Die Default-Runlevel unterscheiden sich von Distribution zu Distribution, aber die folgenden sind standardisiert:

0 System anhalten.

1, s, S
: Single-User-Modus

6 System neu starten.

a, b, c
: Nur die Einträge in */etc/inittab* verarbeiten, die mit den Runlevels **a**, **b** oder **c** markiert sind.

q, Q */etc/inittab* neu einlesen.

Sehen Sie in der Datei */etc/inittab* nach, um die auf Ihrem System gültigen Runlevel zu erfahren.

---

telnet

telnet [*Optionen*] [*Host* [*Port*]]

Das Programm **telnet** ist die Benutzerschnittstelle, über die die Kommunikation mit einem Netzwerkrechner mittels des Telnet-Protokolls abgewickelt wird. Wenn **telnet** ohne die Angabe eines *Hosts* aufgerufen wird, startet es im Befehlsmodus, was durch die Eingabeaufforderung **telnet>** angezeigt wird. (Die ausführbaren Befehle werden nach der Beschreibung der Optionsliste erklärt.) Wenn das Programm mit Argumenten aufgerufen wird, wird der Befehl **open** (siehe die folgende Liste) mit diesen Argumenten ausgeführt. *Host* bezeichnet einen offiziellen Rechnernamen, und die Angabe eines *Ports* ermöglicht den Aufbau der Verbindung mit einem anderen als dem üblichen Telnet-Port.

Optionen

-a Veranlaßt die Durchführung einer automatischen Login-Prozedur auf dem entfernten System.

-d Schaltet das Debugging auf Socket-Ebene ein.

-e [*Fluchtzeichen*]
Bestimmt das angegebene *Fluchtzeichen*, mit dem die Telnet-Sitzung unterbrochen werden kann. Wenn kein Zeichen nach dem Optionsschalter angegeben ist, wird das vordefinierte Fluchtzeichen gelöscht.

-l *Benutzername*
Wenn die Verbindung zu einem entfernten System aufgebaut wird und das System die Option ENVIRON unterstützt, wird der angegebene *Benutzername* als USER für die Login-Prozedur übergeben.

-n *Tracefile*
Öffnet das angegebene *Tracefile* und schreibt Informationen zu einer TN3270-Verbindung mit, sofern diese Variante unterstützt wird.

-r
Emuliert **rlogin**: Das voreingestellte Escape-Zeichen ist eine Tilde, ein Escape-Zeichen, gefolgt von einem Punkt, führt zu einem Abbruch der Verbindung, ein **^Z** anstelle eines Punktes unterbricht **telnet**, und ein] (das voreingestellte Escape-Zeichen von **telnet**) erzeugt eine normale **telnet**-Eingabeaufforderung. Diese Codes werden nur am Anfang einer Zeile verstanden.

-8
Schaltet den 8-Bit-Betrieb ein.

-E
Schaltet die Escape-Zeichen-Funktionalität ab.

-L
Legt einen 8-Bit-Datenpfad für die Ausgabe fest.

-S *tos*
Setzt die Type-of-Service-Option (TOS) im IP-Protokoll für die Telnet-Verbindung auf den Wert *tos*.

Befehle

Strg-Z
Hält **telnet** an.

! [*Befehl*]
Führt den *Befehl* in einer Sub-Shell auf dem lokalen Rechner aus. Wenn kein *Befehl* angegeben ist, wird eine interaktive Shell gestartet.

? [*Befehl*]
Gibt einen Hilfstext zum angegebenen *Befehl* aus. Ohne Argument wird eine Hilfsübersicht ausgegeben.

close
Schließt eine laufende Telnet-Sitzung und verbleibt im Befehlsmodus.

display *Argument ...*
Zeigt die Einstellungen für alle oder für die als *Argument* angegebenen **set**- und **toggle**-Werte an.

→

telnet
←

environ [*Argumente* [...]]

Manipuliert Variablen, die über die TELNET ENVIRON-Option geschickt werden können. Gültige Werte sind:

?
Hilfetext für den **environ**-Befehl ausgeben.

define *Variable Wert*
Definiert *Variable* mit dem Wert *Wert*.

undefine *Variable*
Entfernt *Variable* aus der Liste der Umgebungsvariablen.

export *Variable*
Veranlaßt, daß der Wert von *Variable* auf die entfernte Seite exportiert wird.

unexport *Variable*
Veranlaßt, daß *Variable* nicht exportiert wird, sofern die entfernte Seite dies nicht ausdrücklich fordert.

list
Zeigt die aktuellen Variablenwerte an.

logout

Wenn der entfernte Host den **logout**-Befehl unterstützt, wird die **telnet**-Sitzung beendet.

mode [*Typ*]

Der Status, in dem sich die Telnet-Sitzung befindet, kann durch Angabe der folgenden *Typen* beeinflußt werden:

?
Gibt eine Kurzbeschreibung des **mode**-Befehls aus.

character
Schaltet den TELNET LINEMODE ab oder, wenn der entfernte Rechner diese Option nicht unterstützt, wechselt in den »Character at a time«-Modus.

[-]**edit**
Schaltet den EDIT-Modus von TELNET LINEMODE an bzw. ab.

[-]**isig**
Schaltet den TRAPSIG-Modus von TELNET LINEMODE an bzw. ab.

line
Schaltet den TELNET LINEMODE ein oder, wenn der entfernte Rechner diese Option nicht unterstützt, wechselt in den »Old line by line«-Modus.

[-]**softtabs**
Schaltet den SOFT_TAB-Modus von TELNET LINEMODE an bzw. ab.

[-]**litecho**
Schaltet den LIT_ECHO-Modus an bzw. ab.

open[-l *Benutzer*] *Host* [*Port*]
Öffnet eine Verbindung zum angegebenen *Host*. Wenn kein spezieller *Port* angegeben ist, wird der Kontakt über den Standardport von Telnet (23/tcp) hergestellt.

quit Schließt alle offenen Telnet-Sitzungen und beendet das Programm.

status
Zeigt den aktuellen Status von **telnet** an. Der Netzwerkrechner, zu dem eine Verbindung besteht, und der aktuelle Modus werden ausgegeben.

send *Argumente*
Sendet eine oder mehrere spezielle Zeichensequenzen zum entfernten Rechner. Die folgenden Argumente können angegeben werden:

? Gibt eine Kurzbeschreibung zum Befehl **send** aus.

abort
Sendet die Telnet-Sequenz ABORT.

ao Sendet die Telnet-Sequenz AO, die beim entfernten System dazu führen sollte, daß der Inhalt des Ausgabepuffers sofort auf das Terminal übertragen wird.

ayt Sendet die Telnet-Sequenz AYT (Are You There).

brk Sendet die Telnet-Sequenz BRK (Break).

do *Befehl*

dont *Befehl*

will *Befehl*

wont *Befehl*
Schickt eine Telnet DO-Befehlsfolge, wobei *Befehl* eine Zahl zwischen 0 und 255 oder ein symbolischer Name eines Telnet-Befehls ist. Wenn *Befehl* ? oder **help** ist, gibt dieser Befehl einen Hilfetext (einschließlich einer Liste der symbolischen Namen) aus.

ec Sendet die Telnet-Sequenz EC (Erase Character), die dazu führt, daß beim entfernten System das zuletzt empfangene Zeichen gelöscht wird.

el Sendet die Telnet-Sequenz EL (Erase Line), die zum Löschen der zuletzt eingegebenen Zeile auf dem entfernten System führt.

eof Sendet die Telnet-Sequenz EOF (End Of File).

eor Sendet die Telnet-Sequenz EOR (End Of Record).

→

escape
Sendet den aktuellen Wert für das Telnet-Fluchtzeichen (voreingestellt mit ^]).

ga Sendet die Telnet-Sequenz GA (Go Ahead).

getstatus
Wenn der entfernte Rechner den Telnet-Befehl STATUS unterstützt, fordert **getstatus** die aktuelle Statusinformation von der Gegenstelle an.

ip Sendet die Telnet-Sequenz IP (Interrupt Process), welche die Gegenstelle zur Unterbrechung des gerade laufenden Prozesses auffordert.

nop Sendet die Telnet-Sequenz NOP (No OPeration).

susp
Sendet die Telnet-Sequenz SUSP (SUSPend process).

synch
Sendet die Telnet-Sequenz SYNCH, die alle vorher eingegebenen (aber noch nicht gelesenen) Eingabedaten verwirft.

set *Argument Wert*

unset *Argument Wert*
Setzt eine von mehreren Telnet-Variablen auf einen angegebenen *Wert* oder auf **WAHR**. Der Spezialwert **off** (aus) schaltet die mit der Variablen verbundene Funktion aus. **unset** schaltet jede der angegebenen Funktionen ab. Die Werte der Variablen können mit Hilfe des **display**-Befehls angezeigt werden. Folgende Variablen können auf diesem Weg gesetzt werden:

? Gibt eine Liste der erlaubten **set**- und **unset**-Befehle aus.

ayt Wenn Telnet im **localchars**-Modus arbeitet, wird das angegebene Zeichen als alternatives AYT-Zeichen verwendet.

echo
Das ist der Wert, der im Line-by-line-Modus zwischen lokalem Echo und Unterdrücken des Echos umschaltet (der Default ist **^E**).

eof Wenn Telnet im LINEMODE oder im alten Line-by-line-Modus arbeitet, bewirkt die Eingabe dieses Zeichens als erstes Zeichen einer Zeile, daß das Zeichen an das entfernte System geschickt wird.

erase
Wenn sich Telnet im LOCALCHARS-Modus befindet und im Character-at-a-time-Modus arbeitet, führt die Eingabe dieses Zeichens zum Senden der Telnet-Sequenz EC.

escape
Dies ist das Telnet-Fluchtzeichen (der Default ^[), das die Umschaltung in den Telnet-Befehlsmodus bewirkt, wenn eine Verbindung zu einem entfernten System besteht.

flushoutput
Wenn sich Telnet im LOCALCHARS-Modus befindet und das **flushoutput**-Zeichen eingegeben wird, wird die Telnet-Sequenz AO an das entfernte System gesendet.

forw1
Wenn Telnet sich im LOCALCHARS-Modus befindet, wird dieses Zeichen als alternatives End-of-line-Zeichen verwendet.

forw2
Wenn Telnet sich im LOCALCHARS-Modus befindet, wird dieses Zeichen als alternatives End-of-line-Zeichen verwendet.

interrupt
Wenn sich Telnet im LOCALCHARS-Modus befindet und das **interrupt**-Zeichen eingegeben wird, wird die Telnet-Sequenz IP an den entfernten Rechner gesendet.

kill Wenn sich Telnet im LOCALCHARS-Modus befindet und im Character-at-a-time-Modus arbeitet, führt dieses Zeichen zum Senden der Telnet-Sequenz EL.

lnext
Wenn Telnet sich im LINEMODE oder im Line-by-line-Modus befindet, wird dieses Zeichen als **lnext**-Zeichen für das Terminal verwendet.

quit Wenn sich Telnet im **localchars**-Modus befindet und das **quit**-Zeichen eingegeben wird, wird die Telnet-Sequenz BRK an den entfernten Rechner geschickt.

reprint
Wenn TelnetP im LINEMODE oder Line-by-line-Modus ist, wird dieses Zeichen als das **reprint**-Zeichen für das Terminal verwendet.

rlogin
Schaltet den **rlogin**-Modus ein. Entspricht der Kommandozeilenoption **-r**.

start Wenn die TOGGLE-FLOW-CONTROL-Option eingeschaltet ist, wird dieses Zeichen als **start**-Zeichen für das Terminal verwendet.

stop Wenn die TOGGLE-FLOW-CONTROL-Option eingeschaltet ist, wird dieses Zeichen als **stop**-Zeichen für das Terminal verwendet.

→

susp
Wenn Telnet sich im LINEMODE oder im LOCALCHARS-Modus befindet und das **suspend** Zeichen eingegeben wird, wird die Telnet-Sequenz SUSP an den entfernten Rechner gesendet.

tracefile
Die Datei, in welche die Ausgabe von **netdata** geschrieben wird.

worderase
Wenn sich Telnet im LINEMODE oder im Line-by-line-Modus befindet, wird dieses Zeichen als **worderase**-Zeichen für das Terminal verwendet. Der Default ist terminalspezifisch.

slc [*Status*]
Setzt den Status der Sonderzeichen, wenn die Telnet LINEMODE-Option eingeschaltet ist.

? Gibt eine Kurzbeschreibung zum **slc**-Befehl aus.

check
Überprüft die aktuelle Einstellung der Sonderzeichen. Wenn Abweichungen auftreten, werden die lokalen Einstellungen denen des entfernten Rechners angepaßt.

export
Benutzt die lokalen Defaults für die Sonderzeichen.

import
Benutzt die Einstellungen des entfernten Rechners für die Sonderzeichen.

toggle *Argumente* [...]
Schaltet verschiedene Flags zur Steuerung der Telnet-Reaktion auf Ereignisse. Die Flags können mit den Befehlen **set** und **unset** explizit auf **WAHR** oder **FALSCH** gesetzt werden. Die gültigen Argumente sind:

? Gibt eine Liste der erlaubten **toggle**-Befehle aus.

autoflush
Wenn **autoflush** und LOCALCHARS gleichzeitig **WAHR** sind und **ao**- oder **quit**-Zeichen erkannt werden, gibt Telnet so lange keine Daten auf dem Benutzerterminal aus, bis das entfernte System die Verarbeitung dieser Telnet-Sequenzen bestätigt.

autosynch
Wenn **autosynch** und LOCALCHARS gleichzeitig **WAHR** sind und **intr**- oder **quit**-Zeichen eingegeben werden, wird an die resultierende Telnet-Sequenz automatisch eine SYNCH-Sequenz angehängt. Der Default dieses Schalters ist **FALSCH**.

binary
Schaltet die Telnet-Option BINARY für die Eingabe und Ausgabe ein bzw. aus.

inbinary
Schaltet die TELNET-Option BINARY für die Eingabe ein bzw. aus.

outbinary
Schaltet die TELNET-Option BINARY für die Ausgabe ein bzw. aus.

crlf
Wenn dieser Schalter **WAHR** ist, werden Carriage Returns (Wagenrückläufe) als Kombination CR-LF gesendet, anderenfalls werden sie unverändert weitergegeben (der Default ist **FALSCH**).

crmod
Schaltet den Wagenrücklaufmodus um. Der Default ist **FALSCH**.

debug
Schaltet den Fehlersuchmodus auf Socket-Ebene. Der Default ist **FALSCH**.

localchars
Wenn dieser Wert **WAHR** ist, werden die Sonderzeichen **flush**, **interrupt**, **quit**, **erase** und **kill** lokal bearbeitet und in die passenden Telnet-Steuersequenzen umgeformt. Der Initialwert ist **WAHR**.

netdata
Schaltet den Anzeigemodus für Netzwerkdaten. Der Default ist **FALSCH**.

options
Schaltet die Anzeige einiger interner, mit Optionen verbundener Telnet-Protokoll-Prozeduren. Der Default ist **FALSCH**.

prettydump
Wenn **netdata** und **prettydump** beide **WAHR** sind, geschieht die Ausgabe der Netzwerkdaten in einer etwas lesbareren Form. Nach jedem Zeichen in der Ausgabe folgt ein Leerzeichen; vor jeder Telnet-Fluchtsequenz steht ein Sternchen.

skiprc
Unterdrückt die Bearbeitung der Datei */.telnetrc*. Der Default ist **FALSCH**, die Datei wird also verarbeitet.

termdata
Schaltet die hexadezimale Ausgabe von Terminaldaten. Der Default ist **FALSCH**.

z **telnet** unterbrechen, funktioniert nur mit der *csh*.

telnetd

telnetd [*Optionen*]

TCP/IP-Befehl. Telnet Protocol Server. **telnetd** wird von **inetd** bei Anfragen am Telnet-Port (standardmäßig 23) aufgerufen. **telnetd** legt für den Client ein Pseudoterminal an und startet damit einen **login**-Prozeß, der mit **stdin**, **stdout** und **stderr** am Pseudoterminal verbunden ist. **telnetd** manipuliert die Master-Seite des Pseudoterminals, indem das Telnet-Protokoll implementiert wird und Zeichen zwischen dem entfernten Client und dem **login**-Prozeß hin und her geschickt werden.

Optionen

-debug [*Port*]
: Startet **telnetd** manuell anstatt durch **inetd**. *Port* kann als alternativer TCP-Port angegeben werden, auf dem **telnetd** arbeiten soll.

-D *Modifikator(en)*
: Debugging-Modus. **telnet** gibt damit Debugging-Informationen über die Verbindung aus. Damit kann der Benutzer sehen, was **telnet** tut. Eine Reihe von Modifikatoren steht für den Debugging-Modus zur Verfügung:

exercise
: Noch nicht implementiert.

netdata
: Von **telnetd** empfangenen Datenstrom anzeigen.

options
: Informationen über das Aushandeln der Telnet-Optionen anzeigen.

ptydata
: Daten anzeigen, die auf das Pseudoterminal geschrieben werden.

report
: Wie **options**, außerdem Ausgeben von Informationen darüber, welche Verarbeitung gerade stattfindet.

test

Test *Ausdruck*
[*Ausdruck*]

Auch als eingebauter Befehl in den meisten Shells enthalten.

Bewertet einen *Ausdruck* und liefert den Statuswert null, wenn der Wert **WAHR** ist. Anderenfalls wird ein Statuswert ungleich null zurückgegeben. In Shell-Skripten kann auch die alternative Form [*Ausdruck*] verwendet werden. Das Programm wird in der Regel für die Konstruktion der Bedingungen für Programmverzweigungen in Shell-Programmen benutzt.

Dateitests

Die Syntax für die folgenden Optionen ist **Test** *Option Datei*. Wenn die angegebene Datei nicht existiert, liefert das Programm den Wert **FALSCH**, anderenfalls wird der durch den Optionsschalter festgelegte Test auf die Datei angewandt, wie in der Beschreibung erklärt.

-b Ist die Datei ein blockorientiertes Gerät?

-c Ist die Datei ein zeichenorientiertes Gerät?

-d Ist die Datei ein Verzeichnis?

-e Existiert die Datei?

-f Ist die Datei nicht mehr als eine reguläre Datei?

-g Ist das Gruppen-ID-Bit bei der Datei gesetzt?

-k Ist das Sticky-Bit bei der Datei gesetzt?

-L Ist die Datei ein symbolischer Link?

-p Ist die Datei eine Named Pipe (FIFO)?

-r Ist die Datei für den Benutzer lesbar?

-s Ist die Datei nicht leer?

-S Ist die Datei ein Socket?

-t [*Datei-Descriptor*]
Gehört der *Datei-Descriptor* (der Default ist Standardausgabe) zu einem Terminal?

-u Ist das Benutzer-ID-Bit bei der Datei gesetzt?

-w Ist die Datei für den Benutzer schreibbar?

-x Ist die Datei ausführbar?

-O Gehört die Datei dem effektiven Eigentümer des laufenden Prozesses?

-G Gehört die Datei der effektiven Gruppe des laufenden Prozesses?

Dateivergleiche

Die Syntax für Dateivergleiche ist **Test** *Datei1 Option Datei2*. Ein alleinstehender String ohne Optionen gibt **true** zurück, wenn er wenigstens ein Zeichen lang ist.

-nt Ist die *Datei1* neuer als *Datei2* ? Testet das Datum der letzten Änderung, nicht das der Erzeugung.

-ot Ist die *Datei1* älter als *Datei2* ? Testet das Datum der letzten Änderung, nicht das der Erzeugung.

-ef Haben die Dateien identische Geräte- und Inode-Nummern?

Zeichenkettentests

Die Zeichenkettentests haben die Syntax **Test** *Option Zeichenkette*.

→

test ←

-z Ist die Zeichenkette leer?

-n Ist die Zeichenkette mindestens ein Zeichen lang?

= *String*
Sind die beiden Zeichenketten gleich?

!= *String*
Sind die beiden Zeichenketten verschieden?

Ausdrucktests

Beachten Sie, daß als Ausdruck jeder der bisher vorgestellten Tests erscheinen kann.

! *Ausdruck*
Ist der Ausdruck falsch?

Ausdruck **-a** *Ausdruck*
Sind beide Ausdrücke wahr?

Ausdruck **-o** *Ausdruck*
Ist einer der Ausdrücke wahr?

Ganzzahltests

Die Syntax für Ganzzahltests ist **Test** *Zahl1 Option Zahl2*. Sie können anstelle einer Zahl auch den Ausdruck **-l** *Zeichenkette* verwenden, der durch die Länge der *Zeichenkette* ersetzt wird.

-eq Sind die beiden Zahlen gleich?

-ne Sind die beiden Zahlen ungleich?

-lt Ist *Zahl1* kleiner als *Zahl2*?

-le Ist *Zahl1* kleiner oder gleich *Zahl2*?

-gt Ist *Zahl1* größer als *Zahl2*?

-ge Ist *Zahl1* größer oder gleich *Zahl2*?

---

tftp

tftp [*Host* [*Port*]]

Benutzerschnittstelle zum TFTP (Trivial File Transfer Protocol), das den Transfer von Dateien zwischen einem entfernten Rechner und dem lokalen Rechner ermöglicht.

Befehle

Wenn das Programm gestartet wurde, erscheint ein Prompt:

```
tftp>
```

Das Programm versteht die folgenden Befehle:

? [*Befehl*]
Gibt Hilfsinformationen (zum *Befehl*) aus.

ascii Abkürzung für **mode ASCII**

binary
Abkürzung für **mode binary**

connect *Hostname* [*Port*]
Stellt die Verbindung zum angegebenen *Host* her und benutzt den optional angegebenen *Port*.

get *Dateiname*
get *EntfernterName LokalerName*
get *Dateiname1 Dateiname2 Dateiname3...DateinameN*
Holt eine Datei oder eine Gruppe von Dateien von dem entfernten System.

mode *Übertragungsmodus*
Stellt den *Übertragungsmodus* ein. Der *Übertragungsmodus* kann entweder ASCII oder binary sein, der Default ist ASCII.

put *Dateiname*
put *LokaleDatei EntfernteDatei*
put *Dateiname1 Dateiname2...DateinameN EntferntesVerzeichnis*
Sendet eine Datei oder eine Gruppe von Dateien an das entfernte System.

quit Beendet **tftp**.

rexmt *Timeout*
Stellt den Timeout-Wert für die Paket-Retransmission in Sekunden ein.

status
Gibt Statusinformationen zum Programm: ob eine Verbindung zu einem entfernten Host besteht (also ob ein Host für die nächste Verbindung angegeben wurde), den aktuellen Modus, den Trace-Modus, den Verbose-Modus und die Werte von **retransmission timeout** und **total transmission timeout**.

timeout *Timeout*
Setzt den Timeout-Wert für die gesamte Übertragung.

trace
Schaltet Tracing von Paketen ein bzw. aus.

verbose
Schaltet den Verbose-Modus ein bzw. aus.

tftpd	**tftpd** [*Home-Verzeichnis*] TCP/IP-Befehl. Trivial File Transfer Protocol Server. **tftpd** wird normalerweise von **inetd** gestartet und arbeitet auf dem Port, der in der **tftp**-Beschreibung der Datei */etc/inetd.conf* angegeben ist. Standardmäßig ist der Eintrag für **tftpd** in der Datei */etc/inetd.conf* auskommentiert; um **tftpd** verwenden zu können, muß das Kommentarzeichen entfernt werden. Bevor auf eine Anfrage geantwortet wird, versucht der Server, sein aktuelles Verzeichnis in *Home-Verzeichnis* abzuändern. Wenn dieses nicht angegeben ist, wird *tftpboot* angenommen.
tload	**tload** [*Optionen*] [*tty*] Stellt die mittlere Systemlast in einer einfachen ASCII-Grafik dar. Wenn ein *tty* angegeben ist, wird die Ausgabe auf dieses Gerät gelenkt. ***Optionen*** **-d** *Verzögerung* Gibt die Verzögerung zwischen zwei Updates in Sekunden an. **-s** *Skalierung* Stellt die Skalierung ein (Anzahl der Zeilen für eine Einheit). Eine kleinere Zahl führt zu einer gröberen Skala.
top	**top** [*Optionen*] Liefert regelmäßig aktualisierte Informationen über die CPU-intensivsten Prozesse. Siehe auch **ps** für eine Erklärung der Feldbezeichnungen. ***Optionen*** **-b** Arbeitet im Stapelmodus; nimmt keine Kommandozeileneingaben entgegen. Nützlich, um die Ausgabe an einen anderen Befehl oder in eine Datei weiterzuleiten. **-c** Kommandozeile anstelle des bloßen Befehlsnamens anzeigen. **-d** *Verzögerung* Gibt die Verzögerung zwischen zwei Aktualisierungen an. **-i** Unterdrückt die Anzeige von Idle-Prozessen. **-n** *Anzahl* Aktualisiert die Anzeige *Anzahl* Male und beendet dann das Programm. **-p** *pid* Zeigt nur Prozesse mit der angegebenen Prozeß-ID an.

-q Aktualisierung ohne Verzögerung. Unter Root-Rechten läuft der Prozeß mit höchster Priorität.

-s Secure-Modus, schaltet einige (gefährliche) interaktive Befehle ab.

-S Kumulations-Modus. Es wird die gesamte CPU-Zeit jedes Prozesses angezeigt und die der toten Kinder hinzugezählt.

Interaktive Befehle

Leertaste
Die Anzeige unmittelbar aktualisieren.

c Schaltet zwischen der Anzeige des Befehlsnamens und der vollen Kommandozeile um.

f, F Felder zur Anzeige hinzufügen oder daraus entfernen.

h, ? Hilfebeschreibungen zu den Befehlen und den Zustand des Secure-Modus und des Kumulations-Modus anzeigen.

k Erfragt eine Prozeß-ID und ein Signal (Default: 15) und sendet das Signal zum Prozeß.

i Schaltet die Unterdrückung der Idle-Anzeige ein bzw. aus.

l Schaltet die Anzeige der mittleren Last und der Laufzeit ein bzw. aus.

m Schaltet die Speicheranzeige ein bzw. aus.

n, # Erfragt die Anzahl der angezeigten Prozesse. Wird hier 0 angegeben, werden so viele Prozesse angezeigt, wie auf dem Bildschirm darstellbar sind (Default).

o, O Reihenfolge der angezeigten Felder verändern.

q Beendet das Programm.

r Führt ein **renice** für einen Prozeß durch. Es werden PID und **renice**-Wert abgefragt. Im Secure-Modus abgeschaltet.

s Ändert die Verzögerung zwischen zwei Aktualisierungen. Die neue Verzögerungszeit wird erfragt. Im Secure-Modus abgeschaltet.

t Schaltet die Anzeige der Prozesse und der CPU-Zustände ein bzw. aus.

A Sortiert nach dem Alter, den neuesten zuerst.

^L Stellt den Bildschirminhalt neu dar.

M Sortiert die Tasks nach dem eigenen Speicherverbrauch.

N Sortiert die Tasks numerisch nach Prozeß-IDs.

P Sortiert die Tasks nach der Belastung der CPU (Default).

S Schaltet den kumulativen Modus ein bzw. aus (siehe Option -S).

T Sortiert die Tasks nach der Zeit/kumulativen Zeit.

W Schreibt die aktuellen Einstellungen nach *~/.toprc*. Dies ist der empfohlene Weg, eine Konfigurationsdatei für **top** zu erstellen.

touch

touch [*Optionen*] *Dateien*

Aktualisiert die Zugriffs- und Veränderungszeit einer oder mehrerer Dateien auf die aktuelle Zeit und das aktuelle Datum oder das angegebene Datum. **touch** ist nützlich, um andere Befehle dazu zu bringen, Dateien auf eine bestimmte Weise zu behandeln; beispielsweise verwenden **make** und **find** (in manchen Modi) die Zugriffs- und Modifikationszeiten von Dateien. Wenn eine Datei nicht existiert, erzeugt **touch** sie mit einer Dateigröße von 0.

Optionen

-a, --time=atime, --time=access, --time=use
: Nur die Zugriffszeit aktualisieren.

-c, --no-create
: Keine nicht-existenten Dateien erzeugen.

-d *Zeit,* **--date** *Zeit*
: Ändert den Zeitwert auf die angegebene *Zeit* anstelle der aktuellen Zeit. *Zeit* kann in verschiedenen Formaten angegeben werden und darf auch Monatsnamen, Zeitzonen, am- und pm-Strings sowie weitere Daten enthalten.

-m, --time=mtime, --time=modify
: Nur die Veränderungszeit aktualisieren.

-r *Datei,* **--reference** *Datei*
: Die Zeiten auf die von *Datei* anstelle der aktuellen Zeit setzen.

-t *Zeit*
: *Zeit* anstelle der angegebenen Zeit verwenden. Dieses Argument muß im Format *MMTThhmm[[CC]JJ][.ss]* angegeben werden, wobei die einzelnen Zeichen für Monat, Tag, Stunde, Minute, optionales Jahrhundert und Jahr sowie optionale Sekunden stehen.

--help
: Gibt einen Hilfstext aus und beendet dann das Programm.

--version
: Gibt die Versionsnummer aus und beendet dann das Programm.

tr

tr [*Optionen*] [*Zeichenkette1* [*Zeichenkette2*]]

Übersetzt Zeichen – kopiert Daten von der Standardeingabe zur Standardausgabe und ersetzt Zeichen aus *Zeichenkette1* in *Zeichenkette2* oder löscht Zeichen aus *Zeichenkette1*.

Optionen

-c, --complement
Veranlaßt die Benutzung des Komplements von *Zeichenkette1* bezüglich ASCII 001-377.

-d, --delete
Löscht alle Zeichen aus *Zeichenkette1* aus dem Eingabestrom.

-s, --squeeze-repeats
Ignoriert wiederholt auftretende Zeichen in *Zeichenkette2*.

-t, --truncate-set1
Verkürzt *Zeichenkette1* vor dem Übersetzen auf die Länge von *Zeichenkette2*.

--help
Gibt einen Hilfstext aus und beendet dann das Programm.

--version
Gibt die Versionsnummer aus und beendet dann das Programm.

Sonderzeichen

Verwenden Sie eckige Klammern ([ ]), wo angegeben.

\a ^G (Glocke)

\b ^H (Backspace)

\f ^L (Seitenvorschub)

\n ^J (Zeilenwechsel)

\r ^M (Wagenrücklauf)

\t ^I (Tabulator)

\v ^K (vertikaler Tabulator)

nnn
Zeichen mit dem Oktalwert *nnn*

\\\\ Backslash-Zeichen

Zeichen1–Zeichen2
Alle Zeichen im Bereich von *Zeichen1* bis *Zeichen2*. Wenn *Zeichen1* in der Sortierreihenfolge nicht vor *Zeichen2* liegt, wird eine Fehlermeldung ausgegeben.

[*Zeichen1–Zeichen2*]
Wie *Zeichen1–Zeichen2*, wenn beide Zeichenketten dies verwenden.

[*Zeichen* *]
Das Zeichen *Zeichen* in *Zeichenkette2* auf die Länge von *Zeichenkette1* vervielfachen.

→

tr
←

[*char* **number*]
Der Ausdruck wird erweitert zu der entsprechenden Anzahl des angegebenen Zeichens. Beispielsweise wird **[x*4]** zu **xxxx**.

[*:class:*]
Der Ausdruck wird erweitert zu allen Zeichen der angegebenen *Klasse*.

alnum
Buchstaben und Zahlen

alpha
Buchstaben

blank
Leerraum

cntrl
Steuerzeichen

digit Ziffern

graph
druckbare Zeichen außer Leerzeichen

lower
Kleinbuchstaben

print
druckbare Zeichen

punct
Interpunktion

space
Leerraum (horizontal oder vertikal)

upper
Großbuchstaben

xdigit
hexadezimale Ziffern

[=*Zeichen*=]
Die Zeichenklasse, zu der das Zeichen *Zeichen* gehört.

Beispiele

Wandelt in einer Datei alle Großbuchstaben in Kleinbuchstaben um:

```
cat file | tr '[A-Z]' '[a-z]'
```

Wandelt alle Leerzeichen in Zeilenvorschübe (ASCII-Code 012) um:

```
tr ' ' '\012' < file
```

Entfernt Leerzeilen aus der Datei **file** und schreibt in die neue Datei **new.file** (oder entfernt wiederholte Tabulatoren durch **011**):

```
cat file | tr -s "" "\012" > new.file
```

Entfernt Doppelpunkte aus der Datei **file** und schreibt in die neue Datei **new.file**:

```
tr -d : < file > new.file
```


traceroute [*Optionen*] *Host* [*Paketgröße*]

TCP/IP-Befehl. Verfolgt die Route, die ein Paket nimmt, um einen bestimmten Rechner zu erreichen. Dies geschieht, indem **traceroute** UDP-Pakete mit einer kleinen Restlebenszeit (TTL) losschickt und auf ICMP-»time exceeded«-Nachrichten vom Gateway wartet. *Host* ist der Name oder die IP-Nummer des gesuchten Rechners. *Paketgröße* ist die Paketgröße des Test-Datagramms in Byte. Der Default ist 38 Byte.

Optionen

-d Debuggen auf Socket-Ebene einschalten.

-g *Adresse*
: Neben den TTL-Tests auch noch die IP-LSRR-(Loose Source Record Route-)Option einschalten. Damit kann festgestellt werden, wie jemand an der IP-Adresse *Adresse* ein bestimmtes Ziel erreichen kann.

-l Restlebenszeit für jedes empfangene Paket angeben.

-m *max_ttl*
: Maximale Restlebenszeit, die in ausgehenden Testpaketen verwendet wird. Der Default ist 30 Hops.

-n Zeigt numerische Adressen und keine Hostnamen an. (Nützlich, wenn DNS nicht richtig funktioniert.)

-p *Port*
: UDP-Portnummer für Testpakete auf *Port* setzen. Der Default ist 33434.

-q *n*
: Einstellen der Anzahl der Testpakete für jeden Restlebenszeitwert auf *n*. Der Default ist 3.

-r Normale Routing-Tabellen umgehen und die Pakete direkt an einen Rechner eines angeschlossenen Netzwerks senden.

-s *Quell-Adresse*
: *Quell-Adresse* als Quelladresse in ausgehenden IP-Paketen eintragen.

-t *tos*
: Einstellen der Dienstart (*type-of-service*) in ausgehenden Testpaketen auf *tos*. Der Default ist 0. *tos* muß eine dezimale Ganzzahl zwischen 0 und 255 sein.

-v Verbose-Modus. Alle ICMP-Pakete (außer TIME_EXCEEDED und PORT_UNREACHABLE) werden angezeigt.

→

traceroute ←	**-w** *Wartezeit* Wartezeit für eine Antwort auf ein ausgehendes Testpaket auf *Wartezeit* Sekunden setzen. Der Default ist 3 Sekunden.
troff	**troff** Siehe **groff**.
true	**true** Dieses Programm tut nichts, liefert jedoch einen erfolgreichen Rückkehrstatus (0). Siehe auch **false**.
tune2fs	**tune2fs** [*Optionen*] *Gerät* Befehl zur Systemverwaltung. Feineinstellung der Parameter eines Linux-Second-Extended-Dateisystems durch Anpassen diverser Parameter. Sie müssen das Gerät angeben, auf dem das Dateisystem liegt. Das Dateisystem darf nicht schreibbar eingehängt sein, wenn Parameter verändert werden sollen. ***Optionen*** **-c** *Einhängezähler* Angeben der maximalen Anzahl an Einhängevorgängen (mount counts) zwischen zwei Überprüfungen des Dateisystems. **-e** *Verhalten* Angeben, wie sich der Kernel bei Fehlern im Dateisystem verhalten soll. *Verhalten* muß eines der folgenden Schlüsselwörter sein: **continue** Normal weitermachen. **remount-ro** Das fehlerhafte Dateisystem in nicht-schreibbarem Modus erneut einhängen. **panic** Erzeugen einer Kernel-Panik. **-g** *Gruppe* Mitglieder von *Gruppe* (kann numerisch oder als Name angegeben werden) dürfen reservierte Blöcke verwenden. **-i** *Intervall*[**d** | **w** | **m**] Angeben des maximalen Intervalls zwischen zwei Überprüfungen des Dateisystems. Verwendbare Einheiten sind **d** (Tage), **w** (Wochen) und **m** (Monate). Wenn *Intervall* 0 ist, ist das Überprüfen dieses Dateisystems überhaupt nicht zeitabhängig.

-l Eine Liste mit dem Inhalt des Superblocks ausgeben.

-m *Prozentsatz*
Anteil der Blöcke, die für den Superuser reserviert sind, angeben.

-r *Anzahl*
Anzahl der Blöcke angeben, die für den Superuser reserviert werden.

-u *Benutzer*
Benutzer (kann numerisch oder als Name angegeben werden) darf reservierte Blöcke belegen.

tune2fs

Befehls-referenz

tunelp *Gerät* [*Optionen*]

tunelp

Befehl zur Systemverwaltung. Einstellen der Geräteparameter eines Druckers. Ohne Optionen werden Informationen über das Gerät ausgegeben.

Optionen

-a [on|off]
Gibt an, ob das Programm abgebrochen werden soll, wenn ein Druckerfehler auftritt. Standardmäßig wird nicht abgebrochen.

-c *n* *n*-mal erneut versuchen, das Gerät anzusprechen, wenn es ein Zeichen nicht annimmt. (Der Default ist 250.) Wenn *n* erreicht ist, wird pausiert, bevor ein neuer Versuch unternommen wird.

-i *irq*
irq für den angegebenen Parallelport verwenden. **-t** und **-c** ignorieren. Wenn *irq* 0 ist, den nicht durch Interrupts getriebenen Zustand (Polling) wiederherstellen.

-o [on|off]
Angeben, ob abgebrochen werden soll, wenn ein Gerät nicht erreichbar oder ohne Papier ist.

-q [on|off]
Schaltet das Ausgeben der aktuellen IRQ-Einstellungen ein oder aus.

-r Port zurücksetzen.

-s Aktuellen Status des Druckers ausgeben.

-t *Zeit*
Gibt eine Verzögerungszeit in Jiffies an, die gewartet werden soll, bevor ein zurückgewiesenes Zeichen noch einmal gesendet wird. Ein Jiffy ist entweder definiert als ein Tick der Systemuhr oder als ein Phasendurchlauf des Wechselstroms; es sollte etwa eine Hundertstelsekunde sein.

→

tunelp ←	**-w** *Zeit* Gibt die Verzögerung in Jiffies an, bevor ein Strobe-Signal erneut gesendet wird. **-C [on|off]** Extrem vorsichtiges Überprüfen des Druckers auf Fehler ein- oder ausschalten.
ul	**ul** [*Optionen*] [*Namen*] Wandelt Sequenzen aus Zeichen-Backspace-Unterstrich in das Attribut »Unterstrichen« bei der Terminaldarstellung von Zeichen. Die korrekte Umwandlung ist abhängig vom Terminaltyp und wird durch die Umgebungsvariable TERM ermittelt. Einige Terminals sind nicht in der Lage, unterstrichene Zeichen darzustellen. ***Optionen*** **-i** Unterstrichene Zeichen werden durch ein – auf einer separaten Zeile dargestellt. **-t** *Terminaltyp* Legt den *Terminaltyp* fest.
umount	**umount** [*Optionen*] [*Gerätedatei/Verzeichnis*] Befehl zur Systemverwaltung. Aushängen eines Dateisystems. **umount** teilt dem System mit, daß ein entfernbares Dateisystem, das vorher über die *Gerätedatei* eingehängt war, ausgehängt werden soll. Statt einer *Gerätedatei* kann auch ein *Verzeichnis* angegeben werden. Alle noch ausstehenden E/A-Operationen werden abgeschlossen, und das Dateisystem wird als sauber markiert. ***Optionen*** **-a** Alle Dateisysteme aushängen, die in */etc/mtab* aufgeführt sind. **-n** Aushängen, aber */etc/mtab* nicht aktualisieren. **-t** *Typ* Nur Dateisysteme des Typs *Typ* aushängen.
uname	**uname** [*Optionen*] Gibt Informationen über den Rechner und das Betriebssystem aus. Ohne Optionen wird der Name des Betriebssystems (Linux) ausgegeben.

uname

Optionen

-a, --all
Faßt alle Informationen der anderen Optionen zusammen.

-m, --machine
Gibt Informationen über die Hardware aus, auf der das System läuft.

-n, --nodename
Gibt den Netzwerk-Hostnamen aus.

-r, --release
Gibt die Versionsnummer des Kernels aus.

-s, --sysname
Gibt den Namen des Betriebssystems (Linux) aus.

-p, --processor
Gibt den Prozessortyp aus (nicht in allen Versionen).

-v Gibt Build-Informationen über den Kernel aus.

--help
Gibt einen Hilfetext aus und beendet das Programm.

--version
Versionsinformationen ausgeben und das Programm beenden.

---

uncompress

uncompress [*Optionen*] *Dateien*

Dekomprimiert Dateien, die mit **compress** komprimiert worden sind (also Namen haben, die auf *.Z* enden). Die verfügbaren Optionen finden Sie unter **compress**; **uncompress** verwendet die gleichen Optionen, mit Ausnahme von **-r** und **-b**.

---

unexpand

unexpand [*Optionen*] [*Dateien*]

Wandelt Zeichenketten von führenden Leerzeichen, die aus mindestens zwei Leerzeichen oder Tabulatoren bestehen, in Tabulatoren um. Wenn keine *Datei* oder ein – als Dateiname angegeben ist, wird von der Standardeingabe gelesen.

Optionen

-a, --all
Wandelt alle, nicht nur die führenden Leerzeichen um.

→

unexpand ←

-Zahlen, **-t** *Zahlen,* **--tabs** *Zahlen*
: *Zahlen* ist eine durch Kommata getrennte Liste von Ganzzahlen, welche die Plazierung der Tabulatoren festlegt. Wenn genau ein Ganzzahlwert angegeben ist, werden die Tabulatoren in gleichmäßigem Abstand dieser Schrittweite angeordnet. Voreingestellt ist eine Tabulatorweite von acht Zeichen. Die Verwendung von **-t** impliziert **-a**. Bei Verwendung von **-t** und **--tabs** darf die Liste auch durch Leerzeichen anstelle von Kommata separiert werden.

--help
: Gibt einen Hilfstext aus und beendet dann das Programm.

--version
: Gibt die Versionsnummer aus und beendet dann das Programm.

---

uniq

uniq [*Optionen*] [*Datei1* [*Datei2*]]

Entfernt doppelte, aufeinanderfolgende Zeilen aus einer sortierten *Datei1* und schreibt die einzelnen Zeilen in die *Datei2* (oder in die Standardausgabe). Das Programm wird häufig als Filter benutzt. Benutzen Sie nur eine der Optionen **-c**, **-d** oder **-u**. Siehe auch **comm** und **sort**.

Optionen

-n, **-f** *n,* **--skip-fields=***n*
: Ignoriert die ersten *n* Felder einer Zeile. Felder sind durch Leerzeichen voneinander getrennt.

+n, **-s** *n,* **--skip-chars=***n*
: Ignoriert die ersten *n* Zeichen eines Feldes.

-c, --count
: Gibt jede Zeile einmal aus und stellt jeder Zeile die Anzahl ihres Auftretens voran.

-d, --repeated
: Gibt nur die doppelt vorkommenden Zeilen aus.

-i, --ignore-case
: Unterschiede in der Groß-/Kleinschreibung ignorieren.

-u, --unique
: Gibt nur die Zeilen aus, die nicht doppelt vorkommen.

-w *n,* **--check-chars=***n*
: Vergleicht nur die ersten *n* Zeichen jeder Zeile (beginnend mit dem ersten nicht-ignorierten Feld bzw. Zeichen).

--help
: Hilfetext ausgeben und beenden.

--version
: Versionsinformationen ausgeben und das Programm beenden.

Beispiele

uniq

Schreibt eine Kopie jeder Zeile aus **list** in die Ausgabedatei **list.new**:

```
uniq list list.new
```

Zeigt, welche Namen mehr als einmal auftreten:

```
sort names | uniq -d
```

Befehls-
referenz

unshar [*Optionen*] [*Dateien*]

unshar

Entpackt ein Shell-Archiv (shar-Datei). **unshar** durchsucht E-Mail-Nachrichten nach dem Anfang eines Shell-Archivs. Dann schickt es dieses Archiv durch eine Kopie der Shell, um es zu entpacken. Es können mehrere Dateien angegeben werden. Wenn keine Dateien angegeben werden, wird die Standardeingabe verwendet.

Optionen

-c, --overwrite
Existierende Dateien überschreiben.

-d *Verzeichnis*, **--directory=***Verzeichnis*
Vor dem Entpacken in das angegebene Verzeichnis wechseln.

-e, --exit-0
Mehrere in der gleichen Datei gespeicherte Archive der Reihe nach entpacken. Diese Option macht sich die Tatsache zunutze, daß viele **shar**-Dateien durch ein exit 0 am Zeilenanfang beendet werden. (Intern entspricht die Option **-e** der Option **-E "exit 0"**.)

-E *String*, **--split-at=***String*
Wie **-e**, erlaubt jedoch die Angabe des Strings, der die Archive trennt.

-f, --force
wie **-c**

--help
Gibt einen Hilfstext aus und beendet dann das Programm.

--version
Gibt die Versionsnummer aus und beendet dann das Programm.

update

update [*Optionen*]

Befehl zur Systemverwaltung. **update** ist ein Daemon, der kontrolliert, wie oft die Buffer des Kernels auf die Festplatten geschrieben werden. Ein anderer Name für **update** ist **bdflush**. Der Daemon erzeugt eine Reihe von Prozessen, um die Systemfunktionen *flush()* und *sync()* aufzurufen. Wenn der Befehl von einem nicht-privilegierten Benutzer aufgerufen wird, wird kein Daemon gestartet. Statt dessen ruft **update** *sync()* auf und beendet sich dann. Standardmäßig wacht **update** alle fünf Sekunden auf und schreibt einige gefüllte Buffer mit *flush()* weg. Wenn das nicht funktioniert, versucht er, alle dreißig Sekunden aufzuwachen und die Buffer mit *sync()* wegzuschreiben. Nicht alle der genannten Optionen stehen in allen Versionen von **update** zur Verfügung.

Optionen

-d Die Kernel-Parameter anzeigen. Der Daemon wird nicht gestartet.

-f *Sekunden*
: *flush()* in diesem Intervall aufrufen. Der Default ist 5.

-h Gibt eine Befehlsübersicht aus.

-s *Sekunden*
: *sync()* in diesem Intervall aufrufen. Der Default ist 30.

-S Immer *sync()* anstelle von *flush()*.

-0 *Prozent*
: Buffer leeren, wenn der angegebene Prozentsatz des Buffer-Caches gefüllt ist.

-1 *Blöcke*
: Die maximale Anzahl von Blöcken, die pro Erwachen weggeschrieben werden sollen.

-2 *Buffer*
: Die Anzahl der sauberen Buffer, die übrigbleiben sollen, wenn die freien Buffer neu gefüllt werden.

-3 *Blöcke*
: Schreibt die Blöcke weg, wenn beim Versuch des erneuten Füllens der Blöcke mehr als *Blöcke* schmutzige Blöcke vorhanden sind.

-4 *Prozent*
: Prozentsatz des Buffer-Caches, der auf der Suche nach freien Clustern abgesucht wird.

-5 *Sekunden*
: Wie alt ein Datenbuffer werden darf, bevor er geleert wird.

-6 *Sekunden*
: Wie alt ein Nicht-Datenbuffer werden darf, bevor er geleert wird.

-7 *Konstante*
Die Zeitkonstante, die für die durchschnittliche Last verwendet werden soll.

-8 *Verhältnis*
Wie niedrig die durchschnittliche Last sein darf, bevor die Anzahl der Buffer zurückgesetzt wird.

uptime

Zeigt die aktuelle Zeit, die Zeit seit dem letzten Reboot, die Anzahl der gerade eingeloggten Benutzer und die durchschnittliche Systemlast an. Die gleiche Ausgabe erscheint in der ersten Zeile des Programms **w**.

useradd [*Optionen*] [*Benutzer*]

Befehl zur Systemverwaltung. Neue Benutzerkonten erzeugen oder die Default-Informationen über Benutzerkonten aktualisieren. Wenn die Option **-D** nicht verwendet wird, muß ein Benutzer angegeben werden. **useradd** erzeugt neue Einträge in Systemdateien. Home-Verzeichnisse und initiale Dateien können bei Bedarf ebenfalls erzeugt werden.

Optionen

-c *Kommentar*
Kommentarfeld

-d *Verzeichnis*
Das Home-Verzeichnis. Standardmäßig wird *Benutzer* als Verzeichnisname für das Verzeichnis unterhalb von */home*, das durch die **-D**-Option angegeben wird, verwendet.

-e *Datum*
Gibt das Datum an, an dem das Benutzerkonto ungültig wird. *Datum* wird im Format MM/TT/JJJJ angegeben. Auch zweistellige Jahresangaben sind zulässig. Der Wert wird als Anzahl der Tage seit dem 1. Januar 1970 gespeichert. Diese Option ist nur bei Verwendung von Shadow-Paßwörtern anwendbar.

-f *Tage*
Das Benutzerkonto dauerhaft abschalten, wenn das Paßwort seit *Tage* Tagen abgelaufen ist. Ein Wert von -1 schaltet dieses Feature ab. Diese Option ist nur bei Verwendung von Shadow-Paßwörtern anwendbar.

-g *Gruppe*
Initialer *Gruppen*name oder initiale Gruppen-ID. Wenn mit der Option **-D** keine andere Default-Gruppe angegeben worden ist, dann ist die Default-Gruppe 1.

→

useradd ←

-G *Gruppe*
: Weitere *Gruppen*, anzugeben als Name oder Nummer in einer durch Kommata getrennten Liste ohne Zwischenräume.

-k [*Verzeichnis*]
: Default-Dateien in das Home-Verzeichnis des Benutzers kopieren. Nur sinnvoll, wenn die Option **-m** angegeben wird. Default-Dateien werden aus */etc/skel* kopiert, sofern kein anderes Verzeichnis *Verzeichnis* angegeben wird.

-m Home-Verzeichnis des Benutzers erzeugen, wenn es nicht existiert. Standardmäßig wird das Home-Verzeichnis nicht erzeugt.

-o Läßt nicht-eindeutige Benutzer-IDs bei der Option **-u** zu.

-s *shell*
: die Login-*Shell*

-u *uid*
: Die numerische Benutzer-ID. Der Wert muß eindeutig sein, sofern die Option **-o** nicht verwendet wird. Der Default-Wert ist die kleinste ID, die größer als 99 und größer als jede andere Benutzer-ID ist.

-D [*Optionen*]
: Defaults festlegen oder anzeigen. Wenn *Optionen* angegeben wird, werden diese gesetzt, ansonsten werden die aktuellen Defaults angezeigt.

–b Verzeichnis
: Präfix, das beim Anlegen der Home-Verzeichnisse verwendet wird. Wenn die Option **-d** beim Erzeugen eines Benutzerkontos nicht verwendet wird, wird der Benutzername an *Verzeichnis* angehängt.

–e Datum
: Verfalls-*Datum*. Kann nur mit Shadow-Paßwörtern eingesetzt werden.

–f Tage
: Anzahl der *Tage* nach Ablauf eines Paßworts, nach denen ein Benutzerkonto abgeschaltet wird. Nur bei Shadow-Paßwörtern.

–g Gruppe
: Initialer *Gruppen*name oder initiale Gruppen-ID.

–s Shell
: Login-*Shell*.

userdel

userdel [*Option*] *Benutzer*

Befehl zur Systemverwaltung. Alle Einträge des Benutzers *Benutzer* in den Systemdateien löschen.

userdel

Option

-r Auch das Home-Verzeichnis des Benutzers und alle darin enthaltenen Dateien löschen.

usermod

usermod [*Optionen*] *Benutzer* /etc/passwd-Datei

Befehl zur Systemverwaltung. Informationen über Benutzerkonten verändern.

Optionen

-c *Kommentar*
: Kommentarfeld

-d *Verzeichnis*
: Home-Verzeichnis

-e *Datum*
: Gibt das Datum an, an dem das Benutzerkonto ungültig wird. *Datum* wird im Format MM/TT/JJJJ angegeben. Auch zweistellige Jahresangaben sind zulässig. Der Wert wird als Anzahl der Tage seit dem 1. Januar 1970 gespeichert. Diese Option ist nur bei Verwendung von Shadow-Paßwörtern anwendbar.

-f *Tage*
: Das Benutzerkonto dauerhaft abschalten, wenn das Paßwort seit *Tage* Tagen abgelaufen ist. Ein Wert von -1 schaltet dieses Feature ab. Diese Option ist nur bei Verwendung von Shadow-Paßwörtern anwendbar.

-g *Gruppe*
: Initialer *Gruppe*nname oder initiale Gruppen-ID.

-G *Gruppen*
: Weitere *Gruppen*, anzugeben als Name oder Nummer in einer durch Kommata getrennten Liste ohne Zwischenräume. Der Benutzer wird aus eventuellen Gruppen, denen er derzeit angehört, die aber nicht in *Gruppen* stehen, gelöscht.

-l *Name*
: Login-*Name*. Kann nicht geändert werden, während der Benutzer beim System eingeloggt ist.

-o Läßt nicht-eindeutige Benutzer-IDs bei der Option **-u** zu.

-s *Shell*
: Login-*Shell*.

→

usermod ←	**-u** *uid* Numerische Benutzer-ID. Der Wert muß eindeutig sein, wenn die Option **-o** nicht verwendet wird. Alle Dateien, die *Benutzer* gehören und im Home-Verzeichnis des Benutzers liegen, werden automatisch geändert; Dateien außerhalb des Verzeichnisses nicht. Der Benutzer sollte während der Ausführung dieses Befehls keine Prozesse ausführen.
users	**users** [*Datei*] Gibt eine durch Leerzeichen separierte Liste aller Login-Sitzungen des lokalen Rechners aus. Ein und derselbe Benutzer kann mehrfach auftreten. Das Programm bezieht seine Daten aus der angegebenen *Datei* oder aus */etc/utmp*.
usleep	**usleep** [*Mikrosekunden*] **usleep** [*Optionen*] Die angegebene Anzahl von Mikrosekunden pausieren (der Default ist 1). ***Optionen*** **--help** Hilfetext ausgeben und das Programm beenden. **--usage** Hinweis zur Benutzung ausgeben und das Programm beenden. **-v, --version** Versionsinformationen ausgeben.
uudecode	**uudecode** [**-o** *Ausgabedatei*] [*Datei*] Liest eine mit uuencode kodierte Datei und restauriert die ursprüngliche Datei mit den in der Datei enthaltenen Zugriffsrechten und Dateinamen (siehe **uuencode**). Die Option **-o** gibt eine alternative Ausgabedatei an.

uuencode [-m] [*Datei*] *Name*

uuencode

Kodiert die Binärdatei *Datei*. Die kodierte Version verwendet nur druckbare ASCII-Zeichen und enthält die Zugriffsrechte und den Namen *Name* der Datei. Wenn die Datei mit **uudecode** wieder zurückkonvertiert wird, wird die Ausgabe nach *Name* geschrieben. Ohne das Argument *Datei* liest **uuencode** von der Standardeingabe, so daß ein einzelnes Argument als Name der wieder dekodierten Datei verwendet wird. Die Option **-m** veranlaßt eine Base64-Kodierung der Datei.

Befehls-referenz

Beispiel

Normalerweise sollten Sie die kodierte Datei mit einer passenden Erweiterung wie *.uue* speichern. Das folgende Beispiel kodiert die Binärdatei *blume12.jpg*, nennt sie *rose.jpg* und speichert sie in einer *.uue*-Datei:

```
% uuencode blume12.jpg rose.jpg > rose.uue
```

Kodiert *blume12.jpg* und verschickt die Datei per E-Mail:

```
% uuencode blume12.jpg blume12.jpg | mail ellen@oreilly.com
```

vacation
vacation [*Optionen*] [*Benutzer*]

vacation

Automatisch eine E-Mail-Nachricht an den Absender zurückschicken, die mitteilt, daß Sie sich im Urlaub befinden.

Rufen Sie **vacation** ohne Optionen auf, um den Mechanismus zu initialisieren. Dieser Vorgang besteht aus mehreren Schritten.

1. Erzeugen einer Datei *.forward* in Ihrem Home-Verzeichnis. Diese Datei enthält folgendes:

   ```
   \Benutzer, "|/usr/bin/vacation Benutzer"
   ```

   Benutzer ist Ihr Anmeldename. Diese Datei sorgt dafür, daß die E-Mail-Nachrichten an *Benutzer* (also Sie) gelangen und daß eingehende E-Mail-Nachrichten durch **vacation** laufen.

2. Die Dateien *.vacation.pag* und *.vacation.dir* erzeugen. Diese Dateien speichern auch, wer Ihnen Nachrichten geschickt hat, damit diese nur eine »Ich bin im Urlaub«-Nachricht pro Woche von Ihnen bekommen.

3. Einen Editor starten, mit dem der Inhalt der Datei *.vacation.msg* editiert werden kann. Der Inhalt dieser Datei wird an alle zurückgeschickt, die Ihnen eine Nachricht schicken. Im Rumpf wird **$subject** durch den Inhalt der Betreffzeile der eingehenden Nachricht ersetzt.

→

vacation ←

Entfernen Sie die Datei *.forward* oder benennen Sie sie um, um die Urlaubs-Nachrichten abzuschalten.

Optionen

Die Optionen **-a** und **-r** werden in einer *.forward*-Datei verwendet; siehe das Beispiel.

-a *Alias*
: E-Mail-Nachrichten, die an *Alias* geschickt werden, sind für *Benutzer* bestimmt und sollten zu einer automatischen Antwort führen.

-i
: Die Dateien *.vacation.pag* und *.vacation.dir* neu initialisieren. Machen Sie das unmittelbar, bevor Sie in den nächsten Urlaub gehen.

-r *Intervall*
: Defaultmäßig wird nicht mehr als eine Nachricht pro Woche an jeden Absender geschickt. Diese Option ändert das Intervall. *Intervall* ist eine Zahl mit einem folgenden **s**, **m**, **h**, **d** oder **w**, das für Sekunden, Minuten, Stunden, Tage oder Wochen steht. Wenn *Intervall* den Wert **infinite** hat, wird nur eine Antwort an jeden Absender geschickt.

Beispiel

Nicht mehr als eine Antwort alle drei Wochen an alle Absender schikken:

```
$ cd
$ vacation -I
$ cat .forward
\jp, "|/usr/bin/vacation -r3w jp"
$ cat .vacation.msg
From: jp@wizard-gmbh.de (J. Programmierer, via the vacation
program)
Subject: Ich bin nicht im Buero...

Hallo,

ich befinde mich auf einem wohlverdienten Urlaub nach
Fertigstellung von whizprog 1.0. Ich werde Ihre E-Mail
betreffend "$SUBJECT" nach meiner Wiederkehr lesen und darauf
antworten.

Schönen Tag noch.
```

vi

vi [*Optionen*] [*Dateien*]

Ein bildschirmorientierter Texteditor auf der Basis von **ex**. Weitere Informationen über **vi** finden Sie in Kapitel Kapitel 11, *Der Editor vi*.

vidmode [*Option*] *Image* [*Modus* [*Position*]]

vidmode

Befehl zur Systemverwaltung. Einstellen des Videomodus für das Kernel-*Image*. Wenn keine Argumente angegeben wurden, wird der aktuelle Modus ausgegeben. *Modus* ist ein 1 Byte großer Wert, der an Position 506 im Kernel-Image liegt. Der Modus kann verändert werden, indem das zu verändernde Kernel-*Image*, der neue *Modus* sowie die Position im Kernel-Image angegeben werden. Die Position kann auch weggelassen werden, der Default ist 506. **rdev -v** ist ein Synonym für **vidmode**. Wenn **LILO** verwendet wird, wird **vidmode** nicht gebraucht. In diesem Fall kann der Videomodus auch von der **LILO**-Eingabeaufforderung während des Systemstarts angegeben werden.

Modi

-3 Benutzer fragen.

-2 erweitertes VGA

-1 normales VGA

0 als ob **0** am Eingabeprompt eingegeben worden wäre

1 als ob **1** am Eingabeprompt eingegeben worden wäre

2 als ob **2** am Eingabeprompt eingegeben worden wäre

3 als ob **3** am Eingabeprompt eingegeben worden wäre

n als ob **n** am Eingabeprompt eingegeben worden wäre

Option

-o *Position*
wie *Position* als Argument

w [*Optionen*] [*Benutzer*]

w

Gibt eine Zusammenfassung der Systemauslastung, der aktuell eingeloggten Benutzer und deren Prozesse aus. **w** ist eine Kombination aus **uptime**, **who** und **ps -a**. Die Ausgabe wird auf einen Benutzer beschränkt, indem dessen Name auf der Kommandozeile übergeben wird.

Optionen

-f Ausgabe des From-Feldes (entfernter Hostname) ein- bzw. ausschalten.

-h Unterdrückt die Ausgabe von **uptime** und die Kopfzeile von **ps**.

-s Das Kurzformat verwenden.

-u Den Benutzernamen bei der Ermittlung der aktuellen Prozeß- und CPU-Zeiten ignorieren.

-V Versionsnummer ausgeben.

→

w
←

Datei

/var/run/utmp
: Liste der derzeit eingeloggten Benutzer

wall

wall [*Datei*]

Befehl zur Systemverwaltung. An alle Benutzer schreiben. **wall** liest eine Mitteilung von der Standardeingabe bis zum Dateiende-Zeichen. Danach wird diese Mitteilung an alle gerade eingeloggten Benutzer geschickt, wobei »Broadcast Message from...« vorangestellt wird. Wenn *Datei* angegeben wird, wird die Mitteilung hieraus statt von der Standardeingabe entnommen.

wc

wc [*Optionen*] [*Dateien*]

Gibt die Anzahl der Zeichen, Wörter und Zeilen in jeder Datei sowie eine Gesamtsumme für alle *Dateien* aus. Wenn keine *Dateien* angegeben werden, wird von der Standardeingabe gelesen. Weitere Beispiele finden Sie unter **ls** und **sort**.

Optionen

-c, -bytes, --chars
: Es wird nur die Anzahl der Zeichen ausgegeben.

-l, --lines
: Es wird nur die Anzahl der Zeilen ausgegeben.

-w, --words
: Es wird nur die Anzahl der Wörter ausgegeben.

--help
: Gibt einen Hilfstext aus und beendet dann das Programm.

--version
: Gibt die Versionsnummer aus und beendet dann das Programm.

Beispiele

Zählt die Anzahl der eingeloggten Benutzer:

```
who | wc -l
```

Zählt die Wörter in drei Essay-Dateien:

```
wc -w essay.[123]
```

Zählt die Zeilen in der Datei, deren Name in der Variablen **$file** enthalten ist (ohne Ausgabe des Dateinamens):

```
wc -l < $file
```

whatis *Schlüsselwörter*

whatis

Durchsucht die Kurzbeschreibungen der Man-Pages in der *whatis*-Datenbank nach jedem *Schlüsselwort* und gibt für jeden Treffer eine einzeilige Beschreibung auf der Standardausgabe aus. Wie **apropos**, sucht aber nach vollständigen Wörtern. Äquivalent zu **man -f**.

whereis [*Optionen*] *Dateien*

whereis

Ermittelt die Binär-, Quell- und Man-Page-Dateien für einen bestimmten Befehl oder eine bestimmte Datei. Von den angegebenen Namen werden zunächst die führenden Pfadnamenkomponenten sowie jede einzelne Erweiterung der Form *.ext* (beispielsweise ».c«) am Ende entfernt. Auch Präfixe wie »s.«, die aus der Verwendung von Versionskontrollsystemen herrühren, werden korrekt behandelt. **whereis** versucht dann, das gesuchte Programm in einer Reihe von Linux-Standardverzeichnissen (darunter */bin*, */etc*, */usr/bin*, */usr/local/bin* usw.) zu finden.

Optionen

-b Nur nach Binärdateien suchen.

-f Die letzte Verzeichnisliste beenden, alle weiteren Namen als Dateinamen interpretieren; **-f** muß verwendet werden, wenn eine der Optionen **-B**, **-M** oder **-S** verwendet worden ist.

-m Nur nach Abschnitten in Man-Pages suchen.

-s Nur nach Quelldateien suchen.

-u Nach ungewöhnlichen Einträgen suchen. Eine Datei gilt als ungewöhnlich, wenn sie keinen Eintrag des gewünschten Typs hat. **whereis -m -u *** sucht also im aktuellen Verzeichnis nach den Dateien, für die es keine Dokumentation gibt.

-B *Verzeichnisse*
Verändert oder begrenzt den Platz, an dem **whereis** nach Binärdateien sucht.

-M *Verzeichnis*
Verändert oder begrenzt den Platz, an dem **whereis** nach Man-Page-Abschnitten sucht.

-S *Verzeichnis*
Verändert oder begrenzt den Platz, an dem **whereis** nach Quelldateien sucht.

Beispiel

Findet alle Dateien in */usr/bin*, die nicht in */usr/man/man1* dokumentiert sind, aber für die es in */usr/src* Quelltext gibt:

```
% cd /usr/bin
% whereis -u -M /usr/man/man1 -S /usr/src -f *
```

which

which [*Optionen*] [--] [*Befehl*] [...]

Gibt die vollen Pfadnamen der Dateien aus, die ausgeführt werden würden, wenn die angegebenen Befehle ausgeführt werden würden. **which** durchsucht die Umgebungsvariable **$PATH** des Benutzers. In der C-Shell und der **tcsh** gibt es einen eingebauten **which**-Befehl, der keine Optionen hat. Um die Optionen zu verwenden, geben Sie den vollständigen Pfadnamen (z.B. */usr/bin/which*) an.

Optionen

-a, **--all**
: Alle Treffer ausgeben, nicht nur den ersten.

-i, **--read-alias**
: Aliasnamen von der Standardeingabe lesen und Treffer auf die Standardausgabe schreiben. Nützlich, um einen Aliasnamen für **which** zu verwenden.

--skip-alias
: --read-alias ignorieren, sofern vorhanden. Nützlich, wenn normale Binärdateien gesucht werden sollen, während **--read-alias** in einem Alias für **which** verwendet wird.

--skip-dot
: Verzeichnisse, die mit einem Punkt beginnen, auslassen.

--skip-tilde
: Verzeichnisse, die mit einer Tilde (~) und ausführbare Dateien in $HOME auslassen.

--show-dot
: Wenn ein passender Befehl in einem Verzeichnis gefunden wurde, das mit einem Punkt anfängt, *./befehlsname* anstelle des vollständigen Pfadnamens ausgeben.

--show-tilde
: Eine Tilde (~) ausgeben, wenn das Home-Verzeichnis des Benutzers angezeigt werden soll. Wird ignoriert, wenn der Benutzer root ist.

--tty-only
: Keine weiteren Optionen verarbeiten, wenn nicht an einem Terminal gearbeitet wird.

-v, -V, **--version**
: Versionsinformationen ausgeben und das Programm beenden.

Beispiel

```
$ which cc ls
/usr/bin/cc
ls:     aliased to ls -sFC
```

who [*Optionen*] [*Datei*]
who am i

Zeigt, wer im System eingeloggt ist. Ohne Angabe von Optionen werden eine Liste der aktuell eingeloggten Benutzer, deren Terminal, die Login-Zeit und der Name des Rechners, von dem aus sie sich eingeloggt haben, angezeigt. Eine *Datei* kann als Ersatz für */var/run/utmp* angegeben werden, aus der die Systeminformationen gelesen werden.

Optionen

am i Gibt den Namen des aufrufenden Benutzers aus.

--help
Hilfetext ausgeben und beenden.

-i, -u, --idle
Gibt zusätzlich noch die Leerlaufzeit aus. Eine Leerlaufzeit von . zeigt eine Benutzeraktivität innerhalb der letzten Minute an, das Wort **old** hingegen zeigt Inaktivität von mehr als einem Tag an.

-l, --lookup
Versucht, den kanonischen Hostnamen via DNS herauszufinden.

-m wie **who am i**

-q, --count
Zeigt nur die Benutzernamen und die Gesamtzahl der eingeloggten Benutzer an.

--version
Versionsinformationen ausgeben und das Programm beenden.

-w, -T, --mesg, --message, --writable
Zeigt den Message-Status der Benutzer an.

- \+ **mesg y** (**write**-Nachrichten erlaubt)
- – **mesg n** (**write**-Nachrichten nicht erlaubt)
- ? Terminal unbekannt

-H, --heading
Gibt eine Kopfzeile aus.

Beispiel

Diese Beispielausgabe wurde am 17. April um 8 Uhr morgens erzeugt:

```
$ who -uH
NAME     LINE   TIME          IDLE   PID  COMMENTS
Earvin   ttyp3  Apr 16 08:14  16:25  2240
Larry    ttyp0  Apr 17 07:33    .   15182
```

Benutzer Earvin ist inaktiv seit dem Nachmittag des Vortages. Es sieht so aus, als sei er noch nicht bei der Arbeit. Er hat sich einfach nicht ausgeloggt. Larrys Terminal wird gerade benutzt.

whoami

whoami

Gibt die Identifikationsnummer des Benutzers aus. Entspricht **id -un**.

write

write *Benutzer* [*tty*]
Meldung

Startet eine Antwort an oder einen interaktiven Dialog mit dem *Benutzer*. Eine **write**-Sitzung wird durch *EOF* beendet. Wenn der Benutzer auf mehr als einem Terminal eingeloggt ist, geben Sie die Nummer des gewünschten Terminals an. Siehe auch **talk**. Verwenden Sie **mesg**, um zu verhindern, daß andere Benutzer auf Ihr Terminal schreiben.

xargs

xargs [*Optionen*] [*Befehl*]

Führt den angegebenen *Befehl* (mit beliebigen Anfangsargumenten) aus, liest aber die verbleibenden Argumente von der Standardeingabe, statt sie direkt anzugeben. **xargs** übergibt diese Argumente in mehreren Paketen an den *Befehl* und erlaubt damit dem *Befehl*, mehr Argumente zu behandeln als normal. Die Argumente sind üblicherweise lange Listen mit Dateinamen (zum Beispiel aus **ls** oder **find**), die via Pipe an **xargs** übergeben werden.

Optionen

-0, --null
Erwartet, daß Dateinamen durch NULL-Bytes terminiert sind. Quotes und Backslashes werden nicht besonders behandelt.

-e[*String*], **--eof**[=*String*]
Setzt *EOF* auf _ oder auf den angegebenen *String*.

--help
Gibt eine Zusammenfassung der Optionen von **xargs** aus und beendet den Befehl.

-i[*String*], **--replace**[=*String*]
Ersetzt das Auftreten von { } oder den optionalen *String* in der Befehlszeile durch die von der Standardeingabe gelesenen Namen. Leerzeichen ohne Anführungszeichen werden nicht als Trenner zwischen Argumenten behandelt. Diese Option impliziert **-x** und **-l 1**.

-l[*Zeilen*], **--max-lines**[=*Zeilen*]
Begrenzt die Anzahl der erlaubten Eingabezeilen für einen Befehl. Ohne Angabe von *Zeilen* wird die Zeilenzahl auf 1 begrenzt. Diese Option impliziert **-x**.

-n *args*, **--max-args=***args*
: Begrenzt die Anzahl der Argumente für einen Befehl. Diese Option kann durch **-s** überschrieben werden.

-p, **--interactive**
: Fragt bei jeder *Befehls*ausführung nach der Bestätigung durch **y**. Diese Option impliziert **-t**.

-P *max*, **--max-procs=***max*
: Begrenzt die Anzahl der gleichzeitig laufenden Prozesse auf die Zahl *max*. Der Default ist 1. Ein Maximum von 0 hebt die programminterne Begrenzung der Prozeßzahl auf.

-r, **--no-run-if-empty**
: Unterdrückt die Ausführung eines Kommandos, das nur aus Leerzeichen besteht.

-s *max*, **--max-chars=***max*
: Erlaubt nicht mehr als *max* Zeichen pro Kommandozeile.

-t, **--verbose**
: Verbose-Modus. (Schreibt vor der Ausführung die Kommandozeile auf Standardfehler.)

-x, **--exit**
: Führt zum Abbruch des Programms, wenn die maximale Länge der Kommandozeile (wie durch **-s** festgelegt) überschritten wird.

--version
: Versionsnummer von **xargs** ausgeben und beenden.

Beispiele

Durchsucht (**grep**) alle Dateien des Systems nach dem *Muster*:

```
find / -print | xargs grep Muster > out &
```

Führt **diff** mit Dateipaaren aus (z.B. **f1.a** und **f1.b**, **f2.a** und **f2.b**):

```
echo $* | xargs -n2 diff
```

Die vorhergehende Zeile wird als Shell-Prozedur aufgerufen, mit den Dateinamen als Argumenten. Zeigt die *Datei* mit einem Wort pro Zeile an (entspricht **deroff -w**):

```
cat file | xargs -n1
```

Verschiebt Dateien aus **olddir** in **newdir** und zeigt jeden Befehl an:

```
ls olddir | xargs -i -t mv olddir/{} newdir/{}
```

yacc

yacc [*Optionen*] *Datei*

Erzeugt aus einer Eingabedatei, die eine kontextfreie Grammatik enthält, Parsing-Tabellen und schreibt diese nach *y.tab.c*. Der Name **yacc** steht für »yet another compiler-compiler«. Siehe auch **flex**, **bison** und *lex & yacc* von John Levine, Tony Mason und Doug Brown.

Optionen

-b *Präfix*
: Stellt dem Namen der Ausgabedatei *Präfix* anstelle von *y* voran.

-d
: Erzeugt eine Datei *y.tab.h*, die **#define**-Anweisungen enthält, welche die Token von **yacc** auf die vom Benutzer deklarierten Token-Namen abbilden.

-l
: Unterdrücken der **#line**-Anweisungen in *y.tab.c*. Diese Option sollte nur verwendet werden, wenn die Parsing-Tabellen keinen Fehler mehr enthalten.

-t
: Erzeugen von Laufzeit-Debugging-Code.

-v
: Erzeugen von *y.output*, einer Datei, die diagnostische Informationen und Anmerkungen zu den Parsing-Tabellen enthält.

---

yes

yes [*Strings*]
yes [*Option*]

Gibt die Kommandozeilenargumente, durch Leerzeichen getrennt und von einem Zeilenwechsel gefolgt, aus, bis der Prozeß beendet wird. Wenn keine Argumente angegeben werden, wird **y**, gefolgt von einem Zeilenwechsel, ausgegeben, bis der Prozeß beendet wird. Das ist nützlich in Skripten und Hintergrundprozessen; die Ausgabe kann in ein Programm geleitet werden, das vom Benutzer Eingaben erwartet.

Optionen

--help
: Einen Hilfetext auf der Standardausgabe ausgeben und das Programm erfolgreich beenden.

--version
: Versionsinformationen ausgeben und das Programm beenden.

ypbind [*Optionen*]

ypbind

NFS/NIS-Befehl. NIS-Bindeprozeß. **ypbind** ist ein Daemon, der in der Regel während des Hochfahrens des Systems aus der Datei */etc/nfs* gestartet wird. Seine Aufgabe besteht darin, Informationen zu speichern, mit denen Client-Prozesse auf einem Rechner mit einem **ypserv**-Prozeß kommunizieren können. Die von **ypbind** gespeicherten Informationen werden *Bindung* genannt – die Verbindung eines Domänennamens mit der Internet-Adresse des NIS-Servers und dem Port auf diesem Rechner, an dem der **ypserv**-Prozeß auf Anfragen wartet. Diese Informationen werden in der Datei */var/yp/bindings/Domänenname.Version* gespeichert.

Befehls-referenz

Optionen

-ypset
Kann verwendet werden, um eine Bindung zu ändern. Diese Option ist sehr gefährlich und sollte nur verwendet werden, um Fehler im Netzwerk von einem entfernten Rechner aus zu suchen.

-ypsetme
ypset-Anfragen dürfen nur von diesem Rechner aus gesendet werden. Die Sicherheit basiert auf dem Überprüfen der IP-Adresse. Diese kann aber in Netzwerken kompromittiert werden, in die unzuverlässige oder böswillige Benutzer Pakete einschleusen. Diese Option sollte daher nicht verwendet werden.

ypcat [*Optionen*] *Tabellenname*

ypcat

NFS/NIS-Befehl. Ausgeben der Werte in einer NIS-Datenbank, die durch *Tabellenname* angegeben wird. *Tabellenname* kann entweder ein Tabellenname oder ein Tabellenkurzname sein.

Optionen

-d *Domäne*
Eine andere *Domäne* als die Default-Domäne angeben.

-k Schlüssel in der Tabelle ausgeben, bei denen der Wert null oder der Schlüssel kein Bestandteil des Wertes ist.

-t *Tabellenname* nicht in einen Tabellennamen übersetzen.

-x Ausgeben der Kurznamentabelle, die die bekannten Kurznamen und zugehörigen Tabellennamen ausgibt. Erfordert kein *Tabellenname*-Argument.

ypchfn

ypchfn [*Option*] [*Benutzer*]

NFS/NIS-Programm. Ändert die in */etc/passwd* gespeicherten Informationen, die vom Finger-Dämon angezeigt werden. Ohne *Optionen* fragt **ypchfn** die Änderungen interaktiv ab. Um das gesamte Informationsfeld zu löschen, geben Sie das Schlüsselwort **none** ein. Der Superuser kann die Informationen für jeden beliebigen *Benutzer* ändern. Siehe auch **yppasswd** und **ypchsh**.

Optionen

-f Das Programm arbeitet wie **ypchfn** (Default).

-l Das Programm arbeitet wie **ypchsh**.

-p Das Programm arbeitet wie **yppasswd**.

ypchsh

ypchsh [*Option*] [*Benutzer*]

NFS/NIS-Programm. Ändert die Login-Shell und gibt diese Informationen über NIS weiter. Gibt eine Warnung aus, wenn die *shell* nicht in */etc/shells* eingetragen ist. Der Superuser kann die Shell für jeden beliebigen *Benutzer* ändern. Siehe auch **yppasswd** und **ypchfn**.

Optionen

-f Das Programm arbeitet wie **ypchfn**.

-l Das Programm arbeitet wie **ypchsh** (Default).

-p Das Programm arbeitet wie **yppasswd**.

ypinit

ypinit [*Optionen*]

NFS/NIS-Befehl. Aufbauen und Installieren einer NIS-Datenbank auf einem NIS-Server. **ypinit** kann verwendet werden, um einen Master- oder einen Slave-Server oder einen Slave-Copier zu installieren. Nur der Superuser kann **ypinit** ausführen.

Optionen

-c *Mastername*
Installieren einer Slave-Copier-Datenbank. *Mastername* sollte der Rechnername eines NIS-Servers sein: entweder der Master-Server für alle Tabellen oder ein Server, auf dem die Datenbank aktuell und stabil ist.

-m Gibt an, daß der lokale Rechner der NIS-Server sein soll.

-s *Mastername*
: Installieren einer Slave-Server-Datenbank. *Mastername* sollte der Rechnername eines NIS-Servers sein: entweder der Master-Server für alle Tabellen oder ein Server, auf dem die Datenbank aktuell und stabil ist.

ypmatch [*Optionen*] *Schlüssel*...*Tabellenname*

NFS/NIS-Befehl. Ausgeben eines oder mehrerer *Schlüssel* einer NIS-Tabelle *Tabellenname*. Der Tabellenname kann auch ein Tabellenkurzname sein.

Optionen

-d *Domäne*
: *Domäne* anstelle der Default-Domäne verwenden.

-k
: Vor jedem Wert eines Schlüssels den Schlüssel selbst und einen Doppelpunkt ausgeben.

-t
: Tabellenkurznamen nicht in Tabellennamen übersetzen.

-x
: Ausgeben der Kurznamentabelle, die die bekannten Kurznamen und zugehörigen Tabellennamen ausgibt. Erfordert kein *Tabellenname*-Argument.

yppasswd [*Option*] [*Name*]

NFS/NIS-Programm. Erzeugt oder ändert das Paßwort für den angegebenen *Benutzer* und gibt das neue Paßwort über NIS weiter. Nur der Eigentümer oder der Superuser darf ein Paßwort ändern. Der Eigentümer muß keinen *Benutzernamen* angeben. Der Superuser kann das Paßwort für jeden beliebigen Benutzer ändern. Siehe auch **ypchfn** und **ypchsh**.

Optionen

-f
: Das Programm arbeitet wie **ypchfn**.

-l
: Das Programm arbeitet wie **ypchsh**.

-p
: Das Programm arbeitet wie **yppasswd** (Default).

yppasswdd

rpc.yppasswdd [*Option*]

NFS/NIS-Befehl. Server zur Bearbeitung der NIS-Paßwortdatei. **yppasswdd** bearbeitet die von **yppasswd** gestellten Anfragen, ein Paßwort zu ändern. Das Paßwort wird dabei nur geändert, wenn das von **yppasswd** geschickte, alte Paßwort dem Paßwort des Eintrags entspricht und die Benutzer- und Gruppen-IDs identisch mit denen in der Datei */etc/passwd* des Servers sind. **yppasswdd** aktualisiert dann die Datei */etc/passwd* und die Paßworttabellen des lokalen Servers.

Option

-s Unterstützung von Shadow-Paßwörtern

---

yppoll

yppoll [*Optionen*] *Tabellenname*

NFS/NIS-Befehl. Feststellen der Version einer NIS-Tabelle auf einem NIS-Server. **yppoll** fragt den **ypserv**-Prozeß nach einer laufenden Nummer und dem Rechnernamen des Master-NIS-Servers für die angegebene Tabelle.

Optionen

-h *Host*
: **ypserv**-Prozeß auf dem angegebenen *Host* nach den Tabellenparametern fragen. Wenn der *Host* nicht angegeben ist, wird der NIS-Server des lokalen Rechners (der mit **ypwhich** abgefragt werden kann) verwendet.

-d *Domäne*
: *Domäne* anstelle der Default-Domäne verwenden.

---

yppush

yppush [*Optionen*] *Tabellennamen*

NFS/NIS-Befehl. Weiterverteilen der geänderten NIS-Tabellen erzwingen. **yppush** kopiert eine neue Version der angegebenen NIS-Tabellen vom Master-NIS-Server auf die Slave-NIS-Server. Dazu legt es zunächst eine Liste von NIS-Server-Rechnern an, indem die Tabelle **ypservers** mit der Option **-d** und einer *Domäne* eingelesen wird. Die Schlüssel dieser Tabelle sind die ASCII-Namen der Rechner, auf denen die NIS-Server laufen. An den NIS-Server jedes Rechners wird eine »transfer map«-Anfrage geschickt, die unter anderem alle notwendigen Informationen enthält, damit das Transferprogramm **yppush** zurückrufen kann. Wenn die Übertragung erfolgreich abgeschlossen worden ist und das Transferprogramm eine Statusmeldung an **yppush** geschickt hat, werden die Ergebnisse auf die Standardausgabe ausgegeben. **yppush** wird normalerweise von */var/yp/Makefile* aufgerufen.

Optionen

-d *Domäne*
: Angeben einer *Domäne*.

-v
: Verbose-Modus – eine Nachricht ausgeben, wenn ein Server angesprochen worden ist oder geantwortet hat.

ypserv [*Optionen*]

NFS/NIS-Befehl. NIS-Server-Prozeß. **ypserv** ist ein Daemon, der normalerweise beim Hochfahren des Systems gestartet wird. Er läuft nur auf NIS-Server-Rechnern mit vollständigen NIS-Datenbanken. Seine Hauptfunktion besteht darin, Informationen in den lokalen NIS-Datenbanken nachzuschlagen. Die Arbeitsweise von **ypserv** ist für den Implementierer durch die NIS-Protokollspezifikation und für den Programmierer durch die Header-Datei *<rpcvc/yp_prot.h>* festgelegt. Die Kommunikation mit **ypserv** erfolgt über RPC-Aufrufe.

Optionen

-d
: Weitere Informationen über Rechner von DNS beziehen.

-localonly
: **ypserv** antwortet nicht auf Anfragen von außen.

Dateien und Verzeichnisse

/var/yp/[Domänenname]/
: Verzeichnis mit den NIS-Datenbanken

/var/yp/Makefile
: Makefile zum Erzeugen von NIS-Datenbanken

ypset [*Optionen*] *Server*

NFS/NIS-Befehl. Richtet **ypbind** auf einen bestimmten Server aus. **ypset** teilt **ypbind** mit, daß die NIS-Dienste für die angegebene Domäne von *Server* bezogen werden sollen. *Server* ist ein NIS-Server, mit dem **ypbind** sich verbinden soll, und kann als Name oder als IP-Adresse angegeben werden.

Optionen

-d *Domäne*
: *Domäne* anstelle der Default-Domäne verwenden.

-h *Host*
: Einstellen der Bindung von **ypbind** auf *Rechner* anstatt auf den lokalen Rechner. *Rechner* kann als Name oder als IP-Adresse angegeben werden.

ypwhich

ypwhich [*Optionen*] [*Host*]

NFS/NIS-Befehl. Gibt den Rechnernamen des NIS-Servers oder Tabellen-Masters zurück. Ohne Argumente gibt **ypwhich** den NIS-Server für den lokalen Rechner aus. Wenn *Host* angegeben wird, wird dieser Rechner befragt, welchen NIS-Server er verwendet.

Optionen

-d *Domäne*
: *Domäne* anstelle der Default-Domäne verwenden.

-m *Tabelle*
: Master-NIS-Server für eine Tabelle herausfinden. In diesem Fall kann kein *Host* angegeben werden. *Tabelle* kann ein Tabellenname oder ein Tabellenkurzname sein.

-t *Tabellenname*
: Auflösung der Tabellenkurznamen verhindern.

-x
: Tabelle der Tabellenkurznamen ausgeben. Keine anderen Optionen möglich.

ypxfr

ypxfr [*Optionen*] *Tabellenname*

NFS/NIS-Befehl. Transferieren einer NIS-Tabelle aus der Default-Domäne des lokalen Rechners auf den lokalen Rechner selbst. Dazu werden normale NIS-Dienste verwendet. **ypxfr** legt eine temporäre Tabelle in */etc/yp/Domäne* an (wobei *Domäne* die Default-Domäne des lokalen Rechners ist), füllt sie mit den Tabelleneinträgen, holt die Tabellenparameter und lädt sie. Wenn **ypxfr** interaktiv gestartet wird, schreibt es seine Ausgabe auf das Terminal. Wenn es dagegen ohne kontrollierendes Terminal gestartet wird und die Logdatei */usr/admin/nislog* existiert, dann werden alle Ausgaben an diese Datei angehängt.

Optionen

-b
: Resolver-Schalter in der Tabelle während des Transfers erhalten.

-C *tid Programm IP-Adresse Port*
: Nur zur Verwendung durch **ypserv**. Wenn **ypserv** **ypxfr** aufruft, teilt es mit, daß **ypxfr** einen **yppush**-Prozeß zurückrufen soll, der auf dem Rechner mit der IP-Adresse *IP-Adresse* läuft, als Programm mit der Nummer *Programm* registriert ist, auf *Port* lauscht und auf eine Antwort auf die Transaktion Nummer *tid* wartet.

-c
: Keine Anfrage »Aktuelle Tabelle löschen« an den lokalen **ypserv**-Prozeß schicken.

-d *Domäne*
: *Domäne* anstelle der Default-Domäne verwenden.

-f Auch dann Tabellen transferieren, wenn die Version auf dem Master älter ist als die lokale Version.

-h *Host*
Tabelle von *Host* holen, unabhängig davon, welchen Rechner die Tabelle für ihren Master hält. Wenn der Rechner nicht angegeben wird, fragt **ypxfr** den NIS-Dienst nach dem Namen des Masters und versucht, die Tabelle von dort zu bekommen. *Host* kann als Name oder als IP-Adresse angegeben werden.

-S Nur NIS-Server verwenden, die als **root** laufen und einen reservierten Port benutzen.

-s *Domäne*
Angeben einer Quell-*Domäne*, aus der eine Tabelle übertragen wird, die in allen Domänen gleich sein soll (z.B. die *services.byname*-Tabelle).

zcat

zcat [*Optionen*] [*Dateien*]

Liest eine oder mehrere *Dateien*, die zuvor mit **gzip** oder **compress** komprimiert worden sind, und schreibt sie in die Standardausgabe. Liest von der Standardeingabe, wenn keine *Datei* oder - als Argument angegeben wurde. Das Programm wird in diesem Fall durch ein *EOF* beendet. **zcat** ist identisch mit **gunzip -c** und versteht die bei **gzip/gunzip** beschriebenen Optionen **-fhLV**.

zcmp

zcmp [*Optionen*] *Dateien*

Liest komprimierte Dateien und übergibt den dekomprimierten Inhalt zusammen mit allen Kommandozeilenoptionen an **cmp**. Wenn keine zweite Datei zum Vergleichen angegeben wurde, wird nach einer Datei mit dem Namen der ersten Datei und der zusätzlichen Endung **.gz** gesucht.

zdiff

zdiff [*Optionen*] *Dateien*

Liest komprimierte Dateien und übergibt den dekomprimierten Inhalt zusammen mit allen Kommandozeilenoptionen an **diff**. Wenn keine zweite Datei zum Vergleichen angegeben wurde, wird nach einer Datei mit dem Namen der ersten Datei und der zusätzlichen Endung **.gz** gesucht.

zdump

zdump [*Optionen*] [*Zonen*]

Befehl zur Systemverwaltung. Eine Liste aller bekannten Zeitzonen ausgeben. Wenn ein Argument angegeben wird, werden nur die darin enthaltenen Zonen ausgegeben. Bei jeder Zone wird die aktuelle Zeit mit angegeben.

Optionen

-c *Jahr*
: Ein Jahr angeben, ab dem einschließlich keine Daten mehr ausgegeben werden sollen, um ausführliche Ausgaben etwas zu verkürzen. Nur sinnvoll mit **-v**.

-v
: Verbose-Modus. Zusätzliche Informationen über jede Zone mit ausgeben.

---

zforce

zforce [*Namen*]

Benennt alle mit **gzip** komprimierten Dateien in *Dateiname*.**gz** um, falls sie nicht bereits die Endung **.gz** haben.

---

zgrep

zgrep [*Optionen*] [*Dateien*]

Dekomprimiert *Dateien* und übergibt den dekomprimierten Inhalt zusammen mit allen Kommandozeilenoptionen an **grep**. Wenn keine Datei angegeben wurde, liest das Programm von der Standardeingabe und versucht, diese Daten zu dekomprimieren. Das Programm kann auch unter den Namen **zegrep** oder **zfgrep** aufgerufen werden und benutzt in diesen Fällen **egrep** bzw. **fgrep** zum Durchsuchen des Dateiinhalts.

---

zic

zic [*Optionen*] [*Dateien*]

Befehl zur Systemverwaltung. Aus den angegebenen Dateien Informationsdateien zur Zeitkonvertierung erzeugen. Wenn - als Datei angegeben wird, werden die Informationen von der Standardeingabe gelesen.

Optionen

-d *Verzeichnis*
: Die neu angelegten Dateien im *Verzeichnis* ablegen. Der Default ist */usr/local/etc/zoneinfo*.

-l *Zeitzone*
: Angeben, welche *Zeitzone* für die lokale Zeit verwendet werden soll. **zic** erzeugt einen Link zwischen der Zoneninformation für *Zeitzone* und der Zone **localtime**.

-p *Zeitzone*
: Einstellen der Default-Regeln zur Behandlung von Umgebungsvariablen im POSIX-Format auf den durch *Zeitzone* angegebenen Zonennamen.

-s
: Zeitwerte nur dann abspeichern, wenn sie vorzeichenbehaftet und vorzeichenlos identisch sind.

-v
: Verbose-Modus. Zusätzliche Überprüfungen auf Fehler durchführen und Warnungen ausgeben.

-y *Befehl*
: Jahreszahlen mit *Befehl* überprüfen. Der Default ist **yearistype**.

-L *Datei*
: Informationen über Schaltsekunden aus *Datei* entnehmen.

Die Quelldateien für **zic** sollten als Folge von Regelzeilen, Zonenzeilen und Linkzeilen formatiert sein. Auf der Kommandozeile kann zusätzlich eine Datei angegeben werden, die Regeln für Schaltsekunden enthält. Regelzeilen beschreiben, wie Zeiten berechnet werden. Sie geben Zeitveränderungen, Sommerzeit, Kriegszeit und andere Veränderungen an, die eine bestimmte Zeitzone betreffen können. Zonenzeilen geben an, welche Regeln auf welche Zeitzonen zutreffen. Linkzeilen verbinden ähnliche Zonen miteinander. Schaltzeilen geben die genaue Zeit an, zu der Sekunden hinzugezählt bzw. von der Sekunden abgezogen werden sollen. Jede dieser Zeilen besteht aus einzelnen Feldern. Die Felder werden voneinander durch beliebig viele Leerzeichen getrennt. Kommentarzeilen beginnen mit einem #. Die Felder, die in allen Zeilen verwendbar sind, werden im folgenden Abschnitt aufgeführt.

Felder in Regelzeilen

Das Format einer Regelzeile lautet:
`Regel` *`NAME VON BIS TYP IM AM UM SOMMER BUCHSTABEN`*

NAME
: Name dieser Regel

VON
: Erstes Jahr, in dem diese Regel gültig ist. Es wird der Gregorianische Kalender vorausgesetzt. Anstelle eines konkreten Jahres können auch **minimum** bzw. **maximum** für das kleinste bzw. größte als Ganzzahl darstellbare Jahr angegeben werden.

BIS
: Das letzte Jahr, in dem diese Regel gültig ist. Die Syntax ist identisch mit der des VON-Feldes.

TYP
: Gibt den Typ des Jahres an, auf den diese Regel angewendet werden soll. Das Wildcard-Zeichen - bezeichnet alle Jahre. Der Typ des Jahres wird mit dem mit der **-y**-Option angegebenen Befehl oder mit **yearistype** *Jahr Typ* überprüft. Ein Rückgabewert von 0 bedeutet, daß das Jahr vom angegebenen Typ ist, eine 1, daß es dies nicht ist (siehe **-y**-Option).

→

IM Der Monat, in dem diese Regel angewendet werden soll.

AM Der Tag, an dem diese Regel angewendet werden soll. Leerzeichen sind nicht zulässig. Beispiele:

1 der Erste eines Monats

firstSun
der erste Sonntag

Sun>=3
der erste Sonntag nach dem oder am dritten Tag eines Monats

UM Gibt an, ab welchem Zeitpunkt die Regel gelten soll. Um ein Uhr mittags anzugeben, können Sie **13**, **13:00** oder **13:00:00** schreiben. Außerdem kann ein Suffix (ohne Leerzeichen dazwischen) aus folgender Liste angehängt werden:

s lokale Standardzeit

u, g, z
Universalzeit (UTC)

w normale Uhrzeit (Default)

SOMMER
Dieser Betrag wird zu der lokalen Standardzeit hinzuaddiert. Das Format ist wie bei UM, aber ohne Suffixe.

BUCHSTABEN
Gibt die Buchstaben an, die in Abkürzungen für Zeitzonen verwendet werden sollen (z.B. M für MEZ). Wenn keine Abkürzung angegeben werden soll, verwenden Sie einen **-**.

Felder in Zonenzeilen

Das Format der Zonenzeilen lautet:
`Zone` *`NAME GMTABST REGELN/SOMMER FORMAT`* `[`*`UNTIL`*`]`

NAME
Name der Zeitzone

GMTABST
Die Anzahl von Stunden, die diese Zone von GMT verschieden ist. Wie UM formatiert. Negative Werte werden von GMT abgezogen; defaultßmäßig werden die Zeiten addiert.

REGELN/SOMMER
Entweder der Name einer Regel, die auf diese Zone angewendet werden soll, oder der Betrag, der zu der lokalen Standardzeit hinzuaddiert werden soll. Damit die Zone identisch mit der lokalen Standardzeit ist, verwenden Sie einen **-**.

FORMAT
Gibt an, wie Zeitzonenabkürzungen formatiert werden sollen. Der variable Anteil wird mit **%s** angegeben.

BIS An diesem Datum soll die Regel für diese Zone gewechselt werden. Die nächste Zeile muß die neue Zoneninformation angeben und darf daher weder den String »Zone« noch das NAME-Feld enthalten.

zic

Felder der Linkzeile

Das Format der Linkzeilen lautet:
`Link QUELL-ZEILE ZIEL-ZEILE`

QUELL-ZEILE
der Name der Zone, die gelinkt wird

ZIEL-ZEILE
ein alternativer Name für die in QUELL-ZEILE angegebene Zone

Felder der Schaltzeile

Das Format der Schaltzeilen lautet:
`Leap` *`JAHR MONAT TAG HH:MM:SS KORR R/S`*

JAHR MONAT TAG HH:MM:SS
Gibt an, wann die Schaltsekunde verwendet werden soll.

KORR
Ein »+« oder »–«, das anzeigt, ob die Schaltsekunde hinzugezählt oder abgezogen werden soll.

R/S Eine Abkürzung für »Rolling« oder »Stationary«, die angibt, ob die Schaltsekunde die lokale Uhrzeit oder GMT beeinflußt.

---

zmore [*Dateien*]

zmore

Ähnlich wie **more**. Dekomprimiert Dateien und gibt diese Bildschirm für Bildschirm aus. Funktioniert mit Dateien, die mit **compress**, **gzip** und **pack** komprimiert wurden, sowie mit unkomprimierten Dateien.

Befehle

Leertaste
Gibt die nächste Bildschirmseite aus.

i[*Anzahl*]
Gibt den nächsten Bildschirm oder die nächsten *Anzahl* Zeilen aus. Setzt *i* auf *Anzahl* Zeilen.

d, ^D
Gibt die nächsten *i*, oder 11, Zeilen aus.

*i*z Gibt die nächsten *i* Zeilen oder einen Bildschirm voll aus.

*i*s Die nächsten *i* Zeilen überspringen. Den nächsten Bildschirm ausgeben.

→

zmore ←	*i*f Die nächsten *i* Bildschirme überspringen. Den nächsten Bildschirm ausgeben. q, Q, :q, :Q Beendet die Anzeige der aktuellen Datei und beginnt mit der nächsten Datei oder beendet **zmore**. e, q Wenn die Eingabeaufforderung –More–(Next file: *Datei*) angezeigt wird, wird **zmore** beendet. s Überspringt die nächste Datei und zeigt die übernächste an. = Zeigt die Zeilennummer der letzten Bildschirmzeile an. *i/Ausdruck* Sucht vorwärts in allen Dateien nach dem *i*-ten Vorkommen des (regulären) *Ausdrucks*. Es werden die Zeile mit der Fundstelle und die beiden vorhergehenden Zeilen angezeigt. *i*n Sucht vorwärts nach dem *i*-ten Vorkommen des zuletzt verwendeten regulären Ausdrucks. !*Befehl* Führt das *Befehl* in einer Shell aus. Ein weiteres ! im Kommando wird im C-Shell-Stil durch das vorhergehende Shell-Kommando ersetzt. . Wiederholt den vorhergehenden Befehl.
znew	**znew** [*Optionen*] [*Dateien*] Dekomprimiert .**Z**Dateien und komprimiert sie erneut im .**gz**-Format. ***Optionen*** **-9** optimale (und langsamste) Kompressionsmethode **-f** Erzwingt die Rekomprimierung, selbst wenn eine gleichnamige Datei mit der Endung .**gz** bereits existiert. **-t** Testet die erzeugten .**gz**-Dateien, bevor die .**Z**-Originaldateien gelöscht werden. **-v** Verbose-Modus **-K** Wenn die Originaldatei kleiner als die .**gz**-Datei ist, bleibt sie erhalten. **-P** Benutzt eine Pipeline zwischen De- und Rekomprimierung zum Sparen von Plattenplatz.

KAPITEL 4

Boot-Verfahren

In diesem Kapitel werden einige Techniken zum Booten Ihres Linux-Systems beschrieben. Je nachdem, welche Hardware Sie haben und ob Sie andere Betriebssysteme verwenden wollen, können Sie Ihren Rechner so konfigurieren, daß entweder Linux automatisch gebootet wird oder Sie zwischen verschiedenen Betriebssystemen auswählen können. Dies nennt man auch *Dual-Boot*, obwohl Sie durchaus mehr als zwei Betriebssysteme booten können – beispielsweise Linux, Windows 95/98 und Windows NT/2000. In diesem Kapitel werden die folgenden Techniken behandelt:

- Der Boot-Vorgang
- LILO: Der Linux-Loader
- Loadlin: Von MS-DOS aus booten
- Dual-Boot von Linux und Windows NT/2000
- Kernel-Optionen beim Booten
- **initrd**: Eine RAM-Disk verwenden

Der Boot-Vorgang

Wenn Ihr Linux-System einmal läuft, ist das Booten des Systems ziemlich einfach. Aber wenn man an die viele unterschiedliche Hardware und Software denkt, die zur Verfügung steht, kann man sich vorstellen, daß es viele Möglichkeiten gibt, den Boot-Vorgang zu konfigurieren. Die drei gängigsten Möglichkeiten sind:

- Linux von Diskette und (möglicherweise) ein anderes Betriebssystem von der Festplatte booten.
- Den Linux-Loader, LILO, verwenden.[1] Dies ist wahrscheinlich die gängigste Boot-Methode. Sie können damit sowohl Linux als auch andere Betriebssysteme booten.
- Loadlin verwenden, ein MS-DOS-Programm, das Linux von DOS aus bootet.

1 LILO ist das Standard-Boot-Programm für Maschinen mit i386-Architektur. Auf Alphas lautet das entsprechende Boot-Programm MILO (Mini-Loader), auf Sparcs SILO.

Es gibt auch andere Boot-Manager, die Linux booten können, aber wir werden diese in diesem Kapitel nicht behandeln. Auch auf das Booten von Disketten werden wir hier nicht weiter eingehen. Allerdings sollten Sie für Notfälle immer eine Boot-Diskette parat haben. Insbesondere sollten Sie nicht mit den in diesem Kapitel vorgestellten Dateien und Optionen herumexperimentieren, wenn Sie keine Boot-Diskette haben, weil schon ein einziger Fehler dazu führen kann, daß sich das System nicht mehr booten läßt.

Auf einem Intel-basierten PC wird der erste Sektor jeder Festplatte als Boot-Sektor bezeichnet. Er enthält die Partitionstabelle der jeweiligen Festplatte, möglicherweise aber auch den Code zum Booten eines Betriebssystems. Der Boot-Sektor der ersten Festplatte heißt auch *Master Boot Record* (MBR, etwa: Haupt-Boot-Sektor), denn wenn Sie das System booten, übergibt das BIOS die Kontrolle an ein Programm, das sich neben der Partitionstabelle in diesem Sektor befindet. Bei diesem Programm handelt es sich um den *Boot-Loader*, das Programm, das das jeweilige Betriebssystem startet. Wenn Sie Linux auf Ihrem System installieren, müssen Sie den Boot-Loader ändern, ersetzen oder von einer Diskette booten, um Linux zu starten.

Unter Linux werden jede Festplatte und jede Partition auf den Festplatten als Gerät betrachtet. Beispielsweise wird die erste IDE-Festplatte als */dev/hda* angesprochen, die zweite Festplatte – wenn es eine solche gibt – als */dev/hdb*. Die erste Partition der ersten Festplatte heißt */dev/hda1*, die zweite */deb/hda2*, die erste Partition der zweiten Festplatte */dev/hdb1* usw. Wenn Sie SCSI-Festplatten anstelle von IDE-Festplatten haben, dann funktioniert die Benennung genauso, nur heißen die Geräte */dev/sda*, */dev/sda1* usw. Wenn Sie also festlegen wollen, daß die Linux-Partition die zweite Partition auf der ersten Festplatte sein soll (wie es in den Beispielen in diesem Kapitel der Fall ist), dann geben Sie jeweils */dev/hda2* an.

Sie finden in den folgenden Abschnitten die verschiedenen Techniken zum Booten von Linux sowie die Optionen, mit denen Sie den Boot-Loader und den Linux-Kernel konfigurieren können. Sowohl mit LILO als auch mit Loadlin können Sie dem Boot-Loader und dem Kernel Optionen übergeben.

LILO: Der Linux-Loader

Wenn Sie sich einmal entschieden haben, LILO zu installieren, dann müssen Sie immer noch überlegen, wie LILO konfiguriert werden soll. Wenn Sie ein Dual-Boot-System einrichten wollen, das Linux und Windows 95/98 booten kann, dann können Sie LILO im Master Boot Record (MBR) installieren und so konfigurieren, daß Sie das zu startende Betriebssystem auswählen können. Ein Dual-Boot von Linux und Windows NT ist nicht ganz so einfach, weil Windows NT einen eigenen Loader im MBR verwendet und davon ausgeht, die volle Kontrolle über den Rechner zu haben. Deswegen müssen Sie Linux zu einer Option im NT-Ladeprogramm machen und LILO in der Linux-Partition als sekundären Boot-Loader installieren. Damit übergibt der Windows-NT-Lader die Kontrolle an LILO, der wiederum Linux bootet. Das gleiche gilt für Windows 2000, welches den Boot-Lader von Windows NT verwendet. Im Abschnitt »Dual-Boot von Linux und Windows NT/2000« finden Sie weitere Informationen.

LILO kann nicht nur Linux, sondern auch andere Betriebssysteme wie MS-DOS, Windows 95/98 und OS/2 booten. Die großen Linux-Distributionen bieten während der Installation alle an, LILO zu installieren, aber Sie können das bei Bedarf auch später noch tun. LILO kann entweder im Master Boot Record (MBR) Ihrer Festplatte oder als sekundärer Boot-Loader in der Linux-Partition installiert werden. LILO besteht aus mehreren Teilen, darunter dem eigentlichen Boot-Loader, einer Konfigurationsdatei (*/etc/lilo.conf*), einer Abbildungsdatei (*/boot/*

map), die die Stelle enthält, an der der Kernel liegt, und dem Befehl **lilo** (*/sbin/lilo*), der die Konfigurationsdatei einliest und die dort enthaltenen Informationen verwendet, um die Abbildungsdatei zu erzeugen oder zu aktualisieren, und die Dateien installiert, die LILO zum Arbeiten benötigt.

Wenn LILO im MBR installiert wird, ersetzt er dort den Boot-Loader von MS-DOS. Wenn Sie Schwierigkeiten mit Ihrer Installation haben oder einfach nur LILO deinstallieren und durch den ursprünglichen Boot-Loader ersetzen wollen, dann können Sie einen der folgenden Befehle einsetzen:

- Linux von Diskette booten und einen vorher gesicherten Boot-Sektor auf die Festplatte schreiben:

  ```
  % /sbin/lilo -u
  ```

- DOS booten und eine besondere Version von **fdisk** starten, die den MBR neu schreibt:

  ```
  C:> fdisk /mbr
  ```

Booten

Vergessen Sie bei der Arbeit mit LILO nicht, daß es dabei zwei wichtige Teile gibt: den Boot-Loader und den Befehl **lilo**. Der Befehl **lilo** konfiguriert und installiert den Boot-Loader und aktualisiert diesen bei Bedarf. Der Boot-Loader wiederum enthält den Code, der beim Booten des Systems ausgeführt wird und dann Linux oder ein anderes Betriebssystem startet.

Die Konfigurationsdatei von LILO

Der Befehl **lilo** liest die Konfigurationsdatei von LILO, */etc/lilo.conf*, um die Informationen zu bekommen, die er benötigt, um LILO zu installieren. Neben anderen Dingen erstellt er eine Abbildungsdatei, die die Lage sämtlicher Festplattensektoren enthält, die zum Booten benötigt werden.

Beachten Sie, daß Sie nach jeder Veränderung von */etc/lilo.conf*, nach jedem Neukompilieren des Kernels und nach jedem Verschieben des Kernel-Images den Befehl **lilo** erneut aufrufen müssen, um die Abbildungsdatei neu zu schreiben und LILO zu aktualisieren.

Die Konfigurationsdatei beginnt mit einem Abschnitt mit globalen Optionen, die im nächsten Abschnitt beschrieben werden. Globale Optionen treffen auf jedes zu bootende Betriebssystem zu, egal, welches Sie dann tatsächlich booten. Hier ist ein Beispiel eines globalen Abschnitts (ein Doppelkreuz, #, leitet einen Kommentar ein):

```
boot = /dev/hda              # Das Boot-Gerät ist /dev/hda
map = /boot/map              # Abbildungsdatei als /boot/map abspeichern
install = /boot/boot.b       # Die Datei, die als neuer Boot-Sektor installiert
                             # werden soll
prompt                       # Immer den Boot-Prompt anzeigen
timeout = 30                 # Timeout von 3 Sekunden (30 Zehntelsekunden)
```

Auf den globalen Abschnitt folgt für jeden Linux-Kernel und für jedes andere Betriebssystem, das LILO booten können soll, ein Abschnitt mit Optionen. Jeder dieser Abschnitte wird als »Image«-Abschnitt bezeichnet, weil jeder ein Kernel-Image (ein Begriff für Binärdateien, die einen Kernel enthalten) oder ein anderes Betriebssystem beschreibt. Jeder Image-Abschnitt für Linux beginnt mit einer **image=**-Zeile. Ein Linux-Abschnitt könnte beispielsweise so aussehen:

```
image = /boot/vmlinuz       # Linux-Image-Datei
   label = linux            # Text, der am Boot-Prompt erscheint
   root = /dev/hda2         # Das Root-Dateisystem
   vga = ask                # Den Benutzer immer nach dem VGA-Modus fragen
   read-only                # Root-Dateisystem nur zum Lesen mounten, damit eine
Überprüfung des Dateisystems durchgeführt werden kann.
```

Ein entsprechender Abschnitt für ein Nicht-Linux-Betriebssystem fängt mit **other=** anstelle von **image=** an. Ein Beispiel:

```
other = /dev/hda1           # Wo die Partition liegt
   label = dos
   table = /dev/hda         # Wo die Partitionstabelle liegt
```

LILO-Konfigurationsoptionen, die auf alle Images zutreffen sollen, gehören in den globalen Abschnitt von */etc/lilo.conf*; Optionen, die nur auf ein bestimmtes Image zutreffen, in den jeweiligen Image-Abschnitt. Wenn eine Option sowohl im globalen Abschnitt als auch in einem Image-Abschnitt vorkommt, dann wird die Einstellung im Image-Abschnitt verwendet.

Hier kommt ein Beispiel für eine vollständige */etc/lilo.conf*-Datei für ein System, bei dem die Linux-Partition auf */dev/hda2* liegt:

```
## Globaler Abschnitt
boot=/dev/hda2
map=/boot/map
delay=30
timeout=50
prompt
vga=ask

## Image-Abschnitt: Normales Linux
image=/boot/vmlinuz
  label=linux
  root=/dev/hda2
  install=/boot/boot.b
  map=/boot/map
  read-only

## Image-Abschnitt: Testen eines neuen Linux-Kernels
image=/testvmlinuz
  label=testlinux
  root=/dev/hda2
  install=/boot/boot.b
  map=/boot/map
  read-only
  optional                # Image weglassen, wenn es bei der Erstellung der
                          # Abbildungsdatei nicht vorhanden ist

## Image section: For booting DOS
other=/dev/hda1
  label=dos
  loader=/boot/chain.b
  table=/dev/hda          # die aktuelle Partitionstabelle
```

```
## Image section: For booting Windows 95
other=/dev/hda1
  label=win95
  loader=/boot/chain.b
  table=/dev/hda
```

Globale Optionen

Neben den hier genannten Optionen können auch die Kernel-Optionen **append**, **read-only**, **read-write**, **root** und **vga** (weiter unten im Abschnitt »Kernel-Optionen« beschrieben) als globale Optionen verwendet werden.

backup=*Backup-Datei*
: Kopiert den ursprünglichen Boot-Sektor nach *Backup-Datei* anstelle von */boot/boot.nnnn*, wobei *nnnn* eine Zahl ist, die vom Festplattentyp abhängt.

boot=*Boot-Gerät*
: Legt den Namen des Geräts fest, das den Boot-Sektor enthält. Der Default ist das aktuell als Root-Dateisystem gemountete Gerät wie beispielsweise */dev/hda2*. Wenn Sie ein Gerät wie */dev/hda* (ohne die Ziffer) angeben, dann heißt das, daß LILO im Master Boot Record installiert werden soll; alternativ können Sie eine bestimmte Partition wie etwa */dev/hda2* angeben.

compact
: Faßt Lesezugriffe auf benachbarte Plattensektoren zusammen, um das Booten zu beschleunigen. Die Verwendung von **compact** ist insbesondere dann empfehlenswert, wenn Sie von Diskette booten. **compact** kann in Konflikt mit **linear** stehen.

default=*Name*
: Verwendet das Image *Name* als Default-Boot-Image. Wenn **default** nicht angegeben wird, wird das erste in der Konfigurationsdatei angegebene Image verwendet.

delay=*zsek*
: Gibt an, wie viele Zehntelsekunden der Boot-Loader warten soll, bevor er das Default-Image bootet. Wenn **serial** eingeschaltet ist, wird **delay** auf mindestens 20 gesetzt. Standardmäßig wird gar nicht gewartet.

disk=*Gerätename*
: Definiert Parameter für das durch *Gerätename* angegebene Gerät, falls LILO sie nicht selbst herausfinden kann. Normalerweise kann LILO die Festplatten-Parameter selbst herausfinden; diese Option wird dann nicht benötigt. Wenn **disk** angegeben wird, folgen darauf eine oder mehrere Parameterzeilen wie:

```
disk=/dev/sda
  bios= 0x80        # Die erste Platte ist normalerweise 0x80, die zweite
                    # normalerweise 0x81
  sectors= ...
  heads= ...
```

Beachten Sie, daß diese Option nicht das gleiche ist wie die Option **hd**, mit der ebenfalls Geometrie-Parameter von Festplatten angegeben werden. Die Informationen von **disk** werden an LILO übergeben, die von **hd** an den Kernel. Hier folgt eine kurze Aufstellung der Parameter, die bei **disk** angegeben werden können. Sie werden detailliert im LILO User's Guide beschrieben, der mit der LILO-Distribution geliefert wird.

bios=*Bios-Geräte-Code*
: Die Nummer, unter der das BIOS auf das Gerät zugreift. Siehe das obige Beispiel.

cylinders=*Zylinder*
: die Anzahl der Zylinder auf der Festplatte

heads=*Köpfe*
: die Anzahl der Köpfe auf der Festplatte

inaccessible
: Teilt LILO mit, daß das BIOS die Festplatte nicht lesen kann; damit kann verhindert werden, daß das System unbootbar wird, weil LILO denkt, daß das BIOS die Festplatte lesen könnte.

partition=*Partition-Gerät*
: Fängt einen neuen Abschnitt für eine Partition an. Der Abschnitt enthält eine Variable, **start=***Partition-Offset*, die den ersten Sektor der Partition angibt (der erste Sektor der Platte trägt die Nummer 0):

```
partition=/dev/sda1
  start=2048
```

sectors=*Sektoren*
: die Anzahl der Sektoren pro Spur

disktab=*Disktab-Datei*
: Diese Option sollte nicht mehr verwendet werden; verwenden Sie statt dessen **disk=**.

fix-table
: Wenn diese Option angegegeben wird, kann **lilo** 3-D-Adressen (Adressen aus Sektor, Kopf und Zylinder) in den Partitionstabellen anpassen. Das ist manchmal notwendig, wenn eine Partition nicht an einem Spuranfang beginnt und sich ein anderes Betriebssystem wie MS-DOS auf der gleichen Festplatte befindet. Nähere Details finden Sie in der Man-Page zu *lilo.conf*.

force-backup=*Backup-Datei*
: Wie **backup**, überschreibt aber eine alte Backup-Kopie, sofern vorhanden.

ignore-table
: Weist **lilo** an, beschädigte Partitionstabellen zu ignorieren.

install=*Bootsektor*
: Installiert die angegebene Datei als neuen Boot-Sektor. Wenn **install** nicht angegeben wird, ist der Default */boot/boot.b*.

lba32
: Erzeugt 32-Bit-breite logische Block-Adressen anstelle der Sektor/Kopf/Zylinder-Adressen, was das Booten von beliebigen Partitionen auf Festplatten, die größer als 8,4 GByte sind, ermöglicht (die 1024-Zylinder-Beschränkung wird also aufgehoben). Benötigt BIOS-Unterstützung für die EDD-Paketaufruf-Schnittstelle[2] und mindestens LILO 21-4.

linear
: Erzeugt anstelle von 3-D-Adressen (Sektor, Kopf, Zylinder) lineare Sektoradressen, die nicht von der Plattengeometrie abhängig sind. Wenn LILO die Geometrie Ihrer Festplatte nicht selbst herausfinden kann, können Sie versuchen, mit **linear** zu arbeiten. Wenn das

2 Das sollte vorhanden sein, wenn Ihr BIOS neuer als von 1998 ist.

auch nicht funktioniert, müssen Sie die Geometrie mit **disk=** angeben. Beachten Sie aber, daß **linear** manchmal nicht mit Disketten funktioniert und bei Verwendung mit **compact** zu Konflikten führen kann.

lock Weist LILO an, die Boot-Kommandozeile zu speichern und in Zukunft als Default beim Booten zu verwenden, bis eine neue Boot-Kommandozeile eingegeben wird. **lock** ist nützlich, wenn Sie jedesmal beim Booten bestimmte Optionen eingeben müssen.

map=*Abbildungsdatei*
Gibt die Lage der Abbildungsdatei an. Der Default ist */boot/map*.

message=*Meldungsdatei*
Gibt eine Datei mit einer Meldung an, die vor der Boot-Meldung angezeigt werden soll. Die Meldung kann einen Seitenvorschub (Strg-L) enthalten, um den Bildschirm zu löschen. Die Abbildungsdatei muß durch erneutes Ausführen des Befehls **lilo** aktualisiert werden, wenn die Meldungsdatei verschoben oder geändert wird. Die maximale Länge ist 65535 Byte.

nowarn
Schaltet Warnungsmeldungen ab.

optional
Gibt an, daß alle Images, die beim Erzeugen der Abbildungsdatei nicht verfügbar sind, weggelassen und nicht am Boot-Prompt als Option angeboten werden sollen. Entspricht der Image-Option **optional**, gilt aber für alle Images.

password=*Paßwort*
Gibt ein Paßwort an, das der Benutzer eingeben muß, wenn ein Image geladen werden soll. Das Paßwort wird in der Konfigurationsdatei nicht verschlüsselt. Daher sollten die Rechte dieser Datei so gesetzt sein, daß nur der Superuser sie lesen kann, wenn Paßwörter verwendet werden. Diese Option entspricht der gleichnamigen Image-Version, schützt aber alle Images mit dem gleichen Paßwort.

prompt
Zeigt den Boot-Prompt automatisch an, ohne daß der Benutzer Shift, Alt oder Scroll Lock drücken muß. Wenn **prompt** ohne **timeout** verwendet wird, kann das System nicht automatisch neu starten.

restricted
Kann zusammen mit **password** verwendet werden, um festzulegen, daß das Paßwort nur dann angegeben werden muß, wenn der Benutzer Parameter auf der Kommandozeile angeben will. Entspricht der Image-Option **restricted**, gilt aber für alle Images.

serial=*Parameter*
Läßt den Boot-Lader auf Eingaben sowohl von der Tastatur als auch von einer seriellen Schnittstelle warten. Ein Break-Zeichen auf der seriellen Leitung entspricht dem Drücken der Shift-Taste auf der Konsole, um die Aufmerksamkeit des Boot-Laders zu bekommen. Wenn der serielle Zugang nicht gesichert ist (beispielsweise, weil die Leitung mit einem Modem verbunden ist), sollten alle Images paßwortgesichert sein. Wenn **serial** verwendet wird, wird der Wert von **delay** automatisch auf 20 (2 Sekunden) heraufgesetzt, wenn er kleiner ist. Der Parameterstring *Parameter* hat die folgende Syntax:

```
port[,bps[parity[bits]]]
```

Beispielsweise können Sie die serielle Schnittstelle COM1 folgendermaßen mit den Default-Parametern initialisieren:

Booten

```
serial=0,2400n8
```

Die Parameter haben folgende Bedeutung:

port Die Portnummer der seriellen Schnittstelle. Der Default ist 0, was COM1 (*/dev/ttyS0*) entspricht. Der Wert kann zwischen 0 und 3 liegen (für die vier möglichen seriellen Schnittstellen).

bps Die Baud-Rate der seriellen Schnittstelle. Zulässige Werte sind: 110, 300, 1200, 2400, 4800, 9600, 19200 und 38400. Der Default is 2400 bps.

parity
Die auf der seriellen Leitung verwendete Parität: *n* und *N* stehen für keine Parität, *e* und *E* stehen für gerade Parität, und *o* und *O* stehen für ungerade Parität. Der Boot-Lader ignoriert allerdings die Parität der Eingaben und entfernt das achte Bit.

bits Gibt an, ob ein Zeichen 7 oder 8 Bit enthält. Der Default ist 8, wenn keine Parität eingestellt ist, und sonst 7.

timeout=*zsek*
Legt einen Timeout (in Zehntelsekunden) für Tastatureingaben fest. Wenn in der angegebenen Zeit keine Taste gedrückt wurde, wird automatisch das Default-Image gebootet. **timeout** wird auch verwendet, wenn auf die Eingabe eines Paßworts gewartet wird. Der Default ist beliebig langes Warten.

verbose=*Ebene*
Schaltet Informationsausgaben an; höhere Werte für *Ebene* ergeben auch mehr Ausgaben. Wenn **-v** auch auf der Kommandozeile angegeben wird, wird die Ebene mit jedem **-v** um eins erhöht. Das Maximum ist 5.

Image-Optionen

Die folgenden Optionen gelten jeweils für ein bestimmtes Image.

alias=*Name*
Gibt einen alternativen Namen für ein Image an, der neben dem mit der Option **label** angegebenen Namen verwendet werden kann.

image=*Pfadname*
Gibt die Datei oder das Gerät an, die oder das das Boot-Image eines bootbaren Linux-Kernels enthält. Jeder Image-Abschnitt, der einen bootbaren Linux-Kernel angibt, beginnt mit einer **image**-Option. Siehe auch **range**.

label=*Name*
Gibt den Namen an, der für dieses Image am Boot-Prompt verwendet wird. Der Default ist der Dateiname der Image-Datei (ohne den Pfad).

loader=*Chain-Loader*
Bei anderen Linux-Betriebssystemen als Linux wird hier der Chain-Loader angegeben, an den LILO die Kontrolle zum Booten des Betriebssystems übergeben soll. Der Default ist */boot/chain.b*. Wenn das System von einem Gerät gebootet wird, das weder die erste Festplatte noch ein Diskettenlaufwerk ist, dann muß der Chain-Loader angegeben werden.

lock Wie **lock** wie bei den globalen Optionen beschrieben; kann auch im Image-Abschnitt angegeben werden.

optional

Gibt an, daß das Image weggelassen werden soll, wenn es während des Erzeugens der Abbildungsdatei durch den Befehl **lilo** nicht verfügbar ist. Das ist nützlich, um Test-Kernel anzugeben, die nicht immer vorhanden sind.

password=*Passwort*

Gibt an, daß das Image paßwortgeschützt sein soll, und legt das Paßwort fest, das der Benutzer beim Booten angeben muß. Das Paßwort wird in der Konfigurationsdatei nicht verschlüsselt. Wenn Sie also Paßwörter verwenden, dann sollte nur der Superuser die Konfigurationsdatei lesen können.

range=*Sektoren*

Wird zusammen mit der Option **image** verwendet, wenn diese ein Gerät angibt (z.B. **image=***/dev/fd0*), um den Sektorenbereich festzulegen, der in der Abbildungsdatei aufgeführt werden soll. *Sektoren* kann entweder als Bereich *Anfang–Ende* oder als *Anfang-Größe* angegeben werden, wobei *Anfang* und *Ende* bei null beginnende Sektorennummern und *Größe* die Anzahl der hinter *Anfang* zu verwendenden Sektoren angibt. Wenn nur *Anfang* angegeben wird, wird auch nur dieser eine Sektor abgebildet. Ein Beispiel:

```
image = /dev/fd0
range = 1+512   # 512 Sektoren ab Sektor 1
```

restricted

Gibt an, daß ein Paßwort zum Booten des Images nur dann benötigt wird, wenn Boot-Parameter auf der Kommandozeile angegeben wurden.

table=*Gerät*

Gibt für andere Betriebssysteme als Linux an, welches Gerät die Partitionstabelle enthält. Wenn **table** nicht angegeben wird, übergibt der Boot-Loader keine Partitionsinformationen an das zu bootende Betriebssystem. Beachten Sie, daß */sbin/lilo* erneut ausgeführt werden muß, wenn die Partitionstabelle verändert wurde. Diese Option kann nicht zusammen mit **unsafe** verwendet werden.

unsafe

Kann im Image-Abschnitt für ein anderes Betriebssystem als Linux verwendet werden, um anzugeben, daß nicht auf den Boot-Sektor zugegriffen werden soll, wenn die Abbildungsdatei erzeugt wird. Wenn **unsafe** angegeben wird, werden einige Sicherheitsüberprüfungen nicht durchgeführt. Das kann nützlich sein, wenn der Befehl **lilo** verwendet werden soll, ohne eine Diskette einzulegen, wenn der Boot-Sektor sich auf einem Diskettenlaufwerk mit festem Format befindet. Diese Option kann nicht zusammen mit **table** verwendet werden.

Kernel-Optionen

Die folgenden Kernel-Optionen können sowohl in */etc/lilo.conf* als auch auf der Boot-Kommandozeile angegeben werden.

append=*String*

Hängt die in *String* angegebenen Optionen an die an den Kernel übergebene Parameterzeile an. Dies wird normalerweise verwendet, um bestimmte Hardware-Parameter anzugeben. Wenn Ihr System beispielsweise mehr als 64 MByte Hauptspeicher hat (also mehr, als Ihr BIOS erkennen kann), können Sie **append** verwenden:

```
append = "mem=128M"
```

initrd=*Dateiname*
: Gibt die Datei an, die nach */dev/initrd* geladen werden soll, wenn mit einer RAM-Disk gebootet wird. Lesen Sie dazu auch die Optionen **load_ramdisk**, **prompt_ramdisk**, **ramdisk_size** und **ramdisk_start** (im Abschnitt »initrd: Eine RAM-Disk verwenden« weiter hinten).

literal=*String*
: Wie **append**, ersetzt aber alle anderen Kernel-Boot-Optionen.

noinitrd
: Erhält den Inhalt von */dev/initrd*, so daß dieser nach dem Booten des Kernels gelesen werden kann.

prompt_ramdisk=*n*
: Gibt an, ob der Kernel Sie auffordern soll, die Diskette mit dem Image für die RAM-Disk für die Installation von Linux einzulegen. Die folgenden Werte sind möglich:

  0 Nicht auffordern. Wird normalerweise verwendet, wenn der Kernel und das Image für die RAM-Disk auf eine Diskette passen.

  1 Auffordern. Dies ist der Default.

ramdisk=*Größe*
: Veraltet, sollte nicht mit Kerneln neuer als 1.3.48 verwendet werden. Für neuere Kernel lesen Sie bitte unter der Option **load_ramdisk** im Abschnitt »Kernel-Optionen beim Booten« weiter hinten wie auch unter **prompt_ramdisk**, **ramdisk_size** und **ramdisk_start** in diesem Abschnitt nach.

ramdisk_size=*n*
: Gibt die Größe in KByte an, die für die RAM-Disk alloziert werden soll. Der Default ist 4096, also 4 MByte.

ramdisk_start=*Position*
: Wird für eine Linux-Installation verwendet, bei der sowohl der Kernel als auch das Image für die RAM-Disk auf der gleichen Diskette liegen. *Position* gibt die Position auf der Diskette (in KByte) an, ab der das Image für die RAM-Disk beginnt.

root=*Root-Gerät*
: Gibt das Gerät an, das als Root-Dateisystem gemountet werden sollte. Wenn als Parameter **current** verwendet wird, wird das Gerät als Root-Gerät verwendet, das derzeit als Root-Dateisystem gemountet ist. Der Default ist die Einstellung im Kernel-Image.

vga=*Modus*
: Gibt den VGA-Textmodus an, der beim Booten verwendet werden soll. Der Default ist der VGA-Modus, der im Kernel-Image steht. Auf die Groß- und Kleinschreibung der Werte kommt es nicht an. Folgende Werte sind möglich:

  ask Fragt den Benutzer nach dem Textmodus. Wenn hier die Eingabetaste gedrückt wird, wird eine Liste aller verfügbaren Modi angezeigt.

  extended *(oder* **ext***)*
  : Wählt den 80x50-Textmodus aus.

  normal
  : Wählt den 80x25-Textmodus aus.

Nummer

Verwendet den Textmodus *Nummer*. Eine Liste aller Modi Ihrer Grafikkarte bekommen Sie durch Booten mit **vga=ask** und Drücken der Eingabetaste.

Der Befehl lilo

Sie müssen den Befehl **lilo** ausführen, um den LILO-Boot-Lader zu installieren und zu aktualisieren, wenn der Kernel oder die Konfigurationsdatei */etc/lilo.conf* geändert worden ist.

Der Pfad von **lilo** ist normalerweise */sbin/lilo*. Die Syntax lautet:

```
lilo [Optionen]
```

Einige der Optionen entsprechen Schlüsselwörtern in */etc/lilo.conf*:

Konfigurations-Schlüsselwort	Kommandozeilenoption
boot=*Bootgerät*	-b *Bootgerät*
compact	-c
delay=*zsek*	-d *zsek*
default=*Label*	-D *Label*
disktab=*Datei*	-f *Datei*
install=*Bootsektor*	-i *Bootsektor*
lba32	-L
linear	-l
map=*Abbildungsdatei*	-m *Abbildungsdatei*
fix-table	-P fix
ignore-table	-P ignore
backup=*Datei*	-s *Datei*
force-backup=*Datei*	-S *Datei*
verbose=*Ebene*	-v

Diese Optionen sollten nach Möglichkeit in der Konfigurationsdatei stehen; es wird nicht mehr empfohlen, sie auf der Kommandozeile von **lilo** anzugeben. Im nächsten Abschnitt werden die Optionen genannt, die nur auf der Kommandozeile von **lilo** angegeben werden können; alle anderen wurden im vorangegangenen Abschnitt besprochen.

lilo-Kommandozeilenoptionen

Die folgende Liste enthält die Kommandozeilenoptionen von **lilo**. Es können mehrere Optionen getrennt voneinander angegeben werden:

```
% lilo -q -v
```

-C *Konfigurationsdatei*
Gibt eine Alternative zur Default-Konfigurationsdatei an. **lilo** verwendet die Konfigurationsdatei, um zu bestimmen, welche Dateien bei der Installation von LILO abgebildet werden sollen.

-I *Label*
Gibt den Pfad zum Kernel-Image, das *Label* entspricht, auf der Standardausgabe aus. Wenn kein passendes Label gefunden wird, wird eine Fehlermeldung ausgegeben. Ein Beispiel:

```
% lilo -I linux
/boot/vmlinuz-2.0.34-0.6
```

-q Gibt die derzeit abgebildeten Dateien aus. **lilo** verwaltet eine Datei (standardmäßig */boot/map*), die den Namen und die Position des oder der zu bootenden Kernel(s) enthält. Wenn **lilo** mit dieser Option gestartet wird, werden die Namen der Dateien in der Abbildungsdatei auf der Standardausgabe ausgegeben. Ein Beispiel (in dem das Sternchen anzeigt, daß **linux** der Default ist):

```
% lilo -q
linux     *
test
```

-r *Wurzelverzeichnis*
Gibt an, daß **lilo** als allererstes ein **chroot** in das angegebene Verzeichnis ausführen soll. Das kann dazu verwendet werden, um eine Installation mit Hilfe einer Boot-Diskette zu reparieren. Sie können von der Diskette booten, lassen **lilo** aber die Dateien von der Festplatte verwenden. Wenn Sie beispielsweise die beiden folgenden Befehle ausführen, dann holt sich **lilo** die benötigten Dateien von der Festplatte:

```
% mount /dev/hda2 /mnt
% lilo -r /mnt
```

-R *Kommandozeile*
Legt die Default-Kommandozeile fest, die der Boot-Lader beim nächsten Booten verwenden soll. Dieser Befehl wird einmal ausgeführt und dann vom Boot-Lader entfernt. Diese Option wird üblicherweise in Reboot-Skripten unmittelbar vor dem Aufruf von **shutdown -r** verwendet.

-t Testmodus. Es wird weder ein neuer Boot-Sektor noch eine neue Abbildungsdatei geschrieben. Kann zusammen mit **-v** verwendet werden, um herauszufinden, was **lilo** normalerweise tun würde.

-u *Gerätename*
Deinstalliert **lilo**, indem der gesicherte Boot-Sektor in */boot/boot.nnnn* nach Überprüfung des Zeitstempels restauriert wird. *Gerätename* ist der Name des Geräts (wie */dev/hda2*x), auf dem LILO installiert ist.

-U *Gerätename*
Wie **-u**, überprüft aber nicht den Zeitstempel.

-V Gibt die Versionsnummer von **lilo** aus.

Loadlin: Von MS-DOS aus booten

Loadlin ist ein Linux-Boot-Lader, den Sie von einer bootbaren MS-DOS-Partition aus starten können. Das System muß im DOS-Real-Modus sein, Loadlin kann nicht von einem MS-DOS-Fenster unter Windows gestartet werden. Es ist keine Installation notwendig; Sie kopieren einfach die ausführbare Datei *loadlin.exe* aus der Linux-Distribution auf Ihre MS-DOS-Partition.

Wenn Loadlin nicht in Ihrer Linux-Distribution enthalten ist, dann können Sie dieses Programm von den wichtigsten Linux-Sites herunterladen, darunter auch vom Webserver des Linux Documentation Project, *http://metalab.unc.edu/pub/Linux/* . Sie benötigen einen komprimierten Linux-Kernel (wie *vmlinux*), den Sie von einer Diskette, von einer DOS-Partition oder von einer RAM-Disk laden können. Beispiel:

```
C:> loadlin c:\vmlinuz root=/dev/hda2
```

In diesem Beispiel wird das Linux-Kernel-Image *vmlinuz* geladen und bekommt den Boot-Parameter **root=/dev/hda2** übergeben, der dem Kernel mitteilt, daß die Root-Partition von Linux */dev/hda2* ist. Nähere Informationen zur Verwendung einer RAM-Disk finden Sie im Abschnitt »initrd: Eine RAM-Disk verwenden« weiter hinten in diesem Kapitel.

Wenn Sie Loadlin mit Windows 95/98 verwenden wollen, sollten Sie den »Loadlin User Guide« und das »Loadlin+Win95 Mini-HOWTO« lesen. Beachten Sie, daß das Standardverfahren zur Verwendung von Loadlin und Windows 95 nicht funktioniert, wenn Sie das FAT32-Dateisystem benutzen. Wenn das der Fall ist oder Sie sich nicht sicher sind, ob Sie FAT16 oder FAT32 verwenden, dann sollten Sie das Mini-HOWTO auf jeden Fall lesen, bevor Sie fortfahren.

Loadlin kann direkt, wie im Beispiel gezeigt, an der DOS-Eingabeaufforderung oder aus CONFIG.SYS oder AUTOEXEC.BAT heraus aufgerufen werden. Wie LILO kennt auch Loadlin sowohl Optionen, die Loadlin selbst steuern, als auch Optionen (die dann auch Parameter genannt werden), die an den Kernel übergeben werden.

Es gibt zwei Syntax-Varianten für Loadlin:

```
LOADLIN @Parameter
LOADLIN [zimage_file] [Optionen] [boot_parameter]
```

Eine Parameterdatei verwenden

In der ersten oben genannten Form ist *Parameter* eine DOS-Datei, die die Optionen enthält, mit denen Sie Loadlin starten wollen. Die Loadlin-Distribution enthält eine beispielhafte Parameterdatei namens *test.par*, die Sie als Ausgangspunkt für eigene Parameterdateien verwenden können. Jede Zeile in einer Parameterdatei enthält einen Parameter. Der Name des zu verwendenden Linux-Kernels (der **image=**-Parameter) muß der erste Eintrag in der Datei sein. Kommentarzeilen werden durch ein Doppelkreuz (#) eingeleitet. Die Einträge in der Parameterdatei können auf der Kommandozeile ergänzt oder überschrieben werden. Beispielsweise können Sie die Einstellungen in der Parameterdatei für **vga** folgendermaßen überschreiben:

```
C:> LOADLIN @myparam vga=normal
```

Parameter auf der Kommandozeile angeben

In der zweiten Form der oben gezeigten Loadlin-Syntax ist *zimage_datei* der Name des zu bootenden Linux-Kernels, der von einer Liste von Loadlin-Optionen und/oder Boot-Optionen gefolgt wird. Wenn Sie gar keine Parameter angeben, bekommen Sie eine Ausgabe mit den Optionen von Loadlin sowie einigen der möglichen Kernel-Boot-Optionen. Die Meldung ist so lang, daß es sich lohnen kann, sie durch **more** zu schicken:

```
C:> LOADLIN | more
```

Loadlin kennt folgende Optionen:

-clone
: Läßt einige Überprüfungen aus. Lesen Sie den LOADLIN User Guide aus der Loadlin-Distribution, bevor Sie diese Option verwenden.

-d *Datei*
: Debugging-Modus. Wie **-t**, schreibt die Ausgabe aber neben der Standardausgabe auch noch in *Datei*.

-dskreset
: Veranlaßt einen Reset der Festplatten, nachdem Linux geladen wurde, aber bevor es gebootet wird.

-noheap
: Sollte nur von erfahrenen Linux-Hackern verwendet werden; schaltet die Verwendung des Setup-Heaps ab.

-t Test-Modus. Durchläuft den Ladeprozeß, startet aber Linux nicht wirklich. Impliziert **-v**.

-txmode
: Schaltet den Bildschirm beim Booten in den Textmodus (80x25).

-v Gibt Parameter- und Konfigurationsinformationen auf die Standardausgabe aus.

-wait=*nn*
: Wartet nach dem Laden *nn* (DOS-)Ticks, bevor Linux gebootet wird.

Neben diesen Loadlin-Optionen enthält der Hilfetext auch die Boot-Optionen des Kernels, die Sie angeben können. Die ausgegebenen Boot-Optionen sind aber nur einige der vielen vorhandenen. Sie finden eine vollständigere Liste im BootPrompt-HOWTO.

Dual-Boot von Linux und Windows NT/2000

Wie bereits erwähnt, verlangt der Boot-Lader von Windows NT volle Kontrolle über den Boot-Vorgang. Das normale Verfahren, Linux und Windows NT auf einem Rechner booten zu können, besteht also darin, Linux als Option dem NT-Boot-Menü hinzuzufügen. Die Informationen in diesem Abschnitt treffen auch auf Windows 2000 zu, das den NT-Lader verwendet.

Dazu müssen Sie dem NT-Lader eine Kopie des Linux-Boot-Sektors übergeben. Wir beschreiben hier, wie Sie das auf einem Computer machen, auf dem Windows NT mit einem NTFS-Dateisystem läuft (beachten Sie, daß Windows NT bereits auf Ihrem System installiert sein sollte). Das NT OS Loader + Linux Mini-HOWTO enthält weitere Informationen und andere Möglichkeiten.

Sie sollten eine Linux-Boot-Diskette parat haben, damit Sie bei Bedarf Linux booten können, bevor der NT-Boot-Lader modifiziert worden ist. Außerdem sollten Sie eine DOS-formatierte Diskette haben, um den Boot-Sektor auf die Windows-NT-Partition zu übertragen. Wenn LILO bereits installiert ist, müssen Sie eventuell die Datei */etc/lilo.conf* wie unten beschrieben ändern. Ansonsten können Sie LILO entweder im Zuge der Linux-Installation oder mit dem Skript *QuickInst*, das mit LILO geliefert wird, installieren. Wenn LILO einmal installiert ist und Sie eine Konfigurationsdatei haben, dann können Sie das System zum Dual-Boot einrichten.

Beachten Sie, daß in den folgenden Anweisungen davon ausgegangen wird, daß Ihre Linux-Partition auf */dev/hda2* liegt. Wenn Linux auf einer anderen Partition installiert ist, müssen Sie */dev/hda2* durch den für Sie zutreffenden Wert ersetzen.

1. Geben Sie die Linux-Root-Partition als Ihr Boot-Gerät an. Wenn Sie */etc/lilo.conf* von Hand bearbeiten, wird der Eintrag etwa so aussehen:

   ```
   boot=/dev/hda2
   ```

   und dem **root=**-Eintrag entsprechen.

2. Führen Sie den Befehl **lilo** aus, um LILO auf der Linux-Root-Partition zu installieren.

3. Wenn Sie jetzt Linux rebooten müssen, müssen Sie eine Boot-Diskette verwenden, weil der NT-Lader noch nicht zum Booten von Linux konfiguriert worden ist.

4. Verwenden Sie unter Linux den Befehl **dd**, um eine Kopie des Linux-Boot-Sektors zu erzeugen:

   ```
   % dd if=/dev/hda2 of=/bootsect.lnx bs=512 count=1
   ```

   Dieser Befehl kopiert einen Block mit einer Blockgröße von 512 Byte von der Eingabedatei */dev/hda2* in die Ausgabedatei */bootsect.lnx*. (Sie können den Namen der Ausgabedatei frei wählen, es muß nicht *bootsect.lnx* sein.)

5. Kopieren Sie *bootsect.lnx* auf eine DOS-formatierte Diskette:

   ```
   % mount -t msdos /dev/fd0 /mnt
   % cp /bootsect.lnx /mnt
   % umount /mnt
   ```

6. Booten Sie jetzt Windows NT und kopieren Sie den Boot-Sektor von der Diskette auf die Festplatte, zum Beispiel mit:

   ```
   C:> copy a:\bootsect.lnx c:\bootsect.lnx
   ```

   Es ist egal, wo Sie die Datei hinkopieren, weil Sie dem NT-Lader in Schritt 8 sagen werden, wo die Datei ist.

7. Ändern Sie die Dateiattribute der Datei *boot.ini*,[3] damit Sie die Datei editieren können:

   ```
   C:> attrib -s -r c:\boot.ini
   ```

8. Fügen Sie der Datei *boot.ini* mit einem Texteditor die folgende Zeile hinzu:

   ```
   C:\bootsect.lnx="Linux"
   ```

---

3 *boot.ini* ist das Windows-NT-Gegenstück zu */etc/lilo.conf*. In dieser Datei wird definiert, welche Betriebssysteme der NT-Lader booten kann.

Diese Zeile fügt Linux dem Boot-Menü hinzu und teilt dem Windows-NT-Boot-Lader mit, wo der Boot-Sektor von Linux zu finden ist. Sie können die Zeile an beliebiger Stelle im Abschnitt **[operating systems]** der Datei hinzufügen. Die Position in der Datei bestimmt, wo Linux beim Booten im Boot-Menü auftaucht. Wenn Sie die Zeile am Ende anhängen, sieht Ihre *boot.ini* etwa so aus (der zweite **multi(0)**-Eintrag wurde umbrochen, um auf die Seite zu passen):

```
[boot loader]
timeout=30
default=multi(0)disk(0)rdisk(0)partition(1)\WINNT
[operating systems]
multi(0)disk(0)rdisk(0)partition(1)\WINNT="Windows NT Server Version 4.00"
multi(0)disk(0)rdisk(0)partition(1)\WINNT="Windows NT Server Version 4.00
 [VGA mode]" /basevideo /sos
C:\bootsect.lnx="Linux"
```

Wenn Linux das Default-Betriebssystem sein soll, ändern Sie die `default=`-Zeile in:

```
default=C:\bootsect.lnx
```

9. Restaurieren Sie die alten Dateiattribute:

```
C:> attrib +s +r c:\boot.ini
```

Jetzt können Sie Windows NT herunterfahren und neu starten; NT wird Ihnen dann ein Boot-Menü anbieten, das beispielsweise so aussieht:

```
OS Loader V4.00

Please select the operating system to start:

Windows NT Workstation Version 4.00
Windows NT Workstation Version 4.00 [VGA mode]
Linux
```

Wählen Sie Linux aus, worauf der NT-Lader den Boot-Sektor einliest und die Kontrolle an LILO auf der Linux-Partition übergibt.

Wenn Sie später */etc/lilo.conf* modifizieren oder den Kernel neu übersetzen, dann müssen Sie den Befehl **lilo** erneut ausführen, eine neue *bootsect.lnx*-Datei erzeugen und die Version von *bootsect.lnx* auf der Windows-NT-Partition durch die neue Version ersetzen. Sie müssen also, mit anderen Worten, die Schritte 2-6 erneut ausführen.

Wenn Sie Probleme bekommen oder einfach nur LILO später wieder entfernen wollen, können Sie die gesamte Prozedur umdrehen: Booten Sie Windows NT, ändern Sie die Attribute von *boot.ini*, entfernen Sie den Linux-Eintrag in der Datei, restaurieren Sie die Attribute und entfernen Sie den Linux-Boot-Sektor von der NT-Partition.

Kernel-Optionen beim Booten

Die Abschnitte in diesem Kapitel über Loadlin und LILO haben einige der Optionen beschrieben, die Sie beim Booten von Linux angeben können. Es gibt aber viele andere Optionen, die ebenfalls angegeben werden können. In diesem Abschnitt schauen wir uns kurz an, wie Optionen an den Kernel übergeben werden, und beschreiben dann einige der Parameter-Typen, die für Sie nützlich sein könnten. Die Parameter in diesem Abschnitt betreffen den Kernel und sind daher unabhängig vom verwendeten Boot-Lader.

Wie so oft bei Unix-Systemen gibt es eine Reihe von Wahlmöglichkeiten für den eigentlichen Boot-Vorgang. Wenn Sie Loadlin verwenden, können Sie die Parameter, die an den Kernel übergeben werden sollen, entweder auf der Kommandozeile oder in einer Datei angeben:

Wenn LILO Ihr Boot-Lader ist, können Sie zusätzlich zu den in */etc/lilo.conf* angegebenen Parametern folgendermaßen weitere Parameter angeben:

Booten

- Wenn **prompt** in */etc/lilo.conf* angegeben wurde, zeigt LILO immer einen Boot-Prompt an und wartet auf Ihre Eingabe. An dieser Eingabeaufforderung können Sie das zu bootende Betriebssystem angeben. Wenn Sie Linux wählen, können Sie auch noch weitere Parameter angeben.
- Wenn **prompt** nicht angegeben wurde, können Sie bei Erscheinen des Wortes LILO die Control-, Shift- oder Alt-Taste drücken, woraufhin der Boot-Prompt erscheint. Sie können die Scroll-Lock-Taste auch bereits vor dem Erscheinen von LILO drücken und müssen so nicht auf die Ausgabe von LILO warten.
- An der Eingabeaufforderung können Sie das System angeben, das Sie booten wollen, oder die Tabulatortaste drücken, um eine Liste der Wahlmöglichkeiten zu bekommen. Sie können dann den Namen des zu bootenden Images eingeben. Ein Beispiel:

  ```
  LILO boot: <press Tab>
  linux   test   dos
  boot: linux
  ```

  Sie können auch Boot-Parameter angeben:

  ```
  boot: linux single
  ```

- Wenn Sie keine Eingabe machen, wartet LILO so lange, wie im **delay**-Parameter angegeben wurde, und bootet dann das Default-Betriebssystem mit den in */etc/lilo.conf* angegebenen Default-Parametern.

Einige der Boot-Parameter sind bereits erwähnt worden. Viele weitere sind Hardware-spezifisch und zu zahlreich, um hier genannt zu werden. Eine vollständige Liste der Parameter und eine Beschreibung des Boot-Vorgangs finden Sie im BootPrompt-HOWTO. Einige der bisher noch nicht besprochenen Parameter, die für Sie nützlich sein könnten, werden hier gleich noch aufgeführt; viele weitere stehen im HOWTO. Die meisten der folgenden Parameter werden verwendet, um Informationen oder Anweisungen an den Kernel und nicht an LILO zu übergeben.

debug
: Gibt alle Kernel-Meldungen auf der Konsole aus.

hd=*Zylinder,Köpfe,Sektoren*
: Teilt dem Kernel die Geometrie der Festplatte mit. Das ist nützlich, wenn Linux diese nicht herausfinden kann, was oft bei IDE-Festplatten mit mehr als 1024 Zylindern der Fall ist.

load_ramdisk=*n*
: Teilt dem Kernel mit, ob ein RAM-Disk-Image für die Linux-Installation geladen werden soll. Mögliche Werte für *n*:

  0 Kein Image laden. Dies ist der Default.

  1 Das Image von Diskette in die RAM-Disk laden.

mem=*Größe*
: Gibt den installierten Speicher an. Das ist nützlich, wenn Ihr BIOS nur Speicher bis zu 64 MByte meldet, auf Ihrem System aber mehr installiert ist. Geben Sie diesen Wert als Zahl mit angehängtem **M** oder **k** (Groß-/Kleinschreibung ist egal) an:

```
mem=128M
```

Weil **mem** bei jedem Booten auf der Kommandozeile angegeben werden müßte, wird dieser Wert oft auf einer mit **lock** gespeicherten Kommandozeile angegeben oder mit **append** den dem Kernel übergebenen Parametern hinzugefügt.

noinitrd
: Wenn diese Option angegeben wird, wird das zweistufige Booten abgeschaltet, und der Inhalt von */dev/initrd* bleibt erhalten, so daß die Daten nach dem Booten des Kernels noch verfügbar sind. */dev/initrd* kann nur einmal gelesen werden, danach wird der Inhalt an das System zurückgegeben.

number
: Startet Linux im angegebenen Runlevel. Ein Runlevel ist ein Betriebszustand, den das System nach dem Booten einnehmen kann. Das kann ein Mehrbenutzersystem oder eine Konfiguration sein, in der das X Window System gestartet wird. Die Werte liegen normalerweise zwischen 1 und 6, der Default-Wert ist normalerweise 3. Die Runlevel und die zugehörigen Zustände sind in der Datei */etc/inittab* definiert. Die Man-Page zu */etc/inittab* enthält weitere Informationen.

ro Mountet das Root-Dateisystem schreibgeschützt. Das wird zur Systemverwaltung wie zum Überprüfen der Integrität des Dateisystems verwendet, wenn Sie nicht wollen, daß etwas auf das Dateisystem geschrieben wird.

rw Mountet das Root-Dateisystem im schreibbaren Zustand. Wenn weder **ro** noch **rw** angegeben werden, wird der im Kernel gespeicherte Default-Wert (normalerweise **rw**) verwendet.

single
: Bootet Linux im Single-User-Modus. Diese Option wird zur Systemverwaltung und Datenrettung verwendet. Sie bekommen damit direkt nach dem Booten eine Root-Eingabeaufforderung; es wird nur die nötigste Initialisierung erledigt. Es sind keine weiteren Anmeldungen am System möglich.

initrd: Eine RAM-Disk verwenden

Moderne Linux-Distributionen verwenden einen modularen Kernel, mit dem Module hinzugefügt werden können, ohne daß der Kernel neu kompiliert werden muß. Wenn Ihr Root-Dateisystem auf einem Gerät liegt, dessen Treiber ein Modul ist (wie das oft bei SCSI-Festplatten der Fall ist), können Sie **initrd** verwenden, wodurch ein zweistufiger Boot-Vorgang in Gang gesetzt wird, bei dem zunächst ein temporäres Root-Dateisystem in einer RAM-Disk eingerichtet wird, das die Module, die Sie benötigen (wie den SCSI-Treiber), enthält und dann die Module lädt und das eigentliche Root-Dateisystem mountet. Die RAM-Disk mit dem temporären Dateisystem ist die Gerätedatei */dev/initrd*.

Bevor Sie **initrd** verwenden können, muß in den Linux-Kernel sowohl die Unterstützung für die RAM-Disk (CONFIG_BLK_DEV_RAM=y) als auch die Unterstützung für die initiale RAM-Disk (CONFIG_BLK_DEV_INITRD=y) kompiliert werden. Dann müssen Sie das normale Root-Dateisystem vorbereiten und das Image für die RAM-Disk erzeugen. Möglicherweise enthält Ihre Linux-Distribution Hilfsprogramme, die Ihnen einige Konfigurationsarbeit abnehmen; beispielsweise gibt es in der Red-Hat-Distribution den Befehl **mkinitrd**, der das Image für **initrd** erzeugt. Detaillierte Informationen finden Sie in der Man-Page von **initrd** und in der Datei *initrd.txt* (der Pfad kann sich von System zu System unterscheiden, aber oft ist es */usr/src/linux/Documentation/initrd.txt*).

Wenn Ihr Linux-System einmal zur Verwendung von **initrd** konfiguriert worden ist, können Sie einen der folgenden Schritte ausführen – je nachdem, welchen Boot-Lader Sie verwenden.

- Wenn LILO Ihr Boot-Lader ist, fügen Sie die Option **initrd** zum entsprechenden Image-Abschnitt hinzu:

  ```
  image = /vmlinuz
    initrd = /boot/initrd  # die Datei, die als Inhalt von /dev/initrd geladen
                           # werden soll
    ...
  ```

  Rufen Sie den Befehl **/sbin/lilo** auf, und Sie können mit **initrd** rebooten.

- Wenn Sie Loadlin verwenden, müssen Sie die Option **initrd** auf der Kommandozeile hinzufügen:

  ```
  loadlin c:\linux\vmlinuz initrd=c:\linux\initrd
  ```

KAPITEL 5

Die RPM- und Debian-Package-Manager

Dieses Kapitel beschreibt die beiden wichtigsten Paketierungssysteme für Linux, den RPM-Package-Manager und den Debian GNU/Linux-Package-Manager.

Wenn Sie auf Ihrem Linux-System Applikationen installieren wollen, dann werden Sie oft statt einer (oder neben einer) *.tar.gz*-Datei ein Binär- oder ein Quell-Paket vorfinden, welches die Applikation enthält. Ein Paket ist eine Datei, die die Dateien enthält, die man zum Installieren einer Applikation braucht. Beachten Sie aber, daß das Paket zwar die für die Installation benötigten Dateien enthält, die Applikation selbst aber wiederum andere, nicht enthaltene, Dateien oder Pakete benötigen kann, um lauffähig zu sein; etwa bestimmte Bibliotheken (und diese möglicherweise sogar in bestimmten Versionen). Solche Anforderungen heißen *Abhängigkeiten* (*dependencies*).

Paket-Verwaltungssysteme haben viele Vorteile. Als Benutzer können Sie damit beispielsweise die Paket-Datenbank abfragen, um herauszufinden, welche Pakete in welchen Versionen auf Ihrem System installiert sind. Als Systemadministrator brauchen Sie Werkzeuge, um die Pakete zu installieren und zu verwalten. Und wenn Sie Software entwickeln, dann müssen Sie wissen, wie man ein Paket zwecks Distribution baut.

Unter anderem leisten Package-Manager folgendes:

- Sie stellen Werkzeuge zum Installieren, Aktualisieren, Entfernen und Verwalten der Software auf Ihrem System bereit.
- Sie ermöglichen die Installation neuer oder aktualisierter Software direkt über ein Netzwerk.
- Sie teilen Ihnen mit, zu welchem Software-Paket eine bestimmte Datei gehört oder welche Dateien ein Paket enthält.
- Sie verwalten eine Datenbank über die im System befindlichen Pakete und deren Zustand, so daß Sie herausfinden können, welche Pakete mit welchen Versionen auf Ihrem System installiert sind.
- Sie prüfen Abhängigkeiten, so daß Sie Ihr System nicht mit inkompatibler Software durcheinanderbringen können.

- Sie stellen PGP, MD5 oder andere Werkzeuge zum Überprüfen der Integrität von Paketen bereit.
- Sie enthalten Werkzeuge zum Bauen von Paketen.

Jeder Benutzer kann Pakete auflisten oder abfragen. Das Installieren, Aktualisieren oder Entfernen ist aber im allgemeinen dem Superuser vorbehalten. Das liegt daran, daß diese Pakete normalerweise in systemweiten Verzeichnissen installiert werden, die nur vom Superuser beschrieben werden können. Manchmal können Sie für die Installation ein alternatives Verzeichnis angeben, um so beispielsweise ein Paket in Ihrem Home-Verzeichnis oder einem Projektverzeichnis, in dem Sie Schreibrechte haben, installieren zu können.

Sowohl der RPM- als auch der Debian-Package-Manager sichern alte Dateien, bevor sie ein aktualisiertes Paket installieren. Das ermöglicht es Ihnen nicht nur, zum alten Zustand zurückzukehren, wenn es ein Problem gibt, sondern stellt auch sicher, daß Änderungen, die Sie beispielsweise an Konfigurationsdateien vorgenommen haben, nicht vollständig verloren sind.

Der RPM-Package-Manager

Der RPM-Package-Manager (kurz: RPM) ist ein frei verfügbares Paketierungssystem für die Verteilung und Installation von Software. Er wird unter anderem von den SuSE-, Caldera- und Red Hat-Distributionen verwendet.

RPM ist einfach zu benutzen. Ein einziger Befehl, **rpm**, enthält alle Optionen, um Pakete zu handhaben. Um beispielsweise herauszufinden, ob der Editor Emacs auf Ihrem System installiert ist, könnten Sie folgenden Befehl verwenden:

```
% rpm -q emacs
emacs-20.4-4
```

Außerdem gibt es X-basierte grafische Frontends für RPM, KPackage und GNOME-RPM, die beide auch ohne den jeweiligen Desktop, aus dem sie stammen, verwendet werden können. In diesem Abschnitt wird zuerst der Befehl **rpm** behandelt, und dann werden wir auf **kpackage** und **gnorpm** eingehen.

Der Befehl rpm

RPM-Pakete werden mit dem Befehl **rpm** gebaut, installiert und abgefragt. RPM-Paketnamen enden gewöhnlicherweise auf *.rpm*. **rpm** verwendet eine Reihe verschiedener Modi, die alle eigene Optionen haben. Das Format des Befehls lautet:

```
rpm [Optionen] [Pakete]
```

Mit einigen wenigen Ausnahmen, die in der folgenden Liste genannt sind, gibt die erste Option den **rpm**-Modus (beispielsweise Installieren, Abfragen, Aktualisieren, Bauen usw.) an, und alle weiteren Optionen betreffen diesen Modus.

In den Beschreibungen der Optionen, die sich auf Pakete beziehen, finden Sie diese manchmal als *Paketname* und manchmal als *Paketdatei*. Der Paketname ist der Name des Pakets oder der Applikation wie etwa **gif2png**. Die Paketdatei ist der Name der RPM-Datei: *gif2png-2.2.5-1.i386.rpm*.

RPM verwendet eine Konfigurationsdatei, mit der häufig verwendete Optionen angegeben werden können. Die systemweite Konfigurationsdatei ist */etc/rpmrc*; Benutzer können eine eigene als *$HOME/.rpmrc* angeben. Mit der Option **--showrc** werden die Werte angezeigt, die RPM für die Optionen verwenden wird und die in einer **rpmrc**-Datei eingestellt werden können:

```
rpm --showrc
```

Der Befehl **rpm** enthält FTP- und HTTP-Clients, weswegen Sie auch *ftp://*- und *http://*-URLs angeben können, um ein Paket über das Internet installieren und abfragen zu können. Wo immer in den hier genannten Befehlen eine *Paketdatei* angegeben wird, kann auch eine FTP- oder HTTP-URL verwendet werden.

Jeder Benutzer kann die RPM-Datenbank abfragen. Die meisten anderen Funktionen erfordern Superuser-Rechte.

Allgemeine Optionen

Die folgenden Optionen können mit allen Modi verwendet werden:

--dbpath *Pfad*
: Verwendet *Pfad* als Pfad zur RPM-Datenbank.

--ftpport *Port*
: Verwendet *Port* als FTP-Port.

--ftpproxy *Host*
: Verwendet *Host* als Proxy-Server für alle Übertragungen. Wird angegeben, wenn Sie FTP durch eine Firewall hindurch verwenden, die einen Proxy benutzt.

--help
: Gibt einen langen Hilfstext aus (**rpm** ohne Optionen gibt einen kürzeren Hilfstext aus).

--justdb
: Aktualisiert nur die Datenbank; ändert keine Dateien.

--pipe *Befehl*
: Leitet die Ausgabe von **rpm** durch *Befehl*.

--quiet
: Zeigt nur Fehlermeldungen an.

--rcfile *Dateiname*
: Verwendet *Dateiname* anstelle der System-Konfigurationsdatei */etc/rpmrc* und anstelle von *$HOME/.rpmrc* als Konfigurationsdatei.

--root *Verzeichnis*
: Führt alle Operationen im Verzeichnis *Verzeichnis* aus.

--version
: Gibt die Versionsnummer von **rpm** aus.

-vv Gibt Debugging-Informationen aus.

Optionen zum Installieren, Aktualisieren und Auffrischen

Installieren oder Aktualisieren eines RPM-Pakets. Die Syntax des **install**-Befehls lautet:

```
rpm -i [Installationsoptionen] Paketdatei ...
rpm --install [Installationsoptionen] Paketdatei ...
```

Um eine neue Version eines Pakets zu installieren und gleichzeitig eine existierende Version zu entfernen, benutzen Sie statt dessen den Befehl **upgrade**:

```
rpm -U [Installationsoptionen] Paketdatei ...
rpm --upgrade [Installationsoptionen] Paketdatei ...
```

Wenn ein Paket mit **-U** installiert werden soll, das es noch nicht auf dem System gibt, dann arbeitet dieser Befehl wie **-i** und installiert es. Um dieses Verhalten zu verhindern, können Sie ein Paket mit **freshen** auffrischen; in diesem Fall aktualisiert **rpm** das Paket nur, wenn bereits eine frühere Version installiert ist. Die Syntax von **freshen** lautet:

```
rpm -F [Installationsoptionen] Paketdatei ...
rpm --freshen [Installationsoptionen] Paketdatei ...
```

Die Optionen für die Installation und das Aktualisieren lauten:

--allfiles
: Alle Dateien installieren oder aktualisieren.

--badreloc
: Wird zusammen mit **--relocate** verwendet, um die Relokation eines Pakets zu verwenden, selbst wenn dieses nicht relozierbar ist.

--excludedocs
: Keine Dokumentationsdateien installieren.

--excludepath *Pfad*
: Keine Datei installieren, deren Dateiname mit *Pfad* beginnt.

--force
: Die Installation erzwingen. Diese Option entspricht der Kombination aus **--replacepkgs**, **--replacefiles** und **--oldpackage**.

-h, --hash
: Gibt während des Entpackens des Paket-Archivs 50 Doppelkreuze aus. Verwenden Sie diese Option zusammen mit **-version**, um eine hübschere Ausgabe zu bekommen.

--ignorearch
: Auch dann installieren, wenn das Binärpaket für eine andere Architektur gedacht ist.

--ignoreos
: Ein Binärpaket auch dann installieren, wenn die Betriebssysteme nicht zusammenpassen.

--ignoresize
: Den verfügbaren Festplattenplatz vor der Installation nicht überprüfen.

--includedocs
: Dokumentationsdateien installieren. Dies ist nur dann notwendig, wenn **excludedocs: 1** in einer *rpmrc*-Datei angegeben wurde.

--nodeps
Nicht überprüfen, ob dieses Paket andere benötigt.

--noorder
Die Reihenfolge der Pakete nicht ändern, um Abhängigkeiten während der Installation zu erfüllen.

--noscripts
Keine vor oder nach der Installation auszuführenden Skripten ausführen.

--notriggers
Keine von der Paket-Installation ausgelösten Skripten ausführen.

--oldpackage
Beim Aktualisieren das Ersetzen eines neueren Pakets durch ein älteres ersetzen.

--percent
Beim Auspacken der Dateien Meldungen ausgeben, wieviel Prozent bereits erledigt sind.

--prefix *Pfad*
Gibt das Installationspräfix *Pfad* für relozierbare Pakete an.

--replacefiles
Installiert die Pakete auch dann, wenn sie Dateien aus anderen installierten Paketen ersetzen.

--replacepkgs
Installiert die Pakete auch dann, wenn einige davon schon installiert sind.

--test
Die Installation durchlaufen, um zu sehen, was passieren würde, das Paket aber nicht wirklich installieren.

Optionen für Abfragen

Die Syntax des Befehls **query** lautet:

```
rpm -q[Informationsoptionen] [Paketoptionen]
rpm --query[Informationsoptionen] [Paketoptionen]
```

Es gibt zwei Bereiche von Abfrageoptionen: Optionen zur *Paketauswahl*, die bestimmen, welche Pakete abgefragt werden, und Optionen zur *Informationsauswahl*, die bestimmen, welche Informationen ausgegeben werden.

Optionen zur Paketauswahl:

Paketname
Fragt das installierte Paket *Paketname* ab.

-a, --all
Fragt alle installierten Pakete ab.

-f *Datei*, **--file** *Datei*
Findet heraus, zu welchem Paket *Datei* gehört.

-g *Gruppe*, **--group** *Gruppe*
Findet heraus, welche Pakete zur Gruppe *Gruppe* gehören.

-p *Paketdatei*
Fragt das nicht-installierte Paket *Paketdatei* ab.

--querybynumber *Nummer*
Gibt den *Nummer*-ten Eintrag der Datenbank aus. Hauptsächlich zum Debugging zu verwenden.

-qf, --queryformat *Nummer*
Gibt das Format zur Anzeige der Abfrageausgabe an und verwendet dabei Tags, um die verschiedenen Datentypen (beispielsweise NAME, FILENAME, DISTRIBUTION) zu bezeichnen. Die Formatspezifikation ist eine Variante der bekannten **printf**-Formatierung. (Verwenden Sie das im Abschnitt »Diverse Optionen« beschriebene **--querytags**, um eine Liste der verfügbaren Tags zu bekommen.

--specfile *Specdatei*
Fragt *Specdatei* ab, als wäre die Datei selbst ein Paket.

--triggeredby *Paket*
Gibt die Pakete aus, die die Installation des Pakets *Paket* auslösen.

--whatrequires *Fähigkeit*
Gibt die Pakete aus, die die angegebene *Fähigkeit* zur Funktionsfähigkeit benötigen.

--whatprovides *Fähigkeit*
Gibt die Pakete aus, die die angegebene *Fähigkeit* bereitstellen.

Optionen zur Informationsauswahl:

-c, --configfiles
Gibt die Konfigurationsdateien im Paket aus.

--changelog
Gibt das Änderungsprotokoll im Paket aus.

-d, --docfiles
Gibt die im Paket vorhandenen Dokumentationsdateien aus.

--dump
Gibt Informationen über jede Datei im Paket aus. Diese Option muß zusammen mit **-c** oder **-d** oder beiden verwendet werden. Die Ausgabe enthält die folgenden Informationen in dieser Reihenfolge:

```
pfad groesse mtime md5summe modus besitzer gruppe istkonfigdatei istdokdatei
rdev symlink
```

--filesbypkg
Gibt alle Dateien in jedem Paket aus.

-i Gibt Informationen über das Paket aus, darunter den Namen, die Version und die Beschreibung.

-l, --list
Gibt alle Dateien im Paket aus.

--last
Gibt die Pakete nach Installationszeitpunkt sortiert aus, das zuletzt installierte Paket zuerst.

--provides
Gibt die Fähigkeiten aus, die dieses Paket bereitstellt.

-R, --requires
: Gibt alle Pakete aus, von denen dieses Paket abhängig ist.

-s, --state
: Gibt jede Datei im Paket zusammen mit ihrem Status aus. Mögliche Werte für den Status sind **normal**, **not installed** (nicht installiert) und **replaced** (ersetzt).

--scripts
: Gibt alle paketspezifischen Shell-Skripten aus, die während der Installation und Deinstallation des Pakets verwendet werden.

Optionen für die Deinstallation

Die Syntax des **uninstall**-Befehls lautet:

```
rpm -e Paketname
rpm --erase Paketname
```

Die Optionen zur Deinstallation lauten:

--allmatches
: Entfernt alle Versionen des Pakets. Es sollte nur ein Paket angegeben werden; ansonsten wird ein Fehler gemeldet.

--nodeps
: Keine Abhängigkeiten überprüfen, bevor das Paket installiert wird.

--noscripts
: Vor und nach der Deinstallation keine dafür eigentlich vorgesehenen Skripten ausführen.

--notriggers
: Keine Skripten ausführen, die durch das Entfernen dieses Pakets ausgelöst werden.

--test
: Nicht wirklich alles deinstallieren, nur die Prozeduren durchlaufen.

Optionen zur Überprüfung

Die Syntax für den Befehl **verify** lautet:

```
rpm -V|-y|--verify[Paketauswahloptionen]
```

Im Überprüfungsmodus werden Informationen über die installierten Dateien in einem Paket mit Informationen über die Dateien aus dem ursprünglichen Paket verglichen und alle Diskrepanzen angezeigt. Unter anderem werden die Größe, die MD5-Prüfsumme, die Zugriffsrechte, der Typ, der Besitzer und die Gruppe verglichen. Deinstallierte Dateien werden ignoriert.

Die Optionen zur Paketauswahl sind die gleichen wie im Abfragemodus, zusätzlich aber auch:

--nofiles
: Fehlende Dateien ignorieren.

--nomd5
: MD5-Prüfsummen-Fehler ignorieren.

--nopgp
: Fehler bei der PGP-Überprüfung ignorieren.

Die Ausgabe wird als String aus acht Zeichen formatiert, denen möglicherweise ein »c« folgt, das eine Konfigurationsdatei anzeigt. Anschließend folgt der Dateiname. Jedes der acht Zeichen im String repräsentiert das Resultat des Vergleichs eines Dateiattributs mit dem Wert dieses Attributs in der RPM-Datenbank. Ein Punkt (.) zeigt an, daß die Datei den Test bestanden hat. Die folgenden Zeichen zeigen das Fehlschlagen eines Tests an:

5	MD5-Prüfsumme
D	Gerät
G	Gruppe
L	Symbolischer Link
M	Modus (enthält die Zugriffsrechte und den Dateityp)
S	Dateigröße
T	M-Time
U	Benutzer

Optionen zum Neuaufbau der Datenbank

Die Syntax des Befehls zum Neuaufbau der RPM-Datenbank lautet:

```
rpm --rebuilddb [Optionen]
```

Sie können auch eine neue Datenbank aufbauen:

```
rpm --initdb [Optionen]
```

Die Optionen, die im Modus zum Neuaufbau der Datenbank zur Verfügung stehen, sind **--dbpath** und **--root**, die weiter oben unter »Allgemeine Optionen« beschrieben wurden.

Optionen zur Überprüfung von Signaturen

RPM-Pakete können eine eingebaute PGP-Signatur haben. Informationen zur PGP-Konfiguration werden aus */etc/rpmrc* gelesen. Die Syntax des Modus zur Signaturüberprüfung lautet:

```
rpm --checksig Paketdatei...
rpm  -K Paketdatei...
```

Die Syntax zur Signaturüberprüfung lautet:

--nogpg
: Keine GPG-Signaturen überprüfen.

--nomd5
: Keine MD5-Signaturen überprüfen.

--nopgp
: Keine PGP-Signaturen überprüfen.

Mit zwei weiteren Optionen können Sie Unterschriften zum Paket hinzufügen:

--addsign *binäre_Paketdatei...*
: Erzeugt und fügt neue Signaturen zu denen hinzu, die sich bereits in den angegebenen Binärpaketen befinden.

--resign *binäre_Paketdatei...*
: Erzeugt und fügt neue Signaturen in den angegebenen Binärpaketen hinzu und entfernt alle existierenden Signaturen.

Diverse Optionen

Es gibt mehrere zusätzliche **rpm**-Optionen:

--querytags
: Gibt die Tags aus, die für die Option **--queryformat** im Abfragemodus zur Verfügung stehen.

--setgids *Pakete*
: Setzt den Besitzer und die Gruppe der angegebenen Pakete auf die Werte in der Datenbank.

--setperms *Pakete*
: Setzt die Dateizugriffsrechte der angegebenen Pakete auf die Werte in der Datenbank.

--showrc
: Zeigt die Werte aller Optionen, die in einer *.rpmrc*-Datei eingestellt werden können, an.

FTP/HTTP-Optionen

Die folgenden Optionen können bei *ftp://*- und *http://*-URLs in den Modi zur Installation, zur Aktualisierung und zur Abfrage verwendet werden:

--ftpport *Port*
: Verwendet *Port* anstelle des Default-Ports, um eine FTP-Verbindung zum Proxy-FTP-Server aufzubauen. Entspricht dem Makro **_ftpport**.

--ftpproxy *Host*
: Verwendet *Host* als Proxy-Server für FTP-Übertragungen durch eine Firewall, die einen Proxy verwendet. Entspricht dem Makro **_ftpproxy**.

--httpport *Port*
: Verwendet *Port* anstelle des Default-Ports, um eine HTTP-Verbindung zum Proxy-HTTP-Server aufzubauen. Entspricht dem Makro **_httpport**.

--httpproxy *Host*
: Verwendet *Host* als Proxy-Server für HTTP-Übertragungen. Entspricht dem Makro **_httpproxy**.

Optionen zum Bauen

Die Syntax für die Optionen zum Bauen lautet:

```
rpm -[b|t]Schritt [Bauoptionen] Specdatei ...
```

Package-Manager

Geben Sie **-b** an, um ein Paket direkt aus einer spec-Datei zu bauen, oder **-t**, um eine getarte oder gezipte Datei zu öffnen und deren spec-Datei zu verwenden. Beide Varianten verwenden die gleichen aus einem Zeichen bestehenden Argumente für **Schritt**:

p Führt den Vorbereitungsschritt (*prep*) durch, packt die Quelldateien aus und wendet Patches an.

l Überprüft die Packliste; expandiert die Makros im *files*-Abschnitt der spec-Datei und überprüft, ob alle Dateien existieren.

c Führt den Bau-Schritt durch. Wird nach dem Vorbereitungsschritt ausgeführt und ist im allgemeinen gleichbedeutend mit einem **make**-Aufruf.

i Führt den Installationsschritt durch. Wird nach den Vorbereitungs- und Bau-Schritten ausgeführt und entspricht im allgemeinen einem Aufruf von **make install**.

b Baut ein Binärpaket. Wird nach den Vorbereitungs-, Bau- und Installationsschritten ausgeführt.

s Baut ein Quellpaket. Wird nach den Vorbereitungs-, Bau- und Installationsschritten ausgeführt.

a Baut ein Binär- und Quellpaket. Wird nach den Vorbereitungs-, Bau- und Installationsschritten ausgeführt.

Beim Bauen einer **rpm**-Datei stehen die folgenden zusätzlichen Optionen zur Verfügung:

--buildarch *arch*
--buildos *os*
Zur Verwendung mit RPM-Versionen vor 3.0. Baut das Paket für die Architektur *arch* oder das Betriebssystem *os*. Wurde ab Version 3.0 durch **--target** ersetzt.

--buildroot *Verzeichnis*
Überschreibt den **BuildRoot**-Tag beim Bauen des Pakets mit *Verzeichnis*.

--clean
Löscht die beim Bauen entstandenen Dateien, nachdem das Paket fertig ist.

--rmsource
Entfernt die Quelldateien und die spec-Datei, wenn das Bauen abgeschlossen ist. Kann als freistehende Option mit dem **rpm**-Befehl verwendet werden, um die Dateien unabhängig vom Erzeugen der Pakete zu löschen.

--short-circuit
Kann mit den Optionen **-bc** und **-bi** verwendet werden, um davor kommende Schritte zu überspringen.

--sign
Fügt dem Paket eine PGP-Signatur hinzu.

--target *Plattform*
Beim Bauen des Pakets werden die Makros **_target**, **_target_arch** und **_target_os** auf den durch *Plattform* angegebenen Wert gesetzt.

--test
Durchläuft die einzelnen Schritte, führt aber keine Bau-Schritte aus. Kann zum Testen von spec-Dateien verwendet werden.

--timecheck
: Legt das Alter für die Altersüberprüfung fest (das maximale Alter in Sekunden einer paketierten Datei). Wird durch einen Wert von 0 abgeschaltet.

Zwei weitere Optionen können freistehend mit **rpm** verwendet werden, um ein Paket neu zu kompilieren oder zu bauen:

--rebuild *Quell-Paketdatei...*
: Wie **--recompile**, baut aber auch ein neues Binärpaket. Entfernt das Bau-Verzeichnis, die Quelldateien und die spec-Datei, wenn das Bauen abgeschlossen ist.

--recompile *Quell-Paketdatei...*
: Installiert das angegebenene Quellpaket und bereitet das Paket vor, kompiliert und installiert es.

Beispiele zu RPM

Abfragen der RPM-Datenbank, um Pakete rund um Emacs zu finden:

```
% rpm -q -a | grep emacs
```

Ein nicht-installiertes Paket untersuchen, Informationen über das Paket ausgeben und die enthaltenen Pakete anzeigen:

```
% rpm -qpil ~/downloads/bash2-doc-2.03-8.i386.rpm
```

Ein Paket installieren (benötigt Superuser-Rechte):

```
% rpm -i sudo-1.5.3-6.i386.rpm
```

KPackage

KPackage ist ein grafisches Frontend zu **rpm** und **Debian-apt**, das unter dem X Window System läuft und sich besonders gut in den KDE-Desktop integriert. Wenn Sie es mit **kpackage** oder über das K-Menü des KDE-Desktops starten, sehen Sie ein Fenster, in dem Sie Ihre Pakete über eine grafische Benutzeroberfläche verwalten können. Das Format des **kpackage**-Befehls lautet:

kpackage [*Optionen*] [*Paket*]

Optionen von KPackage

Die Optionen von **KPackage** lauten:

--help
: Zeigt eine Übersicht über die Optionen an.

--help-qt
: Zeigt eine Übersicht über die Qt-spezifischen Optionen an.

--help-kde
: Zeigt eine Übersicht über die KDE-spezifischen Optionen an.

--help-all
: Zeigt alle Optionen an.

--author
: Zeigt den Autoren des Programms an.

-v, --version
: Zeigt die Versionsnummer des Programms an.

--license
: Zeigt die Lizenz des Programms an.

-- Alles weitere auf der Kommandozeile sind keine Optionen mehr.

--remote *Host*
: Gibt den entfernten Rechner an, auf den Debian-APT via SSH zugreifen soll.

Paket
: Gibt das initial anzuzeigende Paket an.

Das KPackage-Fenster

Das KPackage-Fenster besteht aus zwei Hauptbereichen, einer Menüleiste, einer Werkzeugleiste sowie einer Reihe von Buttons. Der linke Bereich zeigt die installierten und die verfügbaren Pakete an, während Sie im rechten Bereich Informationen über das links selektierte Paket sehen können. Über das Menü erreichen Sie die folgenden Funktionen:

Datei
: Hier können Sie unter anderem nach einem bestimmten Paket oder nach einer Datei aus einem Paket suchen.

Pakete
: Mit den Einträgen in diesem Menü können Sie durch die Paketliste navigieren.

Zwischenspeicher
: Dieses Menü dient zur Kontrolle des Paket-Caches.

Spezial
: Wenn Sie den Debian-Paket-Manager APT verwenden, dann finden Sie hier APT-spezifische Funktionen.

Einstellungen
: Dieses Menü ermöglicht die Konfiguration aller KPackage-Einstellungen.

Hilfe
: Dies ist das Standard-Hilfe-Menü, über das Sie Zugriff auf die Dokumentation von KPackage haben.

Das Paket-Fenster

Wenn Sie in der Paketliste auf der linken Seite des KPackage-Fensters ein Paket ausgewählt haben, können Sie auf der rechten Seite im Paket-Fenster Informationen zu diesem Paket bekommen. Dazu stehen zwei Informations-Seiten zur Verfügung, die erste, EIGENSCHAFTEN, enthält allgemeine Informationen über das Paket, die zweite, DATEILISTE, nennt die im Paket enthaltenen Dateien. Außerdem können Sie das Paket mit dem DEINSTALLIEREN-Button deinstallieren.

GNOME-RPM

GNOME-RPM ist ein weiteres grafisches Frontend zu **rpm**, das unter dem X Window System läuft. Sie können **gnorpm** auch dann benutzen, wenn Sie GNOME nicht verwenden. Wenn Sie **gnorpm** starten, öffnet es ein Fenster, in dem Sie Ihre **rpm**-Pakete über eine grafische Benutzeroberfläche verwalten können. Das Format des **gnorpm**-Befehls lautet:

```
gnorpm [Optionen]
```

Optionen von gnorpm

Die Optionen von **gnorpm** lauten:

--geometry=*geom*
: Gibt die Geomtrie des Hauptfensters im Standard-Geometrieformat von X an (also $b \times h + x + y$).

-i *Paketdateien,* **--install** *Paketdateien*
: Installiert die angegebenen Pakete.

-p *Pakete,* **--packages** *Pakete*
: Die Pakete sind in Dateien, nicht in der **rpm**-Datenbank (sind also noch nicht installiert worden).

-q *Pakete,* **--query** *Pakete*
: Zeigt ein Abfragefenster für die angegebenen installierten Pakete an.

-qp *Paketdateien,* **--query --packages** *Paketdateien*
: Zeigt ein Abfragefenster für die angegebenen Paketdateien an. Dies entspricht der Kombination aus den Optionen **-q** und **-p**.

-U *Paketdateien,* **--upgrade** *Paketdateien*
: Aktualisiert die angegebenen Pakete.

-K *Paketdateien,* **--checksig** *Paketdateien*
: Überprüft die Signaturen der angegebenen Pakete.

-y *Pakete,* **--verify** *Pakete*
: Überprüft die angegebenen Pakete.

-?, --help
: Zeigt einen Hilfetext an und beendet das Programm.

--root=*Verzeichnis*
: Gibt das zu verwendende Wurzelverzeichnis an.

--usage
: Zeigt einen kurzen Hilfetext an und beendet das Programm.

Das GNOME-RPM-Fenster

Das GNOME-RPM-Fenster besteht aus fünf Teilen. Oben befindet sich eine Menüleiste mit drei Menüs:

Pakete
: Die Menüoptionen lauten ANFRAGEN, DEINSTALLIEREN und PRÜFEN.

Tätigkeiten
: Die Menüoptionen lauten **FINDE**, **WEBSUCHE**, **INSTALLIEREN** und **EINSTELLUNGEN**.

Hilfe
: Enthält Online-Hilfe zu GNOME-RPM.

Unter der Menüleiste befindet sich die Werkzeugleiste mit Buttons zum **INSTALLIEREN**, **DESELEKTIEREN**, **DEINSTALLIEREN**, **ANFRAGEN**, **PRÜFEN**, **SUCHEN** und zur **WEBSUCHE**. Ganz unten sehen Sie eine Statusleiste.

Der Rest des Fensters ist der Hauptbereich. Links ist die Paketanzeige, die die Paket-Ordner in einer Baumstruktur anzeigt. Ein Ordner wird durch Anklicken selektiert; Doppelklicks zeigen den Inhalt des Folders (also die Pakete in diesem Folder) an. Das Klicken auf ein Paket wählt dieses aus; Sie können dann die Menüs und die Buttons in der Werkzeugleiste dazu verwenden, um das Paket zu bearbeiten. Sie können mehrere Pakete gleichzeitig auswählen und als Gruppe bearbeiten. Wenn Sie mit der rechten Maustaste auf ein Paket-Icon klicken, wird das Paket selektiert, wenn es das noch nicht ist, und es erscheint ein Kontextmenü mit den Auswahlen **ANFRAGEN**, **DEINSTALLIEREN** und **PRÜFEN**.

Alle Details finden Sie in der GNOME-RPM-Dokumentation und in der Online-Hilfe.

Der Debian-Package-Manager

Debian enthält mehrere Werkzeuge zur Paketverwaltung, die hauptsächlich dazu gedacht sind, binäre Pakete leichter zu bauen, zu installieren und verwalten zu können. Die Namen von Debian-Paketen enden üblicherweise auf *.deb*. Zu den Paketverwaltungswerkzeugen von Debian gehören:

dpkg
: Bis vor kurzem war dieses das wichtigste der Paketierungswerkzeuge von Debian und ist immer noch das vorrangige Programm zur Paketverwaltung. Wird zum Installieren und Deinstallieren von Paketen oder als Frontend zu **dpkg-deb** verwendet.

dpkg-deb
: Ein systemnäheres Paketierungswerkzeug. Es wird dazu verwendet, die Debian-Paketarchive zu erzeugen und zu verwalten. Akzeptiert und führt Befehle von **dpkg** aus und kann auch direkt aufgerufen werden.

dselect
: Ein interaktives Frontend zu **dpkg**.

apt-get
: Der derzeit verfügbare Bestandteil des Advanced Package Tool (APT), das sich noch in der Entwicklung befindet und ein modernes, benutzerfreundliches Werkzeug zur Paketverwaltung werden soll. Kann von der Kommandozeile ausgeführt oder als eine Methode von **dselect** aus ausgewählt werden. Eines der Merkmale von **apt-get** ist die Möglichkeit, Pakete über das Internet durch Angabe von *ftp://-* oder *http://*-URLs zu installieren. Außerdem können Sie damit alle gerade auf Ihrem System installierten Pakete in einem Rutsch aktualisieren.

Dateien

Einige wichtige Dateien, die von den Debian-Werkzeugen zur Paketverwaltung verwendet werden:

control
: Gibt es in jedem Paket; beschreibt Abhängigkeiten und enthält den Namen und die Version des Pakets, eine Beschreibung, den Maintainer, die installierte Größe usw.

conffiles
: Gibt es in jedem Paket und enthält eine Liste der Konfigurationsdateien im jeweiligen Paket.

preinst, postinst, prerm, postrm
: Skripten, die in einem Paket enthalten sein können und vor der Installation, nach der Installation, vor dem Entfernen oder nach dem Entfernen ausgeführt werden sollen.

/var/lib/dpkg/available
: Enthält Informationen über die auf Ihrem System verfügbaren Pakete.

/var/lib/dpkg/status
: Enthält Informationen über den Status der auf Ihrem System verfügbaren Pakete.

/etc/apt/sources.list
: Eine Liste von Paketquellen für APT, die zum Auffinden von Paketen verwendet wird. Es wird jeweils eine Quelle pro Zeile angegeben, in der Reihenfolge, in der sie abgesucht werden sollen.

/etc/apt/apt.conf
: Die Hauptkonfigurationsdatei von APT.

Paketzustände und Auswahlzustände

Ein Paket kann sich in folgenden Zuständen befinden:

config-files
: Nur die Konfigurationsdateien des Pakets sind auf dem System vorhanden.

half-configured
: Das Paket ist nicht ausgepackt, und die Konfiguration wurde begonnen, aber nicht vollendet.

half-installed
: Die Installation wurde begonnen, aber nicht vollendet.

installed
: Das Paket ist ausgepackt und konfiguriert.

not-installed
: Das Paket ist nicht installiert.

unpacked
: Das Paket ist ausgepackt, aber nicht konfiguriert.

Die möglichen Zustände bei der Paketauswahl lauten:

deinstall
Das Paket ist zur Deinstallation ausgewählt worden (also zum Entfernen von allem außer den Konfigurationsdateien).

install
Das Paket ist zur Installation ausgewählt worden.

purge
Das Paket ist zum Säubern ausgewählt worden (also zum Entfernen von allem einschließlich der Konfigurationsdateien).

Paketschalter

Es gibt zwei Paketschalter, die für ein Paket gesetzt werden können:

hold
Das Paket soll nicht von **dpkg** bearbeitet werden, sofern dieses nicht durch die Option **--force-hold** erzwungen wird.

reinst-required
Das Paket ist beschädigt und muß neu installiert werden. Solch ein Paket kann nicht entfernt werden, sofern dieses nicht durch die Option **--force-reinstreq** erzwungen wird.

Skripten

Neben den im nächsten Abschnitt beschriebenen Befehlen gehören mehrere Shell- und Perl-Skripten zum Paket-Manager, die zum Bauen von Paketen verwendet werden:

dpkg-buildpackage
Hilft beim automatisierten Bauen von Paketen. Shell-Skript.

dpkg-distaddfile
Fügt einen Eintrag für eine Datei zu *debian/files* hinzu. Perl-Skript.

dpkg-genchanges
Erzeugt anhand der Informationen in einem ungepackten, gebauten Quellbaum und den daraus generierten Dateien eine Steuerdatei zum Heraufladen. Perl-Skript.

dpkg-gencontrol
Liest Informationen aus einem nicht-ausgepackten Quellbaum und zeigt eine binäre Paket-Steuerdatei auf der Standardausgabe an. Perl-Skript.

dpkg-name
Benennt Debian-Pakete in ihre vollständigen Paketnamen um. Shell-Skript.

dpkg-parsechangelog
Liest und parst den ChangeLog aus einem unausgepackten Quellbaum und schreibt die Informationen in maschinenlesbarer Form auf die Standardausgabe. Perl-Skript.

dpkg-scanpackages
Erzeugt aus einem Baum von Binär-Paketen eine *Packages*-Datei. Diese wird von **dselect** verwendet, um eine Liste der zur Installation verfügbaren Pakete anzuzeigen. Perl-Skript.

dpkg-shlibdeps
: Berechnet die Abhängigkeiten der genannten ausführbaren Dateien von Shared Libraries. Perl-Skript.

dpkg-source
: Packt und entpackt Debian-Quellarchive. Perl-Skript.

Befehlszusammenfassung zum Debian-Package-Manager

apt-cdrom

apt-cdrom [*Optionen*] *Befehl*

Fügt eine CD-ROM zu APTs Liste verfügbarer Quellen hinzu. Derzeit ist **add** der einzige Befehl, der auch angegeben werden muß (sofern nicht die Option **--help** verwendet wird). Die Datenbank der CD-ROM-IDs, die APT verwaltet, lautet */var/state/apt/cdroms.list*.

Optionen

Optionen können auf der Kommandozeile angegeben oder in einer Konfigurationsdatei festgelegt werden. Boolesche Optionen, die in der Konfigurationsdatei festgelegt wurden, können auf der Kommandozeile auf verschiedene Weise überschrieben werden, darunter: **--no-***opt* und **-***opt***=no**, wobei *opt* der aus einem Zeichen bestehende oder der vollständige Name der Option ist.

-a, --thorough
: Gründlich nach Paketen suchen. Kann bei manchen alten Debian-CD-ROMs notwendig sein.

-c, --config-file
: Gibt eine Konfigurationsdatei an, die nach der Default-Konfigurationsdatei gelesen werden soll.

-d, --cdrom
: Gibt den Einhängepunkt für die CD-ROM an, der in */etc/fstab* aufgeführt werden muß. Die Konfigurationsoption lautet Acquire::cdrom::mount.

-f, --fast
: Schnell kopieren. Dabei wird davon ausgegangen, daß die Dateien alle gültig und nicht alle Überprüfungen notwendig sind. Nur angeben, wenn diese CD schon einmal ohne Fehler benutzt worden ist. Die Konfiguration lautet APT::CDROM::Fast.

-h, --help
: Hilfetext ausgeben und beenden.

-m, --no-mount
: Den Einhängepunkt nicht ein- oder aushängen. Die Konfigurationsoption lautet APT::CDROM::NoMount.

-n, --just-print, --recon, --no-act
: Alles überprüfen, aber keine Änderungen vornehmen. Die Konfigurationsoption lautet APT::CDROM::NoAct.

apt-cdrom ←

-o, --option
: Eine Konfigurationsoption einstellen. Die Syntax lautet **-o** *Gruppe::Werkzeug=Option* (beispielsweise APT::CDROM=Fast).

-r, --**rename**
: Fragt nach einem neuen Label und benennt die CD auf den neuen Wert um. Die Konfigurationsoption lautet APT::CDROM::Rename.

-v, --**version**
: Gibt Versionsinformationen aus und beendet das Programm.

apt-get

apt-get [*Optionen*] *Befehl* [*Paket...*]

Ein Kommandozeilenwerkzeug zur Paketverwaltung. Wird später ein Backend für APT sein.

Befehle

autoclean
: Wie **clean**, entfernt aber nur Paketdateien, die nicht mehr heruntergeladen werden können.

clean
: Löscht das lokale Repository der heruntergeladenen Paketdateien.

check
: Aktualisiert den Paket-Cache und sucht nach beschädigten Paketen.

dist-upgrade
: Wie **upgrade**, verarbeitet aber auch die Abhängigkeiten auf intelligente Weise.

dselect-upgrade
: Wird gemeinsam mit **dselect** verwendet. Verfolgt die von **dselect** am **Status**-Feld verfügbarer Pakete vorgenommenen Änderungen und nimmt die notwendigen Aktionen vor, um diesen Status zu erreichen.

install *Paket...*
: Installiert eines oder mehrere Pakete. Geben Sie den Paketnamen an, nicht den vollständigen Dateinamen. Weitere notwendige Pakete werden ebenfalls beschafft und installiert. Wenn ein Bindestrich an einen Paketnamen angehängt wird, wird das Paket entfernt, sofern es bereits installiert ist.

remove *Paket...*
: Entfernt eines oder mehrere Pakete. Geben Sie den Paketnamen, nicht den vollständigen Dateinamen an. Wenn ein Pluszeichen an den Namen angehängt wird, wird das Paket statt dessen installiert.

source *Paket...*
: Findet Quellpakete und lädt sie in das aktuelle Verzeichnis herunter. Wenn dieser Befehl mit der Option **--compile** angegeben wird, werden die Quellpakete zu Binärpaketen kompiliert. Mit **--download-only** werden die Quellpakete nicht entpackt.

update
Resynchronisiert die Paket-Überblicksdateien mit ihren Quellen. Muß vor einem **upgrade** oder **dist-upgrade** ausgeführt werden.

upgrade
Installiert die neuesten Versionen aller derzeit installierten Pakete. Führen Sie zuerst **update** aus.

Optionen

Optionen können auf der Kommandozeile angegeben oder in einer Konfigurationsdatei eingestellt werden. Boolesche Optionen, die in der Konfigurationsdatei festgelegt wurden, können auf der Kommandozeile auf verschiedene Weise überschrieben werden, darunter: **--no-***opt* und **-***opt***=no**, wobei *opt* der aus einem Zeichen bestehende oder der vollständige Name der Option ist.

-b, --compile, --build
Kompiliert Quellpakete nach dem Herunterladen.

-c, --config-file
Gibt eine Konfigurationsdatei an, die nach der Default-Konfigurationsdatei gelesen werden soll.

-d, --download-only
Holt Paketdateien, packt diese aber nicht aus und installiert sie nicht. Die Konfigurationsoption lautet APT::Get::Download-only.

-f, --fix-broken
Versucht ein System mit kaputten Abhängigkeiten zu reparieren. Kann selbständig oder mit einem Befehl verwendet werden.

--force-yes
Erzwingt ein Ja-Antworten. Veranlaßt APT, ohne Rückfragen weiterzumachen, wenn es etwas tun will, was Ihr System beschädigen könnte. Verwenden Sie diese Option mit großer Vorsicht und nur dann, wenn es absolut notwendig ist. Die Konfigurationsoption lautet APT::Get::force-yes.

-h, --help
Zeigt einen Hilfstext an und beendet das Programm.

--ignore-hold
Ignoriert das Zurückhalten eines Pakets. Wird mit **dist-upgrade** verwendet, um viele unerwünschte Zurückhaltungen zu vermeiden. Die Konfigurationsoption lautet APT::Get::Ignore-Hold.

-m, --ignore-missing, --fix-missing
Ignoriert fehlende oder beschädigte Pakete oder Pakete, die nicht beschafft werden können. Kann Probleme verursachen, wenn diese Option zusammen mit **-f** verwendet wird.

--no-download
Das Herunterladen von Paketen abschalten; kann zusammen mit **--ignore-missing** verwendet werden, um APT dazu zu zwingen, nur die bereits heruntergeladenen Pakete zu verwenden.

→

apt-get
←

--no-upgrade
Keine Pakete aktualisieren. Wird zusammen mit **install** verwendet, um zu verhindern, daß bereits installierte Pakete aktualisiert werden. Die Konfigurationsoption lautet APT::Get::no-upgrade.

-o, **--option**
Eine Konfigurationsoption bestimmen. Die Syntax lautet -o *Gruppe::Werkzeug=Option* (beispielsweise APT::Get=force-yes).

--print-uris
Gibt die URIs der Dateien aus, anstatt sie herunterzuladen. Gibt den Pfad, den Ziel-Dateinamen, die Größe und den erwarteten MD5-Wert aus. Die Konfigurationsoption lautet APT::Get::Print-URIs.

-q, **--quiet**
Den Fortschritt nicht anzeigen, nur Protokollausgaben machen. Noch weniger Ausgaben bekommen Sie mit einem weiteren **q**.

-s, **--simulate**, **--just-print**, **--dry-run**, **--recon**, **--no-act**
Alle Schritte durchlaufen, aber keine Änderungen am System vornehmen. Die Konfigurationsoption lautet APT::Get::Simulate.

-u, **--show-upgraded**
Gibt eine Liste aller zu aktualisierenden Pakete aus. Die Konfigurationsoption lautet APT::Get::Show-Upgraded.

-v, **--version**
Zeigt die Versionsnummer an und beendet das Programm.

-y, **--yes**, **--assume-yes**
Antwortet automatisch mit »ja« auf alle Fragen und läuft nicht-interaktiv. Bricht im Fehlerfall ab. Die Konfigurationsoption lautet APT::Get::Assume-Yes.

dpkg

dpkg [*Optionen*] *Aktion*

Ein Werkzeug zum Installieren, Verwalten und Bauen von Paketen. Dient als Frontend zu **dpkg-deb**.

dpkg-Aktionen

Diese Aktionen werden von **dpkg** selbst erledigt:

-i *Paketdatei*, **--install** *Paketdatei*
Installiert das mit *Paketdatei* angegebene Paket. Bei **-R** oder **--recursive** muß *Paketdatei* ein Verzeichnis sein.

--unpack *Paketdatei*
Entpackt das Paket, konfiguriert es aber nicht. Bei **-R** oder **--recursive** muß *Paketdatei* ein Verzeichnis sein.

--configure [*Pakete* | **-a** | **--pending**]
Rekonfiguriert ein oder mehrere entpackte *Pakete*. Wenn **-a** oder **--pending** anstelle von *Pakete* angegeben wird, werden statt dessen alle Pakete konfiguriert, die ausgepackt, aber nicht konfiguriert sind.

-r, --remove [*Pakete* | **-a** | **--pending**]
--purge [*Pakete* | **-a** | **--pending**]
Entfernt oder säubert eines oder mehrere installierte *Pakete*. Beim Entfernen wird alles außer den in *debian/conffiles* aufgeführten Konfigurationsdateien gelöscht; beim Säubern gehen auch die Konfigurationsdateien verloren. Wenn **-a** oder **--pending** anstelle von *Pakete* angegeben wird, entfernt oder säubert **dpkg** alle Pakete, die entpackt und (in */var/lib/dpkg/status*) zum Entfernen oder Säubern vorgemerkt sind.

--print-avail *Paket*
Gibt die Informationen aus */var/lib/dpkg/available* über *Paket* aus.

--update-avail *Paketliste*
--merge-avail *Paketliste*
Aktualisiert den Datensatz mit den verfügbaren Dateien in */var/lib/dpkg/available*. Diese Information wird von **dpkg** und **dselect** verwendet, um herauszufinden, welche Pakete verfügbar sind. Update ersetzt diese Information durch den Inhalt von *Paketliste*, verteilt als *Packages*. Merge faßt die Informationen aus *Packages* mit der existierenden Information zusammen.

-A *Paketdatei*, **--record-avail** *Paketdatei*
Aktualisiert den Datensatz mit den verfügbaren Dateien in */var/lib/dpkg/available* mit der Information aus *Paketdatei*. Diese Information wird von **dpkg** und **deselect** verwendet, um herauszufinden, welche Pakete zur Verfügung stehen. Bei **-R** oder **--recursive** muß *Paketdatei* ein Verzeichnis sein.

--forget-old-unavail
Nicht-installierte, nicht-verfügbare Pakete vergessen.

--clear-avail
Vorhandene Informationen darüber, welche Informationen zur Verfügung stehen, entfernen.

-l, --list [*Paketname-Muster*]
Zeigt alle Pakete an, deren Name auf das Muster paßt. Ohne Muster werden alle Pakete in */var/lib/dpkg/available* aufgeführt. Das Muster kann normale Shell-Jokerzeichen enthalten und muß in diesem Fall mit Anführungsstrichen umgeben werden, damit die Shell nicht versucht, Dateinamen zu expandieren.

-s *Pakete*, **--status** *Pakete*
Gibt den Status eines oder mehrerer *Pakete* durch Anzeige des Eintrags in der Status-Datenbank */var/lib/dpkg/status* aus.

-C, --audit
Sucht nach teilweise installierten Paketen und macht Vorschläge, wie diese zum Laufen gebracht werden können.

→

dpkg ←

--get-selections [*Muster*]
Holt die Liste der Paketauswahlen und schreibt sie auf die Standardausgabe. Wenn *Muster* angegeben wird, werden die Auswahlen ausgegeben, die auf das Muster passen.

--set-selections
Nimmt Paketauswahlen auf der Basis einer von der Standardeingabe gelesenen Eingabedatei vor.

--yet-to-unpack
Sucht nach nicht-installierten Paketen, die zur Installation ausgewählt worden sind.

-L *Pakete,* **--listfiles** *Pakete*
Gibt die installierten Dateien aus, die aus dem oder den angegebenen Paketen stammen.

-S *Dateiname-Muster,* **--search** *Dateiname-Muster*
Durchsucht die installierten Pakete nach einem Dateinamen. Das Muster kann normale Shell-Jokerzeichen enthalten und muß in diesem Fall mit Anführungsstrichen umgeben werden, damit die Shell nicht versucht, Dateinamen zu expandieren.

--print-architecture
Gibt die Ziel-Architektur aus.

--print-gnu-build-architecture
Gibt die GNU-Version der Ziel-Architektur aus.

--print-installation-architecture
Gibt die Host-Architektur für die Installation aus.

--compare-versions *ver1 op ver2*
Führt einen binären Vergleich zweier Versionsnummern durch. Die Operatoren `lt le eq ne ge gt` behandeln eine fehlende Versionsnummer als älter, die Operatoren `lt-nl le-nl ge-nl gt-nl` dagegen als neuer (`nl` steht dabei für »not later«). Es gibt noch einen dritten Satz von Operatoren (< << <== >= >> >), der für die Kompatibilität zur Syntax von *control*-Dateien gedacht ist. **dpkg** gibt im Erfolgsfall (also wenn die Bedingung erfüllt ist) 0 und ansonsten einen von 0 verschiedenen Wert zurück.

--help
Gibt einen Hilfetext aus und beendet das Programm.

--force-help
Gibt einen Hilfetext über die Optionen von **--force-***Liste* aus und beendet das Programm.

-Dh, **--debug=help**
Gibt einen Hilfetext zum Debugging aus und beendet das Programm.

--license
Gibt Lizenzinformationen zu **dpkg** aus und beendet das Programm. Sowohl die Schreibweise **--licence** als auch **--license** ist zugelassen.

--version
Gibt Versionsinformationen zu **dpkg** aus und beendet das Programm.

dpkg-deb-Aktionen

Die folgenden Aktionen können bei **dpkg** angegeben werden und werden an **dpkg-deb** zur Ausführung weitergereicht. Siehe auch **dpkg-deb**.

-b *Verzeichnis* [*Archiv*], **--build** *Verzeichnis* [*Archiv*]
: Baut ein Paket.

-c *Archiv*, **--contents** *Archiv*
: Gibt den Inhalt eines Pakets aus.

-e, **--control** *Archiv Verzeichnis*
: Gibt Steuerinformationen eines Pakets aus.

-f *Archiv* [*Steuerfelder*], **--field** *Archiv* [*Steuerfelder*]
: Gibt die Steuerfelder oder Felder eines Pakets aus.

-I *Archiv* [*Steuerdateien*], **--info** *Archiv* [*Steuerdateien*]
: Zeigt Informationen über ein Paket an.

--fsys-tarfile *Archiv*
: Zeigt die in einem Paket enthaltene Dateisystem-tar-Datei an.

-x *Archiv Verzeichnis*, **--extract** *Archiv Verzeichnis*
: Packt die Dateien in einem Paket aus.

-X *Archiv Verzeichnis*, **--vextract** *Archiv Verzeichnis*
: Extrahiert die Dateinamen aus einem Paket und zeigt sie an.

Optionen

--abort-after=*Anzahl*
: Beendet die Verarbeitung nach *Anzahl* Fehlern. Der Default ist 50.

-B, **--auto-deconfigure**
: Wenn ein Paket entfernt wird, werden automatisch alle anderen Pakete, die davon abhängig sind, dekonfiguriert.

-D*oktal*, **--debug=***oktal*
: Schaltet das Debugging ein, wobei *oktal* die gewünschte Informationsmenge angibt. Verwenden Sie **-Dh** oder **--debug=help**, um die möglichen Werte anzuzeigen. Sie können die Werte ODER-verknüpfen, um die gewünschte Ausgabe zu bekommen.

-E, **--skip-same-version**
: Das Paket nicht installieren, wenn diese Version bereits installiert ist.

--force-*Liste*, **--no-force-***Liste*, **--refuse-***Liste*
: Das Ausführen einer Operation erzwingen oder das Erzwingen verweigern. *Liste* ist eine durch Kommata getrennte Liste von Optionen. Bei **--force** wird eine Warnung ausgeben, die Verarbeitung aber fortgesetzt. Bei **--refuse** und **--no-force** wird die Verarbeitung mit einem Fehler abgebrochen. Die einzelnen Optionen lauten:

  architecture
  : Auch dann weiterarbeiten, wenn das Paket für eine andere Architektur gedacht ist.

→

dpkg
←

auto-select
Pakete zum Installieren oder Entfernen wählen oder abwählen. Wird per Default erzwungen.

bad-path
Einige Programme fehlen im Pfad.

configure-any
Konfiguriert alle nicht-konfigurierten Pakete, von denen das Paket abhängt.

conflicts
Läßt die Installation von miteinander in Konflikt stehenden Paketen zu. Kann zu Problemen durch Überschreiben von Dateien führen.

depends
Macht Abhängigkeitsprobleme zu Warnungen.

depends-version
Warnt, wenn es Versionsprobleme beim Überprüfen der Abhängigkeiten gibt, ignoriert sonst.

downgrade
Installiert auch dann, wenn bereits eine neuere Version installiert ist. Wird per Default erzwungen.

hold
Verarbeitet Pakete auch dann, wenn sie als zurückzuhalten markiert sind.

not-root
Versucht auch dann zu installieren oder zu entfernen, wenn der Benutzer nicht der Superuser ist.

overwrite
Überschreibt eine Datei aus einem Paket mit der gleichen Datei aus einem anderen Paket. Wird per Default erzwungen.

overwrite-dir
Überschreibt ein Verzeichnis eines Pakets mit einer Datei aus einem anderen Paket.

overwrite-diverted
Überschreibt eine geänderte Datei mit einer nicht-geänderten Version.

remove-essential
Entfernt ein essentielles Paket. Beachten Sie, daß dies dazu führen kann, daß Ihr System nicht mehr funktioniert.

remove-reinstreq
Entfernt Pakete, die beschädigt sind und neu installiert werden müssen.

-G Installiert ein Paket nicht, wenn eine neuere Version davon bereits installiert ist. Entspricht **--refuse-downgrade**.

- -ignore-depends=*Paketliste*
Abhängigkeitsprobleme führen nur bei den Paketen in *Paketliste* zu einer Warnung.

- -largemem
Gibt an, daß **dpkg** so viel Speicher wie nötig verwenden kann.

- -new
Neues Format für Binärpakete. Dies ist eine Option von **dpkg-deb**.

- -no-act
Die einzelnen Schritte durchlaufen, aber keine Änderungen schreiben. Wird zum Testen verwendet. Stellen Sie sicher, daß Sie diese Option vor der Aktion angeben, ansonsten kann es passieren, daß Änderungen geschrieben werden.

- -nocheck
Ignoriert den Inhalt der Steuerdatei beim Bauen eines Pakets. Dies ist eine Option von **dpkg-deb**.

-O, - -selected-only
Verarbeitet nur die Pakete, die zur Installation vorgemerkt sind.

- -old
Altes Format für Binärpakete. Dies ist eine Option von **dpkg-deb**.

-R, - -recursive
Verarbeitet rekursiv alle *.deb*-Dateien, die in den durch **-A**, **- -install**, **- -unpack** und **- -avail** angegebenen Verzeichnissen sowie deren Unterverzeichnissen stehen.

-R, - -root=*Verzeichnis,* **- -admindir=***Verzeichnis,* **- -instdir=***Verzeichnis*
Ändert die Default-Verzeichnisse. **admindir** enthält Verwaltungsdateien mit Status- und anderen Informationen über Pakete; der Default ist */var/lib/dpkg*. **instdir** ist das Verzeichnis, in das Pakete installiert werden; der Default ist */*. Wenn Sie das **root**-Verzeichnis auf *Verzeichnis* ändern, werden **instdir** automatisch auf *verzeichnis/* und **admindir** automatisch auf */verzeichnis/var/lib/dpkg* geändert.

- -smallmem
Legt fest, daß **dpkg** versuchen soll, Speicher zu sparen.

dpkg-deb *Aktion* [*Optionen*]

Backend-Befehl zum Bauen und Verwalten von Debian-Paketarchiven. Siehe auch **dpkg**; oft ist es besser, **dpkg** zu verwenden, um Befehle an **dpkg-deb** weiterzureichen, anstatt **dpkg-deb** direkt zu verwenden.

→

dpkg-deb
←

Aktionen

-b *Verzeichnis* [*Archiv*], **--build** *Verzeichnis* [*Archiv*]
Erzeugt ein *Archiv* aus dem Dateisystem-Baum, der bei *Verzeichnis* beginnt. Das Verzeichnis muß ein Unterverzeichnis namens *DEBIAN* enthalten, das wiederum die *control*-Datei und andere Steuerinformationen enthält. Wenn *Archiv* angegeben wird und ein Dateiname ist, wird das Paket in diese Datei geschrieben; wenn kein *Archiv* angegeben wird, wird das Paket nach *Verzeichnis.deb* geschrieben. Wenn das *Archiv* bereits existiert, wird es ersetzt. Wenn *Archiv* der Name eines Verzeichnisses ist, sucht **dpkg-deb** in der *control*-Datei nach der zum Erzeugen des Paketnamens notwendigen Information. (Aus diesem Grund können Sie auch **--no-check** nicht zusammen mit einem Verzeichnisnamen verwenden.)

-c *Archiv*, **--contents** *Archiv*
Gibt den Dateisystembaum-Teil von *Archiv* aus.

-e, **--control** *Archiv Verzeichnis*
Extrahiert Steuerinformationen aus *Archiv* in das Verzeichnis *Verzeichnis*. *Verzeichnis* wird erzeugt, wenn es noch nicht existiert.

-f *Archiv* [*Steuerfelder*], **--field** *Archiv* [*Steuerfelder*]
Extrahiert Informationen über eines oder mehrere Felder in der *control*-Datei von *Archiv*. Wenn keine Felder angegeben werden, wird die gesamte *control*-Datei ausgegeben.

-h, **--help**
Gibt einen Hilfetext aus und beendet das Programm.

-I *Archiv* [*Steuerdateien*], **--info** *Archiv* [*Steuerdateien*]
Gibt Informationen über das Binärpaket *Archiv* aus. Wenn keine Steuerdateien angegeben werden, wird eine Zusammenfassung des Paketinhalts ausgegeben; ansonsten werden die Steuerdateien in der Reihenfolge ihrer Angabe ausgegeben. Für fehlende Komponenten wird eine Fehlermeldung auf Standardfehler ausgegeben.

--fsys-tarfile *Archiv*
Extrahiert den Dateisystem-Baum aus *Archiv* und schreibt ihn im **tar**-Format auf die Standardausgabe. Kann zusammen mit **tar** verwendet werden, um einzelne Dateien aus einem Archiv zu extrahieren.

--license
Gibt Lizenzinformationen aus und beendet das Programm. Sowohl die Schreibweise **--licence** als auch **--license** ist möglich.

--version
Gibt die Versionsnummer aus und beendet das Programm.

-x *Archiv Verzeichnis*, **--extract** *Archiv Verzeichnis*
-X *Archiv Verzeichnis*, **--vextract** *Archiv Verzeichnis*

Extrahiert den Dateisystem-Baum aus *Archiv* in das angegebene *Verzeichnis*, welches erzeugt wird, wenn es noch nicht existiert. (**--extract**) arbeitet still, während **-X** (**--vextract**) alle Dateien beim Extrahieren auflistet. Verwenden Sie diese Option nicht dazu, Pakete zu installieren, benutzen Sie **dpkg** zu diesem Zweck.

dpkg-deb

Optionen

-D Debugging einschalten.

--new
Ein Archiv im neuen Stil erzeugen (Default).

--no-check
Nicht die *control*-Datei überprüfen, bevor das Archiv gebaut wird. Damit können Sie ein defektes Archiv bauen.

--old
Ein Archiv im alten Stil erzeugen.

Package-Manager

---

dpkg-split [*Aktion*] [*Optionen*]

dpkg-split

Teilt ein Binärpaket in kleinere Teile auf und baut die Teile wieder zusammen, manuell oder automatisch. Im automatischen Modus wird eine Warteschlange zusammenzubauender Pakete unterhalten. Nützlich, wenn Archive auf Disketten transportiert werden sollen.

Aktionen

-a -o *Ausgabe Teil*, **--auto -o** *Ausgabe Teil*
Fügt *Teil* zur Warteschlange für das automatische Wiederzusammenbauen hinzu und baut das Paket als *Ausgabe* zusammen, wenn alle Teile vorhanden sind.

-d [*Pakete*], **--discard** [*Pakete*]
Entfernt Teile aus der Warteschlange für den automatischen Zusammenbau. Wenn *Pakete* angegeben werden, werden nur die Teile dieser Pakete verworfen, ansonsten wird die Warteschlange vollständig gelöscht.

-I *Teile*, **--info** *Teile*
Gibt Informationen über die angegebene Teil-Datei oder die angegebenen Teil-Dateien aus.

-j *Teile*, **--join** *Teile*
Baut die Teile einer Paketdatei aus den angegebenen *Teilen* zusammen. Die Default-Ausgabedatei ist *Paket-version.deb*.

→

dpkg-split ←

-l, --listq
Gibt den Inhalt der Warteschlange mit den auf den Zusammenbau wartenden Teilen aus. Ausgegeben werden jeweils der Paketname, die in der Schlange befindlichen Teile und die Byteanzahl.

-s *Vollständiges_Paket* [*Präfix*], **--***Vollständiges_Paket* [*Präfix*]
Teilt das Paket *Vollständiges_Paket* in Teile namens *PräfixNofM.deb* auf. Der Default des *Präfix* ist *Vollständiges_Paket* ohne die Dateinamenserweiterung *.deb*.

-h, --help
Gibt einen Hilfetext aus und beendet das Programm.

--license
Gibt die Lizenzinformationen aus und beendet das Programm. Sowohl die Schreibweise **--licence** als auch **--license** ist möglich.

--version
Gibt Versionsinformationen aus und beendet das Programm.

Optionen

--Depotverzeichnis
Gibt ein alternatives Verzeichnis *Depotverzeichnis* an, in dem die Teile auf den Zusammenbau warten sollen. Der Default ist */var/lib/dpkg*.

--msdos
Erzwingt, daß die Ausgabe-Dateinamen von **--split** MS-DOS-kompatibel sind.

-Q, --npquiet
Keine Fehlermeldungen für Teile ausgeben, die nicht zu einem Binärpaket gehören, wenn automatisch in die Warteschlange gestellt oder zusammengebaut wird.

-o *Ausgabe*, **--output** *Ausgabe*
Ausgabe als Dateiname für das wieder zusammengebaute Paket verwenden.

-S *Größe*, **--partsize** *Größe*
Gibt beim Aufteilen die maximale Teilegröße in KByte an. Der Default ist 450 KByte.

---

dselect

dselect [*Optionen*] [*Aktion*]

Ein Bildschirm-orientiertes Benutzer-Frontend für **dpkg**. Die vorrangige Benutzerschnittstelle zum Installieren und Verwalten von Paketen. Informationen zum Bauen von Paketen finden Sie unter **dpkg** und **dpkg-deb**.

Aktionen

Wenn **dselect** von der Kommandozeile ohne Angabe einer Aktion gestartet wird, zeigt es das folgende Menü an:

```
* 0. [A]ccess      Choose the access method to use.
  1. [U]pdate      Update list of available packages, if possible.
  2. [S]elect      Request which packages you want on your system.
  3. [I]nstall     Install and upgrade wanted packages.
  4. [C]onfig      Configure any packages that are unconfigured.
  5. [R]emove      Remove unwanted software.
  6. [Q]uit        Quit dselect.
```

Der Stern (hier in der ersten Zeile) zeigt die gerade ausgewählte Option an. Jedes Menüelement (**access**, **update**, **select**, **install**, **config**, **remove**, **quit**) kann auch direkt auf der Kommandozeile als Aktion angegeben werden. Zum Beispiel:

```
% dselect access
```

Wenn Sie **quit** auf der Kommandozeile eingeben, beendet sich **dselect** unmittelbar, ohne irgendetwas zu tun. Eine zusätzliche Aktion, die von der Kommandozeile zur Verfügung steht, ist **menu**, die das Menü anzeigt und damit das gleiche macht, als würde keine Aktion angegeben.

Optionen

--admindir *Verzeichnis*
: Ändert das Verzeichnis, das die internen Datendateien enthält, in *Verzeichnis*. Der Default ist */var/lib/dpkg*.

-D [*Datei*], **--debug** [*Datei*]
: Debugging einschalten. Wenn *Datei* angegeben wird, wird die Ausgabe dorthin geschrieben.

--help
: Gibt einen Hilfetext aus und beendet das Programm.

--license
: Gibt die Lizenzinformationen aus und beendet das Programm. Sowohl die Schreibweise **--licence** als auch **--license** ist möglich.

--version
: Gibt Versionsinformationen aus und beendet das Programm.

KAPITEL 6

Die Linux Shells: Ein Überblick

Die *Shells* sind Programme, die eine Vermittlerrolle zwischen Ihnen und dem Betriebssystem übernehmen. In ihrer Eigenschaft als Befehlsinterpreter sollten sie für Sie die meiste Zeit unsichtbar sein. Die Shells können auch für einfache Programme verwendet werden.

Dieser Abschnitt beschreibt drei Shells, die üblicherweise auf Linux-Systemen verwendet werden – die Bourne-Again Shell (**bash**), die C Shell (**csh**), und die erweiterte Version der **csh**, die **tcsh**, und faßt die wesentlichen Unterschiede zwischen ihnen zusammen. Kapitel 7, *bash: Die Bourne-Again Shell*, und Kapitel 8, *csh und tcsh*, enthalten Details zu den einzelnen Shells. Manche Linux-Distributionen bieten auch die Korn Shell (**ksh**) an. Diese ist eine weitere beliebte Variante der Bourne Shell und hat einige Eigenschaften mit der **bash** gemeinsam.

Wir besprechen in diesem Kapitel die folgenden Themen:

- Sinn und Zweck einer Shell
- Arten von Shells
- Gemeinsamkeiten
- Unterschiede

Sinn und Zweck einer Shell

Es gibt drei Hauptanwendungen für eine Shell:

- Interaktive Benutzung
- Anpassung der eigenen Arbeitsumgebung
- Programmierung

Interaktive Shell-Benutzung

Wenn die Shell interaktiv benutzt wird, wartet sie auf die Eingabe Ihrer Befehle, verarbeitet sie (um spezielle Zeichen wie z.B. Wildcards zu interpretieren) und führt sie aus. Shells stellen außerdem einige Befehle, die sogenannten *built-ins* (eingebaute Befehle), bereit, die die Linux-Befehle ergänzen.

Anpassung der eigenen Arbeitsumgebung

Eine Linux-Shell definiert Variablen, z.B. die Lage Ihres Home-Verzeichnisses und Ihrer Mail-Datei, um das Verhalten Ihrer Sitzung zu bestimmen. Einige Variablen werden bereits vom System gesetzt, andere können Sie in Startdateien definieren, die Ihre Shell einliest, wenn Sie sich beim System anmelden. Solche Startdateien können auch Linux- oder Shell-Befehle enthalten, die unmittelbar nach dem Anmelden ausgeführt werden.

Programmierung

Eine Reihe von einzelnen Befehlen (egal, ob Shell- oder andere verfügbare Linux-Befehle) kann zu einem Programm, einem sogenannten *Shell-Skript*, zusammengefaßt werden. Die Stapel-Dateien von MS-DOS arbeiten nach einem ähnlichen Prinzip. Die **bash** ist eine mächtige Shell zur Programmierung, während das Schreiben von Programmen mit der **csh** als gesundheitsgefährdend gilt.

Arten von Shells

Es gibt viele verschiedene Shells unter Linux. Dieses Buch beschreibt die drei beliebtesten:

- Die Bourne Again Shell (**bash**), die auf der Bourne Shell (**sh**) basiert und unter Linux die Standard-Shell darstellt.
- Die C Shell (**csh**), die eine C-ähnliche Syntax verwendet und viele Bequemlichkeiten bietet.
- **tcsh**, eine Erweiterung der **csh**, die anstelle der **csh** bei vielen Linux-Distributionen mitgeliefert wird.

Die meisten Systeme stellen mehr als eine Shell zur Verfügung. Häufig wird auch eine Shell zum Schreiben von Shell-Skripten und eine andere für interaktive Benutzung verwendet.

Wenn Sie sich beim System anmelden, ermittelt das System die zu verwendende Shell, indem es Ihren Eintrag in der Datei */etc/passwd* liest. Das letzte Feld jedes Eintrags gibt ein Programm an, das standardmäßig als Shell gestartet werden soll. Ein Beispiel:

Wenn der Programmname folgender ist	ist Ihre Shell die folgende
/bin/sh	Bourne Again Shell
/bin/bash	Bourne Again Shell
/bin/csh	C Shell (oder **tcsh**)
/bin/tcsh	**tcsh**

Sie können zu einer anderen Shell wechseln, indem Sie den Programmnamen in die Kommandozeile eingeben. Um beispielsweise von der **bash** zur **tcsh** zu wechseln, geben Sie ein:

```
$ exec tcsh
```

Gemeinsamkeiten

Die folgende Tabelle enthält eine Auswahl von Merkmalen, die **bash**, **csh** und **tcsh** gemeinsam haben. Bitte beachten Sie, daß die **tcsh** eine erweiterte Version der **csh** ist; daher enthält die **tcsh** alle Merkmale der **csh** sowie einige zusätzliche.

<table>
<tr><th>Symbol/Befehl</th><th>Bedeutung/Aktion</th></tr>
<tr><td>></td><td>Ausgabe umleiten.</td></tr>
<tr><td>>></td><td>Ausgabe an eine Datei anhängen.</td></tr>
<tr><td><</td><td>Eingabe umleiten.</td></tr>
<tr><td><<</td><td>»Here«-Dokument (Eingabe umleiten)</td></tr>
<tr><td>|</td><td>Ausgabe weiterleiten.</td></tr>
<tr><td>&</td><td>Prozeß im Hintergrund starten.</td></tr>
<tr><td>;</td><td>Trennt mehrere Befehle auf einer Zeile.</td></tr>
<tr><td>*</td><td>Paßt auf beliebig viele Zeichen im Dateinamen.</td></tr>
<tr><td>?</td><td>Paßt auf genau ein Zeichen im Dateinamen.</td></tr>
<tr><td>!n</td><td>Wiederholt Befehl Nr. n.</td></tr>
<tr><td>[ ]</td><td>Paßt auf eines der Zeichen in den eckigen Klammern.</td></tr>
<tr><td>( )</td><td>In einer Sub-Shell ausführen.</td></tr>
<tr><td>` `</td><td>Ausgabe des Kommandos zwischen den rückwärtigen Anführungszeichen einfügen.</td></tr>
<tr><td>" "</td><td>Teilweises Quoting (Expansion von Variablen und Befehlen erlaubt)</td></tr>
<tr><td>\</td><td>Nachfolgendes Zeichen in Anführungszeichen setzen.</td></tr>
<tr><td>$var</td><td>Benutzt den Wert der Variablen.</td></tr>
<tr><td>$$</td><td>Prozeßnummer</td></tr>
<tr><td>$0</td><td>Befehlsname</td></tr>
<tr><td>$<i>n</i></td><td><i>n</i>tes Argument (0<<i>n</i>≤9)</td></tr>
<tr><td>$*</td><td>Alle Argumente als einfaches Wort</td></tr>
<tr><td>#</td><td>Anfang eines Kommentars</td></tr>
<tr><td>bg</td><td>Ausführung im Hintergrund</td></tr>
<tr><td>break</td><td>Schleifenbefehle abbrechen.</td></tr>
<tr><td>cd</td><td>Verzeichniswechsel</td></tr>
<tr><td>continue</td><td>Schleife im Programm fortsetzen.</td></tr>
<tr><td>echo</td><td>Argumente ausgeben.</td></tr>
</table>

Symbol/Befehl	Bedeutung/Aktion
`eval`	Argumente auswerten.
`exec`	Anderes Programm anstelle der Shell ausführen.
`fg`	Ausführung im Vordergrund
`jobs`	Aktive Jobs anzeigen.
`kill`	Laufende Jobs beenden.
`newgrp`	Gruppe wechseln.
`shift`	Positionsparameter um eine Position weiterschieben.
`stop`	Hintergrundjob anhalten.
`suspend`	Vordergrundjob anhalten.
`umask`	Maske für die Zugriffsrechte bei neu angelegten Dateien setzen oder anzeigen.
`unset`	Definition einer Variablen oder Funktion löschen.
`wait`	Ende eines Hintergrundjobs abwarten.

Unterschiede

Die nachstehende Tabelle zeigt eine Auswahl von Merkmalen, die in den drei Shells unterschiedlich behandelt werden.

Bedeutung/Aktion	bash	csh	tcsh
Standard-Eingabeaufforderung	$	%	%
Ausgabeumleitung erzwingen.	`>|`	`>!`	`>!`
Anhängen erzwingen.		`>>!`	`>>!`
Variablenzuweisung	*var=val*	`set` *var=val*	`set` *var=val*
Umgebungsvariable setzen.	`export` *var=val*	`setenv` *var val*	`setenv` *var val*
Anzahl der Argumente	`$#`	`$#argv`	`$#argv`
Rückgabewert des letzten Befehls	`$?`	`$status`	`$?`
Befehl in *Datei* ausführen.	`.` *Datei*	`source` *Datei*	`source` *Datei*
Schleife beenden.	`done`	`end`	`end`
case oder **switch** beenden.	`esac`	`endsw`	`endsw`
Schleife über Variablen	`for/do`	`foreach`	`foreach`
Muster eines **if**-Befehls	`if [ $i -eq 5 ]`	`if ($i==5)`	`if ($i==5)`
Ende eines **if**-Befehls	`fi`	`endif`	`endif`

Bedeutung/Aktion	**bash**	**csh**	**tcsh**
Ressourcenbeschränkungen setzen.	`ulimit`	`limit`	`limit`
Vom Terminal lesen.	`read`	`$<`	`$<`
Schreibschutz für Variable setzen.	`readonly`		`set -r`
Dateiabfrageoperator; prüft auf von Null verschiedene Größe.		`-s`	
Aktuelles Wort vervollständigen.	Tab		Tab
Interrupts ignorieren.	`trap 2`	`onintr`	`onintr`
until-Schleife beginnen.	`until/do`	`until`	`until`
while-Schleife beginnen.	`while/do`	`while`	`while`

KAPITEL 7

bash: Die Bourne-Again Shell

In diesem Kapitel werden die folgenden Themen besprochen:

- Funktionsübersicht
- Aufruf der Shell
- Syntax
- Variablen
- Arithmetische Ausdrücke
- Befehls-History
- Eingebaute Befehle
- Jobverwaltung

Funktionsübersicht

Die **bash** ist die GNU-Version der Standard-Bourne-Shell, der ursprünglichen Unix-Shell. Sie beinhaltet viele beliebte Funktionen anderer Shells, wie beispielsweise der **csh**, **tcsh** und der Korn-Shell (**ksh**). Die **tcsh**, die im nächsten Kapitel behandelt wird, und die **ksh**, die viele der in diesem Kapitel besprochenen Funktionen ebenfalls anbietet, stehen bei den meisten Linux-Distributionen ebenfalls zur Verfügung. Jedoch ist die **bash** die Standard-Linux-Shell und meist die Default-Shell für neu angelegte Benutzer.

Falls die **bash** als Teil der Benutzeranmeldung gestartet wird, führt sie zuerst alle Befehle aus, die in */etc/profile* gefunden werden. Danach werden die Befehle aus den Dateien *~/.bash_profile*, *~/.bash_login* oder *~/.profile* ausgeführt (dabei wird nach jeder Datei nur gesucht, falls die vorherige Datei nicht gefunden wurde). Viele Distributionen ändern für alle Benutzer Shell-Standardwerte in der Datei */etc/profile*. Mitunter ändern sich dabei sogar die Verhaltensweisen der grundlegenden Befehle wie **ls**.

Außerdem sucht **bash** bei jedem Aufruf (als Sub-Shell oder Login-Shell) nach einer Datei namens *~/.bashrc*. Viele System-Administrationswerkzeuge legen automatisch eine kleine *~/.bashrc* an, und viele Benutzer schreiben sich recht große Initialisierungsdateien. Dabei dürfen alle Befehle benutzt werden, die von der Shell ausgeführt werden können. Eine kleine Beispielsdatei kann wie folgt aussehen; jede der hier verwendeten Funktionen kann entweder in diesem Kapitel gefunden werden oder in Kapitel 3, *Linux-Befehle*:

```
# Setze bash-Variable zur Speicherung von 50 Befehlen in der History
HISTSIZE=50
#
# Setze Prompt so, dass er das aktuelle Arbeitsverzeichnis und die History-
# Nummern der Befehle anzeigt.
PS1='\w: Command \!$ '
#
# Setze den Pfad so, dass zuerst in meinen persoenlichen Verzeichnissen nach
# Befehlen gesucht wird, danach in den Standard-Verzeichnissen.
PATH=~/bin:~/scripts:$PATH
#
# Neu angelegte Dateien fuer Gruppe und Andere schreibschuetzen
umask 022
#
# Stelle verschiedene Dateitypen in unterschiedlichen Farben dar.
alias ls='ls --color=yes'
#
# Ausfuehrbare und Dateien mit der Endung .o sollen in einem haesslichen Gelb
# erscheinen, damit man sie leichter finden und loeschen kann.
export LS_COLORS="ex=43:*.o=43"
#
# Kurzer Test fuer Ein-Dateien-Programme.
function gtst () {
    g++ -o $1 $1.C && ./$1
}
#
# .o Dateien loeschen.
alias clean='find ~ -name \*.o -exec rm {} \;'
```

bash bietet folgende Funktionen:

- Umleitung von Ein- und Ausgabe
- Platzhalterzeichen (Metazeichen), um Dateinamen abkürzen zu können
- Shell-Variablen zur Einstellung der Arbeitsumgebung
- Mächtige, eingebaute Programmiersprache
- Editieren der Kommandozeile (mit Editierbefehlen wie bei **vi** oder Emacs)
- Rückgriff auf früher eingegebene Befehle (Befehls-History)
- Ganzzahlrechenfunktionen
- Arithmetische Ausdrücke
- Abkürzen von Befehlen (Aliasing)
- Jobverwaltung
- Eingebaute Programmierfunktionen
- Kontrollstrukturen

- Abspeichern und Aufrufen von Verzeichnissen (mit **pushd** und **popd**)
- Expansion von Ausdrücken mit Hilfe von geschweiften Klammern und Tilden
- Tastaturbindungen

Aufruf der Shell

Der Befehlsinterpreter der **bash** wird folgendermaßen aufgerufen:

bash [*Optionen*] [*Argumente*]

Die **bash** kann Befehle ausführen, die von einem Terminal (wenn **-i** angegeben ist), aus einer Datei (wenn das erste *Argument* ein ausführbares Skript ist) oder von der Standardeingabe (wenn keine Argumente oder **-s** angegeben sind) kommen.

Optionen

Funktionen, die hier mit einem doppelten Minus aufgeführt sind, funktionieren auch, wenn nur ein einfaches Minus vor der Option gesetzt wird. Es wird jedoch empfohlen, ein doppeltes Minus zu nutzen, da dies dem Standard entspricht.

-, --
: Alle folgenden Zeichenketten werden als Argumente und nicht als Optionen behandelt.

--dump-po-strings
: Wie **--dump-strings**, nutzt jedoch ein spezielles »portable object«-Format, das sich für Shell-Skripte eignet.

--dump-strings
: Gibt alle Zeichenketten aus, die **bash** bei der Ausführung in nicht-englische Lokale übersetzt.

-c *str*
: Die in der Zeichenkette *str* enthaltenen Befehle werden ausgeführt.

-i Startet eine interaktive Shell (mit Eingabeaufforderung).

--help
: Ausgabe von Informationen über die installierte **bash**-Version sowie eine Liste von verfügbaren Optionen.

--login
: Die Shell verhält sich wie eine Login-Shell; sie versucht, */etc/profile* beim Start auszuwerten. Dann wird *~/.bash_profile*, *~/.bash_login* oder *~/.profile* ausgewertet (es wird nach jeder Datei nur dann gesucht, wenn die vorhergehende nicht gefunden wurde).

--nobraceexpansion
: Es findet keine Expansion von Ausdrücken in geschweiften Klammern statt.

--noediting
: Unterbindet Kommandozeilen-Editierung mit den Cursor- und Steuerungstasten.

--noprofile
: Die Dateien */etc/profile*, *~/.bash_profile*, *~/.bash_login* und *~/.profile* werden beim Start nicht ausgeführt.

--norc
Die Datei *~/.bashrc* wird beim Start nicht ausgeführt.

-p Startet die Shell als privilegierter Benutzer; die Datei *~/.profile* wird nicht ausgeführt.

--posix
Erzwingt POSIX-konformes Verhalten.

-r Beschränkt den Benutzer auf eine sehr sichere, limitierende Umgebung. Beispielsweise kann er nicht aus dem Startverzeichnis wechseln oder Ausgabeumleitungen mit **>** bewirken.

--rcfile *Datei*
Beim Starten wird *Datei* anstatt *.bashrc* verwendet.

--restricted
Wie **-r**.

-s Liest Befehle von der Standardeingabe und schickt die Ausgabe von eingebauten Befehlen an den Dateideskriptor 1, alle anderen an den Dateideskriptor 2.

-v Ausgabe jeder Zeile, während sie ausgeführt wird (nützlich zum schrittweisen Verfolgen eines Shell-Skripts).

--verbose
Wie **-v**.

--version
Ausgabe von Informationen über die Version der installierten **bash**-Shell.

-x Aktiviert das Debuggen, wie bei der **-x** Option des eingebauten **set**-Befehls beschrieben.

-D Wie --dump-strings.

Alle weiteren **bash**-Optionen sind beim eingebauten **set**-Befehl aufgeführt.

Argumente

Die Argumente werden in der Reihenfolge ihres Auftretens den Positions-Parametern **$1**, **$2** usw. zugewiesen. Wenn das erste Argument ein ausführbares Skript ist, werden die Befehle daraus gelesen und den verbleibenden Argumenten **$1**, **$2** usw. zugewiesen.

Syntax

Dieser Abschnitt beschreibt alle Symbole, die von der **bash** gesondert behandelt werden. Sie finden hier folgende Themen:

- Besondere Dateien
- Platzhalterzeichen in Dateinamen
- Editieren der Kommandozeile
- Quoting
- Befehlsausdrücke
- Umleitungsausdrücke
- Koprozesse

Besondere Dateien

Datei	Aufgabe
/etc/profile	Wird beim Anmelden automatisch ausgeführt.
$HOME/.bash_profile	Wird beim Anmelden automatisch ausgeführt.
$HOME/.bashrc	Wird beim Starten der Shell automatisch ausgeführt.
$HOME/.bash_logout	Wird beim Abmelden automatisch ausgeführt.
$HOME/.bash_history	Enthält die während der letzten Sitzung eingegebenen Befehle.
/etc/passwd	Enthält die Home-Verzeichnisse für ~*Benutzername*-Abkürzungen.

Platzhalterzeichen in Dateinamen

Zeichen	Bedeutung
*	Paßt auf jede Zeichenkette.
?	Paßt auf ein einzelnes Zeichen.
[*abc*...]	Paßt auf ein beliebiges der in den eckigen Klammern angegebenen Zeichen. Mit einem Bindestrich können Bereiche angegeben werden (z.B. a–z, A–Z, 0–9).
[!*abc*...]	Paßt auf jedes Zeichen, das *nicht* zwischen den eckigen Klammern angegeben ist.
{*str1*,...}	Expansion der geschweiften Klammern: Paßt auf jede der in den geschweiften Klammern angegebenen Zeichenketten.
~*Name*	Home-Verzeichnis des Benutzers *Name*
~+	Aktuelles Arbeitsverzeichnis (PWD)
~-	Vorheriges Arbeitsverzeichnis aus dem Verzeichnisstack (OLDPWD, siehe auch beim eingebauten **pushd**-Befehl)
~+*n*	Der *n*te Eintrag des Verzeichnisstacks, vom Anfang der Liste an gezählt. Der erste Eintrag hat die Nummer 0.
~-*n*	Der *n*te Eintrag des Verzeichnisstacks, vom Ende der Liste an gezählt. Der letzte Eintrag hat die Nummer 0.

Eine Folge von durch | getrennten Mustern ergibt wieder ein Muster. Wenn eines der Muster paßt, paßt der ganze Ausdruck. Diese erweiterte Syntax ähnelt der von **egrep** und **awk**.

Beispiele

`$ ls new*`	*Zeige* `new` *und* `new.1`
`$ cat kap?`	*Paßt auf* `kap9`, *aber nicht auf* `kap10`
`$ vi [D-R]*`	*Paßt auf alle Dateien, die mit einem großen Buchstaben beginnen, der zwischen D und R (jeweils einschließlich) liegt.*

Editieren der Kommandozeile

Kommandozeilen können wie bei Emacs oder **vi** editiert werden. Die Voreinstellung ist Emacs. Im Abschnitt »Editiermodus« weiter hinten in diesem Kapitel finden Sie nähere Informationen.

Der **vi**-Modus hat zwei Untermodi: den Einfügemodus und den Befehlsmodus. Der Einfügemodus ist der Default-Modus. Von dort aus gelangen Sie durch Drücken der Esc-Taste in den Befehlsmodus. Zurück in den Eingabemodus kommen Sie im Befehlsmodus, indem Sie **a** (append) oder **i** (insert) eingeben.

Bei manchen Benutzern löschen die Entf- beziehungsweise Rückschritt-Tasten nicht das Zeichen vor dem Cursor, wie sie es eigentlich sollten. Manchmal kann das Problem behoben werden, indem einer der folgenden Befehle ausgeführt wird (oder durch Einfügen einer der Befehle in Ihre *.bashrc*-Datei):

```
stty erase ^?
stty erase ^H
```

Weitere Informationen zum **stty**-Befehl finden Sie in Kapitel 3, *Linux-Befehle*. Unter dem X Windows System besteht eine alternative Lösung darin, den **xmodmap**-Befehl zu nutzen. So einfach kann dies jedoch nicht an dieser Stelle beschrieben werden, da Sie hierfür zunächst einige Dinge über Ihr Terminal in Erfahrung bringen müssen.

Tabelle 7-1 bis Tabelle 7-14 zeigen die diversen Emacs- und **vi**-Befehle.

Tabelle 7-1: Elementare Befehle im Emacs-Modus

Befehl	Beschreibung
Strg-B	Cursor ein Zeichen zurückbewegen (ohne zu löschen).
Strg-F	Cursor ein Zeichen vorwärts bewegen.
Del	Zeichen links vom Cursor löschen.
Strg-D	Zeichen unter dem Cursor löschen.

Tabelle 7-2: Wort-Befehle im Emacs-Modus

Befehl	Beschreibung
Esc b	Ein Wort zurückbewegen.
Esc f	Ein Wort nach vorn bewegen.
Esc Del	Wort links vom Cursor löschen.
Esc d	Wort hinter dem Cursor löschen.
Strg-Y	Letzten gelöschten Text zurückholen (»yank«).

Tabelle 7-3: Zeilenbefehle im Emacs-Modus

Befehl	Beschreibung
Strg-A	Cursor am Zeilenanfang positionieren.
Strg-E	Cursor am Zeilenende positionieren.
Strg-K	Bis zum Ende der Zeile löschen.

Tabelle 7-4: Befehle im Emacs-Modus, um durch die History zu navigieren

Befehl	Beschreibung
Strg-P	Zur vorherigen Zeile bewegen.
Strg-N	Zur nächsten Zeile bewegen.
Strg-R	Rückwärts suchen.
Esc <	Zur ersten Zeile der History springen.
Esc >	Zur letzten Zeile der History springen.

Tabelle 7-5: Vervollständigungsbefehle

Befehl	Beschreibung
Tab	Versucht, den eingegebenen Text zu vervollständigen.
Esc ?	Mögliche Vervollständigungen auflisten.
Esc /	Versucht, den Dateinamen zu vervollständigen.
Strg-X /	Die möglichen Vervollständigungen zu Dateinamen auflisten.
Esc ~	Versucht, Benutzernamen zu vervollständigen.
Strg-X ~	Die möglichen Vervollständigungen zu Benutzernamen auflisten.
Esc $	Versucht, Variablen zu vervollständigen.
Strg-X $	Die möglichen Vervollständigungen zu Variablen auflisten.

Tabelle 7-5: Vervollständigungsbefehle (Fortsetzung)

Befehl	Beschreibung
Esc @	Versucht, Rechnernamen zu vervollständigen.
Strg-X @	Die möglichen Vervollständigungen für Rechnernamen auflisten.
Esc !	Versucht, den Befehl zu vervollständigen.
Strg-X !	Die möglichen Befehls-Vervollständigungen auflisten.
Esc Tab	Versucht eine Vervollständigung anhand früher eingegebener Befehle.

Tabelle 7-6: Diverse weitere Befehle im Emacs-Modus

Befehl	Beschreibung
Strg-J	Wie Return
Strg-L	Bildschirm löschen; aktuelle Zeile in der Nähe der Bildschirm-Oberkante positionieren.
Strg-M	Wie Return
Strg-O	Wie Return, zeigt danach die nächste Zeile der Befehls-History an.
Strg-T	Vertauscht die beiden Zeichen links vom und unter dem Cursor und bewegt den Cursor ein Zeichen weiter nach vorn.
Strg-U	Löscht die Zeile vom Zeilenanfang bis zum Zeichen links vom Cursor.
Strg-V	Fügt das nächste Zeichen direkt ein, anstatt es als Befehl zu interpretieren.
Strg-[	Wie Esc (auf den meisten Tastaturen)
Esc c	Ändert das erste Zeichen des Wortes unter dem Cursor in den entsprechenden Großbuchstaben. (Wenn der Cursor mitten im Wort steht, wird das Zeichen unter dem Cursor »groß gemacht«).
Esc u	Ändert alle Zeichen im nachfolgenden Wort in die entsprechenden Großbuchstaben.
Esc l	Ändert alle Zeichen im nachfolgenden Wort in die entsprechenden Kleinbuchstaben.
Esc .	Fügt das letzte Wort aus der vorherigen Kommandozeile rechts vom Cursor ein.
Esc _	Wie Esc

Tabelle 7-7: Editierbefehle im vi-Einfügemodus

Befehl	Beschreibung
Del	Vorheriges Zeichen löschen.
Strg-W	Vorheriges Wort (die Zeichenkette bis zum nächsten Leerzeichen links vom Cursor) löschen.
Strg-V	Eingegebenes Zeichen direkt einfügen, anstatt es als Befehl zu interpretieren.
Esc	Sprung in den Befehlsmodus (siehe Tabelle 7-8).

Tabelle 7-8: Grundlegende Befehle im vi-Befehlsmodus

Befehl	Beschreibung
h	Cursor ein Zeichen nach links bewegen.
l	Cursor ein Zeichen nach rechts bewegen.
b	Cursor ein Wort nach links bewegen.
w	Cursor ein Wort nach rechts bewegen.
B	Cursor an den Anfang des letzten nicht-leeren Wortes bewegen.
W	Cursor an den Anfang des nächsten nicht-leeren Wortes bewegen.
e	Cursor zum Ende des aktuellen Wortes bewegen.
E	Cursor zum Ende des aktuellen nicht-leeren Wortes bewegen.
0	Cursor an den Zeilenanfang setzen.
^	Cursor auf das erste nicht-leere Zeichen setzen.
$	Cursor an das Zeilenende setzen.

Tabelle 7-9: Befehle, um in den vi-Eingabemodus zu gelangen

Befehl	Beschreibung
i	Text vor dem aktuellen Zeichen einfügen (insert).
a	Text hinter dem aktuellen Zeichen einfügen (append).
I	Text am Zeilenanfang einfügen.
A	Text am Zeilenende einfügen.
r	Aktuelles Zeichen unter dem Cursor mit diesem Text ersetzen.
R	Existierenden Text überschreiben.

Tabelle 7-10: Einige Befehle zum Löschen von Text im vi-Modus

Befehl	Beschreibung
dh	Zeichen links vom Cursor löschen.
dl	Zeichen unter dem Cursor löschen.
db	Bis zum nächsten Wortanfang nach links löschen.
dw	Bis zum nächsten Wortanfang nach rechts löschen.
dB	Bis zum nächsten Anfang eines nicht-leeren Wortes nach links löschen.
dW	Bis zum nächsten Ende eines nicht-leeren Wortes nach rechts löschen.
d$	Bis zum Zeilenende nach rechts löschen.
d0	Bis zum Zeilenanfang nach links löschen.

Tabelle 7-11: Abkürzungen für Löschbefehle im vi-Modus

Befehl	Beschreibung
D	Wie **d$** (bis zum Zeilenende löschen)
dd	Wie **0d$** (ganze Zeile löschen)
C	Wie **c$** (bis zum Zeilenende löschen und in den Eingabemodus wechseln)
cc	Wie **0c$** (ganze Zeile löschen und in den Eingabemodus wechseln)
X	Wie **dl** (Zeichen links vom Cursor löschen)
x	Wie **dh** (Zeichen unter dem Cursor löschen)

Tabelle 7-12: Befehle im vi-Befehlsmodus zum Durchsuchen der Befehls-History

Befehl	Beschreibung
k oder **-**	Eine Zeile zurück.
j oder **+**	Eine Zeile nach vorn.
G	Zur Zeile springen, die durch das numerische Argument angegeben ist.
/*string*	Vorwärts nach *string* suchen.
?*string*	Rückwärts nach *string* suchen.
n	Suche in gleicher Richtung wiederholen.
N	Suche in entgegengesetzter Richtung wiederholen.

Tabelle 7-13: Befehle im vi-Modus, um einzelne Zeichen zu finden

Befehl	Beschreibung
f*x*	Cursor rechts vom nächsten *x* positionieren.
F*x*	Cursor links vom letzten *x* positionieren.
t*x*	Cursor rechts vom nächsten *x* positionieren, danach ein Zeichen nach links gehen.
T*x*	Cursor links vom letzten *x* positionieren, danach ein Zeichen nach rechts gehen.
;	Letzten Befehl zum Zeichensuchen wiederholen.
,	Letzten Befehl zum Zeichensuchen in entgegengesetzter Richtung wiederholen.

Tabelle 7-14: Weitere Befehle im vi-Modus

Befehl	Beschreibung
~	Groß-/Kleinschreibung des aktuellen Zeichens umschalten.
-	Das letzte Wort des vorherigen Befehls anhängen und danach in den Eingabemodus schalten.
Strg-L	Bildschirm löschen und neu zeichnen; praktisch, wenn der Bildschirminhalt durcheinandergeraten ist.
#	Das #-Zeichen (leitet einen Kommentar ein) der Zeile voranstellen und die gesamte Zeile in die History-Datei schreiben; dies ist nützlich, um einen Befehl später noch einmal ausführen zu können, ohne ihn neu eingeben zu müssen.

Quoting

Quoting bedeutet, die besondere Bedeutung eines Zeichens vorübergehend abzuschalten und statt dessen das Zeichen selbst zu verwenden. Die folgenden Zeichen haben in der **bash** eine Sonderbedeutung:

Zeichen	Bedeutung
;	Trennzeichen zwischen zwei Befehlen
&	Hintergrundausführung
( )	Gruppieren von Befehlen (erzeugt eine Sub-Shell)
{ }	Gruppieren von Befehlen zu einem Block
|	Pipe
> < &	Symbole zur Umleitung
* ? [ ] ~ !	Platzhalterzeichen in Dateinamen
" ' \	Zeichen zum Quoting anderer Zeichen
`	Befehlssubstitution

Zeichen	Bedeutung
`$`	Variablen- oder Befehlssubstitution

`Zeilenumbruch`
`Leerzeichen`
`Tabulator`
	Trennzeichen zwischen zwei Wörtern

`#`	Kommentar

Die folgenden Zeichen können zur Quotierung verwendet werden:

Zeichen	Auswirkung
`" "`	Alles zwischen `"` und `"` wird wortwörtlich interpretiert, ausgenommen die folgenden Zeichen, die ihre besondere Bedeutung behalten: `$` Variablensubstitution `` ` `` Befehlssubstitution `"` Das Ende des quotierten Abschnitts
`' '`	Alles zwischen `'` und `'` wird wortwörtlich interpretiert; ausgenommen davon ist nur ein weiteres `'`, das die Quotierung wieder aufhebt.
`\`	Das auf den `\` folgende Zeichen wird wortwörtlich interpretiert. Dies kann innerhalb von `" "` verwendet werden, um `"`, `$` und `` ` `` zu quotieren, und wird häufig zur Quotierung des Zeichens `\` an sich, von Leerzeichen oder Zeilenumbrüchen verwendet.

Beispiele

```
$ echo 'Einfache Anfuehrungsstriche "schuetzen" doppelte Anfuehrungsstriche'
Einfache Anfuehrungsstriche "schuetzen" doppelte Anfuehrungsstriche

$ echo "Ist das nicht etwas \"Besonderes\"?"
Ist das nicht etwas "Besonderes"?

$ echo "Es gibt `ls|wc -l` Dateien in `pwd`"
Es gibt  43 Dateien in /home/sven

$ echo "Der Wert von \$x ist $x"
Der Wert von $x ist 100
```

Schreibweisen von Befehlen

Syntax	Auswirkung
Befehl `&`	Führt *Befehl* im Hintergrund aus.
Befehl1 `;` *Befehl2*	Befehlsfolge; führt mehrere *Befehle* in derselben Zeile aus.

Syntax	Auswirkung
(*Befehl1* ; *Befehl2*)	Starten einer Sub-Shell; *Befehl1* und *Befehl2* werden als Befehlsgruppe betrachtet.
Befehl1 | *Befehl2*	Pipe; die Ausgabe von *Befehl1* wird als Eingabe von *Befehl2* verwendet.
Befehl1 `*Befehl2*`	Befehlssubstitution; die Ausgabe von *Befehl2* wird als Argument(e) für *Befehl1* verwendet.
Befehl1 **$(***Befehl2***)**	Befehlssubstitution; Schachtelung ist zulässig.
Befehl1 **&&** *Befehl2*	UND; *Befehl2* wird nur dann ausgeführt, wenn *Befehl1* erfolgreich war.
Befehl1 || *Befehl2*	ODER; *Befehl2* wird nur dann ausgeführt, wenn *Befehl1* fehlgeschlagen ist.
{ *Befehl1* ; *Befehl2* }	Die Befehle werden in der laufenden Shell ausgeführt.

Beispiele

`$ nroff Datei &`	*Text-Formatierung im Hintergrund.*
`$ cd; ls`	*Nacheinander ausführen.*
`$ (date; who; pwd) > logfile`	*Die gesamte Ausgabe wird umgeleitet.*
`$ sort file | pr -3 | lp`	*Eine Datei sortieren, für den Druck aufbereiten und drucken.*
`` $ vi `grep -l ifdef *.c` ``	*Alle von grep gefundenen Dateien editieren.*
`` $ egrep '(yes|no)' `cat list` ``	*Angabe einer Liste von Dateien, die durchsucht werden sollen.*
`$ egrep '(yes|no)' $(cat list)`	*bash-Schreibweise des gleichen Befehls.*
`$ egrep '(yes|no)' $(<list)`	*Das gleiche, aber schneller.*
`$ grep XX file && lp file`	*Datei drucken, wenn sie ein bestimmtes Muster enthält.*
`$ grep XX file || echo "XX not found"`	*Fehlermeldung ausgeben, wenn das Muster nicht gefunden wurde.*

Schreibweisen der Umleitung

Datei-Deskriptor	Name	Übliche Abkürzung	Üblicher Default
0	Standardeingabe	stdin	Tastatur
1	Standardausgabe	stdout	Bildschirm
2	Standardfehler	stderr	Bildschirm

Die normalen Ein- und Ausgabewege können, wie in Tabelle 7-15 gezeigt, geändert werden.

Tabelle 7-15: I/O-Umleitungen

Umleitezeichen	Funktion
> *Datei*	Standardausgabe nach *Datei* umleiten.
< *Datei*	Standardeingabe nach *Datei* umleiten.
Befehl1 | *Befehl2*	Pipe; Standardausgabe von *Befehl1* als Standardeingabe von *Befehl2* verwenden.
>> *Datei*	Standardausgabe nach *Datei* umleiten; an *Datei* hängen, wenn die Datei schon existiert.
>| *Datei*	Umleitung der Standardausgabe nach *Datei* erzwingen, auch wenn **noclobber** gesetzt ist.
n>| *Datei*	Ausgabe vom Dateideskriptor *n* auf *Datei* erzwingen, selbst wenn **noclobber** gesetzt ist.
<> *Datei*	*Datei* sowohl als Standardeingabe als auch als Standardausgabe verwenden.
<< *Text*	Von der Standardeingabe lesen, bis *Text* gefunden wird. (*Text* kann in einer Shell-Variablen abgespeichert sein.) Die Eingabe erfolgt üblicherweise an der Konsole oder steht in einem Shell-Skript. Diese Schreibweise wird oft bei den Befehlen **cat**, **echo**, **ex** und **sed** benutzt. Wenn *Text* in Anführungszeichen eingeschlossen ist, wird an den Daten der Standardeingabe keine Variablen- oder Befehlssubstitution etc. vorgenommen.
n> *Datei*	Dateideskriptor *n* auf *Datei* umleiten.
n< *Datei*	*Datei* zum Dateideskriptor *n* machen.
>&*n*	Standardausgabe duplizieren und auf den Dateideskriptor *n* ausgeben.
<&*n*	Standardeingabe duplizieren und vom Dateideskriptor *n* lesen.
&>*Datei*	Standardausgabe und Standardfehler nach *Datei* umlenken.
<&-	Standardeingabe schließen.
>&-	Standardausgabe schließen.
n>&-	Ausgabekanal des Dateideskriptors *n* schließen.
n<&-	Eingabekanal des Dateideskriptors *n* schließen.

Beispiele

```
$ cat teil1 > buch
$ cat teil2 teil3 >> buch
$ mail tim < bericht
$ grep Kapitel teil* 2> fehler_datei
```

```
$ sed 's/^/XX /' << END_ARCHIVE
> So werden haeufig Shell-Archive "eingepackt",
> um weitergegeben werden zu koennen. Normalerweise wuerde
> sed aus einem Shell-Skript heraus gestartet werden
> und nicht von der Kommandozeile.
> END_ARCHIVE
XX So werden haeufig Shell-Archive "eingepackt",
XX um weitergegeben werden zu koennen. Normalerweise wuerde
XX sed aus einem Shell-Skript heraus gestartet werden
XX und nicht von der Kommandozeile.
```

Umlenken der Standardausgabe nach Standardfehler:

```
$ echo "Falscher Aufruf: Fragen Sie Ihren Systemverwalter" 1>&2
```

Der folgende Befehl schickt die Ausgabe (gefundene Dateien) nach *dateiliste* und die Fehlermeldungen (nicht zugreifbare Datei) in die Datei *kein_zugriff*:

```
$ find / -print > dateiliste 2>kein_zugriff
```

Koprozesse

Koprozesse gibt es nur in der **bash**.

Syntax	Auswirkung
Befehl1 | *Befehl2* |&	Koprozeß; führt die Pipeline im Hintergrund aus. Die Shell errichtet eine bidirektionale Pipe, womit sowohl Standardeingabe als auch Standardausgabe umgeleitet werden können.
read -p *var*	Liest die Eingabe für den Koprozeß in die Variable *var* ein.
print -p *string*	Schickt die Zeichenkette *string* an den Koprozeß.
Befehl **<&p**	Holt die Eingabe für den Befehl *Befehl* vom Koprozeß.
Befehl **>&p**	Schickt die Eingabe des Befehls *Befehl* zum Koprozeß.

Beispiele

```
cat memo                      Dateiinhalt ausgeben
Wer begonnen hat, der hat
schon halb vollendet. (Horaz)
ed - memo |&                  Koprozeß starten
print -p /halb/               ed-Befehl an den Koprozeß schicken
read -p search                Ausgabe des ed-Befehls in die Variable search
                              übernehmen
print "$search"               Zeile auf der Standardausgabe ausgeben
schon halb vollendet. (Horaz)
```

Variablen

Variablen haben ein Dollar-Zeichen ($) vorangestellt und befinden sich optional in geschweiften Klammern ({}). Wertzuweisungen erfolgen durch ein Gleichheitszeichen (=); es dürfen keine Leerzeichen vor und hinter dem Gleichheitszeichen stehen:

```
$ TMP=temp.datei
```

Standardmäßig sind die Variablen nur innerhalb der Shell sichtbar; um sie anderen Programmen, die von der Shell aus aufgerufen werden, sichtbar zu machen, benutzt man den eingebauten **export**-Befehl.

Wenn der Variablen ein Index in eckigen Klammern ([]) angehängt wird, wird die Variable als Array interpretiert. Beispielsweise:

```
$ DIR_LIST[0]=src
$ DIR_LIST[1]=headers
$ ls ${DIR_LIST[1]}
```

Der Inhalt von *headers* wird aufgelistet. Viele der in diesem Kapitel vorgestellten Befehle und Substitutionen bearbeiten Arrays, indem sie jedes Element einzeln behandeln.

Dieser Abschnitt beschreibt:

- Variablensubstitution
- Eingebaute Shell-Variablen

Variablensubstitution

In den folgenden Substitutionen sind die geschweiften Klammern ({}) optional, es sei denn, sie werden benötigt, um den Namen einer Variablen von den folgenden Zeichen zu trennen, wenn diese als Teil des Namens angesehen werden könnten.

Variable	Bedeutung
`${`*var*`}`	Der Wert der Variablen *var*
`$0`	Name des Programms
`${`*n*`}`	Die einzelnen Argumente der Kommandozeile (*n*-tes Argument); $1 \leq n \leq 9$
`$#`	Anzahl der Argumente auf der Kommandozeile
`$*`	Alle Argumente auf der Kommandozeile
`$@`	Wie `$*`, jedoch wird der Inhalt in einzelne Worte aufgeteilt, wenn die Variable in doppelten Anführungszeichen steht.
`$$`	Prozeßnummer der gegenwärtigen Shell; nützlich als Teil des Dateinamens, wenn man temporäre Dateien mit eindeutigem Namen erzeugen möchte.
`$?`	Rückgabewert des letzten Befehls (normalerweise 0 bei erfolgreicher Durchführung)
`$!`	Prozeßnummer des zuletzt im Hintergrund gestarteten Befehls

Variable	Bedeutung
$-	Aktuell genutzte Ausführungsoptionen (siehe den eingebauten **set**-Befehl). **hB** ist der Standard für Shell-Skripte und **himBH** für interaktive Shells.
$_	Enthält anfänglich den Namen der Datei, für die diese Shell gestartet wurde. Danach enthält sie immer das letzte Wort des vorherigen Befehls.

Tabelle 7-16 bis Tabelle 7-18 zeigen verschiedene Operator-Typen, die auf **bash**-Variablen angewendet werden können.

Tabelle 7-16: Substitutionsoperatoren

Operator	Substitution
${*Varname*:-*Wort*}	Wenn *Varname* existiert und nicht leer ist, wird der Wert von *Varname* zurückgegeben, ansonsten *Wort*.
Einsatz:	Rückgabe eines Default-Wertes, wenn die Variable nicht definiert ist.
Beispiel:	**${Zaehler:-0}** ergibt 0, wenn **Zaehler** nicht definiert ist.
${*Varname*:=*Wort*}	Wenn *Varname* existiert und nicht leer ist, wird der Wert von *Varname* zurückgegeben; ansonsten wird der Wert der Variablen auf *Wort* gesetzt und dieser Wert zurückgegeben. Positions- und andere besondere Parameter können nicht auf diese Art und Weise zugewiesen werden.
Einsatz:	Eine Variable auf einen Default-Wert setzen, wenn sie nicht definiert ist.
Beispiel:	**${Zaehler:=0}** setzt **Zaehler** auf 0, wenn die Variable nicht definiert ist.
${*Varname*:?*Nachricht*}	Wenn *Varname* existiert und nicht leer ist, wird der Wert von *Varname* zurückgegeben. Ansonsten wird *Varname*:, gefolgt von *Nachricht*, ausgegeben und der aktuelle Befehl oder das aktuelle Skript beendet (nur in nicht-interaktiven Shells). Wenn *Nachricht* weggelassen wird, wird die Default-Meldung »parameter null or not set.« ausgegeben.
Einsatz:	Abfangen von Fehlern, die von nicht-definierten Variablen herrühren.
Beispiel:	**{Zaehler:?"undefiniert!"}** gibt »Zaehler: undefiniert!« aus und bricht ab, wenn **Zaehler** nicht definiert ist.
${*Varname*:+*Wort*}	Wenn *Varname* existiert und nicht leer ist, wird *Wort* zurückgegeben, ansonsten 0.
Einsatz:	Die Existenz einer Variablen überprüfen.

Tabelle 7-16: Substitutionsoperatoren (Fortsetzung)

Operator	Substitution
Beispiel:	**${Zaehler:+1}** gibt 1 zurück (was für »wahr« stehen könnte), wenn **Zaehler** definiert ist.
${#*Varname*}	Gibt die Anzahl der Zeichen im Wert von *Varname* zurück.
Einsatz:	Vorbereitung der Variablen für Substitutionen oder das Herausfiltern von Teilen der Zeichenkette.
Beispiel:	Ist der Wert von **${USER}** momentan **root**, so hat **${#USER}** den Wert 4.

Tabelle 7-17: Operatoren zum Mustervergleich

Operator	Bedeutung
${*Variable#Muster*}	Wenn das Muster auf den Anfang des Wertes der Variablen paßt, wird der kürzeste passende Teil gelöscht und der Rest zurückgegeben.
${*Variable##Muster*}	Wenn das Muster auf den Anfang des Wertes der Variablen paßt, wird der längste passende Teil gelöscht und der Rest zurückgegeben.
${*Variable%Muster*}	Wenn das Muster auf das Ende des Wertes der Variablen paßt, wird der kürzeste passende Teil gelöscht und der Rest zurückgegeben.
${*Variable%%Muster*}	Wenn das Muster auf das Ende des Wertes der Variablen paßt, wird der längste passende Teil gelöscht und der Rest zurückgegeben.
${*var*/*pat*/*sub*}	Ersetzt das erste Vorkommen von *pat* mit *sub* und gibt *var* zurück. Kann auf **$*** und **$@** angewandt werden, wobei hier jedes Wort einzeln untersucht wird. Beginnt *pat* mit #, kann es nur auf den Anfang von *var* passen; wenn *pat* mit einem % endet, kann es nur auf das Ende von *var* passen.
${*var*//*pat*/*sub*}	Ersetzt alles, auf das *pat* paßt, mit *sub* und gibt dann *var* zurück.
${*Variable*:*n*}	Entfernt die ersten *n* Zeichen aus dem Wert der Variablen und gibt den Rest zurück. Das erste Zeichen des Restes hat den Index 0.
${*Variable*:*n*:*l*}	Gibt eine Teilzeichenkette aus der Variablen zurück, die an der Stelle *n* beginnt und *l* Zeichen lang ist. Das erste Zeichen hat den Index 0.

Tabelle 7-18: Ausdrucksauswertung

Operator	Bedeutung
$((*Arithmetischer Ausdruck*))	Gibt das Ergebnis des Ausdrucks zurück. Arithmetische Operatoren sind unter »Arithmetische Ausdrücke« beschrieben.
Beispiel:	**HEUTE='date +%-d' ; echo $(($HEUTE+7))** speichert den heutigen Tag des Monats in **$HEUTE** und gibt dann diese Zahl plus 7 aus (Tag des Monats von heute in einer Woche).
[[$*Bedingung*]]	Gibt 1 zurück, wenn *Bedingung* wahr ist, und 0, wenn sie falsch ist. Bedingungen sind bei dem eingebauten **test**-Befehl beschrieben.

Vordefinierte Shell-Variablen

Vordefinierte Variablen werden automatisch von der Shell gesetzt und normalerweise in Shell-Skripten verwendet. Auf vordefinierte Variablen können die oben beschriebenen Substitutionsverfahren angewandt werden. Bei Wertzuweisungen wird das Dollar-Zeichen nicht vorangestellt, wohl aber, wenn die Variablen danach dereferenziert werden.

Die Tabellen 7-19 bis 7-22 führen die häufig genutzten eingebauten **bash**-Variablen auf.

Tabelle 7-19: Variablen, die das Verhalten der Shell verändern

Variable	Bedeutung
auto_resume	Ermöglicht es, einen Hintergrundjob wieder in den Vordergrund zu bringen, indem man eine Teilzeichenkette des ursprünglichen Kommandos in die Kommandozeile eingibt. Variablenwerte können sein: **substring** (bringt den Job in den Vordergrund, wenn die Benutzereingaben einem Teil des Kommandoaufrufes entsprechen); **exact** (Eingabe muß mit dem Kommandoaufruf exakt übereinstimmen); oder ein anderer Wert (Eingabe muß mit dem Anfang des Kommandoaufrufes übereinstimmen).
BASH_ENV	Name der Datei, die beim Starten von **bash** ausgeführt werden soll, wenn die Shell als Skript aufgerufen wird.
CDPATH	Bei der Ausführung des **cd**-Befehls wird in der Verzeichnisliste, die in dieser Variablen gespeichert ist, nach Verzeichnisnamen gesucht, die auf das Argument des **cd**-Befehls passen. Einzelne Elemente der Liste werden durch einen Doppelpunkt getrennt.
EDITOR	Pfadname Ihres bevorzugten Editors
IFS	Wort-Separator; wird von der Shell genutzt, um Eingaben in ihre Bestandteile zu zerlegen.

bash

Tabelle 7-19: Variablen, die das Verhalten der Shell verändern (Fortsetzung)

Variable	Bedeutung
IGNOREEOF	Ist der Wert der Variable nicht-leer, so wird das Abmelden durch die Eingabe des EOF (»end of file«)-Zeichens, **Strg-D**, unterbunden. In diesem Fall muß der **exit**-Befehl benutzt werden.
PATH	Enthält eine Liste von Verzeichnissen, die nach einem in die Kommandozeile eingegebenen Befehl durchsucht werden. Elemente dieser Liste werden durch einen Doppelpunkt voneinander getrennt.
PROMPT_COMMAND	Bevor der Prompt für den nächsten Befehl angezeigt wird, führt **bash** die in dieser Variablen gespeicherten Befehle aus.
PS1	Bestimmt den Prompt, der vor jedem neuen Befehl auf der Kommandozeile angezeigt wird. Der Abschnitt »Variablen im Prompt« beschreibt, wie sich dynamisch verändernde Information in den Prompt eingebracht werden kann, beispielsweise der Name des aktuellen Arbeitsverzeichnisses oder der Befehls-History-Index.
PS2	Bestimmt den Prompt, der vor einer neuen Zeile angezeigt wird, wenn die Befehlseingabe noch nicht abgeschlossen war.
PS3	Bestimmt den Prompt, der von dem eingebauten **select**-Befehl angezeigt wird.
PS4	Bestimmt den Prompt, der von der **–x** Debug-Option (wie in dem Abschnitt »Aufruf der Shell« beschrieben) und dem eingebauten **set**-Befehl angezeigt wird.

Tabelle 7-20: History-Variablen

Variable	Bedeutung
FCEDIT	Pfadname des Editors, der beim **fc**-Befehl verwendet werden soll
HISTCMD	Die Nummer des aktuellen Befehls in der History
HISTCONTROL	Wenn HISTCONTROL auf den Wert **ignorespace** gesetzt ist, werden Zeilen, die mit einem Leerzeichen beginnen, nicht in die History aufgenommen. Wenn der Wert **ignoredups** ist, werden Zeilen, die mit der letzten Zeile der History identisch sind, nicht in die History aufgenommen. Mit **ignoreboth** werden beide Optionen verwendet.
HISTFILE	Name der History-Datei, auf der die Editier-Modi arbeiten
HISTFILESIZE	Maximale Anzahl von Zeilen in der History-Datei. Der Default-Wert ist 500.
HISTSIZE	Maximale Anzahl von Befehlen, die in der History gespeichert werden. Der Default-Wert ist 500.

Tabelle 7-21: Mail-Variablen

Variable	Bedeutung
MAIL	Name der Datei, die auf eingehende Nachrichten überprüft werden soll
MAILCHECK	Wie oft (in Sekunden) wird nach neuen Nachrichten geschaut (die Voreinstellung ist 60 Sekunden).
MAILPATH	Durch Doppelpunkte (:) getrennte Liste von Dateinamen, die auf eingehende Nachrichten überprüft werden

Tabelle 7-22: Status-Variablen

Variable	Bedeutung
BASH	Pfadname der aktuellen Shell
BASH_VERSION	Die Versionsnummer der aktuellen Shell
COLUMNS	Anzahl der Spalten des Bildschirms oder Bildschirmfensters
DIRSTACK	Liste der Verzeichnisse, die mit **pushd** und **popd** bearbeitet wurden
EUID	Effektive Benutzer-ID des Prozesses, in dem die Shell läuft, in Form einer für das System verständlichen Zahl
GROUPS	Gruppen, zu denen der Benutzer gehört, in Form von Zahlen, die für das System verständlich sind
HOME	Name des Home-Verzeichnisses
HOSTNAME	Name des Rechners, auf dem die Shell ausgeführt wird
HOSTTYPE	Kurze Bezeichnung des Rechnertyps, auf dem die Shell ausgeführt wird, z.B. i486
LINES	Anzahl der Zeilen des Bildschirms oder Bildschirmfensters
MACHTYPE	Lange Bezeichnung des Rechnertyps, auf dem die Shell ausgeführt wird; z.B. **i486-pc-linux-gnu**
OLDPWD	Verzeichnis vor dem letzten **cd**-Befehl
OSTYPE	Kurze Bezeichnung des Betriebssystems, auf dem die Shell ausgeführt wird. Beispielsweise »linux-gnu«.
PPID	Prozeß-Identifikationsnummer des Elternprozesses, der diese Shell aufgerufen hat
PWD	Aktuelles Arbeitsverzeichnis
SECONDS	Sekunden, die seit dem Aufruf der aktuellen Shell vergangen sind
SHELL	Pfadname der aktuellen Shell
SHLVL	Tiefe der Shell-Verschachtelung
TERM	Verwendeter Terminal-Typ

Tabelle 7-22: Status-Variablen (Fortsetzung)

Variable	Bedeutung
UID	Tatsächliche Benutzer-Identifikationsnummer des Prozesses, der diese Shell ausführt, in der Form einer für das System verständlichen Zahl

Arithmetische Ausdrücke

Mit dem **let**-Befehl können Ganzzahl-Rechnungen durchgeführt werden. Die **bash** bietet Möglichkeiten, Ganzzahl-Werte zu substituieren (sowohl als Argumente von Befehlen als auch als Werte für Variablen); außerdem können Zahlen in verschiedene Zahlensysteme konvertiert werden:

Ausdruck	Bedeutung
$((*Ausdr* **))**	Benutzt den Wert des arithmetischen Ausdrucks in Klammern.

Operatoren

Die **bash** verwendet die gleichen arithmetischen Operatoren wie die Programmiersprache C, die in der folgenden Liste in absteigender Präzedenz aufgeführt sind. Durch Setzen von Klammern können die Präzedenzen entsprechend geändert werden.

<table>
<tr><th>Operator</th><th>Bedeutung</th></tr>
<tr><td>-</td><td>unäres Minus</td></tr>
<tr><td>! ~</td><td>logische Negation; binäre Inversion (Einer-Komplement)</td></tr>
<tr><td>* / %</td><td>Multiplikation; Division; Modulus (Rest)</td></tr>
<tr><td>+ -</td><td>Addition; Subtraktion</td></tr>
<tr><td><< >></td><td>bitweises Schieben nach links; bitweises Schieben nach rechts</td></tr>
<tr><td><= >=</td><td>kleiner oder gleich; größer oder gleich</td></tr>
<tr><td>< ></td><td>kleiner als; größer als</td></tr>
<tr><td>== !=</td><td>Gleichheit; Ungleichheit (jeweils von links nach rechts ausgewertet)</td></tr>
<tr><td>&</td><td>bitweises UND</td></tr>
<tr><td>^</td><td>bitweises Exklusiv-ODER</td></tr>
<tr><td>|</td><td>bitweises ODER</td></tr>
<tr><td>&&</td><td>logisches UND</td></tr>
<tr><td>||</td><td>logisches ODER</td></tr>
<tr><td>=</td><td>Wertzuweisung</td></tr>
</table>

Operator	Bedeutung
+= -=	Addition bzw. Subtraktion mit anschließender Zuweisung
*= /= %=	Multiplikation, Division bzw. Restbildung mit anschließender Zuweisung
&= ^= |=	bitweises UND, Exklusiv-ODER bzw. ODER mit anschließender Zuweisung
<<= >>=	bitweises Schieben nach links bzw. rechts mit anschließender Zuweisung

Beispiele

Weitere Beispiele und Informationen zu arithmetischen Ausdrücken finden Sie bei der Beschreibung des eingebauten **let**-Befehls.

```
let "zaehler=0" "i = i + 1"   Zuweisung von i und zaehler
let "zahl % 2"                Test, ob eine Zahl gerade ist
```

Befehls-History

Es ist mit der **bash** möglich, früher eingegebene Befehle anzeigen zu lassen oder sie zu verändern. Dies ist dem History-Mechanismus in der C-Shell ähnlich. Befehle, die in der History-Liste stehen, können folgendermaßen verändert werden:

- mit dem Editier-Modus
- mit dem **fc**-Befehl

Außerdem funktionieren die Befehlssubstitutionen, die in Kapitel 8, *csh und tcsh*, beschrieben werden, auch in der **bash**.

Editiermodus

Der Editiermodus emuliert viele Funktionen der Editoren **vi** und Emacs. Die History-Liste wird wie eine Datei behandelt. Nach Aufruf des Editors können Sie mit Tastaturbefehlen zu der Kommandozeile gelangen, die Sie ausführen wollen. Die Cursortasten können in den meisten Terminals sowohl im Emacs- als auch im **vi**-Modus genutzt werden. Außerdem können Sie diese Zeile vor der Ausführung auch noch verändern. Beispiele für gängige Zeilen-Editierungs-Kommandos sehen Sie in Tabelle 7-23. Wenn Sie den Befehl ausführen möchten, drükken Sie Return.

Der vorgegebene Editiermodus ist Emacs. Um in den **vi**-Modus zu wechseln, muß folgendes eingegeben werden:

```
$ set -o vi
```

Beachten Sie, daß die **vi**-Emulation im Eingabemodus startet; drücken Sie Esc, um in den **vi**-Befehlsmodus zu gelangen.

Der Editiermodus der **bash**-Befehle ist von der Wahl des Editors, der von vielen Befehlen automatisch gestartet wird (beispielsweise der Editor, den Ihre Mail-Applikation startet, wenn Sie eine neue Nachricht verfassen), vollkommen getrennt. Um den Default-Editor zu ändern, wird der Dateiname oder Pfadname des zu benutzenden Editors den Variablen VISUAL oder EDITOR übergeben:

```
$ export EDITOR=emacs
```

Tabelle 7-23: Tastaturbefehle bei vi und Emacs

vi	Emacs	Ergebnis
`k`	`Strg-P`	Vorherigen Befehl holen.
`j`	`Strg-N`	Nächsten Befehl holen.
`/`*`String`*	`Strg-R` *`String`*	Nächsten Befehl holen, der *String* enthält.
`h`	`Strg-B`	Cursor ein Zeichen zurückbewegen.
`l`	`Strg-F`	Cursor ein Zeichen nach vorn bewegen.
`b`	`Esc-B`	Cursor ein Wort zurückbewegen.
`w`	`Esc-F`	Cursor ein Wort nach vorn bewegen.
`X`	`Del`	Letztes Zeichen löschen.
`x`	`Strg-D`	Ein Zeichen löschen.
`dw`	`Esc-D`	Nächstes Wort löschen.
`db`	`Esc-H`	Letztes Wort löschen.
`xp`	`Strg-T`	Zwei Zeichen vertauschen.

Der fc-Befehl

Mit **fc -l** können Sie Befehle aus der History ausgeben, und mit **fc -e** können Sie sie editieren. Der Eintrag zu **fc** bei der Beschreibung der eingebauten Befehle enthält nähere Informationen.

Beispiele

`$ history`	*Die letzten 16 Befehle ausgeben.*
`$ fc -l 20 30`	*Befehle 20 bis 30 ausgeben.*
`$ fc -l -5`	*Die letzten 5 Befehle ausgeben.*
`$ fc -l cat`	*Letzte Kommandozeile ausgeben, die mit cat anfängt.*
`$ fc -ln 5 > zeile`	*Befehl 5 in Datei zeile speichern.*
`$ fc -e vi 5 20`	*Befehle 5 bis 20 mit dem vi editieren.*
`$ fc -e emacs`	*Letzten Befehl mit Emacs editieren.*
`$ !!`	*Letzten Befehl noch einmal ausführen.*
`$ !cat`	*Letzten cat-Befehl noch einmal ausführen.*
`$ !cat foo-file`	*Letzten Befehl noch einmal ausführen, wobei foo-file an das Ende der Argumentliste angehängt wird.*

Befehlssubstitution

Syntax	Bedeutung
!	History-Substitution anfangen.
!!	letzter Befehl
!*N*	Befehl Nummer *N* in der History-Liste
!-*N*	*N* t-letzter Befehl
!*String*	jüngster Befehl, der mit *String* anfängt
!?*String*?	jüngster Befehl, der *String* enthält
!?*String*?%	jüngstes Befehl-Argument, das *String* enthält
!$	letztes Argument des letzten Befehls
!#	der aktuelle Befehl bis zu diesem Punkt
!!*String*	letzter Befehl, an den dann *String* angehängt wird
!*N String*	Befehl Nummer *N*, an den dann *String* angehängt wird
!{*s1*}*s2*	letzter Befehl, der mit *s1* anfing und an den dann *s2* angehängt wird
^*alt*^*neu*^	Schnell-Ersetzung: Ersetzung von *alt* durch *neu* im letzten Befehl und Ausführung des neuen Befehls

Variablen im Prompt

Mit den folgenden Variablen können Sie sich Informationen über den aktuellen Status der Shell oder des Systems in dem **bash**-Prompt anzeigen lassen. Weisen Sie der PS1-Variablen eine Zeichenkette zu, die die gewünschten Variablen enthält. Im folgenden Beispiel wird PS1 eine Zeichenkette zugewiesen, die die **\w**-Variable enthält, um das aktuelle Arbeitsverzeichnis anzuzeigen, und die \!-Variable, die die Nummer des aktuellen Befehls anzeigt. Die nächste Zeile zeigt den neuen Prompt.

```
$ PS1='\w: Befehl \!$ '
~/book/linux: Befehl 504$
```

Manche der Prompt-Variablen sind recht neu, so wie beispielsweise \j und \l. Aus diesem Grund könnten sie in Ihrer **bash**-Version noch nicht unterstützt werden.

Variable	Bedeutung
\a	Alarm (bell). Läßt den System-Piepser ertönen.
\d	Datum mit dem Format »Mon May 8«
\e	Escape-Zeichen (Terminal-Escape, kein Backslash)
\h	Rechnername
\j	Anzahl der Hintergrundjobs (aktiv und gestoppt)

Variable	Bedeutung
\l	Name des aktuellen Terminals
\n	Zeilenvorschub im Prompt
\r	Carriage Return im Prompt
\s	aktuelle Shell
\t	Zeit im 24-Stunden-Format. 15:30 Uhr erscheint als 15:30:00
\u	Accountname des Benutzers
\v	Versions- und Releasenummer der **bash**
\w	aktuelles Arbeitsverzeichnis
\H	wie **\h**
\T	Zeit im 12-Stunden-Format. 15:30 Uhr erscheint als 03:30:00
\V	Versions-, Veröffentlichungs- und Patchnummer der **bash**
\W	letztes Element (nach dem letzten Slash) des aktuellen Arbeitsverzeichnisses
\\	einzelner Backslash im Prompt
\!	Nummer des aktuellen Befehls in der Befehls-History
\#	Nummer des aktuellen Befehls, wobei mit der 1 zu zählen begonnen wurde, als die Shell gestartet wurde
\@	Zeit im 12-Stunden-Format, wobei 15:30 Uhr als 03:30 p.m. erscheint
\$	Gibt an, ob Sie **root** sind: Zeigt ein # für **root** bzw. ein **$** für andere Benutzer an.
\[	Beginnt eine Folge von nicht-darstellbaren Zeichen, die mit \] beendet wird.
\]	Beendet die Folge der nicht-darstellbaren Zeichen, die mit \[begonnen wurde.
nnn	Das ASCII-Zeichen mit dem oktalen Wert *nnn* im Prompt.

Eingebaute Befehle

Beispiele, die auf der Kommandozeile eingegeben werden sollen, erscheinen hier mit dem $-Prompt. Alle anderen Beispiele sind Programmfragmente, die in Shell-Skripten verwendet werden können. Zur besseren Übersicht werden hier auch einige der reservierten Schlüsselwörter aufgeführt, die in Befehlen verwendet werden, die sich über mehrere Zeilen erstrekken.

#

Alles, was auf derselben Zeile folgt, wird ignoriert. # wird in Shell-Skripten als kommentareinleitendes Zeichen verwendet und ist kein Befehl im eigentlichen Sinne.

#

#!*Shell*

Wird als erste Zeile in einem Shell-Skript verwendet und bedeutet, daß das Shell-Skript von der Shell *Shell* (mit optionalen Argumenten) ausgeführt werden soll. Einige ältere, Nicht-Linux-Systeme unterstützen keine Skripte, die mit dieser Zeile beginnen. Beispiele:

```
#!/bin/bash
```

#!

:

Leerer Befehl. Gibt einen Ausführungsstatus von 0 zurück. Wird manchmal als erstes Zeichen in einer Datei verwendet, um anzuzeigen, daß es sich um ein **bash**-Skript handelt. Shell-Variablen können nach dem : aufgeführt werden und werden dann zu ihren jeweiligen Werten expandiert.

Beispiel

Test, ob jemand angemeldet ist:

```
if who | grep $1 > /dev/null
then :     # do nothing
     # if pattern is found
else echo "User $1 is not logged in"
fi
```

:

. *Datei* [*Argumente*]

Siehe **source**.

.

---

alias [-p] [*Name* [='*Befehl*']]

Erzeugt einen Kurznamen (Aliasnamen) *Name* als Synonym für *Befehl*. Wenn ='*Befehl*' weggelassen wird, wird ausgegeben, wofür *Name* steht; wenn auch *Name* weggelassen wird oder wenn die [-p]-Option angegeben wird, werden alle Aliasnamen ausgegeben. Siehe auch **unalias**.

alias

bash

bg	bg [*Job-IDs*] Setzt den aktuellen Job oder *Job-IDs* in den Hintergrund. Siehe Job-Verwaltung am Ende dieses Kapitels.

bind

bind [*Optionen*]
bind [*Optionen*] *Tasten* : *Funktion*

Ausgeben oder Setzen einer Tasten-/Funktionsbindung, so wie Cursor-Bewegung oder Editierung der Kommandozeile. Eine typische Syntax für *Tasten* ist "**C-t**" für Strg-T und "**M-t**" oder "**et**" für Esc-T (das Quoting wird als Schutz der Sequenz vor der Shell benötigt). Funktionsnamen können mit der Option **-l** aufgelistet werden.

Optionen

-f *Dateiname*
: Liest die Bindungen aus der Datei *Dateiname* aus, die in dieser Datei das gleiche Format wie in der **bind**-Kommandozeile haben sollten.

-l
: Gibt alle Readline-Funktionen aus, also die Funktionen, die an Tasten gebunden werden können.

-m *keymap*
: Gibt die Tastaturtabelle an, die in dieser und weiteren Bindungen verwendet werden sollen. Mögliche Tastaturtabellen sind: **emacs**, **emacs-standard**, **emacs-meta**, **emacs-ctlx**, **vi**, **vi-move**, **vi-command**, und **vi-insert**.

-p
: Ausgeben aller Funktionen und der zugehörigen Tasten im Format, in dem Tasten gesetzt werden können.

-q *Funktion*
: Ausgeben der Tastenkombinationen, die *Funktion* aufrufen.

-r *Taste*
: Entfernt die Bindung von der *Taste*, so daß sie nicht mehr funktioniert.

-s
: Ausgeben aller Makros und der zugehörigen Tasten im Format, in dem Tasten gesetzt werden können.

-u *Funktion*
: Entfernt alle Bindungen an die *Funktion*, so daß sie nicht mehr mittels Tasten aufgerufen werden kann.

-v
: Listet alle Readline-Variablen auf (Einstellungen, die die History und die Kommandozeilen-Editierung beeinflussen) sowie ihre gegenwärtigen Einstellungen. Die Variablen können mit dem verwendeten Format auch gesetzt werden.

-x *Taste : Befehl*
: Bindet die Taste an einen Shell-Befehl (neu; gibt es nicht in allen gängigen **bash**-Versionen).

-P
: Ausgeben aller gebundenen Tasten und der zugehörigen Funktionen.

-S	Ausgeben aller Makros und der an sie gebundenen Tasten.
-V	Ausgeben aller Readline-Variablen (Einstellungen, die die History und die Kommandozeilen-Editierung beeinflussen) sowie ihrer gegenwärtigen Einstellungen.

bind

Beispiel

Das folgende Beispiel bindet die **copy-forward-word**-Funktion an Strg-T. Diese Funktion kopiert den Teil des Wortes, der dem Cursor folgt, so daß er wieder eingefügt werden kann.

```
$ bind "\C-t":copy-forward-word
```

break [*n*]

break

Beendet die innerste (am tiefsten verschachtelte) oder die *n* innersten **for**-, **while**- oder **until**-Schleifen. Beendet außerdem die Befehlsabarbeitung in einem **select**-Befehl.

builtin *Befehl* [*Argumente*]

builtin

Ausführen des eingebauten *Befehls*. Dies ist nützlich, wenn eingebaute Befehle innerhalb von Skripten desselben Namens aufgerufen werden sollen.

case *String*
  in
    Muster)
      Befehle
      ;;
      ...
    esac

case

Wenn *String* auf den regulären Ausdruck *Muster* paßt, werden die *Befehle* ausgeführt. Es werden alle regulären Ausdrücke überprüft, bis ein passender gefunden wird. Um alle Zeichenketten, die auf keinen regulären Ausdruck passen, abfangen zu können, kann * als letzter regulärer Ausdruck verwendet werden.

cd [*Verzeichnis*]

cd

Wenn kein Argument angegeben ist, wird zum Home-Verzeichnis des Benutzers gewechselt, ansonsten zum *Verzeichnis*. Wenn *Verzeichnis* ein relativer Pfadname ist, aber im aktuellen Verzeichnis nicht gefunden wird, wird die CDPATH-Variable durchsucht.

command	**command** [*Optionen*] *Befehl* [*Argumente*] Ausführung des Befehls *Befehl*, wobei nicht nach Funktionen gesucht wird, d.h., es wird kein Befehl ausgeführt, der weder eingebaut noch im durch PATH bezeichneten Pfad ist. Der Ausführungsstatus wird auf den von *Befehl* zurückgegebenen gesetzt. Wenn *Befehl* nicht gefunden werden konnte, ist der Ausführungsstatus 127. **-p** Die PATH-Variable wird ignoriert und nur der Default-Pfad durchsucht. **--** Alles, was folgt, wird als Argument und nicht als Option interpretiert.
continue	**continue** [*n*] Überspringen der verbleibenden Befehle in einer **for**-, **while**- oder **until**-Schleife; die Abarbeitung wird mit dem nächsten Durchlauf der Schleife fortgesetzt. Wird der Parameter *n* angegeben, werden entsprechend viele Schleifen übersprungen.
declare	**declare** [*Optionen*] [*Name* [=*Wert*]] **typeset** [*Optionen*] [*Name* [=*Wert*]] Ausgeben oder Setzen des Wertes von Variablen. Ein + anstelle des – dreht die Bedeutung ins Gegenteil um. **-a** Alle folgenden Namen werden als Array-Variablen betrachtet. **-f** Alle folgenden Namen werden als Funktionen betrachtet. **-i** Interpretieren der Variablen als Ganzzahl und Evaluierung ihrer Werte. **-p** Ausgeben der Namen und Einstellungen aller Shell-Variablen und Funktionen; ansonsten wird nichts getan. **-r** Variablen dürfen später nicht verändert werden. **-x** Variablen werden zum Exportieren vorgemerkt. **-F** Ausgeben der Namen aller Shell-Funktionen; ansonsten wird nichts getan.
dirs	**dirs** [*Optionen*] Ausgeben der Verzeichnisse, die zur Zeit aufgrund von **pushd**/**popd**-Befehlen gemerkt werden. ***Optionen*** +*Eintrag* Eintrag Nr. *Eintrag* ausgeben (der erste Eintrag hat die Nummer 0). -*Eintrag* Eintrag Nr. *Eintrag*, vom Listenende her gezählt, ausgeben.

-l Lange Ausgabe.

dirs

disown [*Optionen*] [*Job-IDs*]

disown

Entkoppelt den Job von der Shell, läßt ihn aber weiterlaufen. Normalerweise wird der Job auch nicht mehr als aktiver Job aufgeführt; Befehle wie **jobs** und **fg** werden den Job nicht mehr erkennen. Wenn die Option **-h** angegeben wird, wird der Job noch erkannt, aber nicht terminiert, wenn die Shell beendet wird.

Optionen

-a Wirkt auf alle Jobs.

-h Leitet ein von der Shell empfangenes SIGHUP-Signal nicht an den Job weiter.

echo [*Optionen*] [*String*]

echo

Ausgeben von *String* und eines Zeilenwechsels. Wenn *String* nicht angegeben wird, wird nur der Zeilenwechsel ausgegeben. In der **bash** ist **echo** lediglich ein Aliasname für **print -**. (Siehe auch **echo** in Kapitel 3, *Linux-Befehle*).

-e Escape-Sequenzen interpretieren.

- \a Akustische Warnung
- \b Löschen des letzten Zeichens.
- \c Unterdrücken des Zeilenwechsels (wie **-n**).
- \f Seitenvorschub
- \n Zeilenwechsel
- \r Wagenrücklauf
- \t Horizontaler Tabulator
- \v Vertikaler Tabulator
- \\ Backslash
- *nnn*
  Das Zeichen, dessen ASCII-Code den oktalen Wert *nnn* hat
- \x*nnn*
  Das Zeichen, dessen ASCII-Code den hexadezimalen Wert *nnn* hat

-n Keinen Zeilenwechsel ausgeben.

-E Interpretation von Escape-Sequenzen abschalten.

enable

enable [*Optionen*] [*Befehl* ...]

Einschalten (oder Abschalten, wenn **-n** angegeben ist) von eingebauten Shell-Befehlen. Wenn *Befehl* nicht angegeben ist oder die **-p** Option angegeben ist, werden die eingeschalteten, eingebauten Befehle ausgegeben; mit **-a** werden alle eingebauten Befehle zusammen mit ihrem Status ausgegeben. Eingebaute Shell-Befehle können abgeschaltet werden, damit eigene Funktionen desselben Namens definiert werden können.

Optionen

-a Ausgabe aller sowohl ein- als auch ausgeschalteten eingebauten Befehle

-n *Befehl*
Schaltet *Befehl* ab.

-p Gibt alle eingeschalteten eingebauten Befehle aus.

-s Gibt nur die eingebauten Befehle aus, die vom POSIX-Standard vorgegeben sind.

eval

eval [*Befehl Argumente*...]

Ausführen von *Befehl* mit den Argumenten *Argumente*.

exec

exec [*Optionen*] [*Befehl*]

Ausführen des Befehls *Befehl* anstelle des aktuellen Prozesses (anstatt einen neuen Prozeß zu erzeugen). **exec** ist auch nützlich für das Öffnen, Schließen und Kopieren von Dateideskriptoren.

Optionen

-a *Name*
Befehl mitteilen, daß er als *Name* aufgerufen wurde.

-c Entfernt alle Umgebungsvariablen des Prozesses, wenn der neue Befehl ausgeführt wird.

-l Den neuen Prozeß so behandeln, als ob sich der Benutzer gerade angemeldet hat.

Beispiele

`$ trap 'exec 2>&-' 0`	*Standardausgabe schließen, wenn die Ausführung des Shell-Skripts abgeschlossen ist (Signal 0).*
`$ exec /bin/tcsh`	*Aktuelle Shell durch die erweiterte C Shell ersetzen.*
`$ exec < infile`	*Standardeingabe auf infile umstellen.*

exec

exit [*n*]

exit

Beenden eines Shell-Skripts mit dem Ausführungsstatus *n* (z.B., **exit 1**). *n* kann entweder 0 (erfolgreiche Ausführung) oder von 0 verschieden (Fehler) sein. Wenn *n* nicht angegeben wird, ist der Ausführungsstatus derjenige des letzten Befehls. **exit** kann auf der Kommandozeile verwendet werden, um ein Fenster zu schließen (Abmelden).

Beispiel

```
if [ $# -eq 0 ]; then
   echo "Programmaufruf:  $0 [-c] [-d] Datei(en)"
   exit 1     # Fehler Status
fi
```

export [*Optionen*] [*Variablen*]
export [*Optionen*] [*Name*=[*Wert*]]...

export

Weitergeben (Exportieren) einer oder mehrerer Shell-*Variablen*, wodurch diese Variablen eine globale Bedeutung erhalten (der Default ist lokale Bedeutung). Wenn beispielsweise der Wert einer Variablen, die in einem Shell-Skript definiert worden ist, von einem anderen, von diesem Skript aufgerufenen Programm verwendet werden soll, muß diese Variable exportiert werden. Wenn keine *Variablen* angegeben werden, zeigt **export** alle Variablen an, die zur Zeit von der aktuellen Shell exportiert werden. Wenn *Name* und *Wert* angegeben sind, wird *Wert* der Variablen *Name* zugewiesen.

Optionen

-- Alle folgenden Zeichenketten werden als Argumente und nicht als Optionen behandelt.

-f Alle *Variablen* werden als Funktionen erwartet.

-n Aufheben des Exportierens einer Variablen.

-p Ausgeben der Variablen, die zur Zeit von der aktuellen Shell ausgegeben werden.

bash

fc	**fc** [*Optionen*] [*Erster*] [*Letzter*] **fc -e -** [*alt*=*neu*] [*Befehl*] Anzeigen oder Editieren von Befehlen in der History-Liste (**-l** oder **-e** können nicht zusammen verwendet werden). **fc** stellt Möglichkeiten ähnlich denen des **history**-Befehls bzw. der !-Schreibweise in der C-Shell bereit. *Erster* und *Letzter* bezeichnen Zahlen oder Zeichenketten, mit denen die Befehle, die angezeigt oder editiert werden sollen, ausgewählt werden. Wenn *Letzter* weggelassen wird, wird **fc** auf einen einzigen Befehl angewendet, der durch *Erster* angegeben wird. Wenn sowohl *Erster* als auch *Letzter* weggelassen werden, editiert **fc** den letzten Befehl oder zeigt die letzten 16 Befehle an. Die zweite Form des **fc**-Befehls entnimmt der History einen Befehl, ersetzt die Zeichenkette *alt* durch die Zeichenkette *neu* und führt den so veränderten Befehl aus. Wenn keine Zeichenketten angegeben werden, wird der Befehl unverändert erneut ausgeführt. Wenn auch kein Befehl angegeben wird, wird der letzte Befehl erneut ausgeführt. *Befehl* kann wie *Erster* als Zahl oder Zeichenkette angegeben werden. Beispiele finden Sie unter Befehls-History. ***Optionen*** **-e** [*Editor*] Aufrufen des Editors *Editor*, um die angegebenen Befehle zu editieren. Mit der Shell-Variablen FCEDIT kann der Default-Editor eingestellt werden. **-l** [*Erster Letzter*] Ausgeben des oder der angegebenen Befehls/e oder der letzten 16 Befehle, wenn keine Argumente angegeben sind. **-n** Unterdrücken der Befehlsnumerierung bei der Ausgabe mit **-l**. **-r** Umdrehen der Reihenfolge bei der Ausgabe mit **-l**. **-s** *Muster*=*NeuesMuster* Editieren der Befehle, indem jedes Auftreten von *Muster* mit *NeuesMuster* ersetzt wird. Danach werden die Befehle erneut ausgeführt.
fg	**fg** [*Job-IDs*] Bringt den aktuellen Job oder *Job-IDs* in den Vordergrund. Siehe »Job-Verwaltung«.

for	**for** *x* [**in** *Liste*]
	  do
	    Befehle
	  done
	
	Jedes Wort in *Liste* wird der Reihe nach *x* zugewiesen und ausgeführt. Wenn *Liste* weggelassen wird, werden die Positionsparameter **$@** verwendet.

for

Beispiele

Durchnumerieren aller Dateien im aktuellen Verzeichnis und Abspeichern der erzeugten Dateien:

```
for datei in *
do
     pr $datei > $datei.tmp
done
```

Durchsuchen von Kapiteln nach einer Liste von Wörtern (wie **fgrep -f**):

```
for element in `cat programm_liste`
do
     echo "Durchsuchen der Kapitel nach"
     echo "Referenzen auf Programm $element..."
     grep -c "$element.[co]" kap*
done
```

function

function *Befehl*
{
  ...
}

Definiert eine Funktion. Argumente werden verwendet wie Positionsparameter in einem Shell-Skript (**$1** usw.). Die Funktionsdefinition wird mit } abgeschlossen.

getopts

getopts *String Name* [*Argumente*]

Verarbeiten der Kommandozeilen-Parameter (oder *Argumente*, falls angegeben) und Überprüfen auf zulässige Optionen. **getopts** wird in Schleifen in Shell-Skripten verwendet und soll eine konsistente Syntax von Kommandozeilen-Optionen gewährleisten. *String* enthält die Optionsbuchstaben, die von **getopts** erkannt werden sollen. Gültige Optionen werden der Reihe nach verarbeitet und in der Shell-Variablen *Name* abgelegt. Wenn auf einen Optionsbuchstaben ein Doppelpunkt folgt, müssen der Option auf der Kommandozeile ein oder mehrere Argumente folgen.

hash	**hash** [**-r**] [*Befehle*] Suchen nach *Befehlen* und Merken des Verzeichnisses, in dem der jeweilige Befehl gefunden wurde. Hashing erzeugt in einer Shell eine Verbindung (Assoziation) zwischen einem Namen (z.B. eines Befehls) und einem absoluten Pfadnamen einer ausführbaren Datei, so daß bei zukünftigen Aufrufen nicht der PATH durchsucht werden muß. Wenn keine Argumente angegeben werden, gibt **hash** die aktuell »gehashten« Befehle aus. Dabei gibt *hits* an, wie oft dieser Befehl von der aktuellen Shell aufgerufen wurde, und unter *command* steht der Befehl mit voller Pfadangabe.
help	**help** [**-s**] [*String*] Ausgeben eines Hilfetextes zu allen eingebauten Befehlen oder nur zu denen, die auf *String* passen. Mit **-s** wird nur eine kurze Syntax-Beschreibung ausgegeben, sonst auch eine knappe Zusammenfassung.
history	**history** [*Optionen*] **history** [*Zeilen*] Ausgabe einer numerierten Befehls-History, wobei veränderte Befehle mit einem * gekennzeichnet werden. Auch Befehle früherer Sitzungen werden mit aufgeführt. Mit dem Argument *Zeilen* kann angegeben werden, wie viele Zeilen ausgegeben werden sollen. ***Optionen*** **-a** [*Datei*] Die **bash** unterhält eine Datei *.bash_history* im Home-Verzeichnis des Benutzers, in der die Befehle früherer Sitzungen abgespeichert werden. Mit dieser Option werden die Befehle der aktuellen Sitzung an die *.bash_history* oder *Datei* angehängt. **-c** Löscht die History-Liste; alle bisher eingegebenen und gemerkten Befehle werden von der History-Liste entfernt. **-n** [*Datei*] Anhängen derjenigen Zeilen der Datei *.bash_history* oder *Datei* an die History-Liste, die noch nicht vorhanden sind. **-r** [*Datei*] Verwenden der History-Liste *.bash_history* oder *Datei*, anstelle der aktuellen. **-s** *Befehl* Hängt *Befehl* an die aktuelle History-Liste an, ohne ihn auszuführen. **-w** [*Datei*] Überschreiben der Datei *.bash_history* oder *Datei* mit der aktuellen History-Liste.

if *Test-Befehle*

if

Anfangen eines bedingten Ausdrucks. Mögliche Schreibweisen:

```
if Test-Befehle        if Test-Befehle         if Test-Befehle
then                   then                    then
   Befehle1               Befehle1                Befehle1
fi                     else                    elif Test-Befehle
                          Befehle2             then
                       fi                         Befehle2
                                               ...
                                               else
                                                  Befehle n
                                               fi
```

Normalerweise führen die ersten **if**- und alle **elif**-Zeilen einen **test**- oder []-Befehl aus, obwohl auch alle anderen Befehle zulässig sind. Wenn **if** erfolgreich ist, d.h., der letzte der *Test-Befehle* einen Ausführungsstatus von 0 hat, wird *Befehle1* ausgeführt, ansonsten werden die folgenden **elif**- oder **else**-Zeilen ausprobiert.

jobs [*Optionen*] [*Job-IDs*]

jobs

Ausgabe aller laufenden und angehaltenen Jobs oder derjenigen, die durch *Job-IDs* angegeben werden. So kann beispielsweise überprüft werden, ob ein langer Programm-Übersetzungsvorgang noch läuft. Auch vor dem Abmelden ist **jobs** nützlich. Siehe auch »Job-Verwaltung« am Ende dieses Kapitels.

bash

Optionen

-l Ausgeben der Job-IDs und der Prozeßgruppen-IDs.

-n Ausgeben nur der Jobs, deren Status sich seit der letzten Benachrichtigung verändert hat.

-p Nur Prozeßgruppen-IDs ausgeben.

-r Nur aktive, zur Zeit laufende Prozesse ausgeben.

-s Nur gestoppte Prozesse ausgeben.

-x *Befehl*[*Argumente*]
Ausführen von *Befehl*. Wenn *Job-IDs* angegeben werden, werden sie durch *Befehl* ersetzt.

kill [*Optionen*] *IDs*

kill

Beenden jedes durch Prozeß-*ID* oder Job-*ID* angegebenen Prozesses. Sie müssen der Besitzer des Prozesses oder Superuser sein. Siehe auch »Job-Verwaltung« am Ende dieses Kapitels.

→

kill ←	***Optionen***

-Signal
: Senden der Signalnummer *Signal* (von **ps -f**) oder des Signalnamens (von **kill -l**). Das Signal 9 kann vom Prozeß nicht abgefangen werden. Das Default-Signal ist TERM.

--
: Alle folgenden Zeichenketten werden als Argumente und nicht als Optionen interpretiert.

-l
: Ausgabe der Signalnamen (wird einzeln genutzt).

-s *Signal*
: Angabe des gesendeten *Signals*. Hier kann sowohl der Signalname als auch die Signalnummer verwendet werden.

---

let

let *Ausdrücke*

Durchführung arithmetischer Ganzzahl-Berechnungen, die durch *Ausdrücke* angegeben werden. *Ausdrücke* bestehen aus Zahlen, Operatoren und Shell-Variablen (in denen der Dereferenzierungs-Operator **$** weggelassen werden kann). Die Ausdrücke müssen in Anführungszeichen gesetzt werden, wenn sie Leerzeichen oder andere Sonderzeichen enthalten. Weitere Informationen und Beispiele finden Sie im Abschnitt »Arithmetische Ausdrücke« weiter vorn in diesem Kapitel und unter **expr** in Kapitel 3, *Linux-Befehle*.

Beispiele

Die beiden folgenden Beispiele addieren 1 zum Wert der Variablen **i** und legen den neuen Wert wieder in **i** ab.

```
let i=i+1
let "i = i + 1"
```

---

local

local [*Optionen*] [*Variable*[=*Wert*]] [*Variable2*[=*Wert*]] ...

Wenn keine Argumente angegeben werden, werden alle lokalen Variablen ausgegeben. Anderenfalls wird die angegebene lokale Variable angelegt und ihr gegebenenfalls ein Wert zugewiesen. Die Optionen sind unter der Beschreibung des eingebauten **declare**-Befehls aufgeführt.

---

logout

logout [*Status*]

Verläßt die Shell und gibt *Status* als Ausführungsstatus an den aufrufenden Prozeß zurück. Kann nur verwendet werden, wenn es sich um eine Anmelde-Shell handelt; ansonsten muß **exit** verwendet werden.

popd [*Optionen*]

popd

Manipulieren des Verzeichnis-Stacks. Wenn keine Optionen angegeben werden, wird das oberste Verzeichnis vom Stack genommen und dorthin verzweigt.

Optionen

+*n* Entfernen des *n* ten Verzeichnisses vom Stack; die Zählung beginnt bei 0.

-*n* Entfernen des *n* ten Verzeichnisses von unten, die Zählung beginnt bei 0.

printf *String* [*Argumente*]

printf

Formatiert eine Zeichenkette wie die C-Bibliotheks-Funktion **printf**. Normale Prozentzeichen-Formate werden in *String* erkannt, wie beispielsweise %**i** für eine ganze Zahl. Escape-Sequenzen wie **\n** können in *String* vorkommen und werden automatisch erkannt; sollen Escape-Sequenzen auch in einem der *Argumente* vorkommen, so sollte dieses als ein *String* mit %**b** deklariert werden. Es können Zeichen in den *Argumenten* gequotet werden, um eine Zeichenkette auszugeben, die als Eingabe für einen anderen Befehl benutzt werden kann. Dies wird erreicht, indem das entsprechende Argument als *String* mit %**q** deklariert wird.

Beispiele

```
$ printf "Letzter Befehl: %i\n" "$(($HISTCMD-1))"
Letzter Befehl: 534
$ echo $PAGER
less -E
$ printf "%q\n" "\t$PAGER"
\\tless\ -E
```

Der letzte Befehl würde genutzt werden, um eine Einstellung in einer Datei zu speichern, aus der sie von einem anderen Shell-Skript ausgelesen und neu gesetzt werden könnte.

pushd *Verzeichnis*
pushd [*Optionen*]

pushd

Wenn kein Argument angegeben wird, werden die obersten beiden Verzeichnisse auf dem Stack vertauscht. Wenn ein Verzeichnis angegeben wird, wird es oben auf den Stack gelegt und dorthin verzweigt.

Optionen

+*n* Rotieren des Stacks, so daß das *n* te Verzeichnis oben liegt; die Zählung beginnt bei 0.

-*n* Rotieren des Stacks, so daß das *n*-te Verzeichnis, von unten gezählt, oben liegt.

pwd

pwd [-P]

Ausgeben des absoluten Pfadnamens des aktuellen Verzeichnisses. Standardmäßig werden symbolische Verzeichnis-Verknüpfungen im aktuellen Pfad mit angezeigt. Bei der Option **-P** werden statt dessen die tatsächlichen Namen angegeben.

read

read [*Optionen*] *Variable1* [*Variable2* ...]

Einlesen einer Zeile von der Standardeingabe und Zuweisung jedes Wortes an die entsprechende *Variable* (was ein Wort ist, wird durch die Variable IFS definiert). Alle übriggebliebenen Wörter werden der letzten Variablen zugewiesen. Wenn nur eine Variable angegeben ist, wird die gesamte Zeile dieser Variablen zugewiesen. Wenn überhaupt kein Variablenname angegeben wird, wird die gesamte Zeichenkette in der Umgebungsvariablen REPLY eingelesen. Der Rückgabewert ist 0, es sei denn *EOF* (Dateiende) wird eingelesen. Diese Unterscheidung ist vor allem bei der Verwendung in Schleifen von Vorteil.

Optionen

-a *Variable*
: Speichert jedes Wort als Element von *Variable*, die als Array-Variable betrachtet wird.

-d *Zeichen*
: Stoppt das Einlesen der Zeile, wenn *Zeichen* gelesen wird. Default ist das Zeilenumbruch-Zeichen.

-e
: Zeilen-Editierung und Befehls-History sind bei der Eingabe aktiviert.

-n *Anzahl*
: Liest nur *Anzahl* Zeichen ein.

-p *String*
: Gibt im interaktiven Modus erst den Prompt-*String* an den Benutzer aus, bevor eine Zeile eingelesen wird.

-r
: »Roher« Modus; \ wird nicht als Zeilenfortsetzungszeichen interpretiert.

-s
: Die vom Benutzer eingegebenen Zeichen werden nicht am Bildschirm wiedergegeben (nützlich, um Paßworte abzufragen).

-t *Sekunden*
: Unterbricht eine interaktive Eingabe, wenn innerhalb *Sekunden* Sekunden nichts eingegeben wurde, und beendet den Einlesevorgang, ohne irgendwelchen Variablen Werte zuzuordnen.

Beispiele

```
$ read Vorname Nachname Adresse
Susi Sorglos Bartolomaeusstr. 81
$ echo "$Nachname, $Vorname\n$Adresse"
Sorglos, Susi
Bartolomaeusstr. 81
```

Der folgende Befehl liest ein Paßwort in die Variable **$Benutzer_PW** ein und gibt dann ihren Wert an. Dieser Befehl funktioniert nicht in allen **bash**-Versionen, die zur Zeit in Gebrauch sind, da die verwendeten Optionen zum Teil sehr neu sind.

```
$ read -sp "Passwort eingeben (wird nicht am Bildschirm dargestellt)"
Benutzer_PW
Passwort eingeben (wird nicht am Bildschirm dargestellt)
$ echo $Benutzer_PW
Das sollten Sie doch gar nicht sehen dürfen!
```

Das folgende Skript liest Eingaben aus der Paßwort-Datei des Systems, die Doppelpunkte nutzt, um verschiedene Felder voneinander zu trennen (diese Eigenschaft macht die Paßwort-Datei zum beliebten Kandidaten, um Eingabe-Parser zu verdeutlichen).

```
IFS=:
cat /etc/passwd |
while
read account pw benutzer gruppe gecos home shell
do
echo "Account Name $account hat Benutzer-Informationen: $gecos"
done
```

readonly [*Optionen*] [*Variable1 Variable2 ...*]

readonly

Verhindern, daß den angegebenen Shell-Variablen neue Werte zugewiesen werden. Die Variablen können gelesen, aber nicht überschrieben werden. In der **bash** kann die Schreibweise *Variable=Wert* verwendet werden, um einen nichtüberschreibbaren Wert zuzuweisen.

Optionen

-a Behandelt die folgenden Namen als Array-Variablen.

-f Behandelt die folgenden Namen als Funktionen und macht sie nur lesbar, so daß sie nicht geändert werden können.

-p Gibt alle nur lesbaren Variablen aus (Standard).

return	**return** [*n*] Wird innerhalb einer Funktionsdefinition verwendet. Die Funktion wird mit einem Ausführungsstatus *n* oder dem Ausführungsstatus des zuletzt ausgeführten Befehls beendet.

select	**select** *Name* [**in** *Wortliste* ;]
	  do
	    Befehle
	  done
	
	Auswahl eines Wertes für die Variable *Name*, indem die Wörter in *Wortliste* auf dem Bildschirm ausgegeben werden und der Benutzer eine Eingabe machen muß. Die Eingabe des Benutzers wird in der Variablen REPLY, das ausgewählte Wort in *Name* abgelegt. Danach werden die *Befehle* so lange ausgeführt, bis ein **break** oder **return** ausgeführt wird. Der Standard-Eingabeprompt kann mit der PS3 Shell-Variablen verändert werden.

set	**set** [*Optionen*] [*Arg1 Arg2 ...*] Wenn keine Argumente angegeben werden, gibt **set** die Werte aller in der aktuellen Shell bekannten Variablen aus. Optionen können eingeschaltet (*–option*) oder ausgeschaltet (*+option*) werden. Die Optionen können auch beim Aufruf der Shell gesetzt werden. Die Argumente werden der Reihe nach **$1**, **$2** usw. zugewiesen. ***Optionen*** - Ausschalten von **-v** und **-x** und der Verarbeitung weiterer Optionen. -- Wird als letzte Option verwendet. -- schaltet das Verarbeiten von Optionen ab, so daß Argumente, die mit einem – beginnen nicht fälschlicherweise als Optionen interpretiert werden (beispielsweise kann **$1** auf –1 gesetzt werden). Wenn keine weiteren Argumente nach -- angegeben werden, werden die Positionsparameter gelöscht. **-a** Alle von nun an definierten oder neu zugewiesenen Variablen werden automatisch exportiert. **-b** Ausgabe des Status eines Hintergrund-Jobs, sobald dieser beendet ist (statt auf den nächsten Shell-Prompt zu warten). **-e** Beenden der Shell, wenn ein Befehl einen von 0 verschiedenen Ausführungsstatus hat. **-f** Platzhalterzeichen (z.B. * ? [ ]) werden nicht expandiert. Mitunter wird das Expandieren von Platzhalterzeichen *Globbing* genannt. **-h** Der Ort von Befehlen wird bereits bei ihrer Definition vorgemerkt.

-k Die Zuweisung von Umgebungsvariablen (*Var=Wert*) findet unabhängig davon statt, wo sie auf der Kommandozeile stehen. Normalerweise müssen solche Zuweisungen vor dem Befehlsnamen stehen.

-m Monitor-Modus. Job-Verwaltung wird eingeschaltet, und Hintergrund-Jobs werden in einer gesonderten Prozeßgruppe ausgeführt. Dieser Modus wird normalerweise automatisch eingeschaltet.

-n Befehle werden nur eingelesen, aber nicht ausgeführt. Dies ist zum Überprüfen von Shell-Skripten auf syntaktische Fehler nützlich.

-o [*m*]
Ausgeben der Shell-Modi oder Einschalten des Modus *m*. Viele Modi können auch mit anderen Optionen eingeschaltet werden. Die meisten Modi können durch **+o** abgeschaltet werden. Die zur Verfügung stehenden Modi sind:

allexport
wie **-a**

braceexpand
wie **-B**

emacs
Default. Emacs-artiges Editieren der Kommandozeile wird eingeschaltet.

errexit
wie **-e**

hashall
wie **-h**

histexpand
wie **-H**

history
Default. Befehls-History aufbewahren.

ignoreeof
Bei Eingabe von *EOF* (durch Drücken von **Strg-D**) die Shell nicht beenden. Um die Shell zu verlassen, muß **exit** eingegeben werden. Dies hat den gleichen Effekt, als hätte man die Shell-Variable IGNOREEOF auf 1 gesetzt.

interactive-comments
Alle Wörter, die mit # beginnen, und alle darauffolgenden Wörter werden als Kommentare interpretiert.

keyword
wie **-k**

monitor
wie **-m**

noclobber
wie **-C**

→

noexec
wie **-n**

noglob
wie **-f**

notify
wie **-b**

nounset
wie **-u**

onecmd
wie **-t**

physical
wie **-P**

posix
Erfüllen des POSIX-Standards.

privileged
wie **-p**

verbose
wie **-v**

vi vi-artiges Editieren der Kommandozeile einschalten.

xtrace
wie **-x**

+o [*m*]
Anzeigen der Modi oder den Modus *m* abschalten. Siehe die **-o** Option für eine Liste der Modi.

-p Starten als Superuser; *$HOME/.profile* nicht ausführen.

-t Beenden der Shell, nachdem ein Befehl ausgeführt wurde.

-u Variablen ohne Wert werden in Substitutionen als Fehler behandelt.

-v Jede Kommandozeile wird beim Einlesen wieder ausgegeben.

-x Anzeigen der Befehle und Argumente unter Voranstellung eines **+** oder des PS4-Prompts, wenn die Befehle ausgeführt werden. Auf diese Art und Weise können Fehler in Shell-Skripten gesucht werden (wie **-o xtrace**).

-B Default. Schaltet die Expansion der geschweiften Klammern ein.

-C Verbietet einer Ausgabenumlenkung (>) das Überschreiben von bereits existierenden Dateien.

-H Default. !- und !!-Befehle werden eingeschaltet.

-P Ausgabe absoluter Pfadnamen bei **pwd**. Standardmäßig enthält die Ausgabe von **pwd** symbolische Links.

Beispiele

set

`set -- "$num" -20 -30`	*Setzen von $1 auf den Wert von num, von $2 auf -20 und von $3 auf -30.*
`set -vx`	*Einlesen, Anzeigen und erneutes Anzeigen (mit Argumenten) jeder Kommandozeile.*
`set +x`	*Keine Kommandozeile mit Argumenten mehr ausgeben.*
`set -o noclobber`	*Überschreibung von Dateien durch Umleitungsoperatoren verhindern.*
`set +o noclobber`	*Überschreibung von Dateien durch Umleitungsoperatoren wieder zulassen.*

shift [*n*]

shift

Weiterschieben der Positionsparameter (**$2** wird **$1** usw.). Wenn *n* angegeben wird, wird die Shift-Operation *n*-mal ausgeführt.

source *Datei* [*Argumente*]

source

Einlesen und Ausführen der Befehle in *Datei*. *Datei* muß nicht ausführbar sein, aber in einem Verzeichnis stehen, das in PATH enthalten ist.

suspend [-f]

suspend

Wie **Strg-Z**. Wird oft benutzt, um den **su**-Befehl abzubrechen.

Option

-f Anhalten erzwingen, auch wenn die Shell eine Anmelde-Shell ist.

test *Bedingung*
oder
[*Bedingung*]

test

Auswertung einer *Bedingung* und Rückgabe eines Ausführungsstatus von 0, wenn die Bedingung wahr ist. Anstelle des Wortes *test* kann auch **[ ]** verwendet werden. *Bedingung* wird aus den folgenden Ausdrücken zusammengesetzt. Bedingungen sind wahr, wenn die Beschreibung wahr ist.

Dateibasierte Bedingungen

-a *Datei*
: *Datei* existiert.

-b *Datei*
: *Datei* ist eine Block-Geräte-Datei (block special file).

→

bash

test ←

-c *Datei*
: *Datei* ist eine Zeichen-Geräte-Datei (character special file).

-d *Datei*
: *Datei* ist ein Verzeichnis.

-e *Datei*
: *Datei* existiert.

-f *Datei*
: *Datei* ist eine reguläre Datei.

-g *Datei*
: *Datei* hat das Set-Group-ID-Bit gesetzt.

-h *Datei*
: *Datei* ist ein symbolischer Link.

-k *Datei*
: *Datei* hat das Sticky-Bit (nicht mehr in Benutzung) gesetzt.

-p *Datei*
: *Datei* ist eine benannte Pipe (FIFO).

-r *Datei*
: *Datei* ist lesbar.

-s *Datei*
: *Datei* existiert und ist größer als 0.

-t [*n*]
: Der offene Dateideskriptor *n* wird mit einem Terminal assoziiert; die Voreinstellung von *n* ist 1.

-u *Datei*
: *Datei* hat das Set-User-ID-Bit gesetzt.

-w *Datei*
: *Datei* ist schreibbar.

-x *Datei*
: *Datei* ist ausführbar.

-G *Datei*
: *Datei* existiert, und die Gruppe des Besitzers ist gleich der effektiven Gruppen-ID des Prozesses.

-L *Datei*
: *Datei* ist ein symbolischer Link.

-N *Datei*
: *Datei* wurde seit dem letzten Zugriff verändert.

-O *Datei*
: *Datei* existiert, und die ID des Besitzers ist gleich der effektiven Benutzer-ID des Prozesses.

-S *Datei*
: *Datei* ist ein Socket.

f1 **-ef** *f2*
Die Dateien *f1* und *f2* sind »gelinkt« (bezeichnen dieselbe Datei durch einen harten Link).

f1 **-nt** *f2*
Die Datei *f1* ist neuer als die Datei *f2*.

f1 **-ot** *f2*
Die Datei *f1* ist älter als die Datei *f2*.

String-basierte Bedingungen

-n *s1*
Die Zeichenkette *s1* ist länger als null.

-o *s1*
Die Shell-Option *s1* wurde gesetzt. Shell-Optionen sind unter dem eingebauten **set**-Befehl aufgeführt.

-z *s1*
Die Zeichenkette *s1* hat die Länge null.

s1 = *s2*
Die Zeichenketten *s1* und *s2* sind identisch.

s1 == *s2*
Die Zeichenketten *s1* und *s2* sind identisch.

s1 != *s2*
Die Zeichenketten *s1* und *s2* sind nicht identisch.

s1 < *s2*
Die Zeichenkette *s1* wird bei alphanumerischer Sortierung (oder einer anderen Sortiermethode, die gerade genutzt wird) vor *s2* sortiert. Standardmäßig wird Zeichen für Zeichen mit dem ASCII-Zeichensatz verglichen.

s1 > *s2*
Die Zeichenkette *s1* wird bei alphanumerischer Sortierung (oder einer anderen Sortiermethode, die gerade genutzt wird) hinter *s2* sortiert.

String
String ist nicht null.

Ganzzahl-basierte Bedingungen

n1 **-eq** *n2*
n1 ist gleich *n2*.

n1 **-ge** *n2*
n1 ist größer oder gleich *n2*.

n1 **-gt** *n2*
n1 ist größer als *n2*.

n1 **-le** *n2*
n1 ist kleiner oder gleich *n2*.

→

test ←

n1 **-lt** *n2*
: *n1* ist kleiner als *n2*.

n1 **-ne** *n2*
: *n1* ist ungleich *n2*.

Verknüpfungen von Bedingungen

! *Bedingung*
: Wahr, wenn *Bedingung* falsch ist.

Bedingung1 **-a** *Bedingung2*
: Wahr, wenn beide Bedingungen wahr sind.

Bedingung1 **-o** *Bedingung2*
: Wahr, wenn mindestens eine der beiden Bedingungen wahr ist.

Beispiele

Jedes der folgenden Beispiele zeigt die erste Zeile eines Befehls, der eine Bedingungsüberprüfung verwenden könnte:

`while test $# -gt 0`	*Solange noch Argumente vorhanden sind . . .*
`while [ -n "$1" ]`	*Solange das erste Argument nicht leer ist . . .*
`if [ $zaehler -lt 10 ]`	*Wenn $zaehler kleiner als 10 ist . . .*
`if [ -d RCS ]`	*Wenn das Verzeichnis RCS existiert . . .*
`if [ "$antwort" != "y" ]`	*Wenn die Antwort nicht y ist . . .*
`if [ ! -r "$1" -o ! -f "$1" ]`	*Wenn das erste Argument entweder eine nicht lesbare Datei oder keine reguläre Datei ist . . .*

times

times

Ausgabe der aufgelaufenen Prozeßlaufzeiten, getrennt nach Benutzer und System.

trap

trap [–l] [[*Befehle*] *Signale*]

Ausführen der *Befehle*, wenn der Prozeß eines der *Signale* erhält. Oft beim **trap**-Befehl verwendete Signale sind 0, 1, 2 und 15. Wenn mehrere Befehle aufgerufen werden sollen, sollten diese als Gruppe zusammengefaßt werden und innerhalb der Gruppe durch Semikola voneinander getrennt werden. Wenn *Befehle* die leere Zeichenkette ist (d.h. **trap** " "*Signale*), ignoriert die Shell die *Signale*. Wenn *Befehle* völlig weggelassen wird, wird die Behandlung der angegebenen Signale auf die Default-Werte zurückgesetzt. Wenn sowohl *Befehle* als auch *Signale* weggelassen werden, wird der aktuelle Status der Signal-Behandlung ausgegeben. Siehe die Beispiele am Ende dieses Eintrags und unter **exec**.

Option

-l Ausgabe der Signale

Signale

Die folgende Aufstellung enthält die Signale und die Zustände, die sie auslösen.

0	Beenden der Shell (üblicherweise bei Beenden der Verarbeitung eines Shell-Skripts).
1	Beenden der Verbindung (üblicherweise Abmelden).
2	Interrupt (üblicherweise **Strg-C**)
3	Beenden
4	Illegaler Rechnerbefehl
5	Trace trap
6	Abbruch
7	Nicht benutzt
8	Fließkomma-Ausnahmebedingung
9	Erzwungener Abbruch
10	Benutzerdefiniert
11	Zugriff auf ungültigen Speicherbereich (»segmentation fault«)
12	Benutzerdefiniert
13	Schreiben in eine Pipe, ohne daß ein Prozeß aus dieser liest
14	Ablaufen eines Timers
15	Abbruch eines Programms (üblicherweise via **kill**)
16	Nicht benutzt
17	Beenden eines Kind-Prozesses
18	Fortsetzen (wenn angehalten)
19	Prozeß anhalten.
20	Prozeß wurde vom Terminal aus (meist mit **Strg-Z**) angehalten.
21	Hintergrund-Prozeß will von einem Terminal lesen.
22	Hintergrund-Prozeß will auf ein Terminal schreiben.
23	Nicht benutzt
24	Nicht benutzt
25	Nicht benutzt
26	Nicht benutzt
27	Nicht benutzt
28	Nicht benutzt
29	Auf einem Kanal ist Eingabe oder Ausgabe möglich.

→

trap ←

Beispiele

`trap "" 2`	*Ignorieren des Signals 2 (Interrupts)*
`trap 2`	*Interrupts werden wieder befolgt*

Entfernen der Datei **$tmp** und beenden des Prozesses, wenn das Shell-Skript endet, der Benutzer sich abmeldet, auf **STRG-C** drückt oder **kill** aufruft:

```
trap "rm -f $tmp; exit" 0 1 2 15
```

---

type

type [*Optionen*] *Befehle*

Anzeigen der absoluten Pfadnamen von *Befehlen* sowie der Information, ob sich diese Befehle in der Hash-Tabelle der aktuellen Shell befinden.

`--` Alle folgenden Zeichenketten sind keine Optionen, sondern immer Argumente.

-a, -all
Alle Vorkommen von *Befehl* werden ausgegeben, nicht nur das, welches aufgerufen werden würde.

-p, -path
Anzeigen des Eintrags von *Befehl* in der Hash-Tabelle. Dieser Wert kann sich vom ersten Auftreten des *Befehls* in PATH unterscheiden.

-t, -type
Anzeigen, ob *Befehl* ein Aliasname, ein Schlüsselwort, eine Funktion, ein eingebauter Befehl oder eine Datei ist.

Beispiel

```
$ type mv read
mv is /bin/mv
read is a shell built-in
```

---

typeset

typeset

Siehe **declare**.

---

ulimit

ulimit [*Optionen*] [*n*]

Ausgeben oder Setzen (wenn *n* angegeben ist) von Ressourcen-Beschränkungen. Eine Ressourcen-Beschränkung kann entweder hart (**-H**) oder weich (**-S**) sein. Standardmäßig setzt **ulimit** beide Beschränkungen oder gibt die weiche aus. Die Optionen bestimmen, um welche Ressource es sich handelt.

ulimit

Optionen

-- Alle folgenden Zeichenketten werden als Argumente und nicht als Optionen behandelt.

-a Ausgabe aller aktuell gesetzten Beschränkungen

-H Harte Ressourcen-Beschränkung

-S Weiche Ressourcen-Beschränkung

Setzbare Beschränkungen

Diese Optionen beschränken bestimmte Ressourcen-Größen.

-c Core-Dateien

-d Größe des Datensegments von Prozessen

-f Größe von Dateien, die aus einer Shell heraus angelegt werden

-l Speichergröße, die ein Prozeß für sich beanspruchen kann

-m Größe des Residuums eines Prozesses

-n Anzahl der Dateideskriptoren. Kann auf vielen Systemen nicht gesetzt werden.

-p Größe von Pipes in 512-Byte-Blöcken

-s Größe des Stacks

-t CPU-Zeit in Sekunden

-u Anzahl der Prozesse pro Benutzer

-v Von der Shell verwendeter virtueller Speicher

---

umask

umask [*nnn*]
umask [-p] [-S]

Anzeigen und Setzen der beim Erzeugen von Dateien verwendeten Rechte-Maske. *nnn* wird als Oktalzahl interpretiert. Die Rechte-Maske bestimmt, welche Dateizugriffsrechte bei neu angelegten Dateien ausgeschaltet werden (beispielsweise führt **umask 002** zu den Dateizugriffsrechten **rw-rw-r--**).

Optionen

-p Anzeigen der Rechte-Maske innerhalb eines **umask**-Befehls, so daß der Benutzer ihn lesen und ausführen kann

-S Symbolische Ausgabe der **umask** Rechte-Maske, anstatt in Oktalzahlen

unalias	**unalias** [-a] *Namen* Entfernt *Namen* von der Liste der Aliasnamen. Siehe auch **alias**. ***Option*** -a Entfernt alle Aliasnamen.
unset	**unset** [*Optionen*] *Namen* Löscht die Funktions- oder Variablendefinitionen, die in *Namen* angegeben sind. ***Optionen*** -f *Name* wird auf jeden Fall als Funktion interpretiert. -v *Name* wird auf jeden Fall als Variable interpretiert (Voreinstellung).

until	**until**
	  Test-Befehle
	 do
	  Befehle
	 done
	
	Ausführen der *Test-Befehle* (üblicherweise **test** oder []). Falls der Ausführungsstatus nicht null ist (der Test also gescheitert ist), werden die *Befehle* ausgeführt, und die ganze Prozedur wird wiederholt.

wait	**wait** [*ID*] Hält die Programmausführung an, bis alle Hintergrund-Jobs vollständig ausgeführt sind (als Ausführungsstatus wird 0 zurückgegeben) oder bis der durch seine Prozeß- oder Job-*ID* angegebene Hintergrund-Prozeß beendet ist (als Ausführungsstatus wird der Ausführungsstatus des Prozesses zurückgegeben). Beachten Sie, daß die Shell-Variable $! die Prozeß-ID des jüngsten Hintergrund-Prozesses enthält. Wenn die Job-Verwaltung abgeschaltet ist, kann *ID* nur eine Prozeß-ID bezeichnen. Siehe auch »Job-Verwaltung«. ***Beispiel*** `wait $!` *Warten auf die Beendigung des letzten Hintergrund-Prozesses.*

while *Test-Befehle* **do** *Befehle* **done** Ausführen der *Test-Befehle* (üblicherweise **test** oder **[]**); wenn der Ausführungsstatus 0 ist (der Test also erfolgreich war), werden die *Befehle* ausgeführt, und die gesamte Prozedur wird wiederholt.	**while**

Job-Verwaltung

Die Job-Verwaltung ermöglicht es Ihnen, im Vordergrund laufende Jobs in den Hintergrund zu setzen, im Hintergrund laufende Jobs in den Vordergrund zu holen oder Jobs vorübergehend anzuhalten. Standardmäßig ist die Job-Verwaltung eingeschaltet. Wenn die Job-Verwaltung abgeschaltet wurde, kann sie mit einem der folgenden Befehle wieder eingeschaltet werden:

```
bash -m -i
set -m
set -o monitor
```

Viele Befehle der Job-Verwaltung erwarten eine *Job-ID* als Argument. Dieses Argument kann folgendermaßen angegeben werden:

%n Job-Nummer *n*

%s Job, dessen Kommandozeile mit der Zeichenkette *s* anfing

%?s Job, dessen Kommandozeile die Zeichenkette *s* enthält

%% Aktueller Job

%+ Aktueller Job (wie oben)

%– Vorheriger Job

Es gibt in der **bash** die folgenden Befehle zur Job-Verwaltung. Mehr Informationen zu diesen Befehlen finden Sie unter »Eingebaute Befehle« weiter vorn in diesem Kapitel.

bg Einen Job in den Hintergrund stellen.

fg Einen Job in den Vordergrund holen.

jobs Aktive Jobs ausgeben.

kill Beenden eines Jobs.

stop Einen Hintergrund-Job vorübergehend anhalten.

stty tostop
Hintergrund-Jobs anhalten, wenn sie Ausgaben auf das Terminal ausgeben wollen.

wait Warten, daß der Hintergrund-Job endet.

Strg-Z

Einen Vordergrund-Job vorübergehend anhalten. Danach wird üblicherweise **bg** oder **fg** verwendet. (Manche Terminals verwenden andere Zeichen als Strg-Z, um das vorübergehende Anhalten zu bewirken).

KAPITEL 8

csh und tcsh

Dieses Kapitel beschreibt die C-Shell und ihre erweiterte Version, **tcsh**. Da einige Linux-Versionen die **tcsh** als C-Shell nutzen, greift in diesen Fällen die **tcsh**-Funktionalität, die in diesem Kapitel beschrieben wird, selbst wenn Sie die **csh** aufrufen. Die C-Shell erhielt ihren Namen, weil viele ihrer Konstrukte zum Programmieren denen der Programmiersprache C ähneln.

Die Standard-Shell in Linux ist die **bash**. Wenn Sie die **csh** oder **tcsh** benutzen wollen, müssen Sie zuerst Ihre Standard-Shell ändern. Die Standard-Shell jedes Benutzers wird in der Paßwort-Datei gespeichert. Wenn ein neuer Account angelegt wird, kann die Standard-Shell für den neuen Benutzer gesetzt werden. Um die Standard-Shell eines bereits existierenden Accounts zu ändern, verwendet man den **chsh**-Befehl (die Befehlsbeschreibung ist in Kapitel 3, *Linux-Befehle*, zu finden).

Sie finden in diesem Kapitel die folgenden Abschnitte:

- Funktionsübersicht
- Aufruf der Shell
- Syntax
- Variablen
- Ausdrücke
- Befehls-History
- Bearbeiten der Kommandozeile
- Job-Verwaltung
- Eingebaute Befehle

Funktionsübersicht

Die C-Shell hat unter anderem die folgenden Funktionen:

- Ein-/Ausgabe-Umleitung
- Platzhalterzeichen (Metazeichen) zur Abkürzung von Dateinamen

- Shell-Variablen, um die Arbeitsumgebung einzurichten
- Ganzzahl-Arithmetik
- Zugriff auf früher eingegebene Befehle (Befehls-History)
- Abkürzen von Befehlen (Verwenden von Aliasnamen)
- Eingebaute Befehle, um Shell-Skripte zu schreiben
- Job-Verwaltung

Die **tcsh** enthält alle bereits erwähnten Funktionen und verfügt außerdem über die folgenden Erweiterungen:

- Editieren der Kommandozeile und Editor-Befehle
- Vervollständigung von Wörtern (mit der Tabulatortaste)
- Rechtschreibprüfung
- Erweiterte Befehle zur Bearbeitung der History
- Erweiterte Manipulation von Verzeichnissen
- Ausführen von Funktionen bei bestimmten Ereignissen oder nach bestimmten Zeitabschnitten, z.B. automatisches Abmelden von einem Terminal, nachdem eine gewisse Zeit nichts eingegeben wurde, und das verzögerte Ausführen von Befehlen
- Zusätzliche eingebaute Befehle
- Weitere Shell- und Umgebungs-Variablen
- Neue Formatiersequenzen für die PROMPT-Variable und zwei neue Eingabeaufforderungen (für Schleifen und Rechtschreibprüfung)
- Schreibgeschützte Variablen

Aufrufen der Shell

Der Befehlsinterpreter kann folgendermaßen aufgerufen werden:

> **csh** [*Optionen*] [*Argumente*]
> **tcsh** [*Optionen*] [*Argumente*]

csh und **tcsh** verwenden eine Syntax, die der Programmiersprache C ähnelt, und führen Befehle aus, die an einem Terminal eingegeben oder aus einer Datei gelesen wurden. Die Optionen **-n**, **-v** und **-x** sind nützlich zum Debuggen von Shell-Skripten.

Optionen

-b Die folgenden Kommandozeilenoptionen werden als Optionen eines angegebenen Befehls interpretiert und nicht als Optionen der Shell selbst.

-c Ausführen des Befehls, dessen Name der Option folgt.

-d Liest den Verzeichnis-Stack aus der Datei *~/.cshdirs* ein, auch wenn die Shell keine Login-Shell ist. (**tcsh**)

-e Beenden der Shell, wenn ein Fehler auftritt.

-f Schnellstart; die Dateien *.cshrc* und *.login* werden nicht ausgeführt.

- **-i** Interaktive Shell aufrufen (die Shell fragt nach einer Eingabe).
- **-l** Login-Shell (muß die einzig angegebene Option sein)
- **-m** Liest die Datei *~/.tcshrc* aus, auch wenn diese nicht dem effektiven Benutzer gehört. (**tcsh**)
- **-n** Befehle syntaktisch analysieren, aber nicht ausführen.
- **-s** Befehle von der Standardeingabe lesen.
- **-t** Beenden der Shell, nachdem der erste Befehl ausgeführt wurde.
- **-v** Befehle vor ihrer Ausführung anzeigen; nur History-Ersetzungen ausführen (also keine Dateinamen-, Variablen-, Befehlsersetzungen etc.). Kann auch durch Setzen der Variable **verbose** erreicht werden.
- **-V** Wie **-v**, zusätzlich Anzeigen der Datei *.cshrc*.
- **-x** Befehle vor ihrer Ausführung anzeigen. Alle Ersetzungen werden durchgeführt. Kann auch durch setzen der Variable **echo** erreicht werden.
- **-X** Wie **-x**, zusätzlich Anzeigen der Datei *.cshrc*.

Argumente

Argumente werden in der Reihenfolge ihres Auftretens den Positionsparametern **$1**, **$2** etc. zugewiesen. Wenn das erste Argument eine ausführbare Datei ist, werden die darin enthaltenen Befehle gelesen und die verbleibenden Argumente den Positionsparametern zugewiesen.

Syntax

Dieser Abschnitt beschreibt die vielen Symbole, die in der **csh** und **tcsh** eine Sonderbedeutung haben. Er ist in die folgenden Unterabschnitte gegliedert:

- Besondere Dateien
- Metazeichen in Dateinamen
- Quoting
- Schreibweise von Befehlen
- Schreibweise von Umleitungen

Besondere Dateien

Dateiname	Beschreibung
~/.cshrc oder *~/.tcshrc*	Wird jedesmal beim Starten einer Shell ausgeführt. Unter der **tcsh** wird die Datei *~/.cshrc* ausgelesen, wenn *~/.tcshrc* nicht existiert.
~/.login	Wird beim Anmelden nach der Datei *.cshrc* ausgeführt.
~/.cshdirs	Wird beim Anmelden nach der *.login*-Datei ausgeführt (**tcsh**).
~/.logout	Wird von der Login-Shell beim Abmelden ausgeführt.

csh und tcsh

Dateiname	Beschreibung
/etc/passwd	Quelle für Home-Verzeichnisse in ~*Name*-Abkürzungen.

Metazeichen in Dateinamen

Zeichen	Bedeutung
*	Paßt auf jede Zeichenkette.
?	Paßt auf ein beliebiges einzelnes Zeichen.
[*abc*...]	Paßt auf eines der Zeichen in den eckigen Klammern. Mit Bindestrichen können Bereiche angegeben werden (z.B., a–z, A–Z, 0–9).
{*abc*,*xxx*,...}	Paßt auf einen der durch Kommata getrennten Strings in den geschweiften Klammern.
~	Home-Verzeichnis des Benutzers
~*Name*	Home-Verzeichnis des Benutzers *Name*

Beispiele

`% ls neu*`	*Paßt auf* `neu` *und* `neu.1`
`% cat kap?`	*Paßt auf* `kap9`, *aber nicht* `kap10`
`% vi [D-R]*`	*Paßt auf alle Dateien, die mit einem zwischen D und R (einschließlich) liegenden Buchstaben beginnen*
`% ls {kap,app}?`	*Paßt auf* `kap1, kap2, app1, app2`
`% cd ~tom`	*Wechselt in das Home-Verzeichnis des Benutzers* `tom`

Quoting

Quoting bezeichnet das Abschalten der Sonderbedeutung eines Zeichens, so daß dieses Zeichen wörtlich verwendet werden kann. In der C-Shell haben die folgenden Zeichen eine Sonderbedeutung:

Zeichen	Beschreibung
`;`	Trennzeichen zwischen zwei Befehlen
`&`	Ausführung im Hintergrund
`( )`	Gruppierung von Befehlen
`|`	Pipe
`* ? [ ] ~`	Metazeichen in Dateinamen
`{ }`	Expansionszeichen in Strings (müssen normalerweise nicht in Anführungszeichen gesetzt werden)

Zeichen	Beschreibung
`> < & !`	Symbole für Umleitungen
`! ^`	History-Ersetzung, Schnellersetzung
`" ' \`	Werden zur Quotierung anderer Zeichen verwendet
`` ` ``	Befehlsersetzung
`$`	Variablenersetzung
Zeilenwechsel Leerzeichen Tabulatorzeichen	Trennzeichen zwischen Wörtern

Die folgenden Zeichen können zur Quotierung verwendet werden:

`" "` Alles zwischen " und " wird wortwörtlich interpretiert – mit Ausnahme der folgenden Zeichen, die ihre Sonderbedeutung behalten:

- `$` Variablenersetzung wird ausgeführt.
- `` ` `` Befehlsersetzung wird ausgeführt.
- `"` Ende des quotierten Bereichs.
- `\` Nächstes Zeichen quotieren.
- `!` History-Zeichen.
- *Zeilenwechsel*
  Das Zeilenwechsel-Zeichen.

`' '` Alles zwischen ' und ' wird wortwörtlich genommen. Ausgenommen davon sind nur ! (History), ein weiteres ' und ein Zeilenwechsel.

`\` Das dem \ folgende Zeichen wird wörtlich genommen. Der Backslash wird innerhalb von " " verwendet, um ", $ und ` zu quotieren. Wird oft verwendet, um einen weiteren Backslash, Leerzeichen oder Zeilenwechsel zu quotieren. Der Backslash muß immer verwendet werden, um das History-Zeichen (!) zu quotieren.

Beispiele

```
% echo 'Einfache Anfuehrungszeichen "schuetzen" doppelte Anfuehrungszeichen'
Einfache Anfuehrungszeichen "schuetzen" doppelte Anfuehrungszeichen

% echo "Ist das nicht etwas "\""Besonderes"\"?"
Ist das nicht etwas "Besonderes"?

% echo "Sie haben `ls|wc -l` Dateien in `pwd`"
Sie haben 43 Dateien in /home/sven

% echo Der Wert von \$x ist $x
Der Wert von $x ist 100
```

Schreibweise von Befehlen

Befehl	Aktion
Befehl &	*Befehl* im Hintergrund ausführen.
Befehl1 ; *Befehl2*	Folge von Befehlen; Ausführen mehrerer *Befehle* auf ein und derselben Zeile.
(*Befehl1* ; *Befehl2*)	Sub-Shell; *Befehl1* und *Befehl2* werden als Befehlsgruppe betrachtet.
Befehl1 | *Befehl2*	Pipe; die Ausgabe von *Befehl1* ist die Eingabe von *Befehl2*.
Befehl1 `` `Befehl2` ``	Befehlsersetzung; die Ausgabe von *Befehl2* wird als Argument für *Befehl1* verwendet.
Befehl1 || *Befehl2*	Logisches ODER; *Befehl2* wird ausgeführt, falls die Ausführung von *Befehl1* nicht erfolgreich war.
Befehl1 && *Befehl2*	Logisches UND; *Befehl2* wird ausgeführt, falls die Ausführung von *Befehl1* erfolgreich war.

Beispiele

`% nroff Datei > ausgabe &`	*Im Hintergrund formatieren*
`% cd; ls`	*Nacheinander ausführen*
`% (date; who; pwd) > logdatei`	*Alle Ausgaben umleiten*
`% sort Datei | pr -3 | lp`	*Sortiere Datei, zum Druck formatieren, dann ausdrucken*
``% vi `grep -l ifdef *.c` ``	*Von* `grep` *gefundene Dateien editieren*
``% egrep '(Ja|Nein)' `cat liste` ``	*Liste zu durchsuchender Dateien angeben*
`% grep XX Datei && lp Datei`	*Datei ausdrucken, wenn es das Muster* `XX` *enthält*
`% grep XX Datei || echo XX nicht gefunden`	*Fehlermeldung ausgeben, wenn* `XX` *nicht gefunden wird*

Schreibweise von Umleitungen

Datei-Deskriptor	Name	Übliche Abkürzung	Typischer Default
0	Standardeingabe	stdin	Tastatur
1	Standardausgabe	stdout	Bildschirm
2	Standardfehler	stderr	Bildschirm

Die normale Ein- oder Ausgabequelle kann folgendermaßen geändert werden:

Einfache Umleitung

Befehl	Aktion
Befehl > *Datei*	Ausgabe von *Befehl* in *Datei* schreiben (alte Datei wird überschrieben).
Befehl >! *Datei*	Wie oben, auch wenn **noclobber** gesetzt ist.
Befehl >> *Datei*	Ausgabe von *Befehl* in *Datei* schreiben (anhängen, falls Datei bereits existiert).
Befehl>>! *Datei*	Wie oben, auch wenn **noclobber** gesetzt ist.
Befehl < *Datei*	Eingabe für *Befehl* aus *Datei* lesen.
Befehl << *Text*	Von der Standardeingabe lesen, bis eine Zeile kommt, die mit *Text* identisch ist (*Text* kann auch in einer Shell-Variablen stehen). Die Eingabe erfolgt normalerweise am Bildschirm oder stammt aus einem Shell-Skript. Diese Schreibweise wird meist in **cat**-, **echo**-, **ex**- und **sed**-Befehlen verwendet. Wenn *Text* in Anführungszeichen steht, wird auf die Eingabe keine Variablen-, Befehls- und andere Ersetzung angewandt.

Mehrfache Umleitung

Befehl	Aktion
Befehl >& *Datei*	Standardausgabe und Standardfehler in *Datei* schreiben.
Befehl >&! *Datei*	Wie oben, auch wenn **noclobber** gesetzt ist.
Befehl >>& *Datei*	Standardoutput und Stardardfehler an *Datei* anhängen.
Befehl >>&! *Datei*	Wie oben, auch wenn **noclobber** gesetzt ist.
Befehl1 |& *Befehl2*	Standardausgabe und Standardfehler von *Befehl1* als Eingabe von *Befehl2* verwenden.
(*Befehl*> *f1*) >& *f2*	Standardausgabe nach *f1* und Standardfehler nach *f2* schreiben.
Befehl | **tee** *Dateien*	Ausgabe von *Befehl* an die Standardausgabe (üblicherweise der Bildschirm) und nach *Dateien* schreiben. (Siehe das Beispiel in Kapitel 3, *Linux-Befehle*, unter **tee**.)

Beispiele

```
% cat teil1 > buch             teil1 nach buch kopieren
% cat teil2 teil3 >> buch      Teile 2 und 3 an dieselbe Datei
                               wie teil1 anhängen
% mail tim < report            Eingabe für die Nachricht
                               aus report nehmen
% cc calc.c >& error_out       Alle Meldungen, auch Fehler,
                               abspeichern
```

`% cc newcalc.c >&! error_out`	*Alte Datei überschreiben*
`% grep Unix kap* |& pr`	*Alle Meldungen, auch Fehler, durch die Pipe schicken*
`% (find / -print > dateilist) >& no_access`	*Fehlermeldungen und Dateiliste voneinander trennen*
`% sed 's/^/XX /' << "END_ARCHIVE"`	*Text wird direkt hinter dem Befehl angegeben*

```
Auf diese Art und Weise wird oft Text zur
Weitergabe in einem Shell-Skript verpackt. Normalerweise
wird sed aus einem Shell-Skript und nicht von der
Kommandozeile aufgerufen.
"END_ARCHIVE"
```

Variablen

Dieser Abschnitt enthält folgende Themen:

- Variablenersetzung
- Modifikatoren für Variablen
- Vordefinierte Shell-Variablen
- Formatieren der *prompt*-Variablen
- Beispiel *.cshrc*-Datei
- Umgebungsvariablen

Variablenersetzung

In den folgenden Ersetzungen können die geschweiften Klammern ({}) meist weggelassen werden. Mitunter werden sie jedoch zum Trennen des Variablennamens von folgenden Zeichen gebraucht, welche ohne Trennzeichen zum Variablennamen gehören würden.

Variable	Beschreibung
`${`*Var*`}`	der Wert der Variable *Var*
`${`*Var*`[`*i*`]}`	Auswahl einzelner Wörter an Position *i* in *Var*. *i* kann eine einzelne Zahl, ein Bereich `m-n`, ein Bereich `-n` (das fehlende `m` impliziert 1), ein Bereich `m-` (das fehlende *n* impliziert alle folgenden Wörter) oder * (alle Wörter) sein. *i* kann wiederum eine Variable sein, deren Wert eine Zahl oder einer der genannten Bereiche ist.
`${#`*Var*`}`	die Anzahl der Wörter in *Var*
`${#argv}`	die Anzahl der Argumente
`$0`	Name des Programms
`${argv[`*n*`]}`	die Argumente der Kommandozeile (Positionsparameter); $1 \le n \le 9$
`${`*n*`}`	wie `${argv[`*n*`]}`
`${argv[*]}`	alle Argumente der Kommandozeile

Variable	Beschreibung
`$*`	wie `{$argv[*]}`
`$argv[$#argv]`	das letzte Argument
`${?Var}`	Gibt 1 zurück, wenn *Var* gesetzt ist, ansonsten 0.
`$$`	Prozeßnummer der aktuellen Shell; kann gut als Teil des Dateinamens von temporären Dateien verwendet werden, um eindeutige Dateinamen zu gewährleisten.
`${?name}`	Gibt 1 zurück wenn *name* gesetzt ist, ansonsten 0.
`$?0`	Gibt 1 zurück, wenn der Eingabe-Dateiname bekannt ist, ansonsten 0.

Beispiele

Sortieren des dritten bis letzten Arguments; die Ausgabe wird in einer Datei mit einem eindeutigen Namen gespeichert:

```
sort $argv[3-] > tmp.$$
```

Befehle in der *.cshrc* nur ausführen, wenn es sich um eine interaktive Shell handelt (in diesem Fall ist die **prompt**-Variable gesetzt):

```
if ($?prompt) then
   set befehle,
   alias befehle,
   etc.
endif
```

Modifikatoren für Variablen

Außer **$?***Var*, **$$** und **$?0** können alle Variablenersetzungen des vorigen Abschnitts den untenstehenden Modifikatoren folgen. Wenn geschweifte Klammern verwendet werden, müssen die Modifikatoren innerhalb der geschweiften Klammern stehen.

`:r` Zurückgeben der Wurzel der Variablen (alles vor dem letzten Punkt).

`:e` Zurückgeben der Extension der Variablen (alles nach dem letzten Punkt).

`:h` Zurückgeben des Kopfes der Variablen (der Verzeichnis-Anteil).

`:t` Zurückgeben des Schwanzes der Variablen (alles nach dem letzten Schrägstrich).

`:gr` Zurückgeben aller Wurzeln.

`:ge` Zurückgeben aller Extensionen.

`:gh` Zurückgeben aller Köpfe.

`:gt` Zurückgeben aller Schwänze.

`:q` Quotieren einer Variablen, die eine Wortliste enthält, wobei die einzelnen Elemente voneinander getrennt bleiben. Dies ist nützlich, wenn die Variable Metazeichen enthält, die nicht expandiert werden sollen.

:x Quotieren eines Musters, das zu einer Wortliste expandiert wird.

Beispiele mit Modifikatoren für Pfadnamen

Die folgende Tabelle zeigt die Verwendung von Modifikatoren für Pfadnamen anhand der folgenden Variablen:

```
set aa=(/progs/num.c /book/kap.ps)
```

Variablenteil	Spezifikation	Ergebnis
Normale Variable	`echo $aa`	*/progs/num.c /book/kap.ps*
Zweite Wurzel	`echo $aa[2]:r`	*/book/kap*
Zweiter Kopf	`echo $aa[2]:h`	*/book*
Zweiter Schwanz	`echo $aa[2]:t`	*kap.ps*
Zweite Extension	`echo $aa[2]:e`	*ps*
Wurzel	`echo $aa:r`	*/progs/num /book/kap.ps*
Globale Wurzel	`echo $aa:gr`	*/progs/num /book/kap*
Kopf	`echo $aa:h`	*/progs /book/kap.ps*
Globaler Kopf	`echo $aa:gh`	*/progs /book*
Schwanz	`echo $aa:t`	*num.c /book/kap.ps*
Globaler Schwanz	`echo $aa:gt`	*num.c kap.ps*
Extension	`echo $aa:e`	*c /book/kap.ps*
Globale Extension	`echo $aa:ge`	*c ps*

Beispiele für quotierende Modifikatoren

Wenn sie nicht in Anführungszeichen gesetzt werden, expandiert die Shell Variablen zu den Dateinamen des aktuellen Verzeichnisses:

```
% set a="[a-z]*" A="[A-Z]*"
% echo "$a" "$A"
[a-z]* [A-Z]*

% echo $a $A
at cc m4 Buch Dok

% echo $a:x $A
[a-z]* Buch Dok

% set d=($a:q $A:q)
% echo $d
at cc m4 Buch Dok
```

```
% echo $d:q
[a-z]* [A-Z]*

% echo $d[1] +++ $d[2]
at cc m4 +++ Buch Dok

% echo $d[1]:q
[a-z]*
```

Vordefinierte Shell-Variablen

Variablen können auf zweierlei Art und Weise gesetzt werden. Erstens durch Wertzuweisung:

```
set Var=Wert
```

Zweitens durch einfaches Setzen der Variablen:

```
set Var
```

In der folgenden Liste werden Variablen, denen ein Wert zugewiesen werden kann, mit einem Gleichheitszeichen gekennzeichnet. Dahinter folgt der Werttyp, den die Variable akzeptiert, einschließlich einer Beschreibung des Typs (beachten Sie aber, daß Variablen wie **argv**, **cwd** oder **status** nie Werte zugewiesen werden). Bei Variablen, die lediglich gesetzt und zurückgesetzt werden, wird in der Tabelle angegeben, was sie bedeuten, wenn sie gesetzt sind. Die **tcsh** setzt (und aktualisiert in manchen Fällen) die Variablen **addsuffix**, **argv**, **autologout**, **cwd**, **dirstack**, **echo-style**, **edit**, **gid**, **home**, **loginsh**, **logout**, **oid**, **owd**, **path**, **prompt**, **prompt2**, **prompt3**, **shell**, **shlvl**, **status**, **tcsh**, **term**, **tty**, **uid**, **user** und **version**. Kursiv gesetzte Variablen sind **tcsh**-spezifisch.

Variable	Beschreibung
addsuffix	Anhängen eines / und eines Leerzeichens an Dateien bei der Tabulator-Vervollständigung, wenn ein Name genau paßt.
ampm	Alle Zeitangaben in zwölfstündigem Format anzeigen.
argv=(*Args*)	Argument-Liste des aktuellen Befehls; voreingestellt ist ()
autocorrect	Rechtschreibung vor der Vervollständigung von Befehlen überprüfen.
autoexpand	History-Expansion (z.B. !-Referenzen) während der Befehls-Vervollständigung durchführen.
autolist[**=ambiguous**]	Mögliche Vervollständigungen angeben, wenn die richtige noch nicht bestimmt werden kann. Wenn **ambiguous** angegeben wird, werden die möglichen Vervollständigungen nur ausgegeben, wenn dazu keine neuen Zeichen hinzugefügt werden müssen.

csh und tcsh

Variable	Beschreibung
autologout=logout-Minuten [locking-Minuten]	Abmelden, wenn innerhalb von *logout-Minuten* keine Eingabe erfolgt. Wenn nach *locking-Minuten* keine Eingabe erfolgt, wird das Terminal blockiert; zum Weiterarbeiten muß ein Paßwort eingegeben werden. Wird nicht benutzt, wenn die DISPLAY-Umgebungsvariable gesetzt ist.
backslash_quote	Blackslashes dürfen immer \, ' und " quotieren.
cdpath=*Dirs*	Liste der alternativen Verzeichnisse, die bei **cd**, **popd** oder **pushd** durchsucht werden
color	Einschalten der Farben für den **ls-F**-Befehl, den **ls**-Befehl oder für beide. Kein gesetzter Wert ist äquivalent dazu, daß beide gesetzt sind.
command	Wenn die Variable gesetzt ist, ist ihr Wert der Befehl, welcher der Shell mittels der **-c**-Option übergeben wurde.
complete=**enhance**	Wenn diese Variable auf **enhance** gesetzt ist, wird beim Vervollständigen keine Groß- und Kleinschreibung berücksichtigt. ., – und _ werden als Wort-Trennzeichen und _ und – als gleich betrachtet.
correct={**cmd**|**complete**|**all**}	Wenn der Wert **cmd** ist, werden Befehle auf Rechtschreibung überprüft; bei **complete** werden Befehle vervollständigt, und bei **all** wird die gesamte Kommandozeile auf Rechtschreibung überprüft.
cwd=*Dir*	Voller Pfadname des aktuellen Verzeichnisses
dextract	Wenn diese Variable gesetzt ist, extrahiert der **pushd**-Befehl das gewünschte Verzeichnis aus dem Stack und legt es oben auf dem Stack wieder ab, anstatt den Stack zu rotieren.
dirsfile=Datei	History-Datei, die von **dirs -S** und **dirs -L** verwendet wird. Die Voreinstellung ist *~/.cshdirs*.
dirstack	Verzeichnis-Stack im Array-Format. **dirstack[0]** ist immer gleich **cwd**. Alle anderen Elemente können von Hand geändert werden.
dspmbyte=Code	Ermöglicht die Nutzung von Mehrbyte-Code; wird bei Kanji benötigt. Weiterführende Informationen gibt es in der Man-Page der **tcsh**.
dunique	Sicherstellen, daß jedes Verzeichnis nur einmal im Stack existiert.
echo	Gibt jede Kommandozeile vor der Ausführung aus; wie **csh -x**.

Variable	Beschreibung
echo_style=**{bsd | sysv | both | none}**	Keinen Zeilenwechsel ausgeben, wenn die Option **-n** verwendet wird (**bsd**) | quotierte Zeichen parsen (**sysv**) | beides tun | keines von beidem tun.
edit	Kommandozeileneditor einschalten.
ellipsis	Wird mit der **prompt**-Variablen verwendet. Ausgelassene Verzeichnisse werden durch ... dargestellt.
fignore=Zeichen	Liste von Dateiendungen, die bei der Vervollständigung ignoriert werden (siehe **filec**)
filec	Wenn die Variable gesetzt ist, kann auf der Kommandozeile ein teilweise eingegebener Dateiname mit Esc vervollständigt werden. Bei mehr als einem passenden Dateinamen kann mit EOF eine Liste aller Möglichkeiten ausgegeben werden. Wird von der **tcsh** ignoriert.
gid	Gruppen-ID des Benutzers
group	Gruppenname des Benutzers
histchars=*ab*	Ein aus zwei Zeichen bestehender String, der die Zeichen festlegt, die bei der History- und Schnellersetzung verwendet werden. Der Default ist !^).
histdup=**{all | prev}**	Bei **all** werden Ereignisse in der History nur je einmal aufgezeichnet, bei **prev** wird ein neues Ereignis nicht aufgezeichnet, wenn es mit dem vorherigen identisch ist.
histfile=Datei	Gibt die History-Datei an, die von **history -S** und **history -L** verwendet wird. Die Voreinstellung ist *~/.history*.
histlit	Wenn diese Variable gesetzt ist, werden Zeilen aus der History bei ihrem Aufruf nicht expandiert.
history=*n Format*	Das erste Wort gibt an, wie viele Zeilen in der History-Liste abzuspeichern sind. Das zweite Wort gibt das Format an, in dem die History-Liste angezeigt wird (nur in der **tcsh**, im Abschnitt über Prompts werden die möglichen Formate erläutert).
home=*Dir*	Das Home-Verzeichnis des Benutzers. Der Initialwert wird aus der Variable HOME genommen. Diese Variable kann auch durch ~ abgekürzt werden.
ignoreeof	Ignoriert ein Dateiende-Zeichen (EOF) an Terminals und verhindert so ein versehentliches Abmelden.

Variable	Beschreibung
implicitcd	Wird ein Verzeichnisname als Befehl eingegeben, wird mittels des **cd**-Befehls zu diesem Verzeichnis gewechselt. Diese Variable kann den Wert **verbose** zugewiesen bekommen. In diesem Fall wird der **cd**-Befehl an der Standardausgabe angezeigt.
inputmode=**{insert | overwrite}**	Einstellen des Editiermodus.
listflags=*Optionen*	Eine oder mehrere der **x**-, **a**- oder **A**-Optionen des eingebauten **ls-F**-Befehls. Ein zweites Wort kann als Pfad des **ls**-Befehls gesetzt werden.
listjobs=**long**	Wenn ein Job angehalten wird, werden alle Jobs angezeigt (wenn der Wert long ist, im langen Format).
listlinks	Beim **ls -F**-Befehl wird auch der Typ der Datei angezeigt, auf die ein Link zeigt.
listmax=*Num*	Auswahlliste vor dem Prompt. **list-choices** gibt nicht mehr als *Num* Auswahlmöglichkeiten vor der Eingabeaufforderung an.
listmaxrows=*Num*	**list-choices** gibt nicht mehr als *Num* Reihen vor der Eingabeaufforderung aus.
loginsh	Ist gesetzt, wenn es sich um eine Login-Shell handelt.
logout	Gibt den Zustand der bevorstehenden Abmeldung an (**normal**, **automatic** oder **hangup**).
mail=(*n Dateien*)	Enthält die Dateien, die alle fünf Minuten (oder alle *n* Sekunden, wenn *n* angegeben ist) auf neue Mail überprüft werden.
matchbeep=**{never | nomatch | ambiguous | notunique}**	Gibt an, wann bei einer Vervollständigung ein akustisches Signal ausgegeben wird: nie (**never**), wenn keine Vervollständigung möglich ist (**nomatch**), wenn mehrere möglich sind (**ambiguous**) oder wenn mehrere möglich sind und eine davon exakt ist (**notunique**).
nobeep	Schaltet akustische Signale ab.
noclobber	Ausgabeumleitungen können nicht auf bereits existierende Dateien zeigen. So kann ein unabsichtliches Überschreiben solcher Dateien verhindert werden.
noglob	Abschalten der Dateinamen-Expansion; nützlich in Shell-Skripten.

Variable	Beschreibung
nokanji	Abschalten der Kanji-Unterstützung (wenn vorhanden).
nonomatch	Metazeichen in Dateinamen werden als literale Zeichen betrachtet, wenn kein Dateiname paßt. So wird z.B. bei **vi ch*** die neue Datei **ch*** angelegt, anstatt »No match« auszugeben.
nostat=Verzeichnisliste	Während der Vervollständigung wird *Verzeichnisliste* nicht gelesen.
notify	Mitteilungen ausgeben, wenn ein Job beendet wurde.
owd	letztes Arbeitsverzeichnis
path=(*Dirs***)**	Liste der Pfadnamen von Verzeichnissen, in denen ausführbare Dateien gesucht werden. Der Wert wird aus der Variablen PATH genommen, die Voreinstellung ist . **/usr/ucb /usr/bin**
printexitvalue	Ausgeben von Rückgabewerten, die von null verschieden sind.
prompt=*'Str'*	String, der als Eingabeaufforderung für interaktive Eingaben verwendet wird. Der Default ist %. Siehe den Abschnitt »Formatieren der Prompt-Variablen« weiter unten.
prompt2='Str'	String, der als Eingabeaufforderung für interaktive Eingaben in **foreach**- und **while**-Schleifen sowie Fortsetzungszeilen (d.h. Zeilen nach quotierten Zeilenvorschüben) verwendet wird. Siehe den Abschnitt »Formatieren der Prompt-Variablen« weiter unten.
prompt3='Str'	String, der als Eingabeaufforderung für interaktive Eingaben während der Rechtschreibprüfung verwendet wird. Siehe den Abschnitt »Formatieren der Prompt-Variablen« weiter unten.
promptchars=cc	Nutzt die zwei Zeichen *cc* anstelle von %#, um in dem Prompt einen normalen Benutzer bzw. einen Administrator darzustellen.
pushdsilent	Verzeichnis-Stack bei Aufruf von **pushd** und **popd** nicht ausgeben.
pushdtohome	Wechsel zum Home-Verzeichnis, wenn **pushd** ohne Argumente aufgerufen wird
recexact	Vervollständigung gilt beim ersten passenden Namen als abgeschlossen.

Variable	Beschreibung
recognize_only_executables	Bei der Vervollständigung von Befehlen nur ausführbare Dateien ausgeben.
rmstar	Sicherheitsabfrage vor der Ausführung von **rm** *
rprompt=Str	Gibt die Zeichenkette an, die auf der rechten Seite des Bildschirms anzuzeigen ist, während der Prompt auf der linken Seite dargestellt wird. Benutzt dasselbe Format wie **prompt**.
savedirs	**dirs -S** vor dem Verlassen der Shell ausführen.
savehist=*max* **[merge]**	Vor dem Verlassen der Shell **history -S** ausführen und nicht mehr als *max* Zeilen abspeichern. Wenn **merge** angegeben wird, werden die Zeilen mit denen früherer Speicherungen zusammengefaßt und nach Uhrzeit sortiert.
sched=Str	Formatierung der Ereignisausgabe von **sched**. Siehe den Abschnitt »Formatieren der Prompt-Variablen« weiter unten.
shell=*Datei*	Pfadname der aktuellen Shell; der Default ist */bin/csh*.
shlvl	Tiefe der Shell-Verschachtelung
status=*n*	Rückgabewert des letzten Befehls. Eingebaute Befehle geben 0 (erfolgreich) oder 1 (nicht erfolgreich) zurück.
symlinks= **{chase|ignore|expand}**	Gibt an, wie symbolische Links behandelt werden sollen: Bei *cwd* zu den tatsächlichen Verzeichnisnamen expandieren (**chase**), als existierende Verzeichnisse behandeln (**ignore**) oder Argumente, die wie Pfadnamen aussehen, expandieren (**expand**).
tcsh	Version der **tcsh**
term	Terminaltyp
time=*'n %c'*	Wenn die Ausführung eines Befehls mehr als *n* CPU-Sekunden benötigt, werden Benutzerzeit, Systemzeit, verstrichene Zeit und CPU-Ausnutzung angegeben. Mit *%c* können weitere Daten ausgegeben werden.
tperiod	Anzahl von Minuten, nach denen wieder der **periodic**-Alias ausgeführt wird
tty	Name des TTY, falls vorhanden
uid	Benutzer-ID
user	Benutzername

Variable	Beschreibung
verbose	Nach einer History-Ersetzung wird der neue Befehl angezeigt; wie **csh -v**.
version	Versionsnummer und zusätzliche Informationen über die Shell (u.a. die beim Kompilieren eingestellten Optionen)
visiblebell	Aufblitzen des Bildschirms anstelle eines akustischen Signals
watch=([n] Benutzer Terminal ...)	Überprüfen, ob der *Benutzer* am *Terminal* angemeldet ist. *Terminal* kann der Name eines TTYs oder **any** sein. Es wird alle *n* Minuten überprüft, voreingestellt sind 10 Minuten.
who=String	Angeben der Information, die bei **watch** ausgegeben wird
wordchars=Zeichenliste	Liste von nicht-alphanumerischen Zeichen, die als Teil eines Wortes akzeptiert werden. Die Voreinstellung ist *?_-.[]~=.

Formatieren der Prompt-Variablen

tcsh bietet eine Reihe von Ersetzungen an, die in der Eingabeaufforderung verwendet werden können (in der **csh** stehen normaler Text und History-Substitution zur Verfügung).

%% wörtliches %

%/ aktuelles Arbeitsverzeichnis

%~ aktuelles Arbeitsverzeichnis in ~-Schreibweise

%# # beim Superuser, > bei allen anderen

%? Rückgabewert des letzten Befehls

%b Fettdruck aufheben

%c[[0]*n*], *%.[[0]n]*
: Die letzten *n* (Voreinstellung: 1) Teile des aktuellen Arbeitsverzeichnisses. Wenn 0 angegeben wird, werden die weggelassenen Teile durch **/<skipped>** ersetzt.

%d Wochentag (z.B. Mon, Tue)

%h, %!, !
: Nummer des aktuellen Ereignisses in der History

%l aktuelles TTY

%m erster Teil des Rechnernamens

%n Benutzername

%p aktuelle Zeit mit Sekunden im 12-Stunden-Format

%s inverse Darstellung aufheben

%t, %@
aktuelle Zeit im 12-Stunden-Format

%u Unterstreichung aufheben

%w Monat (z.B. Jan, Feb)

%y Jahr (z.B. 99, 00)

%B Fettdruck einschalten

%C wie **%c**, aber mit vollen Pfadnamen anstelle der ~-Schreibweise

%D Tag des Monats (z.B. 09, 10)

%M vollqualifizierter Rechnername

%P aktuelle Zeit mit Sekunden im 24-Stunden-Format

%S inverse Darstellung einschalten

%T aktuelle Zeit im 24-Stunden-Format

%U Einschalten der Unterstreichung

%W Monat (z.B. 09, 10)

%Y Jahr (z.B. 1999, 2000)

Beispiel .cshrc-Datei

```
# VORDEFINIERTE VARIABLEN

set path=(~ ~/bin /usr/ucb /bin /usr/bin . )
set mail=(/usr/mail/tom)

if ($?prompt) then              # Einstellungen fuer interaktives Arbeiten
  set echo
  set noclobber ignoreeof

  set cdpath=(/usr/lib /usr/spool/uucp)
# Jetzt kann cd macros anstelle von cd /usr/lib/macros eingegeben werden

  set history=100
  set prompt='tom \!% '          # History-Nummer mit ausgeben
  set time=3

# MEINE VARIABLEN

  set man1="/usr/man/man1"      # ermoeglicht   cd $man1, ls $man1
  set a="[a-z]*"                # ermoeglicht   vi $a
  set A="[A-Z]*"                # oder          grep string $A

# ALIASE

  alias c "clear; dirs"         # Anführungsstriche schuetzen ; und |
  alias h "history|more"
  alias j jobs -l
```

```
  alias ls ls -sFC           # ls-Befehl umdefinieren
  alias del 'mv \!* ~/tmp_dir' # sicherer als rm
endif
```

Umgebungsvariablen

Die C-Shell verwaltet eine Reihe von *Umgebungsvariablen*, die sich von den Shell-Variablen unterscheiden und eigentlich kein Teil der C-Shell sind. Shell-Variablen haben ihre Bedeutung nur in der aktuellen Shell, während Umgebungsvariablen automatisch exportiert werden und somit global verfügbar sind. So sind beispielsweise C-Shell-Variablen nur in dem Skript ansprechbar, in dem sie definiert worden sind, wohingegen Umgebungsvariablen auch von anderen Shell-Skripten, Mail-Programmen oder Editoren verwendet werden können.

So werden Umgebungsvariablen zugewiesen:

```
setenv VAR Wert
```

Per Konvention werden Umgebungsvariablen in Großbuchstaben geschrieben. Sie können eigene Umgebungsvariablen anlegen oder die vordefinierten, weiter unten beschriebenen Umgebungsvariablen verwenden.

Die folgenden Umgebungsvariablen korrespondieren mit C-Shell-Variablen. Wenn sich der Wert in einer von beiden ändert, wird der neue Wert auch in die andere kopiert. Kursiv gesetzte Variablen sind **tcsh**-spezifisch:

GROUP
: Gruppenname des Benutzers; wie **group**

HOME
: Home-Verzeichnis des Benutzers; wie **home**

PATH
: Suchpfad für Befehle; wie **path**

SHLVL
: Anzahl der verschachtelten Shells; wie **shlvl**

TERM
: Terminaltyp; wie **term**

USER
: Benutzername; wie **user**

Andere vordefinierte Umgebungsvariablen sind unter anderem (Namen in kursiver Schrift bezeichnen **tcsh**-spezifische Variablen):

COLUMNS
: Anzahl der Spalten des Terminals

DISPLAY
: Gibt den Bildschirm des Benutzers für das X Window System an. Wenn diese Variable gesetzt ist, wird **autologout** nicht genutzt.

EDITOR
: Pfadname des bevorzugten Editors; siehe auch **VISUAL**

HOST
: Name des Rechners

HOSTTYPE
Rechnertyp. Veraltet; wird im Laufe der Zeit entfernt.

HPATH
Liste von Verzeichnissen, die nach Dokumentation durchsucht werden. Einzelne Einträge werden duch Doppelpunkte voneinander getrennt.

LANG
Bevorzugte Sprache. Wird genutzt, wenn Programme mehrere Sprachen unterstützen.

LC_CTYPE
Die Lokale für die Zeichenbehandlung. Wird genutzt, wenn Programme mehrere Sprachen unterstützen.

LINES
Anzahl der Zeilen des Terminals

LOGNAME
Anderer Name für die USER-Variable

MACHTYPE
Rechnertyp

MAIL
Die Datei, welche die Mail enthält. Wird von Mail-Programmen verwendet. Das ist nicht dasselbe wie die C-Shell-Variable **mail**, die überprüft, ob neue Mail eingegangen ist.

NOREBIND
Darstellbare Zeichen, die nicht neu gebunden sind. Wird genutzt, um lokale Sprachen zu unterstützen.

OSTYPE
Betriebssystem

PWD
Das aktuelle Arbeitsverzeichnis; der Wert wird nach **cwd** kopiert.

REMOTEHOST
Name des entfernten Rechners

SHELL
Hat keine Voreinstellung; nach der Initialisierung mit **shell** sind beide identisch.

TERMCAP
Der Name der Datei, die die Befehle zum Positionieren des Cursors für das von Ihnen verwendete Terminal enthält. Der Default ist */etc/termcap*.

VENDOR
System-Hersteller

VISUAL
Pfadname des bevorzugten Vollbildschirm-Editors; siehe auch **EDITOR**.

Ausdrücke

Ausdrücke werden bei @-, **if**- und **while**-Anweisungen verwendet, um z.B. arithmetische Berechnungen, Stringvergleiche oder Dateitests durchzuführen. Auch bei **exit** und **set** können Ausdrücke angegeben werden sowie bei dem eingebauten **tcsh**-Befehl **filetest**. Ausdrücke werden durch Kombination von Variablen und Konstanten mit Operatoren angegeben, die denen der Programmiersprache C ähneln. Die Präzedenz der Operatoren ist gleich der in C. Dabei gilt die Faustregel:

1. * / %
2. + -

Alle anderen Ausdrücke sollten mit Klammern gruppiert werden. Klammern müssen verwendet werden, wenn der Ausdruck <, >, & oder | enthält.

Operatoren

Operatoren sind von einem der folgenden Typen:

Zuweisungsoperatoren

Operator	Beschreibung
`=`	Wertzuweisung
`+= -=`	Addition/Subtraktion und anschließende Zuweisung
`*= /= %=`	Multiplikation/Division/Restbildung und anschließende Zuweisung
`&= ^= |=`	Bitweises UND/Exklusiv-ODER/ODER und anschließende Zuweisung
`++`	Inkrementierung
`--`	Dekrementierung

Arithmetische Operatoren

Operator	Beschreibung
`* / %`	Multiplikation; Ganzzahl-Division; Restbildung
`+ -`	Addition; Subtraktion

Bitweise und logische Operatoren

Operator	Beschreibung
`~`	binäre Inversion (Einer-Komplement)
`!`	logische Negation
`<< >>`	bitweises Verschieben nach links/rechts
`&`	bitweises UND
`^`	bitweises Exklusiv-ODER

<table>
<tr><th>Operator</th><th>Beschreibung</th></tr>
<tr><td>|</td><td>bitweises ODER</td></tr>
<tr><td>&&</td><td>logisches UND</td></tr>
<tr><td>||</td><td>logisches ODER</td></tr>
<tr><td>{ Befehl }</td><td>Gibt 1 zurück, wenn Befehl erfolgreich war, sonst 0. Dies ist das genaue Gegenteil des normalen Rückgabewertes von Befehl. Meistens ist es praktischer, die $status-Variable zu verwenden.</td></tr>
</table>

Vergleichsoperatoren

Operator	Beschreibung
== !=	Gleichheit; Ungleichheit
<= >=	kleiner gleich; größer gleich
< >	kleiner; größer

Dateitestoperatoren

Bevor der Dateitest ausgeführt wird, werden Befehlsersetzung und Dateinamenexpansion auf *Datei* ausgeführt. Die **tcsh** erlaubt kombinierte Operatoren (z.B. **-ef**). Die folgende Liste enthält die gültigen Dateitestoperatoren:

Operator	Beschreibung
-d *file*	Die Datei ist ein Verzeichnis.
-e *Datei*	Die Datei existiert.
-f *Datei*	Die Datei ist eine normale Datei.
-o *Datei*	Die Datei gehört dem Benutzer.
-r *Datei*	Der Benutzer darf die Datei lesen.
-w *Datei*	Der Benutzer darf in der Datei schreiben.
-x *Datei*	Der Benutzer darf die Datei ausführen.
-z *Datei*	Die Datei hat die Länge 0.
!	Dreht die Bedeutung der vorhergehenden Operation um.

Einige zusätzliche Operatoren, die **tcsh**-spezifisch sind:

Operator	Beschreibung
`-b` *Datei*	Die Datei ist eine Block-Geräte-Datei (block special file).
`-c` *Datei*	Die Datei ist eine Zeichen-Geräte-Datei (character special file).
`-g` *Datei*	Das SGID-Bit (Set Group ID-Bit) der Datei ist gesetzt.
`-k` *Datei*	Das Sticky-Bit der Datei ist gesetzt.
`-l` *Datei*	Die Datei ist eine symbolische Verknüpfung.
`-L` *Datei*	Alle weiteren Operatoren auf die symbolische Verknüpfung anwenden, nicht die Datei, auf die die Verknüpfung zeigt.
`-p` *Datei*	Die Datei ist eine benannte Pipe (FIFO).
`-s` *Datei*	Die Dateigröße ist ungleich null.
`-S` *Datei*	Die Datei ist ein Socket.
`-t` *Datei*	*Datei* ist eine Ziffer und ein offener Dateideskriptor für ein Terminal-Gerät.
`-u` *Datei*	Das SUID-Bit (Set User ID-Bit) der Datei ist gesetzt.
`-X` *Datei*	Die Datei ist ausführbar und befindet sich im Pfad, oder sie ist ein eingebauter Shell-Befehl.

Schließlich stellt die **tcsh** noch die folgenden Operatoren zur Verfügung, die andere Arten von Information zurückgeben:

Operator	Beschreibung
`-A[:]` *Datei*	Zeit, zu der zuletzt auf die Datei zugegriffen wurde, in Sekunden seit der Epoche (1.1.1970). Wird der Operator mit einem Doppelpunkt (:) angegeben, so wird die Zeitangabe im Zeitstempel-Format zurückgegeben.
`-C[:]` *Datei*	Zeit, zu der die Inode modifiziert wurde. Wird der Operator mit einem Doppelpunkt angegeben, so wird eine Zeitangabe im Zeitstempel-Format zurückgegeben.
`-D` *Datei*	Geräte-Nummer
`-F` *Datei*	Zusammengesetzte Datei-ID, im Format *Gerät*:*Inode*
`-G[:]` *Datei*	Numerische Gruppen-ID der Datei. Mit einem Doppelpunkt ist der Rückgabewert der Gruppenname, falls bekannt, sonst die numerische Gruppen-ID.
`-I` *Datei*	Nummer der Inode
`-L` *Datei*	Name der Datei, auf die die symbolische Verknüpfung *Datei* zeigt

csh und tcsh

Operator	Beschreibung
`-M[:]` *Datei*	Zeit, zu der die Datei zuletzt modifiziert wurde. Wird der Operator mit einem Doppelpunkt angegeben, so wird die Zeitangabe im Zeitstempel-Format zurückgegeben.
`-N` *Datei*	Anzahl der harten Verknüpfungen
`-P[:]` *Datei*	Rechte der Datei im oktalen Format, ohne führende 0. Wird ein Doppelpunkt mit angegeben, so enthält der Rückgabewert die führende 0.
`-P`*Modus* `[:]` *Datei*	Äquivalent zu `-P` *Datei*, durch logisches UND mit *Modus* verknüpft. Wird ein Doppelpunkt mit angegeben, so enthält der Rückgabewert eine führende 0.
`-U[:]` *Datei*	Numerische ID des Benutzers, dem die Datei gehört. Wird ein Doppelpunkt mit angegeben, so ist der Rückgabewert der Benutzername, sonst die numerische ID des Benutzers.
`-Z` *Datei*	Dateigröße in Byte

Beispiele

Die folgenden Beispiele zeigen @-Befehle und setzen `n` = 4 voraus:

Ausdruck	Wert von $x
`@ x = ($n > 10 || $n < 5)`	1
`@ x = ($n >= 0 && $n < 3)`	0
`@ x = ($n << 2)`	16
`@ x = ($n >> 2)`	1
`@ x = $n % 2`	0
`@ x = $n % 3`	1

Die folgenden Beispiele geben jeweils die erste Zeile einer **if**- oder **while**-Anweisung wieder:

Ausdruck	Bedeutung
`while ($#argv != 0)`	Solange noch Argumente vorhanden sind . . .
`if ($today[1] == "Frei")`	Wenn das erste Wort »Frei« ist . . .
`if (-f $argv[1])`	Wenn das erste Argument eine normale Datei ist . . .
`if (! -d $tmpdir)`	Wenn `tmpdir` kein Verzeichnis ist . . .

Befehls-History

Früher ausgeführte Befehle werden in einer sogenannten History-Liste ausgegeben. Sie können auf diese Liste zugreifen, um Befehle zu überprüfen, erneut auszuführen oder zu verändern. Der eingebaute **history**-Befehl zeigt die History-Liste an. Außerdem beeinflussen die vordefinierten Variablen **histchars** und **history** den History-Mechanismus. Die History-Liste kann auf viererlei Arten benutzt werden:

- Einen vorherigen Befehl erneut ausführen
- Befehlsersetzungen
- Argumentersetzungen (bestimmte Wörter in einem Befehl)
- Verwenden von Modifikatoren, um einzelne Teile eines Befehls oder Wortes zu extrahieren oder zu ersetzen

Die folgenden Abschnitte beschreiben die **csh**-Werkzeuge, um Befehle zu verändern und erneut auszuführen. Wenn Sie die **tcsh** verwenden, so können Sie all diese Funktionen auch benutzen. Zusätzlich können Sie sich mit den Cursor-Tasten in der Kommandozeile bewegen und dort die Editier-Funktionen verwenden, die im Abschnitt »Editieren der Kommandozeile mit der tcsh« beschrieben werden, um den Befehl zu verändern. Die **tcsh**-Cursor-Tasten sind:

Taste	**Beschreibung**
Pfeil nach oben	Vorheriger Befehl.
Pfeil nach unten	Nächster Befehl.
Pfeil nach links	In der Kommandozeile nach links bewegen.
Pfeil nach rechts	In der Kommandozeile nach rechts bewegen.

Befehlsersetzungen

Befehl	**Beschreibung**
`!`	Einleiten einer Befehlsersetzung
`!!`	der letzte Befehl
`!`*`N`*	Befehl Nummer *`N`* in der History-Liste
`!-`*`N`*	der *`N`*-te Befehl vor dem aktuellen
`!`*`String`*	der letzte mit *`String`* anfangende Befehl
`!?`*`String`*`?`	der letzte Befehl, der *`String`* enthält
`!?`*`String`*`?%`	das letzte Befehlsargument, das *`String`* enthält
`!$`	das letzte Argument des vorhergehenden Befehls
`!!`*`String`*	der letzte Befehl, an den dann *`string`* angehängt wird

Befehl	Beschreibung
`!N String`	Befehl Nr. *N*, an den dann `String` angehängt wird
`!{s1}s2`	der letzte mit `s1` beginnende Befehl, an den dann `s2` angehängt wird
`^alt^neu^`	Schnellersetzung: Im letzten Befehl wird `alt` durch `neu` ersetzt und der so entstandene Befehl ausgeführt.

Beispiele für Befehlsersetzung

Es wird jeweils der folgende Befehl angenommen:

```
%3 vi cprogs/01.c kap002 kap03
```

Befehlsnummer	Eingegebener Befehl	Ausgeführter Befehl
4	`^00^0`	`vi cprogs/01.c kap02 kap03`
5	`nroff !*`	`nroff cprogs/01.c kap02 kap03`
6	`nroff !$`	`nroff kap03`
7	`!vi`	`vi cprogs/01.c kap02 kap03`
8	`!6`	`nroff kap03`
9	`!?01`	`vi cprogs/01.c kap02 kap03`
10	`!{nr}.new`	`nroff kap03.new`
11	`!!|lp`	`nroff kap03.new | lp`
12	`more !?pr?%`	`more cprogs/01.c`

Wortersetzung

Jeder Angabe darf ein Doppelpunkt vorangestellt werden.

Angabe	Beschreibung
`:0`	Name des Befehls
`:n`	Argument Nr. *n*
`^`	erstes Argument
`$`	letztes Argument
`:n-m`	Argumente *n* bis *m*
`-m`	Wörter 0 bis *m*; wie :0-*m*
`:n-`	*n*-tes bis vorletztes Argument
`:n*`	*n*-tes bis letztes Argument; wie *n*-$

Angabe	Beschreibung
*	alle Argumente; wie ^–$ oder 1–$
#	aktuelle Kommandozeile bis zu diesem Punkt; ziemlich nutzlos

Beispiele für Wortersetzung

Es wird jeweils der folgende Befehl angenommen:

```
%13 cat kap01 kap02 kap03 biblio back
```

Befehlsnummer	Eingegebener Befehl	Ausgeführter Befehl
14	`ls !13^`	`ls kap01`
15	`sort !13:*`	`sort kap01 kap02 kap03 biblio rueckseite`
16	`lp !cat:3*`	`more kap03 biblio rueckseite`
17	`!cat:0-3`	`cat kap01 kap02 kap03`
18	`vi !-5:4`	`vi biblio`

History-Modifikatoren

Befehls- und Wortersetzungen können mit einer oder mehreren der folgenden Anweisungen modifiziert werden:

Anzeigen, Ersetzen und Quotieren

Modifikator	Beschreibung
:p	Befehl anzeigen, aber nicht ausführen.
:s/*alt*/*neu*	Erstes Auftreten von String *alt* durch *neu* ersetzen.
:gs/*alt*/*neu*	Jedes Auftreten von *alt* durch *neu* ersetzen.
:&	Erstes Auftreten der letzten Ersetzung (:s- oder ^-Befehl) wiederholen.
:g&	Jedes Auftreten der letzten Ersetzung wiederholen.
:q	Wortliste in Anführungszeichen setzen.
:x	Einzelne Wörter in Anführungszeichen setzen.

Löschen

Modifikator	Beschreibung
:r	Dateinamenerweiterung entfernen.
:gr	Alle Dateinamenerweiterungen entfernen.
:e	Alles außer der ersten Erweiterung entfernen.
:ge	Alle Erweiterungen entfernen.
:h	Alles nach dem letzten Schrägstrich entfernen. Zurück bleibt der Pfadname ohne Dateiname.
:gh	Alle Dateinamen entfernen.
:t	Alles bis zum letzten Schrägstrich entfernen und nur die Dateinamen zurücklassen.
:gt	Alle Pfadnamen entfernen und nur die Dateinamen zurücklassen.
:u	Ersten kleinen Buchstaben groß schreiben (nur **tcsh**).
:l	Ersten großen Buchstaben klein schreiben (nur **tcsh**).
:a	Den folgenden Modifikator so oft wie möglich auf ein Wort anwenden. Wenn **a** zusammen mit **g** verwendet wird, wird **a** auf jedes Wort angewendet (nur **tcsh**).

Beispiele für History-Modifikatoren

Befehl Nr. 17 sei:

```
%17 cat kap01 kap02 kap03
```

Befehlsnummer	Eingegebener Befehl	Ausgeführter Befehl
19	`!17:s/kap/KAP/`	`cat KAP01 kap02 kap03`
20	`!17g&`	`cat KAP01 KAP02 KAP03`
21	`!more:p`	`more cprogs/01.c` *(nur angezeigt)*
22	`cd !$:h`	`cd cprogs`
23	`vi !mo:$:t`	`vi 01.c`
24	`grep stdio !$`	`grep stdio 01.c`
25	`^stdio^include stdio^:q`	`grep "include stdio" 01.c`
26	`nroff !21:t:p`	`nroff 01.c` *(Wollte ich das wirklich?)*
27	`!!`	`nroff 01.c` *(ausführen)*

Besondere Aliase der tcsh

In der **tcsh** können bestimmte Aliase gesetzt werden. Diese Aliase haben keine Voreinstellung. Sobald sie gesetzt sind, werden sie ausgeführt, wenn bestimmte Ereignisse auftreten. Im folgenden sind diese Aliase aufgeführt:

beepcmd
: Wenn das akustische Signal ertönt.

cwdcmd
: Wenn sich das aktuelle Arbeitsverzeichnis ändert.

periodic
: Alle paar Minuten. Das genaue Zeitintervall wird durch die *tperiod*-Shell-Variable angegeben.

precmd
: Bevor der nächste Prompt ausgegeben wird.

shell *shell*
: Wenn ein Skript keine Shell angibt, wird es mit *shell* interpretiert. *shell* sollte einen vollständigen Pfadnamen enthalten.

Manipulation der Kommandozeile

Sowohl **csh** als auch **tcsh** bieten einen bestimmten Funktionsumfang an, um die Kommandozeile zu manipulieren. Beide Shells erlauben Wort- oder Befehlsergänzungen, und in der **tcsh** kann man die Befehlszeile editieren.

Vervollständigung

Sowohl **tcsh** als auch **csh** bieten die Vervollständigung von Wörtern an. Die **tcsh** vervollständigt Wörter und Befehle automatisch, wenn auf die Tab-Taste gedrückt wird; die **csh** vervollständigt Wörter und Befehle, wenn die Shell-Variable *filec* gesetzt ist und auf Esc gedrückt wird. Wenn die Vervollständigung mehrdeutig ist (d.h. auf die eingegebenen Zeichen mehr als eine Vervollständigung paßt), vervollständigt die Shell soviel wie möglich und gibt ein akustisches Signal aus, um anzuzeigen, daß die Vervollständigung nicht abgeschlossen werden konnte. Eine Liste aller möglichen Vervollständigungen kann durch Drücken von Strg-D abgerufen werden. In der **tcsh** wird eine abgeschlossene Vervollständigung durch Anhängen eines Leerzeichens an vollständige Dateinamen oder Befehle und eines Schrägstriches an vollständige Verzeichnisse angezeigt.

Sowohl **csh** als auch **tcsh** erkennen die ~-Schreibweise zur Bezeichnung des Home-Verzeichnisses. Die Shells nehmen an, daß Wörter am Anfang der Kommandozeile und solche, die unmittelbar auf |, **&**, ;, || oder **&&** folgen, Befehle sind, und passen den Suchpfad entsprechend an. Vervollständigung kann auch in der Mitte eines Wortes aufgerufen werden; dann werden nur die Zeichen links vom Cursor zur Vervollständigung herangezogen.

Verwandte Shell-Variablen

- autolist
- fignore
- listmax
- listmaxrows

Verwandte Befehle zum Editieren der Kommandozeile

- complete-word-back
- complete-word-forward
- expand-glob
- list-glob

Verwandte eingebaute Shell-Befehle

- complete
- uncomplete

Editieren der Kommandozeile mit der tcsh

In der **tcsh** können Sie sich mit dem Cursor in der Kommandozeile bewegen und Befehle editieren. Es gibt zwei Modi zum Editieren der Kommandozeile, die auf den am meisten verwendeten Texteditoren basieren: Emacs und **vi**. Emacs ist die Voreinstellung; zwischen den beiden Modi kann folgendermaßen umgeschaltet werden:

`bindkey -e`	*Emacs-Tastaturbelegung*
`bindkey -v`	*vi-Tastaturbelegung*

Der wesentliche Unterschied zwischen Emacs- und **vi**-Tastaturbelegungen besteht darin, daß Emacs-Tastaturbelegungen keine Modi kennen, d.h., die einzelnen Befehle stehen immer zur Verfügung. Im **vi**-Modus muß dagegen zwischen Einfüge- und Befehlsmodus hin- und hergeschaltet werden; in jedem Modus stehen andere Befehle zur Verfügung. Weitere Unterschiede:

- Der Emacs-Modus ist einfacher; mit dem **vi**-Modus können feinere Einstellungen vorgenommen werden.
- Im Emacs-Modus können Texte ausgeschnitten und wieder eingefügt werden; außerdem können Markierungen gesetzt werden. Der **vi**-Modus verfügt nicht über diese Funktionen.
- Die Fähigkeiten zum Durchsuchen der Befehls-History unterscheiden sich.

Emacs-Modus

Die Tabellen 8-1 bis 8-3 beschreiben die verschiedenen Tastaturbefehle, die im Emacs-Modus zur Verfügung stehen.

Tabelle 8-1: Befehle zum Positionieren des Cursors (Emacs-Modus)

Befehl	Beschreibung
Strg-B	Cursor ein Zeichen nach links bewegen.
Strg-F	Cursor ein Zeichen nach rechts bewegen.
Esc b	Cursor ein Wort zurückbewegen.
Esc f	Cursor ein Wort vorbewegen.
Strg-A	Cursor an den Zeilenanfang bewegen.
Strg-E	Cursor an das Zeilenende bewegen.

Tabelle 8-2: Befehle zum Löschen von Text (Emacs-Modus)

Befehl	Beschreibung
Del oder **Strg-H**	Löschen des Zeichens links vom Cursor.
Strg-D	Löschen des Zeichens hinter dem Cursor.
Esc d	Löschen des Wortes hinter dem Cursor.
Esc Del oder **Esc Strg-H**	Löschen des Wortes links vom Cursor.
Strg-K	Von der Cursor-Position bis zum Zeilenende löschen.
Strg-U	Ganze Zeile löschen.

Tabelle 8-3: Bearbeitung von Befehlen (Emacs-Modus)

Befehl	Beschreibung
Strg-P	vorheriger Befehl
Strg-N	nächster Befehl
Pfeil nach oben	vorheriger Befehl
Pfeil nach unten	nächster Befehl
Befehlsfragment **Esc p**	History nach *Befehlsfragment* durchsuchen. *Befehlsfragment* muß dabei am Anfang des Befehls stehen.
Befehlsfragment **Esc n**	Wie **Esc p**, aber mit vorwärts gerichteter Suche.
Esc *Num*	Nächsten Befehl *Num*-mal wiederholen.
Strg-Y	Zuletzt gelöschten String einfügen.

vi-Modus

Im **vi**-Modus gibt es zwei Submodi: den Einfüge- und den Befehlsmodus. Der Einfügemodus ist der Default. Von dort aus gelangen Sie durch Drücken der Esc-Taste in den Befehlsmodus. Zurück in den Eingabemodus kommen Sie vom Befehlsmodus, indem Sie **a** (append) oder **i** (insert) eingeben.

Die Tabellen 8-4 bis 8-10 beschreiben die Editierbefehle, die im **vi**-Modus zur Verfügung stehen.

Tabelle 8-4: Befehle, die im Einfüge- und Befehlsmodus zur Verfügung stehen (vi-Modus)

Befehl	**Beschreibung**
Strg-P	vorheriger Befehl
Strg-N	nächster Befehl
Pfeil nach oben	vorheriger Befehl
Pfeil nach unten	nächster Befehl
Esc	Umschalten zwischen den Modi

Tabelle 8-5: Befehle zum Editieren (vi-Einfügemodus)

Befehl	**Beschreibung**
Strg-B	Cursor ein Zeichen nach links bewegen.
Strg-F	Cursor ein Zeichen nach rechts bewegen.
Strg-A	Cursor an den Zeilenanfang bewegen.
Strg-E	Cursor an das Zeilenende bewegen.
DEL oder **Strg-H**	Zeichen links vom Cursor löschen.
Strg-W	Wort links vom Cursor löschen.
Strg-U	Vom Zeilenanfang bis zur Cursor-Position löschen.
Strg-K	Von der Cursor-Position bis zum Zeilenende löschen.

Tabelle 8-6: Befehle zur Cursor-Positionierung (vi-Befehlsmodus)

Befehl	**Beschreibung**
h oder **Strg-H**	Cursor ein Zeichen nach links bewegen.
l oder **SPACE**	Cursor ein Zeichen nach rechts bewegen.
w	Cursor ein Wort nach rechts bewegen.
b	Cursor ein Wort nach links bewegen.
e	Cursor an das nächste Wortende bewegen.

Tabelle 8-6: Befehle zur Cursor-Positionierung (vi-Befehlsmodus) (Fortsetzung)

Befehl	Beschreibung
W, **B**, **E**	Wie **w**, **b** und **e**, behandelt aber nur Leerzeichen, Tabulatorzeichen und Zeilenvorschübe als Wort-Trennzeichen, anstelle von allen nicht-alphanumerischen Zeichen.
^ oder **Strg-A**	Cursor an den Zeilenanfang bewegen (erstes Zeichen, das weder Leerzeichen, noch Tabulator, noch Zeilenwechsel ist).
0	Cursor an den Zeilenanfang bewegen.
$ oder **Strg-E**	Cursor an das Zeilenende bewegen.

Tabelle 8-7: Befehle zum Einfügen von Text (vi-Befehlsmodus)

Befehl	Beschreibung
a	So lange Text hinter dem Cursor einfügen, bis auf **Esc** gedrückt wird.
i	So lange Text vor dem Cursor einfügen, bis auf **Esc** gedrückt wird.
A	So lange Text nach dem Zeilenende einfügen, bis auf **Esc** gedrückt wird.
I	So lange Text vor dem Zeilenanfang einfügen, bis auf **Esc** gedrückt wird.

Tabelle 8-8: Befehle zum Löschen von Text (vi-Befehlsmodus)

Befehl	Beschreibung
x	Zeichen unter dem Cursor löschen.
X oder **Del**	Zeichen links vom Cursor löschen.
d*m*	Bis zum Ende des Positionierungsbefehls *m* löschen.
D	Wie **d$**.
Strg-W	Ein Wort zurück löschen.
Strg-U	Vom Zeilenanfang bis zur Cursor-Position löschen.
Strg-K	Von der Cursor-Position bis zum Zeilenende löschen.

Tabelle 8-9: Befehle zum Ersetzen von Text (vi-Befehlsmodus)

Befehl	Beschreibung
c*m*	Alle Zeichen von der Cursor-Position bis zum Ende des Positionierungsbefehls *m* ersetzen, bis auf **Esc** gedrückt wird.
C	Wie **c$**.
r*c*	Zeichen unter dem Cursor durch *c* ersetzen.

Tabelle 8-9: Befehle zum Ersetzen von Text (vi-Befehlsmodus) (Fortsetzung)

Befehl	Beschreibung
R	Mehrere Zeichen ersetzen, bis auf **Esc** gedrückt wird.
s	Zeichen unter dem Cursor durch eingegebene Zeichen ersetzen, bis auf **Esc** gedrückt wird.

Tabelle 8-10: Nach Zeichen suchende Positionierungsbefehle (vi-Befehlsmodus)

Befehl	Beschreibung
f*c*	Cursor zum nächsten Vorkommen von *c* in der Zeile bewegen.
F*c*	Cursor zum vorherigen Vorkommen von *c* in der Zeile bewegen.
t*c*	Cursor vor das nächste Vorkommen von *c* in der Zeile bewegen.
T*c*	Cursor hinter das vorherige Vorkommen von *c* in der Zeile bewegen.
;	Letzten **f**- oder **F**-Befehl wiederholen.
,	Letzten **f**- oder **F**-Befehl in umgekehrter Richtung wiederholen.

Job-Verwaltung

Mit Hilfe der Befehle zur Job-Verwaltung können Vordergrund-Jobs in den Hintergrund gebracht, Hintergrund-Jobs in den Vordergrund geholt und laufende Jobs unterbrochen (vorübergehend angehalten) werden. Die C-Shell stellt die hier aufgeführten Befehle zur Job-Verwaltung bereit. Weitere Informationen zu diesen Befehlen finden Sie im Abschnitt »Eingebaute csh- und tcsh-Befehle«.

bg Bringt einen Job in den Hintergrund.

fg Holt einen Job in den Vordergrund.

jobs Gibt die aktiven Jobs aus.

kill Beendet einen Job.

notify
Gibt eine Meldung aus, wenn ein Hintergrund-Job beendet wird.

stop Hält einen Hintergrund-Job an.

Strg-Z
Hält den Vordergrund-Job an.

Viele Befehle zur Job-Verwaltung haben eine *Job-ID* als Argument. Dieses Argument kann folgendermaßen angegeben werden:

%n Job Nr. *n*

%s Job, dessen Kommandozeile mit *s* anfängt

%?s Job, dessen Kommandozeile *s* enthält

%% aktueller Job

%	aktueller Job (wie oben)
%+	aktueller Job (wie oben)
%–	vorheriger Job

Eingebaute csh- und tcsh-Befehle

@ [*Variable*[*n*]=*Ausdruck*] — @

Zuweisen des Wertes des arithmetischen *Ausdruck*s an *Variable* oder das *n*-te Element von *Variable*, wenn der Index *n* angegeben wird. Wenn weder *Variable* noch *Ausdruck* angegeben werden, werden die Werte aller Shell-Variablen ausgegeben (wie **set**). Die möglichen Operatoren für Ausdrücke sind unter »Ausdrücke« weiter vorn in diesem Kapitel aufgeführt. Außerdem existieren zwei besondere Formen:

@ *Variable*++ Wert von *Variable* um 1 erhöhen.

@ *Variable*-- Wert von *Variable* um 1 verringern.

—

Ignorieren des gesamten Textes, der auf derselben Zeile folgt. # wird in Shell-Skripten als Kommentarzeichen verwendet und ist eigentlich kein Befehl.

#!*Shell* — #!

Wird als erste Zeile eines Shell-Skripts verwendet und gibt an, daß das Skript von der *Shell* (mit optionalen Argumenten) ausgeführt werden soll. Wird nicht von allen Shells unterstützt. Beispiel:

```
#!/bin/csh -f
```

: — :

»Leerer« Befehl; der Rückgabewert ist 0. Der Doppelpunkt-Befehl wird oft als erstes Zeichen eines Bourne- oder Korn-Shell-Skripts verwendet, um zu verhindern, daß ein # (Doppelkreuz) unbeabsichtigt das erste Zeichen ist.

csh und tcsh

alias

alias [*Name* [*Befehl*]]

Legt *Name* als Abkürzung oder Alias für *Befehl* fest. Wenn *Befehl* nicht angegeben wird, wird die aktuelle Auflösung von *Name* ausgegeben; wenn auch *Name* weggelassen wird, werden alle Abkürzungen ausgegeben. Abkürzungen können auf der Kommandozeile eingegeben werden, werden jedoch meistens in der Datei *.cshrc* aufbewahrt, damit sie direkt nach dem Einloggen zur Verfügung stehen (siehe auch das *.cshrc*-Beispiel weiter vorn in diesem Kapitel). Abkürzungsdefinitionen können – ähnlich wie die History-Liste – auch Kommandozeilenargumente ansprechen. Mit \!* werden alle Kommandozeilenargumente angesprochen, mit \!^ das erste, mit \!\!:2 das zweite, mit \!$ das letzte usw. Die Abkürzung *Name* darf auch ein Unix-Befehl sein, allerdings geht dann die ursprüngliche Bedeutung verloren, es sei denn, es wird *Name* eingegeben. Siehe auch **unalias** und den Abschnitt »Besondere Abkürzungen in der tcsh«.

Beispiele

Setzen der Größe von **xterm**-Fenstern im X Window System:

```
alias R 'set noglob; eval `resize` unset noglob'
```

Anzeigen aller Aliase, die den String **ls** enthalten:

```
alias | grep ls
```

Ausführen von **nroff** auf allen Kommandozeilenargumenten:

```
alias ms 'nroff -ms \!*'
```

Kopieren der Datei, die als erstes Argument angegeben wird:

```
alias back 'cp \!^ \!^.old'
```

Verwenden des originalen **ls**-Befehls anstelle der Abkürzung:

```
% \ls
```

alloc

alloc

Ausgeben des ganzen benutzten und freien Speichers.

bg

bg [*Job-IDs*]

Stellt den aktuellen oder die durch *Job-IDs* angegebenen Job(s) in den Hintergrund.

Beispiel:

Um einen lang andauernden Prozeß in den Hintergrund zu setzen, könnte zunächst folgender Befehl eingegeben werden:

```
4% nroff -ms report Strg-Z
```

bg

und danach einer der folgenden:

`5% bg`	
`5% bg %`	*Aktueller Job*
`5% bg %1`	*Job Nr. 1*
`5% bg %nr`	*Paßt auf Zeilenanfang nroff*
`5% % &`	

bindkey [*Optionen*] [*Taste*] [*Befehl*]

bindkey

Nur in der **tcsh**. Zeigt alle Tastenbindungen an oder bindet eine Taste.

Optionen

-a Ausgeben der Standard- und alternativen Tastenbindungen.

-b *Taste*
Erwartet, daß *Taste* eines der folgenden Dinge ist: ein Steuerzeichen (in Zirkumflex-Notation, z.B. ^B, oder C–Notation, z.B. C–B), ein Metazeichen (z.B. M–B), eine Funktionstaste (z.B. F–*String*) oder eine erweiterte Präfix-Taste (z.B. X–B).

-c *Befehl*
Interpretiert *Befehl* als Shell-Befehl und nicht als Editor-Befehl.

-d *Taste*
Bindet Taste an ihre ursprüngliche Bindung.

-e Stellt die Standard-Emacs-Bindungen ein.

-k *Taste*
Erwartet, daß *Taste* eine Cursor-Taste ist (**left**, **right**, **up** oder **down**).

-l Auflisten aller Editor-Befehle mit Beschreibungen.

-r *Taste*
Alle Bindungen für *Taste* löschen.

-s Interpretiert *Befehl* wortwörtlich und behandelt den Befehl wie eine Terminal-Eingabe.

-u Gibt eine kurze Bedienungsanleitung aus.

-v Stellt die Standard-**vi**-Bindungen ein.

break

break

Setzt die Ausführung mit dem Befehl fort, der auf den **end**-Befehl folgt, der die innerste **while**- oder **foreach**-Schleife beendet.

breaksw	**breaksw** Beendet eine **switch**-Anweisung; die Ausführung wird nach der **endsw**-Anweisung fortgesetzt.
built-ins	**built-ins** Nur in der **tcsh**. Ausgeben aller eingebauten Shell-Befehle.
bye	**bye** Nur in der **tcsh**. Wie **logout**.
case	**case** *Muster* : Gibt ein *Muster* in der **switch**-Anweisung an.
cd	**cd** [*Verzeichnis*] Wechselt das aktuelle Verzeichnis nach *Verzeichnis*. Der Default ist das Home-Verzeichnis des Benutzers. Wenn *Verzeichnis* ein relativer Pfadname ist, der sich aber nicht im aktuellen Verzeichnis befindet, wird die Variable **cdpath** durchsucht. Siehe auch die Beispiel *.cshrc* weiter vorn in diesem Kapitel. In der **tcsh** gibt es noch die folgenden Optionen: ***tcsh Optionen*** **-** Wechselt in das vorherige Verzeichnis. **-l** ~-Notation wird explizit expandiert. **-n** Bricht Einträge vor Zeilenenden um; impliziert **-p**. **-p** Gibt den Verzeichnis-Stack aus. **-v** Gibt einen Eintrag je Zeile aus. Impliziert **-p**.
chdir	**chdir** [*Verzeichnis*] Wie **cd**. Nützlich, wenn Sie **cd** umdefiniert haben.

complete [*String* [*Wort/Muster/Liste* [:*Auswahl*]/[*Suffix*]]]

Nur in der **tcsh**. Gibt alle Vervollständigungen aus, oder, wenn *String* angegeben wird, alle Vervollständigungen für *String*. String darf ein Suchmuster sein. Weitere Optionen können angegeben werden.

Optionen für Wort

c Nur das aktuelle Wort vervollständigen, *Muster* ignorieren.

C Nur das aktuelle Wort vervollständigen, dabei *Muster* verwenden.

n Das vorherige Wort vervollständigen.

N Das Wort vor dem vorherigen vervollständigen.

p Erwartet, daß *Muster* ein Zahlenbereich ist. Vervollständigung wird in diesem Bereich durchgeführt.

Optionen für Liste

Es können mehrere *Listen* nach Vervollständigungen durchsucht werden. Einige der *Listen*-Optionen:

(*String*)
  Elemente der Liste *String*

$Variable
  Wörter aus *Variable*

`*Befehl*`
  Ausgabe von *Befehl*

a Abkürzungen

b Bindungen

c Befehle

C Externe (nicht eingebaute) Befehle

d Verzeichnisse

D Verzeichnisse, deren Namen mit *String* anfangen

e Umgebungsvariablen

f Dateinamen

F Dateinamen, die mit *String* anfangen

g Gruppen

j Jobs

l Ressourcen-Begrenzungen

n Nichts

s Shell-Variablen

S Signale

t Textdateien

→

complete ←	**T** Textdateien, deren Namen mit *String* anfangen **u** Benutzer **v** Beliebige Variablen **x** Wie **n**, gibt aber die angegebene *Auswahl* als Erklärung mit dem Editor-Befehl **list-choices** aus. **X** Vervollständigungen ***Auswahl*** *Auswahl* sollte ein Suchmuster für Dateien sein. Die Vervollständigungen müssen auf dieses Suchmuster passen. An alle Vervollständigungen wird noch *Suffix* angehängt.
continue	**continue** Ausführung der innersten **while**- oder **foreach**-Schleife mit dem nächsten Schleifendurchlauf fortsetzen.
default	**default** : Gibt den Default-Fall (üblicherweise den letzten) in einer **switch**-Anweisung an.
dirs	**dirs** [*Optionen*] Gibt den Verzeichnis-Stack aus, wobei das aktuelle Verzeichnis als erstes angezeigt wird. Siehe auch **popd** und **pushd**. Alle Optionen mit Ausnahme von **-l**, **-n** und **-v** stehen nur in der **tcsh** zur Verfügung. ***Optionen*** **-c** Löscht den Verzeichnis-Stack. **-l** Das Symbol für das Home-Verzeichnis (~) wird zum tatsächlichen Verzeichnisnamen expandiert. **-n** Ausgabe umbrechen. **-v** Ein Verzeichnis pro Zeile ausgeben. -L *Datei* Stack aus *Datei* neu aufbauen. *Datei* sollte mit dem Befehl **dirs -S** *Datei* erzeugt worden sein. -S *Datei* Schreibt eine Reihe von **pushd**- und **popd**-Befehlen nach *Datei*. Mit diesen Befehlen kann der Stack später restauriert werden.

echo [-n] *String*

echo

Ausgeben von *String* auf die Standardausgabe. Wenn **-n** angegeben wird, wird die Ausgabe nicht mit einem Zeilenwechsel abgeschlossen. Im Gegensatz zum **echo**-Befehl in der Bourne-Shell und dem externen Befehl */bin/echo* unterstützt die C-Shell-Version keine Escape-Sequenzen. Siehe auch **echo** in Kapitel 3, *Linux-Befehle*, und Kapitel 7, *bash: Die Bourne-Again Shell.*

echotc [*Optionen*] *Argumente*

echotc

Nur in der **tcsh**. Zeigt je nach Argument die Fähigkeiten des Terminals an oder bewegt den Cursor.

Optionen

-s Gibt anstelle eines Fehlers einen leeren String zurück, wenn es die Fähigkeit nicht gibt.

-v Ausführliche Meldungen ausgeben.

Argumente

baud
Anzeigen der aktuellen Übertragungsrate in Baud.

cols Anzeigen der aktuellen Spalte.

cm *Spalte Zeile*
Cursor an die angegebenen Koordinaten bewegen.

home
Cursor an die linke obere Ecke des Bildschirms bewegen.

lines
Anzahl der Zeilen auf dem Bildschirm ausgeben.

meta
Meta-Fähigkeit des Terminals abfragen (üblicherweise die Alt-Taste).

tabs Tabulator-Fähigkeit des Terminals abfragen.

else

else

Internes Schlüsselwort für die **if** ... **endif**-Anweisung.

end

end

Internes Schlüsselwort, das eine **foreach**-Schleife beendet.

endif	**endif** Internes Schlüsselwort, das eine **if**-Anweisung beendet.
endsw	**endsw** Internes Schlüsselwort, das eine **switch**-Anweisung beendet.

eval

eval *Argumente*

Argumente ist eine Kommandozeile, die Shell-Variablen enthalten kann. **eval** erzwingt die Expansion der Variablen und führt dann den resultierenden Befehl aus. Diese »doppelte Expansion« ist nützlich, wenn Shell-Variablen Umleitungssymbole, Abkürzungen oder andere Shell-Variablen enthalten. Beispielsweise finden Umleitungen normalerweise vor der Expansion von Variablen statt, so daß eine Variable, die Umleitungssymbole enthält, erst mit **eval** ausgewertet werden muß, da ansonsten die Umleitungssymbole nicht interpretiert werden.

Beispiele

Die folgende Zeile kann in die **.login**-Datei geschrieben werden, um Terminal-Charakteristika einzustellen:

```
set noglob eval `tset -s xterm` unset noglob
```

Die folgenden Befehle demonstrieren die Funktion von **eval**:

```
% set b='$a'
% set a=hello
% echo $b            Einmaliges Lesen der Kommandozeile
$a
% eval echo $b       Zweimaliges Lesen der Kommandozeile
hello
```

Ein weiteres Beispiel zur Verwendung von **eval** finden Sie unter **alias**.

exec

exec *Befehl*

Ausführen von *Befehl* anstelle der aktuellen Shell. Damit wird die aktuelle Shell beendet, anstatt einen neuen Prozeß für Befehl zu erzeugen.

exit [(*Ausdr*)]

exit

Beenden des Shell-Skripts mit dem Rückgabewert *Ausdr*. Der Rückgabewert 0 bedeutet eine erfolgreiche Ausführung, jeder andere Wert einen Fehlschlag. Wenn *Ausdr* nicht angegeben wird, wird als Rückgabewert der Wert der **status**-Variablen verwendet. **exit** kann auch auf der Kommandozeile verwendet werden, um das Shell-Fenster zu schließen (also sich gegebenenfalls abzumelden).

fg [*Job-IDs*]

fg

Holt den aktuellen oder die durch *Job-IDs* angegebenen Job(s) in den Vordergrund. *Job-ID* kann auch in *%Jobnummer*-Schreibweise angegeben werden.

Beispiel

Wenn Sie eine Editiersitzung mit dem **vi** durch Drücken von **Strg-Z** unterbrechen, können Sie sie mit einem der folgenden Befehle wieder aufnehmen:

```
% %
% fg
% fg %
% fg %vi        Paßt auf den Anfang des Befehls
```

filetest *–op Dateien*

filetest

Nur in der **tcsh**. Wendet den Dateitestoperator *op* auf *Dateien* an und gibt die Resultate in einer Liste aus. Eine Liste von Dateitestoperatoren finden Sie im Abschnitt »Ausdrücke« weiter vorn in diesem Kapitel.

foreach *Name* (*Wortliste*)
Befehle
end

foreach

Weist der Variablen *Name* der Reihe nach je einen der Werte in *Wortliste* zu und führt die *Befehle* zwischen **foreach** und **end** aus. **foreach** kann als mehrzeiliger Befehl auf der Kommandozeile (erstes der untenstehenden Beispiele) oder in einem Shell-Skript verwendet werden (zweites Beispiel).

Beispiele

Umbenennen aller Dateien, die mit einem Großbuchstaben beginnen:

```
% foreach i ([A-Z]*)
? mv $i $i.neu
? end
```

→

csh und tcsh

foreach ←	Bei jedem Kommandozeilenargument überprüfen, ob es sich um eine Option handelt oder nicht:

```
foreach arg ($argv)
   # Faengt das Argument mit - an?
   if ("$arg" =~ -*) then
      echo "Argument ist eine Option"
   else
      echo "Argument ist ein Dateiname"
   endif
end
```

glob

glob *Wortliste*

Führt Dateinamen-, Variablen- und History-Ersetzungen auf *Wortliste* durch. Backslash-Sequenzen werden nicht berücksichtigt. Die einzelnen Wörter werden durch Null-Sequenzen voneinander getrennt. **glob** wird normalerweise in Shell-Skripten verwendet, um einen Wert, der sich für den Rest des Skripts nicht mehr ändern soll, dauerhaft vorzugeben.

goto

goto *String*

Springt zu der Zeile, deren führendes nicht-leeres Zeichen *String*, gefolgt von einem Doppelpunkt (:), ist. Der *String* in der **goto**-Zeile kann auch eine Variable oder ein Dateinamenmuster sein, der Name des Sprungziels muß aber ein konstanter, bereits expandierter Wert sein. Das Sprungziel darf nicht innerhalb einer **foreach**- oder **while**-Schleife stehen.

hashstat

hashstat

Ausgeben einer Statistik, die den Erfolg der Hash-Tabelle beim Suchen von Befehlen in der **path**-Variablen wiedergibt.

history

history [*Optionen*]

Ausgeben der History-Liste. Eine Beschreibung der Syntax finden Sie weiter vorn in diesem Kapitel im Abschnitt »Befehls-History«.

Optionen

-c Nur in der **tcsh**. Löschen der History-Liste.

-h Ausgeben der History-Liste ohne Nummern.

-r Ausgeben der Liste in umgekehrter Reihenfolge, die ältesten Befehle erscheinen zuletzt.

n Nur die letzten *n* Befehle in der History ausgeben (Default: der Wert der **history**-Shell-Variablen).

history

-L *Datei*
: Nur in der **tcsh**. Laden einer Reihe von **pushd**- und **popd**-Befehlen aus *Datei*, mit denen ein abgespeicherter Stack restauriert werden kann.

-M *Datei*
: Nur in der **tcsh**. Zusammenführen des aktuellen Verzeichnis-Stacks mit dem in *Datei* gespeicherten. Beide werden, zeitlich sortiert, in *Datei* als Folge von **pushd**- und **popd**-Befehlen abgespeichert.

-S *Datei*
: Nur in der **tcsh**. Schreiben einer Reihe von **pushd**- und **popd**-Befehlen nach *Datei*. Aus dieser *Datei* kann später der aktuelle Verzeichnis-Stack wieder restauriert werden.

Beispiel

Abspeichern und Ausführen der letzten fünf Befehle:

```
history -h 5 > do_it
source do_it
```

hup [*Befehl*]

hup

Nur in der **tcsh**. Führt *Befehl* aus, der aber abgebrochen wird, wenn er ein Hangup-Signal bekommt. Dieses Signal wird von der Shell bei ihrer eigenen Beendigung gesendet. Wenn *Befehl* nicht angegeben wird, beendet sich das aktuelle Shell-Skript bei einem Hangup-Signal.

if

if

Einleiten einer bedingten Anweisung. Die einfachste Form ist:

```
if (Ausdr) Befehl
```

Es gibt noch drei weitere mögliche Formen:

```
if (Ausdr) then
   Befehle
endif
```

```
if (Ausdr) then
   Befehle1
else
   Befehle2
endif
```

```
if (Ausdr) then
   Befehle1
else if (Ausdr) then
   Befehle2
else
   Befehle3
endif
```

→

csh und tcsh

if ←

In der einfachsten Form wird *Befehl* ausgeführt, wenn *Ausdr* wahr ist, ansonsten passiert nichts (Umleitungen finden trotzdem statt; dies ist ein Fehler der Shell). In den anderen Formen werden jeweils ein oder mehrere Befehle ausgeführt. Wenn *Ausdr* wahr ist, werden die Befehle nach **then** ausgeführt, ansonsten wird entweder zu den Befehlen nach **else** verzweigt, oder es wird hinter **else if** verzweigt, wo eine weitere Abfrage stattfindet. Weitere Beispiele finden Sie im Abschnitt »Ausdrücke« weiter vorn in diesem Kapitel sowie unter **shift** und **while**.

Beispiel

Wenn keine Kommandozeilenargumente angegeben werden, wird ein Default angenommen:

```
if ($#argv == 0) then
   echo "Kein Dateiname angegeben. Ausgabe wird an Report
   geschrieben."
   set outfile = Report
else
   set outfile = $argv[1]
endif
```

jobs

jobs [-l]

Ausgeben aller laufenden oder angehaltenen Jobs. Mit **-l** werden auch die Prozeß-IDs ausgegeben. Sie können so beispielsweise überprüfen, ob ein langer Übersetzungs- oder Formatierungsvorgang noch läuft. Auch vor dem Abmelden ist **jobs** nützlich.

kill

kill [*Optionen*] *ID*

Beendet alle Prozesse oder Jobs, die durch *ID* angegeben werden. Der Benutzer muß der Besitzer des Prozesses oder der Superuser sein. Dieser eingebaute Befehl ist ähnlich dem in Kapitel 3, *Linux-Befehle*, beschriebenen */bin/kill*, erlaubt aber auch die Angabe symbolischer Dateinamen. Prozesse, die sich normal nicht beenden lassen, können mit Hilfe des Signals 9 beendet werden.

Optionen

-l Ausgeben der Signalnamen (keine *ID* angeben).

–Signal
: Das zu schickende Signal, entweder als Nummer oder als Name, ohne das SIG-Präfix (z.B. HUP, nicht SIGHUP). Der Befehl **kill -l** gibt eine Liste der verfügbaren Signalnamen aus. Diese Liste variiert bei unterschiedlichen System-Architekturen; für PC-basierte Systeme sieht die Liste wie folgt aus:

kill

```
% kill -l
HUP INT QUIT ILL TRAP ABRT BUS FPE KILL USR1 SEGV USR2
PIPE ALRM TERM STKFLT CHLD CONT STOP TSTP TTIN TTOU URG
XCPU XFSZ VTALRM PROF WINCH POLL PWR UNUSED
```

Die Signale und ihre Nummern werden in */usr/include/asm/signal.h* definiert; hier findet man die Signale, die auf das eigene System angewendet werden können.

Beispiele

Wenn Sie den folgenden Befehl eingegeben haben:

```
44% nroff -ms report &
```

können Sie ihn mit einem der folgenden Befehle beenden:

45% **kill 19536**	*Prozeß-ID*
45% **kill %**	*Aktueller Job*
45% **kill %1**	*Job Nr. 1*
45% **kill %nr**	*Anfang der Kommandozeile*
45% **kill %?report**	*Passender Ausschnitt der Kommandozeile*

---

limit [**-h**] [*Ressource* [*Limit*]]

limit

Ausgeben oder Setzen von Ressourcen-Begrenzungen, die für den aktuellen Prozeß und alle von ihm gestarteten Prozesse gelten. Wenn *Limit* nicht angegeben wird, wird das aktuell für *Ressource* geltende Limit ausgegeben. Wenn *Ressource* ebenfalls weggelassen wird, werden alle Limits ausgegeben. Per Voreinstellung werden die aktuellen Limits angezeigt oder gesetzt; wenn **-h** angegeben wird, werden harte Limits verwendet. Harte Limits stellen eine absolute Grenze dar, die nicht überschritten werden kann. Nur der Superuser kann harte Limits heraufsetzen. Siehe auch **unlimit**.

Option

-h Verwenden von harten Limits.

Ressourcen

cputime
: Maximale Anzahl von Sekunden, die ein Prozeß an CPU-Zeit verbrauchen darf. Kann mit **cpu** abgekürzt werden.

filesize
: Maximale Größe von Dateien.

datasize
: Maximale Größe des Datenbereichs eines Prozesses (einschließlich Stack).

→

limit ←	**stacksize** Maximale Größe des Stacks. **coredumpsize** Maximale Größe von Core-Dump-Dateien. ***Limit*** Eine Zahl, gefolgt von einem optionalen Zeichen, das die Einheit angibt. Bei **cputime**: *n***h** (für *n* Stunden) *n***m** (für *n* Minuten) *mm:ss* (Minuten und Sekunden) Bei allen anderen: *n***k** (für *n* KByte, der Default) *n***m** (für *n* MByte)
log	**log** Nur in der **tcsh**. Abfragen der **watch**-Variablen, welche Benutzer überwacht werden sollen, und Ausgabe einer Liste derjenigen Benutzer, die gerade angemeldet sind. Wenn - als Option verwendet wird, wird die Umgebung zurückgesetzt, als hätte sich der Benutzer mit einer neuen Gruppe angemeldet.
login	**login** [*Benutzer* | **-p**] Ersetzen der Anmelde-Shell von *Benutzer* durch */bin/login*. Mit **-p** bleiben die Umgebungsvariablen erhalten.
logout	**logout** Beenden der Anmelde-Shell.
ls-F	**ls-F** [*Optionen*] [*Dateien*] Nur in der **tcsh**. Schnellere Alternative zu **ls -F**. Wenn Optionen angegeben werden, wird statt dessen **ls** aufgerufen.

newgrp [–] [*Gruppe*]

newgrp

Nur in der **tcsh**. Ändern der Gruppen-ID des Benutzers in die angegebene Gruppen-ID oder die originale Gruppen-ID, falls keine angegeben ist. Wenn – als Option angegeben wird, wird die Umgebung zurückgesetzt, als ob der Benutzer sich mit einer neuen Gruppe angemeldet hätte. Muß in die Shell einkompiliert worden sein; siehe auch die **version**-Variable.

nice [*n*] *Befehl*

nice

Ändert die Priorität von *Befehl* oder der aktuellen Shell, wenn *Befehl* nicht angegeben wird (siehe auch **nice** in Kapitel 3, *Linux-Befehle*). Der Wertebereich für n ist –20 bis 20, der Default ist 4. Die Werte scheinen verkehrt herum zu sein. -20 ist dabei die Priorität (schnellste Ausführung); 20 ist die niedrigste. Nur der Superuser darf eine negative Zahl angeben.

+*n* *n* zum aktuellen Prioritätswert addieren (Priorität herabsetzen).

–*n* *n* von der aktuellen Priorität subtrahieren (Priorität heraufsetzen). Kann nur vom Superuser ausgeführt werden.

nohup [*Befehl*]

nohup

Keine Hangup-Signale (»No hangup signals«). *Befehl* wird ausgeführt und soll nicht beendet werden, wenn die Terminalverbindung endet (d.h., wenn Sie sich abmelden oder die Telefonverbindung abbrechen). Wenn *Befehl* nicht angegeben wird, wird das aktuelle Shell-Skript nicht beendet (siehe auch **nohup** in Kapitel 3, *Linux-Befehle*).

notify [*Job-ID*]

notify

Sofortiges Ausgeben einer Meldung, wenn ein Hintergrund-Job beendet wird (normalerweise wird erst bei der Ausgabe eines Shell-Prompts eine entsprechende Meldung ausgegeben). Wenn keine *Job-ID* angegeben wird, wirkt der Befehl auf den aktuellen Hintergrund-Job.

onintr

onintr *Marke*
onintr -
onintr

Bei einer Unterbrechung (»On interrupt«). Wird in Shell-Skripten verwendet, um Interrupt-Signale abzufangen (ähnlich den **trap 2-** bzw. **trap "" 2**-Befehlen der **bash**). Die erste Form entspricht **goto** *Marke*: wenn sie ein Interrupt-Signal (z.B. durch Drücken von **Strg-C**) empfängt. Mit der zweiten Form werden alle Interrupts ignoriert. Dies ist sinnvoll am Anfang eines Shell-Skripts oder eines Abschnitts, der ohne Abbruch laufen muß (z.B. beim Verschieben von Dateien). Mit der dritten Form wird die vor **onintr -** gültige Interrupt-Behandlung wiederhergestellt.

Beispiel

```
onintr cleanup       Bei einem Interrupt nach "cleanup" springen
  .
  .                  Befehle im Shell-Skript
  .
cleanup:             Sprungziel für Interrupts
  onintr -           Keine Interrupts mehr zulassen
  rm -f $tmpfiles    Angelegte Dateien löschen
  exit 2             Skript mit Fehlermeldung beenden
```

popd

popd [*Optionen*]

Entfernt den obersten oder *n*-ten Eintrag aus dem Verzeichnis-Stack und gibt den verbleibenden Stack aus. Der aktuelle Eintrag hat den Index 0 und erscheint links. Siehe auch **dirs** und **pushd**.

Optionen

+*n* Angeben des *n*-ten Eintrags.

-l Expandieren der ~-Schreibweise.

-n Lange Zeilen umbrechen.

-p Ignoriert die **pushdsilent**-Shell-Variable, welche sonst verhindert, daß der resultierende Stack ausgegeben wird.

-v Genau ein Verzeichnis pro Zeile ausgeben.

printenv

printenv [*Variable*]

Ausgeben aller oder der angegebenen Umgebungsvariablen mit ihren Werten.

pushd *Name*
pushd [*Optionen*]
pushd

pushd

In der ersten Form wird in das angegebene Verzeichnis gewechselt, und dieses Verzeichnis wird auf den Stack gelegt. In der zweiten Form wird der *n*-te Eintrag an die Spitze rotiert und zum aktuellen Verzeichnis gemacht (die Numerierung beginnt bei 0). Ohne Argumente vertauscht **pushd** die obersten beiden Einträge des Verzeichnis-Stacks und wechselt zum neuen obenliegenden Verzeichnis. Die Optionen **+***n*, **-l**, **-n** und **-v** haben die gleiche Bedeutung wie bei **popd**. Siehe auch **dirs** und **popd**.

Beispiele

```
% dirs
/home/sven /usr
% pushd /etc                /etc auf den Verzeichnis-Stack legen
/etc /home/sven /usr
% pushd +2                  In das dritte Verzeichnis wechseln
/usr /etc /home/sven
% pushd                     Die oberen beiden Verzeichnisse vertauschen
/etc /usr /home/sven
% popd                      Obersten Eintrag verwerfen und zum nächsten
                            wechseln
/usr /home/sven
```

rehash

rehash

Neuberechnung der Hash-Tabelle für die PATH-Variable. **rehash** muß immer dann verwendet werden, wenn während der aktuellen Sitzung ein neuer Befehl im Pfad erzeugt wird. Erst danach kann mit Hilfe der PATH-Variablen ein Befehl lokalisiert und ausgeführt werden. (Wenn der neue Befehl in einem Verzeichnis steht, das nicht in PATH aufgeführt ist, fügen Sie dieses Verzeichnis zunächst der Path-Variablen hinzu, bevor Sie **rehash** aufrufen.) Siehe auch **unhash**.

repeat *n Befehl*

repeat

Befehl *n*-mal ausführen.

Beispiele

memo dreimal ausdrucken:

```
% repeat 3 pr memo | lp
```

Zehn Zeilen vom Terminal einlesen und in **item_list** ablegen:

```
% repeat 10 line > item_list
```

→

csh und tcsh

repeat ←

50 Muster-Dateien an **report** anhängen:

```
% repeat 50 cat template >> report
```

---

sched

sched [*Optionen*]
sched *Zeit Befehl*

Nur in der **tcsh**. Wenn keine Optionen angegeben werden, werden alle zur Ausführung vorgemerkten Befehle ausgegeben. Mit der zweiten Form kann ein Befehl zur Ausführung vorgemerkt werden.

Zeit sollte im Format *hh:mm* angegeben werden (z.B. 13:00).

Optionen

+hh:mm
: Der Befehl soll in *hh:mm* ausgeführt werden.

–n
: *n*-tes vorgemerktes Element aus der Liste entfernen.

---

set

set *Variable*= *Wert*
set [*Optionen*] *Variable*[*n*]=*Wert*
set

Weist *Variable* den *Wert*, oder, wenn mehrere Werte angegeben werden, die sich aus den Werten ergebende Wortliste zu. Wenn ein Index *n* angegeben wird, wird das *n*-te Wort in *Variable* auf *Wert* gesetzt. (Die Variable muß in diesem Fall zu diesem Zeitpunkt bereits so viele Wörter enthalten.) Wenn keine Argumente angegeben werden, werden Namen und Werte aller gesetzten Variablen ausgegeben. Siehe auch »Vordefinierte Shell-Variablen« weiter vorn in diesem Kapitel.

Option

-r
: Nur in der **tcsh**. Ausgeben der nicht-schreibbaren Variablen oder die angegebene Variable nicht schreibbar machen.

Beispiele

`% set list=(Ja Nein Vielleicht)`	*Wortliste zuweisen*
`% set list[3]=Vielleicht`	*Ein Element an eine Wortliste zuweisen*
`% set quote="Gallia est omnis divisa"`	*Variablenzuweisung*
`% set x=5 y=10 history=100`	*Zuweisung mehrerer Variablen*
`% set leer`	*Zuweisung eines Null-Wertes an* `leer`

setenv [*Name* [*Wert*]]

setenv

Zuweisung von *Wert* an die Umgebungsvariable *Name*. Per Konvention ist *Name* immer in Großbuchstaben geschrieben. Wenn kein *Wert* angegeben wird, wird der Null-Wert zugewiesen. Wenn überhaupt keine Argumente angegeben werden, werden die Namen und Werte aller Umgebungsvariablen ausgegeben. Es ist nicht notwendig, **setenv** für die PATH-Variable zu verwenden, da PATH automatisch bei Veränderungen von **path** gesetzt wird.

settc *Merkmal Wert*

settc

tcsh only. Setzt das *Merkmal* des Terminals auf *Wert*.

setty [*Optionen*] [+ | *-Modus*]

setty

Nur in der **tcsh**. Verhindert, daß die Shell die TTY-Modi verändert. Per Default gilt dies für den Ausführungs-Modus.

Optionen

+Modus
: Ohne Argumente werden alle Modi ausgegeben, die in der angegebenen Menge eingeschaltet sind. Ansonsten wird der angegebene Modus eingeschaltet.

-Modus
: Ohne Argumente werden alle Modi ausgegeben, die in der angegebenen Menge ausgeschaltet sind. Ansonsten wird der angegebene Modus ausgeschaltet.

-a Ausgeben aller Modi der angegebenen Menge.

-d Der Befehl wirkt auf die Menge der Editier-Modi (wird bei Editierbefehlen verwendet).

-q Der Befehl wirkt auf die Menge der Quote-Modi (wird verwendet, wenn Zeichen wortwörtlich eingegeben werden).

-x Der Befehl wirkt auf die Menge der Ausführungs-Modi (Default; wird verwendet, wenn Beispiele ausgeführt werden).

shift	**shift** [*Variable*]

Wenn *Variable* angegeben wird, werden die Wörter in der Wortliste der Variablen um eine Stelle weitergeschoben, d.h. *Name* [2] wird *Name* [1]. Wenn kein Argument angegeben wird, werden die Positionsparameter (Kommandozeilenargumente) um eine Stelle weitergeschoben, d.h. **$2** wird **$1** usw. **shift** wird üblicherweise in einer **while**-Schleife verwendet. Siehe auch das zusätzliche Beispiel bei **while**.

Beispiel

```
while ($#argv)        Solange noch Argumente da sind
    if (-f $argv[1])
       wc -l $argv[1]
    else
       echo "$argv[1] ist keine normale Datei"
    endif
    shift             Nächstes Argument holen
end
```

source	**source** [-h] *Skript* [*Argumente*]

Lesen und Ausführen der Befehle eines C-Shell-Skripts. Wenn **-h** angegeben wird, werden die Befehle der History-Liste hinzugefügt, aber nicht ausgeführt. In der **tcsh** können Argumente an das Skript weitergereicht werden und werden in die **argv**-Variable geschrieben.

Beispiel

```
source ~/.cshrc
```

stop	**stop** [*Job-IDs*]

Hält den aktuellen oder die durch *Job-IDs* angegebenen Hintergrund-Job(s) an. Dieser Befehl ist das Gegenstück zu **Strg-Z** und **suspend**.

suspend	**suspend**

Anhalten des aktuellen Vordergrund-Jobs, wie **Strg-Z**. Wird oft verwendet, um einen **su**-Befehl anzuhalten.

switch

switch

Ausführen von Befehlen, abhängig vom Wert einer Variablen. **switch** ist einer **if-then-else**-Anweisung vorzuziehen, wenn mehr als drei Auswahlmöglichkeiten zu berücksichtigen sind. Wenn die Variable *String* auf *Muster1* paßt, wird die erste Folge von *Befehlen* ausgeführt, wenn *String* auf *Muster2* paßt, die zweite Folge usw. Wenn kein Suchmuster paßt, werden die bei **default** angegebenen Befehle ausgeführt. Für die Angabe von *String* kann Befehls-Ersetzung, Variablen-Ersetzung und Dateinamen-Ergänzung verwendet werden. Suchmuster können mit den Platzhaltersymbolen *, ? und [ ] angegeben werden. Mit **breaksw** wird eine **switch**-Anweisung beendet. Wenn **breaksw** nicht verwendet wird (ein seltener Fall), wird die **switch**-Anweisung fortgesetzt und eine weitere passende Befehlsfolge ausgeführt, bis eine **breaksw**- oder **endsw**-Anweisung erreicht wird. Im folgenden finden Sie die allgemeine Syntax von **switch** zusammen mit einem Beispiel, in dem das erste Kommandozeilenargument verarbeitet wird:

```
switch (String)          switch ($argv[1])
  case Muster1:          case -[nN]:
      Befehle            nroff $file | lp
      breaksw            breaksw
  case Muster2:          case -[Pp]:
      Befehle            pr $file | lp
      breaksw            breaksw
  case Muster3:          case -[Mm]:
      Befehle            more $file
      breaksw            breaksw
      .                  case -[Ss]:
      .                  sort $file
      .                  breaksw
  default:               default:
      Befehle            echo "Fehler--Option nicht vorhanden"
                         exit 1
      breaksw            breaksw
endsw                    endsw
```

telltc

telltc

Nur in der **tcsh**. Ausgeben aller Terminalmerkmale und ihrer Werte.

time [*Befehl*]

time

Ausführen eines *Befehls* und Anzeigen, wie lange die Ausführung gedauert hat. Ohne Argumente kann **time** in einem Shell-Skript verwendet werden, um die Ausführungsdauer des Skripts zu messen.

umask	**umask** [*nnn*] Anzeigen der beim Anlegen von Dateien verwendeten Rechte-Maske oder Setzen dieser Maske auf den Oktalwert *nnn*. Diese Maske bestimmt, welche Zugriffsbits gesetzt werden. Ohne *nnn* wird die aktuelle Maske ausgegeben.
unalias	**unalias** *Muster* Entfernt alle Aliase, deren Name auf *Muster* paßt. Siehe auch **alias** für weitere Informationen.
uncomplete	**uncomplete** *Muster* Nur in der **tcsh**. Entfernt mit **complete** angegebene Vervollständigungen, die auf *Muster* passen.
unhash	**unhash** Entfernt die interne hash-Tabelle. Die Shell verwendet die hash-Tabelle nicht mehr weiter und durchsucht die **path**-Variable nach Befehlen, was länger dauert. Siehe auch **rehash**.
unlimit	**unlimit** [**-h**] [*Ressource*] Hebt die Ressourcen-Beschränkung auf *Ressource* auf. Wenn *Ressource* nicht angegeben wird, werden alle Beschränkungen aufgehoben. Wird **-h** angegeben, werden die harten Limits aufgehoben. Dies kann nur vom Superuser ausgeführt werden. Siehe auch **limit** für weitere Informationen.
unset	**unset** *Variablen* Entfernt eine oder mehrere *Variablen*. Die Variablennamen können als Suchmuster für Dateinamen angegeben werden. Entfernt keine nichtschreibbare Variablen. Siehe auch **set**.
unsetenv	**unsetenv** *Variable* Entfernt eine Umgebungsvariable. Suchmuster dürfen nicht angegeben werden. Siehe auch **setenv**.

wait | wait

Hält die Programmausführung an, bis alle Kinder-Prozesse beendet sind oder der Prozeß ein Interrupt-Signal erhält.

watchlog | watchlog

Nur in der **tcsh**. Wie **log**. Muß in die Shell einkompiliert sein; siehe hierzu die **version**-Shell-Variable.

where *Befehl* | where

Nur in der **tcsh**. Ausgeben aller Abkürzungen und aller eingebauten und sonstigen Befehle, die *Befehl* heißen.

which *Befehl* | which

Nur in der **tcsh**. Gibt an, welche Version eines Befehls ausgeführt wird. Entspricht dem Linux-Befehl **which**, ist aber schneller und berücksichtigt auch eingebaute **tcsh**-Befehle.

while (*Ausdruck*)
 Befehle
end | while

Solange *Ausdruck* wahr ist (wird als nicht-null evaluiert), werden die *Befehle* zwischen **while** und **end** ausgeführt. Mit **break** oder **continue** kann eine Schleife beendet bzw. der Rest eines Schleifendurchlaufs übersprungen werden.

Beispiel

```
set user = (alice bob carol ted)
while ($argv[1] != $user[1])  Durchlaufen aller
   shift user                 Benutzer, überprüfen, ob einer paßt
   if ($#user == 0) then      Falls es keinen Treffer gab...
     echo "$argv[1] steht nicht in der Benutzerliste"
     exit 1
   endif
end
```

csh und tcsh

KAPITEL 9

Mustervergleiche

Eine Reihe von Linux-Werkzeugen zur Textbearbeitung ermöglicht es Ihnen, nicht nur nach festen, vorgegebenen Zeichenketten, sondern auch nach Mustern im Text zu suchen und diese auch manchmal zu ersetzen. Zu diesen Werkzeugen gehören **ed**, **ex**, **vi** und **sed**; die Skriptsprache **awk** und die Befehle **grep** und **egrep**. Die als *reguläre Ausdrücke* bekannten Suchmuster enthalten neben normalen Zeichen auch spezielle Zeichen, die sogenannten *Metazeichen*.

Der Umfang an regulären Ausdrücken in Perl ist so reichhaltig, daß er nicht in die Tabellen dieses Kapitels gepaßt hat. Sie können ihre Beschreibung in den deutschsprachigen O'Reilly-Büchern *Perl in a Nutshell*, *Perl 5 - kurz & gut* oder *Programmieren mit Perl* lesen. Der Editor Emacs verwendet ebenfalls reguläre Ausdrücke, die den in diesem Kapitel gezeigten ähneln.

Die Editoren **ed** und **ex** werden heutzutage kaum noch als eigenständige, interaktive Editoren genutzt. Dagegen findet man **ed** als programmierbares Verarbeitungswerkzeug in Shell-Skripten und führt die Befehle von **ex** oftmals im Editor **vi** an der mit Doppelpunkt (:) beginnenden Befehlszeile aus. In diesem Kapitel stellen wir am Beispiel von **vi** die regulären Ausdrücke vor, die sowohl von **vi** als auch von **ex**, auf dem er basiert, unterstützt werden.

sed und **awk** kommen vielfältig in Shell-Skripten und an anderen Stellen als Filter bei der Textbearbeitung zum Einsatz.

Dieses Kapitel geht auf folgende Themen ein:

- Dateinamen und Muster
- Verzeichnis der in den einzelnen Programmen zur Verfügung stehenden Metazeichen
- Beschreibung der Metazeichen
- Beispiele

Eine ausführliche Anleitung zu Mustervergleichen finden Sie im deutschsprachigen Buch aus der Nutshell-Reihe *Reguläre Ausdrücke* von Jeffrey E. F. Friedl.

Dateinamen und Muster

In Mustervergleichen verwendete Metazeichen unterscheiden sich von denen, die zum Suchen von Dateinamen verwendet werden. Wenn Sie einen Befehl auf der Kommandozeile eingeben, werden die speziellen Zeichen erst von der Shell und danach von dem aufgerufenen Programm gelesen. Nicht quotierte Zeichen verwendet die Shell zur Expansion von Dateinamen. So könnte beispielsweise der Befehl

```
$ grep [A-Z]* chap[12]
```

von der Shell als

```
$ grep Array.c Bug.c Comp.c chap1 chap2
```

interpretiert werden. Als Resultat würde **grep** versuchen, das Muster »Array.c« in den Dateien *Bug.c*, *Comp.c*, *chap1* und *chap2* zu finden. Damit nicht die Shell, sondern **grep** die Metazeichen auswertet, müssen sie in Anführungszeichen gesetzt sein:

```
$ grep "[A-Z]*" chap[12]
```

Doppelte Anführungszeichen reichen in den meisten Fällen, mit einfachen sind Sie aber immer auf der sicheren Seite.

Beachten Sie auch, daß * und ? geringfügig andere Bedeutungen bei Mustervergleichen und bei der Expansion von Dateinamen haben.

Metazeichen in Linux-Programmen

Einige Metazeichen sind nur in manchen Programmen bekannt. Die Metazeichen, die im jeweiligen Programm bekannt sind, sind in der folgenden Tabelle mit einem kleinen Punkt (•) markiert. Einige Bemerkungen stehen unter der Tabelle, und eine vollständige Beschreibung der einzelnen Metazeichen folgt in den nächsten Abschnitten.

Symbol	ed	vi	sed	awk	grep	egrep	Aktion
.	•	•	•	•	•	•	Paßt auf jedes Zeichen (und auf Zeilenvorschub in **gawk**).
*	•	•	•	•	•	•	Paßt auf null oder beliebig viele des voranstehenden Zeichens.
^	•	•	•	•	•	•	Paßt auf einen Zeilen- oder Stringanfang.
$	•	•	•	•	•	•	Paßt auf ein Zeilen- oder Stringende.
\	•	•	•	•	•	•	Hebt die Sonderbedeutung des folgenden Zeichens auf.
[ ]	•	•	•	•	•	•	Paßt auf ein Zeichen aus einem Bereich oder einer Menge.
\(\)	•	•	•				Speichert den Text, auf den ein Muster paßt, zur späteren Wiederverwendung.

Symbol	ed	vi	sed	awk	grep	egrep	Aktion
\n	•	•	•				Verwendet den im *n*-ten \(\) gespeicherten Text.
{N}				•			Paßt auf *N*-maliges Auftreten.
\{N\}	•	•	•		•		Paßt auf *N*-maliges Auftreten.
\< \>		•					Paßt auf einen Wortanfang oder ein Wortende.
+				•	•	•	Paßt auf eines oder beliebig viele des voranstehenden Zeichens.
?				•	•	•	Paßt auf null oder eines des voranstehenden Zeichens.
|				•		•	Trennt Auswahlmöglichkeiten.
( )				•		•	Gruppiert Auswahlmöglichkeiten.

Auf manchen Linux-Systemen ist **grep** als Verknüpfung zu **egrep** angelegt, so daß Sie bei Verwendung von **grep** in Wirklichkeit die Wirkungsweise von **egrep** erhalten.

Beim Suchen und Ersetzen von Textstellen in **ed**, **vi** und **sed** gelten die in der Tabelle gezeigten Metazeichen nur für den Suchtext, aber nicht für den einzufügenden Ersetzungstext.

In **awk** wird { } nach dem POSIX-Standard verwendet und auch von **gawk** unterstützt, wenn Sie den Befehl mit der Option **–Wre-interval** benutzen.

In **ed**, **vi** und **sed** stehen die folgenden zusätzlichen Metazeichen nur in Ersetzungsmustern zur Verfügung:

Symbol	vi	sed	ed	Aktion
\	•	•	•	Hebt die Sonderbedeutung des folgenden Zeichens auf.
\n	•	•	•	Setzt den mit dem *n*-ten Suchmuster der Form \(\) gefundenen und abgespeicherten Text ein.
&	•	•		Verwendet das vorhergehende Suchmuster noch einmal.
~	•			Verwendet das vorhergehende Ersetzungsmuster noch einmal.
\e	•			Hebt ein vorhergehendes **\L** oder **\U** wieder auf.
\E	•			Hebt ein vorhergehendes **\L** oder **\U** wieder auf.
\l	•			Ändert den einzelnen folgenden Buchstaben von Groß- in Kleinschreibung.
\L	•			Ändert alle folgenden Buchstaben bis zum nächsten **\E** von Groß- in Kleinschreibung.

Symbol	vi	sed	ed	Aktion
\u	•			Ändert den einzelnen folgenden Buchstaben von Klein- in Großschreibung.
\U	•			Ändert alle folgenden Buchstaben bis zum nächsten **\E** von Klein- in Großschreibung.

Metazeichen

Die folgenden Zeichen haben in Suchmustern eine besondere Bedeutung:

Zeichen	Bedeutung
.	Paßt auf *genau ein* beliebiges Zeichen außer Zeilenvorschub.
*	Paßt auf beliebig viele Vorkommen (auch gar keines) des unmittelbar davorstehenden Zeichens. Das davorstehende Zeichen kann wiederum ein regulärer Ausdruck sein; so bezeichnet beispielsweise . (Punkt) ein beliebiges Zeichen und .* *beliebig viele beliebige Zeichen* – ausgenommen Zeilenvorschübe).
^	Der folgende reguläre Ausdruck muß am Zeilenanfang passen.
$	Der vorhergehende reguläre Ausdruck muß am Zeilenende passen.
[ ]	Paßt auf jedes *einzelne* der in den eckigen Klammern stehenden Zeichen. Ein Bindestrich (-) bezeichnet den Bereich aller aufeinanderfolgenden Zeichen. Wenn ein Zirkumflex (^) als erstes Zeichen steht, wird die Bedeutung umgedreht, und der reguläre Ausdruck paßt auf jedes Zeichen, das *nicht* in den eckigen Klammern zu finden ist. Ein Bindestrich oder eine schließende eckige Klammer ( ]) als erstes Zeichen werden als normales Listenelement aufgefaßt. Das gleiche gilt für alle anderen Metazeichen an jeder beliebigen anderen Position.
[^]	Paßt nicht auf das oder die enthaltene(n) Zeichen.
\{*n*,*m*\}	Paßt auf eine bestimmte Anzahl des unmittelbar vorhergehenden Zeichens, wobei es sich wiederum um reguläre Ausdrücke handeln darf. Die erlaubte Anzahl ergibt sich aus den Zahlen innerhalb der geschweiften Klammern: \{*n*\} paßt genau auf *n* Vorkommen, \{*n*,\} paßt auf mindestens *n* Vorkommen, und \{*n*,*m*\} paßt auf jede Anzahl von Vorkommen zwischen *n* und *m*.
{*n*,*m*}	Gleiche Bedeutung wie \{*n*,*m*\}. Standardmäßig in **grep** vorhanden und in **gawk** durch die Option **-Wre-interval** option.
\	Abschalten der Sonderbedeutung des folgenden Zeichens.
\(\)	Abspeichern des vom Muster zwischen \(und \) abgedeckten Textes in einer gesonderten Zwischenablage. Pro Zeile können bis zu neun Textteile gespeichert werden. Sie können im gleichen Muster oder in Ersetzungmustern mit den Escape-Sequenzen \1 bis \9 »wieder eingesetzt« werden.

Zeichen	Bedeutung
n	Setzt den im *n*-ten \\(\\) passenden Text wieder ein.
( )	Speichert in **egrep** und **gawk** den vom Muster zwischen \\(und \\) abgedeckten Text in einer gesonderten Zwischenablage zur späteren Wiederverwendung bei Ersetzungen mit den Escape-Sequenzen \\1 bis \\9.
\\< \\>	Paßt auf Wortanfänge (\\<) oder Wortenden (\\>).
+	Paßt auf einen oder mehrere Vorkommen des voranstehenden regulären Ausdrucks.
?	Paßt auf kein oder ein Vorkommen des voranstehenden regulären Ausdrucks.
|	Paßt auf den vor oder nach dem Strich angegebenen regulären Ausdruck.
( )	Gruppiert reguläre Ausdrücke.

Viele Dienstprogramme unterstützen POSIX-Zeichenfolgen, die bei Mustervergleichen mit Nicht-ASCII-Zeichen in anderen Sprachen als Englisch sehr hilfreich sind. Diese Zeichenfolgen werden nur als Bereichsangabe innerhalb [ ] akzeptiert. Eine typische Angabe wäre beispielsweise **[[:lower:]]**, das im Englischen gleichbedeutend mit **[a-z]** ist.

Die folgende Tabelle stellt die POSIX-Zeichenfolgen zusammen:

Notation	Aktion
[:alnum:]	alphanumerische Zeichen
[:alpha:]	Buchstaben, groß und klein
[:blank:]	druckbarer Whitespace: Leerzeichen und Tabulatoren, aber keine Steuerzeichen
[:cntrl:]	Steuerzeichen wie ^A bis ^Z
[:digit:]	dezimale Ziffern
[:graph:]	druckbare Zeichen, ausgenommen Whitespace
[:lower:]	Kleinbuchstaben
[:print:]	druckbare Zeichen, einschließlich Whitespace, aber ohne Steuerzeichen
[:punct:]	Interpunktionszeichen, eine Untermenge der druckbaren Zeichen
[:space:]	Whitespace, einschließlich Leerzeichen, Tabulatoren und einigen Steuerzeichen
[:upper:]	Großbuchstaben
[:xdigit:]	hexadezimale Ziffern

Die folgenden Zeichen haben nur in Ersetzungsmustern eine Sonderbedeutung:

Zeichen	Bedeutung
\	Schaltet die Sonderbedeutung für das folgende Zeichen ab.
\n	Setzt den *n*-ten zuvor mit \(und \) abgespeicherten Text ein. *n* ist eine Zahl zwischen 1 und 9, wobei 1 den weitesten links stehenden Ausdruck bezeichnet.
&	Verwendet das Suchmuster als Teil des Ersetzungsmusters.
~	Verwendet das vorhergehende Ersetzungsmuster als Teil des jetzigen Ersetzungsmusters.
\e	Hebt ein vorhergehendes \L oder \U auf.
\E	Hebt ein vorhergehendes \L oder \U auf.
\l	Ändert das erste Zeichen des Ersetzungsmusters in einen Kleinbuchstaben.
\L	Ändert sämtliche Großbuchstaben im Ersetzungsmuster in Kleinbuchstaben.
\u	Ändert das erste Zeichen des Ersetzungsmusters in einen Großbuchstaben.
\U	Ändert sämtliche Kleinbuchstaben im Ersetzungsmuster in Großbuchstaben.

Beispiele zum Suchen

Wenn reguläre Ausdrücke mit **grep** oder **egrep** verwendet werden, müssen sie in Anführungszeichen stehen, um ihre Auswertung durch die Shell zu verhindern. (Wenn das Suchmuster ein $-Zeichen enthält, müssen Sie einfache Anführungszeichen verwenden, wie beispielsweise in '**$200**', oder die Sonderbeutung des $-Zeichens aufheben, wie etwa in "**\$200**".) Bei Verwendung mit **ed**, **vi**, **sed** und **awk** stehen die regulären Ausdrücke üblicherweise eingefaßt in /-Zeichen, aber jedes andere Trennzeichen funktioniert auch. Einige Beispiele für Suchmuster:

Suchmuster	Paßt auf
Tiger	die Zeichenfolge *Tiger*
^Tiger	»Tiger« am Anfang einer Zeile oder Zeichenfolge
Tiger$	»Tiger« am Ende einer Zeile oder Zeichenfolge
^Tiger$	»Tiger« ist der einzige Text auf der Zeile.
[Tt]iger	»Tiger« oder »tiger«
T[aeiou]ger	Der zweite Buchstabe ist ein Vokal.
T[^aeiou]ger	Der zweite Buchstabe ist kein Vokal (als Kleinbuchstabe).
T.ger	Das zweite Zeichen ist ein beliebiges Zeichen außer Zeilenvorschub.
^...$	jede Zeile, die genau drei beliebige Zeichen enthält
^\\.	jede Zeile, die mit einem Punkt beginnt

Suchmuster	Paßt auf
^\.[a-z][a-z]	desgleichen, gefolgt von zwei Kleinbuchstaben (z.B. troff-Requests)
^\.[a-z]\{2\}	desgleichen, aber nur in **grep** oder **sed** möglich
^[^.]	jede Zeile, die nicht mit einem Punkt beginnt
Tiger*	»Tige«, »Tiger«, »Tigerr«
"Wort"	ein Wort in doppelten Anführungsstrichen
"*Wort"*	ein Wort mit oder ohne doppelte Anführungsstriche
[A-Z][A-Z]*	ein oder mehrere Großbuchstaben
[A-Z]+	desgleichen, aber nur in **egrep** oder **awk** möglich
[A-Z].*	ein Großbuchstabe, gefolgt von beliebig vielen (auch null) Zeichen
[A-Z]*	beliebig viele (auch null) Großbuchstaben
[a-zA-Z]	ein beliebiger Buchstabe
[0-9A-Za-z]+	jede alphanumerische Zeichenfolge

<table>
<tr><th>egrep- oder awk-Suchmuster</th><th>Paßt auf</th></tr>
<tr><td>[567]</td><td>eine der Ziffern 5, 6 oder 7</td></tr>
<tr><td>fünf|sechs|sieben</td><td>eines der Wörter fünf, sechs oder sieben</td></tr>
<tr><td>80[23]?86</td><td>8086, 80286 oder 80386</td></tr>
<tr><td>Bab(y|ies)</td><td>Baby oder Babies</td></tr>
</table>

vi-Suchmuster	Paßt auf
\<Ball	Wörter wie *Ballhaus* oder *Ball*
und\>	Wörter wie *Hintergrund* oder *und*
\<Tiger\>	das Wort *Tiger*

sed- oder grep-Suchmuster	Paßt auf
0\{5,\}	fünf oder mehr Nullen hintereinander
[0-9]\{3\}-[0-9]\{3\}-[0-9]\{2\}	Bankleitzahl (*nnn-nnn-nn*)

Beispiele zum Suchen und Ersetzen

Die folgenden Beispiele demonstrieren die in **sed** und **vi** verfügbaren Metazeichen zum Suchen und Ersetzen. Die **vi**-Befehle sind mit einem vorangestellten Doppelpunkt aufgeführt, weil sie genau so in **vi** aufgerufen werden müssen. Ein Leerzeichen wird durch □, ein Tabulatorzeichen durch *tab* dargestellt.

Befehl	Ergebnis
s/.*/(&)/	Ganze Zeile wiedergeben, aber in runde Klammern einschließen.
s/.*/mv & &.alt/	Ändern einer Wortliste (ein Wort pro Zeile) in **mv**-Befehle.
/^$/d	Leerzeilen löschen.
:g/^$/d	desgleichen in **vi**
/^[□ *tab*]*$/d	Leerzeilen und solche, die nur Leerzeichen oder Tabulatorzeichen enthalten, löschen.
:g/^[□ *tab*]*$/d	desgleichen in **vi**
s/□ □*/□/g	Mehrere Leerzeichen auf ein einziges reduzieren.
:%s/□ □*/□/g	desgleichen in **vi**
:s/[0-9]/Position &:/	Ziffer in Positionsbeschriftung (auf der aktuellen Zeile) umwandeln.
:s	Die Ersetzung für das nächste Vorkommen des Suchmusters wiederholen.
:&	desgleichen
:sg	desgleichen, aber für alle Vorkommen auf einer Zeile
:&g	desgleichen
:%&g	Ersetzung global wiederholen.
:.,$s/Fortran/\U&/g	Alle Vorkommen des Wortes von der aktuellen bis zur letzten Zeile in Großbuchstaben umwandeln.
:%s/.*/\L&/	Alle Großbuchstaben in der Datei in Kleinbuchstaben umwandeln.
:s/\<./\u&/g	Den ersten Buchstaben jedes Wortes auf der aktuellen Zeile in Großbuchstaben umwandeln (handlich für Überschriften).
:%s/ja/Nein/g	In der ganzen Datei ein Wort (**ja**) durch ein anderes (**Nein**) ersetzen.
:%s/Ja/~/g	In der ganzen Datei noch ein anderes Wort durch **Nein** ersetzen (vorherige Ersetzung).

Zum Schluß noch ein paar **sed**-Beispiele, wie man Wörter vertauschen kann. Eine einfache Lösung könnte so aussehen:

```
s/essen oder trinken/trinken oder essen/
```

Wörter vertauschen

Viel cleverer ist es aber, eine Zwischenablage zu verwenden, wie z.B.:

```
s/\([Ee]ssen\) oder \([Tt]rinken\)/\2 or \1/
```

Vertauschen mittels Zwischenablage

Muster-
vergleiche

KAPITEL 10

Der Editor Emacs

Dieses Kapitel behandelt die folgenden Themen:

- Einführung
- Typische Probleme
- Emacs-Befehlsübersicht nach Gruppen sortiert
- Emacs-Befehlsübersicht nach Tastenkombinationen sortiert
- Emacs-Befehlsübersicht nach Befehlsnamen sortiert

Einführung

Obwohl Emacs nicht zum ursprünglichen Bestandteil von Linux zählt, ist er auf vielen Unix-Systemen anzutreffen, weil er als Texteditor eine beliebte Alternative zu **vi** darstellt. Emacs gibt es in vielen verschiedenen Versionen. Dieses Buch beschreibt GNU-Emacs von der Free Software Foundation in Cambridge, Massachusetts. Mehr Informationen finden Sie in der zweiten Auflage des O'Reilly-Buches *Learning GNU Emacs* von Debra Cameron, Bill Rosenblatt und Eric Raymond.

Der Aufruf für Emacs lautet:

emacs [*Datei(en)*]

Typische Probleme

Ein sehr oft anzutreffendes Problem besteht darin, daß die Entf- oder Backspace-Taste nicht wie erwartet das Zeichen vor dem Cursor löscht, sondern die Eingabeaufforderung für die Hilfe-Funktion ausgibt. Die Ursache hierfür liegt in den falschen Terminal-Einstellungen. Eine gut geeignete Lösung ist das Anlegen oder Bearbeiten einer bereits vorhandenen Datei namens *.emacs* in Ihrem Home-Verzeichnis mit den folgenden Zeilen:

```
(keyboard-translate ?\C-h ?\C-?)
(keyboard-translate ?\C-\\ ?\C-h)
```

Emacs

Jetzt sollte das Löschen mit der Entf- oder Backspace-Taste wieder funktionieren. Die Hilfe können Sie nun mit der willkürlich gewählten Tastenkombination C-\ aufrufen.

Als ein weiteres mögliches Problem kann die Tastenkombination C-s auf manchen Terminals die Datenübertragung zum angeschlossenen System anhalten. Das ist die Folge eines veralteten Protokolls zur Synchronisation zwischen Terminal und System. Sie können zwar die Verbindung mit C-q wieder aktivieren, aber trotzdem noch keine Befehle eingeben, deren Tastenkombination C-s enthält. Als Alternative zur Verwendung modernerer Kommunikationsprotokolle können sie zur Lösung des Problems neue Tastenkombinationen ohne C-s anlegen oder die betroffenen Befehle als M-x *Befehl* eingeben.

Bemerkungen zu den Tabellen

Emacs-Befehle benutzen die Strg- und die Meta-Taste. Auf vielen modernen Tastaturen gibt es die Alt-Taste, die als Meta-Taste dient. In diesem Abschnitt steht die Notation C- für das gleichzeitige Drücken der Strg-Taste mit der danach genannten Taste. Sinngemäß gilt das gleiche bei M- für die Meta- bzw. die Alt-Taste. Anstelle von Meta können Sie aber auch die Escape-Taste drücken, sie wieder loslassen und anschließend auf die nachfolgend genannte Taste drücken. Dies bietet sich dann an, wenn es manchmal in einigen Emacs-Fenstern zu Schwierigkeiten beim Erkennen der Alt-Taste kommt.

In den folgenden Tabellen gibt die erste Spalte die Tastenkombination und die letzte Spalte die ausgeführte Aktion an. Falls vorhanden, zeigt die mittlere Spalte den Befehlsnamen. Sie können den Befehl auch durch die Eingabe von M-x, gefolgt vom Befehlsnamen, ausführen. Sie müssen diese Methode verwenden, wenn dem Befehl keine andere Tastenkombination zugeordnet und in der ersten Spalte »(keine)« eingetragen ist. Wenn Sie unsicher in bezug auf den Namen sind, können Sie die Return- oder Leertaste drücken, damit Emacs Ihnen alle Befehle anzeigt, die mit den bereits eingegebenen Zeichen anfangen.

Da Emacs als ein sehr mächtiger und funktionsreicher Editor über Hunderte von Befehlen verfügt, können wir sie hier nicht alle aufführen, wenn dieses Buch die Eigenschaft einer Kurzreferenz behalten soll. Sie können aber durch die Liste der Befehle blättern, indem Sie die Hilfe mit C-h starten und mit b die Aufstellung der Tastenkombinationen[1] abrufen oder sich mit M-x, gefolgt von Tabulator- oder Leertaste, die Befehle anzeigen lassen.

Modi

Eines der Merkmale, denen Emacs seine Beliebtheit verdankt, sind die Editier-Modi. Durch sie stellt sich Emacs genau auf die zu erledigende Editier-Aufgabe ein, indem er die passenden Tastenkombinationen bereitstellt und den Text gemäß den einschlägigen Vereinbarungen für die jeweilige Dokumentenart automatisch einrückt. Es gibt Modi für diverse Programmiersprachen wie C oder Perl, für die Textverarbeitung von beispielsweise SGML oder gar einfachem Text und für viele andere Anforderungen. Ein besonders praktischer Modus ist Dired (Directory Editor), mit dem Sie Verzeichnisse verwalten können. Eine ausführliche Beschreibung der Modi finden Sie im bereits zu Beginn dieses Kapitels erwähnten Buch *Learning GNU Emacs* und im Emacs Info-System (C-h i).

---

1 Im O'Reilly-Buch *Learning GNU Emacs* können Sie herausfinden, wie Sie Ihre eigenen Tastenkombinationen anlegen können.

Absolut notwendige Befehle

Wenn Sie gerade mit der Einarbeitung in Emacs angefangen haben, finden Sie in dieser kurzen Liste die wichtigsten Befehle:

Bindung	Aktion
C-h	Online-Hilfe-System aufrufen.
C-x C-s	Datei (genauer: Buffer) speichern.
C-x C-c	Emacs beenden.
C-x u	Letzten Editierbefehl rückgängig machen (kann auch mehrfach verwendet werden).
C-g	Aktuelle Aktion abbrechen.
C-p	Eine Zeile nach oben bewegen.
C-n	Eine Zeile nach unten bewegen.
C-f	Ein Zeichen nach rechts bewegen.
C-b	Ein Zeichen nach links bewegen.
C-v	Eine Bildschirmseite vorwärts blättern.
M-v	Eine Bildschirmseite rückwärts blättern.
C-s	Inkrementelle Suche vorwärts.
C-r	Inkrementelle Suche rückwärts.
C-d	Zeichen unter dem Cursor löschen.
Del	Zeichen links vom Cursor löschen.
Backspace	Zeichen links vom Cursor löschen.

Befehlsübersicht nach Gruppen

Zur Erinnerung: Die Tabellen enthalten die Tastenkombination, den Befehlsnamen und eine Beschreibung der ausgeführten Aktion. Dabei steht C- für die Strg-Taste und M- für die Meta-Taste.

Befehle zur Dateibearbeitung

Bindung	Befehl	Aktion
C-x C-f	find-file	Datei einlesen.
C-x C-v	find-alternate-file	Eine andere Datei einlesen und dabei den aktuellen Inhalt des Buffers ersetzen.
C-x i	insert-file	Datei an der Cursor-Position einfügen.

Bindung	Befehl	Aktion
C-x C-s	save-buffer	Datei speichern. (Falls dabei der Terminal blockiert, stellt C-q die Verbindung wieder her.)
C-x C-w	write-file	Bufferinhalt in eine Datei speichern.
C-x C-c	save-buffers-kill-emacs	Emacs beenden.
C-z	suspend-emacs	Emacs unterbrechen (kann mit **exit** oder **fg** wieder gestartet werden).

Befehle zur Cursor-Positionierung

Einige Wörter in der Spalte **Aktion** sind hervorgehoben, um Ihnen das Merken der Befehlsnamen zu erleichtern.

Bindung	Befehl	Aktion
C-f	forward-char	Ein Zeichen vorwärts *(forward)* bewegen (nach rechts).
C-b	backward-char	Ein Zeichen rückwärts *(backward)* bewegen (nach links).
C-p	previous-line	Eine Zeile rückwärts *(previous)* bewegen (nach oben).
C-n	next-line	Eine Zeile vorwärts *(next)* bewegen (nach unten).
M-f	forward-word	Ein Wort vorwärts *(forward)* bewegen.
M-b	backward-word	Ein Wort rückwärts *(backward)* bewegen.
C-a	beginning-of-line	Zum Zeilenanfang bewegen.
C-e	end-of-line	Zum Zeilen*end*e bewegen.
M-a	backward-sentence	Einen Satz rückwärts bewegen.
M-e	forward-sentence	Einen Satz vorwärts bewegen.
M-{	backward-paragraph	Einen Absatz rückwärts bewegen.
M-}	forward-paragraph	Einen Absatz vorwärts bewegen.
C-v	scroll-up	Eine Bildschirmseite vorwärts (!) bewegen.
M-v	scroll-down	Eine Bildschirmseite rückwärts (!) bewegen.
C-x [	backward-page	Eine Seite rückwärts bewegen.
C-x]	forward-page	Eine Seite vorwärts bewegen.
M->	end-of-buffer	Zum Bufferende bewegen.
M-<	beginning-of-buffer	Zum Bufferanfang bewegen.
(keine)	goto-line	Zur Zeile *n* bewegen.

Bindung	Befehl	Aktion
(keine)	goto-char	Zum Zeichen *n* bewegen.
C-l	recenter	Bildschirminhalt mit der aktuellen Zeile in der Mitte plaziert neu darstellen.
M-*n*	digit-argument	Nächsten Befehl *n*-mal ausführen.
C-u *n*	universal-argument	Nächsten Befehl *n*-mal ausführen.

Befehle zum Löschen

Bindung	Befehl	Aktion
Del	backward-delete-char	Zeichen links vom Cursor löschen.
C-d	delete-char	Zeichen unter dem Cursor löschen.
M-Del	backward-kill-word	Vorhergehendes Wort löschen.
M-d	kill-word	Wort unter dem Cursor löschen.
C-k	kill-line	Alles von der Cursor-Position bis zum Zeilenende löschen.
M-k	kill-sentence	Satz, in dem sich der Cursor befindet, löschen.
C-x Del	backward-kill-sentence	Vorhergehenden Satz löschen.
C-y	yank	Gelöschten Text zurückholen.
C-w	kill-region	Markierten Bereich löschen (siehe nächsten Abschnitt »Absätze und Bereiche«).
(keine)	backward-kill-paragraph	Vorhergehenden Absatz löschen.
(keine)	kill-paragraph	Alles von der Cursor-Position bis zum Absatzende löschen.

Absätze und Bereiche

Bindung	Befehl	Aktion
C-@	set-mark-command	Anfang oder Ende eines Bereichs markieren.
C-Space	(wie davor)	(wie davor)
C-x C-p	mark-page	Seite markieren.
C-x C-x	exchange-point-and-mark	Positionen des Cursors und der Markierung vertauschen.
C-x h	mark-whole-buffer	Buffer markieren.

Bindung	Befehl	Aktion
M-q	fill-paragraph	Absatz neu formatieren.
(keine)	fill-region	Einzelne Absätze innerhalb des Bereichs neu formatieren.
M-h	mark-paragraph	Absatz markieren.
M-{	backward-paragraph	Cursor einen Absatz rückwärts bewegen.
M-}	forward-paragraph	Cursor einen Absatz vorwärts bewegen.
(keine)	backward-kill-paragraph	Vorhergehenden Absatz löschen.
(keine)	kill-paragraph	Alles von der Cursor-Position bis zum Absatzende löschen.

Abbrechen und Rückgängigmachen von Befehlen

Bindung	Befehl	Aktion
C-g	keyboard-quit	Aktuellen Befehl abbrechen.
C-x u	advertised-undo	Letzten Editiervorgang rückgängig machen (kann auch wiederholt verwendet werden).
(keine)	revert-buffer	Buffer wieder in den Zustand versetzen, in dem er sich befand, als die Datei zuletzt (auch automatisch) gesichert wurde.

Vertauschungsbefehle

Bindung	Befehl	Aktion
C-t	transpose-chars	Zwei Zeichen vertauschen.
M-t	transpose-words	Zwei Wörter vertauschen.
C-x C-t	transpose-lines	Zwei Zeilen vertauschen.
(keine)	transpose-sentences	Zwei Sätze vertauschen.
(keine)	transpose-paragraphs	Zwei Absätze vertauschen.

Groß-/Kleinschreibungsbefehle

Bindung	Befehl	Aktion
M-c	capitalize-word	Ersten Buchstaben eines Wortes groß schreiben.
M-u	upcase-word	Ganzes Wort groß schreiben.
M-l	downcase-word	Ganzes Wort klein schreiben.
M- – M-c	negative-argument; capitalize-word	Ersten Buchstaben des vorhergehenden Worts groß schreiben.
M- – M-u	negative-argument; upcase-word	Ganzes vorhergehendes Wort groß schreiben.
M- – M-l	negative-argument; downcase-word	Ganzes vorhergehendes Wort klein schreiben.
(keine)	capitalize-region	Alle Anfangsbuchstaben aller Wörter im Bereich groß schreiben.
C-x C-u	upcase-region	Ganzen Bereich groß schreiben.
C-x C-l	downcase-region	Ganzen Bereich klein schreiben.

Befehle zum inkrementellen Suchen

Bindung	Befehl	Aktion
C-s	isearch-forward	Vorwärts gerichtete inkrementelle Suche beginnen oder wiederholen.
C-r	isearch-backward	Rückwärts gerichtete inkrementelle Suche beginnen oder wiederholen.
Return	(kein)	Erfolgreiche Suche beenden.
C-g	keyboard-quit	Inkrementelle Suche beenden; zum Ausgangspunkt zurückkehren.
Del	(kein)	Falsches Zeichen in Suchwort löschen.
M-C-r	isearch-backward-regexp	rückwärts gerichtete inkrementelle Suche nach regulären Ausdrücken
M-C-s	isearch-forward-regexp	vorwärts gerichtete inkrementelle Suche nach regulären Ausdrücken

Wort-Abkürzungsbefehle

Bindung	Befehl	Aktion
(keine)	abbrev-mode	Wort-Abkürzungsmodus starten oder beenden.
C-x a –	inverse-add-global-abbrev	Vorhergehendes Wort als globale (vom Modus unabhängige) Abkürzung definieren.
C-x a i l	inverse-add-mode-abbrev	Vorhergehendes Wort als vom Modus abhängige Abkürzung definieren.
(keine)	unexpand-abbrev	Letzte Wort-Abkürzung rückgängig machen.
(keine)	write-abbrev-file	Wort-Abkürzungsdatei speichern.
(keine)	edit-abbrevs	Wort-Abkürzungen editieren.
(keine)	list-abbrevs	Wort-Abkürzungen anzeigen.
(keine)	kill-all-abbrevs	Alle Wort-Abkürzungen für die Dauer dieser Sitzung löschen.

Buffer-Manipulationsbefehle

Bindung	Befehl	Aktion
C-x b	switch-to-buffer	Zum angegebenen Buffer wechseln.
C-x C-b	list-buffers	Bufferliste anzeigen.
C-x k	kill-buffer	Buffer löschen.
(keine)	kill-some-buffers	Bei jedem Buffer fragen, ob er gelöscht werden soll.
(keine)	rename-buffer	Buffer in angegebenen Namen umbenennen.
C-x s	save-some-buffers	Bei jedem Buffer fragen, ob er gespeichert werden soll.

Fensterbefehle

Bindung	Befehl	Aktion
C-x 2	split-window-vertically	Aktuelles Fenster vertikal in zwei aufteilen, so daß beide Fenster übereinanderliegen.
C-x 3	split-window-horizontally	Aktuelles Fenster horizontal in zwei aufteilen, so daß beide Fenster nebeneinanderliegen.
C-x >	scroll-right	Fenster nach rechts verschieben.
C-x <	scroll-left	Fenster nach links verschieben.
C-x o	other-window	Zum anderen Fenster wechseln.

Bindung	Befehl	Aktion
C-x 0	delete-window	Aktuelles Fenster löschen.
C-x 1	delete-other-windows	Alle Fenster außer dem aktuellen löschen.
(keine)	delete-windows-on	Alle zu einem bestimmten Buffer gehörenden Fenster löschen.
C-x ^	enlarge-window	Fenster vergrößern.
(keine)	shrink-window	Fenster verkleinern.
C-x }	enlarge-window-horizontally	Fenster verbreitern.
C-x {	shrink-window-horizontally	Fenster schmaler machen.
M-C-v	scroll-other-window	Anderes Fenster verschieben.
C-x 4 f	find-file-other-window	Datei laden und in anderem Fenster anzeigen.
C-x 4 b	switch-to-buffer-other-window	Buffer im anderen Fenster auswählen.
C-x 5 f	find-file-other-frame	Datei laden und in einem neuen Rahmen anzeigen.
C-x 5 b	switch-to-buffer-other-frame	Buffer im anderen Rahmen auswählen.
(keine)	compare-windows	Zwei Buffer vergleichen; ersten Unterschied anzeigen.

Besondere Zeichen im Shell-Modus

Bindung	Befehl	Aktion
C-c C-c	interrupt-shell-subjob	Aktuellen Job abbrechen.
C-c C-d	shell-send-eof	Dateiende-Zeichen
C-c C-u	kill-shell-input	Aktuelle Zeile löschen.
C-c C-w	backward-kill-word	Vorhergehendes Wort löschen.
C-c C-z	stop-shell-subjob	Aktuellen Job anhalten.

Einrückbefehle

Bindung	Befehl	Aktion
C-x .	set-fill-prefix	Jeder Zeile des Absatzes vom Zeilenanfang bis zur aktuellen Cursor-Spalte Zeichen voranstellen. Wird durch Ausführung dieses Befehls mit dem Cursor in Spalte 1 gelöscht.

Emacs

Bindung	Befehl	Aktion
(keine)	indented-text-mode	Major-Modus: Jeder Tabulator definiert eine neue Einrückung für die folgenden Zeilen.
(keine)	text-mode	Indented-text-mode verlassen und zum normalen Text-Modus zurückkehren.
M-C-\	indent-region	Bereich so einrücken, daß er zur ersten Zeile des Bereichs paßt.
M-m	back-to-indentation	Cursor auf das erste Zeichen der Zeile setzen.
M-^	delete-indentation	Aktuelle Zeile an die Einrückung der vorhergehenden Zeile anpassen.
M-C-o	split-line	Zeile an der Cursor-Position umbrechen; bis zur Cursor-Spalte einrücken.
(keine)	fill-individual- paragraphs	Eingerückte Absätze neu formatieren; Einrückungen beibehalten.

Zentrierungsbefehle

Bindung	Befehl	Aktion
(keine)	center-line	Aktuelle Zeile zentrieren.
(keine)	center-paragraph	Aktuellen Absatz zentrieren.
(keine)	center-region	Aktuellen Bereich zentrieren.

Makrobefehle

Bindung	Befehl	Aktion
C-x (	start-kbd-macro	Makrodefinition anfangen.
C-x)	end-kbd-macro	Makrodefinition beenden.
C-x e	call-last-kbd-macro	Zuletzt definiertes Makro ausführen.
M-*n* C-x e	numerisches Argument und call-last-kbd-macro	Zuletzt definiertes Makro *n*-mal ausführen.
C-u C-x (	start-kbd-macro	Zuletzt definiertes Makro ausführen, danach weitere Tasteneingaben hinzufügen.
(keine)	name-last-kbd-macro	Zuletzt definiertes Makro vor dem Abspeichern benennen.
(keine)	insert-last-keyboard- macro	Benanntes Makro in eine Datei einfügen.
(keine)	load-file	Gespeicherte Makros laden.

Bindung	Befehl	Aktion
(keine)	*macroname*	Gespeichertes Makro ausführen.
C-x q	kbd-macro-query	Abfrage in Makrodefinition einfügen.
C-u C-x q	(keine)	Rekursives Editieren in einer Makrodefinition starten.
M-C-c	exit-recursive-edit	Rekursives Editieren beenden.

Detaillierte Hilfefunktionen

Bindung	Befehl	Aktion
C-h a	command-apropos	Welche Befehle gibt es zu diesem Stichwort?
(keine)	apropos	Welche Befehle, Funktionen und Variablen gibt es zu diesem Stichwort?
C-h c	describe-key-briefly	Welchen Befehl führt diese Tastenkombination aus?
C-h b	describe-bindings	Welche Tastenkombinationen gibt es für diesen Buffer?
C-h k	describe-key	Welchen Befehl führt diese Tastenkombination aus, und was macht er?
C-h l	view-lossage	Was waren die letzten hundert eingegebenen Zeichen?
C-h w	where-is	Wie lautet die Tastenkombination für diesen Befehl?
C-h f	describe-function	Was macht diese Funktion?
C-h v	describe-variable	Was bedeutet diese Variable, und wie lautet ihr Wert?
C-h m	describe-mode	Ausgabe einer Beschreibung des Modus für den aktuellen Buffer
C-h s	describe-syntax	Wie lautet die Syntaxtabelle dieses Buffers?

Hilfebefehle

Bindung	Befehl	Aktion
C-h t	help-with-tutorial	Startet das Emacs-Lernprogramm.
C-h i	info	Startet das Leseprogramm für die Info-Dokumentation.
C-h n	view-emacs-news	Zeigt Informationen über neue Emacs-Versionen.
C-h C-c	describe-copying	Zeigt die Emacs General Public License.
C-h C-d	describe-distribution	Informationen, wie Emacs von der FSF bestellt werden kann.

Bindung	Befehl	Aktion
C-h C-w	describe-no-warranty	Informationen über die (nicht vorhandene) Garantie von Emacs.

Befehlsübersicht nach Tastenkombinationen

Die nächsten beiden alphabetisch sortierten Tabellen zeigen Emacs-Befehle, jeweils mit Tastaturkombination, Befehlsnamen und einer Beschreibung der ausgeführten Aktion. C- stellt die Strg-Taste und M- die Meta-Taste dar.

Tastenkombinationen mit Strg

Bindung	Befehl	Aktion
C-@	set-mark-command	Anfang oder Ende eines Bereichs markieren.
C-Space	(wie davor)	(wie davor)
C-]	abort-recursive-edit	Rekursives Editieren und Suchen-Ersetzen beenden.
C-a	beginning-of-line	Cursor an den Zeilenanfang bewegen.
C-b	backward-char	Cursor ein Zeichen rückwärts *(backward)* bewegen (nach links).
C-c C-c	interrupt-shell-subjob	Aktuellen Job abbrechen.
C-c C-d	shell-send-eof	Dateiende-Zeichen
C-c C-u	kill-shell-input	Aktuelle Zeile löschen.
C-c C-w	backward-kill-word	Vorhergehendes Wort löschen.
C-c C-z	stop-shell-subjob	Aktuellen Job anhalten.
C-d	delete-char	Zeichen unter dem Cursor löschen.
C-e	end-of-line	Cursor an das Zeilen*end*e bewegen.
C-f	forward-char	Cursor ein Zeichen vorwärts *(forward)* bewegen (nach rechts).
C-g	keyboard-quit	Aktuellen Befehl abbrechen.
C-h	help-command	Online-Hilfe starten.
C-h a	command-apropos	Welche Befehle gibt es zu diesem Stichwort?
C-h b	describe-bindings	Welche Tastenkombinationen gibt es zu diesem Buffer?
C-h c	describe-key-briefly	Welchen Befehl führt diese Tastenkombination aus?

Bindung	Befehl	Aktion
C-h C-c	describe-copying	Zeigt die Emacs General Public License.
C-h C-d	describe-distribution	Informationen, wie Emacs von der FSF bestellt werden kann
C-h C-w	describe-no-warranty	Informationen über die (nicht vorhandene) Garantie von Emacs
C-h f	describe-function	Was macht diese Funktion?
C-h i	info	Startet das Leseprogramm für die Info-Dokumentation.
C-h k	describe-key	Welchen Befehl führt diese Tastenkombination aus, und was macht er?
C-h l	view-lossage	Was waren die letzten hundert eingegebenen Zeichen?
C-h m	describe-mode	Ausgabe einer Beschreibung des Modus für den aktuellen Buffer
C-h n	view-emacs-news	Zeigt Informationen über neue Emacs-Versionen.
C-h s	describe-syntax	Wie lautet die Syntaxtabelle dieses Buffers?
C-h t	help-with-tutorial	Startet das Emacs-Lernprogramm.
C-h v	describe-variable	Was bedeutet diese Variable, und wie lautet ihr Wert?
C-h w	where-is	Wie lautet die Tastenkombination für diesen Befehl?
C-k	kill-line	Alles von der Cursor-Position bis zum Zeilenende löschen.
C-l	recenter	Bildschirminhalt mit der aktuellen Zeile in der Mitte plaziert neu darstellen.
C-n	next-line	Eine Zeile vorwärts *(next)* bewegen (nach unten).
C-p	previous-line	Eine Zeile rückwärts *(previous)* bewegen (nach oben).
C-q	quoted-insert	Den nächsten Tastendruck als Zeichen einfügen. Sehr handlich für die Eingabe von Steuerzeichen.
C-r	isearch-backward	Rückwärts gerichtete inkrementelle Suche beginnen oder wiederholen.

Emacs

Bindung	Befehl	Aktion
C-r	(kein)	Rekursives Editieren anfangen (während einer Suchen-und-Ersetzen-Operation).
C-s	isearch-forward	Vorwärts gerichtete inkrementelle Suche beginnen oder wiederholen.
C-t	transpose-chars	Zwei Zeichen vertauschen.
C-u *n*	universal-argument	Nächsten Befehl *n*-mal ausführen.
C-u C-x (	start-kbd-macro	Zuletzt definiertes Makro ausführen, danach weitere Tasteneingaben hinzufügen.
C-u C-x q	(kein)	Rekursives Editieren in einer Makrodefinition starten.
C-v	scroll-up	Eine Bildschirmseite vorwärts (!) bewegen.
C-w	kill-region	Markierten Bereich löschen.
C-x (	start-kbd-macro	Makrodefinition anfangen.
C-x)	end-kbd-macro	Makrodefinition beenden.
C-x [	backward-page	Eine Seite rückwärts bewegen.
C-x]	forward-page	Eine Seite vorwärts bewegen.
C-x ^	enlarge-window	Fenster vergrößern.
C-x {	shrink-window-horizontally	Fenster schmaler machen.
C-x }	enlarge-window-horizontally	Fenster verbreitern.
C-x <	scroll-left	Fenster nach links verschieben.
C-x >	scroll-right	Fenster nach rechts verschieben.
C-x .	set-fill-prefix	Jeder Zeile des Absatzes vom Zeilenanfang bis zur aktuellen Cursor-Spalte Zeichen voranstellen. Wird durch Ausführung dieses Befehls mit dem Cursor in Spalte 1 gelöscht.
C-x 0	delete-window	Aktuelles Fenster löschen.
C-x 1	delete-other-windows	Alle Fenster außer dem aktuellen löschen.
C-x 2	split-window-vertically	Aktuelles Fenster vertikal in zwei aufteilen, so daß beide Fenster übereinanderliegen.
C-x 3	split-window-horizontally	Aktuelles Fenster horizontal in zwei aufteilen, so daß beide Fenster nebeneinanderliegen.
C-x 4 b	switch-to-buffer-other-window	Buffer im anderen Fenster auswählen.
C-x 4 f	find-file-other-window	Datei laden und in anderem Fenster anzeigen.

Bindung	Befehl	Aktion
C-x 5 b	switch-to-buffer-other-frame	Buffer im anderen Rahmen auswählen.
C-x 5 f	find-file-other-frame	Datei laden und in einem neuen Rahmen anzeigen.
C-x a –	inverse-add-global-abbrev	Vorhergehendes Wort als globale (vom Modus unabhängige) Abkürzung definieren.
C-x a i l	inverse-add-mode-abbrev	Vorhergehendes Wort als vom Modus abhängige Abkürzung definieren.
C-x b	switch-to-buffer	Zum angegebenen Buffer wechseln.
C-x C-b	list-buffers	Bufferliste anzeigen.
C-x C-c	save-buffers-kill-emacs	Emacs beenden.
C-x C-f	find-file	Datei einlesen.
C-x C-l	downcase-region	Ganzen Bereich klein schreiben.
C-x C-p	mark-page	Seite markieren.
C-x C-q	(keine)	Nur-Lese-Status des Buffers umschalten.
C-x C-s	save-buffer	Datei speichern. (Falls dabei der Terminal blockiert, stellt C-q die Verbindung wieder her.)
C-x C-t	transpose-lines	Zwei Zeilen vertauschen.
C-x C-u	upcase-region	Ganzen Bereich groß schreiben.
C-x C-v	find-alternate-file	Eine andere Datei einlesen und dabei den aktuellen Inhalt des Buffers ersetzen.
C-x C-w	write-file	Bufferinhalt in eine Datei speichern.
C-x C-x	exchange-point-and-mark	Positionen des Cursors und der Markierung vertauschen.
C-x Del	backward-kill-sentence	Vorhergehenden Satz löschen.
C-x e	call-last-kbd-macro	Zuletzt definiertes Makro ausführen.
C-x h	mark-whole-buffer	Buffer markieren.
C-x i	insert-file	Datei an der Cursor-Position einfügen.
C-x k	kill-buffer	Buffer löschen.
C-x o	other-window	Zum anderen Fenster wechseln.
C-x q	kbd-macro-query	Abfrage in Makrodefinition einfügen.
C-x s	save-some-buffers	Bei jedem Buffer fragen, ob er gespeichert werden soll.

Bindung	Befehl	Aktion
C-x u	advertised-undo	Letzten Editiervorgang rückgängig machen (kann auch wiederholt verwendet werden).
C-y	yank	Gelöschten Text zurückholen.
C-z	suspend-emacs	Emacs unterbrechen (kann mit **exit** oder **fg** wieder gestartet werden).

Tastenkombinationen mit Meta

Bindung	Befehl	Aktion
M- – M-c	negative-argument; capitalize-word	Ersten Buchstaben des vorhergehenden Wortes groß schreiben.
M- – M-l	negative-argument; downcase-word	Ganzes vorhergehendes Wort klein schreiben.
M- – M-u	negative-argument; upcase-word	Ganzes vorhergehendes Wort groß schreiben.
M-$	spell-word	Rechtschreibung des Wortes nach dem Cursor überprüfen.
M-<	beginning-of-buffer	Zum Bufferanfang bewegen.
M->	end-of-buffer	Zum Bufferende bewegen.
M-{	backward-paragraph	Cursor einen Absatz rückwärts bewegen.
M-}	forward-paragraph	Cursor einen Absatz vorwärts bewegen.
M-^	delete-indentation	Aktuelle Zeile an die Einrückung der vorhergehenden Zeile anpassen.
M-*n*	digit-argument	Nächsten Befehl *n*-mal ausführen.
M-*n* C-x e	digit-argument; call-last-kbd-macro	Zuletzt definiertes Makro *n*-mal ausführen.
M-a	backward-sentence	Einen Satz rückwärts bewegen.
M-b	backward-word	Ein Wort rückwärts *(backward)* bewegen.
M-c	capitalize-word	Ersten Buchstaben eines Wortes groß schreiben.
M-C-\	indent-region	Bereich so einrücken, daß er zur ersten Zeile des Bereichs paßt.
M-C-c	exit-recursive-edit	Rekursives Editieren beenden.
M-C-o	split-line	Zeile an der Cursor-Position umbrechen; bis zur Cursor-Spalte einrücken.

Bindung	Befehl	Aktion
M-C-r	isearch-backward-regexp	Rückwärts gerichtete inkrementelle Suche nach regulären Ausdrücken.
M-C-s	isearch-forward-regexp	Vorwärts gerichtete inkrementelle Suche nach regulären Ausdrücken.
M-C-v	scroll-other-window	Anderes Fenster verschieben.
M-d	kill-word	Wort unter dem Cursor löschen.
M-Del	backward-kill-word	Vorhergehendes Wort löschen.
M-e	forward-sentence	Einen Satz vorwärts bewegen.
M-f	forward-word	Ein Wort vorwärts *(forward)* bewegen.
(keine)	fill-region	Einzelne Absätze innerhalb des Bereichs neu formatieren.
M-h	mark-paragraph	Absatz markieren.
M-k	kill-sentence	Satz, in dem sich der Cursor befindet, löschen.
M-l	downcase-word	Ganzes Wort klein schreiben.
M-m	back-to-indentation	Cursor in der Zeile auf das erste Zeichen setzen, das kein Leerzeichen ist.
M-q	fill-paragraph	Absatz neu formatieren.
M-t	transpose-words	Zwei Wörter vertauschen.
M-u	upcase-word	Ganzes Wort groß schreiben.
M-v	scroll-down	Eine Bildschirmseite rückwärts (!) bewegen.
M-x	(kein)	Befehl durch Eingabe des Namens aufrufen.

Befehlsübersicht nach Befehlsnamen

Die folgenden Emacs-Befehle sind in alphabetischer Reihenfolge geordnet. Mit M-x kann ein Befehl über seinen Namen aufgerufen werden. Die Tabellen geben jeweils den Befehlsnamen, die Tastenkombination und eine Beschreibung der ausgeführten Aktion an. Dabei stellt C- die Strg- und M- die Meta-Taste dar.

Befehl	Bindung	Aktion
macroname	(keine)	Gespeichertes Makro ausführen.
abbrev-mode	(keine)	Wort-Abkürzungsmodus starten oder beenden.
abort-recursive-edit	C-]	Rekursives Editieren und Suchen – Ersetzen beenden.

Befehl	Bindung	Aktion
advertised-undo	C-x u	Letzten Editiervorgang rückgängig machen (kann auch wiederholt verwendet werden).
apropos	(keine)	Welche Befehle, Funktionen und Variablen gibt es zu diesem Stichwort?
back-to-indentation	M-m	Cursor in der Zeile auf das erste Zeichen setzen, das kein Leerzeichen ist.
backward-char	C-b	Cursor ein Zeichen rückwärts bewegen (nach links).
backward-delete-char	Del	Zeichen links vom Cursor löschen.
backward-kill-paragraph	(keine)	Vorhergehenden Absatz löschen.
backward-kill-sentence	C-x Del	Vorhergehenden Satz löschen.
backward-kill-word	C-c C-w	Vorhergehendes Wort löschen.
backward-kill-word	M-Del	Vorhergehendes Wort löschen.
backward-page	C-x [	Eine Seite rückwärts bewegen.
backward-paragraph	M-{	Cursor einen Absatz rückwärts bewegen.
backward-sentence	M-a	Einen Satz rückwärts bewegen.
backward-word	M-b	Ein Wort rückwärts bewegen.
beginning-of-buffer	M-<	Zum Bufferanfang bewegen.
beginning-of-line	C-a	Cursor an den Zeilenanfang bewegen.
call-last-kbd-macro	C-x e	Zuletzt definiertes Makro ausführen.
capitalize-region	(keine)	Alle Anfangsbuchstaben aller Wörter im Bereich groß schreiben.
capitalize-word	M-c	Ersten Buchstaben eines Wortes groß schreiben.
center-line	(keine)	Aktuelle Zeile zentrieren.
center-paragraph	(keine)	Aktuellen Absatz zentrieren.
center-region	(keine)	Aktuellen Bereich zentrieren.
command-apropos	C-h a	Welche Befehle gibt es zu diesem Stichwort?
compare-windows	(keine)	Zwei Buffer vergleichen; ersten Unterschied anzeigen.
delete-char	C-d	Zeichen unter dem Cursor löschen.
delete-indentation	M-^	Aktuelle Zeile an die Einrückung der vorhergehenden Zeile anpassen.

Befehl	Bindung	Aktion
delete-other-windows	C-x 1	Alle Fenster außer dem aktuellen löschen.
delete-window	C-x 0	Aktuelles Fenster löschen.
delete-windows-on	(keine)	Alle zu einem bestimmten Buffer gehörenden Fenster löschen.
describe-bindings	C-h b	Welche Tastenkombinationen gibt es zu diesem Buffer?
describe-copying	C-h C-c	Zeigt die Emacs General Public License.
describe-distribution	C-h C-d	Informationen, wie Emacs von der FSF bestellt werden kann.
describe-function	C-h f	Was macht diese Funktion?
describe-key	C-h k	Welchen Befehl führt diese Tastenkombination aus, und was macht er?
describe-key-briefly	C-h c	Welchen Befehl führt diese Tastenkombination aus?
describe-mode	C-h m	Ausgabe einer Beschreibung des Modus für den aktuellen Buffer.
describe-no-warranty	C-h C-w	Informationen über die (nicht vorhandene) Garantie von Emacs.
describe-syntax	C-h s	Wie lautet die Syntaxtabelle dieses Buffers?
describe-variable	C-h v	Was bedeutet diese Variable, und wie lautet ihr Wert?
digit-argument	M-*n*	Nächsten Befehl *n*-mal ausführen.
downcase-region	C-x C-l	Ganzen Bereich klein schreiben.
downcase-word	M-l	Ganzes Wort klein schreiben.
edit-abbrevs	(keine)	Wort-Abkürzungen editieren.
end-kbd-macro	C-x)	Makrodefinition beenden.
end-of-buffer	M->	Zum Bufferende bewegen.
end-of-line	C-e	Cursor an das Zeilenende bewegen.
enlarge-window	C-x ^	Fenster vergrößern.
enlarge-window-horizontally	C-x }	Fenster verbreitern.
exchange-point-and-mark	C-x C-x	Positionen des Cursors und der Markierung vertauschen.
exit-recursive-edit	M-C-c	Rekursives Editieren beenden.

Befehl	Bindung	Aktion
fill-individual-paragraphs	(keine)	Eingerückte Absätze neu formatieren; Einrükkungen beibehalten.
fill-paragraph	M-q	Absatz neu formatieren.
fill-region	(keine)	Einzelne Absätze innerhalb des Bereichs neu formatieren.
find-alternate-file	C-x C-v	Eine andere Datei einlesen und dabei den aktuellen Inhalt des Buffers ersetzen.
find-file	C-x C-f	Datei einlesen.
find-file-other-frame	C-x 5 f	Datei laden und in einem neuen Rahmen anzeigen.
find-file-other-window	C-x 4 f	Datei laden und in anderem Fenster anzeigen.
forward-char	C-f	Cursor ein Zeichen vorwärts bewegen (nach rechts).
forward-page	C-x]	Eine Seite vorwärts bewegen.
forward-paragraph	M-}	Cursor einen Absatz vorwärts bewegen.
forward-sentence	M-e	Einen Satz vorwärts bewegen.
forward-word	M-f	Ein Wort vorwärts bewegen.
goto-char	(keine)	Zum Zeichen *n* bewegen.
goto-line	(keine)	Zur Zeile *n* bewegen.
help-command	C-h	Online-Hilfe starten.
help-with-tutorial	C-h t	Startet das Emacs-Lernprogramm.
indent-region	M-C-\	Bereich so einrücken, daß er zur ersten Zeile des Bereichs paßt.
indented-text-mode	(keine)	Major-Modus: Jeder Tabulator definiert eine neue Einrückung für die folgenden Zeilen.
info	C-h i	Startet das Leseprogramm für die Info-Dokumentation.
insert-file	C-x i	Datei an der Cursor-Position einfügen.
insert-last-keyboard-macro	(keine)	Benanntes Makro in eine Datei einfügen.
interrupt-shell-subjob	C-c C-c	Aktuellen Job abbrechen (Shell-Modus).
inverse-add-global-abbrev	C-x a –	Vorhergehendes Wort als globale (vom Modus unabhängige) Abkürzung definieren.
inverse-add-mode-abbrev	C-x a i l	Vorhergehendes Wort als vom Modus abhängige Abkürzung definieren.

Befehl	Bindung	Aktion
isearch-backward	C-r	Rückwärts gerichtete inkrementelle Suche beginnen oder wiederholen.
isearch-backward-regexp	M-C-r	Rückwärts gerichtete inkrementelle Suche nach regulären Ausdrücken.
isearch-forward	C-s	Vorwärts gerichtete inkrementelle Suche beginnen oder wiederholen.
isearch-forward-regexp	M-C-s	Vorwärts gerichtete inkrementelle Suche nach regulären Ausdrücken.
kbd-macro-query	C-x q	Abfrage in Makrodefinition einfügen.
keyboard-quit	C-g	Aktuellen Befehl abbrechen.
kill-all-abbrevs	(keine)	Alle Wort-Abkürzungen für die Dauer dieser Sitzung löschen.
kill-buffer	C-x k	Buffer löschen.
kill-line	C-k	Alles von der Cursor-Position bis zum Zeilenende löschen.
kill-paragraph	(keine)	Alles von der Cursor-Position bis zum Absatzende löschen.
kill-region	C-w	Markierten Bereich löschen.
kill-sentence	M-k	Satz, in dem sich der Cursor befindet, löschen.
kill-shell-input	C-c C-u	Aktuelle Zeile löschen.
kill-some-buffers	(keine)	Bei jedem Buffer fragen, ob er gelöscht werden soll.
kill-word	M-d	Wort unter dem Cursor löschen.
list-abbrevs	(keine)	Wort-Abkürzungen anzeigen.
list-buffers	C-x C-b	Bufferliste anzeigen.
load-file	(keine)	Gespeicherte Makros laden.
mark-page	C-x C-p	Seite markieren.
mark-paragraph	M-h	Absatz markieren.
mark-whole-buffer	C-x h	Buffer markieren.
name-last-kbd-macro	(keine)	Zuletzt definiertes Makro vor dem Abspeichern benennen.
negative-argument; capitalize-word	M- – M-c	Ersten Buchstaben des vorhergehenden Wortes groß schreiben.

Befehl	Bindung	Aktion
negative-argument; downcase-word	M- – M-l	Ganzes vorhergehendes Wort klein schreiben.
negative-argument; upcase-word	M- – M-u	Ganzes vorhergehendes Wort groß schreiben.
next-line	C-n	Eine Zeile vorwärts bewegen (nach unten).
other-window	C-x o	Zum anderen Fenster wechseln.
previous-line	C-p	Eine Zeile rückwärts bewegen (nach oben).
query-replace-regexp	(keine)	Suchen und Ersetzen mit einem regulären Ausdruck.
quoted-insert	C-q	Den nächsten Tastendruck als Zeichen einfügen. Sehr handlich für die Eingabe von Steuerzeichen.
recenter	C-l	Bildschirminhalt mit der aktuellen Zeile in der Mitte plaziert neu darstellen.
rename-buffer	(keine)	Buffer in angegebenen Namen umbenennen.
replace-regexp	(keine)	Bedingungsloses Ersetzen mit einem regulären Ausdruck.
re-search-backward	(keine)	Einfache rückwärts gerichtete Suche mit einem regulären Ausdruck.
re-search-forward	(keine)	Einfache vorwärts gerichtete Suche mit einem regulären Ausdruck.
revert-buffer	(keine)	Buffer wieder in den Zustand versetzen, in dem er sich befand, als die Datei das letzte Mal (auch automatisch) gesichert wurde.
save-buffer	C-x C-s	Datei speichern. (Falls dabei der Terminal blokkiert, stellt C-q die Verbindung wieder her.)
save-buffers-kill-emacs	C-x C-c	Emacs beenden.
save-some-buffers	C-x s	Bei jedem Buffer fragen, ob er gespeichert werden soll.
scroll-down	M-v	Eine Bildschirmseite rückwärts (!) bewegen.
scroll-left	C-x <	Fenster nach links verschieben.
scroll-other-window	M-C-v	Anderes Fenster verschieben.
scroll-right	C-x >	Fenster nach rechts verschieben.
scroll-up	C-v	Eine Bildschirmseite vorwärts (!) bewegen.

Befehl	Bindung	Aktion
set-fill-prefix	C-x .	Jeder Zeile des Absatzes vom Zeilenanfang bis zur aktuellen Cursor-Spalte Zeichen voranstellen. Wird durch Ausführung dieses Befehls mit dem Cursor in Spalte 1 gelöscht.
set-mark-command	C-@ oder C-Space	Anfang oder Ende eines Bereichs markieren.
shell-send-eof	C-c C-d	Dateiende-Zeichen (Shell-Modus).
shrink-window	(keine)	Fenster verkleinern.
shrink-window-horizontally	C-x {	Fenster schmaler machen.
spell-buffer	(keine)	Rechtschreibung des aktuellen Buffers überprüfen.
spell-region	(keine)	Rechtschreibung des aktuellen Bereichs überprüfen.
spell-string	(keine)	Rechtschreibung eines im Minibuffer eingegebenen Strings überprüfen.
spell-word	M-$	Rechtschreibung des Wortes nach dem Cursor überprüfen.
split-line	M-C-o	Zeile an der Cursor-Position umbrechen; bis zur Cursor-Spalte einrücken.
split-window-horizontally	C-x 3	Aktuelles Fenster horizontal in zwei aufteilen, so daß beide Fenster nebeneinanderliegen.
split-window-vertically	C-x 2	Aktuelles Fenster vertikal in zwei aufteilen, so daß beide Fenster übereinanderliegen.
start-kbd-macro	C-x (	Makrodefinition anfangen.
stop-shell-subjob	C-c C-z	Aktuellen Job anhalten.
suspend-emacs	C-z	Emacs unterbrechen (kann mit **fg** wieder gestartet werden).
switch-to-buffer	C-x b	Zum angegebenen Buffer wechseln.
switch-to-buffer-other-frame	C-x 5 b	Buffer im anderen Rahmen auswählen.
switch-to-buffer-other-window	C-x 4 b	Buffer im anderen Fenster auswählen.
text-mode	(keine)	Indented-text-mode verlassen und zum normalen Text-Modus zurückkehren.
transpose-chars	C-t	Zwei Zeichen vertauschen.

Befehl	Bindung	Aktion
transpose-lines	C-x C-t	Zwei Zeilen vertauschen.
transpose-paragraphs	(keine)	Zwei Absätze vertauschen.
transpose-sentences	(keine)	Zwei Sätze vertauschen.
transpose-words	M-t	Zwei Wörter vertauschen.
unexpand-abbrev	(keine)	Letzte Wort-Abkürzung rückgängig machen.
universal-argument	C-u *n*	Nächsten Befehl *n*-mal ausführen.
upcase-region	C-x C-u	Ganzen Bereich groß schreiben.
upcase-word	M-u	Ganzes Wort groß schreiben.
view-emacs-news	C-h n	Zeigt Informationen über neue Emacs-Versionen.
view-lossage	C-h l	Was waren die letzten hundert eingegebenen Zeichen?
where-is	C-h w	Wie lautet die Tastenkombination für diesen Befehl?
write-abbrev-file	(keine)	Wort-Abkürzungsdatei speichern.
write-file	C-x C-w	Bufferinhalt in eine Datei speichern.
yank	C-y	Gelöschten Text zurückholen.

KAPITEL 11

Der Editor vi

vi ist der traditionelle Bildschirm-Editor für Unix. Es gibt davon eine Reihe von erweiterten Versionen wie etwa **nvi**, **vim**, **vile** und **elvis**. Unter Linux ist **vi** normalerweise ein Link zu einem dieser Programme.

vi leitet sich von einem älteren zeilenorientierten Editor namens **ex** ab. Innerhalb von **vi** lassen sich mächtige Editier-Funktionen durch Eingabe von Doppelpunkt (:), gefolgt von einem **ex**-Befehl und Drücken der Return-Taste, ausführen. Zusätzlich können Sie **ex**-Befehle in eine Startdatei mit dem Namen *~/.exrc* eingeben, die **vi** zu Beginn Ihrer Editor-Sitzung einliest und ausführt. Da **ex**-Befehle immer noch einen wichtigen Teil von **vi** darstellen, werden sie ebenfalls in diesem Kapitel beschrieben. Unter Linux heißt **ex** manchmal auch **hex**.

Dieses Kapitel behandelt im wesentlichen die Standardversion von **vi** und bezieht einige Erweiterungen von **nvi** ein. Es geht dabei auf folgende Themen ein:

- Überblick über das Arbeiten mit **vi**
- Befehlzeilen-Optionen für **vi**
- Befehlszeilen-Optionen für **ex**
- Cursor-Bewegung
- Editierbefehle
- Speichern und Beenden
- Bearbeitung mehrerer Dateien
- Shell-Interaktion
- Makros
- Diverse Befehle
- Alphabetische Übersicht der Tastenbelegung
- Syntax der **ex**-Befehle
- Alphabetische Übersicht der **ex**-Befehle
- Konfiguration von **vi** (Angabe von Startoptionen)

Mehr Informationen finden Sie im O'Reilly-Buch *Textbearbeitung mit dem vi-Editor* von Linda Lamb und Arnold Robbins.

Überblick über das Arbeiten mit vi

Dieser Abschnitt enthält eine Zusammenfassung folgender Themen:

- Befehlzeilen-Optionen
- **vi**-Modi
- Syntax der **vi**-Befehle
- Befehle auf der Statuszeile

Befehlsmodus

Nach dem Öffnen und Laden einer Datei befinden Sie sich im Befehlsmodus. Hier können Sie folgende Aktionen ausführen:

- In den Einfügemodus wechseln
- Editierbefehle eingeben
- Den Cursor bewegen
- **ex**-Befehle ausführen
- Eine Linux-Shell starten
- Die aktuelle Version der Datei abspeichern und vi beenden

Einfügemodus

Im Einfügemodus können Sie neuen Text eingeben. Durch Drücken der Esc-Taste oder der Tastenkombination Ctrl-[verlassen Sie den Einfügemodus und kehren zum Befehlsmodus zurück. Folgende Befehle aktivieren den Einfügemodus:

`a` Hinter dem Cursor anhängen.

`A` Am Ende der Zeile anhängen.

`c` Textersetzung starten (hierauf muß ein Bewegungsbefehl folgen).

`C` Text vom Cursor bis zum Zeilenende ersetzen.

`i` Vor dem Cursor einfügen.

`I` Am Zeilenanfang einfügen.

`o` Eine neue Zeile unter der aktuellen einfügen.

`O` Eine neue Zeile über der aktuellen einfügen.

`R` Textüberschreibung starten.

`s` Ein Zeichen ersetzen.

`S` Eine Zeile ersetzen.

Syntax der vi-Befehle

In **vi** haben Befehle die folgende allgemeine Form:

[*n*] *Operator* [*m*] *Objekt*

Die grundlegenden *Operatoren* beim Editieren sind:

`c` Textersetzung starten.

`d` Textlöschung starten.

`y` Kopiervorgang mit der Zwischenablage starten

Wenn die aktuelle Zeile das Objekt der Operation ist, dann sind im Befehl Objekt und Operator gleichlautend: **cc**, **dd**, **yy**. Ansonsten wirkt der Operator auf ein Objekt, das entweder durch einen Befehl zur Cursor-Bewegung oder zum Mustervergleich bestimmt wird. *n* und *m* geben an, wie oft bzw. auf wie viele Objekte eine Operation ausgeführt werden soll. Sind sowohl *n* als auch *m* angegeben, wird die Operation $n \times m$-mal ausgeführt.

Ein Objekt kann einer der nachstehenden Textblöcke sein:

Wort
: Alle Zeichen bis zu einem Leer- oder Satzzeichen. Bei groß geschriebenem Objektbuchstaben werden nur Leerzeichen als Trennzeichen erkannt.

Satz Alle Zeichen bis zu einem ., ! oder ?, gefolgt von zwei Leerzeichen.

Absatz
: Alle Zeichen bis zur nächsten Leerzeile oder einem **nroff/troff**-Absatzmakro, das durch die **para=**-Option definiert wird.

Abschnitt
: Alle Zeichen bis zur nächsten **nroff/troff**-Abschnittsüberschrift, die durch die **sect=**-Option definiert wird.

Beispiele

`2cw` Die beiden nächsten Wörter ersetzen.

`d}` Alles bis zum nächsten Absatzanfang löschen.

`d^` Alles zurück bis zum Zeilenanfang löschen.

`5yy` Die nächsten fünf Zeilen in die Zwischenablage kopieren (für eine spätere Einfügung).

`y]]` Alles bis zum nächsten Abschnittsbeginn in die Zwischenablage kopieren (für eine spätere Einfügung).

Befehle auf der Statuszeile

Die meisten Befehle werden während der Eingabe nicht auf dem Bildschirm angezeigt. Bei folgenden Befehlen erscheint aber die Eingabe auf der Statuszeile, die sich auf der letzten Zeile des Bildschirms befindet:

`/` Vorwärts gerichtete Suche nach einem Muster.

`?` Rückwärts gerichtete Suche nach einem Muster.

: Ausführen eines **ex**-Befehls.

! Einen mittels Cursor-Bewegung angegebenen Text aus dem aktuellen Buffer dem folgenden Shell-Befehl zuführen und mit dessen Ausgabe den Text ersetzen.

Die auf der Statuszeile eingegebenen Befehle müssen mit der Return-Taste abgeschlossen werden. Außerdem erscheinen Fehlermeldungen und die Ausgabe des mit der Tastenkombination **Ctrl-G** ausgeführten Befehls ebenfalls auf der Statuszeile.

Befehlszeilen-Optionen für vi

Die drei gebräuchlichsten Methoden zum Starten einer **vi**-Sitzung sind:

```
vi Datei(en)
vi + n Datei(en)
vi +/ Muster Datei(en)
```

Sie können eine *Datei* zum Editieren öffnen und wahlweise als Startpunkt für die Sitzung eine Zeilennummer *n* angeben oder eine Zeile bestimmen, in der *Muster* das erste Mal vorkommt. Wurde keine *Datei* benannt, startet **vi** mit einem leeren Buffer. Die zusammen mit **vi** anwendbaren Befehlsoptionen sind:

+[*num*]
: Beginnt die Sitzung auf Zeilennummer *num* oder auf der letzten Zeile in der Datei, falls *num* fehlt.

+/*Muster*
: Beginnt die Sitzung auf der ersten Zeile, in der *Muster* vorkommt. Dieses Verfahren funktioniert nicht, falls Sie den Parameter **nowrapscan** in Ihrer Startdatei *.exrc* gesetzt haben.

-c *Befehl*
: Führt den angegebenen **vi**-Befehl beim Start aus. Es ist nur eine **-c**-Option erlaubt. Sie können auch **ex**-Befehle angeben, indem Sie sie mit einem vorangestellten : versehen. Die etwas ältere Form dieser Option, +*Befehl*, wird immer noch unterstützt.

-e Startet den Editor im **ex**-Modus, d.h. zeilenorientiert anstatt im ganzseitigen Bildschirmmodus.

-l Wechselt in den LISP-Modus, um LISP-Programme auszuführen. Dies wird nicht von allen Versionen angeboten.

-r [*Datei*]
: Repariert *Datei* und setzt das Editieren nach einer abgebrochenen Sitzung oder einem Systemstillstand fort. Ohne die Angabe von *Datei* erscheint eine Liste aller für eine Reparatur anstehenden Dateien.

-t *Markierung*
: Editiert die *Markierung* enthaltende Datei und positioniert den Cursor an der Stelle ihrer Definition (weitere Informationen zu **ctags** sind im Kapitel 3, *Linux-Befehle*, zu finden).

-v Startet im ganzseitigen Bildschirmmodus.

-w *Zeilenanzahl*
: Setzt die Fenstergröße so, daß nur jeweils die genannte *Zeilenanzahl* angezeigt wird. Besonders hilfreich bei langsamen Wählverbindungen.

-x Fragt nach einem Schlüssel zum Chiffrieren oder Dechiffrieren einer Datei mittels **crypt** (wird nicht in allen Versionen unterstützt).

-C Das gleiche wie **-x**, setzt jedoch voraus, daß die Datei bereits chiffriert ist (wird nicht in allen Versionen unterstützt).

-L Listet alle bei einer abgebrochenen Sitzung oder bei einem Systemstillstand gesicherten Dateien auf (wird nicht in allen Versionen unterstützt).

-R Öffnet Dateien schreibgeschützt.

Befehlszeilen-Optionen für ex

Die meisten Anwender kennen die **ex**-Befehle nur durch ihren Gebrauch innerhalb von **vi**. Dabei ist dieser Editor auch ein eigenständiges Programm, das sich auf der Befehlszeile der Shell aufrufen läßt, um beispielsweise als Teil eines Skripts zum Einsatz zu kommen. In **ex** können Sie auch den Befehl **vi** oder **visual** eingeben und dadurch **vi** starten. Im Gegenzug kennt **vi** den Befehl **Q** zum Beenden des **vi**-Editors und gleichzeitigem Wechseln zu **ex**.

Beim Aufruf von **ex** als selbständigem Editor können Sie folgende Befehlsoptionen mitgeben:

+[*num*]
: Beginnt die Sitzung auf Zeilennummer *num* oder auf der letzten Zeile in der Datei, falls *num* fehlt.

+/*Muster*
: Beginnt die Sitzung auf der ersten Zeile, in der *Muster* vorkommt. Dieses Verfahren funktioniert nicht, falls Sie den Parameter **nowrapscan** in Ihrer Startdatei *.exrc* gesetzt haben.

-c *Befehl*
: Führt den angegebenen **ex**-Befehl beim Start aus. Es ist nur eine **-c**-Option erlaubt. Eine etwas ältere Form, +*Befehl*, wird immer noch unterstützt.

-e Startet als zeilenorientierter Editor anstatt als **vi** im ganzseitigen Bildschirmmodus (Standardeinstellung).

-l Wechselt in den LISP-Modus, um LISP-Programme auszuführen. Dies wird nicht von allen Versionen angeboten.

-r [*Datei*]
: Repariert *Datei* und setzt das Editieren nach einer abgebrochenen Sitzung oder einem Systemstillstand fort. Ohne die Angabe von *Datei* erscheint eine Liste aller für eine Reparatur anstehenden Dateien.

-s Läuft ohne Ausgabe. Praktisch beim Einsatz in einem Skript. Dies kann auch durch die ältere Option - aktiviert werden.

-t *Markierung*
: Editiert die *Markierung* enthaltende Datei und positioniert den Cursor an der Stelle ihrer Definition (weitere Informationen zu **ctags** sind im Kapitel 3, *Linux-Befehle*, zu finden).

-v Startet im ganzseitigen Bildschirmmodus (gleiche Wirkung wie der Aufruf von **vi**).

-w *Zeilenanzahl*
: Setzt die Fenstergröße so, daß nur jeweils die genannte *Zeilenanzahl* angezeigt wird. Besonders hilfreich bei langsamen Wählverbindungen.

-x Fragt nach einem Schlüssel zum Chiffrieren oder Dechiffrieren einer Datei mittels **crypt** (wird nicht in allen Versionen unterstützt).

-C Das gleiche wie **-x**, setzt jedoch voraus, daß die Datei bereits chiffriert ist (wird nicht in allen Versionen unterstützt).

-L Listet alle bei einer abgebrochenen Sitzung oder bei einem Systemstillstand gesicherten Dateien auf (wird nicht in allen Versionen unterstützt).

-R Öffnet Dateien schreibgeschützt und verhindert das Abspeichern von Änderungen.

Sie können **ex** auf verschiedene Weise beenden:

`:x` Beenden und dabei Änderungen speichern.

`:q!` Beenden, ohne die Änderungen zu speichern.

`:vi` Zum **vi**-Editor wechseln.

Cursor-Bewegung

Eine Zahl vor dem Befehl wiederholt den jeweiligen Befehl entsprechend oft. Die Befehle zur Cursor-Bewegung sind auch gleichzeitig Objekte für Ersetzungs-, Lösch- und Kopieroperationen.

Zeichen

Befehl	**Aktion**
`h, j, k, l`	nach links, nach unten, nach oben, nach rechts (←, ↓, ↑, →)
`Leertaste`	nach rechts
`Backspace`	nach links
`Strg-H`	nach links

Text

Befehl	**Aktion**
`w, b`	wortweise vorwärts bzw. rückwärts (Satzzeichen zählen auch als Wortbegrenzung)
`W, B`	wortweise vorwärts bzw. rückwärts (nur Whitespace zählt als Wortbegrenzung, dagegen Satzzeichen nicht)
`e`	zum Wortende (Satzzeichen zählen auch als Wortbegrenzung)
`E`	zum Wortende (nur Whitespace zählt als Wortbegrenzung)
`), (`	zum Anfang des nächsten bzw. aktuellen Satzes
`}, {`	zum Anfang des nächsten bzw. aktuellen Absatzes

Befehl	Aktion
`]]`, `[[`	zum Anfang des nächsten bzw. aktuellen Abschnitts
Strg-D	zum vorherigen Tabulatorstop
Strg-T	zum nächsten Tabulatorstop
Strg-W	ein Wort zurück

Zeilen

Befehl	Aktion
`0`, `$`	erstes bzw. letztes Zeichen des aktuellen Satzes
`^`, `_`	erstes nicht-leeres Zeichen der aktuellen Zeile
`+`, `-`	erstes Zeichen der nächsten bzw. vorhergehenden Zeile
Return	erstes nicht-leeres Zeichen der nächsten Zeile
n `|`	Spalte *n* der aktuellen Zeile
`H`	erste Bildschirmzeile
`M`	mittlere Bildschirmzeile
`L`	letzte Bildschirmzeile
n`H`	*n* Zeilen unter der obersten Bildschirmzeile
n`L`	*n* Zeilen über der letzten Bildschirmzeile
Strg-J	eine Zeile nach unten
Strg-M	erstes nicht-leeres Zeichen der nächsten Zeile

Bildschirm

Befehl	Aktion
Strg-F, Strg-B	Einen Bildschirm vorwärts bzw. rückwärts blättern.
Strg-D, Strg-U	Einen halben Bildschirm vorwärts bzw. rückwärts blättern.
Strg-E, Strg-Y	Eine weitere Zeile am Bildschirmende bzw. -anfang zeigen.
`z` Return	Aktuelle Zeile an Bildschirmanfang blättern.
`z .`	Aktuelle Zeile in Bildschirmmitte blättern.
`z -`	Aktuelle Zeile an Bildschirmende blättern.
Strg-L, Strg-R	Bildschirm neu aufbauen (ohne zu blättern).

Suchen

Befehl	Aktion
`/Muster`	vorwärts gerichtete Suche nach *Muster*
`/`	Vorwärts gerichtete Suche wiederholen.
`/Muster/+n`	Sprung zur *n*-ten Zeile nach *Muster*
`?Muster`	rückwärts gerichtete Suche nach *Muster*
`?`	Rückwärts gerichtete Suche wiederholen.
`?Muster?-n`	Sprung zur *n*-ten Zeile vor *Muster*
`n`	Letzte Suche wiederholen.
`N`	Letzte Suche in umgekehrter Richtung wiederholen.
`%`	Suche der passenden runden, eckigen oder geschweiften Klammer
`fx`	Cursor auf das nächste *x* der aktuellen Zeile positionieren.
`Fx`	Cursor auf das vorherige *x* der aktuellen Zeile positionieren.
`tx`	Cursor ein Zeichen vor dem nächsten *x* der aktuellen Zeile positionieren.
`Tx`	Cursor ein Zeichen nach dem vorherigen *x* der aktuellen Zeile positionieren.
`,`	Richtung der letzten Suche mit **f**, **F**, **t** oder **T** umdrehen.
`;`	Letzte Zeichensuche (**f**, **F**, **t** oder **T**) wiederholen.

Zeilennumerierung

Befehl	Aktion
Strg-G	Aktuellen Dateinamen und aktuelle Zeilennummer anzeigen.
`nG`	Sprung zur Zeile *n*
`G`	Sprung zur letzten Zeile der Datei
`:n`	Sprung zur Zeile *n*

Markieren von Positionen

Befehl	Aktion
`mx`	Aktuelle Position mit dem Zeichen *x* markieren.
`` `x ``	(Backquote) Cursor zur Markierung *x* bewegen.

Befehl	Aktion
`'x`	(Apostroph) Cursor an den Anfang der Zeile, die die Markierung *x* enthält, bewegen.
` `` `	(Backquotes) Rücksprung zur letzten Markierung (oder zu der Stelle, an der eine Suche begonnen wurde).
`''`	(Apostrophe) Wie zuvor, aber Rücksprung an den Anfang der Zeile.

Editierbefehle

Zur Erinnerung: **c**, **d** und **y** sind die grundlegenden Editieroperationen.

Neuen Text einfügen

Befehl	Aktion
`a`	Hinter dem Cursor anhängen.
`A`	Am Ende der Zeile anhängen.
`i`	Vor dem Cursor einfügen.
`I`	Am Zeilenanfang einfügen.
`o`	Eine neue Zeile unter der aktuellen einfügen.
`O`	Eine neue Zeile über der aktuellen einfügen.
Esc	Einfügemodus beenden.
Tab	Tabulatorzeichen einfügen.
Backspace	Links stehendes Zeichen löschen (im Einfügemodus).
Strg-I	Tabulatorzeichen einfügen.
Strg-U	Aktuelle Zeile löschen.
Strg-V	Nächstes Zeichen uninterpretiert einfügen.
Strg-[	Einfügemodus beenden.

Einige der vorgenannten Strg-Befehle werden durch **stty** gesetzt. Auf Ihrem Terminal können die Einstellungen abweichen.

Text verändern und löschen

Die folgende Tabelle ist nicht vollständig, aber sie zeigt die häufigsten Aktionen.

Befehl	Aktion
`cw`	Text von der aktuellen Position bis zum Ende des aktuellen Wortes ändern.
`cc`	Aktuelle Zeile ändern.
`c$`	Text von der aktuellen Position bis zum Ende der Zeile ändern.
`C`	wie **c$**
`dd`	Aktuelle Zeile löschen.
`d$`	Rest der aktuellen Zeile löschen.
`D`	wie **d$**
n`dd`	*n* Zeilen löschen.
`dw`	Wort löschen.
`d}`	Bis zum nächsten Absatz löschen.
`d^`	Bis zum Zeilenanfang rückwärts löschen.
`d/`*Muster*	Bis zum ersten Vorkommen von Muster löschen.
`dn`	Bis zum nächsten Vorkommen von Muster löschen.
`df`*a*	Alles auf der aktuellen Zeile bis zum nächsten *a* einschließlich löschen.
`dt`*a*	Alles auf der aktuellen Zeile bis zum nächsten *a* nicht eingeschlossen löschen.
`dL`	Bis zum Bildschirmende löschen.
`dG`	Bis zum Dateiende löschen.
`p`	Zuletzt gelöschten Text hinter dem Cursor einfügen.
`P`	Zuletzt gelöschten Text vor dem Cursor einfügen.
`r`*x*	Zeichen durch *x* ersetzen.
`R`*Text*	*Text* ab der Cursor-Position ersetzen.
`s`	Zeichen ersetzen.
n`s`	*n* Zeichen ersetzen.
`S`	Ganze Zeile ersetzen.
`u`	Letzte Änderung rückgängig machen.
`U`	Aktuelle Zeile wiederherstellen.
`x`	Zeichen unter dem Cursor löschen.
`X`	Ein Zeichen nach links löschen.

Befehl	Aktion
*n*X	*n* Zeichen nach links löschen.
.	Letzte Änderung wiederholen.
~	Groß-/Kleinschreibung umkehren.
&	Letzte Ersetzung wiederholen.
Y	Aktuelle Zeile in Zwischenablage kopieren.
yy	wie Y
"*x*yy	Aktuelle Zeile in Buffer *x* kopieren.
ye	Alles bis zum Wortende in Zwischenablage kopieren.
yw	wie **ye**
y$	Rest der Zeile in Zwischenablage kopieren.
"*x*dd	Aktuelle Zeile löschen und in Buffer *x* kopieren.
"*X*dd	Aktuelle Zeile löschen und an Buffer *x* anhängen.
"*x*p	Inhalt von Buffer *x* einfügen.
J	Aktuelle Zeile mit der folgenden vereinen.
:j!	wie J

Speichern und Beenden

Speichern bedeutet hier das Abspeichern der Änderungen und das Aktualisieren des Zeitstempels der Datei.

Befehl	Aktion
ZZ	**vi** beenden; nur speichern, wenn Änderungen vorgenommen wurden.
:x	wie **ZZ**
:wq	Speichern und beenden.
:w	Speichern.
:w *Datei*	Kopie des Buffers nach *Datei* speichern.
:*n1*,*n2*w *Datei*	Zeilen *n1* bis *n2* in neue *Datei* speichern.
:*n1*,*n2*w >> *Datei*	Zeilen *n1* bis *n2* an existierende *Datei* anhängen.
:w!	Abspeichern, dabei Schreibschutz (wenn möglich) nicht beachten.
:w! *Datei*	*Datei* mit dem aktuellen Buffer überschreiben.
:w %.*neu*	Aktuellen Buffer namens *Datei* als *Datei.neu* speichern.

Befehl	Aktion
`:q`	Bearbeiten der Datei beenden.
`:q!`	Bearbeiten der Datei beenden, dabei Änderungen verwerfen.
`Q`	**vi** beenden und **ex** aufrufen.
`:vi`	Rückkehr zu **vi** nach einem Q Befehl.
`%`	Aktueller Dateiname.
`#`	Alternativer Dateiname.

Bearbeiten mehrerer Dateien

Befehl	Aktion
`:e` *Datei*	Andere *Datei* bearbeiten; aktuelle Datei wird alternative Datei.
`:e!`	Letzte gespeicherte Version der aktuellen Datei zurückholen.
`:e+` *Datei*	Editieren von *Datei* an dessen Ende beginnen.
`:e+` *n Datei*	Editieren von *Datei* auf Zeile *n* beginnen.
`:e#`	An die vorherige Position in der alternativen Datei springen.
`:ta` *Markierung*	Datei an der Stelle *Markierung* editieren.
`:n`	Nächste Datei editieren.
`:n!`	Nächste Datei editieren, dabei Änderungen der aktuellen Datei ggf. verwerfen.
`:n` *Dateien*	Neue Liste von *Dateien* angeben.
`:args`	Liste der zu editierenden Dateien anzeigen.
`:rew`	In der Liste der zu editieren Dateien nach oben springen.

Shell-Interaktion

Befehl	Aktion
`:r` *Datei*	Inhalt der *Datei* hinter dem Cursor einfügen.
`:r !`*Befehl*	Ausgabe des *Befehls* hinter der aktuellen Zeile einfügen.
`:`*n*`r !`*Befehl*	Wie zuvor, aber hinter Zeile *n* einfügen (0 bedeutet am Dateianfang).
`:!`*Befehl*	*Befehl* ausführen und zurückkehren.
`!`*Objekt Befehl*	Das durch einen Bewegungsbefehl abgegrenzte *Objekt* als Eingabe an Shell-*command* senden und *Objekt* mit der Ausgabe des Befehls ersetzen.

Befehl	Aktion
`:n1,n2 ! Befehl`	Zeilen *n1* bis *n2* als Eingabe an *Befehl* senden und mit der Ausgabe des Befehls ersetzen.
`n!!Befehl`	Die nächsten *n* Zeilen als Eingabe an *Befehl* senden und mit der Ausgabe des Befehls ersetzen.
`!!`	Letzten Shell-Befehl wiederholen.
`!!Befehl`	Aktuelle Zeile mit der Ausgabe von *Befehl* ersetzen.
`:sh`	Sub-Shell erzeugen; Rückkehr zur gerade bearbeiteten Datei mit EOF (Strg-D).
Strg-Z	Editor anhalten, weitermachen mit **fg**.
`:so Datei`	**ex**-Befehle von *Datei* lesen und ausführen.

Makros

Befehl	Aktion
`:ab Abk Text`	*Abk* als Abkürzung für *Text* verwenden.
`:unab Abk`	Abkürzung für *Abk* löschen.
`:ab`	Abkürzungen anzeigen.
`:map c Befehlsfolge`	Zeichen *c* als *Befehlsfolge* definieren.
`:unmap c`	Definition für *c* löschen.
`:map`	Liste aller Definitionen für Befehlsfolgen zeigen.
`:map! c Befehlsfolge`	Zeichen *c* als *Befehlsfolge* im Eingefügemodus definieren.
`:unmap! c`	Definition von c für Einfügemodus löschen (evtl. muß bei der Eingabe des Zeichens dessen Wirkung durch **Strg-V** deaktiviert werden).
`:map!`	Liste aller Definitionen für Befehlsfolgen im Einfügemodus zeigen.

Die folgenden Zeichen werden im Befehlsmodus nicht verwendet und können für benutzerdefinierte Befehle eingesetzt werden:

Buchstaben:

g K q V v

Strg-Kombinationen:

^K ^O ^T ^W ^X

Symbole:

_ * \ =

Das Zeichen = wird von **vi** im LISP-Modus verwendet. Manche Versionen von **vi** setzen möglicherweise einige dieser Zeichen ein. Testen Sie sie daher, bevor Sie sie benutzen.

Diverse Befehle

Befehl	Aktion
`<`	Zeile auf die vom folgenden Bewegungsbefehl bestimmte Position nach links verschieben.
`>`	Zeile auf die vom folgenden Bewegungsbefehl bestimmte Position nach rechts verschieben.
`<<`	Zeile eine Verschiebebreite nach links verschieben (voreingestellt sind 8 Zeichen).
`>>`	Zeile eine Verschiebebreite nach rechts verschieben (voreingestellt sind 8 Zeichen).
`>}`	Bis zum Absatzende nach rechts verschieben.
`<%`	Bis zur zugehörigen runden, eckigen, geschweiften etc. Klammer nach links verschieben (der Cursor muß auf dem passenden Zeichen stehen).
`^[`	Befehl abbrechen oder Einfügemodus beenden.
`^]`	Suche mit dem Wort unter dem Cursor nach einer gleichlautenden Markierung.
`^\`	Startet den Editiermodus von **ex**.
`^^`	(Strg-Taste und Zirkumflex gleichzeitig gedrückt) Rückkehr zur vorherigen bearbeiteten Datei.

Alphabetisch sortierte Tastenbelegung im Befehlmodus

Aus Platzgründen werden Strg-Kombinationen mit ^ gekennzeichnet.

Befehl	Aktion
`a`	Text hinter dem Cursor anhängen.
`A`	Text am Ende der Zeile anfügen.
`^A`	Nach nächstem Vorkommen des Wortes unter dem Cursor suchen.
`b`	Zurück zum nächsten Wortanfang auf der aktuellen Zeile.
`B`	Zurück zum Wortanfang, dabei Satzzeichen zum Wort zugehörig zählen und ignorieren.

Befehl	Aktion
^B	Eine Fenstergröße zurückblättern.
c	Text bis zum Endpunkt des folgenden Bewegungsbefehls ersetzen.
C	Text bis zum Zeilenende ersetzen.
^C	Beendet den Einfügemodus; bricht eine lange Verarbeitung ab.
d	Text bis zum Endpunkt des folgenden Bewegungsbefehls löschen.
D	Text bis zum Ende der aktuellen Zeile löschen.
^D	Eine halbe Fenstergröße vorwärts blättern; im Einfügemodus Einrückung auf **shiftwidth** aufheben, wenn **autoindent** eingeschaltet ist.
e	Zum Wortende springen.
E	Zum Wortende springen, dabei Satzzeichen als Teil des Wortes zählen.
^E	Eine weitere Zeile am Ende des Fensters anzeigen.
f	Nächstes Zeichen auf der aktuellen Zeile vorwärts suchen.
F	Nächstes Zeichen auf der aktuellen Zeile rückwärts suchen.
^F	Eine Fenstergröße vorwärts blättern.
g	Unbenutzt.
G	Zur angegebenen Zeile oder zum Dateiende springen.
^G	Informationen über die Datei in der Statuszeile ausgeben.
h	Cursor ein Zeichen nach links bewegen.
H	Cursor auf das erste Zeichen in der ersten Zeile des Fensters setzen.
^H	Cursor ein Zeichen nach links bewegen; im Einfügemodus Backspace-Taste.
i	Text vor dem Cursor einfügen.
I	Text vor dem ersten nicht-leeren Zeichen der aktuellen Zeile einfügen.
^I	Unbenutzt im Befehlsmodus; im Einfügemodus Tabulatortaste.
j	Cursor eine Zeile nach unten bewegen.
J	Aktuelle Zeile mit der folgenden zusammenfassen.
^J	Cursor eine Zeile nach unten bewegen; im Einfügemodus ergibt dies einen Zeilenvorschub.
k	Cursor eine Zeile nach oben bewegen.
K	Unbenutzt.
^K	Unbenutzt.
l	Cursor eine Zeile nach rechts bewegen.

Befehl	Aktion
L	Cursor auf das erste Zeichen in der letzte Zeile im Fenster bewegen.
^L	Bildschirm neu aufbauen.
m	Aktuelle Cursor-Position im Register (a-z) festhalten.
M	Cursor auf die mittlere sichtbare Zeile bewegen.
^M	Cursor auf den Anfang der nächsten Zeile bewegen (Wagenrücklauf).
n	Letzten Suchbefehl wiederholen.
N	Letzten Suchbefehl in umgekehrter Richtung wiederholen.
^N	Cursor eine Zeile nach unten bewegen.
o	Neue Zeile unter der aktuellen einfügen.
O	Neue Zeile über der aktuellen einfügen.
^O	Unbenutzt.
p	Kopierten oder gelöschten Text hinter oder unter dem Cursor einfügen.
P	Kopierten oder gelöschten Text vor oder über dem Cursor einfügen.
^P	Cursor eine Zeile nach oben bewegen.
q	Unbenutzt.
Q	**vi** beenden und **ex** aufrufen.
^Q	Unbenutzt. (Auf manchen Terminals die Datenübertragung wieder aufnehmen.)
r	Zeichen unter dem Cursor durch das nächste eingegebene Zeichen ersetzen.
R	Zeichen überschreiben, bis Einfügemodus beendet wird.
^R	Bildschirm neu aufbauen.
s	Zeichen unter dem Cursor durch die eingegebenen Zeichen ersetzen, bis Einfügemodus beendet wird.
S	Ganze Zeile ersetzen.
^S	Unbenutzt. (Auf manchen Terminals die Datenübertragung anhalten.)
t	Cursor ein Zeichen vor dem nächsten Vorkommen des nächsten eingegebenen Zeichens positionieren.
T	Cursor ein Zeichen nach dem letzten Vorkommen des nächsten eingegebenen Zeichens positionieren.
^T	Unbenutzt im Befehlsmodus; im Einfügemodus Sprung auf die nächste Tabulatorposition.
u	Letzte Änderung oder Texteingabe rückgängig machen.

Befehl	Aktion
U	Aktuelle Zeile wiederherstellen.
^U	Bildschirm eine halbe Fenstergröße zurückblättern.
v	Unbenutzt.
V	Unbenutzt.
^V	Unbenutzt im Befehlsmodus; im Einfügemodus nächstes Zeichen uninterpretiert einfügen.
w	Zum Anfang des nächsten Wortes springen.
W	Zum Anfang des nächsten Wortes springen, dabei Satzzeichen zum Wort zugehörig zählen und ignorieren.
^W	Unbenutzt im Befehlsmodus; im Einfügemodus Rücksprung an den Anfang des aktuellen Wortes.
x	Zeichen unter dem Cursor löschen.
X	Zeichen links vom Cursor löschen.
^X	Unbenutzt.
y	Text bis zum Endpunkt des folgenden Bewegungsbefehls in Zwischenablage kopieren oder ausschneiden.
Y	Aktuelle Zeile in Zwischenablage kopieren.
^Y	Eine weitere Zeile am Bildschirmanfang zeigen.
z	Aktuelle Zeile neu positionieren. Auf **z** muß eine dieser Eingaben folgen: Return (Zeile am Bildschirmanfang positionieren), . (Zeile in der Bildschirmmitte positionieren) oder - (Zeile am Bildschirmende positionieren).
ZZ	Änderungen abspeichern und Editor beenden.

Syntax der ex-Befehle

Ein **ex**-Befehl wird vom **vi** aus in folgender Form eingegeben:

:[*Adresse*] *Befehl* [*Optionen*]

Der vorangestellte : leitet einen **ex**-Befehl ein. Während Sie den Befehl eingeben, wird er in der Statuszeile angezeigt. Sie schließen die Befehlseingabe durch Drücken der Return-Taste ab. *Adresse* bezeichnet die Zeile oder die Zeilen, die der *Befehl* bearbeiten soll. Was *Optionen* und *Adressen* bedeuten, lesen Sie in den folgenden Abschnitten. Eine Beschreibung der **ex**-Befehle ist in der alphabetischen Übersicht zumsammengestellt.

Optionen

! Bezeichnet eine Variante des Befehls, die vom normalen Verhalten abweicht.

Anzahl
: Gibt an, wie oft der Befehl wiederholt werden soll. Im Gegensatz zu **vi**-Befehlen kann bei **ex**-Befehlen die *Anzahl* nicht vorangestellt werden, weil **ex** eine vorangestellte Zahl als Zeilenangabe interpretiert. So löscht beispielsweise **d3** drei Zeilen einschließlich der aktuellen, dagegen **3d** aber die Zeile Nummer 3.

Datei
: Der Name der Datei, die durch den Befehl bearbeitet werden soll. % bezeichnet die aktuelle Datei, # die zuletzt bearbeitete.

Adressen

Wenn keine Adresse angegeben wird, wirkt der Befehl auf die aktuelle Zeile. Soll ein Zeilenbereich bearbeitet werden, lautet das Format:

x,*y*

wobei *x* und *y* jeweils die erste und letzte Zeile des betroffenen Bereichs darstellen (*x* muß kleiner oder gleich *y* sein). *x* und *y* können Zeilennummern oder symbolische Ausdrücke sein. Bei Verwendung eines Semikolons (;) anstelle des Kommas (,), wird *x* zur aktuellen Zeile, bevor *y* ausgewertet wird. Die Schreibweise **1,$** bezeichnet, genau wie %, alle Zeilen in der Datei.

Adreßsymbole

Symbol	Bedeutung
1,$	alle Zeilen der Datei
%	alle Zeilen; wie **1,$**
x,*y*	die Zeilen von *x* bis *y*
x;*y*	die Zeilen von *x* bis *y*, wobei die aktuelle Zeile auf *x* gesetzt wird
0	Dateianfang
.	aktuelle Zeile
n	absolute Zeilennummer *n*
$	letzte Zeile der Datei
x-*n*	*n* Zeilen vor *x*
x+*n*	*n* Zeilen nach *x*
-[*n*]	eine oder *n* Zeilen zurück
+[*n*]	eine oder *n* Zeilen vorwärts
'*x*	die mit *x* markierte Zeile

Symbol	Bedeutung
`''`	vorherige Markierung
`/Muster/`	vorwärts bis zur nächsten Zeile, die *Muster* enthält
`?Muster?`	zurück bis zur nächsten Zeile, die *Muster* enthält

Weiterführende Informationen zu Mustervergleichen sind im Kapitel 9, *Mustervergleiche*, zu finden.

Alphabetisch sortierte Zusammenstellung der ex-Befehle

ex-Befehle können so weit verkürzt werden, wie der Name noch eindeutig ist. In der folgenden Übersicht steht der volle Name des Befehls am Rand und die kürzestmögliche Abkürzung in der syntaktischen Beschreibung. Die Beispiele sind so dargestellt, wie sie aus dem **vi** heraus eingegeben werden, also mit : (Doppelpunkt).

---

ab [*String Text*] — **abbrev**

Definiert *String* als Abkürzung für *Text*, d.h., wenn *String* eingegeben wird, wird dieser durch *Text* ersetzt. Ohne Parameter zeigt der Befehl eine Liste der Abkürzungen.

Beispiele

Anmerkung: ^M erscheint bei Eingabe von **Strg-V**, gefolgt von Return.

```
:ab ora O'Reilly-Verlag
:ab id Name:^MPosition:^MTelefon:
```

[*Adresse*] **a**[**!**]
Text
.

— **append**

Anhängen von *Text* an die *Adresse* oder an die aktuelle Adresse, wenn keine angegeben ist. Durch Hinzufügen von ! wird die **autoindent**-Einstellung, die nur während des Einfügens Bedeutung hat, umgeschaltet. War beispielsweise **autoindent** vorher eingeschaltet, wird es durch ! abgeschaltet). Ein einzelner Punkt auf einer Zeile beendet die Eingabe.

---

ar — **args**

Ausgeben der Dateinamen-Argumente (die Liste der zu editierenden Dateien). Die aktuelle Datei wird in eckigen Klammern gezeigt ([ ]).

cd	**cd** *Verz* **chdir** *Verz* Wechselt das aktuelle Verzeichnis innerhalb des Editors nach *Verz*.
changc	[*Adresse*] **c**[**!**] *Text* . Ersetzt die angegebenen Zeilen durch *Text*. Durch Anhängen eines **!** wird die **autoindent**-Einstellung während des Einfügens von *Text* umgeschaltet. Ein einzelner Punkt auf einer Zeile beendet die Eingabe.
copy	[*Adresse*] **co** *Ziel* Kopieren der durch *Adresse* angegebenen Zeilen nach *Ziel*. Der **t**-Befehl hat die gleiche Wirkung wie **copy**. ***Beispiel*** `:1,10 co 50` *Kopieren der ersten 10 Zeilen hinter Zeile 50*
delete	[*Adresse*] **d** [*Buffer*] Löschen der Zeilen in *Adresse*. Falls *Buffer* angegeben ist, werden die Zeilen dort abgespeichert oder angehängt. ***Beispiel*** `:/Teil I/,/Teil II/-1d` *Bis zur Zeile oberhalb von »Teil II« löschen* `:/main/+d` *Zeile unterhalb von »main« löschen* `:.,$d` *Von der aktuellen Zeile bis zum Dateiende löschen*
edit	**e**[**!**] [**+***n*] [*Datei*] Neue *Datei* editieren. Ein angefügtes **!** verwirft alle Änderungen an der aktuellen Datei. Fehlt die *Datei*angabe, wird eine weitere Kopie der aktuellen Datei editiert. Beim Zusatz **+***n* ist bei Beginn der Bearbeitung der Cursor auf Zeile *n* plaziert. ***Beispiele*** `:e Datei` `:e#` *Rücksprung zur vorher bearbeiteten Datei* `:e!` *Alle Änderungen seit dem letzten Speichern verwerfen*

exu [*Befehl*] Kurze Anleitung zum *Befehl* ausgeben oder eine Liste der verfügbaren *Befehle* anzeigen, falls die Angabe fehlt.	**exusage**
f [*Dateiname*] Ändern des Namens der aktuellen Datei in *Dateiname*, die dann als noch nicht bearbeitet gilt. Bei fehlendem *Dateinamen* zeigt der Befehl den aktuellen Zustand der Datei an. ***Beispiel*** `:f %.new`	**Datei**
[*Adresse*] **g**[!]/*Muster*/[*commands*] Anwenden der *Befehle* auf alle Zeilen, die *Muster* enthalten, oder, falls *Adresse* angegeben ist, auf alle Zeilen dieses Bereichs. Bei fehlenden *Befehlen* werden alle passenden Zeilen ausgegeben. Ein ! wendet alle *Befehle* auf diejenigen Zeilen an, die *Muster* nicht enthalten. Vergleiche hierzu **v**. ***Beispiele*** `:g/Unix/p` *Ausgeben aller Zeilen, die »Unix« enthalten* `:g/Name:/s/tom/Tom/` *In allen Zeilen, die »Name:« enthalten, »tom« durch »Tom« ersetzen*	**global**
h Kurzen Hilfetext ausgeben. Hilfe zu einzelnen Befehlen ist über die beiden Befehle **exusage** und **viusage** erhältlich.	**help**
Adresse **i**[!] *Text* . *Text* in der Zeile vor der angegebenen *Adresse* oder der aktuellen Adresse einfügen, falls keine angegeben ist. Ein ! schaltet die **autoindent**-Einstellung während der Eingabe des *Textes* um. Eingabe durch einen einzelnen Punkt auf einer Zeile beenden.	**insert**

join	[*Adresse*] j[!] [*Anzahl*] Der Text in *Adresse* wird auf einer Zeile zusammengefaßt, wobei durch Ausgleich von Whitespace hinter jedem Punkt (.) zwei Leerzeichen, hinter) keine Leerzeichen und ansonsten alle Leerzeichenfolgen zu einem Leerzeichen zusammengefaßt werden. Mit ! werden die Leerzeichen nicht verändert. ***Beispiel*** `:1,5j!` *Die ersten fünf Zeilen in einer zusammenfassen, Leerzeichen nicht verändern*
k	[*Adresse*] **k** *Zeichen* *Adresse* mit *Zeichen* markieren. Zu dieser Zeile kann später mit '*Zeichen* zurückgesprungen werden.
list	[*Adresse*] **l** [*Anzahl*] Bezeichnete Zeilen so ausgeben, daß Tabulatorzeichen als **^I** und Zeilenenden als **$** erscheinen. **l** ist eine temporäre Version von :**set list**.
map	**map**[!] [*Zeichen Befehle*] Definition eines Tastaturmakros namens *Zeichen* als Befehlsfolge *Befehle*. *Zeichen* ist normalerweise ein einziges Zeichen oder die Zeichenfolge *#n*, die Funktionstasten darstellt. Ein ! definiert ein Makro für den Einfügemodus. Ohne Argumente zeigt der Befehl die aktuell definierten Makros an. ***Beispiele*** `:map K dwwP` *Vertauscht zwei Wörter* `:map q :w^M:n^M` *Aktuelle Datei abspeichern und zur nächsten wechseln* `:map! + ^[bi(^[ea)` *Vorhergehendes Wort in runde Klammern einschließen*
mark	[*Adresse*] **ma** *Zeichen* Die benannte Zeile mit einem einzelnen Kleinbuchstaben *Zeichen* markieren. Zu dieser Zeile kann später mit '*Zeichen* zurückgesprungen werden. Wie **k**.

mk[**!**] *Datei* Legt eine *.exrc*-Datei mit je einem **set**-Befehl und eingetragenem Standardwert für jede **ex**-Option an.	**mkexrc**
[*Adresse*] **m** *Ziel* Verschiebt die durch *Adresse* angegebenen Zeilen nach *Ziel*. ***Beispiel*** `:.,/Note/m /END/` *Textblock hinter die Zeile mit »END« verschieben*	**move**
n[**!**] [[+*Befehl*] *Dateiliste*] Bearbeiten der nächsten auf der Kommandozeile angegebenen Datei. Der Befehl **args** zeigt eine Liste aller Dateien an. Ist eine *Dateiliste* vorgegeben, wird die aktuelle Dateiliste durch *Dateiliste* ersetzt und die Bearbeitung der ersten Datei aus dieser Liste begonnen. Ist ein *Befehl* (ohne Leerzeichen) mitgegeben, wird dieser *Befehl* nach dem Editieren der ersten Datei ausgeführt. Ein **!** verwirft alle Änderungen an der aktuellen Datei. ***Beispiel*** `:n kap*` *Editieren aller »kapitel« Dateien*	**next**
[*Adresse*] **nu** [*Anzahl*] Ausgeben jeder Zeile in *Adresse* mit vorangestellter Zeilennummer. Anstelle von **number** ist ein Aufruf dieses Befehls auch mit # möglich. *Anzahl* bedeutet die Anzahl der ab *Adresse* anzuzeigenden Zeilen.	**number**
[*Adresse*] **o** [/*Muster*/] Startet den Open-Modus von **vi** für die durch *Adresse* angegebenen oder *Muster* enthaltenden Zeilen. Aufruf und Beenden des Open-Modus erfolgt mit Q. Im Open-Modus wirken die normalen **vi**-Befehle auf jeweils nur eine Zeile. Diese Betriebsart kann bei langsamen Wählverbindungen von Vorteil sein.	**open**
pre Speichert den aktuellen Buffer wie nach einem Systemstillstand.	**preserve**

previous	**prev[!]** Editiert die vorhergehende der auf der Kommandozeile angegebenen Dateien.
print	[*Adresse*] **p** [*Anzahl*] [*Adresse*] **P** [*Anzahl*] Ausgeben der durch *Adresse* benannten Zeilen. Es werden *Anzahl* Zeilen ab *Adresse* ausgegeben. Ein ! verwirft alle Änderungen an der aktuellen Datei. ***Beispiel*** `:100;+5p` *Anzeigen von Zeile 100 und den folgenden fünf Zeilen*
put	[*Adresse*] **pu** [*Zeichen*] Holt die zuletzt gelöschten oder kopierten Zeilen aus dem bezeichneten Buffer *Zeichen* zurück und fügt sie hinter der durch *Adresse* benannten Zeile ein. Ist kein Buffer durch *Zeichen* angegeben, wird der zuletzt gelöschte oder kopierte Text eingefügt.
quit	**q[!]** Beenden der aktuellen Editiersitzung. Ein ! verwirft alle Änderungen seit dem letzten Speichern. Wenn noch Dateien zur Bearbeitung anstehen, auf die bisher noch nicht zugegriffen wurde, muß die Sitzung durch Eingabe von **q!** oder zweimaliges Eingeben von **q** beendet werden.
read	[*Adresse*] **r** *Datei* Einfügen von *Datei* hinter *Adresse*. Ohne die Angabe einer *Datei* wird die aktuelle Datei verwendet. ***Beispiel*** `:0r $HOME/data` *Einfügen einer Datei am Anfang der bearbeiteten Datei*
read	[*Adresse*] **r !***Befehl* Einfügen der Ausgabe des Linux-*Befehls* hinter der durch *Adresse* benannten Zeile.

Beispiel `:$r !cal` *Einfügen eines Kalenders am Ende der bearbeiteten Datei*	**read**
rec [*Datei*] *Datei* aus dem Sicherungsbereich des Systems wiederherstellen.	**recover**
rew[!] Zurücksetzen der Dateiliste und Editieren der ersten Datei auf der Liste. Ein ! verwirft alle seit dem letzten Speichern vorgenommenen Änderungen.	**rewind**
sc[!] [*Datei*] Erzeugt eine neue Shell in einem speicherbaren Buffer, wobei wahlweise noch eine *Datei* zum Speichern des Buffers angegeben werden kann. Die Anwendung ist nur in **vi** möglich.	**script**

se *Parameter1 Parameter2 ...*
 	
Jeder *Parameter* setzt einen Wert für eine Option. Bei fehlendem *Parameter* werden die Werte aller vom Standardwert abweichenden Optionen ausgegeben. Für Optionen mit booleschen Werten erfolgt die Angabe von *Parameter* in der Form *option* oder **no***option*. Für andere Optionen lautet die Syntax *option=Wert*. Mit **all** werden die aktuellen Einstellungen für alle Optionen angezeigt.
 	
Beispiel
`:set nows wm=10`
`:set all`
	set

sh Erzeugt eine neue Shell. Beim Beenden der Shell wird die Bearbeitung der Datei fortgesetzt.	**shell**
so *Datei* Einlesen und Ausführen der **ex**-Befehle in *Datei*.	**source** →

source ←

Beispiel

```
:so $HOME/.exrc
```

stop

st

Anhalten der Editorsitzung. Wie **Ctrl-Z**. Der Befehl **fg** setzt die Bearbeitung wieder fort.

substitute

[*Adresse*] **s** [*/Muster/Ersetzungsmuster/*] [*Optionen*] [*Anzahl*]

Ersetzt jedes Vorkommen von *Muster* in den angegebenen Zeilen durch *Ersetzungsmuster*. Bei weggelassenem *Muster* und *Ersetzungsmuster* wird die letzte Ersetzung wiederholt. *Anzahl* gibt die Anzahl der ab *Adresse* zu bearbeitenden Zeilen an. Ist dem Befehl ein **global**- (**g**) oder **v**-Befehl vorangestellt, kann *Muster* weggelassen werden. In diesem Fall dient das beim **g**- oder **v**-Befehl angegebene Muster als Vorlage. Vergleichen Sie hierzu auch »Beispiele zum Suchen und Ersetzen« in Kapitel 9, *Mustervergleiche*.

Optionen

- c Vor jeder Ersetzung nachfragen.
- g Jedes Vorkommen (und nicht nur das erste) von *Muster* auf jeder Zeile ersetzen.
- p Ausgeben der letzten Zeile, auf der eine Ersetzung vorgenommen wurde.

Beispiel

`:1,10s/yes/no/g`	*In den ersten zehn Zeilen ersetzen*
`:%s/[Hh]ello/Hi/gc`	*Globale Ersetzungen bestätigen*
`:s/Fortran/\U&/ 3`	*In den folgenden drei Zeilen das erste Vorkommen von »Fortran« in Großbuchstaben umwandeln*
`:g/^[0-9][0-9]*/s//Zeile`	*In jeder mit einer oder mehreren Zahlen beginnenden Zeile den Text »Zeile« und einen Doppelpunkt hinzufügen*

suspend

su

Anhalten der Editorsitzung. Wie **Ctrl-Z**. Der Befehl **fg** setzt die Bearbeitung wieder fort.

[*Adresse*] **t** *Ziel* Kopieren der in *Adresse* angegebenen Zeilen nach *Ziel*. **t** ist ein Alias für **copy**. ***Beispiel*** `:%t$` *Datei kopieren und am Ende anhängen*	**t**

[*Adresse*] **ta**[!] *Markierung*
 	
Mit der Bearbeitung zur Datei, die *Markierung* enthält, wechseln.
 	
Beispiel
 	
ctags aufrufen und zur Datei wechseln, die *meine_funktion* enthält:
 	
`:!ctags *.c`
`:tag meine_funktion`
	tag

tagn[!] Das nächste Vorkommen der aktuellen Markierung finden.	**tagnext**
tagp[!] Aktuelle Markierung verwerfen und zur zuletzt gefundenen Position der vorherigen Markierung zurückkehren.	**tagpop**
tagpr[!] Rückkehr zur zuletzt gefundenen Position der aktuellen Markierung.	**tagprev**
tagt[!] Rückkehr zur zuerst gesuchten Markierung. Alle anderen Markierungen verwerfen.	**tagtop**
una *Wort* *Wort* von der Liste der Abkürzungen löschen.	**unabbreviate**

undo	**u** Aufheben der beim letzten Editierbefehl gemachten Änderungen.
unmap	**unm[!]** *Zeichen* *Zeichen* von der Liste der Tastaturmakros löschen. Ein ! entfernt ein Tastaturmakro für den Eingabemodus.
v	[*Adresse*] **v/***Muster***/** [*Befehle*] Führt die *Befehle* für alle diejenigen Zeilen aus, die *nicht* das *Muster* enthalten. Sind keine *Befehle* angegeben, werden alle passenden Zeilen ausgegeben. **v** ist gleichbedeutend mit **g!**. Siehe auch **global**. ***Beispiel*** `:v/#include/d` *Alle Zeilen außer »#include«-Anweisungen löschen*
version	**ve** Versionsnummer des Editors ausgeben.
vi	**vi** [+*n*] *Datei* *Datei* wahlweise ab Zeile *n* beginnend editieren. Nur anwendbar in **vi**.
visual	[*Adresse*] **vi** [*Typ*] [*Anzahl*] Aufrufen des Visual-Modus (**vi**) an der Zeile *Adresse*. Den Modus mit **Q** beenden. *Typ* kann entweder -, ^ oder . sein. (siehe hierzu den **z**-Befehl.) *Anzahl* gibt die anfängliche Fenstergröße an.
viusage	**viu** [*Taste*] Gibt eine kurze Anleitung zur Wirkungsweise von *Taste* oder eine Liste der definierten Tasten, falls *Taste* fehlt.
wq	**wq[!]** Speichern und Beenden der Datei in einem einzigen Befehl. Ein ! erzwingt das Überschreiben jeglichen Inhalts von *Datei*.

[*Adresse*] **w**[!] [[>>] *Datei* Schreibt die durch *Adresse* benannten Zeilen in *Datei*, ansonsten den gesamten Inhalt des Buffers, falls *Adresse* nicht angegeben ist. Ist auch *Datei* nicht benannt, wird der Inhalt des Buffers in die aktuelle Datei gespeichert. Bei Angabe von >> *Datei* fügt der Befehl den Bufferinhalt an das Ende von *Datei* an. Ein ! erzwingt das Überschreiben jeglichen Inhalts von *Datei*.	**write**
[*Adresse*] **w** !*Befehl* Schickt die durch *Adresse* bezeichneten Zeilen an *Befehl*. ***Beispiele*** `:1,10w namen_liste` *Speichert die ersten zehn Zeilen in die Datei »namen_liste«* `:50w >> namen_liste` *Jetzt Zeile 50 anhängen*	**write**
x Abspeichern der Datei, falls sie seit dem letzten Speichern verändert wurde; danach beenden.	**xit**
[*Adresse*] **ya** [*Zeichen*] [*Anzahl*] Kopieren der durch *Adresse* benannten Zeilen in den Buffer namens *Zeichen*. Bei fehlendem *Zeichen* werden die Zeilen in die Zwischenablage kopiert. Es werden *Anzahl* Zeilen, beginnend ab *Adresse*, kopiert. ***Beispiel*** `:101,200 ya a`	**yank**
[*Adresse*] **z** [*Typ*] [*Anzahl*] Gibt eine Fensterhöhe voll Text aus, wobei die Zeile *Adresse* als erste Zeile erscheint. *Anzahl* gibt die Anzahl der auszugebenden Zeilen an. ***Typ*** + Angegebene Zeile am oberen Fensterrand anzeigen (Standard). – Angegebene Zeile am unteren Fensterrand anzeigen. . Angegebene Zeile in der Fenstermitte anzeigen. ^ Ein Fenster nach oben bewegen.	**z** →

z ←	= Angegebene Zeile in der Fenstermitte anzeigen und zur aktuellen Zeile machen.
!	[*Adresse*] !*Befehl* Ausführen des Linux-*Befehls* in einer Shell. Die durch *Adresse* bezeichneten Zeilen werden als Standardeingabe an *Befehl* geschickt und durch die Ausgabe des Befehls ersetzt. ***Beispiel*** `:!ls` *Dateien im aktuellen Verzeichnis anzeigen* `:11,20!sort -f` *Zeilen 11-20 der aktuellen Datei sortieren*
=	[*Adresse*] = Ausgeben der Zeilennummer der nächsten Zeile, auf die *Adresse* paßt. Bei fehlender *Adresse* wird die Nummer der letzten Zeile ausgegeben.
< >	[*Adresse*] < [*Anzahl*] [*Adresse*] > [*Anzahl*] Verschieben der durch *Adresse* angegebenen Zeilen nach links (<) oder rechts (>). Bei einer Verschiebung nach links werden nur Leer- und Tabulatorzeichen entfernt. *Anzahl* gibt die Anzahl der ab *Adresse* zu verschiebenden Zeilen an.
Adresse	*Adresse* Ausgeben der mit *Adresse* bezeichneten Zeile.
Return	*Return* Ausgeben der nächsten Zeile der Datei.
&	& [*Optionen*] [*Anzahl*] Wiederholen des letzten Ersetzungsbefehls (s). *Anzahl* gibt die Anzahl der ab *Adresse* zu bearbeitenden Zeilen an.

Beispiel `:s/Gemahnt/Bezahlt/` *Auf der aktuellen Zeile einmal ersetzen* `:g/Status/&` *Ersetzung auf allen »Status«-Zeilen wiederholen*	**&**
[*Adresse*] ~ [*Anzahl*] Ersetzen des letzten regulären Ausdrucks durch das letzte Ersetzungsmuster aus einem **substitute**-Befehl (**s**).	**~**
`^D` Durch die Datei blättern.	**^D**
`^Z` Editorsitzung anhalten. Der Befehl **fg** setzt die Bearbeitung wieder fort.	**^Z**

vi-Einstellungen

Dieser Abschnitt behandelt die folgenden Themen:

- Der :**set**-Befehl
- Optionen des :**set**-Befehls
- Beispielhafte *~/.exrc*-Datei

Der :set-Befehl

Mit dem :**set**-Befehl können Sie Optionen einstellen, die die Eigenschaften Ihrer Arbeitsumgebung verändern. Sie können diese Optionen in die Datei *~/.exrc* in Ihrem Home-Verzeichnis eintragen oder während einer Editorsitzung in **vi** angeben.

Der Doppelpunkt darf nicht eingegeben werden, wenn der Befehl in *~/.exrc* steht.

Befehl	Aktion
`:set` *x*	Option *x* einschalten.
`:set no`*x*	Option *x* ausschalten.
`:set` *x*=*Wert*	Option *x* auf den Wert *Wert* setzen.
`:set`	Geänderte Optionen anzeigen.

Befehl	Aktion
`:set all`	Alle Optionen anzeigen.
`:set` *x*?	Den Wert der Option *x* anzeigen.

Optionen des :set-Befehls

Die folgende Tabelle beschreibt die Optionen des **:set**-Befehls. Die erste Spalte enthält dabei neben dem Optionsnamen eine eventuell mögliche Abkürzung. Ein beigefügtes Gleichheitszeichen bedeutet, daß ein Wert erforderlich ist. Die zweite Spalte zeigt den voreingestellten Wert, und die dritte Spalte erläutert die Wirkungsweise der eingeschalteten bzw. veränderten Option.

Option	Voreinstellung	Beschreibung
autoindent (ai)	noai	Im Einfügemodus jede Zeile auf die gleiche Ebene wie die vorige oder folgende einrücken. Wird zusammen mit der **shiftwidth**-Option verwendet.
autoprint (ap)	ap	Anzeigen der Änderungen nach jedem Editorbefehl (bei globalen Ersetzungen nur die letzte Ersetzung anzeigen.)
autowrite (aw)	noaw	Automatisches Speichern der Datei vor dem Öffnen einer anderen Datei mit **:n** oder vor der Ausführung eines Linux-Befehls mit **:!**, sofern die Datei verändert worden ist.
beautify (bf)	nobf	Während der Eingabe alle Steuerzeichen außer Tabulator, Zeilenwechsel und Seitenvorschub ignorieren.
directory= (dir)	/tmp	Name des Verzeichnisses, in dem **ex** temporäre Bufferdateien ablegt. Das Verzeichnis muß schreibbar sein.
edcompatible	noed-compatible	Verwendung **ed**-ähnlichen Verhaltens bei Ersetzungsbefehlen.
errorbells (eb)	errorbells	Ausgeben einer akustischen Warnung bei Auftreten von Fehlern.
exrc (ex)	noexrc	Ausführung von *~/.exrc*-Dateien außerhalb des Home-Verzeichnisses des Benutzers erlauben.
hardtabs= (ht)	8	Schrittweite für Hardware-Tabulatoren des Terminals einstellen.
ignorecase (ic)	noic	Groß-/Kleinschreibung während Suchoperationen nicht beachten.

Option	Voreinstellung	Beschreibung
lisp	**nolisp**	Einrückungen entsprechend den LISP-Konventionen vornehmen. ( ), { }, [[und]] werden entsprechend den LISP-Bedeutungen verändert.
list	**nolist**	Tabulatoren als ^I und Zeilenenden als $ anzeigen. Mit **list** können Sie prüfen, ob es sich bei einem Zeichen um ein Tabulator- oder Leerzeichen handelt.
magic	**magic**	Die Platzhalterzeichen . (Punkt), * (Stern) und [ ] (eckige Klammern) haben ihre besondere Bedeutung in Mustervergleichen.
mesg	**mesg**	Systemmeldungen werden während des Editierens in **vi** angezeigt.
number (**nu**)	**nonu**	Anzeigen der Zeilennummern am linken Bildschirmrand während des Editierens.
open	**open**	Der Open-Modus von **ex** darf verwendet werden.
optimize (**opt**)	**noopt**	Zeilenwechsel (Wagenrücklauf) an Zeilenenden werden bei der Ausgabe mehrerer Zeilen unterdrückt. Dies beschleunigt den Vorgang auf einfachen Terminals bei Zeilen mit führenden Leer- oder Tabulatorzeichen.
paragraphs= (**para**)	**IPLPPPQPLI pplpipbp**	Festlegen der Absatzbegrenzungen bei Bewegungen mit { oder }. Die Zeichenpaare im angegebenen Wert entsprechen den Namen der **nroff/troff**-Makros, die Absätze einleiten.
prompt	**prompt**	Anzeigen der **ex**-Eingabeaufforderung (:) beim **Q**-Befehl von vi.
readonly (**ro**)	**noro**	Jeder Speicherbefehl schlägt fehl, wenn er nicht ausdrücklich mit ! kombiniert wird. Wirkt in Verbindung mit **w**, **ZZ** oder **autowrite**.
redraw (**re**)	**noredraw**	Der Bildschirm baut seinen Inhalt nach jedem Editiervorgang neu auf, d.h., im Einfügemodus werden bereits vorhandene Zeichen weitergeschoben und auf gelöschte Zeilen folgende Zeilen unmittelbar nachgezogen. Die Voreinstellung hängt von der Verbindungsgeschwindigkeit und dem Bildschirmmodell ab. **noredraw** ist bei einer langsamen Verbindung und einem einfachen Bildschirm sinnvoll: Gelöschte Zeilen werden als @ angezeigt, und eingefügter Text überschreibt zunächst den vorhandenen Text, bis die Esc-Taste gedrückt wird.

Option	Voreinstellung	Beschreibung
remap	remap	Erlauben von verschachtelten Tastaturmakros.
report=	5	Ausgeben einer Meldung in der Befehlseingabezeile, wenn Editieroperationen durchgeführt werden, die sich auf mehr als die angegebene Anzahl von Zeilen auswirken. Beispielsweise wird bei **6dd** die Meldung »6 lines deleted« ausgegeben.
scroll=	<1/2 Fenster>	Seitengröße beim Blättern
sections= (sect)	SHNHH HU	Definition von Abschnittsbegrenzungen für Bewegungen mit [[ ]]. Die angegebenen Zeichenpaare entsprechen den **nroff/troff**-Makros, die Abschnitte einleiten.
shell= (sh)	/bin/sh	Pfadname der Shell, die beim Shell-Aufruf (:!) und beim Shell-Befehl (:**sh**) verwendet wird. Der Vorgabewert ist der Wert der SHELL-Umgebungsvariablen.
shiftwidth= (sw)	8	Angabe der Anzahl von Leerzeichen, die bei Einrückbefehlen (**^T**, **^D**, **>>** und **<<**) eingefügt werden sollen.
showmatch (sm)	nosm	Wenn in **vi** eine) oder } eingegeben wird, springt der Cursor kurz auf die dazugehörige (oder { und wieder zurück. Wenn die passende Klammer nicht auf dem Bildschirm zu sehen ist, wird eine akustische Warnung ausgegeben. Sehr hilfreich beim Programmieren.
showmode	noshowmode	Ausgeben einer Meldung in der Befehlseingabezeile im Einfügemodus über die Art der Einfügeoperation, beispielsweise »Open Mode« oder »Append Mode«.
slowopen (slow)		Den Bildschirminhalt während der Eingabe nicht aktualisieren. Der voreingestellte Wert ist abhängig von der Verbindungsgeschwindigkeit und dem Bildschirmmodell.
tabstop= (ts)	8	Festlegen der Anzahl von Zeichenspalten, um die ein eingegebenes Tabulatorzeichen den Cursor vorrückt. Drucker verwenden davon unabhängig einen Wert von 8 bzw. den in der Druckereinrichtung am Gerät eingestellten Wert.
taglength= (tl)	0	Festlegen der Anzahl von Zeichen, die bei der Überprüfung von Markierungen maßgeblich sind. Der voreingestellte Wert (0) bedeutet, daß alle Zeichen maßgeblich sind.

Option	Voreinstellung	Beschreibung
tags=	**tags /usr/lib/tags**	Angeben des Pfadnamens von Markierungsdateien (siehe Beschreibung des **ctags**-Befehls in Kapitel 3, *Linux-Befehle*). Voreinstellung ist die Datei **tags** im aktuellen Verzeichnis und in */usr/lib/tags*.
term=		Einstellen des Terminalmodells
terse	**noterse**	Ausgabe von kürzeren Fehlermeldungen
timeout (to)	**timeout**	Timeout für Tastaturmakros nach 1 Sekunde
ttytype=		Einstellen des Terminalmodells. Der voreingestellte Wert ist der Wert der TERM-Umgebungsvariablen.
warn	**warn**	Ausgabe der Meldung »No write since last change«
window= (w)		Anzeigen einer bestimmten Anzahl von Zeilen auf dem Bildschirm. Die Voreinstellung ist abhängig von der Verbindungsgeschwindigkeit und dem Terminalmodell.
wrapmargin= (wm)	**0**	Definieren des rechten Textrands. Bei einem Wert größer als Null wird bei Erreichen der vorgegebenen Zeichenspalte automatisch ein Zeilenvorschub als Zeilenumbruch eingefügt.
wrapscan (ws)	**ws**	Textsuche wird bei Erreichen des Dateiendes am Anfang fortgesetzt und umgekehrt.
writeany (wa)	**nowa**	Erlaubt das Speichern in jede beliebige Datei.

Beispiel einer ~/.exrc-Datei

Die folgenden Zeilen zeigen einige Beispiele für eine individuell angepaßte *.exrc*-Datei:

```
set nowrapscan wrapmargin=7
set sections=SeAhBhChDh nomesg
map q :w^M:n^M
map v dwElp
ab ORA O'Reilly-Verlag
```

KAPITEL 12

Der Editor sed

In diesem Kapitel finden Sie die folgenden Abschnitte:

- Überblick über **sed**
- Kommandozeilensyntax
- Syntax der **sed**-Befehle
- Nach Gruppen sortierte Zusammenfassung der **sed**-Befehle
- Alphabetisch sortierte Zusammenfassung der **sed**-Befehle

Weitere Informationen finden Sie in der zweiten Auflage des O'Reilly-Buches *sed & awk* von Dale Dougherty und Arnold Robbins.

Überblick über sed

sed ist ein nicht-interaktiver oder datenflußorientierter Editor. Der Name ist eine Abkürzung des englischen »**s**tream-oriented **ed**itor«. Er interpretiert ein sogenanntes Skript und führt die darin angegebenen Aktionen aus. **sed** ist datenflußorientiert wie viele andere Unix-Befehle, weil die Eingabe gewissermaßen durch das Programm hindurch zur Standardausgabe fließt. Ein anderes Beispiel für einen datenflußorientierten Befehl ist **sort**, ein Gegenbeispiel dazu ist **vi**. Die Eingaben für **sed** kommen normalerweise aus einer Datei, können aber auch von der Tastatur entgegengenommen werden. Die Ausgabe erfolgt gewöhnlich über den Bildschirm, sie kann aber auch in eine Datei umgelenkt werden.

Gängige Anwendungsbeispiele für **sed** sind:

- Automatisches Editieren einer oder mehrerer Dateien
- Vereinfachen von sich wiederholenden Editiervorgängen auf vielen Dateien
- Konvertierungsprogramme schreiben

sed arbeitet folgendermaßen:

- Jede Eingabezeile wird in einen gesonderten Speicherbereich kopiert.
- Alle Editierbefehle eines **sed**-Skripts werden nacheinander auf jede Zeile im Speicherbereich angewandt.

- Die Editierbefehle werden auf alle Zeilen angewandt, falls sie nicht durch Angabe einer Zeilenadressierung auf einen bestimmten Bereich beschränkt sind.
- Wenn ein Befehl eine Zeile verändert, arbeiten die nachfolgenden Befehle mit der geänderten und nicht mehr mit der ursprünglichen Zeile.
- Die ursprüngliche Eingabedatei bleibt unangetastet, weil die Editierbefehle die in den Speicherbereich kopierten Zeilen bearbeiten. Diese Kopie wird auf die Standardausgabe geschrieben, kann aber auch in eine Datei umgeleitet werden.

Kommandozeilensyntax

Der Aufruf von **sed** kann auf zweierlei Arten erfolgen:

> **sed** [*Optionen*] '*Befehl*' *Datei(en)*
> **sed** [*Optionen*] **-f** *Skriptdatei Datei(en)*

Mit der ersten Form können Sie einen Editierbefehl auf der Kommandozeile in einfachen Anführungszeichen angeben. Mit der zweiten Schreibweise läßt sich eine *Skriptdatei* benennen, der **sed** die auszuführenden Befehle entnimmt. Falls keine zu bearbeitenden Dateien aufgeführt sind, liest **sed** die Eingabezeilen der Standardeingabe.

Folgende *Optionen* sind möglich:

-e *Befehl*
: Das nächste Argument ist ein Editierbefehl. Diese Option ist nur dann erforderlich, wenn Sie zwei oder mehr Befehle auf der Kommandozeile angeben möchten.

-f *Skriptdatei*
: Das nächste Argument ist eine Skriptdatei mit Editierbefehlen.

-n Unterdrückt die normale Form der Ausgabe; **sed** gibt nur die mit dem **p**-Befehl oder mit der **p**-Option des **s**-Befehls angegebenen Zeilen aus.

-V Zeigt die Versionsnummer an.

--quiet
: Hat die gleiche Bedeutung wie **-n**.

--expression=*Befehl*
: Hat die gleiche Bedeutung wie **-e**.

--file=*Skriptdatei*
: Hat die gleiche Bedeutung wie **-f**.

--help
: Gibt eine kurze Hilfe zu den Befehlsoptionen aus.

--silent
: Hat die gleiche Bedeutung wie **-n**.

--version
: Hat die gleiche Bedeutung wie **-V**.

Syntax der sed-Befehle

sed-Befehle erscheinen grundsätzlich in der Form:

[*Adresse*[,*Adresse*]][!]*Befehl* [*Argumente*]

sed-Befehle bestehen aus *Adressen* und Editier*befehlen*. *Befehle* bestehen ihrerseits aus einem einzelnen Buchstaben oder Sonderzeichen und werden später noch alphabetisch und nach Gruppen sortiert beschrieben. Einige Befehle können *Argumente* haben: eine Markierung beim **b**- oder **t**-Befehl, einen Dateinamen beim **r**- oder **w**-Befehl und Optionen beim **s**-Befehl. Eine Beschreibung des Formats für *Adressen* folgt im nächsten Abschnitt.

sed

Musteradressierung

Bei jedem **sed**-Befehl können keine, eine oder zwei Adressen stehen, auf die sich der Befehl bezieht. Eine Adresse kann eine Zeilennummer, das Symbol **$** für die letzte Zeile oder ein in Schrägstriche eingeschlossener regulärer Ausdruck sein (*/Muster/*). Eine Beschreibung der regulären Ausdrücke finden Sie in Kapitel 9, *Mustervergleiche*. Darüber hinaus paßt der Ausdruck **\n** auf jeden Zeilenumbruch im Arbeitsbereich (solche Zeilenumbrüche entstehen durch den **N**-Befehl), nicht aber auf den Zeilenumbruch am Ende des Arbeitsbereichs.

Der Befehl enthält	**Dann wird der Befehl angewendet auf**
Keine Adresse	Jede Eingabezeile.
Eine Adresse	Jede Zeile, die auf die Adresse paßt. Einige Befehle (**a**, **i**, **r**, **q** und =) können nur eine Adresse haben.
Zwei durch Kommata getrennte Adressen	Die erste passende Zeile und alle nachfolgenden bis einschließlich derjenigen Zeile, die auf die zweite Adresse paßt.
Eine Adresse mit angefügtem !	Alle Zeien, die *nicht* auf diese Adresse passen.

Beispiele

`s/xx/yy/g`	*Alle Vorkommen auf allen Zeilen ersetzen*
`/BSD/d`	*Alle Zeilen löschen, die BSD enthalten*
`/^BEGIN/,/^END/p`	*Text zwischen BEGIN und END einschließlich ausgeben*
`/SAVE/!d`	*Alle Zeilen löschen, die nicht SAVE enthalten*
`/BEGIN/,/END/!s/xx/yy/g`	*In allen Zeilen ersetzen, die nicht im Bereich zwischen BEGIN und END liegen*

Geschweifte Klammern ({}) dienen in **sed** dazu, Adressen ineinander zu verschachteln oder mehrere Befehle auf ein und dieselbe Adresse anzuwenden:

[*/Adresse/*[,*/Adresse/*]]{
Befehl1
Befehl2
}

Die öffnende geschweifte Klammer muß am Zeilenende und die schließende Klammer allein auf einer Zeile stehen. Beachten Sie, daß den Klammern keine Leerzeichen folgen dürfen.

Nach Gruppen sortierte Zusammenfassung der sed-Befehle

In den folgenden Tabellen sind die **sed**-Befehle nach Gruppen sortiert und stichwortartig beschrieben. Vollständige Beschreibungen mit Syntax und Beispielen finden Sie in der danach folgenden, alphabetisch sortierten Übersicht.

Elementare Editierfunktionen

Befehl	Aktion
`a\`	Anhängen von Text am Ende einer Zeile.
`c\`	Ersetzen von Text (normalerweise einen Textblock).
`i\`	Einfügen von Text am Anfang einer Zeile.
`d`	Löschen von Zeilen.
`s`	Ersetzungen vornehmen.
`y`	Konvertieren von Zeichen (wie **tr** in Kapitel 3, *Linux-Befehle*).

Zeileninformation

Befehl	Aktion
`=`	Zeilennummer anzeigen.
`l`	Steuerzeichen in ASCII anzeigen.
`p`	Zeile anzeigen (ausgeben).

Ein-/Ausgabebefehle

Befehl	Aktion
`n`	Überspringen der aktuelle Zeile und Fortsetzung mit der nächsten.
`r`	Einlesen einer anderen Datei in die Eingabe.
`w`	Schreiben der Eingabezeilen in eine andere Datei.
`q`	Beenden des **sed**-Skripts (keine weiteren Ausgaben).

Kopieren und Einfügen

Befehl	Aktion
`h`	Kopieren des Arbeitsbereichs in die Zwischenablage, deren vorheriger Inhalt verlorengeht.
`H`	Kopieren des Arbeitsbereichs in die Zwischenablage, dabei an dort vorhandene Daten anhängen.
`g`	Einfügen der Zwischenablage in den Arbeitsbereich, dessen vorheriger Inhalt verlorengeht.
`G`	Einfügen der Zwischenablage in den Arbeitsbereich, dabei an dort vorhandene Daten anhängen.
`x`	Inhalte von Arbeitsbereich und Zwischenablage austauschen.

Verzweigungsbefehle

Befehl	Aktion
`b`	Verzweigen nach *Markierung* oder zum Ende des Skripts.
`t`	Wie **b**, aber nur nach einer Ersetzung verzweigen.
`:`*`Markierung`*	Markierung für **t** oder **b**.

Gleichzeitiges Verarbeiten mehrerer Eingabezeilen

Befehl	Aktion
`N`	Einlesen einer weiteren Eingabezeile (dabei wird ein eingebetteter Zeilenwechsel erzeugt).
`D`	Löschen bis zum eingebetteten Zeilenwechsel.
`P`	Ausgeben bis zum eingebetteten Zeilenwechsel.

Alphabetisch sortierte Übersicht der sed-Befehle

#	# Leitet einen Kommentar in einem **sed**-Skript ein. Nur erlaubt als erstes Zeichen der ersten Zeile. (Einige Versionen von **sed**, einschließlich der GNU-Version in Linux, erlauben Kommentare überall, aber es ist besser, nicht auf diese Funktionalität zu vertrauen.) Erscheint als erste Zeile im Skript **#n**, verhält sich **sed** so, als ob **-n** angegeben worden wäre.
:	:*Markierung* Markiert eine Zeile im Skript, zu der der Befehl **b** oder **t** verzweigen kann. *Markierung* darf bis zu sieben Zeichen lang sein.
=	[/*Muster*/]= Gibt auf Standardausgabe die Zeilennummer jeder Zeile aus, die *Muster* enthält.

a	[*Adresse*]a\
	 Text
	
	 Fügt *Text* an jede Zeile an, die auf *Adresse* paßt. Wenn *Text* sich über mehrere Zeilen erstreckt, müssen enthaltene Zeilenvorschübe durch einen Backslash »versteckt« werden. Der *Text* gilt durch den ersten nicht versteckten Zeilenvorschub als beendet. Der *Text* steht nicht im Arbeitsbereich zur Verfügung und kann daher auch nicht von nachfolgenden Befehlen verwendet werden. Das Ergebnis dieses Befehls wird nach Abschluß des Editiervorgangs auf die Standardausgabe geschrieben, und zwar unabhängig davon, wie die aktuelle Zeile im Arbeitsbereich verändert wird.
	
	 Beispiel
	
	 `$a\`
	 `Dies wird hinter die letzte Zeile der Datei geschrieben\`
	 `(angegeben durch $). Sämtliche Zeilenvorschübe am Ende einer\`
	 `Zeile mit Ausnahme der letzten sind versteckt.`

b	[*Adresse1* [,*Adresse2*]] b [*Markierung*] Verzweigt bedingungslos nach :*Markierung* an einer anderen Stelle im Skript, d.h., der auf *Markierung* folgende Befehl ist der nächste Befehl, der auf die aktuelle Zeile angewandt wird. Falls keine *Markierung* angegeben ist, bricht die Verarbeitung des Skripts für die aktuelle Zeile ab.

Beispiel

b

Zeilen zwischen **.TS** und **.TE** ignorieren; Abarbeitung des Skripts nach **.TE** wieder aufnehmen:

```
/^\.TS/,/^\.TE/b
```

sed

[*Adresse1* [,*Adresse2*]] **c**
Text

c

Ersetzt die durch die Adresse bezeichneten Zeilen durch *Text*. Ist ein Bereich von Zeilen angegeben, werden alle Zeilen zusammen durch eine einzige Kopie von *Text* ersetzt. Die Zeilenvorschübe am Ende jeder Zeile von *Text* mit Ausnahme der letzten müssen »versteckt« werden. Der Inhalt des Arbeitsbereichs wird gelöscht und steht nachfolgenden Editierbefehlen nicht mehr zur Verfügung.

Beispiel

Ersetzt die ersten hundert Zeilen einer Datei:

```
1,100c\
\
<die ersten hundert Namen>
```

[*Adresse1* [,*Adresse2*]] **d**

d

Löscht die angegebene Zeile (oder Zeilen) aus dem Arbeitsbereich. Es erfolgt also keine Ausgabe der betroffenen Zeilen auf Standardausgabe. Die nächste Zeile wird eingelesen und mit dem ersten Befehl des Skripts bearbeitet.

Beispiel

Löscht alle leeren Zeilen:

```
/^$/d
```

[*Adresse1* [,*Adresse2*]] **D**

D

Löscht den ersten Teil (alles bis zu einem eingebetteten Zeilenvorschub) eines mehrzeiligen Arbeitsbereichs, der durch den **N**-Befehl angelegt wurde. Danach fährt der Editiervorgang mit dem ersten Befehl des Skripts fort. Wenn die Ausführung dieses Befehls zur Leerung des Arbeitsbereichs führt, wird eine neue Eingabezeile eingelesen, als ob der Befehl **d** ausgeführt worden wäre.

→

D ←

Beispiel

Faßt mehrere leere Zeilen zu einer zusammen:

```
/^$/{
N
/^\n$/D
}
```

g

[*Adresse1* [,*Adresse2*]] **g**

Fügt den Inhalt der Zwischenablage (siehe **h**- und **H**-Befehle) in den Arbeitsbereich ein. Dabei wird der vorherige Inhalt des Arbeitsbereichs gelöscht. Das Beispiel zeigt eine einfache Methode zum Kopieren von Zeilen.

Beispiel

Dieses Skript nimmt alle Zeilen, die das Wort *Position:* enthalten, und kopiert sie an eine durch einen Platzhalter markierte Stelle weiter hinten in der Datei. Der Platzhalter wird dabei überschrieben.

```
/Position:/H
/<Diese Zeile mit der Positionsliste Überschreiben>/g
```

G

[*Adresse1* [,*Adresse2*]] **G**

Wie **g**, aber dieser Befehl fügt den Text unterhalb der angegebenen Adresse ein, anstatt den dortigen Text zu überschreiben. Das Beispiel zeigt eine einfache Methode zum Kopieren und Wiedereinfügen von Text.

Beispiel

Dieses Skript nimmt alle Zeilen, die das Wort *Position*: enthalten, und verschiebt sie hinter eine durch einen Platzhalter markierte Stelle weiter hinten in der Datei. Die ursprünglichen Zeilen mit *Position*: werden gelöscht.

```
/Position:/{
H
d
}
/Liste der Positionen:/G
```

h

[*Adresse1* [,*Adresse2*]] **h**

Kopiert den Arbeitsbereich in die Zwischenablage, einen speziellen temporären Buffer. Dabei wird der vorherige Inhalt der Zwischenablage gelöscht. Sie können mit dem **h**-Befehl ein Duplikat einer Zeile anlegen, bevor Sie sie editieren.

h

Beispiel

```
# Eine Zeile editieren, Veränderungen ausgeben, Original noch einmal anzeigen
/Befehls/{
h
s/.* Befehls \([[:alpha:]]\) .*/\1:/
p
x
}
```

Beispiel für eine Eingabe:

```
Beschreibung des Befehls ls in Linux.
Beschreibung des Befehls cp in Linux.
```

Ergebnisausgabe des Beispiels:

```
ls:
Beschreibung des Befehls ls in Linux.
cp:
Beschreibung des Befehls cp in Linux.
```

[*Adresse1* [,*Adresse2*]] **H**

H

Fügt den Inhalt des Arbeitsbereichs zusammen mit einem vorangestellten Zeilenvorschub an den Inhalt der Zwischenablage an. Der **H**-Befehl fügt auch dann einen Zeilenvorschub ein, wenn die Zwischenablage leer ist. **H** entspricht einem inkrementellen Kopiervorgang. Siehe dazu die Beispiele unter **g** und **G**.

[*Adresse*] **i**
Text

i

Fügt *Text* vor jede Zeile ein, die auf *Adresse* paßt. (Vergleichen Sie hierzu die Beschreibung zum **a**-Befehl und die dortigen Erläuterungen zu *Text*.)

Beispiel

```
/Position 1/i\
Die fünf Positionen sind unten aufgeführt:
```

[*Adresse1* [,*Adresse2*]] **l**

l

Zeigt den Inhalt des Arbeitsbereichs an, wobei nicht-druckbare Zeichen als ASCII-Zeichen dargestellt und zu lange Zeilen umbrochen werden.

n [*Adresse1* [,*Adresse2*]] **n**

Liest die nächste Eingabezeile in den Arbeitsbereich ein. Die aktuelle Zeile wird auf die Standardausgabe geschrieben, und die nächste Zeile wird zur aktuellen Zeile. Das Skript fährt mit dem nächsten, auf **n** folgenden Befehl fort, anstatt am Anfang des Skripts neu zu beginnen.

Beispiel

In den **ms**-Makros steht eine Abschnittsüberschrift auf einer Zeile unter einem .NH-Makro. Um alle Überschriften anzuzeigen, können Sie das folgende Skript mit **sed -n** aufrufen:

```
/^\.NH/{
n
p
}
```

N [*Adresse1* [,*Adresse2*]] **N**

Fügt die nächste Eingabezeile an den Inhalt des Arbeitsbereichs an. Die beiden Zeilen werden durch einen eingebetteten Zeilenvorschub voneinander getrennt. (Dieser Befehl ist für Mustervergleiche gedacht, die sich über mehrere Zeilen erstrecken.) Wenn Sie in Suchmustern die eingebetteten Zeilenvorschübe mit **\n** angeben, können Sie Mustervergleiche über mehrere Zeilen hinweg durchführen. Vergleichen Sie hierzu das Beispiel beim Befehl **D**.

Beispiel

Wie im vorigen Beispiel, aber hierbei wird die Zeile mit .**NH** zusätzlich zur Abschnittsüberschrift ausgegeben:

```
/^\.NH/{
N
p
}
```

Jeweils zwei Zeilen zusammenfassen und den Zeilenvorschub durch ein Leerzeichen ersetzen:

```
/^\.NH/{
N
s/\n/ /
p
}
```

[*Adresse1* [,*Adresse2*]] **p** | **p**

Gibt die bezeichneten Zeilen aus. Falls nicht die Option **-n** auf der Kommandozeile verwendet wurde, erzeugt dieser Befehle für doppelte Zeilen in der Ausgabe. Der typische Einsatzfall für diesen Befehl ist vor denjenigen Befehlen, die die Abarbeitungsreihenfolge des Skripts beeinflussen (**d**, **N**, **b**) und deshalb die Ausgabe der aktuellen Zeile verhindern können. Siehe dazu die Beispiele bei **h**, **n** und **N**.

[*Adresse1* [,*Adresse2*]] **P** | **P**

Gibt den ersten Teil (bis zum eingebetteten Zeilenvorschub) eines mehrzeiligen, durch den **N**-Befehl angelegten Textes aus. Dieser Befehl erfüllt die gleiche Funktion wie **p**, wenn auf die Zeile nicht vorher **N** angewandt wurde.

[*Adresse*] **q** | **q**

Bricht die Skriptverarbeitung ab, wenn die mit *Adresse* gekennzeichnete Zeile erreicht wird. Die Zeile wird zunächst ausgegeben, sofern die Standardausgabe nicht abgeschaltet ist, und anschließend folgt eventuell vorher mit den Befehlen **a** oder **r** angehängter Text.

Beispiel

Löscht alles nach der bezeichneten Zeile:

```
/Es folgt der zerstörte Textteil:/q
```

Gibt nur die ersten fünfzig Zeilen einer Datei aus:

```
50q
```

[*Adresse*] **r** *Datei* | **r**

Liest den Inhalt der *Datei* ein und fügt ihn an den Inhalt des Arbeitsbereichs an. Zwischen dem **r** und dem Dateinamen muß genau ein Leerzeichen stehen.

Beispiel

```
/Es folgt die Liste der Positionen:/r pos_datei
```

[*Adresse1* [,*Adresse2*]] **s/***Muster***/***Ersetzungsmuster***/**[*Optionen*] | **s**

Ersetzt *Muster* durch *Ersetzungsmuster* in jeder bezeichneten Zeile. Wenn durch Muster spezifizierte Adressen verwendet wurden, steht das Muster **//** für das letzte bezeichnete Adreßmuster. Die Angabe folgender Optionen ist möglich:

→

s ←

n Ersetzt das *n*-te Vorkommen von */Muster/* auf jeder adressierten Zeile. Dabei kann *n* jede ganze Zahl zwischen 1 und 512 sein; der Standardwert ist 1.

g Ersetzt alle (und nicht etwa nur das erste) Vorkommen von */Muster/* auf jeder adressierten Zeile.

p Gibt die Zeile aus, wenn eine Ersetzung vorgenommen wurde. Falls mehrere Ersetzungen stattgefunden haben, wird die Zeile auch mehrfach ausgegeben.

w *Datei*
Gibt die Zeile, in der eine Ersetzung vorgenommen wurde, in die *Datei* aus.

Beispiele

Einige kurze, kommentierte Skripten:

```
# Ersetzt das 3. und 4. Anführungszeichen durch ( und ):
/function/{
s/"/(/3
s/"/)/4
}

# Entfernt alle Anführungszeichen auf einer bestimmten Zeile:
/Titel/s/"//g

# Entfernt den ersten Doppelpunkt oder alle Anführungszeichen; gibt die
resultierenden Zeilen aus:
s/://p
s/"//gp

# Ersetzt das erste "if", wenn es kein "ifdef" ist:
/ifdef/!s/if/   if/
```

t

[*Adresse1*[,*Adresse2*]]**t** [*Markierung*]

Prüft, ob auf den bezeichneten Zeilen Ersetzungen vorgenommen wurden, und verzweigt, falls ja, zu der durch :*Markierung* genannten Skriptzeile. (Siehe hierzu auch **b** und :.) Falls *Markierung* nicht angegeben ist, werden alle restlichen Skriptbefehle übersprungen. Der t-Befehl entspricht der case-Anweisung in der Programmiersprache C oder den Shell-Programmiersprachen. Alle Fälle werden geprüft, und bei Zutreffen wird das Konstrukt beendet.

Beispiel

Angenommen, Sie wollen die leeren Felder einer Datenbank füllen und haben die folgenden Daten:

```
ID: 1   Name: christine   Gebiet: 50
ID: 2   Name: alexandra
ID: 3
```

Sie möchten das folgende Format erzeugen:

```
ID: 1    Name: christine    Gebiet: 50    Telefon: ??
ID: 2    Name: alexandra    Gebiet: ??    Telefon: ??
ID: 3    Name: ????         Gebiet: ??    Telefon: ??
```

t

Sie müssen also überprüfen, wie viele Felder bereits vorhanden sind. Dies kann mit dem folgenden Skript geschehen (es wird angenommen, daß die einzelnen Felder durch Tabulatoren getrennt sind):

```
/ID/{
s/ID: .* Name: .* Gebiet: .*/&   Telefon: ??/p
t
s/ID: .* Name: .*/&   Gebiet: ??   Telefon: ??/p
t
s/ID: .*/&   Name: ??     Gebiet: ??   Telefon: ??/p
}
```

sed

[*Adresse1* [,*Adresse2*]] **w** *Datei*

w

Schreibt den Inhalt des Arbeitsbereichs in die *Datei*. Das Speichern erfolgt in dem Moment, in dem der Befehl erreicht wird, und nicht etwa erst, wenn der Arbeitsbereich wieder ausgegeben wird. Zwischen dem **w** und dem Dateinamen muß genau ein Leerzeichen stehen. Der Befehl legt die Datei an, falls sie nicht existiert, und überschreibt ihren Inhalt bei jeder Ausführung des Skripts, falls sie schon vorhanden ist. Mehrere **w**–Befehle innerhalb des Skripts, die in dieselbe Datei speichern, hängen ihre Daten jeweils hinten an die Datei an.

Beispiel

```
# Speichert tbl- und eqn-Blöcke in eine Datei:
/^\.TS/,/^\.TE/w troff_kram
/^\.EQ/,/^\.EN/w troff_kram
```

[*Adresse1* [,*Adresse2*]] **x**

x

Vertauscht die Inhalte des Arbeitsbereichs und der Zwischenablage. Vergleichen Sie hierzu das Beispiel bei der Beschreibung des **h**-Befehls.

[*Adresse1* [,*Adresse2*]] **y**/*abc*/*xyz*/

y

Konvertiert Zeichen durch Austausch. Jedes Vorkommen von *a* wird durch *x*, *b* durch *y* und *c* durch *z* ausgetauscht usw.

Beispiel

```
# Tausche 1, 2, 3 durch A, B, C aus ...
/^Position [1-9]/y/123456789/ABCDEFGHI/
```

KAPITEL 13

Die Skriptsprache gawk

gawk

gawk ist die GNU-Version von **awk**, einem mächtigen Programm für Mustervergleiche bei der Verarbeitung von Textdateien, die aus Datensätzen fester oder variabler Länge bestehen können und die durch ein Trennzeichen (voreingestellt ist der Zeilenvorschub) voneinander getrennt sind. **gawk** läßt sich von der Kommandozeile aus starten oder in **gawk**-Skripten benutzen. Normalerweise können Sie dieses Werkzeug entweder durch Eingabe von **awk** oder **gawk** auf der Kommandozeile starten.

Dieses Kapitel geht auf folgende Themen ein:

- Überblick und Grundlagen
- Kommandozeilensyntax
- Muster und Prozeduren
- Systemvariablen
- Operatoren
- Variablen- und Feldzuweisungen
- Nach Gruppen sortierte Zusammenfassung der Befehle
- Alphabetisch sortierte Zusammenfassung der Befehle

Weitere Informationen finden Sie in der zweiten Auflage des O'Reilly-Buches *sed & awk* von Dale Dougherty und Arnold Robbins.

Überblick und Grundlagen

Mit **gawk** können Sie:

- eine Textdatei einfach so verarbeiten, als ob sie aus Datensätzen und Feldern in einer textbasierten Datenbank bestehen würde.
- Variablen benutzen, um die Datenbank zu verändern.
- Shell-Befehle aus Skripten heraus aufrufen.
- Arithmetische und String-Operationen ausführen.

- Programmiersprachenkonstrukte wie Schleifen und bedingte Anweisungen verwenden.
- Eigene Funktionen definieren.
- Die Ergebnisse von Shell-Befehlen weiterverarbeiten.
- Kommandozeilenargumente benutzerfreundlicher auswerten.
- Formatierte Berichte erstellen.

Kommandozeilensyntax

Es gibt zwei Aufrufformen für **gawk**:

> **gawk** [*Optionen*] '*Skript*' *Variable* =*Wert Datei(en)*
> **gawk** [*Optionen*] **-f** *Skriptdatei Variable* =*Wert Datei(en)*

Sie können entweder ein *Skript* direkt auf der Kommandozeile eingeben oder ein Skript in einer *Skriptdatei* abspeichern und danach deren Namen mit **-f** angeben. Es ist sogar erlaubt, mit der Option **-f** mehrere Skriptdateien gleichzeitig zu verwenden, die **awk** zum Abarbeiten hintereinanderfügt. Das ist für die Einbindung von Bibliotheken sehr praktisch.

gawk verarbeitet eine oder mehrere *Eingabedateien*. Wenn keine oder die Datei - angegeben werden, liest **gawk** von der Standardeingabe.

Variablen können auf der Kommandozeile einen Wert zugewiesen bekommen. Der *Wert* kann ein Literal, eine Shell-Variable (**$***name*) oder eine Befehls-Substitution sein (`*befehl*`). Der Wert steht dem Skript aber erst nach dem Einlesen der ersten Eingabezeile, d.h. nach Ausführung einer eventuell vorhandenen **BEGIN**-Anweisung, zur Verfügung.

Um beispielsweise die ersten drei durch Doppelpunkte getrennten Felder der Paßwort-Datei auf einer jeweils eigenen Zeile auszugeben, können Sie folgenden Befehl verwenden. Hierbei legt die Option **-F** den Doppelpunkt als Feldtrennzeichen fest:

```
gawk -F: '{print $1; print $2; print $3}' /etc/passwd
```

Sie finden viele verschiedene Beispiele im Abschnitt »Muster und Prozeduren«.

Optionen

Alle Optionen gibt es sowohl im traditionellen (einbuchstabigen) POSIX-Format als auch im langen GNU-Format. Einige der *Optionen* sind:

--
: Alle folgenden Argumente sind Befehle oder Dateinamen, aber keine Optionen.

-f *Skriptdatei*, **--file=***Skriptdatei*
: **gawk**-Befehle von der *Skriptdatei* anstatt von der Kommandozeile lesen.

-v *Variable*=*Wert*, **--assign=***Variable*=*Wert*
: Weist *Variable* einen *Wert* Wert zu. Auf diese Weise ist eine Wertezuweisung bereits vor Ausführung des Skripts möglich.

-F*c*, **--field-separator=***c*
: Stellt das Feldtrennzeichen auf *c* ein. Dies hat die gleiche Wirkung wie das Setzen der Variablen **FS**. Hierbei darf *c* ein regulärer Ausdruck sein. Jede Eingabezeile (oder auch Datensatz) wird grundsätzlich durch Whitespace (Leerzeichen oder Tabulatoren) oder

ein benutzerdefiniertes Feldtrennzeichen in Felder aufgeteilt. Der Zugriff auf die einzelnen Felder erfolgt mit den Variablen **$1**, **$2**,..., **$*n***. Die Variable **$0** steht für die gesamte Eingabezeile.

-W *option*

Alle **-W**-Optionen sind nur zusammen mit **gawk** gültig und können deshalb nicht mit **awk** benutzt werden. Alternativ zu dieser Schreibweise lassen sie sich auch in der Form --*Option* (z.B. **--compat**) einsetzen. *Option* kann folgende Werte annehmen:

compat
: wie **traditional**

copyleft
: Copyleft-Meldung ausgeben und beenden.

copyright
: wie **copyleft**

help Syntax und Liste der Optionen ausgeben, dann beenden.

lint Warnungen bei Befehlen ausgeben, die sich möglicherweise nicht auf andere Versionen von **awk** übertragen lassen oder die **gawk** für problematisch hält.

lint-old
: Wie **lint**, vergleicht aber mit einer älteren Version von **awk**.

posix
: Genaue Einhaltung der POSIX-Standards erwarten. Ignoriert außerdem Escape-Sequenzen der Form *x* und die Operatoren ** und **=.

re-interval
: Erlaubt die Verwendung von {*n*,*m*} in regulären Ausdrücken.

source=*Skript*
: Behandelt *Skript* als **gawk**-Befehle. Wirkt wie das Argument '*Skript*', ermöglicht aber darüber hinaus die Verarbeitung von Befehlen aus einer Skriptdatei, angegeben mittels **-f**, mit **gawk**-Befehlen von der Kommandozeile.

traditional
: Genauso verhalten wie **awk** (nicht wie die GNU-Version).

usage
: wie **help**

version
: Versionsinformation ausgeben und beenden.

Muster und Prozeduren

gawk-Skripten bestehen aus Mustern und Prozeduren:

Muster {*Prozedur*}

Beide Teile sind optional. Fehlt *Muster*, wird {*Prozedur*} auf alle Zeilen angewandt. Ist {*Prozedur*} nicht angegeben, werden alle passenden Zeilen ausgegeben. Normalerweise ist jede Eingabezeile ein Datensatz, aber Sie können auch ein abweichendes Trennzeichen für Datensätze durch die **RS**-Variable festlegen.

Muster

Ein Muster kann eines der folgende Elemente sein:

/regulärer Ausdruck/
relationaler Ausdruck
Mustervergleichsausdruck
Muster,Muster
BEGIN
END

Einige der Regeln zu Mustern sind:

- Ausdrücke können aus Strings in Anführungsstrichen, Zahlen, Operatoren, Funktionen, definierten Variablen oder aus den im Abschnitt »gawk-Systemvariablen« beschriebenen Variablen zusammengesetzt sein.
- Reguläre Ausdrücke verwenden eine erweiterte Menge von Metazeichen und werden in Kapitel 9, *Mustervergleiche*, beschrieben.
- Zusätzlich können **^** und **$** auch den Anfang bzw. das Ende eines Feldes bezeichnen, anstatt nur den Zeilenanfang bzw. das Zeilenende.
- Relationale Ausdrücke setzen die im Abschnitt »Operatoren« näher beschriebenen relationalen Operatoren ein. Vergleiche lassen sich für Strings und Zahlen durchführen. Beispielsweise wählt der Ausdruck **$2 > $1** alle Zeilen aus, in denen das zweite Feld größer als das erste ist.
- Mustervergleichsausdrücke benutzen die Operatoren ~ (Vergleich paßt) und !~ (Vergleich paßt nicht). Vergleichen Sie hierzu auch den Abschnitt »Operatoren« weiter hinten.
- Mit **BEGIN** lassen sich Prozeduren noch *vor* der Verarbeitung der ersten Eingabezeile ausführen. Üblicherweise ist hier die Gelegenheit, globale Variablen zu vereinbaren.
- Das Muster **END** führt Prozeduren erst *nach* Verarbeitung der letzten Eingabezeile aus.
- Falls mehrere **BEGIN**- oder **END**-Muster existieren, werden ihre zugehörigen Anweisungen in der Reihenfolge ausgeführt, in der die Muster im Skript stehen.
- *Muster,Muster* gibt einen Bereich von Zeilen an. In diesem Ausdruck dürfen **BEGIN** oder **END** nicht als Muster auftauchen.

Mit Ausnahme von **BEGIN** und **END** dürfen alle Muster mit den Booleschen Operatoren || (oder), **&&** (und) und **!** (nicht) verknüpft werden.

Neben anderen Operatoren für reguläre Ausdrücke unterstützt GNU-**awk** POSIX-Zeichenlisten, mit denen auch in anderen Sprachen als Englisch das Suchen nach Nicht-ASCII-Zeichen besonders einfach ist. Die Angabe dieser Zeichenlisten ist nur innerhalb eckiger Klammern [ ] möglich. Eine typische Angabe wäre etwa **[[:lower:]]**, was im Englischen **[a-z]** entsprechen würde. Sehen Sie hierzu auch Kapitel 9, *Mustervergleiche*, wo alle POSIX-Zeichenlisten vollständig aufgeführt sind.

Prozeduren

Prozeduren bestehen aus einem oder mehreren Befehlen, Funktionen oder Variablenzuweisungen, die durch Zeilenvorschübe oder Semikola getrennt sind und in geschweiften Klammern stehen. Die Befehle kommen aus einer der vier Gruppen:

- Variablen- oder Arrayzuweisungen
- Ausgabebefehle
- Eingebaute Funktionen
- Verzweigungs- und Steuerbefehle

Einfache Beispiele mit Mustern und Prozeduren

1. Das erste Feld jeder Zeile ausgeben (es ist kein Muster angegeben):

```
{ print $1 }
```

2. Alle Zeilen ausgeben, die »Linux« enthalten:

```
/Linux/
```

3. Das erste Feld aller Zeilen ausgeben, die »Linux« enthalten:

```
/Linux/{ print $1 }
```

4. Alle Zeilen mit mehr als zwei Feldern ausgeben:

```
NF > 2
```

5. Aufeinanderfolgende Zeilen bis zur nächsten Leerzeile als einen einzigen Eingabedatensatz behandeln:

```
BEGIN { FS = "\n"; RS = "" }
```

6. Von allen Zeilen, deren erstes Feld auf »DRINGEND« paßt, die Felder 2 und 3 in umgekehrter Reihenfolge ausgeben:

```
$1 ~ /DRINGEND/ { print $3, $2 }
```

7. Alle Vorkommen von »ERR« zählen und das Gesamtergebnis ausgeben:

```
/ERR/ { ++x }; END { print x }
```

8. Die Zahlen der zweiten Spalte addieren und das Gesamtergebnis ausgeben:

```
{total += $2 }; END { print "Die Spaltensumme lautet", total}
```

9. Alle Zeilen ausgeben, die weniger als 20 Zeichen enthalten:

```
length() < 20
```

10. Alle Zeilen ausgeben, die mit »Name:« beginnen und genau sieben Felder haben:

```
NF == 7 && /^Name:/
```

11. In jeder Zeile die Feldreihenfolge umkehren und die Felder ausgeben:

```
{ for (i = NF; i >= 1; i--) print $i }
```

gawk-Systemvariablen

Variable	Beschreibung
$n	*n*-tes Feld des aktuellen Datensatzes; die Felder sind durch **FS** getrennt.
$0	gesamter Datensatz
ARGC	Anzahl der Argumente auf der Kommandozeile
ARGIND	Position der aktuellen Datei auf der Kommandozeile (Zählung beginnt mit 0)
ARGV	ein eindimensionales Array mit allen Kommandozeilenargumenten
CONVFMT	Konvertierungsformat für Zahlen (voreingestellt ist **%.6g**)
ENVIRON	ein assoziatives Array mit allen Umgebungsvariablen
ERRNO	Beschreibung des letzten Systemfehlers
FIELDWIDTHS	eine durch Whitespace getrennte Liste der Feldbreiten
FILENAME	aktueller Dateiname
FNR	wie **NR**, aber bezogen auf den Anfang der aktuellen Datei
FS	Feldtrennzeichen (voreingestellt sind Whitespace-Zeichen;
	ein Null-String bewirkt die Aufteilung in einzelne Zeichen)
IGNORECASE	Falls auf Wahr gesetzt, wird bei Vergleichen
	die Groß- und Kleinschreibung nicht beachtet.
NF	Anzahl der Felder im aktuellen Datensatz
NR	Nummer des aktuellen Datensatzes
OFMT	Ausgabeformat für Zahlen (voreingestellt ist **%.6g**)
OFS	Feldtrennzeichen bei Ausgabe (Voreinstellung: ein Leerzeichen)
ORS	Datensatz-Trennzeichen bei Ausgabe (Voreinstellung: ein Zeilenvorschub)
RLENGTH	Länge des Strings, der auf die **match**-Funktion paßte
RS	Datensatz-Trennzeichen (Voreinstellung: ein Zeilenvorschub)
RSTART	Anfangsposition des Strings, der auf die **match**-Funktion paßte
SUBSEP	Trennzeichen für Arrayindizes (voreingestellt ist \034)

Operatoren

Die folgende Tabelle stellt alle in **gawk** verfügbaren Operatoren in aufsteigender Präzedenz dar.

Symbol	Bedeutung
`= += -= *= /= %= ^= **=`	Zuweisung
`?:`	bedingter Ausdruck wie in C
`||`	logisches ODER
`&&`	logisches UND
`~ !~`	Mustervergleich und negativer Mustervergleich
`< <= > >= != ==`	relationale Operatoren
(leer)	Verkettung von Strings
`+ -`	Addition und Subtraktion
`* / %`	Multiplikation, Division und Restbildung
`+ - !`	unäres Plus und Minus und logische Negation
`^ **`	Potenzierung
`++ --`	Inkrementierung und Dekrementierung, entweder voran- oder nachgestellt
`$`	Feldreferenz
`in`	Vorhandensein im Array (siehe **for**-Befehl)

Variablen- und Arrayzuweisungen

Einer Variablen kann mit dem Gleichheitszeichen ein Wert zugewiesen werden. Beispiel:

```
FS = ","
```

Ausdrücke mit den Operatoren +, -, / und % (Restbildung) lassen sich ebenfalls Variablen zuweisen.

Das Anlegen von Arrays ist mit der **split**-Funktion (siehe hierzu die Aufstellung in »Alphabetisch sortierte Zusammenfassung der Befehle«) oder mit einer gewöhnlichen Zuweisung möglich. Arrayelemente werden mit Zahlen (*array* [1]) oder mit Namen indiziert. So können Sie beispielsweise die Anzahl der Vorkommen eines Musters mit folgendem Skript zählen:

```
/Muster/ { Array["/Muster/"]++ }
END { print Array["/Muster/"] }
```

In **gawk** ist es nicht erforderlich, Variablen vor ihrer Verwendung zu deklarieren oder Arrays zu dimensionieren. Sie werden jeweils beim ersten Zugriff angelegt. Alle Variablen sind intern als Strings gespeichert. Sie können aber entweder als Strings oder als Zahlen verwendet werden. **gawk** ermittelt aus dem Kontext, ob eine Variable als String oder als Zahl zu verwenden ist, sofern durch das Skript eine Unterscheidung nicht vorgegeben wird. Die Behandlung einer Variablen als String läßt sich durch das Anhängen eines leeren Strings erzwingen:

```
Variable ""
```

Dementsprechend wird eine Variable durch Anhängen einer Null als Zahl behandelt:

```
Variable + 0
```

Nach Gruppen sortierte Zusammenfassung der gawk-Befehle

gawk-Befehle können wie folgt eingeteilt werden:

Arithmetische Funktionen	String-Funktionen	Steuer-Anweisungen	Ein-/Ausgabe-Verarbeitung	Zeit-Funktionen	Sonstiges
atan2	gensub	break	close	strftime	delete
cos	gsub	continue	fflush	systime	function
exp	index	do/while	getline		system
int	length	exit	next		
log	match	for	nextfile		
rand	split	if	print		
sin	sub	return	printf		
sqrt	substr		sprintf		
srand	tolower		while		
	toupper				

Alphabetisch sortierte Zusammenfassung der Befehle

Die folgende Liste enthält alle in **gawk** unter Linux zur Verfügung stehenden Befehle und Funktionen.

atan2	**atan2** (*y,x*) Gibt den Arcus Tangens von *y/x* im Bogenmaß zurück.
break	**break** Abbrechen einer **while**- oder **for**-Schleife.

close (*Dateiname-Ausdr* **)** **close (***Befehls-Ausdr***)** Schließt eine Datei, die durch einen **getline**-Befehl oder eine Pipe gelesen wurde. Das Argument ist das gleiche wie beim Öffnen der Datei oder der Pipe.	**close**
continue Sofort den nächsten Durchlauf einer **while**- oder **for**-Schleife beginnen, ohne die restlichen Befehle bis zum Schleifenende auszuführen.	**continue**
cos (*x***)** Gibt den Kosinus von *x* (Winkelangabe im Bogenmaß) zurück.	**cos**
delete *Array* [*Element*] **delete** *Array* Löscht ein *Element* in *Array*. Falls kein Element angegeben ist, werden alle Elemente gelöscht.	**delete**
do *Schleifenkörper* **while (***Ausdr***)** Schleifenkonstrukt: Führt zuerst die Anweisungen im *Schleifenkörper* aus und wertet danach *Ausdr* aus. Ist *Ausdr* wahr, wird der *Schleifenkörper* wieder ausgeführt.	**do**
exit Keine weiteren Anweisungen ausführen und keine weiteren Eingabezeilen lesen. **END**-Prozeduren werden aber ausgeführt.	**exit**
exp (*Arg***)** Gibt den Exponenten von *Arg* zurück. Diese Funktion ist die Umkehrfunktion von **log**.	**exp**

fflush	**fflush** (*Dateiname*) Schreibt die Ausgabe in *Dateiname*; voreingestellt ist die Standardausgabe.
for	**for** (*i*=*von* ; *i*<=*bis* ; *i*++) *Befehl* Solange der Wert der Variablen *i* zwischen *von* und *bis* liegt, wird *Befehl* ausgeführt. Mehrere Befehle müssen in geschweiften Klammern stehen. Anstelle von <= ist auch jeder andere Vergleichsoperator erlaubt; ebenso ++ zum Inkrementieren und – – zum Dekrementieren.
for	**for** (*Objekt* **in** *Array*) *Befehl* Für jedes *Objekt* im assoziativen *Array* wird *Befehl* ausgeführt. Mehrere Befehle müssen in geschweiften Klammern stehen. Der Zugriff auf jedes Element im Array erfolgt in der Form *Array* [*Objekt*]. Die Elemente von **gawk**-Arrays sind so abgelegt, daß auf jedes Element mit etwa der gleichen Geschwindigkeit zugegriffen werden kann. Die Reihenfolge erscheint bei der Ausgabe daher zufällig. Falls eine sortierte Ausgabe gewünscht ist, müssen Sie die Elemente durch den **sort**-Befehl durchleiten.

function	**function** *Name* (*Parameter-Liste*) {
	Anweisungen
	}
	
	Legt die benutzerdefinierte Funktion *Name* an, die aus den **gawk**-Befehlen *Anweisungen* besteht. Die übergebenen Parameter stehen innerhalb der Funktion zur Verfügung.

gensub	**gensub** (*r*, *s*, *n*, *t*) Ersetzt *s* im *n*-ten Treffer des regulären Ausdrucks *r* im String *t*. Der String *t* bleibt unverändert, aber der neue String wird zurückgegeben. Ist *n* als »g« oder »G« angegeben, werden alle Treffer verändert. Fehlt *t*, wird **$0** als String verwendet.

getline [*Variable*] [<*Datei*]
Befehl | **getline** [*Variable*]

getline

Die erste Variante liest Eingabedaten aus *Datei* oder der nächsten Datei auf der Kommandozeile; die zweite Form liest die Ausgabe von *Befehl* als Eingabe. Beide Varianten lesen pro Aufruf eine einzelne Zeile. Die Eingabezeile wird der Variablen **$0** zugewiesen und in Felder aufgeteilt. Dabei werden auch die Variablen **NF**, **NR** und **FNR** entsprechend gesetzt. Ist *Variable* angegeben, wird die Eingabezeile in *Variable* gespeichert. Dadurch bleiben **$0**, **NF** und auch die aktuelle Zeile unverändert. **getline** ist eine Funktion und gibt 1 bei erfolgreichem Lesen zurück, 0 bei Erreichen von *EOF* (Dateiende), und –1, falls ein Fehler aufgetreten ist.

gsub (*r, s, t*)

gsub

Globales Ersetzen des regulären Ausdrucks *r* durch *s* im String *t*. Gibt die Anzahl der vorgenommenen Ersetzungen zurück. Fehlt die Angabe von *t*, wird **$0** verwendet.

if (*Bedingung*)
  Befehl1
[**else**
  Befehl2]

if

Wenn *Bedingung* wahr ist, wird *Befehl1* ausgeführt, ansonsten *Befehl2*. Die Bedingung kann ein Ausdruck sein, der die relationalen Operatoren <, <=, ==, !=, >=, oder > und den Mustervergleichsoperator ~ enthalten darf. Mehrere Befehle müssen in geschweiften Klammern stehen.

Beispiel

Die folgenden Programmzeilen prüfen, ob das erste Wort jeder Zeile mit einem kleinen oder großen A beginnt:

```
if ($1 ~ /[Aa]*/)
```
    ... fängt mit A oder a an

index (*Substr*,*Str*)

index

Gibt die Startposition des Strings *Substr* im String *Str* zurück, ansonsten 0, falls der String nicht enthalten ist.

int (*Arg*)

int

Gibt den ganzzahligen Anteil von *Arg* zurück.

length	**length** (*Arg*) Gibt die Länge von *Arg* zurück. Fehlt *Arg*, wird **$0** verwendet.
log	**log** (*Arg*) Gibt den natürlichen Logarithmus von *Arg* zurück. Dies ist die Umkehrfunktion von **exp**).
match	**match** (*s*,*r*) Gibt die erste Position in *s* zurück, auf die der reguläre Ausdruck *r* paßt, ansonsten 0, falls es keinen Treffer gibt. Es werden die Variablen **RSTART** und **RLENGTH** entsprechend der Startposition und der Länge des Treffers gesetzt.
next	**next** Liest die nächste Eingabezeile ein und führt das Skript bei der ersten Anweisung beginnend wieder aus.
nextfile	**nextfile** Fährt sofort mit der Bearbeitung der nächsten Datei auf der **gawk**-Kommandozeile fort und führt das Skript bei der ersten Anweisung beginnend wieder aus.
print	**print** [*Args*] [*Ausgabeziel*] Gibt *Args* aus. Wörtlich auszugebende Strings müssen in Anführungszeichen gesetzt sein. Datenfelder werden in der angegebenen Reihenfolge ausgegeben. Wenn sie in der Argumenliste durch Kommata getrennt sind, werden sie bei der Ausgabe durch das mit **OFS** festgelegte Zeichen getrennt. Sind sie durch Leerzeichen getrennt, werden sie bei der Ausgabe aneinandergehängt. Bei *Ausgabeziel* handelt es sich um einen Shell-Ausdruck zur Ausgabeumleitung oder um einen Pipe-Ausdruck (z.B. > *Datei*), der bestimmt, wohin die Daten geschrieben werden sollen.
printf	**printf** [*Format* [, *Ausdrücke*]] Formatierte **print**-Anweisung. Ausdrücke und Variablen können entsprechend den Anweisungen im *Format*-Argument formatiert werden. Die Anzahl der *Ausdrücke* und der Formatmuster in der Anweisung muß übereinstimmen.

Format folgt den gleichen Konventionen wie die **printf**-Funktion der Programmiersprache C. Hier sind einige der gebräuchlichsten Formate: **printf**

%s ein String

%d eine ganze Dezimalzahl

%*n*.*m*f
: Eine Fließkommazahl; *n* steht für die Gesamtzahl auszugebender Stellen und *m* für die Stellen nach dem Dezimaltrennzeichen.

%[-]*nc*
: *n* gibt die Mindestlänge des Ausgabefeldes für eine Formatierung des Typs *c* an. Ein – bewirkt eine linksbündige Ausgabe innerhalb des dimensionierten Ausgabefeldes, ansonsten ist die Ausrichtung rechtsbündig.

Feldlängen sind skalierbar. Beispielsweise beschränkt %3.2f die gesamte Feldlänge der Fließkommazahl auf drei Stellen, wovon zwei auf die Dezimalstellen hinter dem Trennzeichen entfallen.

Format darf auch eingebettete Escape-Sequenzen enthalten; die gebräuchlichsten sind **\n** (Zeilenvorschub) und **\t** (Tabulator). Leerzeichen und wörtlicher Text dürfen im *Format*-Argument stehen, wenn das gesamte Argument in Anführungszeichen eingefaßt ist. Wenn mehrere Ausdrücke auszugeben sind, sollten ausreichend viele Formate vorhanden sein.

Beispiel

Mit dem Skript:

```
{printf ("Die Summe der Zeile %s ist %d.\n", NR, $1+$2)}
```

und der Eingabezeile:

```
5    5
```

erscheint folgender Text, gefolgt von einem Zeilenvorschub:

```
Die Summe der Zeile 1 ist 10.
```

---

rand () **rand**

Erzeugt eine Zufallszahl zwischen 0 und 1. Diese Funktion gibt bei jedem Aufruf des Skripts die gleiche Folge von Zufallszahlen zurück, es sei denn, dem Zufallszahlengenerator wird mit der **srand**-Funktion ein Startwert vorgegeben.

---

return [*Ausdr*] **return**

Gibt in benutzerdefinierten Funktionen den Wert *Ausdr* zurück und beendet die Funktion.

sin	**sin** (*x*) Gibt den Sinus des im Bogenmaß angegebenen Winkels *x* zurück.
split	**split** (*String,Array* [,*Sep*]) Trennt *String* in die Arrayelemente *Array* [1],...,*Array* [*n*]. Die Trennung geschieht an allen Positionen des Trennzeichens *Sep*. Fehlt die Angabe von *Sep*, wird der Wert von **FS** verwendet. Ein Null-String als *Sep* bewirkt das Aufteilen des Strings in lauter einzelne Zeichen. Der Rückgabewert der Funktion ist die Anzahl der angelegten Arrayelemente.
sprintf	**sprintf** [*Format* [, *Ausdrücke*]] Gibt den Wert eines oder mehrerer *Ausdrücke* zurück, die gemäß den Anweisungen in *Format* formatiert wurden (siehe auch **printf**). Die Daten werden lediglich formatiert, aber nicht ausgegeben.
sqrt	**sqrt** (*Arg*) Gibt die Quadratwurzel von *Arg* zurück.
srand	**srand** (*Ausdr*) Setzt mit *Ausdr* einen neuen Startwert für den Zufallszahlengenerator. Die Voreinstellung für den Ausdruck ist die aktuelle Tageszeit.
strftime	**strftime**([*Format* [,*Zeit*]]) Formatiert *Zeit* gemäß den Anweisungen von *Format* und gibt sie als String zurück. Dabei ist *Zeit* in Sekunden seit 1. Januar 1970, 00:00 Uhr UTC, anzugeben. Das *Format* entspricht dem Format von **sprintf**. (Siehe das Beispiel zu **systime**.) Fehlt *Zeit*, wird die aktuelle Zeit verwendet. Fehlt *Format*, erfolgt die Ausgabe ähnlich zum Format des Shell-Befehls **date**.
sub	**sub** (*r,s,t*) Ersetzt im String *t* das erste Vorkommen des regulären Ausdrucks *r* durch *s*. Gibt nach erfolgreichem Ersetzen 1 zurück, ansonsten 0. Die Voreinstellung für *t* ist $0.

substr (*String*,*m* [,*n*]) — substr

Extrahiert ab Zeichenposition *m* einen *n* Zeichen langen Abschnitt von *String*. Falls *n* fehlt, wird der gesamte Abschnitt bis zum Ende des Strings übergeben.

system (*Befehl*) — system

Führt den angegebenen Shell-*Befehl* aus und gibt dessen Rückgabewert zurück. Üblicherweise bedeutet 1 eine erfolgreiche Ausführung, 0 die vollständige Ausführung, und (–1) steht für Fehler. Die Ausgabe des Shell-Befehls steht dem **gawk**-Skript nicht zur Verfügung.

systime ( ) — systime

Gibt die Anzahl der Sekunden seit dem 1. Januar 1970, 00:00 Uhr UTC, zurück.

Beispiel

Das folgende Programm hält die Zeit bei Start und Ende fest:

```
BEGIN {
        jetzt = systime()
        mesg = strftime("Gestartet am %d.%m.%Y um %H:%M:%S", jetzt)
        print mesg
}
Daten verarbeiten
END {
        jetzt = systime()
        mesg = strftime("Beendet am %d.%m.%Y um %H:%M:%S", jetzt)
        print mesg
}
```

tolower (*String*) — tolower

Ändert alle Großbuchstaben in *String* in Kleinbuchstaben und gibt das Ergebnis zurück.

toupper (*String*) — toupper

Ändert alle Kleinbuchstaben in *String* in Großbuchstaben und gibt das Ergebnis zurück.

while	**while** (*Bedingung*) *Befehl* Führt *Befehl* aus, solange die *Bedingung* wahr ist. Eine Beschreibung der erlaubten Bedingungsausdrücke finden Sie bei der Beschreibung des **if**-Befehls. Mehrere Befehle müssen in geschweiften Klammern stehen.

KAPITEL 14

CVS und RCS

CVS und das ältere RCS ermöglichen *Versionskontrolle* (oder *Revisionskontrolle*), ein Verfahren zum Mitführen von Informationen über den Werdegang eines Projekts mit dem Ziel, frühere Versionen von Dateien abrufen zu können, Änderungen chronologisch zu protokollieren und, was oftmals am wichtigsten ist, die Arbeiten einer Gruppe von Entwicklern zu koordinieren.

Grundbegriffe

RCS (Revision Control System) arbeitet innerhalb eines einzigen Verzeichnisses. Um größere Projekte aufzunehmen, die eine Hierarchie aus vielen Verzeichnissen verwenden, führt CVS zwei neue Konzepte ein: das *Repository* und die *Sandbox*.

Das *Repository* (auch *Archiv* genannt) ist ein vom Versionskontrollsystem und dessen Administrator gepflegter zentraler Ablageort für alle Dateien eines Projekts. Das Repository enthält alle Angaben, die für die Wiederherstellung von früheren Versionen einer Projektdatei notwendig sind. Dem Administrator stehen für das Einrichten und die Pflege eines Repository die im Abschnitt »CVS-Referenz für den Administrator« beschriebenen Befehle und Verfahrensweisen zur Verfügung.

Eine *Sandbox*[1] enthält Arbeitskopien der Dateiversionen aus dem Repository. Neue Entwicklungen sowie Änderungen erfolgen in der Sandbox, von denen eine beliebige Anzahl für jedes einzelne Repository geschaffen werden kann. Alle Sandboxes sind voneinander unabhängig und können daher Dateien aus unterschiedlichen Entwicklungsstufen desselben Projekts beherbergen. Mit den im Abschnitt »CVS-Benutzerreferenz« vorgestellten Befehlen und Methoden können Entwickler ihre Sandboxes selbständig einrichten und verwalten.

Bei einer typischen Sitzung mit dem Versionskontrollsystem checkt ein Entwickler die jeweils aktuelle Fassung einer oder mehrerer Quellprogrammdateien aus, nimmt daran Änderungen vor, testet deren Auswirkungen und übergibt die geänderten Dateien bei zufriedenstellendem Ergebnis wieder an das Repository.

1 Der Begriff bedeutet genau das, was Sie wahrscheinlich vermuten, nämlich Sandkasten. In diesem Zusammenhang wird auch oft von *Arbeitsverzeichnis* gesprochen, allerdings kann es sich dabei unter Umständen nicht nur um ein Verzeichnis, sondern um einen ganzen Verzeichnisbaum handeln.

Sperren und Zusammenführen

Einige Systeme, darunter RCS, verwenden ein *Sperrverfahren*, das die parallele Arbeit mehrerer Entwickler durch Aufspalten in eine Folge von einzelnen Dateiänderungen ordnet. Bevor ein Entwickler eine Datei verändern darf, muß er sowohl eine Arbeitskopie davon haben als auch für sie vom System eine Sperre anfordern und zugeteilt bekommen. Die Aufgabe dieser Sperre ist es, mehrere Entwickler vom gleichzeitigen Arbeiten an derselben Datei abzuhalten (eigentlich sogar abzuschrecken). Durch die Rückgabe der geänderten Datei hebt der Entwickler die Sperre wieder auf und ermöglicht den Zugriff für die anderen Mitarbeiter.

Dieses Sperrverfahren ist pessimistisch: Es geht davon aus, daß Konflikte vermieden werden *müssen*. Das Serialisieren von Dateiänderungen mittels Sperren verhindert zwar solche Konflikte, andererseits ist es aber umständlich, jedesmal Dateien beim Beheben von Programmierfehlern sperren zu müssen. Daher umgehen Entwickler oftmals die Sperrverfahren und schaffen damit unter Umständen neue Probleme.

Anders als RCS und SCCS verwendet CVS ein Verfahren zum *Zusammenführen* (*merging*), das jederzeit den gleichzeitigen Zugriff auf alle Dateien sowie die parallele Entwicklungsarbeit aller Beteiligten erlaubt. Dieser Ansatz ist optimistisch: Es wird davon ausgegangen, daß Zugriffsprobleme eher selten vorkommen, aber *normalerweise* auch leicht zu beheben sind.

CVS kann auf Wunsch mit einem Sperrmechanismus arbeiten, der mit den Optionen **-L** und **-l** des **admin**-Befehls aktiviert wird. CVS bietet auch spezielle Kommandos (**edit** und **watch**) für diejenigen, die zusätzliche Unterstützung zum Koordinieren von Entwicklungsprojekten brauchen. CVS setzt intern Sperren ein, um Schäden am Repository durch gleichzeitige Zugriffe von mehreren Personen zu verhindern. Dieser Mechanismus arbeitet aber anders als das eingangs beschriebene Verfahren, mit dem Anwender direkt konfrontiert werden.

Konflikte und Zusammenführen

Für den Fall, daß zwei Entwickler Änderungen an derselben Version einer Datei wieder an das Repository zurückgeben wollen, stellt CVS zunächst automatisch die Änderungen des zweiten Entwicklers zurück. Diese zweite Person führt nun den Befehl **cvs update** aus und fügt damit die Änderungen des ersten Entwicklers in die eigene Dateikopie ein. Meistens betreffen die Änderungen unterschiedliche Bereiche der Datei, wodurch das Zusammenführen problemlos verläuft. Haben beide Personen aber in den gleichen Bereichen der Datei Änderungen durchgeführt, muß der zweite Entwickler die Überschneidungen beheben. Dazu müssen die kritischen Bereiche geprüft und Teile aus beiden Dateien übernommen oder weitere Änderungen gemacht werden, die das Problem beseitigen.

CVS kann nur textuelle Konflikte erkennen. Konfliktlösungen zielen aber darauf, das Projekt in seiner Gesamtheit logisch fehlerfrei zu halten. Daher kann eine Lösungsmaßnahme es manchmal auch erfordern, Änderungen an anderen als an den von CVS angegebenen Dateien vorzunehmen.

Hat beispielsweise ein Entwickler die Definition einer Funktion um einen Parameter erweitert, dann kann dies die Anpassung aller Aufrufe dieser Funktion mit diesem Parameter erfordern. Es liegt also ein logischer Konflikt vor, den die Entwickler mit Hilfe von Compiler- und Debugger-Werkzeugen selbständig entdecken und beheben müssen. CVS erkennt dieses Problem nicht.

Bei jedem Zusammenfließen, ob ein Konflikt aufgetreten ist oder nicht, wird der zweite Entwickler oftmals das entstandene Ergebnis noch einmal testen wollen, weil sich die Datei zusätzlich zu seinen Eingriffen geändert hat. Verläuft der Test erfolgreich, muß der Entwickler die Datei erneut ans Repository zurückgeben.

Markieren (Tagging)

CVS versieht die Versionen einer Datei mit Versionsnummern, unter denen sie aus dem Repository wieder ausgecheckt werden können. Zusätzlich und unabhängig von der Numerierung ist es möglich, eine Gruppe von Dateien oder gar ein ganzes Projekt mit einer symbolischen Markierung zu versehen. Diese Methode erlaubt den Rückgriff auf alle so bezeichneten Dateien in ihrer Gesamtheit, auch wenn die einzelnen Versionsnummern, wie oftmals der Fall, voneinander abweichen. Diese Funktionalität wird meistens dazu benutzt, um veröffentlichte Versionen oder andere wichtige Meilensteine eines Projekts zu kennzeichnen und somit nachvollziehbar zu machen.

Beispielsweise könnte sich die symbolische Markierung `hallo-1_0` auf die Versionen 1.3 von *hallo.c* und 1.1 von *Makefile* beziehen. Die Befehle **tag** und **rtag** legen solche symbolischen Markierungen an.

Verzweigungen

Die einfachste Form der Entwicklung ist *linear*. Hierbei entsteht eine Abfolge von Versionen einer Datei stets aus der jeweils vorangegangenen Version. Viele Projekte kommen mit einem vollständig linearen Entwicklungsprozeß aus. Die gemessen an der Anzahl ihrer Dateien, Entwickler und Anwender als groß einzustufenden Projekte geraten des öfteren in Schwierigkeiten bei der Softwarewartung, für die es weiterer Funktionalitäten bedarf. Manchmal ist es wünschenswert, probeweise zu entwickeln, während die Hauptlinie der Entwicklung davon unbeeinflußt weitergeht. Ein anderes Mal müssen Softwarekorrekturen in der aktuell freigegebenen Version gleichzeitig mit den bereits laufenden Arbeiten an der nächsten geplanten Version durchgeführt werden. In beiden Fällen bietet sich als Lösung die *Verzweigung* (oder *Gabelung*) an einem geeigneten Punkt in der Entwicklung des Projekts an. Falls zu einem späteren Zeitpunkt einige oder alle Änderungen aus dem Zweig auf der Hauptlinie oder einem anderen Teil des Projekts benötigt werden, ist ihre *Zurückführung* wieder möglich.

Eine Verzweigung wird mit dem Befehl **tag -b** angelegt. Mit dem Befehl **update -j** wird ein Zweig zurückgeführt.

Das CVS-Programm

Dieser Abschnitt enthält allgemeine Hintergrundinformationen über CVS.

CVS-Befehlssyntax

CVS-Befehle haben die Form:

```
cvs Globale_optionen Befehl Befehlsoptionen
```

Hier sehen Sie ein Beispiel einer einfachen Folge von Befehlen, die beide Arten von Optionen beim Anlegen eines Repository und beim Importieren von Dateien mit einigen typischen Nachbearbeitungen zeigen:

```
benutzer@localhost$ cvs -d /usr/local/cvsrep init
benutzer@localhost$ cd ~/work/hallo
benutzer@localhost$ cvs -d /usr/local/cvsrep import -m 'Import' hallo lieferant
                    start
benutzer@localhost$ cd ..
benutzer@localhost$ mv hallo hallo.bak
benutzer@localhost$ cvs -d /usr/local/cvsrep checkout hallo
benutzer@localhost$ cd hallo
benutzer@localhost$ vi hallo
benutzer@localhost$ cvs commit -m
                    'Tippfehler behoben'
benutzer@localhost$ cvs tag hallo-1_0
benutzer@localhost$ cvs remove -f Makefile
benutzer@localhost$ cvs commit -m
                    'altes Makefile entfernt'
benutzer@localhost$ cvs upd -r hallo-1_0
benutzer@localhost$ cvs upd -A
```

Einige globale Optionen gelten sowohl für Benutzer- als auch für Administratorbefehle, wogegen andere Optionen nur für eine von beiden Arten gelten. Die gebräuchlichsten globalen Optionen sind im nächsten Abschnitt beschrieben. Die Benutzer- und Administratoroptionen sind in den Abschnitten »CVS-Benutzerreferenz« bzw. »CVS-Referenz für den Administrator« aufgeführt.

Gemeinsame globale Optionen

Tabelle 14-1 listet die globalen Optionen auf, die sowohl für Benutzer- als auch für Administratorbefehle gelten.

Tabelle 14-1: Gemeinsame globale Optionen

Option	Beschreibung
-b *Binverz*	Installationsverzeichnis externer RCS-Programme; diese Option ist seit der CVS-Version 1.9.18 veraltet.
-T *Tempverz*	Absoluter Pfad für temporäre Dateien; hat Vorrang vor der Variablen $TMPDIR.
-v -version	Zeigt die Versionsnummer und Hinweise zum Urheberrecht an.

Fallstricke

Dieser Abschnitt geht auf einige Eigenschaften von CVS ein, die gelegentlich für Verwirrung sorgen.

CVS arbeitet dateibezogen
: Obwohl Verzeichnisse unterstützt werden, erhalten sie keine Versionsnummern wie herkömmliche Dateien. Dies zu wissen ist besonders in den frühen Phasen eines Projekts wichtig, wenn die Struktur möglicherweise noch im Fluß ist. Größere Änderungen im Projekt können sich genauso auf ihre Struktur auswirken. Siehe auch Abschnitt »Das Repository manipulieren«.

CVS arbeitet textbezogen
: Es gibt keine Entsprechung zu **diff** für binäre Dateien, dennoch ist die hierfür in CVS vorhandene Unterstützung gewöhnlich ausreichend. Sie können mit Hilfe von **admin -kb** festlegen, daß eine Datei binär ist.

CVS arbeitet zeilenbezogen
: Das Verschieben eines Programmabschnitts innerhalb einer Datei wird als eine Löschung an der alten und eine davon völlig unabhängige Einfügung an der neuen Stelle angesehen.

CVS hat keine Syntaxerkennung
: Aus der Sicht von CVS sind kleine Änderungen in der Formatierung gleichbedeutend mit tiefgreifenden Änderungen der Programmlogik im jeweiligen Zeilenbereich.

Überbleibsel aus RCS
: CVS setzte ursprünglich auf RCS auf, stellt aber nunmehr alle von dort übernommenen Funktionen selbst intern zur Verfügung. Der Bezug zu RCS taucht immer noch in der Umgebungsvariablen $RCSBIN und in der Beschreibung der Option **-b** auf. Weder die Option noch die Variable werden noch verwendet.

CVS und RCS

CVS-Referenz für den Administrator

Dieser Abschnitt erläutert detailliert, wie Repositories angelegt und konfiguriert sowie andere CVS-Administrationsaufgaben erledigt werden. Ein einziger Computer kann mehrere Kopien des CVS-Serverprozesses ausführen, und jeder Prozeß kann mehrere Repositories bedienen.

Ein Repository anlegen

Suchen Sie ein Verzeichnis aus, das die Dateien des Repository aufnehmen soll (die nachfolgenden Beispiele verwenden */usr/local/cvsrep*). Legen Sie das Repository mit dem Befehl **init** an und setzen Sie vorher die Umgebungsvariable $CVSROOT...

```
benutzer@localhost$ export CVSROOT=/usr/local/cvsrep
benutzer@localhost$ cvs init
```

...oder geben Sie den Ort des Repository mit der Option **-d** an:

```
benutzer@localhost$ cvs -d /usr/local/cvsrep init
```

Mehr dazu, wie Quellcode importiert wird, finden Sie in »CVS-Benutzerreferenz«, besonders in den Abschnitten »import« und »add«.

Den Paßwortserver einrichten

Wenn Sie Anwendern den Zugang zum Repository von anderen Computern aus ermöglichen möchten, richten Sie den `pserver` wie folgt als root ein:

- Sorgen Sie dafür, daß in */etc/services* ein ungefähr gleichlautender Eintrag wie dieser vorhanden ist:

  ```
  cvspserver 2401/tcp
  ```

- Wenn Sie `tcpwrappers` nicht einsetzen, tragen Sie in */etc/inetd. conf* eine Zeile wie folgt ein:

  ```
  cvspserver stream tcp nowait root /usr/bin/cvs cvs
  --allow-root=/usr/local/cvsroot pserver
  ```

- Falls `tcpwrappers` bei Ihnen im Einsatz ist, tragen Sie statt dessen folgende Zeile ein:

  ```
  cvspserver stream tcp nowait root /usr/sbin/tcpd /usr/bin/cvs
  --allow-root=/usr/local/cvsroot pserver
  ```

- Nach diesen Änderungen müssen Sie **inetd** neu starten (oder dem Dienst das entsprechende Signal zum erneuten Lesen der Datei *inetd.conf* senden).

Sicherheitsbedenken

Folgende Sicherheitsfragen sollten Sie bei der Arbeit mit CVS bedenken:

- Dateiinhalte werden mit `pserver` und **rsh** unverschlüsselt über das Netzwerk gesendet. Das gleiche trifft für die Paßwortabfrage mit `pserver` zu.
- Beim Zugriff auf ein lokales Repository, d.h., wenn CVS nicht im Client/Server-Modus läuft, brauchen die Entwickler Schreibrechte für das Repository, wodurch sie die Möglichkeit zur Manipulation erhalten.
- Der CVS-Dienst läuft für kurze Zeit als root, bevor er seine Benutzerkennung ändert.
- Die Datei *~/.cvspass* darf nur durch den Eigentümer lesbar sein, damit Paßwörter für Fremde unzugänglich bleiben.
- Ein Benutzer, der die Berechtigung zum Ändern der Dateien im Modul *CVSROOT* hat, kann jedes beliebige Programm ausführen.
- Einige Optionen des **admin**-Befehls sind gefährlich. Deshalb ist es empfehlenswert, den Zugriff darauf einzuschränken. Das kann durch das Einrichten der Benutzergruppe `cvsadmin` geschehen. Wenn diese Gruppe existiert, können nur ihre Mitglieder den **admin**-Befehl – mit Ausnahme von **admin -k***kflag*, der jedermann zur Verfügung steht – ausführen.

Struktur des Repository

Das CVS-Repository ist als gewöhnliches Verzeichnis mit besonderen Inhalten implementiert, die in diesem Abschnitt näher beschrieben werden.

Das CVSROOT-Verzeichnis

Im *CVSROOT*-Verzeichnis befinden sich die Verwaltungsdateien des Repository. Die anderen Verzeichnisse enthalten die Module. In den Verwaltungsdateien dürfen außer den eigentlichen Konfigurationsdaten auch Kommentar- und Leerzeilen stehen. Kommentarzeilen beginnen mit einem Doppelkreuz (#).

Einige der Verwaltungsdateien verwenden Erkennungsmuster für Datei- und Verzeichnisnamen. Diese Muster sind reguläre Ausdrücke, wie sie in GNU Emacs zum Einsatz kommen. Tabelle 14-2 stellt besonders häufig benutzte Sonderzeichen der Mustererkennung zusammen.

Tabelle 14-2: Ausdrücke der Mustererkennung

Ausdruck	Beschreibung
^	Paßt auf den Anfang einer Zeichenkette.
$	Paßt auf das Ende einer Zeichenkette.
.	Paßt auf ein beliebiges einzelnes Zeichen.
*	Paßt auf null- oder mehrmaliges Vorkommen des vorangehenden Musters.

Beim Auslesen der Verwaltungsdateien führt CVS zuerst einige wichtige Textexpansionen durch und interpretiert anschließend das Resultat. So steht ~/ in der typischen Shell-Syntax für ein Home-Verzeichnis, das mit dem Home-Verzeichnis des jeweiligen CVS-Anwenders gleichgesetzt wird. Der Ausdruck `~user/` wird durch das Home-Verzeichnis des genannten Benutzers ersetzt.

Darüber hinaus kennt CVS eine Methodik ähnlich der Expansion von Umgebungsvariablen in der Shell. Ausdrücke wie `${variable}` werden durch den Wert der jeweils angeführten Variablen ersetzt. Variablennamen beginnen mit Buchstaben und bestehen ausschließlich aus Buchstaben, Zahlen und Unterstrichen. Geschweifte Klammern können wegfallen, wenn das unmittelbar auf den Variablennamen folgende Zeichen kein für Variablen zulässiges Zeichen ist.[2] Obwohl der obige Ausdruck wie ein Bezug auf eine Umgebungsvariable der Shell aussieht, steht nicht die gesamte Shell-Umgebung zur Verfügung. Tabelle 14-3 zeigt alle intern bekannten Variablen.

Tabelle 14-3: Verwendung von Variablen in Verwaltungsdateien

Variable	Beschreibung
CVSEDITOR EDITOR VISUAL	CVS benutzt den angegebenen Editor zum Bearbeiten der Protokolldateien.
CVSROOT	Die gegenwärtig benutzte Repository-Zugangsart.

2 Anmerkung des Übersetzers: Mit anderen Worten, wenn eine Mehrdeutigkeit oder Verwechslung mit anderen Variablen ausgeschlossen ist.

Tabelle 14-3: Verwendung von Variablen in Verwaltungsdateien (Fortsetzung)

Variable	Beschreibung
USER	Der Name des CVS-Anwenders; wenn ein entferntes Repository benutzt wird, muß der Anwendername dem Server bekannt sein.
=`var`	Der Wert einer benutzerdefinierten Variablen namens `var`; Werte für diese Art von Variablen können mit Hilfe der globalen Option **-s** übergeben werden.

Um diese Verwaltungsdateien zu editieren, checken Sie einfach das Modul *CVSROOT* aus dem Repository aus, passen die Dateien an und übergeben das geänderte Modul wieder an das Repository. Erst mit dieser zwingend notwendigen Zurückführung werden die Änderungen in CVS wirksam.

Tabelle 14-4 erläutert alle Verwaltungsdateien und ihre Funktionen.

Tabelle 14-4: Dateien in CVSROOT

Datei	Beschreibung
checkoutlist	zusätzliche in *CVSROOT* zu verwaltende Dateien
commitinfo	Angaben für die Überwachung der Zurückführung
config	Einstellungen zum Verhalten von CVS
cvsignore	Erkennungsmuster für zu ignorierende Dateinamen
cvswrappers	Angaben für die Filter von **checkout** und **commit**
editinfo	Angaben für Protokolldatei-Editoren (veraltet)
history	Protokollinformation für den Befehl **history**
loginfo	nennt Benachrichtigungsprogramme für **commit**
modules	Modul-Definitionen
notify	Angaben zur Durchführung von Benachrichtigungen
passwd	eine Liste der Anwender und ihrer Paßwörter für CVS
rcsinfo	Schablone für Protokolleinträge
readers	eine Liste der Anwender nur mit Leseberechtigung
taginfo	Anweisungen zur Verarbeitung von Markierungen
users	E-Mail-Adressen, die von *notify* ersatzweise verwendet werden dürfen
verifymsg	Auswertungsprüfprogramm für Protokolleinträge
writers	eine Liste der Anwender mit Lese- und Schreibberechtigung

Benutzen Sie anstelle der Datei *editinfo*, die nicht mehr verwendet wird, die Umgebungsvariable $EDITOR oder die Option **-e**, um einen Editor zu benennen, und die Datei *verifymsg*, um ein Prüfprogramm anzugeben.

Jede Zeile in der Datei *taginfo* besteht aus einem Erkennungsmuster für Dateinamen und einer Befehlszeile, die für alle mit dem Muster übereinstimmenden Dateien ausgeführt wird.

Die Datei checkoutlist

Nach jedem Speichern von Änderungen im Modul *CVSROOT* gibt CVS folgende Meldung aus:

```
cvs commit: Rebuilding administrative file database
```

um darauf hinzuweisen, daß die ausgecheckte Kopie im Repository aktualisiert wurde, basierend auf den gerade übergebenen Änderungen. Wie in jedem anderen Modulverzeichnis enthält auch das Verzeichnis *CVSROOT* RCS-Dateien (**,v*) über den Werdegang jeder einzelnen Datei. Um sie zu nutzen, benötigt CVS die jeweils aktuelle Version. Wenn also die obige Meldung erscheint, sucht sich CVS die neuesten Versionen aller Verwaltungsdateien zusammen.

Wenn Sie Dateien zum Modul *CVSROOT* hinzugefügt haben (wie beispielsweise Skripte, die durch Einträge in der Datei *loginfo* aufgerufen werden), müssen Sie sie in die Datei *checkoutlist* eintragen. Erst dadurch behandelt CVS sie in der gleichen Weise, wie es auch mit den Standarddateien in *CVSROOT* verfährt.

Jede Zeile in dieser Datei besteht aus einem Dateinamen und einer optionalen Fehlermeldung, die im Problemfall beim Auschecken der betroffenen Datei erscheint.

Die Datei commitinfo

Bei jeder Verarbeitung des Befehls **commit** entnimmt CVS dieser Datei eventuelle Anweisungen über Prüfverfahren, die auf die geänderte Projektdatei vor ihrer Übergabe an das Repository angewandt werden sollen. Jede Zeile dieser Datei enthält ein Erkennungsmuster für Verzeichnisse, gefolgt von der Pfadangabe eines Programms, das beim Zurückführen von Dateien aus Verzeichnissen mit übereinstimmender Namensgebung aufzurufen ist.

Neben der gewöhnlichen Syntax für Erkennungsmuster gibt es zwei spezielle Muster:

`ALL` Ist dieses Muster vorhanden, durchlaufen alle Projektdateien den Test durch das angegebene Prüfprogramm. CVS sucht dann nach weiteren passenden Erkennungsmustern für die jeweilige Datei und führt die gefundenen zusätzlichen Prüfprogramme aus.

`DEFAULT`
: Bei diesem Eintrag durchlaufen alle Projektdateien, für die keine anderen laut Erkennungsmuster zutreffenden Prüfeinträge vorliegen, das hier angegebene Prüfprogramm. Die automatische Prüfung jeder Datei gemäß der Anweisung von `ALL` zählt für die von `DEFAULT` vorgesehene Prüfung nicht als ein vorliegender Prüfeintrag.

CVS baut die Befehlszeile für den Aufruf des Prüfprogramms durch Anfügen des vollständigen Verzeichnispfades im Repository und einer Aufzählung aller geänderten Dateien zusammen, d.h., Sie können, falls erforderlich, bei der Angabe des Prüfprogramms bereits vorab Befehlsoptionen oder Argumente aufführen. Wenn das Prüfprogramm mit Fehlern, also mit einem Rückkehrstatus ungleich null, endet, bricht **commit** ab.

Die durch dieses Verfahren angestoßenen Programme laufen im Fall eines entfernt gelegenen Repository auf dem zugehörigen Servercomputer. Hier ist ein Beispiel für eine *commitinfo*-Datei:

```
ALL $CVSROOT/CVSROOT/commit-ALL.pl
DEFAULT $CVSROOT/CVSROOT/commit-DEFAULT.pl
CVSROOT$ $CVSROOT/CVSROOT/commit-CVSROOT.pl
```

Dieses Beispiel geht davon aus, daß Sie die Skripte im Modul *CVSROOT* anlegen und in der Datei *checkoutlist* eintragen werden.

Die Datei config

Die Verwaltungsdatei *config* beschreibt die Konfiguration des Repository.

`LockDir=`*`Verzeichnis`*
: Bei dieser Anweisung legt CVS die Sperrdateien in dem angegebenen alternativen Verzeichnis an anstatt im Repository selbst und ermöglicht somit Anwendern ohne Schreibberechtigung für das Repository (jedoch mit Schreibberechtigung für das *Verzeichnis*), auf das Repository zuzugreifen.

: Die Version 1.10 unterstützt keine alternativen Verzeichnisse für Sperrdateien und gibt eine Fehlermeldung bei Verwendung dieser Option aus. Ältere Versionen von CVS (1.9 und älter) bieten auch keine Unterstützung und geben keine Meldungen aus. Verwenden Sie nicht gleichzeitig unterschiedliche Versionen mit unterschiedlicher Unterstützung für dieses Verfahren. Dadurch würde der Zweck von Sperrdateien zunichte gemacht.

`RCSBIN=`*`Verzeichnis`*
: Veraltet (wurde in den Versionen 1.9.12 bis 1.9.18 verwendet). Diese Option gab in CVS das Installationsverzeichnis für RCS-Programme an. Da nunmehr alle RCS-Funktionen intern realisiert sind, ist diese Option wirkungslos geworden.

`SystemAuth=`*`Wert`*
: CVS authentifiziert Benutzer zunächst anhand der Datei *CVSROOT/passwd*. Scheitert dies und ist diese Option auf `yes` gesetzt, führt CVS die Authentifizierung mit Hilfe der Benutzerdatenbank des Systems durch. Diese Option wird zusammen mit dem Paßwort-Dienst verwendet. Der Standardwert ist `yes`.

`TopLevelAdmin=`*`Wert`*
: Beim Wert `yes` entsteht beim Ausführen des Befehls **checkout** ein zusätzliches *CVS*-Verzeichnis im Top-Level-Verzeichnis des Repository. Die Client-Software kann in diesem Verzeichnis die Repository-Zugangsart ermitteln (siehe Abschnitt »Repository Locators«). Der Standardwert ist `no`.

: Diese Option ist beim Auschecken mehrerer Module in die gleiche Sandbox sinnvoll. Wenn sie aktiviert ist, brauchen Sie keine Repository-Zugangsart nach dem ersten Abruf anzugeben. CVS ermittelt sie aus den Angaben des beim ersten Abruf im Top-Level-Verzeichnis des Repository entstandenen *CVS*-Verzeichnisses.

Die Datei cvsignore

Die Verwaltungsdatei *cvsignore* enthält eine Auflistung von Erkennungsmustern zu übergehender Dateien, genauso wie in den *.cvsignore*-Dateien, die sich in den Sandboxes und

Home-Verzeichnissen der Benutzer befinden. Im Gegensatz zu den in den anderen Verwaltungsdateien verwendeten Erkennungsmustern folgen diese Muster der Syntax von **sh**. Es sind keine regulären Ausdrücke in der von GNU Emacs bekannten Form. Es können mehrere durch Whitespace getrennte Muster auf einer Zeile zusammengefaßt sein. Deshalb sind Whitespace-Zeichen innerhalb von Mustern nicht erlaubt.

Tabelle 14-5 zeigt die häufigsten Ausdrücke dieser der **sh**-Syntax entlehnten Muster.

Tabelle 14-5: Datei-Erkennungsmuster für cvsignore

Ausdruck	Beschreibung
?	jedes beliebige einzelne Zeichen
*	jede beliebige Folge von null oder mehreren Zeichen

Die Datei *cvsignore* erlaubt, wiederum im Gegensatz zu den anderen Verwaltungsdateien, keine Kommentarzeilen.

Die Datei cvswrappers

Während *cvsignore* CVS anweist, bestimmte Dateien zu übergehen, können Sie mit der Datei *cvswrappers* Standardoptionen für jene CVS-Befehle festlegen, die Dateien bearbeiten. Die Zeilen bestehen aus einem Dateimuster nach den Regeln von **sh**, gefolgt von der Option **-k** (Schlüsselwortersetzung) und/oder der Option **-m** (Aktualisierungsmethode). Die für **-k** gültigen Werte beschreibt Tabelle 14-19. Die für **-m** zulässigen Werte sind `COPY` und `MERGE`.

Wurde **-m COPY** angegeben, versucht CVS nicht, Dateien zusammenzuführen. Statt dessen zeigt es dem Entwickler die problematischen Dateiversionen an und überläßt es ihm, sich für eine Version zu entscheiden oder die Überschneidungen manuell aufzulösen.

Um beispielsweise alle mit *.exe* endenden Dateien als Binärdateien zu behandeln, müssen Sie folgende Zeile eintragen:

```
*.exe -k b
```

Die Datei history

Falls diese Datei existiert, protokolliert CVS hierin alle Tätigkeiten im Repository. Der Befehl **cvs history** bereitet die in dieser Datei enthaltenen Informationen zur Anzeige auf. Die Datei *history* ist nicht für das direkte Lesen und Schreiben mit Programmen außerhalb von CVS bestimmt.

Ein mit dem Befehl **cvs init** eingerichtetes Repository hat automatisch eine *history*-Datei.

Die Datei loginfo

Die Verwaltungsdatei *loginfo* arbeitet ähnlich wie *commitinfo* und kann auch die Muster `ALL` und `DEFAULT` einsetzen. Sie ermöglicht Ihnen die Handhabung von Protokollnachrichten und ähnlichen Informationen, die vom Befehl **commit** erzeugt wurden.

Die bei der Verarbeitung von *loginfo* aufgerufenen Programme empfangen Protokollnachrichten auf der Standardeingabe. Tabelle 14-6 zeigt drei Codes, die den aufgerufenen Programmen über Kommandozeilenargumente zusätzliche Informationen übergeben können.

Tabelle 14-6: Sondervariablen für loginfo

Variable	Beschreibung
`s`	Dateiname
`V`	Revisionsnummer vor der Übergabe
`v`	Revisionsnummer nach der Übergabe

Steht nach dem Befehlspfad ein Prozentzeichen (`%`), gefolgt von der gewünschten Variablen, fügt CVS für jede betroffene Datei die dazugehörige Information, jeweils durch Whitespace-Zeichen getrennt, ein. Den Angaben ist wie bei *commitinfo* zusätzlich der Repository-Pfad vorangestellt. In der Befehlszeile darf nur ein Prozentzeichen angegeben sein. Falls Sie mehrere Variablen benutzen möchten, setzen Sie sie innerhalb von geschweiften Klammern: `%{}`. Dadurch werden die Informationen für jede Datei durch Kommata getrennt aufgeführt. Als Beispiel hierzu erzeugt `%{sVv}` eine Liste wie diese:

```
/usr/local/cvsrep/hallo Makefile,1.1,1.2 hallo.c,1.8,1.9
```

Das Versenden von Benachrichtigungen per E-Mail nach jeder Übergabe von Änderungen an das Repository kann sehr hilfreich sein. Die Entwickler können durch das Verfolgen der Nachrichten entscheiden, ob sie den letzten Stand der Entwicklung in ihre eigene Sandbox herunterladen wollen. Beispielsweise könnte ein Entwickler gerade einige vorbereitende Arbeiten in seiner Sandbox ausführen, während er auf die Bereitstellung einer neuen Funktionsbibliothek eines anderen Entwicklers wartet. Unmittelbar nach Übergabe der Bibliothek erfährt der wartende Entwickler davon durch eine E-Mail. Anschließend führt er im zugehörigen Verzeichnis den Befehl **cvs upd -d** aus und checkt die neue Bibliothek aus, um sie in seine eigene Arbeit zu integrieren.

Die Einrichtung einer solchen Benachrichtigung ist einfach. Fügen Sie eine Zeile wie etwa diese in die Datei *CVSROOT/loginfo* ein:

```
DEFAULT mail -s %s entwicklerteam@firma.de
```

Meistens handelt es sich bei der Adresse um eine E-Mail-Liste aller interessierten Personen (Entwickler und andere). Wenn Sie Nachrichten an mehrere Adressen versenden wollen, können Sie ein Skript schreiben und es durch diese Datei ausführen lassen. Als Alternative können Sie auch das Programm *log.pl* verwenden, das in der Zusammenstellung der CVS-Quellprogramme enthalten ist und unter */usr/local/src/cvs-1.10.8/contrib/log.pl* liegt, wenn Sie CVS im Verzeichnis */usr/local/src* ausgepackt haben. Die Bedienungsanleitung finden Sie als Kommentare in der Datei selbst.[3]

Die Datei modules

Die im Top-Level-Verzeichnis eines Repository liegenden Verzeichnisse heißen *Module*. Zusätzlich zu diesen physischen Modulen bietet CVS die Möglichkeit, logische Module mit Hilfe der Verwaltungsdatei *modules* einzurichten. Es gibt drei Arten von logischen Modulen:

Alias

Aliasmodule sind wie folgt definiert:

`Modulname --a Aliasmodul`

Die Verwendung von Aliasnamen für Module innerhalb von CVS-Befehlen hat genau den gleichen Effekt wie die Angabe der nach der Option **-a** genannten Module auf der Befehlszeile.

Normal

Normale Module werden folgendermaßen festgelegt:

`Modulname [Optionen] Verzeichnis Datei`

Das Auschecken von *Modulname* führt zum Auschecken der angegebenen Dateien aus *Verzeichnis* in ein Verzeichnis namens *Modulname*. Überschneidende Verzeichnisse, falls vorhanden, werden in der Sandbox nicht berücksichtigt.

& &-Module benötigen Einträge der Form:

`Modulname [Optionen] &anderes_Modul`

Beim Auschecken eines solchen Moduls entsteht ein Verzeichnis namens *Modulname*, das seinerseits Modulkopien von *anderes_Modul* enthält.

Tabelle 14-7 zeigt die beim Definieren von Modulen verwendeten Optionen.

Tabelle 14-7: Moduloptionen

Option	Beschreibung
-d *Name*	Anstelle der Vorgabe zu verwendender Name für das Arbeitsverzeichnis eines Moduls.
-e *Programm*	Führt das Programm *Programm* beim Exportieren von Dateien aus dem Modul aus. Der Modulname wird als einziges Argument an *Programm* übergeben.
-i *Programm*	Führt das Programm *Programm* beim Zurückführen geänderter Dateien des Moduls aus. Das Repository-Verzeichnis der zurückgeführten Dateien wird als einziges Argument an *Programm* übergeben.

3 Wenn diese Art von Umleitung durchgeführt wird, sollten die Entwickler nicht den cvs-mode von Emacs benutzen, da dies zur Überflutung der Mailingliste mit vielen, fast gleichlautenden Nachrichten führt.

Tabelle 14-7: Moduloptionen (Fortsetzung)

Option	Beschreibung
-i *Programm*	Führt das Programm *Programm* beim Auschecken von Dateien aus dem Modul aus. Der Modulname wird als einziges Argument an *Programm* übergeben.
-s *Status*	Weist dem Modul eine Statusbeschreibung zu.
-t *Programm*	Führt das Programm *Programm* beim Markieren von Dateien des Moduls durch **rtag** aus. Der Modulname und die symbolische Markierung werden als Argumente an *Programm* übergeben.
-u *Programm*	Führt das Programm *Programm* beim Aktualisieren von Dateien aus dem Wurzelverzeichnis des Moduls aus. Der absolute Pfad zum Modul innerhalb des Repository wird als einziges Argument an *Programm* übergeben.

Alias-Module stellen eine alternative Bezeichnung für andere Module dar oder sind Abkürzungen für eine Reihe von Modulen oder ihre Unterverzeichnisse. Die Definitionen von Alias-Modulen wirken wie Makro-Definitionen, weil die Befehle ausgeführt werden, als seien die Modulnamen und Verzeichnisse als Argumente auf der Befehlszeile enthalten. Alias-Module bewirken keine Zusammenfassung der benannten Module unter dem Aliasnamen. Verwenden Sie Et-Module für diesen Zweck. Beispielsweise setzt die Definition

```
h -a hallo
```

den Namen *h* als Synonym für das Modul *hallo* ein. Die Definition:

```
projekt -a bibliothek client server
```

ermöglicht Ihnen das Auschecken aller drei Module als eine Einheit. Ein vorangestelltes Ausrufungszeichen (!) innerhalb der Definition eines Alias-Moduls schließt das so gekennzeichnete Verzeichnis aus dem Modul aus.

Normale Module bilden neue Module aus Komponenten anderer Module. Die folgende Anweisung:

```
header bibliothek bibliothek.h
```

definiert beispielsweise ein Modul, das lediglich aus der Header-Datei des Moduls *Bibliothek* besteht.

&-Module sind echte logische Module. Für sie gibt es keine Modulverzeichnisse im Repository. Sie sind aber in Sandboxes auscheckbar, und es werden für sie in diesem Fall Verzeichnisse mit ihrem Namen angelegt, die die in ihrer Definition bezeichneten Module enthalten. Zum Beispiel ist

```
Projekt &Bibliothek &Client &Server
```

nahezu das gleiche wie das bereits veranschaulichte Alias-Modul, allerdings mit dem Unterschied, daß die Untermodule in einem Unterverzeichnis namens *Projekt* abgelegt werden.

Umfangreiche Definitionen dürfen sich in dieser Datei über mehrere Zeilen erstrecken, wenn alle Zeilen außer der letzten mit einem Backslash (\) enden.

Die Datei notify

Diese Datei kommt zusammen mit dem Befehl **watch** zum Einsatz. Sie enthält alle Anleitungen zum Versenden von Benachrichtigungen.

Jede Zeile der Datei *notify* besteht aus einem Muster für Dateinamen und einer Befehlszeile. Wenn Benachrichtigungen zu verschicken sind, führt CVS den angegebenen Befehl für jede betroffene und mit dem Muster übereinstimmende Datei aus.

Es gibt nur eine einzige Sondervariable `%s`, die in der Befehlszeile auftreten darf. Sie ist ein Platzhalter für den bei der Ausführung des Befehls einzusetzenden Benutzernamen des Nachrichtenempfängers. Bei Vorhandensein der Verwaltungsdatei *users* werden Namen dort herausgesucht und anstelle der Variablen `%s` eingefügt. Dadurch ist das Versenden von Nachrichten auch an auf dem lokalen System nicht bekannte Empfänger möglich. Das Benachrichtigungsprogramm übernimmt den Nachrichtentext von der Standardeingabe.

Üblich ist ein einzelner Eintrag wie der folgende:

```
ALL mail %s -s "CVS-Benachrichtigung"
```

Genaugenommen ist dieser Eintrag in der Originalform von *notify* unmittelbar nach der Einrichtung eines Repository durch **cvs init** bereits vorhanden, auch wenn er zunächst auskommentiert ist.

CVS und RCS

Die Datei passwd

Wenn Sie auf das Repository über eine Repository-Zugangsart wie `pserver` zugreifen (siehe Abschnitt »Repository Locators«), kann CVS seine eigenen Zugangsinformationen über Benutzer unabhängig von der Benutzer-Datenbank des Systems führen. Diese Daten sind in der Verwaltungsdatei *CVSROOT/passwd* gespeichert.

Hierdurch ist ein anonymer CVS-Zugang über das Internet möglich. Mit Hilfe eines öffentlichen Benutzereintrags (beispielsweise *anoncvs* oder *anonymous*) gestattet *pserver* mehreren Personen gleichzeitig den Zugriff über das gleiche öffentliche Benutzerkonto. Wenn Sie im System keinen hierzu gleichlautenden Benutzer anlegen möchten oder bereits diesen Namen für einen anderen Zweck vergeben haben, können Sie mit einem Alias-Namen eine abweichende Zuordnung treffen:

```
anonymous:lY/UWpLw8bvus:cvsnamenlos
```

Vergessen Sie dann nicht, den Namen `cvsnamenlos` im System anzulegen. Sie können für den Benutzer anschließend */bin/false* als Shell und das Wurzelverzeichnis des Repository als Home-Verzeichnis eintragen.

Fügen Sie diesen Namen, falls notwendig, in die Verwaltungsdatei *CVSROOT/readers* ein, um den Benutzer auf reinen Lesezugriff zu beschränken.

Die Verwendung einer separaten Benutzer-Datenbank in CVS ist auch dann sinnvoll, wenn Sie einen anonymen Zugang gar nicht realisieren wollen. Sie können damit den Zugang auf eine Gruppe von im System bereits bekannten Benutzern einschränken, einen Fernzugriff für nicht im System angelegte Benutzer schaffen oder die Übertragung eines im System verwendeten normalen Benutzerkennworts im Klartext über das Netzwerk vermeiden (siehe Abschnitt »Sicherheitsbedenken«).

Es gibt keinen Befehl in der Form **cvs passwd**, um damit innerhalb von CVS Paßwörter in der Datei *CVSROOT/passwd*) zu vereinbaren. Die Verwaltung von Benutzern und Paßwörtern ist in CVS eine manuelle Aufgabe.

Die Datei rcsinfo

Beim Ausführen der Befehle **commit** oder **import** schaut CVS in dieser Datei nach Angaben über Textschablonen für Protokolleinträge. Jede Zeile besteht aus einem Erkennungsmuster für Dateien und dem Namen einer Schablonendatei, die für Modulverzeichnisse mit passendem Namen verwendet werden soll.

Die Sondermuster `ALL` und `DEFAULT` gelten auch für diese Datei.

Die Datei readers

Falls diese Datei existiert, haben alle hier aufgeführten Benutzer nur eine Leseberechtigung für das Repository.

Die Datei taginfo

CVS holt aus dieser Verwaltungsdatei Informationen beim Ausführen der Befehle **tag** oder **rtag**. Die Zeilen bestehen aus Erkennungsmustern für Dateien und Programmangaben. Das Sondermuster `ALL` ist in dieser Datei erlaubt.

Das in *taginfo* angegebene Programm wird mit dem Markierungstext, dem Aktionscode, dem zum Repository-Verzeichnis relativen Pfad des Moduls, dem Dateinamen und der Revisionsnummer für jede jeweils betroffene Datei separat aufgerufen. Die gültigen Aktionscodes sind: `add` (für **tag**), `del` (für **tag -d**) und `mov` (für **tag -F**).

Falls der Rückkehrcode für das in *taginfo* angegebene Programm nicht null ist, bricht der es auslösende **tag**- oder **rtag**-Befehl ab.

Die Datei users

Falls diese Datei existiert, verwendet CVS sie beim Abarbeiten der Datei *notify*. Die Zeilen bestehen aus zwei durch einen Doppelpunkt voneinander getrennten Feldern. Im ersten Feld steht ein Benutzername, und das zweite Feld enthält einen Wert, der normalerweise der E-Mail-Adresse des Benutzers auf einem anderen System entspricht. Zum Beispiel:

```
alexandra:alexandra@ne-firma.de
kerstin:kerstin@noch-ne-firma.de
```

Die Datei verifymsg

CVS sieht in dieser Datei nach, ob Protokolleinträge geprüft werden sollen. Falls der Rückkehrcode des angegebenen Programms nicht null ist, bricht die Rückführung der geänderten Projektdatei ab. Das in *verifymsg* benannte Programm wird mit dem absoluten Pfad zur Datei, die den Protokolleintrag enthält, aufgerufen.

Das Sondermuster ALL ist nicht erlaubt, dagegen ist DEFAULT gestattet. Bei mehreren zutreffenden Erkennungsmustern wird das erste passende Muster verwendet.

Die Datei writers

Falls diese Datei existiert, haben alle hier aufgeführten Benutzer Lese- und Schreibrechte, wenn sie nicht gleichzeitig auch in *readers* genannt werden. Dann besitzen sie nur einen Lese-Zugriff.

Das Repository manipulieren

Da es sich beim Repository um ein normales Verzeichnis handelt – wenn auch mit besonderen Inhalten –, ist mit **cd** ein Wechseln in dieses Verzeichnis zwecks Untersuchung und Änderung eben jener Inhalte möglich. Für jede hinzugefügte Projektdatei gibt es auch eine gleichlautende Datei mit angefügtem *»,v«* in einem zugehörigen Verzeichnis des Repository. Dies sind RCS-Dateien (d.h. im RCS-Format, nicht durch das RCS-Programm erstellt), die mehrere Versionen der Projektdatei enthalten.

Da die in diesem Abschnitt beschriebenen Tätigkeiten das Repository direkt ändern, anstatt die CVS-Befehle anzuwenden, sollten Sie äußerste Vorsicht walten lassen und Sicherheitskopien aller Daten erzeugen.

Ein Projekt umstrukturieren

Beim Umstrukturieren eines Projekts durch Verschieben oder Umbenennen von Dateien und Verzeichnissen innerhalb des Repository wird die angesammelte History der Dateien erhalten. Der übliche Weg zum Umbenennen einer Datei unter CVS erfordert das Umbenennen der Datei in der Sandbox und ein anschließendes **cvs remove** für den alten und ein **cvs add** für den neuen Namen. Leider geht dabei die bis dahin bekannte History unter dem neuen Namen der Datei verloren. Deshalb ist manchmal das direkte Umbenennen im Repository die bessere Methode. Beachten Sie, daß dies, falls noch Dateien durch Benutzer ausgecheckt sind, gefährlich sein kann, weil dann in den Sandboxes noch Informationen über eine nicht mehr existierende Datei vorhanden sind.

Massenimporte

Der Import eines kompletten Projekts fügt alle Projektdateien in das Repository ein. Falls dort nicht benötigte Dateien dabei sind, könnten Sie sie mit einem **cvs remove** entfernen. Danach bleiben aber Kopien dieser Dateien im Verzeichnis *.Attic* des Repository zurück. Um dies zu vermeiden, löschen Sie diese Dateien aus dem Repository, bevor sie in Sandboxes ausgecheckt werden.

Importieren

Wenn Sie bereits Bestände an Programmcode haben, werden Sie beim Import der Daten ins CVS so viele historische Informationen wie möglich erhalten wollen. Der folgende Abschnitt gibt Anleitungen für den Import von Projekten ins CVS, ausgehend von Codearchiven oder anderen Revisions-Kontrollsystemen. Alle vorgestellten Methoden, mit Ausnahme des Beispiels zu Codearchiven, basieren auf der Umwandlung von RCS-Dateien und ihrer anschließenden typgerechten Ablage innerhalb des CVS-Repository.

Codearchive importieren

Falls Sie den Werdegang eines Projekts durch regelmäßiges Archivieren des Bearbeitungsstands festhalten, können Sie das erste Archiv importieren und mit einem Datum oder einer Versionsnummer kennzeichnen. Danach fahren Sie mit der Aufnahme der nachfolgenden Archive fort. Durch das Einfügen und Markieren der eingefügten Bearbeitungsstände bauen Sie ein Repository auf, das die bisherige Entwicklungsfolge widerspiegelt.

Sie können, wie im folgenden Beispiel, zunächst die Archive auspacken, wobei angenommen wird, daß dabei Verzeichnisnamen mit Versionsnummern entstehen:

```
benutzer@localhost$ tar xvzf foo-1.0.tar.gz
benutzer@localhost$ tar xvzf foo-1.1.tar.gz
benutzer@localhost$ tar xvzf foo-2.0.tar.gz
```

Als nächstes legen Sie eine Kopie der ersten Version an und importieren sie in das CVS-Repository. Danach checken Sie sie aus, um dadurch eine Sandbox zu erzeugen, denn der Import allein wandelt das Quellverzeichnis noch nicht in eine Sandbox um. Nun können Sie dem Ganzen mit **cvs tag** einen symbolischen Namen zuweisen, der die Projektversion darstellt:

```
benutzer@localhost$ mkdir foo
benutzer@localhost$ cp -R -p foo-1.0/* foo
benutzer@localhost$ cd foo
benutzer@localhost$ cvs import -m
                    'Version 1.0 importiert' foo lieferant start
benutzer@localhost$ cd ..
benutzer@localhost$ mv foo foo.bak
benutzer@localhost$ cvs checkout foo
benutzer@localhost$ cd foo
benutzer@localhost$ cvs tag foo-1_0
benutzer@localhost$ cd ..
```

Im nächsten Schritt fügen Sie die Bearbeitungsunterschiede zwischen den Versionen 1.0 und 1.1 in die Sandbox ein, übergeben sie an das Repository und erzeugen eine Markierung:

```
benutzer@localhost$ diff -Naur foo-1.0 foo-1.1 | (cd foo; patch -Np1)
benutzer@localhost$ cd foo
benutzer@localhost$ cvs commit -m 'Version 1.1 importiert'
benutzer@localhost$ cvs tag foo-1_1
benutzer@localhost$ cd ..
```

Auf die gleiche Weise verfahren Sie mit den Bearbeitungsunterschieden der Versionen 1.1 und 2.0, übergeben die Änderungen und markieren sie:

```
benutzer@localhost$ diff -Naur foo-1.1 foo-2.0 | (cd foo; patch -Np1)
benutzer@localhost$ cd foo
benutzer@localhost$ cvs commit -m 'Version 2.0 importiert'
benutzer@localhost$ cvs tag foo-2_0
```

Nun können Sie mit dem Befehl **log** den Entwicklungsverlauf der Dateien betrachten, sich ihre früheren Versionen anschauen und die Entwicklung unter der Versionskontrolle fortsetzen.

RCS-Projekte importieren

Die folgende Anleitung zeigt Ihnen, wie Sie bei einer Migration von RCS nach CVS ein funktionsfähiges Repository aufbauen können. Die Arbeitsschritte schließen dabei direkte Veränderungen innerhalb des CVS-Repository ein und sollten daher mit besonderer Vorsicht ausgeführt werden.

Prüfen Sie, bevor Sie beginnen, ob keine der zu importierenden Dateien gerade durch RCS gesperrt sind. Legen Sie dann ein neues CVS-Repository mit einem Modul an oder richten Sie ein Modul in einem bereits bestehenden Repository ein. Bauen Sie danach im CVS-Repository für das Projekt genau die gleiche Verzeichnisstruktur wie bisher auf. Als letztes kopieren Sie alle Versionsdateien (*,v*) des Projekts, die sich in diversen *RCS*-Unterverzeichnissen befinden können, in die zugehörigen Verzeichnisse des Repository. Bei diesem Vorgang entfallen die *RCS*-Verzeichnisse.

Ein Beispiel: Verschieben Sie ein unter RCS geführtes Verzeichnis und legen Sie ein leeres Verzeichnis für die neue CVS-Struktur an. Danach importieren Sie das Verzeichnis und checken es gleich aus, um eine Sandbox zu erzeugen:

```
benutzer@localhost$ mv foo foo-rcs
benutzer@localhost$ mkdir foo
benutzer@localhost$ cd foo
benutzer@localhost$ cvs import -m
                    'Neues, leeres Projekt' foo lieferant start
benutzer@localhost$ cd ..
benutzer@localhost$ mv foo foo.bak
benutzer@localhost$ cvs checkout foo
```

Als nächstes legen Sie im Repository die gleiche Verzeichnisstruktur wie im RCS-Projekt an:

```
benutzer@localhost$ cd foo
benutzer@localhost$ mkdir verz
benutzer@localhost$ cvs add verz
benutzer@localhost$ cd ..
```

Danach kopieren Sie alle Dateien mit dem Namensbestandteil *,v* vom RCS-Projekt in das Repository des CVS-Projekts:

```
benutzer@localhost$ cp -p foo-rcs/*,v $CVSROOT/foo
benutzer@localhost$ cp -p foo-rcs/verz/*,v $CVSROOT/foo/verz
```

Abschließend führen Sie den Befehl **cvs update** im Verzeichnis der Sandbox aus, um dadurch die aktuellen Versionen aller Dateien hervorzuholen:

```
benutzer@localhost$ cd foo
benutzer@localhost$ cvs upd
```

SCCS-Projekte importieren

Um SCCS-Projekte zu importieren, können Sie das Skript *sccs2rcs* aus dem Verzeichnis *contrib* der CVS-Distribution verwenden und die Dateien zunächst in das RCS-Format umwandeln. Anschließend folgen Sie dem für RCS gezeigten Verfahren aus dem vorangegangenen Abschnitt. Hierfür müssen sowohl CVS als auch SCCS installiert sein. Sie finden weitere Hinweise in den Kommentarzeilen des Skripts.

PVCS-Projekte importieren

Sie können alle Dateien eines PVCS-Projekts zunächst mit Hilfe des Skripts *pvcs_to_rcs* aus dem Verzeichnis *contrib* der CVS-Distribution in das RCS-Format umwandeln und anschließend dem für RCS gezeigten Verfahren folgen. Sowohl CVS als auch PVCS müssen bei dieser Vorgehensweise installiert sein. Die Kommentarzeilen des Skripts enthalten weitere Hinweise.

Gemeinschafts-Sandbox als Übergangslösung

Im Laufe der Zeit können in Projekten Abhängigkeiten zur Arbeitsumgebung entstehen, insbesondere, wenn für die Dateien nicht die Forderung nach Ortsunabhängigkeit vorliegt. Ein ohne Revisionskontrolle geführtes Projekt kann sogar an seinem Installationsort entwickelt werden. Obwohl diese Arbeitsweisen nicht zu empfehlen sind, kommen sie in der Praxis vor. CVS kann in solchen Situationen helfend eingreifen, indem es von Projektbeginn an das ortsunabhängige Anlegen von Dateien fördert.

In der typischen Arbeitssituation von CVS existieren mehrere unabhängige Sandboxes, die alle durch ein zentrales, gemeinsam genutztes Repository bedient werden. Programmcode aus einer solchen Umgebung ist zwangsläufig (zumindest teilweise) ortsunabhängig. Auf diese Weise sorgt CVS von Beginn eines Projekts an für Flexibilität.

Wenn aber ein Projekt bereits weit fortgeschritten ist, bietet sich eine Kompromißlösung an. Beispielsweise können Sie den Entwicklungsbereich in eine einzelne, gemeinsam genutzte Sandbox umwandeln, indem Sie den Code in CVS importieren und wieder auschecken:

```
benutzer@localhost$ cd /usr/local/bar
benutzer@localhost$ cvs import bar lieferant start
benutzer@localhost$ cd ..
benutzer@localhost$ mv bar bar.bak
benutzer@localhost$ cvs checkout bar
```

Meist ist dieser Ansatz zu grob und importiert viel mehr Dateien als unbedingt notwendig. Sie können dann entweder durch Manipulation des Repository die überflüssigen Dateien entfernen oder sie mit dem Befehl **cvs remove** löschen, wenn Sie auf sie stoßen.

Es werden wahrscheinlich auch einige binäre Dateien als Textdateien in die Sandbox gelangt sein. Wenn Sie diese Dateien behalten möchten, führen Sie den Befehl **cvs admin -kb** *Datei* aus und überschreiben Sie sie mit dem Original aus der Datensicherung des Projekts. Übergeben Sie anschließend die reparierte Datei mit dem Befehl **cvs commit** *Datei* an das Repository.

Es ist ratsam, die Versionskontrolle vor Anpassungen an der Struktur einzurichten, weil dann das Auffinden und gegebenenfalls erforderliche Aufheben von mißlungenen Änderungen einfacher ist.

Die Repository-Zugangsart (siehe Abschnitt »Repository Locators«) wird mit der Option **-d** oder der Umgebungsvariablen $CVSROOT angegeben. Sie ist auf mehrere Dateien in den verschiedenen *CVS/Root*-Verzeichnissen der Sandbox verteilt. Wenn Sie den Paßwort-Dienst (**pserver**) einsetzen, bleibt die Benutzerkennung des auscheckenden Benutzers erhalten. Falls mehrere Personen mit einer bestimmten Sandbox arbeiten, müssen sie ein gemeinsames Benutzerkonto für den CVS-Zugriff verwenden.

Eine Möglichkeit hierfür ist das Einrichten eines neutralen Benutzerkontos, dessen Paßwort allen CVS-Benutzern bekannt ist. Jeder kann dann den Befehl **cvs login** mit der gleichen Benutzerkennung ausführen und auf das Repository zugreifen. Dieser Behelf ist hinfällig, sobald Sie das gemeinsame Repository nicht mehr benötigen. Solange Sie aber damit arbeiten, ist es wichtig, daß alle Entwickler zur Unterscheidung ihre Kennungen in die Protokolltexte eintragen, weil alle Änderungen unter dem Namen des neutralen Benutzers erscheinen.

Globale Serveroption

Der Server kennt nur eine globale Option **-allow-root=***Wurzelverzeichnis*. Diese Option veranlaßt den CVS-Server, Anfragen für das genannte Repository anzunehmen und zu bearbeiten.

Administratorbefehle

Tabelle 14-8 enthält alle Befehle, die dem CVS-Administrator zur Pflege von Repositories zur Verfügung stehen.

Tabelle 14-8: Administratorbefehle

Befehl	Beschreibung
admin **adm** **rcs**	Eine Verwaltungsangelegenheit erledigen.
init	Ein neues Repository anlegen.
server	Als Dienst im Hintergrund starten.

admin

```
admin
[ --b[vers] ]
[ --cString ]
[ --kkflag ]
[ --l[vers] ]
[ --L ]
[ --mvers:Nachricht ]
[ --nName[:[vers]] ]
[ --NName[:[vers]] ]
[ --oBereich ]
[ --q ]
```

```
[ --sStatus[:vers]] ]
[ --t[Datei] ]
[ --t-String ]
[ --u[vers] ]
[ --U ]
[ Dateien  ]
```

Der Befehl **admin** führt Verwaltungsfunktionen aus. Wenn eine Benutzergruppe *cvsadmin* existiert, können lediglich die dort genannten Benutzer **admin** ausführen. Davon ausgenommen ist die Verwendung der Option **-k**, die jedermann zur Verfügung steht. Tabelle 14-9 zeigt die mit **admin** verwendbaren Optionen.

Tabelle 14-9: Optionen zu admin

Option	Beschreibung
-b[*vers*]	Einen Zweig als Standard festlegen.
-c*String*	Veraltet. Ändert das Kommentarzeichen.
-k*kflag*	Den Standardmodus für Schlüsselwortersetzung einstellen.
-l[*vers*]	Die angegebene Version sperren.
-L	Striktes Sperren einschalten.
-m*vers*:*Nachricht*	Die Protokollnachricht einer Version ändern.
-n*Name*[:[*vers*]]	Den symbolischen Namen *Name* mit dem angegebenen Zweig oder der Version verknüpfen.
-N*Name*[:[*vers*]]	Gleiche Bedeutung wie **-n**, mit dem Unterschied, daß bei Vorhandensein von *Name* der neue verschoben wird.
-o*Bereich*	Versionen endgültig löschen.
-q	Keine Diagnosemeldungen ausgeben.
-s*Status*[:*vers*]	Den Status einer Version ändern.
-t[*Datei*]	Den beschreibenden Text in der RCS-Datei festlegen.
-t-*String*	Den beschreibenden Text in der RCS-Datei auf *String* festlegen.
-u[*vers*]	Die angegebene Version entsperren.
-U	Striktes Sperren ausschalten.

Wenn die Angabe zu **-l** einen Zweig angibt, wird die aktuelle Version in diesem Zweig verwendet. Fehlt eine Angabe, wird die aktuelle Version des Standard-Zweigs gewählt.

Existiert der bei **-n** angegebene Name, erscheint eine Fehlermeldung. Sie können mit **-N** eine Markierung umbenennen, genauer gesagt, die mit ihr verknüpfte Version ändern. Besser ist es, wenn Sie **cvs tag** oder **cvs rtag** dafür benutzen.

Die Option **-o** ist gefährlich und führt zum unwiederbringlichen Verlust von Informationen aus dem Repository. Verwenden Sie sie mit äußerster Vorsicht und nur nach gründlicher Abwägung. Tabelle 14-10 zeigt verschiedene Möglichkeiten zur Angabe von Bereichen. In den zu löschenden Versionen darf es keine Zweige oder Sperren geben. Achten Sie auf Wechselwirkungen zwischen diesem Befehl und symbolischen Namen.

Falls keine *Datei* mit der Option **-t** benannt wird, liest CVS von der Standardeingabe bis zum Ende oder bis zum Vorfinden einer Zeile, die nur aus einem Punkt besteht.

Die Bestimmung der Version bei der Option **-u** erfolgt nach den gleichen Regeln wie bei der Option **-l**.

Tabelle 14-10: Bereichsformate

Format	Beschreibung
vers1::*vers2*	Versionen zwischen *vers1* und *vers2* löschen und dabei nur die zum direkten Wechsel von *vers1* nach *vers2* benötigten Informationen beibehalten. Die beiden genannten Versionen bleiben erhalten.
::*vers*	Gleichbedeutend wie *vers1*::*vers2*, mit dem Unterschied, daß die Version an der Verzweigung als Ausgangspunkt dient.
vers::	Gleichbedeutend wie *vers1*::*vers2*, mit dem Unterschied, daß die Version am Ende des Zweiges als Endpunkt dient und mitgelöscht wird.
vers	Die angegebene Version löschen.
vers1: *vers2*	Gleichbedeutend wie *vers1*::*vers2*. Die beiden genannten Versionen werden mitgelöscht.
:*vers*	Gleichbedeutend wie ::*vers2*. Die genannte Version wird mitgelöscht.
vers:	Gleichbedeutend wie *vers1*::. Die genannte Version wird mitgelöscht.

Die in Tabelle 14-11 genannten Optionen existieren nur aus historischen Gründen und sollten daher nicht mehr benutzt werden, um mögliche Zerstörungen des Repository zu vermeiden.

Tabelle 14-11: Veraltete Optionen zu admin

Option	Beschreibung
-a*Anmeldungen*	Fügte die Anmeldungen an die Zugriffsliste der RCS-Datei an.
-A*alte_Datei*	Fügte die Zugriffsliste von *alte_Datei* an diejenige der RCS-Datei an.
-e[*Benutzer*]	Löschte die *Benutzer* aus der Zugriffsliste der RCS-Datei oder löschte alles, falls Angaben fehlten.
-i	Erzeugte und initialisierte eine neue RCS-Datei. Verwenden Sie zum Übergeben von Dateien an das CVS-Repository den Befehl **add**.

Tabelle 14-11: Veraltete Optionen zu admin (Fortsetzung)

Option	Beschreibung
-I	Startete interaktiv. Diese Option funktioniert nicht mit Client-Server-CVS und wird höchstwahrscheinlich in einer künftigen Version entfernt.
-V*n*	Gab an, daß die von CVS verwendeten RCS-Dateien mit einer bestimmten Version von RCS kompatibel sein sollten.
-x*Suffixe*	Legte Namensanhänge für RCS-Dateien fest. CVS verwendet ausschließlich die Namenserweiterung *,v*.

init

```
init
```

Der Befehl **init** initialisiert das Repository. Mit der globalen Option **-d** können Sie das Wurzelverzeichnis des Repository angeben, falls die Umgebungsvariable $CVSROOT nicht entsprechend gesetzt ist.

Ein frisch initialisiertes Repository enthält nur das Modul *CVSROOT* und sonst nichts. Nach der Initialisierung können Sie Dateien hinzufügen oder das Modul *CVSROOT* auschecken, um die Verwaltungsdateien mit Hilfe der anderen CVS-Befehle zu ändern.

pserver

```
pserver
```

Dieser Befehl startet CVS in der Serverbetriebsart und ermöglicht den Zugriff auf die Repositories, die vor dem Befehlswort mit der Option **-allow-root** benannt wurden. Die Verwendung dieses Befehls erfolgt über die Datei *inetd.conf* und nicht auf der Kommandozeile der Shell. Eine weitere, häufig mit diesem Befehl benutzte Option ist **-T** (siehe Tabelle 14-1).

CVS-Benutzerreferenz

Dieses Kapitel erläutert Einzelheiten zum Anmelden an einem Repository, zur Struktur von Sandboxes und zur Verwendung von CVS-Befehlen.

Repository Locators

CVS unterstützt zur Zeit fünf Zugangsarten zu Repositories: lokale Verbindung, externe Verbindung, Paßwort-Dienst, GSS-API-Server (Generic Security Services API) und Kerberos-4-Server, wobei die meisten Kerberos-Anwender vermutlich GSS-API benutzen werden. Tabelle 14-12 beschreibt die verschiedenen Zugangsarten und ihre Methoden.

Tabelle 14-12: Zugangsarten und -methoden für Repositories

Methode	Format der Zugangsart	Beschreibung
Lokal	*Pfad*	Bei einem lokalen (oder wie im Fall von NFS- und Samba-Dateisystemen lokal erscheinenden) Zugriff ist die Repository-Bezeichnung lediglich der Pfad zum Repository-Verzeichnis, z.B. */usr/local/cvsrep*.
Extern	`:ext:`*benutzer@rechner*`:`*pfad*	Externe Repositories werden durch ein Remote-Shell-Dienstprogramm wie etwa standardmäßig **rsh** oder **ssh** erreicht. Die Umgebungsvariable $CVS_RSH gibt das zu benutzende Remote-Shell-Programm an.
Paßwort-Server	`:pserver:`*benutzer@rechner*`:`*pfad*	Paßwort-Server verlangen die Anmeldung über ein Benutzerkonto, bevor der Zugang zum Repository gestattet wird. Öffentliche Paßwort-Server sind üblicherweise auf diese Art konfiguriert, damit sie anonymen CVS-Zugang gewähren können. Der Abschnitt »Die Datei passwd« enthält weitere Informationen über anonymes CVS.
GSS-API-Server	`:gserver:`	Diese Zugangsart wird für Server, die über Kerberos 5 oder andere von GSS-API unterstützte Anmeldeverfahren betreten werden, verwendet.
Kerberos-Server	`:kserver:`	Diese Zugangsart wird für Server mit Kerberos-4-Anmeldung verwendet.

CVS konfigurieren

Neben den Befehls-Argumenten beeinflussen zwei weitere Gruppen von Einstellungen die Arbeitsweise von CVS: *Umgebungsvariablen* (siehe Tabelle 14-13) und *Sonderdateien* (siehe Tabelle 14-14).

Tabelle 14-13: Umgebungsvariablen

Variable	Beschreibung
$COMSPEC	Befehlsinterpreter unter OS/2, falls nicht *cmd.exe*
$CVS_CLIENT_LOG	Datei auf dem Client zur Fehleranalyse von Client-Server-Verbindungen $CVS_CLIENT_LOG ist der Basisname für die Dateien *$CVS_CLIENT_LOG.in* und *$CVS_CLIENT_LOG.out*, die bei Ausführung von Befehlen im Arbeitsverzeichnis geschrieben werden.
$CVS_CLIENT_PORT	Die Portnummer für die Zugangsart `:kserver:` $CVS_CLIENT_PORT ist nicht notwendig, wenn **kserver** auf dem Port 1999 (standardmäßig) arbeitet.
$CVS_IGNORE_REMOTE_ROOT	Laut *ChangeLog* existiert diese Variable seit der Version 1.10.3 nicht mehr.
$CVS_PASSFILE	Paßwort-Datei für die Zugangsart `:pserver:`. Diese Variable muß vor Ausführung des Befehls **cvs login** gesetzt sein, um wirksam zu sein. Der Standardwert ist *$HOME/.cvspass*.
$CVS_RCMD_PORT	bei Nicht-Unix-Clients der Port für den **rcmd**-Dienst des Servers
$CVS_RSH	das Remote-Shell-Programm für die Zugangsart `:ext:`, falls nicht **rsh**
$CVS_SERVER	das auf dem entfernten Server im Hintergrund als Dienst laufende CVS-Programm für die Zugangsart `:ext:`, falls nicht **cvs**
$CVS_SERVER_SLEEP	Server-seitige Verzögerung (in Sekunden) der Ausführung, um Zeit für das Aktivieren eines Debug-Werkzeugs zu gewähren
$CVSEDITOR	Editor für Protokolltexte. Hat Vorrang vor $EDITOR.
$CVSIGNORE	eine durch Whitespace getrennte Aufzählung von Erkennungsmustern zu übergehender Dateien (siehe auch *cvsignore* in Tabelle 14-4 und *.cvsignore* in Tabelle 14-14)
$CVSREAD	Bewirkt Schreibschutz (bei gesetzter Variablen) oder Schreiberlaubnis (bei nicht gesetzter Variablen) für **checkout** und **update**.
$CVSROOT	standardmäßige Zugangsart zum Repository
$CVSUMASK	Bestimmt Zugriffsrechte für (lokale) Repository-Dateien.

Variable	Beschreibung
$CVSWRAPPERS	Eine Liste von Dateimustern für die Funktion *cvswrappers*. Siehe auch den Abschnitt »Struktur des Repository«.
$EDITOR	Gibt den für Protokolltexte zu verwendenden Editor an. Siehe auch $CVSEDITOR.
$HOME	Wird unter Unix benötigt, um die Datei *.cvsrc* aufzufinden.
$HOMEDRIVE	Wird unter Windows NT benötigt, um die Datei *.cvsrc* aufzufinden.
$HOMEPATH	Wird unter Windows NT benötigt, um die Datei *.cvsrc* aufzufinden.
$PATH	Wird verwendet, um auszuführende Programme aufzufinden.
$RCSBIN	Veraltet. Wurde verwendet, um auszuführende RCS-Programme aufzufinden.
$TEMP $TMP $TMPDIR	Ort für temporäre Dateien. Der Server verwendet $TMPDIR. Die Angaben */tmp* unter Unix und TMP unter Windows NT dürfen nicht überschrieben werden, weil einige Funktionen in CVS auf der Systemfunktion *tmpnam()* aufsetzen.

Trotz der ähnlich lautenden Bezeichnung haben die Umgebungsvariable $CVSROOT und das Unterverzeichnis *CVSROOT* eines Repository nichts miteinander zu tun.

Das »RSH« im Namen der Umgebungsvariablen $CVS_RSH bezieht sich nicht zwingend auf das Dienstprogramm **rsh**, sondern steht für das von CVS verwendete Programm für den Aufbau eines entfernten Shell-Zugangs. Dies kann außer **rsh** auch mit Hilfe von z.B. **ssh** erfolgen.

Da es nur eine einzige und obendrein auch global gültige Einstellung für die Auswahl des entfernten Shell-Zugangs gibt ($CVS_ RSH), sollten Entwickler, die mehrere Repositories benutzen, darauf achten, mit welchem sie gerade arbeiten. Wenn für die einzelnen Repositories unterschiedliche Zugänge notwendig sind, muß die Variable sinngemäß bei jedem Wechsel zwischen den Repositories neu gesetzt werden. Diese Eigenheit der Zugangsart zu einem Repository wird nicht in der Datei *CVS/Root* der Sandbox gespeichert (siehe Abschnitt »CVS-Verzeichnisse«). Beispielsweise könnten Sie sich mit den folgenden zwei Alias-Definitionen selbst helfen, wenn Sie auf einige Repositories mit **rsh** und auf andere dagegen mit **ssh** zugreifen müssen (vorausgesetzt, CVS ist im Verzeichnis */usr/local/bin* installiert):

```
benutzer@localhost$ alias cvs="export CVS_RSH=ssh; cvs"
benutzer@localhost$ alias cvr="export CVS_RSH=rsh; cvs"
```

Tabelle 14-14 zeigt die Dateien, aus denen die zeilenorientierte CVS-Client-Software Informationen über Server-Verbindungen und Client-Konfigurationen liest. Diese Dateien befinden sich im Home-Verzeichnis des jeweiligen Benutzers.

Tabelle 14-14: Client-Konfigurationsdateien

Option	Beschreibung
~/.cvsignore	Erkennungsmuster für nicht zu beachtende Dateien
~/.cvspass	von **cvs login** gespeicherte Paßwörter
~/.cvsrc	voreingestellte Befehlsoptionen
~/.cvswrappers	individuelle Filterprogramme für **checkout** und **commit**

Die Datei *~/.cvspass* ist genaugenommen eine Betriebsdatei und keine Konfigurationsdatei. Das Client-Programm **cvs** speichert hier das Paßwort des Benutzerkontos vom Repository zwischen dem **cvs login** und dem **cvs logoff**.

Einige typische Einstellungen in *.cvsrc* sind:

update -dP
: Führt neue Verzeichnisse ein und löscht leere Verzeichnisse bei einem **cvs update**.

diff -c
: Erzeugt die Ausgabe als Kontext-**diff**.

Eine Sandbox anlegen>Eine Sandbox anlegen

Um CVS benutzen zu können, müssen Sie zuerst eine Sandbox anlegen oder anlegen lassen. Dieser Abschnitt beschreibt diesen Vorgang und nimmt dabei an, daß das Repository, mit dem Sie arbeiten möchten, bereits ein Modul enthält, das Sie verwenden wollen. Der Abschnitt »import« gibt Anleitungen für den Import von neuen Modulen in ein Repository.

1. Ermitteln Sie die notwendige Repository-Zugangsart. Sprechen Sie mit dem Administrator des Repository, wenn Sie Hilfe beim Auffinden des Repository oder bei der Syntax für die Zugangsart benötigen.
2. Wenn Sie hauptsächlich mit diesem Repository arbeiten, setzen Sie die Umgebungsvariable $CVSROOT. Verwenden Sie ansonsten die Option **-d** bei denjenigen CVS-Befehlen, die das zuständige Repository nicht aus den Verwaltungsdateien in der Sandbox ablesen können.
3. Wählen Sie ein Modul zum Auschecken aus.
4. Suchen Sie sich einen Platz für die Sandbox aus und wechseln Sie mit **cd** in das Verzeichnis, in dem es liegen soll.
5. Wenn das Repository ein Login verlangt, melden Sie sich mit **cvs login** an.
6. Führen Sie **cvs checkout** *modul* aus.

Zum Beispiel:

```
export CVSROOT=/usr/local/cvsroot
cd ~/arbeit
cvs checkout hallo
```

Sandbox-Struktur

Dieser Abschnitt beschreibt die Dateien und Verzeichnisse, die in einer Sandbox vorkommen können.

.cvsignore-Dateien

Sandboxes können *.cvsignore*-Dateien enthalten. Darin sind Erkennungsmuster für innerhalb der Sandbox gespeicherte Dateien eingetragen, die normalerweise nicht in CVS eingecheckt sind. CVS übergeht dann die so gekennzeichneten Dateien. Dies wird üblicherweise benutzt, damit maschinell erzeugte Dateien nicht ins CVS übergehen.

.cvswrappers-Dateien

In Sandboxes können Dateien mit dem Namen *.cvswrappers* vorkommen. Sie enthalten nach Verzeichnissen getrennte Anweisungen für die Behandlung von Dateien in ähnlicher Weise wie in der Konfigurationsdatei *cvswrappers* des Repository (siehe »Die Datei cvswrappers«, weiter oben in diesem Kapitel).

CVS-Verzeichnisse

Jedes Verzeichnis innerhalb einer Sandbox enthält ein *CVS*-Verzeichnis. Die Dateien in diesem Verzeichnis (siehe Tabelle 14-15) enthalten Metadaten, mit denen CVS das zuständige Repository ausfindig macht und verfolgt, welche Dateiversionen in die Sandbox kopiert wurden.

Tabelle 14-15: Dateien in den CVS-Verzeichnissen

Datei	Beschreibung
Base *Basevers* *Basevers.tmp*	Das Verzeichnis *Base* speichert Dateikopien während der Ausführung des Befehls **edit**; in der Datei *Basevers* stehen Versionsnummern der Dateien in *Base*; die Datei *Basevers.tmp* wird bei der Aktualisierung der Datei *Basevers* benötigt.
Checkin.prog *Update.prog*	die in der Datei *modules* angegebenen Programme für die Optionen **-i** bzw. **-u**.
Entries	die Versionsnummern und Zeitstempel von Dateien, die durch Auschekken oder Aktualisieren aus dem Repository entnommen wurden.
Entries.Backup *Entries.Log* *Entries.Static*	temporär von CVS verwendete Dateien.
Notify *Notify.tmp*	temporär von CVS benutzte Dateien für Benachrichtigungen im Zusammenhang mit Befehlen wie **edit** und **unedit**.
Repository	die Bezeichnung, unter der das Verzeichnis im Repository bekannt ist.

Tabelle 14-15: Dateien in den CVS-Verzeichnissen (Fortsetzung)

Datei	Beschreibung
Root	die Repository-Zugangsart zum Zeitpunkt des Anlegens der Sandbox durch **cvs checkout**.
Tag	Angaben über dauerhafte Markierungen und Zeitdaten von Dateien im Verzeichnis.
Template	Speichert den Inhalt der Verwaltungsdatei *rcsinfo* vom Repository für entfernte Repositories.

Da jedes Sandbox-Verzeichnis eine Datei *CVS/Root* hat, ist es mit genau einem Repository verbunden. Sie können innerhalb eines Sandbox-Verzeichnisses nicht Dateien von unterschiedlichen Repositories auschecken.

Globale Client-Optionen

Tabelle 14-16 listet die globalen Optionen des CVS-Client-Programms auf.

Tabelle 14-16: Globale Client-Optionen

Option	Beschreibung
-a	Authentifizieren (nur für **gserver**).
-d *root*	Repository-Zugangsart; hat Vorrang vor $CVSROOT.
-e editor	Gibt den Nachrichten-Editor an; hat Vorrang vor $CVSEDITOR und $EDITOR.
-f	Verhindert Auswertung von *~/.cvsrc*; hilfreich, wenn Sie für einen bestimmten Befehl die Einstellungen in *.cvsrc* umgehen wollen.
-H [*Befehl*] **-help** [*Befehl*]	Hilfe anzeigen; falls kein Befehl angegeben ist, wird die allgemeine CVS-Hilfe angezeigt – einschließlich einer Zusammenfassung anderer Hilfe-Optionen.
-l	Den Befehl nicht in der Chronik erfassen.
-n	Keine Dateien verändern; hilfreich, wenn Sie vorab feststellen wollen, welche Dateien von einem Befehl betroffen sein werden.
-q	Befehl still (ohne Meldungen) ausführen.
-Q	Befehl extra still und mit Rückmeldung nur bei schwerwiegenden Problemen ausführen.
-r	Neue Arbeitsdateien mit reinem Lese-Zugriff (read-only) anlegen.
-s *Variable=Wert*	Eine Benutzervariable auf den genannten Wert setzen; Benutzervariablen können innerhalb von Verwaltungsdateien zum Einsatz kommen.

Tabelle 14-16: Globale Client-Optionen (Fortsetzung)

Option	Beschreibung
-t	Ausführung protokollieren; hilfreich beim Analysieren von Problemen mit entfernten Repository-Zugängen und, zusammen mit der Option **-n**, beim Untersuchen der Wirkung eines wenig geläufigen Befehls.
-w	Neue Arbeitsdateien im Schreib-Lese-Zugriff anlegen; hat Vorrang vor $CVSREAD; die Dateien sind zum Schreiben und Lesen zugelassen, falls $CVSREAD nicht gesetzt oder die Option **-r** nicht angegeben ist.
-x	Verschlüsseln (eingeführt mit Version 1.10).
-z *gzip_stufe*	Die Kompressionsstufe setzen; hilfreich beim Einsatz von CVS in der Client-Server-Betriebsart über langsame Verbindungen.

Allgemeine Client-Optionen

Tabelle 14-17 und Tabelle 14-18 beschreiben die für viele CVS-Befehle gültigen allgemeinen Optionen. Tabelle 14-17 zählt zunächst die Optionen und ihre Funktionen auf, während Tabelle 14-18 darstellt, welche Option mit welchem Befehl benutzt werden kann. Die danach folgenden Abschnitte enthalten weitere Informationen nur für diejenigen Optionen, die einer näheren Erklärung bedürfen.

Tabelle 14-17: Allgemeine Optionen

Option	Beschreibung
-D *Datum*	Die aktuellste Version vor *Datum* verwenden.
-f	Für Befehle, die Markierungen mit **-r** oder Datumsangaben mit **-D** enthalten, nur die aktuellste Version der Dateien einschließen, die nicht mit der genannten Markierung versehen oder nicht zum genannten Datum vorhanden waren.
-k *kflag*	Die Art der Schlüsselwort-Ersetzung bestimmen; das Leerzeichen zwischen **-k** und *kflag* ist optional (siehe Tabelle 14-19 mit den verfügbaren Arten der Schlüsselwort-Ersetzung).
-l	Die Ausführung nicht rekursiv in den Unterverzeichnissen fortsetzen.
-n	Keine Modul-Programme ausführen.
-R	Rekursiv in den Unterverzeichnissen ausführen (Voreinstellung).
-r vers	Eine bestimmte Revisionsnummer oder symbolische Markierung verwenden.

Tabelle 14-18 zeigt die Anwendbarkeit der allgemeinen Optionen mit den jeweiligen Benutzer-Befehlen.

Tabelle 14-18: Anwendbarkeit der allgemeinen Client-Optionen

Benutzer-Befehl	-D	-f	-k	-l	-n	-R	-r
add			•				
annotate	•	•		•		•	•
checkout	•	•	•	•	•	•	•
commit				•	•	•	•
diff	•		•	•		•	•
edit				•		•	
editors				•		•	
export	•	•	•	•	•	•	•
help							
history	•						•
import			•				
log				•		•	
login							
logout							
rdiff	•	•		•		•	•
release							
remove				•		•	
rtag	•	•		•		•	•
status				•		•	
tag				•		•	
unedit				•		•	
update	•	•	•	•		•	•
watch				•		•	
watchers				•		•	

Datumsformate

CVS erkennt Datumsangaben in einer Reihe von Formaten wie:

ISO-Standard
: `JJJJ-MM-TT HH:MM`. Dies ist das bevorzugte Format; Beispiele: `2000-05-17` oder `2000-05-17 22:00`. Die technischen Einzelheiten dieses Formats sind in der Norm ISO-8601 festgelegt.

E-Mail-Standard

17 May 2000. Die technischen Einzelheiten dieses Formats definieren die Normen RFC-822 und RFC-1123.

Relativ

10 days ago, 4 years ago.

Angelsächsisch

Monat/Tag/Jahr. Dieses Format kann zu Verwechslungen führen, weil nicht alle Sprachräume die ersten beiden Felder in dieser Reihenfolge verwenden. (1/2/2000 ist mehrdeutig).

Andere

Andere Formate werden akzeptiert, beispielsweise JJJJ/MM/TT und der Verzicht auf die Jahresangabe, wobei dann das aktuelle Jahr angenommen wird.

Schlüsselwort-Ersetzungen

Tabelle 14-19 beschreibt die mit der Option **-k** wählbaren Arten der Schlüsselwort-Ersetzung. CVS verwendet diese Methode zum Einfügen von Versionsinformationen beim Auschecken oder Aktualisieren von Dateien.

Tabelle 14-19: Arten der Schlüsselwort-Ersetzung

Art	Beschreibung
b	Binär. Die Datei genau wie bei der Art o behandeln und zusätzlich die Umwandlung von Zeilenvorschub- Zeichen vermeiden.
k	Nur Schlüsselwort. Alle Schlüsselworte auf das Schlüsselwort selbst reduzieren. Verwenden Sie diese Art, um den Vergleich zweier Dateiversionen nicht durch unterschiedliche Schlüsselwort-Ersetzungen zu beeinflussen.
kv	Schlüsselwort-Ersetzung. Das Schlüsselwort wird durch den zugehörigen Wert ersetzt. Dies ist der Standard.
kvl	Schlüsselwort-Ersetzung mit Sperrkennung. Gleiche Wirkung wie kv, zusätzlich wird immer die Benutzerkennung des sperrenden Bearbeiters eingetragen. Eine Datei kann mit Hilfe des Befehls **cvs admin -l** mit einer Sperre versehen werden.
o	Alte Angaben erhalten. Die im Repository vorhandenen Schlüsselwort-Werte verwenden und daher keine neuen Werte generieren.
v	Nur Wert. Das gesamte Schlüsselwort-Feld mit dem Wert ersetzen und dabei sogar die begrenzenden $ weglassen. Diese Art zerstört dauerhaft das Schlüsselwort-Feld, daher mit Vorsicht verwenden.

Die Schlüsselwort-Felder sind Zeichenketten in der Form $*Schlüsselwort* $. Gültige Schlüsselworte sind:

Author

Die Benutzerkennung des Bearbeiters, der die geänderte Version übergeben hat.

`Date` Das Datum und die Uhrzeit (im UTC-Standardformat) der Übergabe der geänderten Version.

`Header`
: Der absolute Pfad der RCS-Datei im Repository, die Revisionsnummer, Datum, Zeit und Bearbeiter bei Übergabe, der Dateistatus und die Benutzerkennung des sperrenden Bearbeiters, falls die Datei gesperrt wurde.

`Id` Eine kürzere Form von `Header`, bei der die RCS-Datei ohne die Verzeichnisangaben eingetragen wird.

`Name` Die symbolische Markierung, die benutzt wurde, um auf die Datei zuzugreifen; leer, falls keine Markierung beim Auschecken verwendet wurde.

`Locker`
: Die Benutzerkennung des sperrenden Bearbeiters; leer, falls die Datei nicht gesperrt ist.

`Log` Der RCS-Dateiname. Zusätzlich zur Schlüsselwort-Ersetzung im Feld werden bei der Übergabe weitere Zeilen unmittelbar im Anschluß an die Zeile mit diesem Schlüsselwort angefügt. Die erste dieser Zeilen enthält Versionsnummer, Datum, Uhrzeit und Benutzerkennung. Danach folgen Zeilen mit dem Inhalt der Kurzbeschreibung der Übergabe. Im Laufe der Zeit entsteht eine absteigend chronologische Folge von Protokolleinträgen. Jeder Zeile sind die gleichen Zeichen wie beim Schlüsselwort-Feld vorangestellt. Dadurch ist es in den meisten Programmiersprachen möglich, die Einträge als Kommentare zu gestalten. Ein Beispiel:

```
#
# foo.pl
#
# $Log: foo.pl,v $
# Revision 1.2  2000/06/09 22:10:23  ich
# Neuer Fehler behoben, der durch Behebung des alten entstand.
#
# Revision 1.1  2000/06/09 18:07:51  ich
# Letzter verbleibender Systemfehler behoben.
#
```

Achten Sie darauf, daß Sie in Ihre Kurzbeschreibungen keine Schlüsselwort-Felder einfügen, wenn Sie dieses Schlüsselwort benutzen wollen, da CVS sonst diese Felder ebenfalls ersetzt.

`RCSfile`
: Der RCS-Dateiname ohne Verzeichnisangaben.

`Revision`
: Die Versionsnummer der Datei.

`Source`
: Der absolute Pfad der RCS-Datei.

`State`
: Der Dateistatus, wie durch **cvs admin -s** zugewiesen. Wenn Sie den Status nicht ausdrücklich setzen, ist er standardmäßig `Exp`.

Benutzerbefehle

Die CVS-Client-Software bietet die in Tabelle 14-20 vorgestellten Befehle.

Tabelle 14-20: Benutzerbefehle

Befehl	Beschreibung
ad add new	Gibt an, daß Dateien/Verzeichnisse zum Repository hinzugefügt werden sollen.
ann annotate	Zeigt den Inhalt der neuesten Revision einer Datei, für jede Zeile kommentiert mit der Revisionsnummer, dem Benutzer und dem Datum der letzten Änderung.
checkout co get	Erzeugt eine Sandbox für ein Modul.
ci com commit	Übergibt Änderungen aus der Sandbox an das Repository.
di dif diff	Zeigt inhaltliche Unterschiede zwischen Dateiversionen an.
edit	Leitet eine Bearbeitung von Dateien ein; wird bei intensiverer Koordination von Entwicklern verwendet.
editors	Zeigt die gegenwärtigen Bearbeiter von Dateien an; wird bei intensiverer Koordination von Entwicklern verwendet.
ex exp export	Kopiert ein Modul aus dem Repository, ohne dabei eine Sandbox anzulegen.
help	Zeigt Hilfe an.
hi his history	Zeigt das Aktivitätsprotokoll (History) für Dateien an.
im imp import	Importiert neue Module in das Repository.
lgn login logon	Führt eine Anmeldung an einem entfernten CVS-Server durch und speichert dabei das Paßwort lokal für die Dauer der Sitzung.

Tabelle 14-20: Benutzerbefehle (Fortsetzung)

Befehl	Beschreibung
lo log rlog	Zeigt das Tätigkeits- und Änderungsprotokoll für die Datei(en) an.
logout	Meldet vom entfernten CVS-Server ab und löscht dabei das lokal gespeicherte Paßwort.
pa patch rdiff	Erzeugt ein **diff** für alle Dateien im Format, wie von Larry Walls **patch** benötigt; der Befehl muß nicht zwingend innerhalb der Sandbox ausgeführt werden.
re rel release	Führt eine protokollierte Löschung einer Sandbox durch.
remove rm delete	Löscht eine Datei oder ein Verzeichnis aus einem Repository.
rt rtag rfreeze	Markiert eine bestimmte Version.
st stat status	Zeigt detaillierte Statusinformationen über Dateien an.
ta tag freeze	Markiert Dateien im Repository.
unedit	Verwirft Änderungen an einer Datei und macht sie wieder schreibgeschützt.
up upd update	Synchronisiert die Sandbox mit dem Repository.
watch	Verwaltet die Einstellungen zur Beobachtung von Dateiänderungen; wird bei intensiverer Koordination von Entwicklern verwendet.
watchers	Zeigt die Benutzer an, die Dateiänderungen beobachten; wird bei intensiverer Koordination von Entwicklern verwendet.

add

```
add
[ -k kflag ]
[ -m Infotext ]
Datei ...
```

Dieser Befehl bereitet das Übergeben von Dateien/Verzeichnissen an das Repository vor. Sie werden erst bei Ausführung des Befehls **cvs commit** wirklich übergeben. Dieser Befehl kann auch die mit **cvs remove** gelöschten Dateien wiederherstellen.

Die übliche Bedeutung der allgemeinen Client-Option **-k** ist auch hier wirksam. Es gibt lediglich eine weitere Option zum Befehl **add**: **-m** *Infotext*. Diese Option erzeugt eine Beschreibung für die Datei, die dann in der Ausgabe des Befehls **log** erscheint.

annotate

```
annotate
[ [ -D Datum | -r vers ] -f ]
[ -l | -R ]
Datei ...
```

CVS gibt einen kommentierten Bericht über alle Zeilen einer Datei aus. Vor jeder Zeile stehen Angaben über die letzte Änderung, die Versionsnummer, den Bearbeiter und das Datum. Ist keine Version angegeben, wird die Ursprungsversion des Entwicklungszweigs zugrunde gelegt.

Es gelten die üblichen Bedeutungen der allgemeinen Client-Optionen **-D**, **-f**, **-l**, **-r** und **-R**.

checkout

```
checkout
[ -A ]
[ -c | -s ]
[ -d Verzeichnis [ -N ] ]
[ [ -D Datum | -r vers ] -f ]
[ -j vers1 [ -j vers2 ] ]
[ -k kflag ]
[ -l | -R ]
[ -n ]
[ -p ]
[ -P ]
Modul ...
```

Dieser Befehl kopiert Dateien aus dem Repository in die Sandbox.

Es gelten die üblichen Bedeutungen der allgemeinen Client-Optionen **-D**, **-f**, **-k**, **-l**, **-r** und **-R**. Weitere Optionen sind in Tabelle 14-21 aufgeführt.

Tabelle 14-21: Optionen für checkout

Option	Beschreibung
-A	Setzt alle dauerhaften Markierungen und Datumsangaben zurück.
-c	Gibt die Datei *modules* auf der Standardausgabe aus.
-d *Verzeichnis*	Ersetzt den standardmäßig vorgegebenen Verzeichnisnamen.
-j *vers*	Führt Zweige zusammen.

Tabelle 14-21: Optionen für checkout (Fortsetzung)

Option	Beschreibung
-N	Verhindert die Verkürzung von Modulpfaden.
-p	Gibt die Dateien auf der Standardausgabe aus, wobei sie durch Kopfzeilen, bestehend aus dem Dateinamen, dem RCS-Dateinamen und der Version, voneinander abgesetzt werden.
-P	Löscht leere Verzeichnisse.
-s	Zeigt den Status für jedes Modul aus den Einträgen in der Datei *modules*.

commit

```
commit
[ -f | [ -l | -R ] ]
[ -F Datei | -m Infotext ]
[ -n ]
[ -r Revision ]
[ Dateien ... ]
```

Dieser Befehl übergibt die in der Sandbox vorgenommenen Dateiänderungen an das Repository.

Es gelten die üblichen Bedeutungen der allgemeinen Client-Optionen **-l**, **-n**, **-r** und **-R**. Weitere Optionen zeigt Tabelle 14-22.

Tabelle 14-22: Optionen für commit

Option	Beschreibung
-f	Erzwingt eine Übergabe, auch wenn keine Änderungen vorliegen.
-F *Datei*	Verwendet den Inhalt der *Datei* als Infotext.
-m *Infotext*	Verwendet den angegebenen Infotext.

Die Benutzung der Option **-r** führt zu dauerhaften Versionsnummern. Danach ist ein **admin -A** zum Weiterarbeiten in der Sandbox notwendig.

diff

```
diff
[ -k kflag ]
[ -l | -R ]
[ Format ]
[ [ -r vers1 | -D Datum1 ] [ -r vers2 | -D Datum2 ] ]
[ Datei ... ]
```

Der Befehl **diff** vergleicht zwei Versionen einer Datei und zeigt die Unterschiede in einem durch die verwendeten Optionen vorbestimmten Format an. Standardmäßig wird die Dateiversion in der Sandbox mit derjenigen Version im Repository verglichen, aus der sie ursprünglich erstellt wurde.

Es gelten die üblichen Bedeutungen der allgemeinen Client-Optionen **-D**, **-k**, **-l**, **-r** und **-R**. Auch die anderen Optionen des **diff**-Befehls, wie in Kapitel 3 beschrieben, können verwendet werden.

edit

```
edit
[ -a Aktionen ]
[ -l | -R ]
[ Datei ... ]
```

Der Befehl **edit** wird in Verbindung mit dem Befehl **watch** eingesetzt und gestattet einen stärker koordiniert (seriell) ablaufenden Entwicklungsprozeß. Er ändert die Datei auf Schreibzugriff und verschickt eine Benachrichtigung an alle ihre anderen Bearbeiter. Ein temporäres **watch** wird aufgestellt und automatisch beim nächsten **unedit** oder **commit** wieder entfernt.

Es gelten die üblichen Bedeutungen der allgemeinen Client-Optionen **-l** und **-R**. Mit dem Befehl **edit** kann als weitere Option lediglich **-a** *Aktionen* benutzt werden, um die zu beobachtenden Aktionen anzugeben. Die erlaubten Aktionsbezeichnungen sind beim Befehl **watch** beschrieben.

editors

```
editors
[ -l | -R ]
[ Datei ... ]
```

Dieser Befehl zeigt die gegenwärtigen Bearbeiter der aufgeführten Dateien an. Diese Information ergibt sich durch Nachprüfung aller Bearbeiter, die den Befehl **edit** für die genannten Dateien eingesetzt haben. Wurde **edit** nicht verwendet, entsteht keine Ausgabe.

Es gelten die üblichen Bedeutungen der allgemeinen Client-Optionen **-l** und **-R**

Siehe hierzu auch den Abschnitt über **watch** weiter unten.

export

```
export
[ -d Verzeichnis [ -N ] ]
[ -D Datum | -r vers ]
[ -f ]
[ -k kflag ]
[ -l | -R ]
[ -n ]
[ -P ]
Modul ...
```

Genau wie bei **checkout** exportiert auch dieser Befehl Dateien aus dem Repository, jedoch ohne dabei eine Sandbox zu erzeugen, d.h., es entstehen keine CVS-Unterverzeichnisse. Benutzen Sie dies zur Vorbereitung einer Distribution. Ein Beispiel:

```
benutzer@localhost$ cvs export -r foo-1_0 -d foo-1.0 foo
benutzer@localhost$ tar czf foo-1.0.tar.gz foo-1.0
```

Es gelten die üblichen Bedeutungen der allgemeinen Client-Optionen **-D**, **-f**, **-k**, **-l**, **-n**, **-r** und **-R**. Tabelle 14-23 zeigt weitere Optionen.

Tabelle 14-23: Optionen für export

Option	Beschreibung
-d *Verzeichnis*	Verwendet *Verzeichnis* als Verzeichnisname anstelle des Modulnamens.
-n	Keine Checkout-Programme ausführen.
-N	Pfade nicht verkürzen.

Beim Auschecken einer einzelnen Datei, die ein oder zwei Ebenen unterhalb des Modulverzeichnisses liegt, verhindert die Option **-N** zusammen mit **-d** das Anlegen dazwischenliegender Verzeichnisse.

help

`help`
Dieser Befehl zeigt Hilfe-Informationen zu **cvs** an.

history

```
history
[ -a | -u Benutzer ]
[ -b String ]
[ -c ]
[ -D Datum ]
[ -e | -x Typ ]
[ -f Datei | -m Modul | -n Modul | -p Repository ] ...
[ -l ]
[ -o ]
[ -r vers ]
[ -t Markierung ]
[ -T ]
[ -w ]
[ -z Zone ]
[ Datei ... ]
```

Dieser Befehl zeigt Informationen zur History an. Um den Befehl **history** verwenden zu können, müssen Sie zuerst im Repository die Datei *history* einrichten. Der Abschnitt »Struktur des Repository« enthält nähere Angaben zu dieser Datei.

In Verbindung mit dem Befehl **history** haben die Optionen **-f**, **-l**, **-n** und **-p** andere Bedeutungen als sonst in CVS.

Dagegen gelten die üblichen Bedeutungen der allgemeinen Client-Optionen **-D** und **-r** auch hier. Die Anzeige der History erfolgt für alle Aktivitäten nach dem angegebenen Datum oder dem Zeitpunkt der Version. Weitere Optionen sind in Tabelle 14-24 zusammengefaßt.

Tabelle 14-24: Optionen für history

Option	Beschreibung
-a	Zeigt die History über alle Benutzer (standardmäßig nur über den ausführenden Benutzer).
-b *String*	Zeigt die History bis zurück zum ersten Eintrag, bei dem *String* im Modulnamen, Dateinamen oder Repository-Pfad vorkommt.
-c	Zeigt jedes **commit** an.
-e	Zeigt alles an.
-f *Datei*	Zeigt die letzte Aktion für *Datei* an.
-l	Zeigt nur die letzte Aktion an.
-m *Modul*	Erzeugt einen vollständigen Bericht über *Modul*.
-n *Modul*	Zeigt die letzte Aktion für *Modul* an.
-o	Zeigt Berichte für die ausgecheckten Module an.
-p *Repository*	Zeigt die History für ein bestimmtes Repository-Verzeichnis an.
-t *Markierung*	Zeigt die History, seitdem *Markierung* in die History-Datei eingefügt wurde, an.
-T	Zeigt Berichte zu allen Markierungen an.
-u *Name*	Zeigt die History über einen bestimmten Benutzer an.
-w	Zeigt die History nur für das gegenwärtige Arbeitsverzeichnis an.
-w *Zone*	Zeigt Zeitangaben bezogen auf die Zeitzone *Zone* an.
-x *Typ*	Zeigt die History zu bestimmten Aktivitäten an (siehe Tabelle 14-25).

Die Option **-p** soll das Ergebnis von **history** auf Informationen über das benannte Verzeichnis oder die Verzeichnisse, falls mehrere Optionen **-p** verwendet wurden, begrenzen. Es scheint, als ob seit der Version 1.10.8 diese Option keine Wirkung mehr hat. Um beispielsweise die History über die Module *CVSROOT* und *hallo* anzuschauen, führen Sie folgenden Befehl aus:

```
cvs history -p CVSROOT -p hallo
```

Die Option **-t** ist schneller als **-r**, weil sie nur die History-Datei und nicht alle RCS-Dateien durchsuchen läßt.

Die Eintragungskennungen aus Tabelle 14-25entstehen durch den Befehl **update**.

Tabelle 14-25: Durch update erzeugte Eintragungskennungen in history

Kennung	Beschreibung
`C`	Zusammenführung war notwendig, jedoch entstanden Konflikte, die einen manuellen Eingriff erforderlich machen.
`G`	Erfolgreiche automatische Zusammenführung.
`U`	Arbeitskopie aus Repository kopiert.
`W`	Arbeitskopie gelöscht.

Die Eintragungskennungen aus Tabelle 14-26 entstehen durch den Befehl **commit**.

Tabelle 14-26: Durch commit erzeugte Eintragungskennungen in history

Kennung	Beschreibung
`A`	zum ersten Mal hinzugefügt
`M`	modifiziert
`R`	entfernt

Alle Eintragungskennungen in Tabelle 14-27 entstehen durch unterschiedliche Befehle.

Tabelle 14-27: Andere Eintragungskennungen in history

Kennung	Befehl
`E`	**export**
`F`	**release**
`O`	**checkout**
`T`	**rtag**

import

```
import
[ -b Zweig ]
[ -d ]
```

```
[ -I Muster ]
[ -k kflag ]
[ -m Infotext ]
[ -W Name ]
Modul
Herstellermarkierung
Versionskennung ...
```

Dieser Befehl importiert ein komplettes Verzeichnis als neues Modul in das Repository. Er gliedert Code externer Herkunft oder Code, der ursprünglich außerhalb des Repository entwickelt wurde, in die Kontrolle ein. Es darf mehr als eine *Versionskennung* angegeben werden, wodurch die erste Version mehrere symbolische Markierungen erhält.

Es gilt die übliche Bedeutung der allgemeinen Client-Option **-k**. Weitere Optionen zeigt Tabelle 14-28.

Tabelle 14-28: Optionen für import

Option	Beschreibung
-b *Zweig*	Importiert in einen Herstellerzweig.
-d	Verwendet Datum und Zeit der Dateiänderung als Datum und Zeitangabe des Imports anstelle der aktuellen Systemzeit; gilt nur bei lokaler Repository-Zugangsart.
-I *Muster*	Erkennungsmuster für zu ignorierende Dateien
-m *Infotext*	Verwendet *Infotext* als Protokolleintrag und übergeht den Aufruf des Editors.
-W *spec*	Wrapper-Name

Die Einstellung von **-k** gilt nur für die während dieser Befehlsausführung importierten Dateien. Die Schlüsselwort-Ersetzung der bereits im Repository befindlichen Dateien wird nicht verändert.

Bei der Verwendung zusammen mit **-W** erhält die Variable *name* das gleiche Format wie die Einträge in der Verwaltungsdatei *cvswrappers* (siehe auch Abschnitt »Die Datei cvswrappers«).

Tabelle 14-29 beschreibt die von **import** während der Ausführung angezeigten Statuscodes.

Tabelle 14-29: Statuscodes für import

Status	Beschreibung
`C`	Geändert; die Datei befindet sich im Repository, und die Version in der Sandbox ist verändert; eine Zusammenführung ist erforderlich.
`I`	Ignoriert; die Datei *.cvsignore* erzwingt die Übergehung dieser Datei.
`L`	Link; symbolische Verknüpfungen werden von CVS übergangen.

Tabelle 14-29: Statuscodes für import (Fortsetzung)

Status	Beschreibung
N	Neu; die Datei ist neu und wurde in das Repository aufgenommen.
U	Aktualisierung; die Datei befindet sich im Repository, und die Version in der Sandbox ist nicht verändert.

log

```
log
    [ -b ]
    [ -d Daten ]
    [ -h ]
    [ -N ]
    [ -rRevisionen ]
    [ -R ]
    [ -s Status ]
    [ -t ]
    [ -wlogins ]
    [ Datei ... ]
```

Dieser Befehl zeigt das Tätigkeitsprotokoll für Dateien an.

Es gilt die übliche Bedeutung der allgemeinen Client-Option **-l**. Weitere Optionen stellt Tabelle 14-30 dar.

Tabelle 14-30: Optionen für log

Option	Beschreibung
-b	Zeigt Versionen des Hauptzweigs an.
-d *Daten*	Eine oder mehrere Datumsangaben, für die das Protokoll erzeugt wird.
-h	Gibt nur Kopfzeilen aus.
-N	Gibt keine Markierungen aus.
-r[*Revisionen*]	Erzeugt ein Protokoll über die genannten Revisionen; zwischen **-r** und dem Argument steht kein Leerzeichen; ohne ein Argument wird die letzte Version auf dem Hauptzweig angezeigt.
-R	Gibt nur die RCS-Dateinamen aus; die Verwendung von **-R** unterscheidet sich bei diesem Befehl von der üblichen Bedeutung in CVS, wo **-R** normalerweise eine rekursive Ausführung eines Befehls bewirkt.
-s *Status*	Gibt nur die Versionen mit dem benannten Status aus.
-t	Gibt nur die Kopfzeilen und beschreibenden Text aus.
-w*Benutzer*	Erzeugt ein Protokoll über die Einfügungen der genannten *Benutzer*; zwischen **-w** und dem Argument steht kein Leerzeichen.

Verwenden Sie für **-d** die Datumsausdrücke wie in Tabelle 14-31. Mehrere durch Semikolon getrennte Ausdrücke sind erlaubt.

Tabelle 14-31: Datums-Bereichsangaben für log

Angabe	Beschreibung
d1<d2 oder *d2>d1*	die Versionen zwischen *d1* und *d2* ausschließlich der Grenzen
d1<=d2 oder *d2>=d1*	die Versionen zwischen *d1* und *d2* einschließlich der Grenzen
<*d* oder *d*>	die Versionen vor *d*
<=*d* oder *d*>=	die Versionen von oder vor *d*
d< oder >*d*	die Versionen nach *d*
d<= oder >=*d*	die Versionen von oder nach *d*
d	die aktuellste Version von oder nach *d*

Verwenden Sie für **-r** die Versionsausdrücke wie in Tabelle 14-32.

Tabelle 14-32: Versionsangaben für log

Angabe	Beschreibung
vers1: vers2	die Versionen zwischen *vers1* und *vers2* einschließlich
:vers	die Versionen vom Beginn des Zweigs bis *vers* einschließlich
vers:	die Versionen von *vers* bis zum Ende des Zweigs einschließlich
Zweig	alle Versionen innerhalb des Zweigs
Zweig1: Zweig2	alle Versionen innerhalb aller Zweige zwischen *Zweig1* und *Zweig2* einschließlich
Zweig.	die aktuelle Version des genannten Zweigs

Falls beim Ausdruck *vers1:vers2* nicht beide Versionen innerhalb des gleichen Zweigs existieren, entsteht eine Fehlersituation.

login

```
login
```

Dieser Befehl führt eine Anmeldung an einem entfernten Repository durch. Das eingegebene Paßwort wird lokal in der Datei *~/.cvspass* gespeichert, da die Verbindung zum Server zwischen Aufrufen nicht erhalten wird.

logout

```
logout
```

Dieser Befehl meldet vom entfernten Repository ab. Das in der Datei *~/.cvspass* gespeicherte Paßwort wird gelöscht.

rdiff

```
rdiff
     [ -c | -s | -u ]
     [ { { -D Datum1 | -r vers1 } [ -D Datum2 | -r vers2 ] } | -t ]
     [ -f ]
     [ -l | -R ]
     [-V vn]
     Datei ...
```

Der Befehl **rdiff** erzeugt eine **patch**-Datei, mit der eine komplette Softwareversion innerhalb eines Verzeichnisses in eine andere Version überführt werden kann.

Es gelten die üblichen Bedeutungen der allgemeinen Client-Optionen **-D**, **-f**, **-l**, **-r** und **-R**. Weitere Optionen zeigt Tabelle 14-33.

Tabelle 14-33: Optionen für rdiff

Option	Beschreibung
-c	Verwendet das Context-Format von **diff** (Standard).
-s	Gibt eine Zusammenstellung geänderter Dateien anstelle einer **Patch**-Datei aus.
-t	Zeigt die Unterschiede zwischen den beiden aktuellsten Versionen.
-u	Verwendet das Unified-Format von **diff**.
-V *rcsver*	Veraltet; wurde für die Angabe der RCS-Version verwendet, um die Schlüsselwort-Ersetzung zu emulieren (Schlüsselwort-Ersetzung emuliert RCS Version 5).

release

```
release
     [ -d ]
     Verzeichnis
```

Sandboxes können bei Bedarf aufgegeben oder gelöscht werden, ohne **cvs release** auszuführen; der Befehl **release** macht eine Eintragung über die Löschung in der Datei *history*, falls diese Maßnahme eingerichtet ist. Zusätzlich findet eine rekursive Prüfung des Zustands aller Dateien in der Sandbox statt, bevor irgend etwas gelöscht wird, und hilft somit, Verluste noch nicht übergebener Arbeiten zu vermeiden.

Es gibt nur eine Option **-d** zum Befehl **release**. Sie löscht die Sandbox, sofern keine Änderungen existieren, die noch nicht übergeben wurden.

Der Befehl löscht auch neue Verzeichnisse mitsamt den darin enthaltenen Dateien, wenn Sie die Option **-d** zusammen mit dem Befehl **release** einsetzen.

Die Statuscodes aus Tabelle 14-34 werden benutzt, um den Zustand aller Dateien, die sich im Repository und in der Sandbox befinden, zu beschreiben.

Tabelle 14-34: Statuscodes für release

Status	Beschreibung
A	Die Datei wurde zur Sandbox hinzugefügt (sie wurde angelegt und der Befehl **cvs add** ausgeführt), jedoch noch nicht übergeben.
M	Die Kopie der Datei in der Sandbox wurde verändert.
P U	Aktuellere Version verfügbar. Es existiert im Repository eine neuere Version, und die Kopie in der Sandbox ist noch nicht verändert worden.
R	Die Datei wurde aus der Sandbox entfernt (sie wurde gelöscht und der Befehl **cvs remove** ausgeführt), jedoch der Löschvorgang noch nicht übergeben.
?	Die Datei existiert in der Sandbox, aber nicht im Repository.

remove

```
remove
      [ -f ]
      [ -l | -R ]
      [ Datei ... ]
```

Leitet die Löschung von Dateien aus dem Repository ein. Sie werden vor der Übergabe des Vorgangs nicht wirklich gelöscht. Verwenden Sie **cvs add**, um entfernte Dateien bei Bedarf wiederherzustellen.

Es gelten die üblichen Bedeutungen der allgemeinen Client-Optionen **-l** und **-R**. Zum Befehl **remove** gibt es nur eine zusätzliche Option **-f**. Bei Anwendung löscht **-f** die Datei zuerst aus der Sandbox.

rtag

```
rtag
    [ -a ]
    [ -b ]
    [ -d ]
    [ -D Datum | -r vers ]
    [ -f ]
    [ -F ]
    [ -l | - R ]
```

```
[ -n ]
Markierung
Datei ...
```

Versieht eine bestimmte Version einer Gruppe von Dateien mit einer symbolischen Markierung. Falls eine Datei bereits die Markierung für eine andere Version besitzt, gibt **cvs rtag** eine Fehlermeldung, falls nicht gleichzeitig die Option **-F** verwendet wurde. Dieser Befehl bezieht sich nicht auf die Dateiversionen der Sandbox, die Sie mit **cvs tag** bearbeiten können. Daher können Sie diesen Befehl auch auf Wunsch außerhalb einer Sandbox ausführen.

Es gelten die üblichen Bedeutungen der allgemeinen Client-Optionen **-D**, **-f**, **-l**, **-r** und **-R**. Weitere Optionen zeigt Tabelle 14-35.

Tabelle 14-35: Optionen für rtag

Option	Beschreibung
-a	Durchsucht *Attic* nach gelöschten Dateien mit der genannten Markierung.
-b	Erzeugt eine Markierung für einen Zweig.
-d	Löscht eine Markierung.
-F	Erzwingt die Durchführung; verlagert die Markierung von der gegenwärtigen auf die genannte Version.
-n	Führt keine Markierungsprogramme aus der Datei *modules* aus.

status

```
status
    [ -l | -R ]
    [ -v ]
    [ Datei ... ]
```

Zeigt den Status von Dateien an.

Es gelten die üblichen Bedeutungen der allgemeinen Client-Optionen **-l** und **-R**. Die andere Option **-v** schließt Informationen über Markierungen ein.

tag

```
tag
  [ -b ]
  [ -c ]
  [ -d ]
  [ -D Datum | -r vers ]
  [ -f ]
  [ -F ]
  [ -l | R ]
  Markierung
  [ Datei ... ]
```

Versieht die Versionen einer Gruppe von Dateien in der Sandbox mit einer symbolischen Markierung. Sie können sich mit **status -v** die existierenden Markierungen einer Datei anzeigen lassen.

Die `Markierung` muß mit einem Buchstaben beginnen und vollständig aus Buchstaben, Zahlen, Bindestrichen (-) und Unterstrichen (_) bestehen. Sie müssen daher Ihr Projekt *hallo*, das Sie eigentlich gerne mit `1.0` bei Freigabe der Version 1.0 markieren würden, statt dessen wie etwa `hallo-1_0` bezeichnen.

Es gelten die üblichen Bedeutungen der allgemeinen Client-Optionen **-D**, **-f**, **-l**, **-r** und **-R**. Weitere Optionen zeigt Tabelle 14-36.

Tabelle 14-36: Optionen für tag

Option	Beschreibung
-b	Erzeugt eine Markierung für einen Zweig.
-c	Prüft auf Änderungen; stellt vor der Markierung sicher, daß Dateien nicht lokal geändert wurden.
-d	Löscht die Markierung.
-F	Erzwingt die Ausführung; verlagert die Markierung von der gegenwärtigen auf die angegebene Version.

Da die Option **-d** möglicherweise wichtige Informationen zerstört, ist es empfehlenswert, sie nur einzusetzen, wenn es unumgänglich ist. Normalerweise sind Sie besser beraten, eine ähnlich lautende neue Markierung anzulegen.

unedit

```
unedit
        [ -l | -R ]
        [ Datei ... ]
```

Widerruft Dateiänderungen und macht die Datei wieder schreibgeschützt. Beobachter von Änderungen werden benachrichtigt.

Es gelten die üblichen Bedeutungen der allgemeinen Client-Optionen **-l** und **-R**.

update

```
update
        [ -A ]
        [ -d ]
        [ -D Datum | -r vers ]
        [ -f ]
        [ -I Muster ]
        [ -j vers1 [ -j vers2 ] ]
        [ -k kflag ]
```

```
[ -l | -R ]
[ -p ]
[ -P ]
[ -W Name ]
[ Datei ... ]
```

Aktualisiert die Sandbox und übernimmt dabei Änderungen aus dem Repository. Ein Beispiel:

```
cvs -n -q update -AdP
```

führt einen kurzen Statusabgleich der gegenwärtigen Sandbox, beginnend bei der Ursprungsversion des Entwicklungszweigs, durch.

Es gelten die üblichen Bedeutungen der allgemeinen Client-Optionen **-D**, **-f**, **-k**, **-l**, **-r** und **-R**. Weitere Optionen zeigt Tabelle 14-37.

Tabelle 14-37: Optionen für update

Option	Beschreibung
-A	Setzt dauerhafte Markierungen zurück.
-d	Erzeugt und aktualisiert neue Verzeichnisse.
-I *Muster*	Erkennungsmuster für zu ignorierende Dateien.
-j *Revision*	Führt Unterschiede zwischen zwei Versionen zusammen.
-p	Dateien werden zur Standardausgabe ausgecheckt.
-P	Löscht leere Verzeichnisse.
-W *Name*	Wrapper-Bezeichnung

Die Optionen **-D** oder **-r** erzeugen dauerhafte Datumsangaben bzw. Markierungen für die betroffenen Dateien, wobei die gleichzeitige Verwendung der Option **-p** dies wieder aufhebt. Benutzen Sie **-A**, um dauerhafte Markierungen oder Datumsangaben zu löschen.

Wenn mit **-j** zwei Versionen angegeben wurden, ermittelt CVS deren Unterschiede und wendet sie auf die gegenwärtig behandelte Datei an. Ist nur eine Version angegeben, dient der gemeinsame Ursprung der Sandbox-Version und der bezeichneten Version als Basis für die Ermittlung der einzufügenden Unterschiede.

Betrachten Sie beispielsweise einen experimentellen Zweig eines Projekts, in dem wichtige Änderungen in die Datei *foo.c* zwischen den Versionen 1.2.2.1 und 1.2.2.2 eingeführt wurden. Sie beabsichtigen die Zusammenführung in die Hauptlinie der Entwicklung, sobald sich die Änderungen stabilisieren. Führen Sie dazu in einer Sandbox mit den ausgecheckten Ursprungsversionen folgenden Befehl aus:

```
benutzer@localhost$ cvs update -j 1.2.2.1 -j 1.2.2.2 foo.c
```

CVS bestimmt die Unterschiede zwischen beiden Versionen und wendet sie auf die Datei in der Sandbox an.

Der *name* hinter der Option **-W** hat das gleiche Format wie die Einträge in der Verwaltungsdatei *cvswrappers* (siehe Abschnitt »Die Datei cvswrappers«).

Die Statuscodes in Tabelle 14-38 beschreiben die Vorgänge, die auf jede im Repository und in der Sandbox gefundene Datei angewandt werden.

Tabelle 14-38: Statuscodes für update

Statuscode	Beschreibung
`A`	Hinzugefügt. Der Server löste keine Aktion aus, da keine gleichlautende Datei im Repository existierte. Zeigt an, daß ein **cvs add** ohne **cvs commit** ausgeführt wurde.
`C`	Konflikt. Die Kopie in der Sandbox ist verändert und wurde also seit dem Auschecken oder der letzten Zusammenführung bearbeitet. Es existiert eine neue Version im Repository, und der Versuch der Zusammenführung in die Sandbox-Version hat zu Konflikten geführt.
`M`	Modifiziert. Die Kopie in der Sandbox ist verändert und wurde also seit dem Auschecken oder der letzten Zusammenführung bearbeitet. Falls im Repository eine neue Version existierte, verlief die Zusammenführung der Änderungen erfolgreich und ohne Konflikte.
`P`	Gepatcht. Das gleiche wie `U` (aktualisiert), zeigt aber an, daß der Server einen **Patch** verwendet hat.
`R`	Entfernt. Keine Aktion seitens des Servers. Zeigt an, daß der Befehl **cvs remove** ohne ein anschließendes **cvs commit** ausgeführt wurde.
`U`	Aktualisiert. Die Datei wurde auf die aktuelle Version gebracht.
`?`	Die Datei existiert in der Sandbox, aber nicht im Repository.

watch

```
watch
     { { on | off } | { add | remove } [ -a Aktion ] }
     [ l | R ]
     Datei ...
```

Der Befehl **watch** steuert in CVS den Überwachungsmechanismus für Dateiänderungen. Gewöhnlich arbeitet CVS in der Betriebsart der parallelen Entwicklung und gestattet jedem Bearbeiter, jede Datei jederzeit zu ändern. CVS bietet mit **watch** ein Hilfsmittel für diejenigen Entwickler, die gerne frühzeitig über die Beiträge der anderen Bearbeiter informiert werden möchten, anstatt sie erst während eines **update** zu entdecken.

Die Datei *CVSROOT/notify* bestimmt, wie solche Benachrichtigungen erfolgen sollen.

Tabelle 14-39 zeigt die Befehlsworte für **watch** und ihre Bedeutungen.

Tabelle 14-39: Befehlsworte für watch

Befehlswort	Beschreibung
add	Beginnt die Überwachung von Dateien.
off	Schaltet die Überwachung aus.
on	Schaltet die Überwachung ein.
remove	Beendet die Überwachung von Dateien.

Es gelten die üblichen Bedeutungen der allgemeinen Client-Optionen **-l** und **-R**. Die einzige zusätzlich verfügbare Option zum Befehl **watch** ist **-a** *`Aktion`*. Die Option **-a** kann zusammen mit den in Tabelle 14-40 gezeigten Aktionen verwendet werden.

Tabelle 14-40: Aktionen für watch

Aktion	Beschreibung
`all`	Alle in dieser Tabelle genannten Aktionen.
`commit`	Jemand hat Änderungen übergeben.
`edit`	Jemand hat **cvs edit** ausgeführt.
`none`	Nicht überwachen; wird von **edit** verwendet.
`unedit`	Jemand hat **cvs unedit** oder **cvs release** ausgeführt oder die Datei gelöscht und anschließend **cvs update** ausgeführt, um sie wieder herzustellen.

Vergleichen Sie hierzu auch die Beschreibungen der Befehle **edit**, **editors**, **unedit** und **watchers**.

watchers

```
watchers
        [ -l | -R ]
        [ Datei ... ]
```

Dieser Befehl zeigt alle Bearbeiter an, die die genannten Dateien überwachen. Er bestimmt die Namen durch Nachprüfen, welche Bearbeiter den Befehl **watch** für eine bestimmte Datei oder Gruppe von Dateien ausgeführt haben. Falls **watch** nicht ausgeführt wurde, erscheinen keine Namen.

Es gelten die üblichen Bedeutungen der allgemeinen Client-Optionen **-l** und **-R**.

Vergleichen Sie hierzu auch den Abschnitt über **watch**.

Das Programm RCS

Das Revision Control System (RCS) wurde entworfen, um verschiedene Dateiversionen zu verwalten und somit den benötigten Speicherplatz zu reduzieren. Mit RCS können Sie Versionen automatisch speichern und abrufen, vergleichen oder zusammenführen und sie mit symbolischen Schlüsselwörtern bezeichnen. Dieses Kapitel beschreibt die Version 5.7, weist aber auf Unterschiede zu älteren Versionen hin.

Überblick über RCS-Befehle

Die drei wichtigsten RCS-Befehle sind:

ci Versionen einchecken (eine Datei unter RCS-Kontrolle bringen).

co Versionen auschecken.

rcs Attribute von RCS-Dateien einrichten oder ändern.

Zwei weitere Befehle geben Informationen über RCS-Dateien aus:

ident
: Schlüsselwörtern zugeordnete Werte aus einer RCS-Datei entnehmen.

rlog Eine Zusammenfassung (Protokoll) über die Versionen in einer RCS-Datei ausgeben.

Mit diesen Befehlen können Sie RCS-Dateien vergleichen:

rcsdiff
: Unterschiede zwischen Versionen ausgeben.

rcsmerge
: Änderungen aus zwei RCS-Dateien in eine dritte einfließen lassen.

Der folgende Befehl hilft bei der Verwaltung von Konfigurationen:

rcsclean
: Arbeitsdateien entfernen, die nicht geändert wurden.

Grundlegende RCS-Operationen

Normalerweise verwaltet man RCS-Dateien in einem Unterverzeichnis namens **RCS**. Ihr erster Schritt beim Verwenden von RCS sollte also sein:

```
mkdir RCS
```

Als nächstes bringen Sie eine existierende Datei (oder mehrere Dateien) mit dem Check-in-Befehl unter RCS-Kontrolle:

```
ci Datei
```

Dies legt eine Datei namens *Datei,v* im Verzeichnis **RCS** an. *Datei,v* wird eine *RCS-Datei* genannt und speichert alle zukünftigen Versionen von *Datei*. Wenn Sie zum ersten Mal **ci** auf einer Datei ausführen, werden Sie um eine Beschreibung ihres Inhalts gebeten. **ci** legt *Datei* sodann in der RCS-Datei als Version 1.1 ab.

Um eine neue Version zu bearbeiten, checken Sie eine Kopie aus:

```
co -l Datei
```

Dies läßt RCS eine Kopie von *Datei* aus der RCS-Datei entnehmen. Sie müssen diese Datei mit **-l** sperren, damit Sie darin schreiben dürfen. Diese Kopie wird Arbeitsdatei genannt. Wenn Sie sie fertig bearbeitet haben, können Sie die Änderungen durch erneutes Einchecken der Arbeitsdatei festhalten:

```
ci Datei
```

Diesmal werden Sie gebeten, einen Protokolleintrag zu den gemachten Änderungen einzugeben. Berücksichtigen Sie, daß das Einchecken normalerweise die Arbeitsdatei entfernt. Um eine schreibgeschützte Kopie zu erhalten, führen Sie das Auschecken ohne Sperre durch:

```
co Datei
```

Dies ist nützlich, wenn Sie zum Kompilieren oder Durchsuchen eine Kopie zur Hand haben müssen. Als Kürzel für das obige **ci/co** könnten Sie auch eingeben:

```
ci -u Datei
```

Dies checkt die Datei ein, checkt aber sofort eine schreibgeschützte Kopie aus. Um die Änderungen zwischen einer Arbeitsdatei und ihrer letzten Version zu vergleichen, können Sie folgendes eingeben:

```
rcsdiff Datei
```

Ein weiterer nützlicher Befehl ist **rlog**, der eine Zusammenfassung der Protokollmitteilungen anzeigt.

Systemadministratoren können den Befehl **rcs** benutzen, um die Voreinstellungen zum Verhalten von RCS zu ändern.

Allgemeine Merkmale von RCS

Dieser Abschnitt bespricht:

- Schlüsselwortersetzung
- Versionsnumerierung
- Datumsangaben
- Statusangaben
- Standardoptionen und -Umgebungsvariablen

Schlüsselwortersetzung

RCS läßt Sie Schlüsselwörter in Ihren Arbeitsdateien unterbringen. Diese werden später durch Notizen zur jeweiligen Version ergänzt. Sie können diese Notizen entweder als eingebettete Kommentare in der Eingabedatei benutzen oder aber als Zeichenketten, die erscheinen, wenn die Ausgabe gedruckt wird. Um Versionsnotizen durch Schlüsselwortersetzung zu erzeugen, gehen Sie wie folgt vor:

1. Geben Sie eines der im nächsten Abschnitt genannten Schlüsselwörter in Ihrer Arbeitsdatei ein.

2. Checken Sie die Datei ein.

3. Checken Sie die Datei wieder aus. Beim Auschecken erweitert der Befehl **co** jedes Schlüsselwort um seinen jeweiligen Wert. Das heißt, **co** ersetzt jedes Auftreten von:

   $***`Schlüsselwort`* **$

   durch:

   $***`Schlüsselwort`* **:***`Wert`* **$

4. Jedes weitere Ein- oder Auschecken einer Datei aktualisiert existierende Schlüsselwortwerte. Sofern unten nicht anders angegeben, werden existierende Werte durch neue ersetzt.

Hinweis: Viele RCS-Befehle haben eine Option **-k**, die die Schlüsselwortersetzung flexibler macht.

Schlüsselwörter

$Author$
: Benutzername der Person, die die Version eingecheckt hat

$Date$
: Datum und Zeit des Eincheckens

$Header$
: Ein Kopf, der den vollen Pfadnamen der RCS-Datei, die Versionsnummer, das Datum, den Autor, den Status und (wenn gesperrt), die Person, die die Datei gesperrt hat, enthält

Id
: Wie **$Header$**, nur ohne den vollen Pfadnamen der RCS-Datei

$Locker$
: Benutzername der Person, die die Version gesperrt hat. Wenn die Datei nicht gesperrt ist, bleibt dieser Wert leer.

Log
: Die Protokollnachricht, die beim Einchecken eingegeben wurde. Ihr vorangestellt stehen RCS-Dateiname, Versionsnummer, Autor und Datum. Protokollnachrichten werden aneinandergereiht, nicht überschrieben.

$RCSfile$
: Der RCS-Dateiname ohne Pfadangabe

$Revision$
: Die zugewiesene Versionsnummer

$Source$
: Der RCS-Dateiname samt Pfadangabe

$State$
: Der durch die Option **-s** von **ci** oder durch **rcs** zugewiesene Status

Beispielwerte

Nehmen wir an, daß die Datei */projekte/neu/kapitel3* durch einen Benutzer namens *daniel* ein- und ausgecheckt wurde. Sehen Sie im folgenden, was die Ersetzung der jeweiligen Schlüsselwörter für die zweite Version einer Datei ergeben würde:

```
$Author: daniel $

$Date: 2000/02/25 18:21:10 $

$Header: /projekte/neu/kapitel3,v 1.2 2000/02/25 18:21:10 daniel \
     Exp Locker: daniel $
$Id: kapitel3,v 1.2 2000/02/25 18:21:10 daniel Exp Locker: daniel $

$Locker: daniel $

$Log: kapitel3,v $
# Revision 1.2  2000/02/25  18:21:10  daniel
# Abschnitt über Fehlerbehandlung hinzugefügt
#
# Revision 1.1  2000/02/25  16:49:59  daniel
# Erste Version
#

$RCSfile: kapitel3,v $

$Revision: 1.2 $

$Source: /projekte/neu/kapitel3,v $

$State: Exp $
```

Versionsnumerierung

Sofern nicht anders angegeben, wirken RCS-Befehle üblicherweise auf die neueste Version. Manche Befehle haben eine Option **-r**, mit der eine Versionsnummer angegeben werden kann. Außerdem nehmen viele Optionen eine Versionsnummer als optionales Argument. (In der Befehlszusammenfassung erscheint dieses Argument als [*V*].) Versionsnummern bestehen aus bis zu vier Feldern: Release, Stufe, Zweig und Sequenznummer; aber die meisten Versionen haben nur Release und Stufe.

Version 1.4 können Sie zum Beispiel wie folgt auschecken:

```
co -l -r1.4 kap01
```

Wenn Sie sie wieder einchecken, wird die neue Version als 1.5 markiert. Gehen wir davon aus, die bearbeitete Kopie müsse als nächste Release eingecheckt werden. Sie würden dann eingeben:

```
ci -r2 kap01
```

Dies erzeugt Version 2.1. Sie können auch einen Zweig aus einer früheren Version erzeugen. Der folgende Befehl legt Version 1.4.1.1 an:

```
ci -r1.4.1 kap01
```

Nummern sind jedoch nicht die einzige Art, Versionen anzugeben. Sie können mit der Option **-n** von **ci** oder mit **rcs** als Versionsname eine Textbezeichnung zuweisen. Bei jeder Option, die eine Versionsnummer als Argument braucht, kann auch dieser Name stehen. Zum Beispiel könnten Sie alle Ihre C-Programme, egal mit welcher Versionsnummer, unter derselben Bezeichnung einchecken:

```
ci -u -nPrototyp *.c
```

Zudem können Sie ab RCS Version 5.6 ein **$** angeben, was dazu führt, daß die Versionsnummer aus den Schlüsselwörtern einer Arbeitsdatei entnommen wird. Zum Beispiel:

```
rcsdiff -r$ kap01
```

Dies vergleicht *kap01* mit der eingecheckten Version. Sie können Namen und Symbole auch kombinieren.

```
rcs -nEntwurf:$ kap*
```

Dies weist den Versionsnummern einiger Kapiteldateien einen Namen zu.

Datumsangaben

Versionen werden mit Zeit und Datum des Eincheckens abgestempelt. Viele Schlüsselwort-Zeichenketten enthalten in ihren Werten das Datum. Daten können auch in den Optionen zu **ci**, **co** und **rlog** angegeben werden. RCS benutzt das folgende Datumsformat als Standard:

```
1999/10/16 02:00:00        (Jahr/Monat/Tag Uhrzeit)
```

Die voreingestellte Zeitzone ist die mittlere Greenwichzeit (GMT), die oft auch als Koordinierte Weltzeit (UTC) bezeichnet wird. Daten können in freier Form angegeben werden. So können Sie viele verschiedene Stile benutzen. Hier sind einige der häufigeren, alle mit derselben Zeit wie im vorausgehenden Beispiel:

```
6:00 pm lt              (angenommen, heute ist der 16. Oktober 1999)
2:00 AM, Oct. 16, 1999
Sat Oct 16 18:00:00 1999 LT
Sat Oct 16 18:00:00 PST 1999
```

Gleich, ob in Groß- oder Kleinbuchstaben, steht *lt* für Ortszeit (in diesem Fall Pacific Standard Time). Die dritte Zeile benutzt das **ctime**-Format (mit *LT*); die vierte Zeile ist das Format des **date**-Befehls.

CVS und RCS

Statusangaben

In manchen Situationen, besonders bei der Programmentwicklung, will man den Status von Versionen abfragen. RCS-Dateien ist eine Zeichenkette zugeordnet, die ihren *Status* beschreibt. Der Ausgangsstatus ist **Exp** (experimentell). Andere übliche Werte sind z.B. **Stab** (stabil) oder **Rel** (released, d.h. ausgeliefert). Diese Wörter sind benutzerdefiniert und haben keine besondere interne Bedeutung. Einige Schlüsselwortvariablen enthalten den Status in ihren Werten. Zusätzlich kann der Status auch in Optionen zu **ci**, **co**, **rcs** und **rlog** angegeben werden.

Standardoptionen und Umgebungsvariablen

RCS definiert die Umgebungsvariable RCSINIT, die benutzt wird, um Optionen für RCS-Befehle voreinzustellen. Wenn Sie RCSINIT eine Liste von durch Leerzeichen getrennten Optionen zuweisen, werden diese, wann immer Sie einen RCS-Befehl aufrufen, dessen Optionen auf der Befehlszeile vorangestellt. Bei drei Optionen ist es von Nutzen, sie in RCSINIT aufzunehmen: **-q**, **-V**, und **-x**. Man könnte sie Standardoptionen nennen, da die meisten RCS-Befehle sie akzeptieren. Beachten Sie, daß **-V** mit RCS Version 5 bzw. **-x** mit Version 5.6 neu eingeführt wurden.

-q[*V*]
: Stiller Modus; keine Diagnoseausgabe anzeigen. *V* gibt eine Dateiversion an.

-V[*n*]
: RCS Version *n* emulieren; nützlich zum Austauschen von Dateien mit Systemen, auf denen andere Versionen laufen. *n* kann gleich 3, 4 oder 5 sein. Wenn *n* weggelassen wird, gibt der Befehl die Versionsnummer der laufenden Version von RCS aus.

-x*Suffixe*
: Eine alternative Liste von *Suffixen* für RCS-Dateien angeben. Die Suffixe sind jeweils durch / voneinander getrennt. Auf Unix-Systemen enden RCS-Dateinamen normalerweise mit den Zeichen *,v*. Die Option **-x** stellt eine Ausweichmöglichkeit für Systeme dar, die kein Komma (,) in ihren Dateinamen erlauben.

-z[*Zone*]
: Gibt das Format des Datums bei Schlüsselwortersetzung an. Wenn leer, dann wird per Voreinstellung die UTC-Zeit ohne Zonenangabe ausgegeben. Mit dem Parameter *LT* wird die Ortszeit im ISO-8601-Format zusammen mit der Abweichung von UTC ausgegeben. Sie können diese UTC-Abweichung auch als Zahl angegeben. Z.B. gibt **-z+4:30** eine Zeichenkette wie die folgende aus: 1998-11-24 02:30:00+4:30.

Wenn beispielsweise eine Arbeitsdatei in einer RCS-Datei abgelegt wird, sucht der Befehl

`ci -x,v/ kap01` *(zweites Suffix ist leer)*

in der angegebenen Reihenfolge nach folgenden Dateien:

```
RCS/kap01,v
kap01,v
RCS/kap01
```

Alphabetische Übersicht über RCS-Befehle

Für Details zur Syntax von Schlüsselwörtern, Versionsnummern, Daten, Statusangaben und Standardoptionen beachten Sie deren Besprechung weiter oben.

ci [*Optionen*] *Dateien*

ci

Versionen einchecken. **ci** speichert die Inhalte der angegebenen *Dateien* in den ihnen zugeordneten RCS-Dateien. Normalerweise löscht **ci** die Arbeitsdatei nach diesem Ablegen. Wenn keine RCS-Datei existiert, ist die Arbeitsdatei eine erste Version, und somit wird in diesem Fall die RCS-Datei angelegt, und Sie werden gebeten, eine Beschreibung der Datei einzugeben. Wenn eine RCS-Datei existiert, erhöht **ci** die Versionsnummer und fragt Sie nach einem Protokolleintrag für die gemachten Änderungen. Seit RCS Version 5.6 wird eine ohne Änderungen eingecheckte Arbeitsdatei wieder auf die letzte Version zurückgesetzt. Mit älteren RCS-Versionen ist es eventuell nötig, eine neue Version der Datei einzuchecken, die keine Änderungen enthält.

Die sich gegenseitig ausschließenden Optionen **-u**, **-l**, und **-r** sind die häufigsten. Benutzen Sie **-u**, damit eine schreibgeschützte Kopie der Arbeitsdatei zurückbleibt (damit die Datei zum Beispiel kompiliert oder durchsucht werden kann). Benutzen Sie **-l**, um eine Version zu aktualisieren und sie sofort mit einer Sperre wieder auszuchecken. So können Sie gemachte Änderungen speichern, aber die Datei weiterbearbeiten, falls Sie zum Beispiel sehr lange an einer Datei arbeiten. Benutzen Sie **-r**, um eine Datei unter einer anderen Versionsnummer einzuchecken. **ci** akzeptiert die Standardoptionen **-q**, **-V**, **-x** und **-z**.

Optionen

-d[*Datum*]
: Die Datei mit einem Zeitstempel von *Datum* einchecken oder, wenn kein Datum angegeben ist, mit der Zeit ihrer letzten Änderung.

-f[*V*]
: Einchecken erzwingen, auch wenn sich keine Änderungen ergeben haben.

-I[*V*]
: Interaktiver Modus; sogar beim Benutzer anfragen, wenn die Standardeingabe nicht von einem Terminal kommt (z.B. wenn **ci** Teil einer Befehlspipeline ist). **-I** wurde in RCS Version 5 neu eingeführt.

-i[*V*]
: Eine RCS-Datei erstellen (initialisieren) und sie einchecken. Falls sie bereits existiert, wird eine Warnung ausgegeben.

-j[*V*]
: Eine Datei ohne Initialisierung einchecken. Falls sie noch nicht existiert, wird eine Warnung ausgegeben.

-k[*V*]
Versionsnummer, Erstellungsdatum, Status und Autor aus den Schlüsselwörtern in der Arbeitsdatei entnehmen statt aus der Arbeitsumgebung. **-k** ist nützlich bei der Verteilung von Software: Die voreingestellten Schlüsselwörter dienen als Zeitstempel, die auf allen verteilenden Rechnern gleich sind.

-l[*V*]
Nach dem Einchecken ein **co -l** durchführen. Dies hinterläßt eine gesperrte Kopie der nächsten Version.

-m*Nachricht*
Die Zeichenkette *Nachricht* als Protokollnachricht für alle eingecheckten Dateien benutzen. Beim Einchecken mehrerer Dateien fragt **ci** normalerweise an, ob die Protokollnachricht der vorangehenden Datei wieder verwendet werden soll. **-m** umgeht diese Anfrage.

-M[*V*]
Die Modifikationszeit der Arbeitsdatei auf diejenige der abgerufenen Version setzen. **-M** kann **make** verwirren und sollte mit Vorsicht gebraucht werden. (Diese Option wurde mit RCS Version 5.6 eingeführt.)

-n*Name*
Den Text *Name* mit der neuen Versionsnummer verknüpfen.

-N*Name*
Dasselbe wie **-n**, aber einen vorher vergebenen *Name*n überschreiben.

-r[*V*]
Die Datei als Version *V* einchecken.

-r Erzwingt voreingestelltes Verhalten, wenn eine Sperre aufgelöst und die Arbeitsdatei gelöscht wird. Diese Option übergeht jegliche **-l**- oder **-u**-Optionen, die durch Shellaliases oder Skripte gesetzt wurden. Die Option **-r** verhält sich nur bei **ci** so.

-s*Status*
Weist der eingecheckten Version einen *Status* zu.

-T Setzt die Modifikationszeit der RCS-Datei auf die Zeit der neuesten Version, wenn die RCS-Datei älter ist als die neue Version.

-t*Datei*
Ersetzt die RCS-Dateibeschreibung mit dem Inhalt von *Datei*. Seit Version 5 funktioniert dies nur beim ersten Einchecken.

-t*Text*
Ersetzt die RCS-Dateibeschreibung durch den *Text*. Seit Version 5 funktioniert dies nur beim ersten Einchecken.

-u[*V*]
Führt nach dem Einchecken ein **co -u** durch. Dies hinterläßt eine schreibgeschützte Kopie.

-w*Benutzer*
Setzt in der eingecheckten Version das Autorenfeld auf *Benutzer*.

Beispiele

ci

Einchecken von Kapiteldateien unter derselben Protokollnachricht:

```
ci -m'Erster Überarbeitungsdurchgang' kap*
```

Bearbeitungen von **prog.c** einchecken und eine schreibgeschützte Kopie beibehalten:

```
ci -u prog.c
```

Versionsstufe 2 beginnen; Version 2.1 als »Prototyp« bezeichnen:

```
ci -r2 -nPrototyp prog.c
```

---

co [*Optionen*] *Dateien*

co

Ruft eine bereits eingecheckte Version ab und speichert sie in der ihr zugeordneten Arbeitsdatei ab (oder gibt sie auf der Standardausgabe aus, wenn die Option **-p** angegeben wurde). Wenn Sie die Arbeitsdatei bearbeiten und dann wieder einchecken wollen, geben Sie **-l** an, um die Datei zu sperren. **co** akzeptiert die Standardoptionen **-q**, **-V** und **-x**.

CVS und RCS

Optionen

-d*Datum*
: Die letzte Version abrufen, deren Zeitstempel vom Einchecken von oder bevor *Datum* datiert.

-f[*V*]
: Erzwingt das Überschreiben der Arbeitsdatei.

-I[*V*]
: Interaktiver Modus; auch beim Benutzer anfragen, wenn die Standardeingabe kein Terminal ist. (Eingeführt mit RCS Version 5.)

-j*V2*:*V3*
: Dies funktioniert wie **rcsmerge**. *V2* and *V3* geben zwei Versionen an, deren Änderungen in einer dritten Datei zusammengeführt werden: entweder in die entsprechende Arbeitsdatei oder eine dritte Version (jedes durch andere **co**-Optionen angegebene *V*).

-k*c* Schlüsselwortsymbole entsprechend dem Wert *c* ersetzen. *c* kann folgende Zustände annehmen:

- **b** Wie **o**, führt die Aktionen allerdings im Binärmodus aus und erzeugt so die Schlüsselworte und Werte der vorigen Version als Binärdaten.
- **k** Ersetzt Symbole nur durch Schlüsselwörter (keine Werte). Dies ist nützlich, um über triviale Unterschiede bei Dateivergleichen hinwegsehen zu können.

→

kv Ersetzt Symbole durch Schlüsselwort und Wert (dies ist voreingestellt). Der Name des Sperrenden wird nur bei einem **ci -l** oder **co -l** eingefügt.

kvl Wie **kv**, fügt aber immer den Namen des Sperrenden ein.

o Ersetzt Symbole durch Schlüsselwort und Wert der letzten Version. Dies ist nützlich für Binärdateien, wo sich keine Teilzeichenketten ändern können.

v Ersetzt die Symbole durch die Werte (keine Schlüsselwörter). Dies verhindert jegliche weitere Schlüsselwortersetzung; darum wird hiervon abgeraten.

-l[*V*]
Wie **-r**, sperrt jedoch die abgerufene Version zusätzlich.

-M[*V*]
Setzt die Modifikationszeit der Arbeitsdatei auf die der abgerufenen Version. Die Verwendung von **-M** kann **make** verwirren; seien Sie darum vorsichtig mit dieser Option. (Diese Option wurde in RCS Version 5.6 eingeführt.)

-p[*V*]
Sendet die abgerufene Version auf die Standardausgabe statt in eine Arbeitsdatei. Nützlich, falls die Ausgabe umgeleitet oder gefiltert wird.

-r[*V*]
Ruft die letzte Version ab, oder aber, wenn *V* angegeben ist, nur die letzte Version, die kleiner oder gleich *V* ist.

-s*Status*
Ruft die letzte Version ab, die den angegebenen *Status* hat.

-T Behält die Modifikationszeit der RCS-Datei auch bei, wenn eine Sperre angebracht oder aufgehoben wird.

-u[*V*]
Dasselbe wie **-r**, entsperrt jedoch die abgerufene Version, falls sie vorher gesperrt war.

-w[*Benutzer*]
Ruft die letzte Version ab, die entweder durch den aufrufenden Benutzer oder den angegebenen *Benutzer* eingecheckt wurde.

Beispiele

Die letzte gespeicherte Version von *Datei* sortieren:

```
co -p Datei | sort
```

Alle Dateien mit Dateinamen in Großbuchstaben zum Bearbeiten auschecken (und sperren):

```
co -l [A-ZÄÖÜ]*
```

Beachten Sie, daß Dateinamenmuster nur funktionieren, wenn eine Arbeitskopie sich im aktuellen Verzeichnis befindet. Daher kann auch das vorangehende Beispiel nur dann sinnvoll ausgeführt werden, wenn die Dateien vorher mit **ci -u** eingecheckt wurden. Zum Schluß noch einige verschiedene Arten, die Arbeitsdateien für eine Reihe von RCS-Dateien abzurufen (im aktuellen Verzeichnis):

`co -r3 *,v`	*Letzte Versionen von Release 3*
`co -r3 -wrainer *,v`	*Das gleiche, jedoch nur wenn durch rainer eingecheckt*
`co -d'May 5, 14:00:00 LT' *,v`	*Die letzten Versionen, die an oder vor diesem Datum modifiziert wurden*
`co -rPrototyp *,v`	*Die letzte Version namens Prototyp*

co

ident [*Option*] [*Dateien*]

ident

Entnimmt Schlüsselwort-Wert-Symbole aus *Dateien*. Dies können Textdateien, Objektdateien oder Dumps sein.

Option

-q Unterdrückt die Warnmeldung für den Fall, daß keine Symbole gefunden wurden.

Beispiele

Wenn die Datei **prog.c** kompiliert wird und diese Zeile Code enthält:

```
char rcsID[] = "$Author: karlheinz $";
```

dann wird die folgende Ausgabe angezeigt:

```
% ident prog.c prog.o
prog.c:
       $Author: karlheinz $
prog.o:
       $Author: karlheinz $
```

Schlüsselwörter für alle RCS-Dateien anzeigen (Warnungen unterdrücken):

```
co -p RCS/*,v | ident -q
```

CVS und RCS

rcs

rcs [*Optionen*] *Dateien*

Ein Administrationsbefehl zum Einstellen oder Ändern der voreingestellten Eigenschaften von RCS-Dateien. Unter anderem läßt Sie **rcs** strikte Sperren einschalten (**-o**), Versionen löschen (**-o**) und durch **co** gesetzte Sperren übergehen (**-l** und **-u**). RCS-Dateien haben eine Zugriffsliste (durch **-a** angelegt); jeder, dessen Benutzername auf dieser Liste steht, kann **rcs** ausführen. Die Zugriffsliste ist oft leer, was bedeutet, daß **rcs** jedem offensteht. Zusätzlich können Sie **rcs** stets dann ausführen, wenn Sie ein privilegierter Benutzer sind, wenn Ihnen die Datei gehört oder wenn Sie **rcs** mit **-i** ausführen. **rcs** akzeptiert die Standardoptionen **-q**, **-V**, **-x** und **-z**.

Optionen

-a*Benutzer*
: Hängt die kommagetrennte Liste von *Benutzer* an die Zugriffsliste.

-A*andere_Datei*
: Hängt die Zugriffsliste von *andere_Datei* an die Listen von *Dateien*.

-b[*V*]
: Setzt den Standardzweig auf *V*, oder, falls *V* weggelassen wird, auf den höchsten Zweig am Stamm.

-c*'s'*
: Das Kommentarzeichen für **$Log** wird auf die Zeichenkette *s* gesetzt. Per Voreinstellung ersetzt **co** das eingebettete Schlüsselwort **$Log** durch Kommentarzeilen mit dem Präfix #. Sie könnten zum Beispiel für **troff**-Dateien *s* auf .\" setzen oder auf * für C-Programme. (Sie müßten von Hand vor und hinter **$Log** die Trennzeichen /* und */ einfügen.

-e[*Benutzer*]
: Löscht jeden (oder nur die angegebenen *Benutzer*) von der Zugriffsliste.

-i Eine RCS-Datei erzeugen (initialisieren), aber keine Version ablegen.

-I Interaktiver Modus; auch beim Benutzer anfragen, wenn die Standardeingabe kein Terminal ist. (Eingeführt mit RCS Version 5.)

-k*c* *c* als voreingestellten Stil für Schlüsselwortersetzung verwenden. (Siehe **co** für die möglichen Werte von *c*.) **-kkv** setzt den voreingestellten Stil zurück; alle anderen Stile führen zu Inkompatibilität mit RCS Version 4 und allen älteren Versionen.

-l[*V*]
: Version *V* oder die letzte Version sperren. **-l** kann eine Datei »rückwirkend sperren« und ist sinnvoll, wenn Sie eine Datei durch **co** statt **co -l** falsch ausgecheckt haben.

-L Strikte Sperren einschalten (dies ist voreingestellt). Dies bedeutet, daß jeder, auch der Besitzer der RCS-Datei, **co -l** benutzen muß, um Dateien zu bearbeiten. Strikte Sperren werden für den Fall empfohlen, daß mehrere Benutzer sich Dateien teilen. (Siehe auch **-U**.)

-m*V*:*Nachricht*
Ersetzt die Lognachricht der Version *V* durch *Nachricht*. (Dies wurde mit RCS Version 5.6 eingeführt.)

-M Schaltet die E-Mail-Benachrichtigung für das Brechen von Sperren mit **rcs -u** aus. Dies sollte nur verwendet werden, wenn ein anderer Weg existiert, Benutzer zu benachrichtigen, deren Dateien entsperrt worden sind.

-n*flags*
Die Verknüpfung zwischen einer Version und einem Namen herbeiführen oder auflösen. *flags* kann folgende Werte annehmen:

Name:*V*
Name mit Version *V* verknüpfen.

Name:
Name mit der letzten Version verknüpfen.

Name
Die Verknüpfung von *Name* löschen.

-N*flags*
Das gleiche wie **-n**, nur werden existierende *Name*n überschrieben.

-o*V_Liste*
In *V_Liste* aufgelistete Versionen entfernen (ausmustern). *V_Liste* kann als *V1*, *V1*-*V2*, *V1*- oder -*V2* angegeben werden. Wenn ein Zweig angegeben ist, löscht **-o** nur die letzte Version in ihm. Mit RCS 5.6 wurde das Bereichstrennzeichen auf : umgestellt, - ist jedoch immer noch gültig.

-s*Status*[:*V*]
Setzt den Status der Version *V* (oder der letzten Version) auf das Wort *Status*.

-t[*Datei*]
Ersetzt die RCS-Dateibeschreibung mit dem Inhalt von *Datei* oder, wenn keine Datei angegeben wurde, durch die Standardeingabe.

-t-*Text*
Ersetzt die RCS-Dateibeschreibung durch *Text*. Behält die Modifikationszeit der RCS-Datei bei, außer wenn eine Version entfernt wird.

-T Die Modifikationszeit der RCS-Datei beibehalten.

-u[*V*]
Das Gegenteil zu **-l**: eine Version entsperren, die vorher mit **co -l** gesperrt wurde. Wenn jemand anderes sie ausgecheckt hat, werden Sie um einen Grund für das Brechen der Sperre gebeten. Diese Nachricht wird an den ursprünglich Sperrenden geschickt.

-U Schaltet auf laxes Sperren. Jeder außer dem Dateibesitzer muß **co -l** verwenden, um Dateien zu sperren. (Siehe **-L**.)

-V Die RCS-Versionsnummer ausgeben.

-z*Zone*
Stellt die Standard-Zeitzone für die Zeitstempel ein, die von **ci** und **co** verwendet werden.

→

rcs
←

Beispiele

Die Bezeichnung **An_Kunden** mit der letzten Version aller RCS-Dateien verknüpfen:

```
rcs -nAn_Kunden: RCS/*
```

Drei Benutzer zur Zugriffsliste der Datei **Beatles_Verträge** hinzufügen:

```
rcs -ageorge,paul,ringo Beatles_Verträge
```

Versionen 1.2 bis 1.5 löschen:

```
rcs -o1.2-1.5 doc
```

Eine RCS-Dateibeschreibung durch den Inhalt einer Variablen ersetzen:

```
echo "$beschreibung" | rcs -t Datei
```

---

rcsclean

rcsclean [*Optionen*] [*Dateien*]

Ausgecheckte Dateien mit der entsprechenden letzten Version oder der Version *V* vergleichen (je nachdem, wie durch die Optionen angegeben). Wenn keine Unterschiede gefunden werden, wird die Arbeitsdatei entfernt. (Verwenden Sie **rcsdiff**, um Unterschiede zu finden.) **rcsclean** ist nützlich in Makefiles. Sie könnten zum Beispiel ein Make-Ziel namens »clean-up« angeben, um Ihre Verzeichnisse zu aktualisieren. **rcsclean** ist auch nützlich vor dem Ausführen von **rcsfreeze**. **rcsclean** akzeptiert die Standardoptionen **-q**, **-V**, **-x** und **-z**.

Optionen

-k*c* Beim Vergleichen von Versionen Schlüsselwörter im Stil *c* ersetzen. (Siehe auch **co** für mögliche Werte von *c*.)

-n[*V*]
Zeigen, was passieren würde, aber es noch nicht wirklich tun.

-r[*V*]
Mit Version *V* vergleichen. *V* kann als Parameter zu anderen Optionen angegeben werden, so daß **-r** eigentlich überflüssig ist.

-T Die Modifikationszeit der RCS-Datei beibehalten, wenn eine Sperre hinzugefügt oder entfernt wird.

-u[*V*]
Die Version entsperren, falls sie gleich der Arbeitsdatei ist.

Beispiele

Unveränderte Kopien von Programm- und Headerdateien entfernen:

```
rcsclean *.c *.h
```

rcsdiff [*Optionen*] [*diff_Optionen*] *Dateien*

rcsdiff

Versionen mit **diff** vergleichen. Geben Sie Versionen mit **-r** wie folgt an:

Anzahl angegebener Versionen:	Durchgeführter Vergleich:
Keine	Arbeitsdatei gegen letzte Version
Eine	Arbeitsdatei gegen angegebene Version
Zwei	Angegebene Versionen gegeneinander

rcsdiff akzeptiert die Standardoptionen **-q**, **-T**, **-V**, **-x** und **-z** sowie *diff_Optionen*, was jede gültige Option für **diff** enthalten darf. **rcsdiff** gibt einen Endzustand von 0 (keine Unterschiede), 1 (Unterschiede existieren) oder 2 (unbekanntes Problem) zurück.

Optionen

-k*c* Beim Vergleichen von Versionen, Schlüsselwörter im Stil *c* ersetzen. (Siehe **co** für mögiche Werte von *c*.)

-r*V1*
Version *V1* im Vergleich verwenden.

-r*V2*
Version *V2* im Vergleich verwenden (**-r***V1* muß auch angegeben sein.)

rcsmerge [*Optionen*] *Datei*

rcsmerge

Läßt Dateiversionen (in einem sogenannten »Drei-Wege-Merge«) zusammenfließen, wobei die Änderungen von zwei verschiedenen Versionen in eine *Datei* einfließen. Sie müssen entweder eine oder zwei Versionen zum Zusammenführen angeben (üblicherweise mit **-r**). Überlappungen werden wie von **merge** behandelt, indem Warnungen in die resultierende Datei eingefügt werden. **rcsmerge** akzeptiert die Standardoptionen **-q**, **-V**, **-x** und **-z**. **rcsmerge** gibt einen Endzustand von 0 (keine Überlappungen), 1 (Überlappungen existieren) oder 2 (unbekanntes Problem) zurück.

Optionen

-k*c* Beim Vergleichen von Versionen Schlüsselwörter im Stil *c* ersetzen. (Siehe **co** für mögiche Werte von *c*.)

-p[*V*]
Zusammengeführte Version auf die Standardausgabe schicken, statt *Datei* zu überschreiben.

-r[*V*]
Version *V*, oder aber, falls kein *V* angegeben ist, die letzte Version einfließen lassen.

→

rcsmerge ←

Beispiele

Angenommen, Sie müßten Aktualisierungen an einer alten Version (1.3) von *prog.c* vornehmen, aber die aktuelle Datei sei bereits bei Version 1.6. Um die Änderungen zu übernehmen:

```
co -l prog.c
```
(letzte Version dann durch das Hinzufügen von 1.3-Aktualisierungen bearbeiten:)
```
rcsmerge -p -r1.3 -r1.6 prog.c > prog.aktualisiert.c
```

Änderungen zwischen Versionen 3.5 und 3.2 rückgängig machen und die Arbeitsdatei überschreiben:

```
rcsmerge -r3.5 -r3.2 kap08
```

rlog

rlog [*Optionen*] *Dateien*

Identifikationsinformationen für RCS-*Dateien* anzeigen, darunter die Protokollnachricht zu jeder Version, die Anzahl entfernter oder hinzugefügter Zeilen, das Datum des letzten Eincheckens und so weiter. Ohne Optionen zeigt **rlog** alle Informationen an. Benutzen Sie Optionen, um nur bestimmte Teile anzuzeigen. **rlog** akzeptiert die Standardoptionen **-T**, **-V**, **-x** und **-z**.

Optionen

-b Die Anzeige einschränken; nur Informationen zum Standardzweig darstellen.

-d*Daten*
Informationen für Versionen anzeigen, deren Zeitstempel vom Einchekken in den Bereich von *Daten* (eine durch Semikola getrennte Liste) fällt. Benutzen Sie unbedingt Anführungszeichen. Jedes Datum kann angegeben werden als:

Datum1 < *Datum2*
Versionen zwischen *Datum1* und *Datum2* einschließlich auswählen.

Datum1 <
An oder nach *Datum1* gemachte Versionen auswählen.

Datum1
An oder vor *Datum1* gemachte Versionen auswählen.

-h Den Anfang des normalen **rlog**-Listings ausgeben.

-l[*Benutzer*]
Informationen nur über gesperrte Versionen, oder, falls *Benutzer* angegeben sind, nur die durch sie gesperrten Versionen ausgeben.

-L Nicht gesperrte Dateien überspringen.

-N Keine symbolischen Namen darstellen.

-r[*Liste*]
Informationen über Versionen in der kommagetrennten *Liste* von Versionsnummern darstellen. Falls keine *Liste* angegeben ist, wird die letzte Version verwendet. Angaben können folgendermaßen geschehen:

V1 Version *V1* auswählen. Falls *V1* ein Zweig ist, alle Versionen darauf auswählen.

V1 .
Falls *V1* ein Zweig ist, die letzte Version darauf auswählen.

V1–V2
Versionen von *V1* bis einschließlich *V2* auswählen.

–V1 Versionen vom Anfang des Zweigs bis *V1* auswählen.

V1– Versionen von *V1* bis zum Ende des Zweigs auswählen.

Mit RCS 5.6 wurde das Bereichstrennzeichen auf : umgestellt, - ist jedoch immer noch gültig.

-R Nur den Namen der RCS-Datei anzeigen.

-s*Statusliste*
Informationen für Versionen anzeigen, deren Status einem der in der kommagetrennten *Statusliste* entspricht.

-t Das gleiche wie **-h**, zeigt allerdings auch die Beschreibung der Datei an.

-w[*Benutzer*]
Information für Versionen anzeigen, die von irgend jemand in der kommagetrennten Liste von *Benutzern* eingecheckt wurden. Falls kein *Benutzer* angegeben wurde, wird der Name des aufrufenden Benutzers angenommen.

Beispiele

Die Versionschronik einer Datei anzeigen:

```
rlog RCS/*,v | more
```

Namen der vom Benutzer *headbanger* gesperrten RCS-Dateien anzeigen:

```
rlog -R -L -lheadbanger RCS/*
```

Den »Titel«-Teil einer Arbeitsdatei anzeigen (keine Versionschronik):

```
rlog -t dublin78.c
```

CVS und RCS

KAPITEL 15

GNOME

GNOME steht für GNU Network Object Model Environment. Es handelt sich dabei um eine benutzerfreundliche, grafische Umgebung, die bestimmt, wie Ihre Schreibtischoberfläche aussieht, und die konsistente Interaktion mit und Kooperation zwischen den Applikationen ermöglicht. GNOME ist eine der zwei beliebten Schreibtischoberflächen unter Linux und das Standardsystem auf den Red Hat- und Debian-Distributionen. Die andere populäre Linux-Umgebung ist KDE, das in Kapitel 16, *KDE*, beschrieben wird.

GNOME ist kein Fenstermanager. Als grafische Umgebung stellt es den Benutzern eine in vielerlei Hinsicht anpaßbare Benutzerschnittstelle sowie eine konsistente Funktionalität aus üblichen GUI-Funktionen wie Buttons, Toolbars und Menüs bereit. Als Benutzerumgebung verwendet GNOME eine wachsende Anzahl nativer Applikationen, um eine produktive Umgebung am Computer zu schaffen.

Eines der attraktivsten Merkmale von GNOME ist die CORBA-basierte Architektur, die die Interaktion von Applikationen über die gemeinsame Nutzung und das Einbetten von Komponentenobjekten ermöglicht. CORBA steht für Common Object Request Broker Architecture und spezifiziert Methoden, die Software-Objekte für die Interaktion untereinander über einen ORB (Object Request Broker) verwenden. Der derzeit von GNOME verwendete ORB ist ORBit (*http://www.labs.redhat.com/orbit*). ORBit ermöglicht ähnliche Funktionalität wie COM und OLE in Windows. Beispielsweise kann eine mit *gnumeric* erzeugte Tabelle als Objekt in ein AbiWord-Dokument eingesetzt werden.

GNOME stützt sich auf einen Fenstermanager, um mit den Eigenheiten des X Window Systems umzugehen. Der Fenstermanager kümmert sich um die Plazierung, das Verschieben und das Aussehen der Fenster auf Ihrem Bildschirm. Sie können GNOME mit vielen verschiedenen Fenstermanagern verwenden. Diese müssen GNOME-kompatibel sein, um Features wie Drag-and-Drop ausnutzen zu können. Sawfish und Enlightenment sind zwei häufig verwendete Fenstermanager, die GNOME-konform sind. Ebenfalls verwendet werden können IceWM, WindowMaker und AfterStep.

Ein Überblick über den Desktop

Abbildung 15-1 zeigt den Default-GNOME-Desktop. Auf der linken Seite des Bildschirms sehen Sie Icons, die Abkürzungen zu laufenden Applikationen darstellen. Das oberste Icon ist ein symbolischer Link auf das Home-Verzeichnis des Benutzers und öffnet bei einem Doppelklick den GNOME-Dateimanager, der dann dieses Verzeichnis anzeigt. Unter den anderen Icons finden sich Abkürzungen zum Diskettenlaufwerk, zum CD-ROM-Laufwerk und zu Webseiten. Desktop-Icons können dazu verwendet werden, beliebige Programme auf Ihrem System zu starten, die passende Applikation zu einer Datendatei aufzurufen oder ein Verzeichnis oder eine URL anzuschauen.

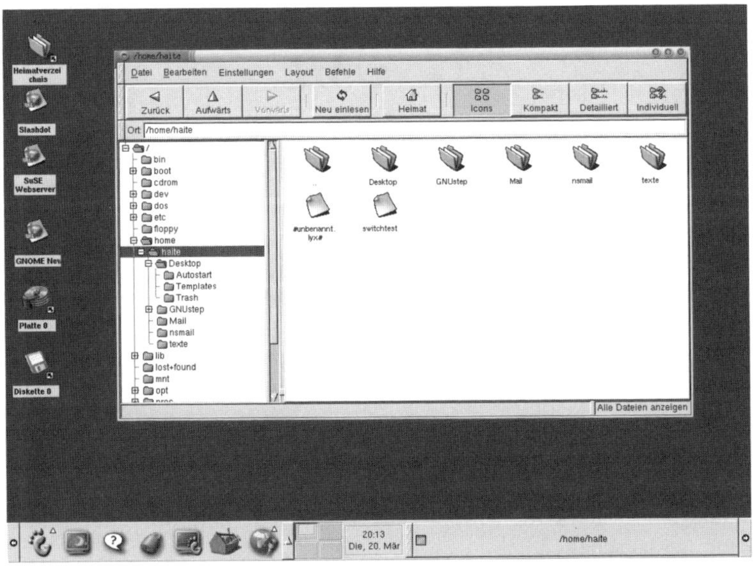

Abbildung 15-1: Der GNOME-Desktop

Die Leiste am unteren Bildschirmrand ist das GNOME-Panel. Hauptsächlich hier suchen und öffnen Sie Applikationen und verwalten Ihren Desktop. Das Panel enthält Start-Buttons für das Hauptmenü, die Hilfe, die Konfigurationswerkzeuge und den Netscape-Browser. Sie können weitere Buttons zum Panel hinzufügen, um beliebige Applikationen zu starten.

Im Panel werden außerdem zwei spezielle Programme (sogenannte *Applets*) ausgeführt, mit denen Sie sich auf dem Desktop zurechtfinden können. Die Desktop-Übersicht Desk Guide zeigt Ihren Arbeitsplatz an. Bei vielen Fenstermanagern können Sie Ihren Arbeitsplatz in eine Reihe verschiedener Bildschirme (sogenannte *virtuelle Desktops* oder *Viewports*) aufteilen. Desk Guide ist eine kleine Anzeige der verfügbaren Bildschirme sowie der Umrisse der enthaltenen Fenster. Wenn Sie auf einen Bereich in der Anzeige klicken, wird auf den entsprechenden Bildschirm geschaltet.

Die Taskliste hilft Ihnen, den Überblick über die offenen Fenster zu behalten. Sie zeigt für jedes offene Fenster einen Button im Panel an. Wenn Sie auf einen dieser Buttons klicken, bekommt das zugehörige Fenster den Fokus oder wird wieder aufgemacht, wenn es gerade minimiert war.

GNOME hat eine Vielzahl von Konfigurationseinstellungen. Sie können so ziemlich überall hinklicken, um ein Pop-up-Menü (ein sogenanntes *Kontextmenü*) zu bekommen, das bestimmte Aktionen für das jeweilige Element sowie zu dessen Konfiguration enthält. Allgemeine Konfigurationseinstellungen finden Sie im GNOME-Kontrollzentrum. Dieses erreichen Sie folgendermaßen: Klicken Sie auf den Werkzeugkasten-Button auf dem Panel oder wählen Sie aus dem Hauptmenü **EINSTELLUNGEN** und dann **GNOME KONTROLLZENTRUM** aus (individuelle Konfigurationsapplikationen finden Sie ebenfalls in diesem Menü).

Icons zum Desktop hinzufügen

Desktop-Icons bringen bequemen Doppelklick-Zugriff auf Ihre wichtigsten Dateien, Applikationen und Links. Die auf dem Desktop angezeigten Elemente stehen im Verzeichnis *.gnome-desktop* unterhalb Ihres Home-Verzeichnisses. Alles, was Sie in dieses Verzeichnis schreiben, erscheint auf dem Desktop.

Das Kontextmenü des Desktops enthält ein Untermenü namens **NEU**, mit dem Sie ebenfalls verschiedene Elemente zu Ihrem Desktop hinzufügen können.

Um ein Icon hinzuzufügen, das eine Applikation startet, wählen Sie **NEU → STARTER**. Es öffnet sich ein Dialog für Eigenschaften von Desktop-Elementen, den Sie in Abbildung 15-2 sehen. Geben Sie den Namen des Starters (dieser Text erscheint unter dem Icon), einen Kommentar (wird zum Tooltip, der erscheint, wenn sich der Mauszeiger über dem Icon befindet) sowie den Befehl ein, mit dem die Applikation ausgeführt wird. Nachdem Sie auf **OK** geklickt haben, erscheint das neue Starter-Icon auf Ihrem Desktop.

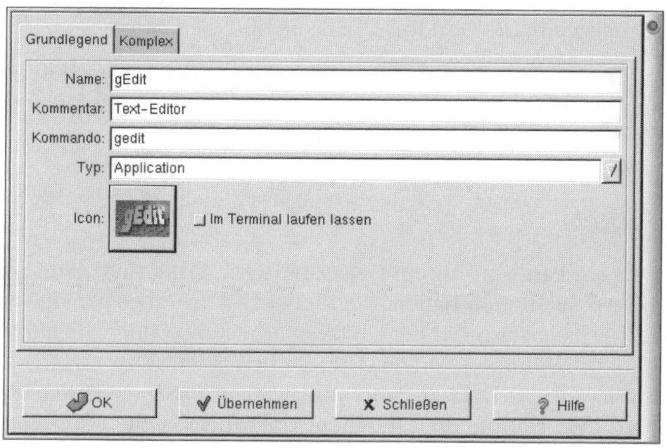

Abbildung 15-2: Eigenschaften von Desktop-Elementen

Um ein Desktop-Icon hinzuzufügen, das ein Verzeichnis öffnet, wählen Sie **NEU → VERZEICHNIS** im Kontextmenü des Desktops. Geben Sie den Namen eines Verzeichnisses im Dialog an. Wenn Sie einen vollständigen Pfadnamen angeben, wird das Desktop-Icon als symbolischer Link erzeugt, ansonsten wird ein neues Verzeichnis in *~/.gnome-desktop* angelegt.

Um einen URL-Link zum Desktop hinzuzufügen, wählen Sie NEU → URL-LINK aus dem Kontextmenü des Desktops. Es öffnet sich ein Dialog, in dem Sie die zu öffnende URL und einen Text eingeben können, der als Überschrift des Icons auf Ihrem Desktop erscheint. Sie können auch im Netscape-Browser angezeigte Links auf den Desktop ziehen, um einen Link anzuzeigen.

Eine praktische Einsatzmöglichkeit für die Desktop-Icons ist ihre Verwendung als Verknüpfungen auf häufig verwendete Dateien oder Verzeichnisse. Das Hinzufügen von Verknüpfungen ist am einfachsten, wenn Sie den Dateimanager (*gmc*) verwenden. Wenn Sie auf einen Eintrag im Dateimanager klicken und diesen auf den Desktop ziehen, dann erzeugen Sie ein Starter-Icon für den Eintrag. Was tatsächlich passiert, ist, daß der Eintrag in das Verzeichnis *~/.gnome-desktop* verschoben wird. Wenn Sie beim Auswählen und Ziehen die Strg-Taste gedrückt halten, kopieren Sie den Eintrag auf den Desktop. Wenn Sie mit der mittleren Maustaste arbeiten oder die Alt-Taste gedrückt halten, dann geht ein kleines Fenster auf, in dem Sie gefragt werden, ob Sie die Datei verschieben, kopieren oder einen symbolischen Link darauf erstellen wollen. Die Auswahl von HIERHER LINKEN erzeugt einen symbolischen Link auf dem Desktop, der auf die ursprüngliche Position des Eintrags verweist. Für die meisten Dateien und Ordner ist das die beste Wahl.

Das Panel

Das GNOME-Panel kann mehrere verschiedene Objekttypen enthalten. Die offensichtlichsten sind die Buttons für die Menü- und Applikationsstarter. Sie können auch einen Button verwenden, um eine Schublade zu öffnen, die sich wie ein Unter-Panel mit weiteren Startern verhält. Es gibt einige wenige Spezial-Buttons zum Abmelden der Sitzung und zum Sperren des Bildschirms. Schließlich können kleine Programme namens Applets im Panel ausgeführt werden. Dazu gehören beispielsweise die Desktop-Übersicht und die Uhr.

Die Einstellungen für das Panel finden Sie im PANEL-Menü des Hauptmenüs oder durch Klikken mit der rechten Maustaste auf das Panel; Sie können den Stil, die Größe und die Anzeige des Panels einstellen oder neue Panels auf dem Desktop erzeugen.

Zusätzliche Panels

Sie können mehr als ein Panel auf Ihrem Desktop haben. Das ist nützlich, wenn Sie verschiedene Gruppen von Applikationen haben, die für spezifische, aber gängige Aufgaben benutzt werden. Wenn Sie beispielsweise viel mit Grafiken arbeiten, können Sie ein Panel dem Starten Ihrer Lieblings-Grafikprogramme widmen. Um ein neues Panel zu erzeugen, klicken Sie mit der rechten Maustaste auf das Default-Panel und wählen PANEL → PANEL ERZEUGEN oder den analogen Eintrag aus dem Hauptmenü. In einem Untermenü stehen fünf verschiedene Typen von Panels zur Verfügung:

Menü-Panel
: Ein besonderer Panel-Typ, der sich entlang der oberen Bildschirmkante erstreckt. Es handelt sich um eine dünne Leiste, die Drop-Down-Menüs für die Programme, Favoriten, Einstellungen und Desktop-Menüs im Hauptmenü enthält.

Kanten-Panel
: Der Stil des Default-Panels. Es erstreckt sich über die gesamte Bildschirmkante. Die Pfeil-Buttons an den beiden Panel-Enden dienen dazu, das Panel an einer Bildschirmseite ein-

zuklappen. Wenn Sie auf den sichtbar verbleibenden Pfeil-Button eines zusammengeklappten Panels klicken, erscheint es wieder in voller Größe.

Ausgerichtetes Panel
: Ein ähnliches Panel, das in einer Ecke des Bildschirms verankert und gerade so groß ist, daß die enthaltenen Buttons und Applets hineinpassen. Ein ausgerichtetes Panel kann durch Klicken auf den Pfeil-Button an der Bildschirmkante versteckt werden. Der Pfeil-Button, der am weitesten von der Kante entfernt ist, verankert ein ausgerichtetes Panel an der gegenüberliegenden Seite des Bildschirms.

Gleitendes Panel
: Wie ein ausgerichtetes Panel, kann aber an einer beliebigen Stelle des Bildschirms liegen und ist nicht in einer Ecke verankert.

Freischwebendes Panel
: Wie zu erwarten ein Panel, das an einer beliebigen Stelle des Bildschirms liegen kann.

Alle Panels außer dem Menü-Panel können durch Klicken mit der mittleren Maustaste (oder der linken und rechten Maustaste gleichzeitig) und Ziehen an eine andere Stelle des Bildschirms bewegt werden.

Jedes Panel kann im Panel-Menü, das sich im Kontextmenü befindet, individuell konfiguriert werden. Klicken Sie mit der rechten Maustaste und wählen Sie **PANEL → EIGENSCHAFTEN** aus. Sie können hier unter mehreren verschiedenen Panel-Optionen wählen. Das **TYP**-Untermenü ändert den Typ des Panels (allerdings kann ein Menü-Panel keinen anderen Typ bekommen). Das Untermenü **VERSTECKMETHODE** enthält Einstellungen für **VERSTECKEN AUF WUNSCH**, wobei Sie auf einen der Pfeil-Buttons klicken, um das Panel an den Seitenrand einzuklappen, und für **AUTOMATISCH VERSTECKEN**, bei dem sich das Panel automatisch einklappt, wenn es nicht benutzt wird. Im Untermenü **VERSTECKKNÖPFE** können Sie die Pfeil- und Verstecken-Buttons eines Panels verstecken oder anzeigen lassen. Das Untermenü **GRÖßE** legt die Größe des Panels zwischen **WINZIG** und **RIESIG** fest. Im Untermenü **HINTERGRUNDTYP** können Sie den Hintergrund eines Panels auf eine Farbe oder eine Pixmap einstellen.

Um alle Eigenschaften des Panels in einem Dialog einstellen zu können, wählen Sie **ALLE EIGENSCHAFTEN** aus diesem Menü. Globale Einstellungen finden Sie im GNOME-Kontrollzentrum; sie werden später in diesem Kapitel beschrieben.

Einen Applikationsstarter zum Panel hinzufügen

Eine der Bequemlichkeiten des Panels ist das Erzeugen von Starter-Icons, mit denen Sie mit einem Klick auf häufig verwendete Applikationen zugreifen können. Um eine Applikation hinzuzufügen, klicken Sie mit der rechten Maustaste auf das Panel und wählen **PANEL → ZUM PANEL HINZUFÜGEN → STARTER** aus. Sie können auch mit der rechten Maustaste auf eine Applikation im Hauptmenü klicken und **DIESEN STARTER ZUM PANEL HINZUFÜGEN** auswählen.

Bei der ersten Vorgehensweise öffnet sich ein Dialogfeld. Geben Sie einen Namen für die Applikation, einen als Tooltip zu verwendenden Kommentar und den Befehl zum Starten der Applikation an. Klicken Sie auf den Icon-Button, um das Bild auszuwählen, das den Button im Panel zieren soll. Wenn die Applikation in einem Terminal ausgeführt werden soll, wählen Sie **IM TERMINAL LAUFEN LASSEN** an.

Mittels der Drag-and-Drop-Funktionalität von GNOME können Sie Applikationen auf verschiedene Weise auf das Panel bringen. Beispielsweise können Sie eine Applikationsdatei aus dem Dateimanager auf das Panel ziehen. Auch Desktop-Icons können auf das Panel gezogen werden.

Sie können die Eigenschaften eines Starters durch Anklicken mit der rechten Maustaste und Auswählen von Eigenschaften konfigurieren. Dadurch wird ein Fenster geöffnet, in dem Sie den Namen, den Kommentar, den Befehl, den Typ und das Icon angeben können.

Starter-Buttons können in beliebiger Position und Reihenfolge im Panel liegen. Um einen Starter-Button zu verschieben, klicken Sie mit der rechten Maustaste darauf und wählen **Bewegen** aus. Der Mauszeiger verändert sich, und Sie können den Button an eine andere Position ziehen. Klicken Sie darauf, um die neue Position festzulegen.

Das Hauptmenü

Defaultmäßig enthält das GNOME-Panel ein Menü – das Hauptmenü. Es wird mittels des ersten Buttons auf der linken Seite mit dem GNOME-Fuß-Logo darauf angezeigt (und manchmal *Fußmenü* genannt). Das Default-Hauptmenü enthält eine Reihe von Einträgen und Submenüs, die man in die folgenden Bereiche einteilen kann:

- Das Menü **Programme** enthält Einträge für installierte GNOME-Applikationen und -Hilfsprogramme, die nach Kategorien wie Grafik, Werkzeuge, Netzwerk usw. sortiert auf mehrere Untermenüs aufgeteilt sind. Am Ende des Menüs **Programme** finden Sie den Eintrag **GNOME-Hilfe**, der die Hilfe öffnet. Das Menü **Programme** kann nur von einem Benutzer mit **root**-Rechten geändert werden; eine solche Änderung gilt für alle Benutzer.
- Das **Favoriten**-Menü ist von Haus aus leer. Die einzelnen Benutzer können hier ihre eigenen Einträge hinzufügen.
- Wenn andere Pakete wie KDE oder AnotherLevel auf Ihrem System installiert sind, können deren Default-Menüs ebenfalls im Hauptmenü vorhanden sein.
- Das **Panel**-Menü enthält Aktionen und Konfigurationsverweise für das Panel. Die Elemente in diesem Menü finden Sie auch im Kontextmenü, das aufklappt, wenn Sie mit der rechten Maustaste auf das Panel klicken.
- Das Element **Ausführen** öffnet ein einzeiliges Befehlsfenster.
- Am Ende des Menüs finden Sie das Menü **Desktop**, dessen Einträge zum Sperren des Bildschirms (zum Entsperren muß das Paßwort des Benutzers eingegeben werden) und zum Abmelden dienen.

Sie haben vielleicht bemerkt, daß der oberste Eintrag jedes Menüabschnitts und jedes Untermenüs kein anwählbarer Eintrag ist. Dies ist die Titelleiste des Menüs. Wenn Sie mit der rechten Maustaste auf eine Titelleiste klicken, dann öffnet sich ein Kontextmenü mit einer Reihe von Optionen:

Dies als Schublade im Panel hinzufügen
: Nimmt das aktuelle Untermenü und konvertiert es in eine Schublade auf dem Panel.

Dies als Menü im Panel hinzufügen
: Kopiert das Menü in einen neuen Menü-Starter auf dem Panel. Denken Sie daran, daß das Untermenü des Hauptmenüs und das Menü auf dem Panel identisch sind. Wenn Sie eines von beiden ändern, ändert sich auch das andere.

Dies zum Menü FAVORITEN *hinzufügen*
: Kopiert das Menü in das FAVORITEN-Menü.

Die Defaultkonfiguration des Hauptmenüs macht Anpassungen etwas kompliziert. Weil die PROGRAMME-Menüs feststehen und nicht verändert werden können (sofern Sie nicht **root** sind), können Sie anfänglich nur das FAVORITEN-Menü konfigurieren.

Die beste Möglichkeit, ein vollständig anpaßbares Hauptmenü zu bekommen (außer die ganze Zeit als **root** zu arbeiten), besteht darin, die gewünschten Teile des PROGRAMME-Menüs in das FAVORITEN-Menü zu kopieren. Wenn Sie das einmal getan haben, können Sie das FAVORITEN-Menü im Menü-Editor nach Belieben verändern.

Anzeigeeigenschaften des Menüs

Mit Hilfe der Menü-Eigenschaften können Sie auswählen, welche Menüs angezeigt werden sollen. Klicken Sie mit der rechten Maustaste auf den Fuß-Button und wählen Sie EIGENSCHAFTEN, um diesen Dialog zu öffnen. Das Fenster für die Menü-Eigenschaften enthält Anzeigeeinstellungen für das PROGRAMME-Menü, das FAVORITEN-Menü und eventuelle weitere Default-Menüs, die auf Ihrem System installiert sind. Sie können jedes Menü entweder vollständig, in einem Untermenü oder gar nicht anzeigen.

Das Menü editieren

Mit dem Menü-Editor, zu sehen in Abbildung 15-3, können Sie Einträge zu Ihrem Menü hinzufügen, daraus entfernen oder umherbewegen. Um den Menü-Editor zu öffnen, klicken Sie mit der rechten Maustaste auf den Fuß-Button und wählen Sie MENÜS BEARBEITEN.

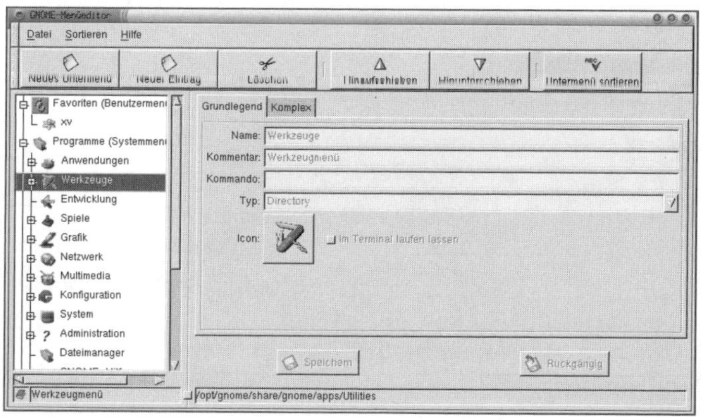

Abbildung 15-3: Der Menü-Editor

Der Menü-Editor besteht aus zwei Teilen: Das linke Fenster zeigt die Hierarchie der Benutzer- und System-Menüs und die darin enthaltenen Einträge an. Sie können die Menü-Einträge umsortieren oder in andere Untermenüs verschieben, indem Sie sie anklicken und an eine andere Stelle ziehen. Das rechte Fenster zeigt die Eigenschaften des im linken Fenster ausgewählten Eintrags.

Mit den Buttons auf der Toolbar erreichen Sie die folgenden Aktionen auf einem ausgewählten Menüeintrag: Hinzufügen eines neuen Untermenüs, Hinzufügen eines neuen Eintrags, Löschen der Selektion, Verschieben nach oben oder unten und Sortieren eines Untermenüs.

Um ein neues Untermenü hinzuzufügen, wählen Sie das Menü aus, in dem es im Menübaum stehen soll, und klicken auf den Button NEUES UNTERMENÜ. Geben Sie den Namen des Untermenüs im rechten Fenster an und klicken Sie auf SPEICHERN.

Um einen neuen Eintrag zum Menü hinzuzufügen, wählen Sie dessen Position im Menübaum aus und klicken auf den Button NEUER EINTRAG. Das rechte Fenster zeigt die Eigenschaftseinstellungen für den Eintrag an. Geben Sie den Namen des Eintrags, einen Kommentar für den Tooltip, den auszuführenden Befehl und den Applikationstyp an. Klicken Sie dann auf SPEICHERN, um den Eintrag zum Menü hinzuzufügen.

Das GNOME-Kontrollzentrum

Das GNOME-Kontrollzentrum (Abbildung 15-4) ist der Ort, an dem die meisten Anpassungen und Konfigurationen Ihres Desktops vorgenommen werden. Öffnen Sie das Kontrollzentrum mit dem Werkzeugkasten-Button auf dem Panel. Das Kontrollzentrum enthält eine Reihe von Konfigurationsapplikationen namens *Capplets*, mit denen Sie verschiedene GNOME-Einstellungen verändern können. Die Capplets stehen im linken Teil des Kontrollzentrumsfensters. Klicken Sie auf einen Namen, öffnet sich das Capplet im rechten Teil.

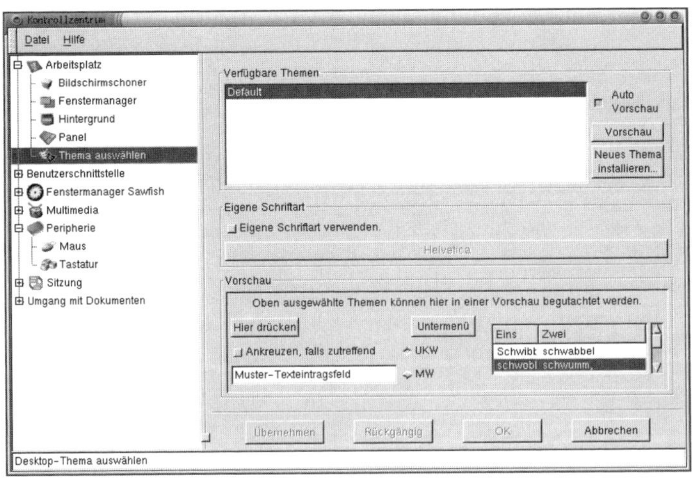

Abbildung 15-4: GNOME-Kontrollzentrum

Arbeitsplatz

Diese Bereiche enthalten Einstellungen für das übergreifende Aussehen des Desktops; Sie können hier den Hintergrund, den Bildschirmschoner, das Thema und den Fenstermanager einstellen.

Bildschirmschoner

Enthält Einstellungen für die Bildschirmschoner. Sie können aus einer Liste von verfügbaren Bildschirmschonern (inklusive einer Zufallsauswahl) auswählen. Geben Sie die Anzahl der Minuten ohne Aktivität an, bevor der Bildschirmschoner ausgelöst werden soll, und ob es nötig sein soll, ein Paßwort einzugeben, bevor der Desktop wieder freigegeben wird. Wenn Ihr System über Power-Management verfügt, dann kann dieses ebenfalls hier konfiguriert werden.

Fenstermanager

In diesem Bereich können Sie den von GNOME verwendeten Fenstermanager sowie dessen Eigenschaften (sofern er über ein Konfigurationswerkzeug verfügt) wählen und konfigurieren. Sie sollten sich aber davon überzeugen, daß der Fenstermanager kompatibel mit der GNOME-Architektur ist, um keine Probleme mit Ihren Applikationen zu bekommen.

Die Liste zeigt die installierten Fenstermanager, die Sie verwenden können. Sie können mit dem HINZUFÜGEN-Button einen neuen Fenstermanager zur Liste hinzufügen. Geben Sie den Namen des Fenstermanagers in die Dialog-Box ein. Wenn der Fenstermanager ein eigenes Konfigurationswerkzeug hat, dann geben Sie dessen Namen und Position ebenfalls ein. Unter der Liste wird dann ein Button namens KONFIGURATIONSWERKZEUG FÜR *fm-name* AUFRUFEN erscheinen. Wenn Sie auf diesen Button klicken, öffnet sich die Konfigurationsapplikation für diesen Fenstermanager.

GNOME

Hintergrund

Hier stellen Sie den Desktop-Hintergrund ein. Sie können entweder ein Bild (»Tapete«) oder Farben auswählen. Im Tapeten-Bereich klicken Sie auf den AUSWÄHLEN-Button, um eine Bilddatei aus dem Dateisystem zu laden. Das Bild kann gekachelt, zentriert oder skaliert dargestellt werden. Im Farb-Bereich wählen Sie entweder eine durchgehende einzelne Farbe oder einen horizontalen oder vertikalen Gradienten aus zwei Farben aus. Klicken Sie auf die Kästchen für die erste und die zweite Farbe, um die Farben auszuwählen.

Dieses Capplet stellt den Hintergrund via GNOME ein. Fenstermanager können ebenfalls den Hintergrund einstellen und geraten manchmal in Konflikt mit den GNOME-Einstellungen. Um sicherzustellen, daß der Hintergrund von GNOME bestimmt wird, wählen Sie GNOME BENUTZEN, UM DEN HINTERGRUND EINZUSTELLEN.

Thema auswählen

Themen weisen den vielen von GNOME verwendeten Widgets und Komponenten einen übergreifenden konsistenten Stil zu. Das Paket *gtk-engines* enthält eine Reihe grundlegender Themen; weitere können Sie von *http://gtk.themes.org* herunterladen.

Alle auf Ihrem System installierten Themen sind unter Verfügbare Themen aufgeführt. Sie können ein Thema auswählen und im unteren Bereich des Fensters eine Vorschau sehen. Wenn Sie Automatische Vorschau anwählen, wird automatisch eine Vorschau generiert, sobald Sie auf ein Thema klicken; ansonsten müssen Sie manuell auf den Vorschau-Button klicken.

Wenn Sie ein Thema heruntergeladen haben und es installieren möchten, klicken Sie auf den Button Neues Thema installieren. Geben Sie den Namen und die Position der *.tar.gz-* oder *.tgz*-Datei an und klicken Sie auf OK. Das neue Thema wird im Verzeichnis */usr/share/themes* installiert und steht damit für Ihren Desktop zur Verfügung.

Panel

Panels können individuell oder global konfiguriert werden. Zur individuellen Konfiguration klicken Sie mit der rechten Maustaste auf das Panel und wählen Eigenschaften aus.

Die meisten der Panel-Einstellungen werden global im Kontrollzentrum unter Panel vorgenommen, wie in Abbildung 15-5 zu sehen ist.

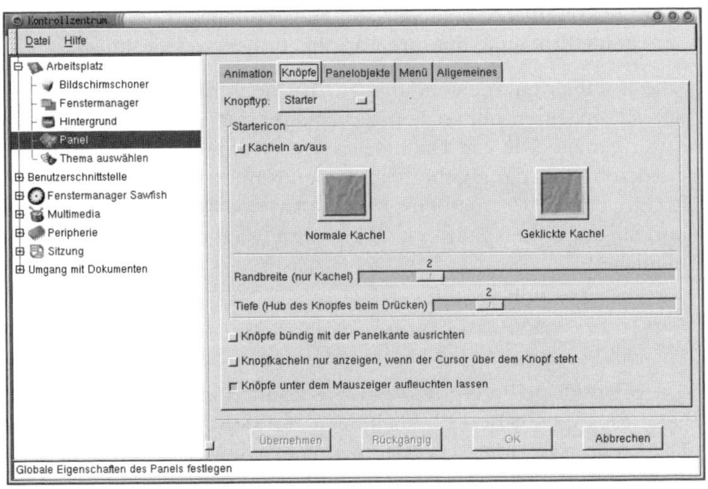

Abbildung 15-5: Panel-Einstellungen

Animation

Diese Seite steuert die animierten Bewegungen des Panels, etwa beim Verbergen oder beim Öffnen einer Schublade. Am oberen Rand der Seite findet sich ein Radio-Button, um die Animationen vollständig ein- oder auszuschalten. Die weiteren Einstellungen werden mit Schiebereglern vorgenommen. Die ersten beiden legen fest, wie schnell oder langsam sich das Panel zusammenzieht, wenn es automatisch minimiert wird und wenn Sie es explizit mit den

Pfeil-Buttons schließen. Der nächste Schieberegler legt die Geschwindigkeit für das Öffnen und Schließen der Schubladen fest. Bei automatisch verschwindenden Panels gibt es noch weitere Schieberegler für die Zeit, die es dauert, bevor das Panel verschwindet, sowie die Größe des verborgenen Panels in Pixeln.

Knöpfe

Diese Seite steuert das Aussehen der verschiedenen Knöpfe im Panel (siehe Abbildung 15-5). Wählen Sie aus der Ausklappliste aus, welche Art von Buttons Sie konfigurieren wollen.

Kacheln sind ein rechteckiger Hintergrund für ein Panel-Icon, die anstelle des direkten Zeichnens der Icons auf dem Panel-Hintergrund verwendet werden können. Wenn Sie die Kacheln mit dem Radio-Button am oberen Rand einschalten, können Sie ein Bild auswählen, das als Hintergrund für alle Buttons im Menü verwendet werden soll. Kacheln werden außerdem dazu verwendet, um 3-D-Buttons im Panel zu erzeugen. Sie können die Bilder für die hervorgehobene und die eingedrückte Position (beim Anklicken mit der Maus) auswählen. Dazu klicken Sie auf die Kachel-Bilder, worauf sich der Dialog zum Auswählen der Bild-Dateien öffnet.

Ein Schieberegler steuert die Breite des Rahmens um die Kacheln in Pixeln, mit einem zweiten kann angegeben werden, wie weit das Icon eingedrückt werden soll.

Außerdem gibt es die folgenden Einstellungen:

Knöpfe bündig mit der Panelkante ausrichten
: Mit dieser Einstellung werden die Buttons an die Ränder des Panels gesetzt. Es gibt keinen sichtbaren Zwischenraum zwischen dem Button und dem Desktop-Hintergrund, aber schon noch zwischen den einzelnen Panel-Buttons.

Knopfkacheln nur anzeigen, wenn der Cursor über dem Knopf steht
: Mit dieser Einstellung sind die Kacheln nur dann zu sehen, wenn sich der Mauszeiger über dem jeweiligen Button befindet.

Knöpfe unter dem Mauszeiger aufleuchten lassen
: Mit dieser Einstellung leuchten die Buttons auf, wenn sich der Mauszeiger darüber befindet.

Panelobjekte

Auf dieser Seite können Sie eine von drei Methoden zur Anordnung von Icons auswählen. **BOCKSPRINGENDE BEWEGUNG** läßt die Icons den Platz mit dem verschobenen Icon tauschen. Dies ist das Default-Verhalten. **FREIE BEWEGUNG** hält die aktuellen Icons an ihrem Platz fest, während Sie ein anderes bewegen. Icons können nur dann in leere Bereiche auf dem Panel bewegt werden, wenn diese Methode ausgewählt ist. **SCHIEBENDE BEWEGUNG** läßt die bewegten Icons die anderen umherschieben, aber nicht unter sich kommen.

Der **POLSTERUNG**-Schieberegler legt den Zwischenraum in Pixeln zwischen den Objekten auf dem Panel fest.

Menü

Diese Seite enthält die globalen Menü-Einstellungen.

Der erste Radio-Button ermöglicht es, große Icons für jedes Menü-Element zu verwenden, die anzeigen, ob es sich um einen Ordner, eine Datei oder eine Applikation handelt.

Der zweite Radio-Button, KNÖPFE MIT ... ANZEIGEN, schaltet die kaskadierende Anzeige der Untermenüs an und aus. Wenn dieser Button angewählt ist, werden für jeden Menüeintrag, der ein Untermenü enthält, Buttons mit ... angezeigt. Das Untermenü wird nur dann angezeigt, wenn Sie auf diesen Button drücken. Wenn dieser Button nicht angewählt ist, werden die kaskadierenden Menüs automatisch angezeigt.

Der Button POP-UP-MENÜS AUßERHALB DES PANELS ANZEIGEN steuert die relative Position der Pop-up-Menüs zum Panel. Wenn er angewählt ist, werden die Pop-up-Menüs so auf dem Desktop angezeigt, daß sie das Panel nicht überdecken. Mit dem Button MENÜS IM SPEICHER HALTEN werden kürzlich geöffnete Menüs gecached, so daß Ihre Desktop-Umgebung schneller reagieren kann.

Schließlich können Sie auf dieser Seite noch konfigurieren, welche Abschnitte des Menüs Sie anzeigen wollen. Sie können die Abschnitte jeweils direkt in das Hauptmenü stellen, in ein Untermenü verlegen oder überhaupt nicht anzeigen.

Allgemeines

Die Seite ALLGEMEINES enthält eine Reihe von Einstellungen für das Panel:

Minihilfen verwenden
: Schaltet Tooltips für die Starter-Icons ein.

Schublade schließen, wenn ein Starter darin gedrückt wird
: Schließt eine Schublade, nachdem eines der Elemente darin gewählt wurde. Ansonsten bleibt die Schublade geöffnet, bis Sie auf den schließenden Pfeil klicken.

Panels unter Mauszeiger anheben
: Sorgt dafür, daß das Panel unter dem Mauszeiger bei Bedarf in den Vordergrund geholt wird, wenn sich die Maus darüber befindet.

Panel unter Fenstern halten
: Ermöglicht es GNOME-konformen Applikationen, das Panel zu überdecken (normalerweise würden sie das Panel nicht bedecken).

Das Entfernen eines Panels mit einem Dialog bestätigen lassen
: Ein Pop-up-Fenster wird Sie fragen, ob Sie das Panel wirklich entfernen wollen.

Umgang mit Dokumenten

In diesem Abschnitt werden die Programme konfiguriert, die anhand der Inhaltstypen oder URLs defaultmäßig ausgeführt werden sollen, wenn bestimmte Dateien gestartet werden.

GNOME Edit einrichten

Dieser Abschnitt legt den Texteditor fest, der defaultmäßig verwendet werden soll, wenn Sie eine editierbare Datei öffnen oder den Menübefehl EDITIEREN in einer Datei im Datei-Manager ausführen. Es wird eine Ausklappliste mit den verfügbaren Editoren angezeigt. Klicken Sie auf IM TERMINAL AUSFÜHREN, wenn der gewählte Editor in einem Terminal laufen muß.

Mime-Typen

In diesem Abschnitt können Sie Mime-Typen festlegen oder editieren. Klicken Sie auf den HINZUFÜGEN-Button, um einen neuen Typ hinzuzufügen. Es wird ein Dialog geöffnet, der nach dem Typ und den damit zu verknüpfenden Erweiterungen fragt. Außerdem können Sie optional bis zu zwei reguläre Ausdrücke angeben, mit denen der Mime-Typ identifiziert werden kann. Um einen Mime-Typ zu editieren, wählen Sie seinen Eintrag aus und klicken auf den BEARBEITEN-Button. Sie sehen dann einen Dialog, in dem Sie ein Icon für den Typ auswählen, Dateierweiterungen hinzufügen oder entfernen und Befehle angeben können, die diese Art von Datei öffnen, zeigen und editieren können. Um einen Typ zu löschen, wählen Sie ihn in der Liste aus und klicken auf den LÖSCHEN-Button.

Öffnen von URLs

Auf dieser Seite können Sie die Einstellungen für bestimmte vom GNOME-Hilfesystem verwendete URL-Starter ändern. Die Defaults für Protokolle wie HTTP, FTP und E-Mail sind bereits eingestellt und werden wahrscheinlich von Ihrem Default-Webbrowser (z.B. Netscape) abgedeckt. Die besonderen URLs sind *ghelp*, *info* und *man*, die jeweils zu GNOME-Hilfedateien, Befehlen, *info*-Dateien und *man*-Dateien gehören. Die Defaults verwenden den Hilfe-Browser für diese Arten von Dateien. Lassen Sie diese Einstellungen am besten, wie sie sind.

Multimedia

In diesem Abschnitt werden die Einstellungen für die System-Klänge geändert.

Klang

Diese Seite definiert ein Klang-Schema für verschiedene Aktionen. Sie können alle Klänge auf der ALLGEMEIN-Seite ein- oder ausschalten. Auf der KLANGEREIGNISSE-Seite wird eine Liste der verfügbaren Ereignisse und der dafür verwendeteten Klangdateien angezeigt. Wählen Sie ein Ereignis aus der Liste aus und klicken Sie auf ABSPIELEN, um den jeweiligen Klang anzuhören. Benutzen Sie das Textfeld, um den Namen einer Klangdatei einzugeben, die einer Aktion zugewiesen werden soll, oder benutzen Sie den SUCHEN-Button, um eine Klangdatei im Dateisystem zu suchen.

Peripherie

In diesem Abschnitt finden Sie Einstellungen für die Tastatur und die Maus.

Tastatur

Enthält Einstellungen für die automatische Tastatur-Wiederholung und Tastatur-Geräusche. Sie können die Wiederholrate einer gedrückten Taste sowie die Verzögerung einstellen, bevor die automatische Wiederholung einsetzt. Außerdem können Sie Tastatur-Klicks und deren Lautstärke einstellen.

Mit drei Schiebereglern werden die Lautstärke, die Höhe und die Dauer der Tastaturglocke eingestellt. Klicken Sie auf den TESTEN-Button, um die neuen Einstellungen der Glocke zu hören.

Maus

Die Maus kann hier entweder für einen Linkshänder oder einen Rechtshänder konfiguriert werden. Außerdem können Sie die Beschleunigung und die Schwelle (Empfindlichkeit) der Maus einstellen.

Sitzung

Dieser Abschnitt enthält Einstellungen für das Laden von Programmen am Start jeder Sitzung.

Tips beim Start

Der Start-Tip ist ein Programm, das bei jedem Anmelden eine Meldung anzeigt. Das können nützliche Tips zu einer GNOME-Funktion sein, die Sie vielleicht noch nicht kennen. Sie können dieses Programm auch zum Anzeigen eines Fortune-Cookies oder der Meldung des Tages (»*message of the day*«) verwenden.

Startsequenz

Weil GNOME sich Ihre Sitzung merkt, werden Applikationen, die beim Abmelden noch offen sind, gespeichert und beim nächsten Anmelden wieder geöffnet. Nicht alle Applikationen sind aber kompatibel mit dieser GNOME-Funktionalität. Wenn Sie Programme dafür konfigurieren wollen, beim Anmelden automatisch zu starten, können Sie sie hier konfigurieren. Sie können Start-Programme hinzufügen, editieren oder löschen, und sich die gerade laufenden Programme anschauen.

Am oberen Rand des Fensters befindet sich ein Options-Button, um den Start-Bildschirm beim Anmelden anzuzeigen. Zwei zusätzliche Buttons geben Ihnen die Möglichkeit, entweder gefragt zu werden, ob Änderungen an der Sitzung beim Abmelden gespeichert werden sollen oder ob dies automatisch geschehen soll.

Benutzerschnittstelle

In diesem Abschnitt werden verschiedene Eigenschaften von Komponenten der Applikationsfenster wie Menüs, Werkzeugleisten, Statusleisten und Dialoge eingestellt.

Anwendungen

Die Einstellungen im ANWENDUNGEN-Abschnitt steuern das Verhalten der Menüs, Werkzeugleisten und Statusleisten in GNOME-Applikationen.

Menüleisten in GNOME-Applikationen können von Fenstern abgetrennt und irgendwo auf den Desktop gelegt werden. Dies ist das Default-Verhalten.

Ein abtrennbares Menü hat an seinem linken Rand einen kleinen Balken. Klicken Sie auf diesen und ziehen Sie ihn, um die Menüleiste an eine andere Stelle des Desktops zu verschieben. Um die Menüleiste wieder anzudocken, ziehen Sie sie zurück auf die Titelleiste des Applikationsfensters, worauf sie sich automatisch wieder einsetzt.

Um unbewegliche Menüleisten zu bekommen, wählen Sie den Radio-Button namens MENÜS ABTRENNBAR UND VERSCHIEBBAR ab.

Die gleiche Abtrenn-Funktion gibt es defaultmäßig auch für Untermenüs. Um dieses Verhalten abzuschalten, wählen Sie den Radio-Button namens UNTERMENÜS ABTRENNBAR ab.

Mit drei Einstellungen können Sie Menüs, Werkzeugleisten und Buttons auf Werkzeugleisten mit einem hervorgehobenen Rand anzeigen. Dieser gibt den Komponenten ein dreidimensionales Erscheinungsbild, ansonsten sind sie sehr flach.

Für die Statusleisten am unteren Rand der Fenster stehen zwei Fenster zur Verfügung. Wenn eine Fortschrittsanzeige in der Statusleiste angezeigt wird, können Sie diese so konfigurieren, daß sie immer am rechten Rand der Statusbar erscheint. Wenn diese Einstellung abgeschaltet ist, bestimmt die Applikation die Lage der Fortschrittsanzeige selbst.

Manche Statusleisten haben eine von der Applikation definierte Funktionalität. Sie können die Interaktivität von den übrigen Statusleisten mit der entsprechenden Einstellung hier einschalten.

Dialogfelder

Diese Seite besteht aus Abschnitten für das Aussehen von Dialogen sowie deren Positionierung.

Der Abschnitt DIALOG-LAYOUT ermöglicht das Konfigurieren der Position der Buttons in Dialogen mit den folgenden Optionen: VOREINSTELLUNG, KNÖPFE GLEICHMÄSSIG VERTEILEN, KNÖPFE AN DEN RÄNDERN, KNÖPFE LINKSBÜNDIG AUSRICHTEN und KNÖPFE RECHTSBÜNDIG AUSRICHTEN. Sie können außerdem die Icons der Buttons ein- und ausschalten und die Statusleiste eines Fensters anstelle eines Dialogs verwenden, wo das möglich ist.

Im Abschnitt DIALOG-VERHALTEN können Sie die Positionierung des Dialog-Fensters mit den folgenden Optionen einstellen: FENSTERMANAGER ENTSCHEIDEN LASSEN, MITTE DES BILDSCHIRMS und AM MAUSZEIGER. Sie können auch die Dialog-Hints konfigurieren und das automatische Plazieren des Dialogs über dem Applikationsfenster, aus dem er kommt, einschalten.

MDI

MDI (Multiple Document Interface) beschreibt, wie mehrere offene Dokumente in einem Applikationsfenster angezeigt werden. Es gibt drei Stile: MODAL, EIGENES FENSTER und NOTIZBUCH. MODAL ist die Default-Einstellung. Wenn Sie NOTIZBUCH-Stil wählen, können Sie die Position des Dokumenten-Tabs auf LINKS, RECHTS, OBEN oder UNTEN einstellen.

Die Konfiguration des Fenstermanagers Sawfish

Der Fenstermanager Sawfish ist der Default-Fenstermanager des Helix GNOME-Desktops, der in den Abbildungen in diesem Buch verwendet wird. Sawfish ist GNOME-kompatibel und gibt sich Mühe, keine Überschneidungen mit den GNOME-Desktop-Einstellungen zu haben. Die Helix-Version des GNOME-Kontrollzentrums integriert die Konfigurationseinstellungen von Sawfish, anstatt ein separates Konfigurationsprogramm zu benutzen. Der Sawfish-Abschnitt des Kontrollzentrums ist in Abbildung 15-6 zu sehen.

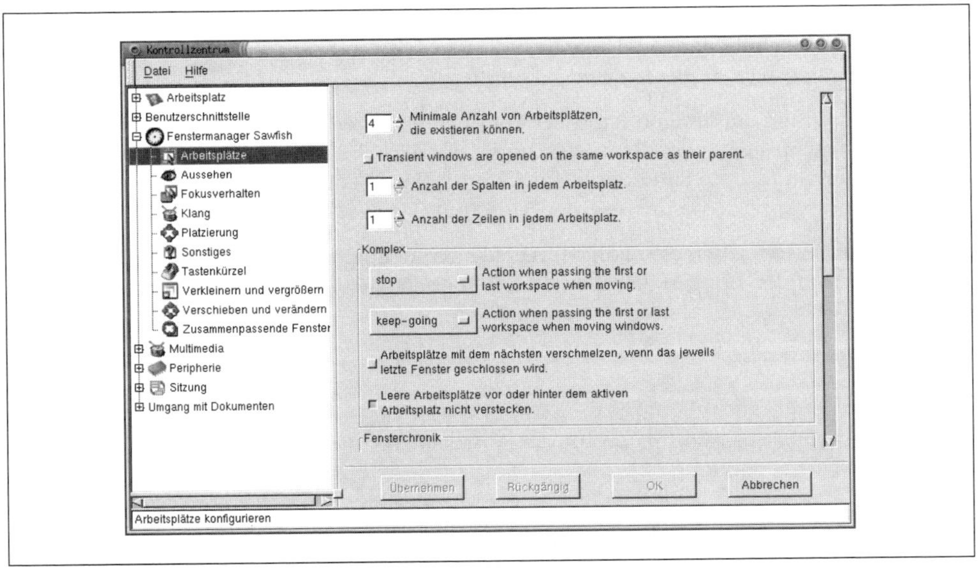

Abbildung 15-6: Fenstermanager Sawfish

Die folgenden Abschnitte beschreiben die Konfigurationseinstellungen von Sawfish, die im Helix GNOME-Kontrollzentrum enthalten sind.

Arbeitsplätze

Sawfish verwaltet den Desktop durch Anlegen von Arbeitsplätzen, die wiederum in eine Reihe sichtbarer Bildschirme aufgeteilt werden können, welche das GNOME Desk Guide-Applet als *Viewports* bezeichnet. Man kann sich die Arbeitsplätze als übereinander liegende Desktops vorstellen. Die Viewports werden als Raster von Zeilen und Spalten konfiguriert.

Die erste Option in diesem Fenster legt die Anzahl der Arbeitsplätze fest. Um das Raster der Viewports zu definieren, geben Sie die Anzahl der Spalten und Zeilen an, in die jeder Arbeitsplatz aufgeteilt werden soll.

Defaultmäßig werden transiente (Pop-up-)Fenster auf dem gleichen Arbeitsbereich wie das Fenster, von dem sie herstammen, geöffnet.

Die Abschnitt **Komplex** enthält Einstellungen für das Verschieben zwischen Arbeitsplätzen. Wenn Sie sich durch die Arbeitsplätze bewegen oder ein Fenster verschieben, können Sie eine der folgenden Optionen für die Bewegung am Ende der Arbeitsplätze auswählen: **Anhalten**, **Zurück zum Anfang** oder **Weitermachen**.

Das Bewegen zwischen Viewports ist am einfachsten, wenn man die Desktop-Übersicht im GNOME-Panel verwendet. Wenn Sie sich durch die Bildschirme bewegen wollen, wenn Sie den Mauszeiger an den Bildschirmrand bewegen, können Sie das Umschalten an den Kanten einschalten. Dies geschieht mit zwei Checkbox-Optionen:

- Auf den nächsten Viewport/Arbeitsbereich umschalten, wenn der Mauszeiger an den Bildschirmrand stößt.
- Nur umschalten, wenn ein Fenster interaktiv bewegt wird.

Sie können angeben, ob an der Kante auf den nächsten Viewport (der Default) oder auf den nächsten Arbeitsbereich umgeschaltet wird. Wenn Sie eine Verzögerung für das Umschalten angeben wollen, geben Sie eine Zahl in Millisekunden ein.

Aussehen

In diesem Abschnitt wird das Default-Erscheinungsbild der Fenster einschließlich des Rahmenstils, der Fonts und der Bewegungsart eingestellt.

Die Ausklappliste enthält eine Liste von Rahmenstilen. Der Rahmenstil bestimmt durch Anpassen der Buttons und des Hintergrunds, wie die Titelleisten der Fenster aussehen.

Manche Pop-up-Fenster sollen per Default ohne Fenster-Titelleiste angezeigt werden. Um die Anzeige der Titelleiste für alle Fenster dennoch zu erzwingen, wählen Sie den Button namens **Transiente Fenster ähnlich wie Toplevel-Fenster dekorieren**.

Der Animations Modus für die Fenster bestimmt, wie Fenster beim Minimieren angezeigt werden. Sie können zwischen vollständiger und Drahtgitter-Darstellung sowie keiner Animation wählen.

Mit dem **Schriftart**-Button können Sie den Default-Font des Desktops wählen. Der Default-Font wird vom GNOME-Desktop-Theme eingestellt, und Sawfish beachtet diese Einstellung, so daß die beiden zusammenpassen.

Fokusverhalten

Dieser Abschnitt enthält Einstellungen, die bestimmen, wie Fenster den Tastatur-Fokus bekommen.

Die Auswahlbox am oberen Rand bestimmt, wie der Mauszeiger den Fokus festlegt. Defaultmäßig bekommt ein Fenster den Fokus, wenn man mit der Maus hineinklickt. Die anderen

Wahlmöglichkeiten bestehen darin, nur dann den Fokus zuzuweisen, wenn sich der Zeiger im Fenster befindet (»enter-exit«), oder den Fokus im letzten Fenster zu belassen, in das sich der Mauszeiger bewegt hat (»enter-only«).

Mit drei Checkboxen werden die folgenden Fokus-Modi eingeschaltet: JEDES FENSTER FOKUSSIEREN, WENN ES ERSTMALIG ANGEZEIGT WIRD; TRANSIENTE FENSTER ERBEN DEN FOKUS VON IHREN ELTERN und FENSTER ANHEBEN, WENN SIE FOKUSSIERT WERDEN. Sie können die Verzögerung zwischem dem Erhalten des Fokus und dem Zeitpunkt, zu dem das Fenster in den Vordergrund gebracht wird, in Millisekunden einstellen.

Der vorletzte Abschnitt enthält die folgenden zusätzlichen Einstellungen:

- Fenstern auch dann Fokus geben, wenn sie nicht darum gebeten haben.
- Beim automatischen Verschieben den Mauszeiger um den anzugebenden Offset vom linken Bildschirmrand wegbewegen.
- Beim automatischen Verschieben den Mauszeiger um den anzugebenden Offset vom oberen Bildschirmrand wegbewegen.
- Wird der Mausklick, um den Fokus zuzuweisen, an das Fenster weitergereicht?

Der Abschnitt VERSCHATTUNG enthält Einstellungen für das Verhalten verschatteter Fenster. Ein verschattetes Fenster ist quasi in seine Titelleiste aufgerollt; normalerweise geschieht das durch einen Doppelklick in die Titelleiste. Wenn Sie den Button zum vorübergehenden Entschatten anklicken, dann wird ein Fenster vorübergehend entschattet, wenn sich der Mauszeiger auf der Titelleiste befindet. Mit dem nächsten Auswahlkasten können Sie die Verzögerung in Millisekunden einstellen, bevor das passiert. Die letzte Einstellung in diesem Abschnitt schließlich ermöglicht es, ausgerollte Fenster automatisch in den Vordergrund zu holen.

Platzierung

Dieser Abschnitt enthält Einstellungen für die Default-Plazierung neuer Fenster. Es gibt diese Optionen sowohl für normale als auch für transiente Fenster. Für beide gibt es eine Listbox mit den folgenden Optionen:

- Zufällig (Default für transiente Fenster)
- Interaktiv
- Zentriert
- Über dem Elternfenster zentriert
- Unter dem Mauszeiger
- Gar nicht
- Erste passende Position
- Beste passende Position (Default bei normalen Fenstern)
- Erste passende Position oder interaktiv

Wenn Applikationen nicht selbst bestimmen dürfen sollen, wo ihre Fenster landen, dann klikken Sie **Von Programmen geforderte Fensterpositionen ignorieren** an. Diese Einstellung ist defaultmäßig abgeschaltet.

Für die erste und die beste passende Position können Sie angeben, wieviel Platz zwischen den Fenstern verbleiben soll.

Sonstiges

Dieser Abschnitt enthält diverse Fenster-Einstellungen, darunter Einstellungen rund um die Anzeige der Minihilfen.

Gewählte Fenster in den Vordergrund bringen (Normalerweise durch das Fenster-Menü)
: Ein selektiertes Fenster, egal, ob die Selektion durch eine Tastaturabkürzung oder das Fenster-Menü des Desktops geschah, wird in den Vordergrund geholt und bekommt den Fokus.

Ausgewählte Fenster ausrollen
: Wenn ein eingerolltes Fenster selektiert wird, wird es automatisch ausgerollt.

Den Mauszeiger in das gewählte Fenster holen
: Der Mauszeiger wird automatisch auf ein selektiertes Fenster gesetzt.

Transiente Fenster bleiben über ...
: In dieser Listbox kann ausgewählt werden, wie transiente Fenster angeordnet werden, entweder gar nicht, über den Eltern oder über allen.

Alle Fenster aktualisieren, wenn sich der Rahmenstil ändert
: Wenn Sie den Rahmenstil des Fensters ändern, werden alle Fenster automatisch aktualisiert.

Themen automatisch neu laden, wenn sie erneuert wurden.
: Wenn ein Thema editiert wurde, werden die Änderungen unmittelbar sichtbar.

Transiente Fenster in einer Gruppe mit ihren Eltern zusammenfassen
: Transiente Fenster wie etwa Dialoge werden automatisch in einer Gruppe mit ihren Eltern zusammengefaßt.

Fenster in den Vordergrund holen, wenn sie ausgerollt werden
: Fenster bekommen beim Ausrollen den Fokus und werden in den Vordergrund geholt.

Um Fenstermanager-Minihilfen einzuschalten, klicken Sie auf den Button **Minihilfen für Fensterrahmen** anzeigen.

Tooltips werden so lange angezeigt, bis der Mauszeiger sie verläßt. Sie können sie auch automatisch verschwinden lassen, indem Sie **Minihilfen nach einer gewissen Zeit verschwinden lassen** auswählen. Die Zeit, bevor ein Tooltip angezeigt wird und bevor er wieder verschwindet, kann in zwei Eingabefeldern eingestellt werden.

Sie können außerdem den in Minihilfen verwendeten Font sowie die Vordergrund- und Hintergrundfarben einstellen.

Verkleinern und Vergrößern

Dieses Fenster enthält Einstellungen für das Minimieren und Maximieren von Fenstern. Die Einstellungen zum Verkleinern von Fenstern lauten:

Fenster werden auf dem aktuellen Arbeitsbereich wiederhergestellt
: Minimierte Fenster werden auf dem aktuellen Arbeitsbereich wiederhergestellt, wenn man in der Taskleiste darauf klickt. Normalerweise haben Sie nur einen Arbeitsbereich in GNOME, der in ein Raster separater Bildschirme namens Viewports aufgeteilt wird.

Fenster werden nach der Wiederherstellung in den Vordergrund gebracht
: Minimierte Fenster werden in den Vordergrund gebracht, wenn sie durch einen Klick in die Taskleiste wiederhergestellt werden.

Fenster bekommen nach der Wiederherstellung den Fokus
: Minimierte Fenster bekommen den Tastatur-Fokus, wenn sie durch einen Klick in die Taskleiste wiederhergestellt werden.

Minimieren eines Fensters, das ein Mitglied einer Gruppe ist, entfernt die gesamte Gruppe
: Wenn Sie ein Fenster minimieren, das zu einer Gruppe gehört (beispielsweise kann eine Applikation mehrere Fenster vom Hauptfenster aus öffnen), dann wird die gesamte Gruppe von Fenstern minimiert.

Wiederherstellen eines Fensters, das ein Mitglied einer Gruppe ist, stellt die gesamte Gruppe wieder her
: Im Zusammenhang mit der vorigen Einstellung wird eine minimierte Fenster-Gruppe wiederhergestellt, wenn eines der Mitglieder wiederhergestellt wird.

Fenster werden auf dem aktuellen virtuellen Arbeitsplatz wiederhergestellt
: Minimierte Fenster werden auf dem aktuellen Bildschirm wiederhergestellt, unabhängig davon, wo sie vorher waren. In Sawfish heißt jeder Bildschirm eines Desktops Viewport.

Die Einstellungen zum Maximieren von Fenstern lauten:

Das Maximieren eines Fensters in eine Richtung geschieht auch dann, wenn das die Größe in dieser Richtung erhöht
: Ein vertikal oder horizontal maximiertes Fenster wird auf diese auch dann vergrößert, wenn es den Bildschirm ausfüllt.

Fenster beim Maximieren in den Vordergrund holen
: Maximierte Fenster kommen automatisch in den Vordergrund und bekommen den Tastatur-Fokus.

Ignorierte Fenster können beim Füllen von Fenstern überdeckt werden
: Wenn ein Fenster (über das Fenster-Menü) als »zu ignorieren« gekennzeichnet ist, wird es von Füll-Befehlen überdeckt.

Fenster-Geometrie sperren, während das Fenster maximiert ist
: Die Größe des Fensters kann nicht geändert werden, während das Fenster maximiert ist.

Verschieben und verändern

Die Methode zur Darstellung von verschobenen Fenstern kann auf OPAQUE oder BOX eingestellt werden. Die gleichen Optionen gibt es auch für die Größenveränderung von Fenstern.

Außerdem können Sie die folgenden Einstellungen ein- und ausschalten:

- Fenster beim Verschieben oder interaktiven Vergrößern in den Vordergrund bringen.
- Die aktuelle Position beim interaktiven Verschieben von Fenstern anzeigen.
- Die aktuellen Dimensionen beim interaktiven Vergrößern der Fenster anzeigen.

Den Fenstermanager Enlightenment konfigurieren

Der Fenstermanager Enlightenment ist von allen derjenige, der am häufigsten zusammen mit GNOME verwendet wird. Durch Konfiguration des Fenstermanagers können Sie das allgemeine Verhalten des Desktops bestimmen, etwa wie sich die Maus verhalten soll, wie die Fenster plaziert werden, welcher Rahmenstil benutzt wird und wie viele virtuelle Desktops es geben soll. Sie erreichen das Konfigurationsprogramm von Enlightenment über das GNOME-Kontrollzentrum. Gehen Sie auf die FENSTERMANAGER-Seite, wählen Sie ENLIGHTENMENT aus der Liste und klicken Sie auf den Button KONFIGURATIONSPROGRAMM FÜR ENLIGHTENMENT STARTEN. Es öffnet sich das in Abbildung 15-7 gezeigte Fenster. Das Konfigurationsprogramm besteht aus den folgenden Abschnitten:

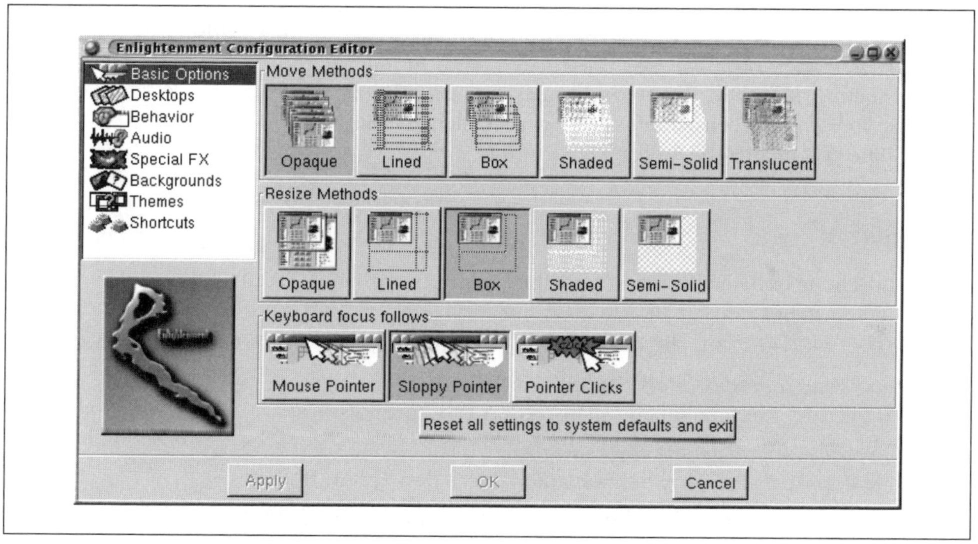

Abbildung 15-7: Konfigurationsprogramm für Enlightenment

Basic Options

Die Optionen auf dieser Seite legen den Stil für die Bewegung und den Fokus von Fenstern fest.

Move Methods

Mit diesen Buttons wird ausgewählt, wie das Fenster während des Verschiebens gezeichnet werden soll. Die folgenden Stile stehen zur Verfügung: OPAQUE, LINED, BOX, SHADED, SEMI-SOLID und TRANSLUCENT.

Resize Methods

Mit diesen Buttons wählen Sie aus, wie das Fenster gezeichnet wird, wenn es vergrößert oder verkleinert wird. Die folgenden Stile stehen zur Verfügung: OPAQUE, LINED, BOX, SHADED und SEMI-SOLID.

Keyboard focus follows

Diese Buttons bestimmen, wie der »Fokus« durch Mausoperationen gesteuert wird. Es stehen die Einstellungen MOUSE POINTER (Fokus folgt der Maus), SLOPPY POINTER (Fokus folgt der Maus verzögert) und POINTER CLICKS (Fokus wird durch Klicken mit der Maus zugewiesen) zur Verfügung.

Desktops

In diesem Abschnitt wird Ihr Desktop-Arbeitsbereich konfiguriert. Sie können mehrere virtuelle Desktops erzeugen, die alle einen eigenen Bildschirm haben, und zwischen diesen nach Belieben wechseln. Mit zwei Schiebereglern legen Sie die Anzahl der Spalten und Zeilen auf dem virtuellen Desktop fest. Durch Einschalten von EDGE FLIP RESISTANCE können Sie sich auf den benachbarten Desktop bewegen, wenn der Mauszeiger an den Bildschirmrand bewegt wird. Die Verzögerung für dieses Umschalten kann in Millisekunden eingestellt werden. Mit der Einstellung SEPARATE DESKTOPS können Sie eine Anzahl von geschichteten Desktops (anstelle von Multiscreen-Panels) festlegen. Beachten Sie, daß das GNOME-Applet Desk Guide keine geschichteten Desktops unterstützt.

Behaviour

Dieser Abschnitt enthält Optionen zum Einstellen zusätzlicher Tastaturfokus-Eigenschaften, Eigenschaften neuer Fenster und diverse Eigenschaften wie z.B. zu Tooltips und zur Plazierung von Pop-up-Fenstern. Die Seite ADVANCED FOCUS enthält die folgenden Eigenschaften:

All new windows that appear get the keyboard focus

Neue Fenster bekommen automatisch den Tastaturfokus.

All new popup windows get the keyboard focus

Neue Pop-up-Fenster bekommen automatisch den Tastaturfokus.

Only new popup windows whose owner is focussed get the keyboard focus

Nur Pop-up-Fenster, die von Fenstern geöffnet werden, die gerade den Fokus haben, bekommen selbst den Tastaturfokus.

Raise windows when switching focus with the keyboard

Minimierte Fenster werden geöffnet, wenn sie den Fokus bekommen.

Send the pointer to windows when switching focus with the keyboard

Der Mauszeiger bewegt sich automatisch in Fenster, die den Tastaturfokus bekommen.

Die Seite MISCELLANEOUS enthält die folgenden Einstellungen:

Tooltips
: Klicken Sie auf den ENABLE-Button, damit Minihilfen gezeigt werden, wenn sich der Mauszeiger über einem Icon befindet. Sie können die Verzögerung in Sekunden, die es dauert, bis ein Tooltip erscheint, mit dem Schieberegler einstellen.

Transient popup windows appear together with leader
: Zeigt weitere Pop-up-Fenster gemeinsam mit dem Fenster an, von dem sie ausgehen.

Switch to where popup windos appear
: Schaltet den Desktop-Bildschirm automatisch um, wenn ein neues Pop-up-Fenster erscheint.

Display icons when windows are iconified
: Ein kleines Icon auf dem Bildschirm anzeigen, wenn ein Fenster minimiert wird. Lassen Sie diese Option abgeschaltet; GNOME erledigt das schon im Panel.

Place windows manually
: Wenn ein neues Fenster geöffnet wird, wird der Zeiger automatisch auf den aktivierten Verschiebebalken des Fensters gesetzt. Bewegen Sie das Fenster an die gewünschte Position und klicken Sie es an, um es dorthin zu stellen.

Audio

Auf dieser Seite können die Klänge in Enlightenment eingeschaltet werden. Klänge für bestimmte Aktionen können manuell festgelegt oder als Gruppe von einem Thema aus bestimmt werden.

Special FX

Dieser Abschnitt enthält die Einstellungen für die Bewegung von Desktop-Komponenten mit den folgenden Optionen:

Window Sliding Methods
: Die gleichen Optionen zum Zeichnen von Fenstern wie auf der Seite mit den grundlegenden Optionen finden sich hier für die gleitenden Animationen von Fenstern. Dazu gibt es die folgenden Einstellungen:

- Windows slide in when they appear (Fenster gleiten bei Erscheinen hinein).
- Windows slide about during window cleanup (Fenster gleiten beim Aufräumen herum).
- Desktops slide in when changing desktops (Desktops gleiten herein, wenn Desktops gewechselt werden).
- Windows shading speed (Geschwindigkeit beim Verschatten von Fenstern in Pixeln pro Sekunde).

Drag bar
: Klicken Sie auf den Button, um die Leiste einzuschalten, und legen Sie fest, ob sie links, rechts, oben oder unten erscheinen soll.

Animate menus
: Wählen Sie diesen Button an, um die Animation von Menüs einzuschalten.

Reduce refresh

Wählen Sie diesen Button an, um die Häufigkeit zu reduzieren, mit der der Inhalt des Desktops neu gezeichnet wird.

Backgrounds

In diesem Abschnitt können Sie den Hintergrund für jeden Ihrer virtuellen Desktops einstellen. Geben Sie den jeweiligen Desktop an und suchen Sie dann eine Bilddatei aus der Liste der verfügbaren Dateien aus. Durch Anwählen von **No background** können Sie auch gar keinen Hintergrund haben. Um ein Bild zur Hintergrund-Liste hinzufügen, klicken Sie auf den Button **Add new**... und geben Sie die Datei an.

Der Button **High-Quality-Rendering for background** wählt aus, ob Hintergrundbilder in der vollen Auflösung und Farbtiefe angezeigt werden sollen, zu denen Ihr Display fähig ist.

Der Hintergrund von Desktops, auf denen Sie lange nicht gewesen sind, kann aus dem Speicher entfernt werden, indem Sie die Option **Minutes after which to expunge unviewed backgrounds from memory** einschalten. Geben Sie die Anzahl der Minuten bis zum Entfernen mit dem Schieberegler an.

Beachten Sie, daß das Auswählen eines Hintergrundbildes in Enlightenment die Hintergrund-Einstellungen von GNOME überschreibt.

Themes

In diesem Abschnitt können Sie ein Thema angeben, das der Fenstermanager verwenden soll. Themen erzeugen ein bestimmtes, konsistentes Aussehen für die Fenster-Komponenten und den Hintergrund. Enlightenment-Themen werden im Verzeichnis */usr/share/enlightenment/themes* abgelegt. Sie können viele Themen von *http://e.themes.org* herunterladen. Wenn Sie ein Desktop-Thema in GNOME verwenden wollen, dann verwenden Sie eines der einfachen Fenstermanager-Themen, damit es nicht zu Konflikten zwischen den beiden kommt.

Shortcuts

In diesem Abschnitt können Sie die Tastatur-Abkürzungen für Enlightenment-Funktionen einstellen. Sie sehen eine Liste vordefinierter Abkürzungen und können eine Abkürzung editieren, indem Sie sie aus der Liste auswählen, einen Tasten-Modifikator bestimmen und auf den **Change**...-Button klicken. Ein Pop-up-Fenster fordert Sie dann auf, die zu verwendende Taste zu drücken.

KAPITEL 16

KDE

KDE, das K Desktop Environment, ist ein Open-Source-Softwareprojekt, dessen Ziel die Bereitstellung einer konsistenten, benutzerfreundlichen und zeitgemäßen Schreibtischoberfläche für Unix- und Linux-Systeme ist. KDE ist nicht einfach nur ein Fenster-Manager wie **fvwm**, sondern ein vollständiges Desktop-System, das die Funktionalität des Fenster-Managers in seine eigene grafische Konfiguration integriert. Die KDE-Benutzerschnittstelle schöpft das Drag-and-Drop-Prinzip voll aus, so können Sie beispielsweise ein Icon für eine Textdatei aus dem Dateimanager auf ein Fenster im Texteditor ziehen, um dieses zu öffnen. Die vollständige Netzwerk-Integration der KDE-Applikationen macht es möglich, transparent auf Dateien von anderen Computern oder von FTP-Servern zuzugreifen und diese zu bearbeiten, als würden sie lokal auf Ihrem Rechner vorliegen.

KDE verwendet außerdem ein Standard-Hilfesystem auf HTML-Basis. Applikationen, die Hilfe anbieten, können eine bestimmte Hilfedatei im Hilfesystem anzeigen lassen.

Es ist eines der Ziele von KDE, dem Benutzer Systeminformation und -konfiguration mittels leicht benutzbarer grafischer Schnittstellen auf dem Desktop zur Verfügung zu stellen. Das KDE-Kontrollzentrum ist das zentrale Werkzeug, um den Desktop und die Applikationen zu konfigurieren, es ist aber auch eine Informationsquelle für wichtige Systemkomponenten. Das Informations-Modul im Kontrollzentrum kann Status-Informationen über Ihren Prozessor, den Speicher, den PCI-Bus und Netzwerkkarten abfragen und anzeigen.

Eine Vielzahl von Applikationen wurde entwickelt, um die Vorteile von KDE voll ausschöpfen und dem Benutzer eine große Auswahl an Applikationen anbieten zu können. Zur Grundausstattung gehören ein E-Mail-Client, ein PIM (Personal Information Manager), ein CD-Player, Bildbetrachter, Chat-Programme und vieles mehr.

Die meisten Linux-Distributionen enthalten KDE bereits und ermöglichen es während der Installation des Betriebssystems, KDE als Default-Umgebung einzurichten. Wenn Sie KDE separat installieren, dann können Sie die KDE-Pakete von *ftp://ftp.kde.org* herunterladen und installieren.

Um KDE als Schreibtischoberfläche einzurichten, suchen Sie nach den X Initialisierungsdateien in Ihrem Home-Verzeichnis. Je nach Distribution heißen diese *.xsession*, *.xinitrc* oder *.Xclients*. Wenn keine dieser Dateien existiert, dann legen Sie selbst eine Datei namens *.xinitrc* an. Entfernen Sie alle Verweise auf andere Fenster-Manager, die sich eventuell in dieser Datei befinden, und fügen Sie am Ende der Datei **startkde** hinzu. Stellen Sie sicher, daß sich die KDE-Verzeichnisse in Ihrem Pfad befinden. Per Default wird KDE nach */opt/kde* installiert. Beachten Sie, daß manche Distributionen einen anderen Pfad verwenden, der aber von der Default-Einstellung bereits beachtet wird.

Ein Überblick über den Desktop

Abbildung 16-1 zeigt einen typischen KDE-Desktop. Am unteren Bildschirmrand befindet sich das Panel. Es enthält Buttons für das Hauptmenü (das sogenannte *K-Menü*), die Fensterliste, den Desktop-Umschalter, die Taskleiste, mit der Sie den Überblick über die laufenden Applikationen behalten, und Buttons zum Starten von Applikationen.

Abbildung 16-1: Der KDE-Desktop

Der Desktop zeigt Applikationsfenster an und enthält Icons, mit denen Applikationen durch einen einfachen Mausklick gestartet werden können. Je nach Vorkonfiguration können hier schon Icons, etwa das Mülleimer-Symbol, eine Verknüpfung mit einem speziellen Desktop-Ordner, in den Sie Dateien ziehen können, die Sie löschen wollen, oder Icons, die auf eingehängte CD-ROM- und Diskettenlaufwerke verweisen, vorhanden sein. Auch der oder die Drucker in Ihrem System können hier durch ein Icon repräsentiert sein.

Applikationsfenster

Jedes KDE-Fenster hat eine Titelleiste mit wichtigen Buttons zum Minimieren, Maximieren und Schließen sowie ein kleines Icon (oder einen Querstrich, wenn die Applikation kein Icon verwendet). Das Icon öffnet ein Fenster-Menü, das eine Reihe von Funktionen enthält, die Sie auf das Fenster anwenden können, etwa das Fenster auf einen anderen Desktop zu verlegen.

Das Fenstermenü enthält Standard-Fensterbefehle: Maximieren, Minimieren, Verschieben, Größe ändern, Schattieren (das Fenster bis auf die Titelleiste einklappen), das Fenster immer über anderen liegen lassen, die Einstellungen Speichern und Schließen. Schließlich können Sie mittels zweier Untermenüs das Fenster auf einen anderen Desktop schicken, es auf allen Desktops anzeigen lassen oder ihm ein anderes Erscheinungsbild zuweisen; hier stehen eine Reihe verschiedener Stile zur Verfügung.

Konqueror – der KDE-Dateimanager und -Webbrowser

Eine der wichtigsten KDE-Applikationen ist **Konqueror**. Konqueror ist sowohl ein grafischer Dateimanager als auch ein Internet-Browser. Immer wenn Sie auf ein Ordner-Icon wie etwa das Icon für Ihr Home-Verzeichnis auf dem Panel klicken, öffnet sich ein **Konqueror**-Fenster, das den Inhalt des Verzeichnisses anzeigt. Abbildung 16-2 zeigt ein **Konqueror**-Fenster, das ein Home-Verzeichnis anzeigt. Dateien und Verzeichnisse werden defaultmäßig als Icons angezeigt, aber Sie können auch andere Ansichten einstellen. In der Abbildung sehen Sie auf der linken Seite außerdem die Baumansicht; auch diese können Sie ein- oder ausschalten.

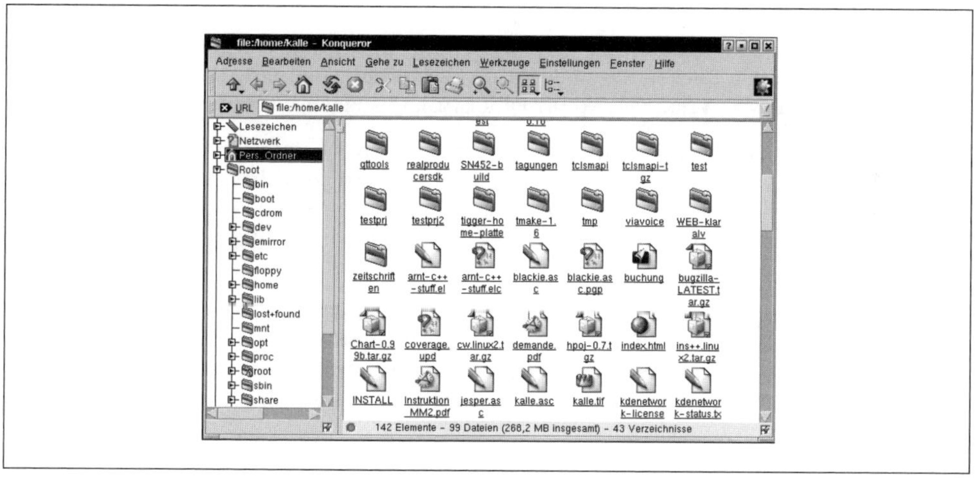

Abbildung 16-2: Konqueror, der KDE-Dateimanager und -Webbrowser

Die Benutzerschnittstelle von **Konqueror** stammt von Webbrowsern. Die Werkzeugleiste enthält Buttons, z.B. um sich in den angezeigten Verzeichnissen vor- und zurückzubewegen, um in das Home-Verzeichnis zu gelangen, die aktuelle Ansicht neu zu laden und das Laden anzuhalten. In der Positionsleiste werden sowohl für Netzwerk-Adressen wie auch für lokale Dateisysteme URLs verwendet. Bei der Anzeige von HTML-Dateien muß sich **Konqueror** nicht hinter kommerziellen Webbrowsern verstecken. Java, JavaScript, HTML4, CSS, alles ist da. Natürlich können Sie auch Lesezeichen speichern und HTTP-Cookies auf eine sehr flexible Art und Weise verwalten.

Im Gegensatz zu früheren Versionen ist **Konqueror** nicht mehr für das Funktionieren des Desktops zuständig. Dies wird jetzt von einem Programm namens **kdesktop** übernommen, das den Inhalt des Verzeichnisses *Desktop* ausliest. Alle Dateien oder Ordner darin werden auf dem Desktop als Icon-Verweise repräsentiert. KDE verwendet Textdateien mit der Dateinamenerweiterung *.desktop*, um diese Desktop-Verweise zu konfigurieren. Diese Dateien werden später beschrieben.

Eine Verknüpfung zum Desktop hinzufügen

Es gibt mehrere Möglichkeiten, eine Desktop-Verknüpfung hinzuzufügen. Am einfachsten geht das, indem Sie mit der rechten Maustaste auf den Hintergrund klicken und das Untermenü NEU ERSTELLEN... aus dem Popup-Menü auswählen. Hier finden Sie eine Reihe von Typen, für die Sie neue Verknüpfungen erstellen können: VERZEICHNIS, VERKNÜPFUNG MIT PROGRAMM, HTML-DATEI, VERKNÜPFUNG MIT ADRESSE, DISKETTE, CD-ROM und TEXTDATEI. Wenn Sie einen dieser Menüpunkte auswählen, erscheint das Default-Icon dieses Typs auf dem Desktop, und es öffnet sich das Eigenschaften-Fenster für diese Verknüpfung.

Das Eigenschaften-Fenster kann je nach Art der Verknüpfung etwas anders aussehen, aber Sie geben immer die Beschriftung für das Icon und den Namen des ausführbaren Programms oder die Lage der Datei an. Sie können auch die Berechtigungen einstellen oder ein neues Icon auswählen.

Das folgende Beispiel zeigt, wie Sie eine Desktop-Verknüpfung anlegen können, die den Texteditor KEdit startet. Klicken Sie zunächst mit der rechten Maustaste auf den Desktop und wählen NEU ERSTELLEN → VERKNÜPFUNG MIT PROGRAMM. Das Eigenschaften-Fenster öffnet sich.

Auf der ALLGEMEIN-Seite, zu sehen in Abbildung 16-3, sehen Sie einige grundlegende Informationen über die *.desktop*-Datei (deren Name in der Titelzeile steht). Ändern Sie hier die Beschriftung des Icons und auf Wunsch auch das Icon. Klicken Sie dazu auf das Default-Zahnrad-Icon. Es öffnet sich ein Fenster mit den Default-KDE-Icons auf Ihrem System. Wählen Sie das gewünschte aus und klicken Sie **OK**.

Weil Sie die Verknüpfungsdatei erzeugt haben, können Sie sie auch selbst verwenden. Wenn Sie die Zugriffsrechte ändern wollen, dann gehen Sie auf die Seite BERECHTIGUNGEN. Ansonsten ist der nächste Schritt, den Befehl anzugeben, der die Applikation startet. Auf der Seite AUSFÜHREN (Abbildung 16-4) geben Sie den Befehl ein oder verwenden den DURCHSUCHEN-Button, um das Programm zu suchen.

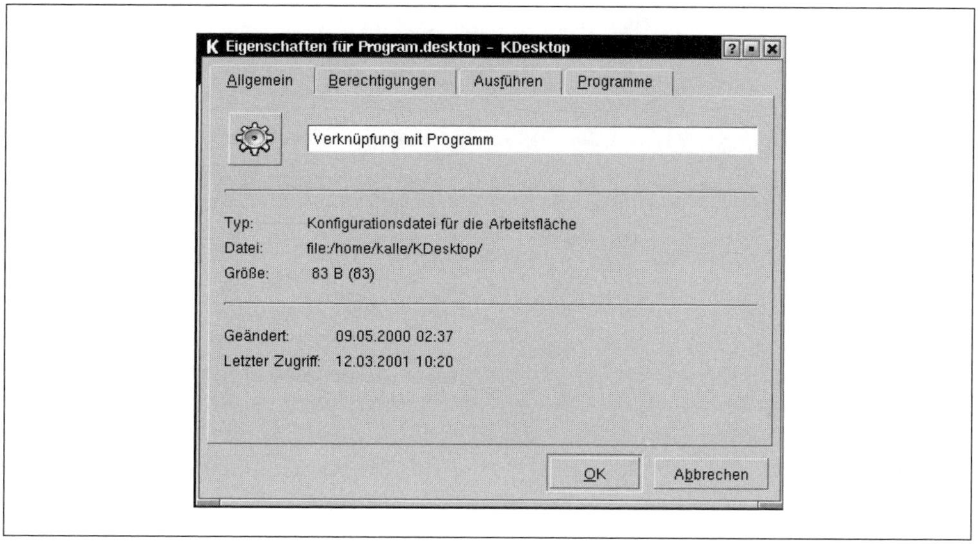

Abbildung 16-3: Allgemein-Seite der Verknüpfungseigenschaften

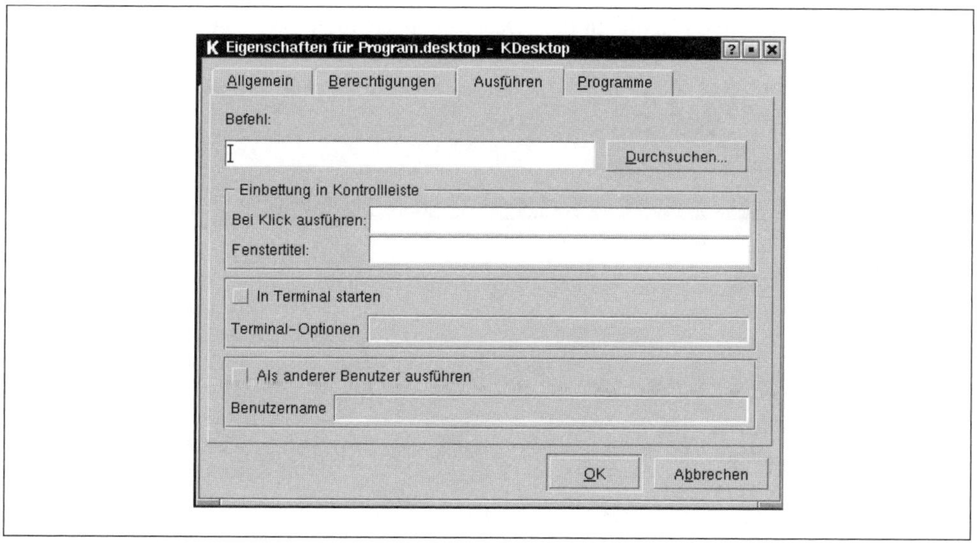

Abbildung 16-4: Ausführen-Seite der Verknüpfungseigenschaften

KDE

Schließlich können Sie noch einen Tooltip-Kommentar angeben. Füllen Sie dazu das KOMMENTAR-Feld auf der PROGRAMME-Seite (Abbildung 16-5) mit einer Beschreibung der Applikation. Klicken Sie auf **OK**, um die Konfiguration abzuschließen.

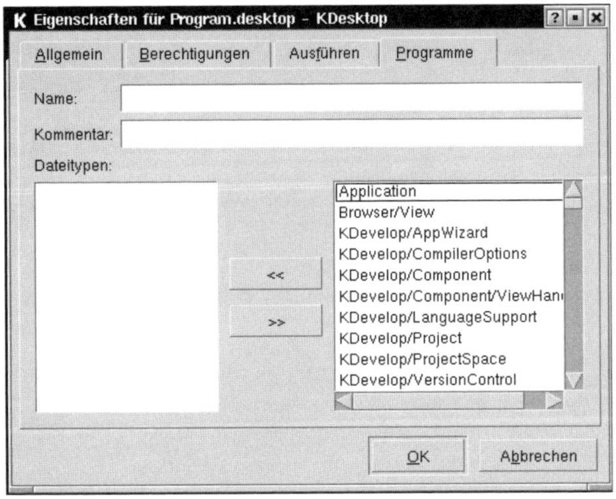

Abbildung 16-5: Programme-Seite der Verknüpfungseigenschaften

Bei URL-Verknüpfungen erscheint zunächst nur ein kleiner Dialog, in dem Sie die gewünschte URL eingeben. Nachdem das Icon auf dem Desktop erscheint, können Sie dieses aber mit der rechten Maustaste anklicken und **EIGENSCHAFTEN** wählen, um einen ähnlichen Eigenschaftsdialog wie bei den Programm-Verknüpfungen zu bekommen. Die URL selbst können Sie auf der Seite **URL** ändern (Abbildung 16-6).

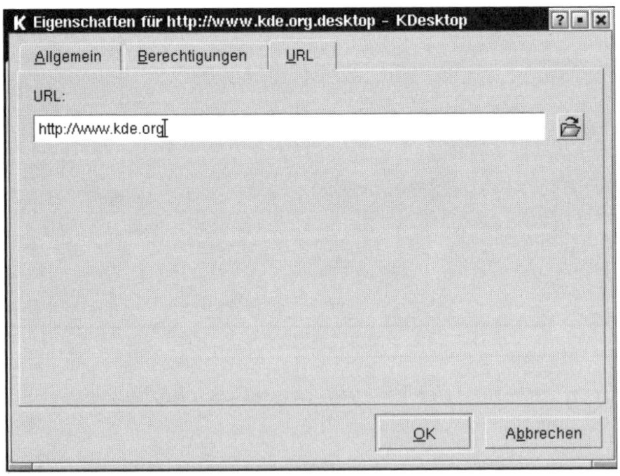

Abbildung 16-6: URL-Seite der Verknüpfungseigenschaften

Wenn Sie eine Verknüpfung auf ein CD-ROM-Laufwerk oder ein Diskettenlaufwerk anlegen, stehen Ihnen wiederum die allgemeinen Einstellungen und Berechtigungen zur Verfügung. Außerdem müssen Sie auf der **GERÄTE**-Seite die Gerätedatei wie */dev/fd3* und den Mount-Punkt (Einhängepunkt) angeben. Geben Sie unter **DATEISYSTEM** den Typ des Dateisystems an (z.B. default, msdos usw.).

Es ist auch möglich, eine Desktop-Verknüpfung anzulegen, indem Sie ein Icon aus einem Dateimanager-Fenster auf den Desktop ziehen. Das funktioniert mit jeder Datei und jedem Verzeichnis. Nachdem Sie das Icon auf den Desktop gezogen haben, erscheint ein kleines Fenster, in dem Sie auswählen müssen, ob Sie kopieren, verschieben oder verknüpfen wollen. Beim Kopieren wird einfach eine Kopie im KDesktop-Verzeichnis angelegt. Beim Verschieben wird der Eintrag an seiner alten Stelle gelöscht und in das KDesktop-Verzeichnis verschoben. Und beim Verknüpfen enthält das Desktop-Icon einen symbolischen Link, der auf den eigentlichen Ort verweist.

Der Ordner KDesktop und Desktop-Dateien

Alles, was Sie auf dem Desktop sehen, befindet sich im Ordner *~/KDesktop*. Wenn Sie diesen Ordner im Dateimanager Konqueror öffnen, sehen Sie unter anderem Dateien für jede Verknüpfung, die Sie erzeugt haben. Wenn KDE startet, durchsucht es das *KDesktop*-Verzeichnis und erzeugt für jeden Eintrag ein Icon.

Desktop-Verknüpfungen, die Applikationen, URLs oder Dateien starten, werden im Hintergrund mittels Desktop-Dateien, Dateien ohne Namenserweiterung, konfiguriert. Bei diesen handelt es sich um einfache Textdateien, die alle Informationen enthalten, die Sie im Dialog für die Verknüpfungseigenschaften eingeben. Auch wenn dieser Dialog alles behandelt, was hier stehen kann, kann es doch für fortgeschrittene Benutzer interessant sein, sich den Inhalt einer Desktop-Datei einmal anzuschauen. Das folgende Beispiel zeigt die Desktop-Datei für eine Verknüpfung mit dem Texteditor KEdit:

```
[Desktop Entry]
Name=Kedit
Exec=kedit
Type=Application
Comment[]=Text editor
Icon=exec.xpm
TerminalOptions=
Path=
Terminal=false
MimeType=
SwallowExec=
SwallowTitle=
...
```

Wie Sie sehen, ist die Syntax ziemlich einfach. Die Daten, die Sie im Eigenschaftsdialog eingetragen haben, stehen jeweils auf einer Zeile. Die Type-Zeile gibt an, um was für eine Verknüpfung es sich handelt. In diesem Fall ist KEdit eine Applikation. `Type=URL` würde auf eine Verknüpfung mit einer Internetadresse hinweisen. Die `Name`-Zeile gibt den Namen der Applikation an, `Exec` den Befehl, `Icon` den Namen der Icon-Datei und so weiter. Nicht-angegebene Optionen haben leere Werte.

Das Panel

Das Programm **kicker** bildet das Panel des KDE-Desktops. Das Panel ist die Steuerleiste, die sich standardmäßig am unteren Bildschirmrand befindet. Sie finden und starten damit Applikationen und navigieren durch die Fenster und Arbeitsbereiche. Das Panel enthält das K-Menü, in dem die installierten KDE-Applikationen in Untermenüs organisiert sind, den Schnell-Anzeiger, mit dem man sich den Inhalt des Dateisystems menügesteuert anzeigen lassen kann, und den Desktop-Pager, mit dem Sie schnell zwischen den einzelnen Arbeitsbereichen umschalten können. Sie können dem Panel zusätzliche Buttons zum Öffnen von Applikationen, Verzeichnissen und URLs hinzufügen; je nach Installation sind möglicherweise auch schon einige vorinstalliert. Schließlich hat das Panel eine Docking-Area, in der manche Programme ein Symbol anzeigen können, mit dem man schnell Zugriff auf bestimmte Programm-Funktionen bekommt. Im Panel können außerdem weitere Programme, sogenannte Panel-Applets, gestartet werden. Ein großer Teil der Funktionalität des Panels wird über solche Applets bereitgestellt.

Der Desktop-Pager und die Fensterliste

Wie die meisten Fenster-Manager, so kann auch **kwin**, KDEs Fenster-Manager, Ihren Desktop in mehrere Arbeitsbereiche aufteilen. Die einzelnen Applikationsfenster können in verschiedenen Arbeitsbereichen geöffnet werden, was Ihren Bildschirm übersichtlicher macht. Mit den Buttons auf dem Panel oder der Fensterliste können Sie zwischen den einzelnen Arbeitsbereichen wechseln. Für jeden dieser Arbeitsbereiche (auch virtuelle Desktops genannt) steht ein Button zur Verfügung; die Buttons sind defaultmäßig mit Eins, Zwei, Drei usw. beschriftet. Wenn Sie auf einen dieser Buttons klicken, gelangen Sie zum entsprechenden Arbeitsbereich.

Wenn Sie auf das Fensterlisten-Icon klicken, sehen Sie ein Menü, das in Abschnitte für die einzelnen Arbeitsbereiche eingeteilt ist; jeder Abschnitt enthält für jedes dort enthaltene Fenster einen Eintrag. (Sie bekommen die Fensterliste auch, wenn Sie mit der mittleren Maustaste auf den Bildschirmhintergrund klicken.) Wenn der Arbeitsbereich zwei beispielsweise ein offenes Dateimanager-Fenster enthält, können Sie auf den zugehörigen Eintrag in der Fensterliste klikken und gelangen so zum Desktop zwei und aktivieren das Dateimanager-Fenster.

Sie können die Anzahl der virtuellen Desktops und deren Namen im Kontrollzentrum unter ERSCHEINUNGSBILD → DESKTOP → NUMMER UND NAME einstellen. Wenn Sie nur die Namen ändern wollen, können Sie das auch durch einen Doppelklick auf den entsprechenden Panel-Button tun.

Die Taskleiste

Die Taskleiste ist per Default ebenfalls ein normales Panel-Applet und wird daher im Panel angezeigt. (Es gibt auch ein Panel-Applet, mit dem die Taskleiste außerhalb des Panels zu sehen ist.) Die Taskleiste enthält Buttons für jedes offene Applikationsfenster auf dem aktuellen Arbeitsbereich. Wenn ein Button eingedrückt erscheint, dann repräsentiert er das gerade aktive Fenster. Wenn Sie ein Fenster minimieren, dann können Sie es wiederherstellen, indem Sie auf den zugehörigen Button in der Taskleiste klicken. Die Beschriftung des Buttons in der Taskleiste ist in runde Klammern gesetzt, wenn das zugehörige Fenster minimiert ist.

Wenn Sie die externe Taskleiste verwenden, dann können Sie diese bei Bedarf auch an eine andere Position auf dem Bildschirm verschieben. Benötigen Sie gar keine Taskleiste, dann können Sie die entsprechenden Applets auch löschen, indem Sie mit der rechten Maustaste auf die gepunktete Leiste des Applets klicken und ENTFERNEN auswählen.

Eine Applikationsverknüpfung zum Panel hinzufügen

Die einfachste Möglichkeit, einen Applikations-Button zum Panel hinzuzufügen, besteht darin, ein Icon vom Desktop auf das Panel zu ziehen. Dadurch wird die Verknüpfung kopiert. Auch alle Applikationen im K-Menü können leicht zum Panel hinzugefügt werden. Wählen Sie aus dem K-Menü KONTROLLEISTE EINRICHTEN → HINZUFÜGEN → BUTTON. Das Untermenü, das dann erscheint, entspricht dem Hauptmenü, aber wenn Sie hier eine Applikation auswählen, wird sie zum Panel hinzugefügt.

Wenn Sie einige der vordefinierten Buttons nicht haben wollen, dann können Sie mit der rechten Maustaste darauf klicken und ENTFERNEN auswählen. Hier können Sie auch Buttons und Applets verschieben und so das Panel umgestalten.

Das KDE-Kontrollzentrum

Das KDE-Kontrollzentrum enthält eine Reihe von Konfigurationswerkzeugen, die als *Module* bezeichnet werden und mit denen Sie Ihr System konfigurieren und Informationen darüber anzeigen lassen können. Sie können den Desktop, den Fenster-Manager, die Eingabegeräte und viele andere wichtige Bestandteile Ihres Systems an dieser Stelle konfigurieren. Das Kontrollzentrum besteht aus zwei Fenstern: Das linke Fenster zeigt eine hierarchische Liste der installierten Module (oder wahlweise auch einen Hilfetext zum aktuellen Modul oder das Modul-Suchfenster), das rechte Fenster zeigt das jeweils ausgewählte Modul an.

KDE

Applikationsmodule

Im Bereich der Applikationsmodule werden Einstellungen für wichtige KDE-Komponenten wie den Anmeldungsmanager vorgenommen. Der Webbrowser und Datei-Manager Konqueror hat seinen eigenen Bereich unter BROWSER.

Anmeldungsmanager (nur für root)

Der KDE-Anmeldungsmanager ist das Programm, das den grafischen Anmeldebildschirm steuert. In diesem Modul können Sie das Aussehen des Anmeldebildschirms wie auch die angebotenen Benutzer und anderes konfigurieren.

Auf der Seite ERSCHEINUNGSBILD können Sie den Begrüßungstext angeben und ein Logo auswählen. Außerdem können Sie die Sprache auswählen, mit der der Anmeldungsmanager arbeiten soll.

Auf der SCHRIFTART-Seite wählen Sie den Stil und die Größe für Begrüßungs-, Fehler- und Standardmeldungen aus. Wählen Sie den gewünschten Meldungstyp aus der Liste aus und klicken

Sie auf den Button **SCHRIFTART ÄNDERN**. Ein Auswahldialog erscheint, in dem Sie den gewünschten Font auswählen können. Klicken Sie den **OK**-Button, um das Fenster zu schließen. Der gewählte Font ist im Beispiel-Bereich der Seite zu sehen.

Auf der **HINTERGRUND**-Seite können Sie den Hintergrund des Anmeldebildschirms auswählen. Wie beim Desktop-Hintergrund können Sie eine Farbe oder ein Hintergrundbild wählen.

Auf der **BENUTZER**-Seite können Sie die Liste der Benutzer zusammenstellen, die auf dem Anmeldebildschirm zu sehen sein sollen. Die Benutzer werden mit dem Benutzernamen und einem Logo über den Anmeldefeldern dargestellt. Beim Anmelden kann man dann einfach auf das Logo klicken, worauf der Benutzername in das entsprechende Feld eingetragen wird. Das Paßwort muß aber natürlich trotzdem noch angegeben werden. Auf der **BENUTZER**-Seite finden sich Listen mit allen Benutzern, den ausgewählten Benutzern und den nicht-anzuzeigenden Benutzern. Mit den Pfeil-Buttons können Sie Namen von einer Box in eine andere bewegen. Es stehen drei Optionen zur Verfügung, welche Benutzer auf dem Anmeldebildschirm angezeigt werden sollen. Sie können Namen in die Liste mit den ausgewählten Benutzern aufnehmen und den Button **NUR AUSGEWÄHLTE** anklicken. Oder Sie editieren die Liste mit allen Benutzern und wählen **ALLE AUßER DEN »NICHT ANZUZEIGENDEN«**. Die nicht-anzuzeigenden Benutzer sind Benutzer, mit denen der Zugriff auf System-Ressourcen gesteuert wird wie **root**, **news** und **nobody**. Schließlich können Sie auch gar keinen Benutzer anzeigen lassen.

Auf der **SITZUNGEN**-Seite werden die Sitzungseinstellungen konfiguriert. Die Ausklappliste am oberen Rand bestimmt, wer das System herunterfahren darf. Hier haben Sie die Wahlmöglichkeiten **ALLE**, **KEINER**, **NUR ROOT** oder **NUR VON DER KONSOLE**. Im Abschnitt **BEFEHLE** können Sie die Befehle zum Herunterfahren und Neustarten angeben. Im Abschnitt **ART DER SITZUNG** werden die Sitzungstypen konfiguriert, die der Benutzer auf dem Anmeldebildschirm auswählen kann. Die Default-Liste enthält die diversen auf Ihrem System installierten Umgebungen wie KDE und GNOME. Sie können hier einen neuen Typ angeben oder einen Typ aus der Liste entfernen.

Browser

Der Abschnitt **BROWSER** im Kontrollzentrum enthält Module, mit denen **Konqueror**, der Dateimanager und Webbrowser von KDE, konfiguriert werden kann. Unter **DATEIMANAGER** können Sie beispielsweise auf der Seite **ERSCHEINUNGSBILD** die Font-Größe auf Klein, Mittel oder Groß stellen und die Standardschrift sowie die normale Textfarbe auswählen. Weitere Font-Einstellungen zum Webbrowsen finden Sie unter **WEB → KONQUEROR-BROWSER → ERSCHEINUNGSBILD**, wo sie auch die zu verwendende Enkodierung einstellen können.

Webbrowser-Einstellungen

Unter **BROWSER → WEB** können Sie diverse Einstellungen für die Webbrowsing-Funktionalität von **Konqueror** vornehmen.

Wenn sich Ihr Rechner hinter einer Firewall befindet, dann müssen Sie möglicherweise Proxy-Server für HTTP und FTP verwenden. Im Bereich **PROXY-SERVER** können Sie Proxies einschalten und konfigurieren. Klicken Sie **PROXY-SERVER VERWENDEN** an und wählen Sie den Hostnamen oder die IP-Adresse sowie die zu verwendende Portnummer für HTTP und FTP an. Manche Sites funktionieren möglicherweise nicht richtig, wenn Sie über einen Proxy-Server darauf zugreifen. Unter KEIN PROXY FÜR können Sie eine Liste von Hostnamen und Domänen angeben, auf die nicht über den Proxy-Server zugegriffen wird.

Auf der USER AGENT-Seite unter WEB können Sie den User-Agent-String angeben, den der Browser dem Server meldet. Das kann für Sites interessant sein, die Konqueror oder alles, was nicht nach einem kommerziellen Webbrowser aussieht, ablehnen. Der User-Agent-String enthält den Namen und die Versionsnummer des Client-Programms, das die Anfrage macht. Um einen anderen String für einen bestimmten Server zu verwenden, tippen Sie den Server-Namen unter BEI VERBINDUNG MIT ein und geben den User-Agent-String unter USER-AGENT-KENNUNG SENDEN an. Klicken Sie auf HINZUFÜGEN, um diese Einstellung zu speichern. Alle Einstellungen werden unter EINGERICHTETE USER AGENT-KENNUNGEN angezeigt. Wenn Sie eine Einstellung entfernen wollen, dann wählen Sie sie aus der Liste aus und klicken auf den LÖSCHEN-Button.

Im Bereich WEB → COOKIES können Sie einstellen, wie **Konqueror** mit Cookies umgehen soll, und auch die bereits auf Ihrem Rechner vorhandenen Cookies manipulieren. Cookies werden überhaupt nicht verwendet, solange Sie nicht COOKIES ZULASSEN auf der Seite REGELUNG anklikken. Sie können angeben, ob standardmäßig Cookies angenommen oder verworfen werden sollen oder ob jedesmal zurückgefragt werden soll. Darüber hinaus können Sie für einzelne Domains abweichende Regelungen angeben. Klicken Sie auf HINZUFÜGEN und geben Sie den Rechnernamen und die gewünschte Reaktion auf Cookies im Dialog ein. In der Liste DOMAIN-SPEZIFISCHE REGELUNGEN sehen Sie alle Einstellungen, die Sie so (oder während der Benutzung von Konqueror) vorgenommen haben. Wenn Sie eine Einstellung löschen wollen, dann wählen Sie sie in der Liste aus und klicken auf LÖSCHEN.

Auf der anderen Seite dieses Moduls, MANAGEMENT, können Sie sich anschauen, welche Cookies auf Ihrem Rechner gespeichert sind und was diese enthalten. Auch hier können Sie einzelne Cookies löschen, deren Inhalt verändern oder gleich alle Cookies löschen.

Erscheinungsbild

Im Bereich ERSCHEINUNGSBILD des Kontrollzentrums können Sie eine Vielzahl von Einstellungen vornehmen, die das Aussehen und die Funktionen Ihres Desktops beeinflussen.

Kontrolleiste

Das Modul KONTROLLEISTE konfiguriert das Panel des KDE-Desktops.

Auf der Seite ALLGEMEIN können Sie einstellen, wo das Panel liegen soll. Die Auswahlmöglichkeiten sind LINKS, RECHTS, OBEN und UNTEN. Auch die Größe der Kontrolleiste können Sie hier einstellen, zur Verfügung stehen SEHR KLEIN, KLEIN, MITTEL und GROß. Schließlich können Sie hier das automatische Ausblenden einschalten; wenn dieses aktiviert ist, verschwindet das Panel nach der angegebenen Anzahl von Sekunden und erscheint wieder, wenn Sie sich mit der Maus in dessen Richtung bewegen. Weitere fortgeschrittenere Einstellmöglichkeiten finden Sie auf den Seiten ERSCHEINUNGSBILD, MENÜS und KNÖPFE.

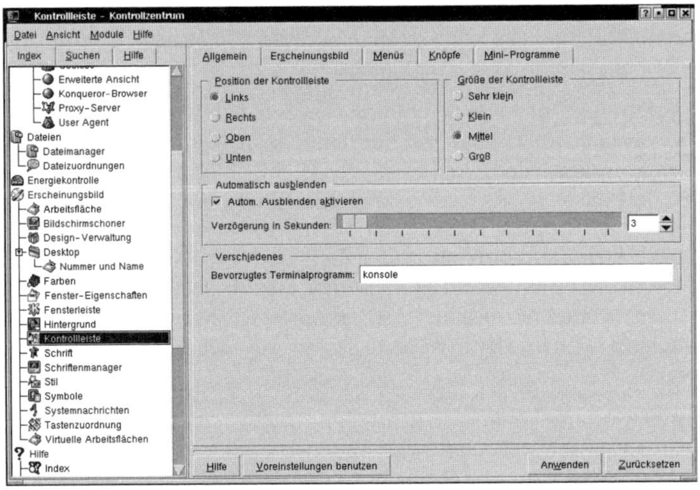

Abbildung 16-7: Konfiguration des Panels

Weil man die virtuellen Desktops typischerweise mit dem Panel umschaltet, suchen viele Benutzer diese Einstellmöglichkeit auch im KONTROLLEISTE-Modul. Tatsächlich handelt es sich aber um ein eigenes Modul namens NUMMER UND NAME, das Sie im Bereich ERSCHEINUNGSBILD → DESKTOP finden. Per Default gibt es acht virtuelle Desktops, Sie können aber bis zu 16 verwenden. Mit dem Schieberegler ANZAHL DER ARBEITSBEREICHE stellen Sie die Anzahl ein. Wenn ein Arbeitsbereich eingeschaltet ist, können Sie auch jeweils angeben, wie dieser Arbeitsbereich beschriftet werden soll.

Desktop

Wir machen weiter mit einigen Modulen, die das optische Erscheinungsbild Ihres Desktops beeinflussen und nur wenig oder gar keinen Einfluß auf die Funktionalität haben. Alle diese Module finden Sie im Bereich ERSCHEINUNGSBILD.

Hintergrund

In diesem Modul wird der Hintergrund des Desktops eingestellt. Sie können entweder einen Hintergrund für jeden Arbeitsbereich oder einen Hintergrund für alle gemeinsam einstellen. Wählen Sie den gewünschten Arbeitsbereich aus der Liste oder klicken Sie die Checkbox GEMEINSAMER HINTERGRUND an. Sie können Farben, Farbverläufe oder Hintergrundbilder verwenden. Wenn Sie einen Farbverlauf auswählen, geben Sie die beiden Farben an, zwischen denen der Verlauf berechnet werden soll, wenn Sie nur eine Farbe haben wollen, geben Sie nur diese eine an. Es stehen eine Reihe von verschieden berechneten Farbverläufen zur Verfügung.

Wenn Sie ein Bild als Hintergrund verwenden wollen, wählen Sie dieses auf der zweiten internen Registerkarte aus. Die Ausklappliste zeigt die mit KDE mitgelieferten Hintergründe an, aber Sie können durch Klicken auf den DURCHSUCHEN-Button auch eigene auswählen. Unter MODUS stellen Sie ein, was mit dem Bild passieren soll, wenn es nicht genau auf den Bildschirm paßt. Schließlich können Sie auch mehrere Bilder auswählen, und diese in bestimmten Intervallen abwechseln lassen. Dazu klicken Sie auf EINRICHTUNG FÜR MEHRFACHE und nehmen die gewünschten Einstellungen vor.

Arbeitsfläche

In diesem Modul nehmen Sie unter anderem Einstellungen für die Anordnung der Symbole, die Sensitivität des Hintergrunds und das Verhalten der Ränder vor.

Auf der Seite ARBEITSFLÄCHE können Sie unter anderem einstellen, was passieren soll, wenn Sie mit der linken oder rechten Maustaste auf den Hintergrund klicken. Unter ERSCHEINUNGSBILD stellen Sie die unter anderem für die Icon-Beschriftung verwendetete Schrift ein, und ANZAHL DER ARBEITSFLÄCHEN ist eine Wiederholung der Seite, auf der Sie die Anzahl der virtuellen Desktops einstellen und diesen Namen geben können.

Auf der Seite RÄNDER schalten Sie die magischen Ränder ein. Damit können Sie Fenster sowohl am Rand als auch aneinander einrasten lassen, was zu einem aufgeräumter aussehenden Desktop führt.

Farben

Im Modul FARBEN können Sie die Farben auswählen, die für die diversen Komponenten der Fensterdekoration verwendet werden. Die Farben basieren auf einem sogenannten Farbschema, einer Zusammenstellung gut zusammenpassender Farben. Mit KDE werden eine Reihe von Farbschemata mitgeliefert. Diese finden Sie in der Liste FARBSCHEMA. Sie können auch ein Schema ändern, indem Sie unter ELEMENTFARBE das zu ändernde Element auswählen und darunter die gewünschte Farbe bestimmen. Im oberen Bereich des Fensters sehen Sie, wie sich Ihre Änderungen auswirken würden. Auch hier können Sie auf die einzelnen Komponenten klicken, um die Farbe für ein bestimmtes Element zu bestimmen. Mit dem Schieberegler KONTRAST können Sie darüber hinaus den Farbkontrast einstellen.

Schrift

Im Modul SCHRIFT stellen Sie die Default-Fonts ein, die auf Ihrem Desktop verwendet werden. Sie können Fonts für folgende Aufgaben vorgeben: ALLGEMEINER FONT, FONT FESTER BREITE, FONT FÜR DIE DESKTOP-ICONS, FONT IM DATEIMANAGER, FONT IN WERKZEUGLEISTEN, FONT IN MENÜS, FONT IN FENSTERTITELN und FONT IN FENSTERLEISTEN. Durch Klick auf den jeweiligen AUSWÄHLEN-Button kommen Sie zu einem Font-Auswahldialog, wo Sie die gewünschten Einstellungen vornehmen können.

Energie

Unter ENERGIEKONTROLLE → ENERGIE können Sie DPMS konfigurieren. DPMS steht für Display Power Management System. Wenn Ihre Hardware das unterstützt, dann können Sie diese

Funktion hier durch Klicken auf EINSCHALTEN DER ENERGIESPARFUNKTION FÜR DIE ANZEIGE einschalten. Sie können jeweils auswählen, wie lange es dauert, bis das System in Bereitschaft oder in den Schlafzustand versetzt oder ganz ausgeschaltet wird.

Design-Verwaltung

Themes oder Designs weisen Ihrem Desktop einen übergreifenden visuellen Stil zu, Sie müssen also nicht alle Elemente individuell konfigurieren. Ein Theme kann aus einem Farbschema für die Fenster, den Font-Stilen, den Icons, dem Hintergrund und sogar den Klangeffekten für Ihren Desktop bestehen. Es werden bereits einige Themes mit KDE mitgeliefert; viele weitere können Sie von *http://kde.themes.org* herunterladen.

Im Modul ERSCHEINUNGSBILD → DESIGN-VERWALTUNG finden Sie unter anderem die Seite INSTALLATION, zu sehen in Abbildung 16-8. Hier stehen die Themes, die auf Ihrem System installiert sind, sowohl die globalen als auch eventuelle lokale, die Sie selbst Ihrem Home-Verzeichnis hinzugefügt haben. Lokale Themes können vom Benutzer installiert, deinstalliert oder angepaßt werden. Globale Themes können nur vom Superuser verändert werden.

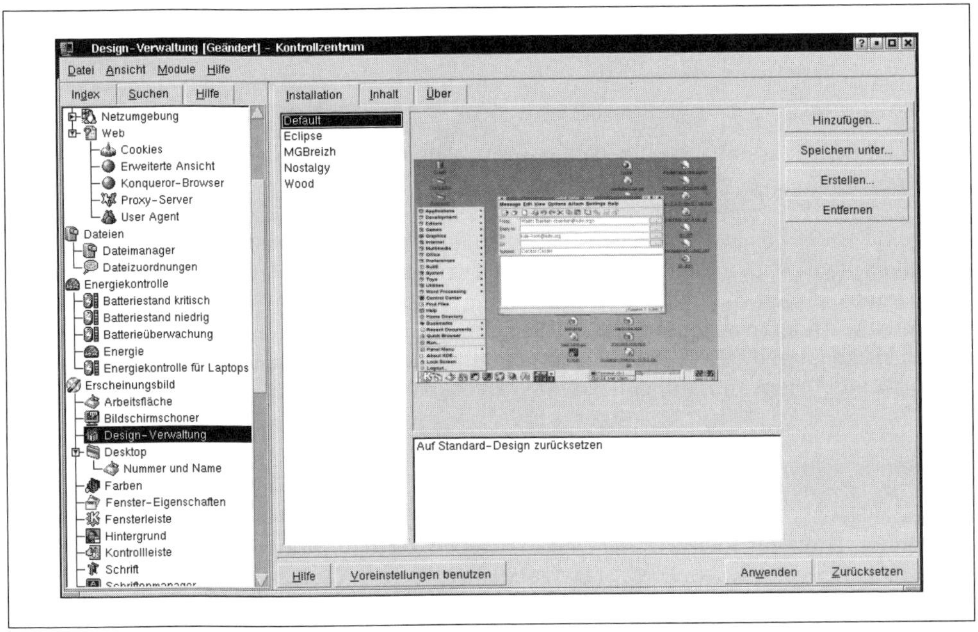

Abbildung 16-8: Installation von Themes

Wenn Sie ein Theme aus der Liste auswählen, sehen Sie einen verkleinerten Screenshot eines Desktops mit diesem Theme (sofern vorhanden) sowie eine kurze Beschreibung. Wenn Sie ein neues Theme einstellen wollen, wählen Sie das Theme aus der Liste aus und klicken auf ANWENDEN.

Auf dieser Seite können Sie auch neue Themes installieren. Wenn Sie ein Theme heruntergeladen haben, klicken Sie auf den Button **HINZUFÜGEN**. Geben Sie den Dateinamen und die Lage der *.ktheme*-Datei an und klicken Sie auf **OK**. Mit dem **SPEICHERN UNTER**-Button können Sie das aktuell konfigurierte Theme abspeichern. Mit **ERSTELLEN** kopieren Sie das aktuelle Theme in ein neues, das Sie dann weiterbearbeiten können. Der **ENTFERNEN**-Button schließlich löscht ein lokales Theme oder deaktiviert ein globales.

Die Seite **INHALT** zeigt die Komponenten an, die das auf der vorherigen Seite ausgewählte Theme konfiguriert. Nicht jedes Theme enthält Konfigurationen für alle Komponenten. Wenn ein Theme eine bestimmte Komponente konfiguriert, dann wird diese als verfügbar gekennzeichnet, sonst als leer. Mit den Checkboxen können Sie auch festlegen, nur bestimmte Aspekte eines Themes zu verwenden.

Auf der **ÜBER**-Seite schließlich finden Sie Informationen über den Autor und die Version des ausgewählten Themes.

Land & Sprache

Im Bereich **PERSÖNLICHE EINSTELLUNGEN** finden Sie das Modul Land & Sprache, mit dem Sie die gewünschte Sprache für den Desktop und die KDE-Programme in Erst-, Zweit- und Drittwahl einstellen können. Außerdem können Sie hier Einstellungen für Zahlen-, Datums- und Währungsformate vornehmen.

Bildschirmschoner

Im Modul **BILDSCHIRMSCHONER** im Bereich **ERSCHEINUNGSBILD** können Sie den Bildschirmschoner konfigurieren. Sie finden hier eine Liste der verfügbaren Bildschirmschoner und können auch die Verwendung von Bildschirmschonern insgesamt ein- oder ausschalten. Durch Klicken auf den **EINRICHTEN**-Button können Sie Einstellungen vornehmen, die spezifisch für den gewählten Bildschirmschoner sind. Im kleinen Bildschirm rechts oben sehen Sie eine Vorschau, aber Sie können den Bildschirmschoner auch in voller Pracht sehen, indem Sie auf den **TEST**-Button klicken.

Rechts unter dem Vorschaubildschirm können Sie einstellen, wieviel Zeit vergehen soll, bevor der Bildschirmschoner aktiviert wird. Wenn Sie die Checkbox **NACH PASSWORT FRAGEN** anklikken, müssen Sie ein Paßwort eingeben, um vom Bildschirmschoner zum Desktop zurückzukehren. Mit dem Schieberegler **PRIORITÄT** können Sie schließlich einstellen, mit welcher Priorität der Bildschirmschoner-Prozeß laufen soll. Wenn Sie viel wichtige Server-Aktivität auf dem Rechner haben, sollten Sie eine niedrige Priorität auswählen, damit die Performance der anderen Programme nicht zu leiden hat.

Stil

Im **STIL**-Modul, das Sie ebenfalls im Bereich **ERSCHEINUNGSBILD** finden, können Sie einige Einstellungen zu Widgets und anderem vornehmen. So können Sie hier beispielsweise einen Stil auswählen, mit dem die Widgets gezeichnet werden; neben den Klassikern Qt-Motif und Qt-Windows und dem KDE-Standard-Stil stehen hier noch viele andere interessante Stile zur Verfügung. Mit der Einstellung **MENÜLEISTE AM OBEREN BILDSCHIRMRAND WIE BEI MACOS** kann die Menüleiste der Applikationsfenster aus den Fenstern herausgenommen und an den oberen

Bildschirmrand gesetzt werden. **SCHRIFTARTEN UND FARBEN AUF NICHT-KDE-PROGRAMME ANWENDEN** überträgt die KDE-Einstellungen wo möglich auf andere Programme, die nicht speziell für KDE geschrieben wurden.

Im unteren Bereich können Sie schließlich einstellen, wie die Werkzeugleisten von KDE-Applikationen aussehen sollen.

Information

Mit den Modulen im Bereich **INFORMATION** bekommen Sie Status-Informationen über diverse System-Komponenten. Hier gibt es nichts einzustellen, aber wenn Sie Informationen über Ihren Prozessor brauchen oder wissen müssen, welche PCI-Geräte Sie installiert haben, dann verwenden Sie diese Module. Zu den folgenden System-Komponenten gibt es Informationen:

- Blockorientierte Geräte
- DMA-Kanäle
- Ein/Ausgabe-Module
- Ein/Ausgabe-Ports
- Geräte
- Interrupts
- Klänge
- PCI
- PCMCIA
- Partitionen
- Prozessor
- SCSI
- Samba
- Speicher
- X Server

Angeschlossene Geräte

Die Module im Bereich **ANGESCHLOSSENE GERÄTE** steuern (derzeit) Tastatur und Maus.

Tastatur

In diesem Modul werden die Tastaturwiederholung und die Tastenklicks konfiguriert. Erstere können Sie lediglich ein- und ausschalten, für letztere können Sie die Lautstärke einstellen. Wenn Sie keine Tastenklicks wollen, setzen Sie die Lautstärke auf 0.

Maus

In diesem Modul werden die Bewegung, die Tastenzuordnung und andere Aspekte Ihrer Maus konfiguriert. Auf der ersten Seite, **ALLGEMEIN**, können Sie einstellen, ob Sie die Maus als Rechts- oder Linkshänder benutzen, wie der Mauszeiger dargestellt werden soll und ob das Aktivieren von Programmen und Öffnen von Dateien durch einen einfachen oder einen Doppelklick geschehen soll. Auf der zweiten Seite, **ERWEITERT**, können Sie diverse Schwellwerte für Mausoperationen einstellen, darunter, wie schnell der Mauszeiger beschleunigt werden soll und wieviel Zeit maximal zwischen zwei Klicks vergehen soll, damit sie als Doppelklick gewertet werden.

Tastaturabkürzungen

Sie können das Schema wählen, das für Abkürzungen verwendet werden soll, indem Sie entweder die KDE-Defaults benutzen oder das aktuelle Schema, wenn Sie die Abkürzungen angepaßt haben. Diese Auswahl geschieht im Modul **TASTENZUORDNUNG** im Bereich **ERSCHEINUNGSBILD**. Im unteren Abschnitt können Sie die ausgewählte Tastaturabkürzung editieren. Sie können entweder keine Tastenkombination, die Default-Tastenkombination oder eine benutzerdefinierte Tastenkombination verwenden. Wenn Sie eine Tastenkombination anpassen wollen, dann wählen Sie die gewünschten Modifikatoren (Umschalt, Strg, Alt oder keiner) aus. Klicken Sie dann auf den wie eine Taste aussehenden Button und drücken Sie die Taste auf der Tastatur, die Sie verwenden wollen. Klicken Sie auf **SCHEMA SPEICHERN**, wenn Sie die Änderungen der aktuellen Schema speichern wollen.

Allgemeine Tastenkürzel

Die folgende Tabelle nennt die Tastaturkombinationen, die globale Fenster-Ereignisse auslösen:

Taste	Aktion
Alt-F1	Öffnet das K-Menü.
Alt-F2	Öffnet die einzeilige Befehlseingabe.
Alt-F3	Öffnet das Fenster-Menü des aktuellen Fensters.
Alt-F4	Schließt das aktuelle Fenster.
Alt-F5	Zeigt die Fensterliste an.
Alt-F12	Schaltet die Mausemulation ein.
Strg-F[1..12]	Springt zum virtuellen Desktop mit der entsprechenden Nummer.
Strg-Umschalt-F[1..4]	Springt zum virtuellen Desktop mit der Nummer der Funktionstaste plus 12.
Strg-Alt-Entf	Leitet den Abmeldevorgang ein.
Strg-Alt-Esc	Beseitigt das aktuelle Fenster.
Strg-Esc	Zeigt die Systemüberwachung an.

Standard-Tastenkürzel

Die Standard-Tastenbindungen sind Abkürzungen für gängige Aktionen, die man in den meisten KDE-Programmen findet, etwa im Dateimanager oder in einem grafischen Texteditor.

Taste	Aktion
Alt-links	Zurück
Alt-oben	Nach oben
Alt-rechts	Nach vorn
Bild ab	Nächstes
Bild auf	Vorheriges
F1	Hilfe
F3	Weitersuchen
F5	Erneut laden
Strg-B	Lesezeichen hinzufügen
Strg-C	Kopieren
Strg-E	Text-Ergänzung
Strg-Einfg	Einfügen
Strg-Ende	Dateiende
Strg-F	Suchen
Strg-M	Menüleiste anzeigen
Strg-minus	Verkleinern
Strg-N	Neu
Strg-O	Öffnen
Strg-P	Drucken
Strg-plus	Vergrößern
Strg-Pos1	Dateianfang
Strg-Q	Beenden
Strg-R	Ersetzen
Strg-S	Speichern
Strg-V	Einfügen
Strg-W	Schließen
Strg-X	Ausschneiden
Strg-Z	Rückgängig

Taste	Aktion
Umschalt-F1	Was ist das?
Umschalt-F3	Vorherige suchen
Umschalt-Strg-Z	Wiederherstellen
Strg-Z	Rückgängig

Sound

Die Module aus diesem Abschnitt konfigurieren diverse Sound-bezogene Einstellungen.

Signalton

In diesem Modul wird die Systemglocke konfiguriert.

Mit dem Lautstärke-Schieberegler wird die Lautstärke der Glocke eingestellt. Der Schieberegler HÖHE reguliert die Tonhöhe und der Schieberegler DAUER die Dauer des Warntons. Klicken Sie auf den Button TESTEN, um sich Ihre Einstellungen anzuhören.

Systemnachrichten

Dieses Modul finden Sie nicht im Bereich KLÄNGE, sondern im Bereich ERSCHEINUNGSBILD, denn Sie können hier nicht nur Audiodateien festlegen, die bei bestimmten Ereignissen wie etwa dem Hervorholen eines Fensters oder dem Anklicken eines Dialog-Buttons abgespielt werden sollen, sondern auch andere Aktionen auslösen. Das Abspielen von Klangdateien wird aber doch das sein, was man am häufigsten macht.

Wählen Sie einfach aus der Liste der verfügbaren Ereignisse ein Ereignis aus, klappen Sie dessen Aktionsliste aus und klicken Sie KLANG ABSPIELEN an. Jetzt können Sie den Dateinamen der Klangdatei eingeben, die bei diesem Ereignis abgespielt werden soll.

Fenster-Verhalten

Mit dem Modul FENSTER-EIGENSCHAFTEN im Abschnitt ERSCHEINUNGSBILD können Sie Aussehen und Funktion der Titelleisten von Fenstern, die Maus-Aktionen in Fenstern und die Fokus- und Plazierungs-Regelungen einstellen.

Aktivierung

Auf der Seite AKTIVIERUNG können Sie unter anderem folgende Einstellungen vornehmen:

Strg+Tabulator für Wechsel zwischen Arbeitsflächen verwenden
: Mit dieser Checkbox kann eingeschaltet werden, daß die Tastenkombination Strg+Tabulator die virtuellen Desktops durchläuft. Dies ist defaultmäßig eingeschaltet.

Alt-Tabulator-Modus

Diese Einstellung beschreibt, wie sich die Alt-Tabulator-Funktion verhält, mit der die Fenster auf dem aktuellen virtuellen Desktop durchlaufen werden können. Die KDE-Einstellung verwendet einen grafischen Stil. Wenn Sie Alt-Tabulator drücken, erscheint ein Fenster, in dem das aktuelle Fenster sowie die weiteren verfügbaren Fenster angezeigt sind. Mit der Einstellung CDE wird direkt ohne zusätzliches Fenster gewechselt.

In den Standards für Aktivierung können Sie einstellen, wann und wie ein Fenster aktiv wird. Hier können Sie mit einem Schieberegler bestimmen, nach welcher Verzögerung ein aktiviertes Fenster in den Vordergrund geholt werden soll. Wenn Sie dies gar nicht wollen, dann deselektieren Sie die Checkbox AUTOMATISCH NACH VORNE. Wenn Sie AKTIVIERUNG BEI MAUSKONTAKT wählen, dann reicht es, mit der Maus über einem Fenster zu stehen, damit das Fenster aktiv wird. Wählen Sie AKTIVIERUNG BEI KLICK, muß der Benutzer explizit in ein Fenster hineinklikken, um es zu aktivieren.

Aktionen

Dieses Modul konfiguriert, was passieren soll, wenn mit den einzelnen Maustasten auf die verschiedenen Fensterkomponenten geklickt wird. Ausklappboxen enthalten verschiedene Optionen wie IN DEN VORDERGRUND HOLEN oder IN DEN HINTERGRUND LEGEN. Diese Optionen können, wie in Abbildung 16-9 zu sehen ist, jeweils für die linke, mittlere und rechte Maustaste eingestellt werden. Die folgenden Optionen stehen zur Verfügung:

Aktive Titelleiste und Rahmen

Nach vorn

Nach hinten

Aktionen-Menü

Nach von/nach hinten: an/aus

Inaktive Titelleiste und Rahmen

Aktivieren

Aktivieren und nach vorn

Aktivieren und nach hinten

Inaktives inneres Fenster

Aktivieren, nach vorn und mit Klick ansprechen

Aktivieren und mit Klick ansprechen

Aktivieren

Aktivieren und nach vorn

Inneres Fenster, Titelleiste und Rahmen

Verschieben

Nach von/nach hinten: an/aus

Größe zurücksetzen

Nach vorn

Nach hinten

Nichts

Ganz oben auf dieser Seite können Sie darüber hinaus auswählen, was bei einem Doppelklick auf die Titelleiste passieren soll: **FENSTERHEBER** schattiert das Fenster, **MAXIMIEREN** maximiert es.

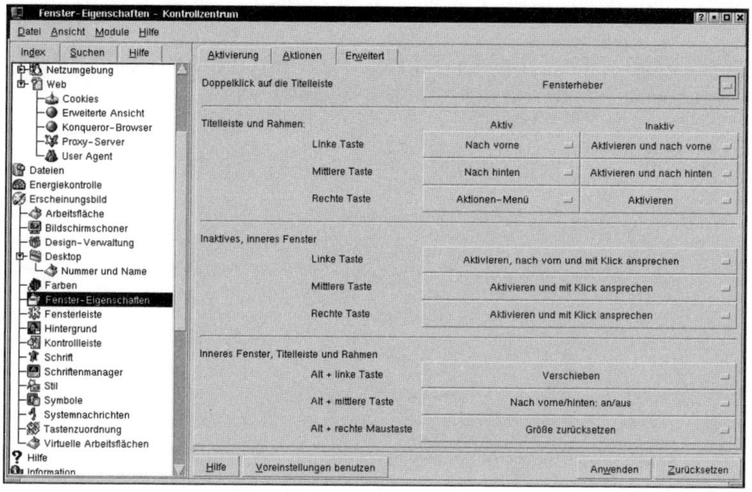

Abbildung 16-9: Konfigurationseinstellungen für die Maustasten

Erweitert

Auf der Seite **ERWEITERT** können weitere Fenster-Optionen sowie die Plazierungs-Regelung für neue Fenster eingestellt werden. Hier gibt es unter anderem die folgenden Einstellungen:

Fensterinhalt beim Verschieben anzeigen
: Selektieren Sie diese Checkbox, wenn der Fensterinhalt angezeigt werden soll, während das Fenster verschoben wird.

Fensterinhalt bei Größenänderungen anzeigen
: Selektieren Sie diese Checkbox, wenn der Fensterinhalt angezeigt werden soll, während die Größe des Fensters verändert wird.

Fensterheber animiert darstellen
: Selektieren Sie diese Checkbox, wenn das Holen eines Fensters in den Vordergrund animiert werden soll.

Minimieren und Wiederherstellen animieren
: Selektieren Sie diese Checkbox, wenn das Minimieren und Wiederherstellen von Fenstern animiert werden soll. Mit dem Schieberegler können Sie die Geschwindigkeit der Animation einstellen.

Verschiebung und Größenveränderung von maximierten Fenstern zulassen
: Selektieren Sie diese Checkbox, wenn es möglich sein soll, maximierte Fenster zu verschieben oder manuell zu verkleinern.

Unter **Plazierung** können Sie einstellen, wo neue Fenster auf dem Desktop untergebracht werden sollen. Es gibt drei verschiedene Möglichkeiten:

Ökonomisch (Voreinstellung)
: Diese Einstellung versucht, die Fenster sich so wenig wie möglich überlappen zu lassen.

Gestaffelt
: Diese Einstellung versucht, die Fenster kaskadiert anzuordnen, wobei auf jedem Desktop eine vorgegebene Menge von Positionen verwendet wird.

Zufällig
: Diese Einstellung verwendet Zufallspositionen für jedes neue Fenster.

KAPITEL 17

Ein alternativer Fenstermanager: fvwm2

Zu den überzeugenden Eigenschaften eines Linux-Systems gehören seine Flexibilität, seine Unabhängigkeit von Industrie-dominierenden Standards und das hohe Maß an Einfluß, das man als Benutzer auf die eigene Arbeitsumgebung hat. Die meisten Linux-Varianten werden mit einer Default-Schreibtischumgebung ausgeliefert, die vollständig mit praktischen Werkzeugen und Menüs und einem konsistenten Look-und-Feel ausgerüstet ist. Die am häufigsten verwendeten Schreibtischumgebungen sind KDE und GNOME, die in Kapitel 16, *KDE*, beziehungsweise Kapitel 15, *GNOME*, behandelt werden.

Diese beiden Umgebungen legen um ein im Grundsatz anspruchsloses Unix-basiertes System für PC eine PC-artige Hülle. Viele Leute finden das gut. Aber wenn Sie Ihren Bildschirm nicht voller Dialogboxen haben wollen und es Ihnen nichts ausmacht, Konfigurationsdateien zu editieren, um Ihre Umgebung anzupassen, dann wollen Sie vielleicht den Fenstermanager **fvwm2** ausprobieren.

fvwm2 ist die neueste Version eines Fenstermanagers namens **fvwm**, aber es ist nie so richtig klar geworden, wofür das *fv* eigentlich steht. Mit *virtual* für das *v* liegt man wahrscheinlich nicht so ganz falsch. **fvwm** ist älter als GNOME und KDE und stellte bereits vor diesen virtuelle Bildschirme bereit, mit denen Sie mehr Platz auf dem Bildschirm bekommen. Wofür das *f* in **fvwm** steht, darüber kann aber nur spekuliert werden. Unter den aktuellen Entwicklern befinden sich allerdings eine Reihe von Katzenfreunden, die behaupten, das *f* stünde für *feline* (*katzenartig*).

Das erste wichtige Konzept, das Sie verstehen müssen, um mit **fvwm** arbeiten zu können, besteht darin, daß Ihr Desktop größer als Ihr Bildschirm sein kann. Bei **fvwm2** können Sie hektarweise Desktop-Fläche bekommen, und zwar in der Form von virtuellen Bildschirmen oder Seiten. In einer typischen Default-Umgebung besteht Ihr Desktop möglicherweise aus vier virtuellen Bildschirmen oder Seiten, die in einem 2 x 2-Raster angeordnet sind.

Sie können Applikationen auf einem beliebigen der virtuellen Bildschirme ausführen und auf verschiedene Art und Weise über den Bildschirm navigieren. Und wenn Ihnen die Default-Umgebung nicht gefällt, dann können Sie ein Raster beliebiger Größe angeben. Wie wäre es mit drei Bildschirmen waagerecht und zweien senkrecht? Kein Problem.

Und als sei das nicht genug, können Sie auch noch mehr Desktops bekommen, die alle aus mehreren Seiten bestehen. So können Sie verschiedene Desktops für verschiedene Applikationen, verschiedene Projekte, oder was auch immer Ihnen gerade einfällt, verwenden. **fvwm2** stellt die Hilfsmittel bereit, mit denen Sie sich in Ihrem selbstentworfenen Raum bewegen können.

fvwm2 ist darüber hinaus äußerst flexibel; die wichtigsten Konfigurationsmöglichkeiten werden wir in diesem Kapitel behandeln. Zusammenfassend kann man also sagen: Sie erhalten maximale Arbeitsfläche und maximale Flexibilität.

fvwm2 starten

Die meisten Linux-Distributionen enthalten eine halbwegs aktuelle Version von **fvwm2**. Wenn Sie derzeit KDE oder GNOME verwenden, dann können Sie am einfachsten auf die folgende Art und Weise zu **fvwm2** wechseln:

1. Rufen Sie den Fenstermanager in der Startdatei Ihres X Servers auf. (Je nach Umgebung kann diese Datei *.xinitrc*, *.startx*, *.xsession* oder *.Xclients.* heißen.)
2. Starten Sie X neu.

Hier sehen Sie einen Auszug aus einer einfachen Startdatei, die zur Verwendung von **fvwm2** angepaßt wurde:

```
xterm -geometry +50+0 &
xterm -geometry -0+0 &
fvwm2 &
xterm -title login -iconic
```

Theoretisch könnten Sie zwar **fvwm2** gemeinsam mit KDE oder GNOME verwenden, aber die Funktionalität überlappt doch stark. Was Sie bekämen, wäre eine unappetitliche Mischung, die kaum etwas mit **fvwm** zu tun hätte.

Konfigurationsdateien

Um zu verstehen, wie **fvwm2** arbeitet, müssen Sie wissen, welche Konfigurationsdatei beim Start oder beim Neustart gelesen wird. Die systemweite Konfigurationsdatei lautet *system.fvwm2rc* und befindet sich normalerweise im Verzeichnis */etc/X11/fvwm2*.

Die typischerweise ausgelieferte *system.fvwm2rc*-Datei sollte bereits eine einfache, aber benutzbare Umgebung bereitstellen. Wir werden uns im nächsten Abschnitt eine anschauen. Es ist natürlich nicht gesagt, daß die Datei auf Ihrem System zum gleichen Aussehen des Bildschirms führen wird, aber Sie werden sehen, worum es geht.

Wenn Sie **fvwm2** Ihren Bedürfnissen anpassen wollen, müssen Sie eine Kopie von *system.fvwm2rc* namens *.fvwm2rc* anlegen und in Ihrem Home-Verzeichnis abspeichern. Diese persönliche Konfigurationsdatei hat Vorrang vor der systemweiten Datei. Editieren Sie Ihre eigene *.fvwm2rc*-Datei, um den Fenstermanager Ihren Bedürfnissen anzupassen.

Es gibt einige wenige Regeln beim Editieren Ihrer *.fvwm2rc*-Datei. Zunächst ist jede Zeile, die mit einem Doppelkreuz (#) anfängt, ein Kommentar (wird also nicht als Bestandteil der Konfiguration interpretiert). Weiter bedeutet ein Plus-Zeichen () am Anfang einer Zeile eine Wiederholung der ersten Teile der vorhergehenden Zeile. Im Abschnitt »Das FvwmWinList-Modul zu einem Bestandteil Ihrer Default-Umgebung machen« weiter hinten in diesem Kapitel wird diese Syntax näher beschrieben. Und schließlich sollten Sie im Hinterkopf behalten, daß Sie sich das Leben einfacher machen, wenn Sie Ihre eigenen Definitionen in die Datei eingliedern und dabei den aktuellen Inhalt und dessen Reihenfolge berücksichtigen. Wenn Sie sich also beispielsweise entschließen sollten, einige Funktionstasten zu definieren, dann sollten Sie die neuen Zeilen an der Stelle in die Datei eintragen, die ohnehin bereits mit Tasten zu tun hat.

Was die Anpassungsfähigkeiten von **fvwm2** angeht, haben wir gute und schlechte Nachrichten für Sie. Die gute Nachricht ist, daß Sie das Aussehen und die Funktionsweise von **fvwm2** auf außerordentlich umfangreiche Art und Weise ändern können. Das ist aber auch gleich die schlechte Nachricht. Der Fenstermanager hat Dutzende von Konfigurationsoptionen, von denen viele sehr praktisch und einfach zu benutzen sind, andere aber komplex oder gar undurchsichtig. Das alles zusammengenommen führt dazu, daß die Syntax der Konfigurationsdatei für alle abschreckend wirken kann, die nicht daran gewöhnt sind, viel herumzuspielen und zu ändern. Allein die Möglichkeiten können einen schwindelig machen.

Die Man-Page von **fvwm2** nennt alle Konfigurationsoptionen und beschreibt deren Verwendung; weitere Informationen finden Sie auch in den Man-Pages der sogenannten **fvwm2**-Module, die im nächsten Abschnitt eingeführt werden. Die Website *http://www.fvwm.org* ist die wichtigste Quelle für Dokumentation, Neuigkeiten, Quellcode und Aktualisierungen.

Dieses Kapitel sollte Ihnen dabei helfen, einige der einfacheren und nützlichen Anpassungen vorzunehmen und einige schwierige, aber praktische Aktualisierungen durchzuführen.

Ein modularer Ansatz

fvwm2 ist so entworfen worden, daß interessierte Programmierer oder Möchtegern-Programmierer neue Komponenten entwickeln können, die von Insidern als *Module* bezeichnet werden. Ein typisches Modul ist der Pager (FvwmPager), der eine kleine Karte des Desktops und die Navigation darin bereitstellt, wie wir etwas später in diesem Kapitel sehen werden. Der Pager ist in quasi jeder Umgebung ein Default-Modul.

Das FvwmWinList-Modul ist ein weiteres nützliches Modul. Es ist nicht ganz so allgegenwärtig wie der Pager, aber genauso nützlich. Es handelt sich dabei um ein kleines Fenster mit einer Liste aller Fenster auf allen Seiten auf allen Desktops. Das WinList-Fenster ist ein weiteres Navigations-Werkzeug, mit dem Sie den Fokus zu einer beliebigen laufenden Applikation schalten können, die dann auch in den sichtbaren Bereich kommt, so daß Sie damit arbeiten können. Mehr dazu später.

Module sind eigentlich von **fvwm2** getrennte Programme, arbeiten aber mit dem Fenstermanager zusammen und übergeben auszuführende Befehle an den Fenstermanager. Viele Konfigurationen von **fvwm2** haben ein Root-Menü mit einem FvwmModules-Submenü, aus dem Sie einige dieser Programme starten können. (Natürlich ist auch die Liste der Module in diesem Menü konfigurierbar.) Außerdem können Sie Ihre *.fvwm2rc*-Datei editieren, um Module auf andere Weise (etwa auf bestimmte Tastendrücke, bei anderen Ereignissen usw.) zu starten.

Weil ein Modul ein separates Programm ist, können Benutzer eigene Module schreiben, ohne damit **fvwm2** selbst zu beeinträchtigen. Beachten Sie aber, daß Sie **fvwm2** zum Starten der Module konfigurieren müssen; Sie können die Module nicht von der Kommandozeile starten. Auch sind manche Module wie der Pager dazu gedacht, während der gesamten Sitzung aktiv zu sein, während andere einfach eine Funktion ausführen und sich beenden (etwa das RefreshWindow-Modul). Weil Module eigenständige Programme sind, haben viele von ihnen auch eigene Man-Pages.

Wie man Anpassungen des Fenstermanagers implementiert

Wenn Sie Ihre *.fvwm2rc*-Datei editieren, starten Sie danach einfach **fvwm2** neu, um die Änderungen zu übernehmen. In den meisten Umgebungen gibt es einen Menüeintrag, mit dem der Fenstermanager neu gestartet werden kann. In unserer Default-Einstellung gab es einen Menüeintrag **Exit fvwm2** im Root-Menü. Wenn Sie diesen Eintrag anwählen, erscheint ein Submenü mit der Überschrift **Really quit fvwm?** sowie mehreren Einträgen, darunter auch **Restart fvwm2**. Wenn Sie **Restart fvwm2** wählen, sollten Ihre Konfigurationsänderungen übernommen werden. Einfacher, aber genauso effektiv ist es, die X Sitzung zu beenden und neu zu starten (unter der Voraussetzung, daß die Startdatei Ihrer Sitzung **fvwm2** enthält).

Eine schnelle Rundtour durch die fvwm-Umgebung

In allen Schreibtischumgebungen mit mehreren virtuellen Bildschirmen oder Seiten können Sie nur mit einem Bildschirm zur gleichen Zeit arbeiten. Aber **fvwm2** macht es einfach, zwischen den Seiten zu wechseln, Applikationen auf anderen Seiten zu starten und Applikationen zwischen Seiten zu verschieben. Wenn Sie ein bestimmtes Fenster immer wieder verwenden, können Sie es auch auf jeder Seite jedes Desktops sichtbar machen. (Wir kommen auf dieses Konzept namens »sticky windows«, also haftende, angepinnte Fenster, noch zurück.) Und Sie sind auch nicht darauf beschränkt, eine vollständige Seite anzusehen oder ein Fenster auf einer einzigen Seite zu halten.

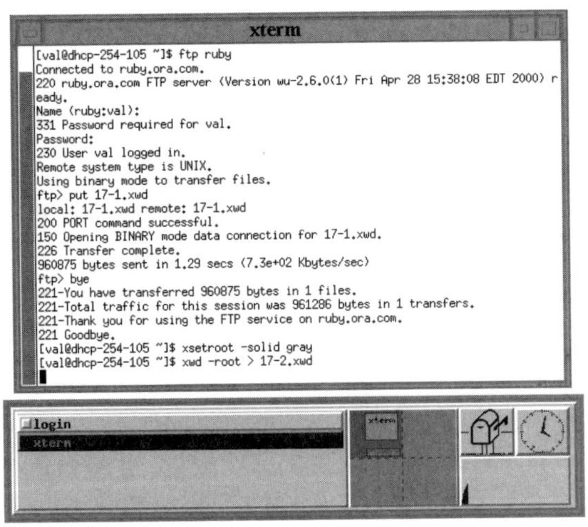

Abbildung 17-1: Eine typische fvwm2-Umgebung

Beachten Sie den langen horizontalen Kasten in der unteren rechten Ecke unserer Beispiel-Umgebung (Abbildung 17-1). Dieser Kasten ist das *FvwmButtons*-Modul (auch die *Button-Leiste* oder *button bar* genannt). FvwmButtons wird im allgemeinen dazu verwendet, eine Reihe von Werkzeugen und Applikationen zu beherbergen, die der Benutzer häufig benötigt. Oft sind das andere **fvwm**-Module.

In unserer Beispielkonfiguration enthält FvwmButtons zwei andere Module: den Icon Manager (FvwmIconMan) links vom Kasten und den Pager (FvwmPager) rechts daneben. Ganz rechts von FvwmButtons sehen Sie auch drei kleine Applikationsfenster: **xbiff** (ein Mailbox-Programm, das anzeigt, ob Sie neue Nachrichten haben), **xclock** und **xload** (eine grafische Repräsentation der Systemlast).

Der Icon Manager und der Pager sind Werkzeuge, mit denen Sie sowohl beobachten können, was in Ihrer Umgebung vor sich geht, als auch die dort befindlichen Fenster manipulieren können. Der Icon Manager zeigt für jedes normale Fenster auf Ihrem Bildschirm einen Eintrag an. Wenn das Fenster minimiert ist, wird dem Eintrag ein Rechteck mit dreidimensionalem Aussehen vorangestellt. Sie können beliebige Fenster auf der aktuellen Seite minimieren und wiederherstellen, indem Sie auf den ersten Zeiger-Button des jeweiligen Eintrags im Icon Manager klicken. (Der Icon Manager zeigt immer die Fenster auf der aktuellen Seite an; ein ähnliches Hilfsmittel, das wiedergibt, was auf allen Seiten aller Desktops passiert, ist FvwmWinList, das weiter hinten in diesem Kapitel beschrieben wird.)

Stellen Sie sich den Pager als kleinen Spiegel Ihres gesamten Desktops vor. In einer typischen Default-Umgebung eines einzelnen Desktops, bestehend aus zwei mal zwei Seiten, zeigt der Pager ein kleines Raster aus vier Teilen an, die durch gepunktete Linien getrennt sind. Diese Teile entsprechen den vier virtuellen Bildschirmseiten des Desktops. (Wenn Sie mehrere Desktops konfigurieren, dann zeigt eine durchgezogene Linie die Grenze zwischen den einzelnen Desktops an. Im Abschnitt »Mehrere Desktops einrichten« erfahren Sie, wie man das einrichtet).

Alle Applikationen, die Sie ausführen, erscheinen miniaturisiert im Pager-Fenster. Applikationen mit kleinen Fenstern sind in der miniaturisierten Darstellung recht schwer zu erkennen, aber wenn Sie genau hinschauen, werden Sie einen kleinen Punkt erkennen. Die Miniaturversion größerer Clients wie eines **xterm**-Fensters sollte eine lesbare Beschriftung haben.

Welche Operationen Sie auch immer auf Ihren Fenstern auf dem Desktop ausführen – etwa Verschieben, Minimieren, Größe ändern usw. –, sie spiegeln sich im Pager wider. Aber der Pager ist mehr als ein Aktivitätsmonitor, er ist auch ein Werkzeug. Sie können die Miniaturversionen verschieben, und die richtigen Fenster, die von den Miniaturversionen repräsentiert werden, werden sich ebenfalls verschieben. Außerdem hilft der Pager dabei, Fenster zwischen den Seiten und Desktops zu verschieben und den auf dem Bildschirm anzuzeigenden Bereich auszuwählen (der nicht genau einer Seite entsprechen muß).

Neben den Desktop-Werkzeugen wird **fvwm2** typischerweise so konfiguriert, daß es eine Vielzahl von Modulen gibt, beginnend mit dem Root-Menü. Wenn Sie mit der ersten Maustaste auf den Hintergrund klicken, sollte dieses Menü erscheinen. Das Root-Menü ist normalerweise eine gute Möglichkeit, ein neues Terminal-Emulator-Fenster zu öffnen. Wenn Sie mit der Default-Umgebung auf Ihrem System anfangen, dann enthält das Root-Menü wahrscheinlich schon Submenüs wie FVWM MODULES, FVWM WINDOW OPS (von dem aus Sie Fenster verschieben, in der Größe ändern und schließen können), FVWM SIMPLE CONFIG OPS (zum Einstellungen von Fokus- und Paging-Modi usw.) und EXIT FVWM (zum Neustarten oder Beenden des Fenstermanagers, Starten eines neuen Fenstermanagers usw.)

In diesem Kapitel gehen wir davon aus, daß Sie die grundlegenden Operationen mit einem Fenstermanager durchführen können. Wir werden Ihnen nicht zeigen, wie man den Pager oder all die Menüeinträge verwendet. Was wir Ihnen aber zeigen werden, ist, wie man die Anzahl der im Pager angezeigten Desktops ändert, Menüeinträge hinzufügt, Tastatur-Abkürzungen konfiguriert und nützliche Anpassungen vornimmt.

Click-to-Type-Fokus einschalten

Die meisten Versionen von **fvwm2** sind so konfiguriert, daß sie das Mauszeiger-Fokusmodell (FocusFollowsMouse oder MouseFocus in der Konfigurationsdatei) verwenden. Das bedeutet, daß Sie den Mauszeiger in ein Fenster bewegen müssen, um darin tippen zu können oder Applikationsmenüs aufzurufen. **fvwm2** ist aber in dieser Hinsicht etwas flexibler als einige andere Fenstermanager.

Es gibt zwei weitere Fokus-Modi: Klicken-zum-Tippen (ClickToFocus), bei dem Sie mit der Maus in ein Fenster klicken müssen, um dort tippen zu können, und der sehr praktische Modus SloppyFocus, der sich fast wie der Mauszeiger-Fokus verhält, aber das letzte Fenster nicht verläßt, bevor er ein neues gefunden hat, das den Fokus übernehmen könnte. Das kann sehr nützlich sein, insbesondere, wenn man mit Terminal-Emulator-Fenstern wie **xterm** oder **rxvt** arbeitet. Sie können den Zeiger beiseite bewegen – absichtlich oder aus Versehen – und trotzdem noch in dem Fenster tippen.

Das Beste an **fvwm2**s Fokus-Modi ist, daß Sie beliebig mischen können, welches Fenster welchen Fokus hat. Alle Einstellungen für den Fokus-Modus werden als Argumente der Variablen *Style* vorgenommen. (*Style* erwartet mehrere Argumente, die das Aussehen und Verhalten eines bestimmten Clients oder einer bestimmten Fenstermanager-Komponente festlegen.)

Im folgenden Auszug aus einer Konfigurationsdatei macht die erste Zeile den Mauszeiger-Fokus zum Default für alle Applikationen (das Sternchen ist ein Jokerzeichen). Die folgenden Zeilen geben die Ausnahmen von dieser Regeln an. Die Button-Leiste funktioniert besser mit Klicken-zum-Tippen, wie auch **xman** (Man-Page-Betrachter) und **xmag** (ein Vergrößerungsglas). Die beiden Terminal-Fenster freuen sich über den »nachlässigen« Fokus.

```
Style "*"             FocusFollowsMouse
Style "FvwmButtons" Icon toolbox.xpm, ClickToFocus
Style "xman"          Icon xman.xpm, RandomPlacement, ClickToFocus
Style "xmag"          Icon mag_glass.xpm, RandomPlacement, ClickToFocus
Style "XTerm"         Icon xterm.xpm, SloppyFocus, IconBox -70 1 -1 -140
Style "rxvt"          Icon term.xpm, SloppyFocus, IconBox -70 1 -1 -140
```

(Weitere Informationen zu dieser nützlichen Option finden Sie in der Man-Page von **fvwm2**.)

In unser Beispielkonfiguration enthält das Submenü SIMPLE CONFIG OPS im Root-Menü drei Elemente, mit denen Sie den Fokus-Modus nur für die aktuelle Sitzung ändern können:

- Sloppy Focus
- Click to Focus
- Focus Follows Mouse

Beachten Sie, daß diese Einträge für alle Applikationen die Definitionen in Ihrer Konfigurationsdatei überschreiben. Wenn Sie wieder die spezialisierteren Definitionen in Ihrer Konfigurationsdatei haben möchten, müssen Sie den Fenstermanager neu starten.

Das Fokus-Fenster automatisch in den Vordergrund holen

Wenn Sie den Mauszeiger-Fokus (FocusFollowsMouse) verwenden, dann kann es sinnvoll sein, auch das FvwmAuto-Modul zu benutzen, welches das Fokus-Fenster automatisch in den Vordergrund holt. Wenn wir die folgende Zeile zur *.fvwm2rc*-Datei hinzufügen, dann wird das Fokus-Fenster automatisch in den Vordergrund geholt, wenn sich der Mauszeiger für 200 Millisekunden darin befunden hat.

```
Module FvwmAuto 200
```

(Das ist also ein Fünftel einer Sekunde.) Die Verzögerung ist wichtig und macht FvwmAuto in der Praxis besser benutzbar. Wenn Mauszeiger-Fokus verwendet wird, kann das automatische In-den-Vordergrund-Holen den Bildschirm reichlich chaotisch aussehen lassen: Wenn Sie den Mauszeiger über den Bildschirm bewegen, bekommen mehrere Fenster nacheinander den Fokus und werden in verwirrender Folge in den Vordergrund gebracht. Mit einer Verzögerung können Sie das vermeiden, indem Sie den Zeiger schnell weiter in das Fenster bewegen, das den Fokus haben soll.

Wenn Sie ClickToFocus defaultmäßig verwenden, dann ist das automatische In-den-Vordergrund-Holen eingebaut und diese Änderung nicht notwendig.

Natürlich werden auch bei denjenigen, die das FvwmWinList-Modul benutzen, um den Fokus zuzuweisen, die Fenster automatisch in den Vordergrund geholt, ohne daß sie die Datei *.fvwm2rc* editieren oder auch nur den Zeiger von der WinList wegbewegen müßten.

Eines Ihrer Menüs kann auch dazu konfiguriert werden, ein Element zu enthalten, das das automatische In-den-Vordergrund-Holen einschaltet, sowie ein weiteres Element, das es wieder ausschaltet. In manchen Default-Einstellungen gibt es dazu im Fvwm-Modules-Menü die Einträge AUTORAISE und STOP AUTORAISE.

Die Größe des Desktops ändern

Viele Default-Konfigurationsdateien haben einen Default-Desktop von zwei mal zwei Bildschirmen, was in der Konfigurationsdatei mit folgender Zeile festgelegt wird.

```
DeskTopSize 2x2
```

Das kann man leicht ändern. Die folgende Zeile führt zu drei Seiten waagerecht und zwei Seiten senkrecht:

```
DeskTopSize 3x2
```

Sie müssen aber nicht in beide Richtungen mehrere Seiten haben. Beispielsweise kann man einfach nur drei Seiten übereinander haben.

```
DeskTopSize 1x3
```

Oder auch nur eine Seite insgesamt:

```
DeskTopSize 1x1
```

Aber warum sollte man dann **fvwm2** verwenden?

Natürlich hängt die Anzahl der Seiten davon ab, wieviel Platz Sie benötigen, wie Sie zu arbeiten pflegen, und auch davon, ob Sie mehr als einen Desktop verwenden (das wird im nächsten Abschnitt beschrieben). Wenn Sie mehrere Desktops konfigurieren, dann hat jeder die gleiche DeskTopSize. Richten Sie beispielsweise einen Desktop zum Arbeiten und einen zum Spielen ein, dann brauchen Sie möglicherweise nicht so viele Seiten. Zwei Desktops mit jeweils drei mal drei Seiten ergeben insgesamt 18 Seiten, auf denen Sie sich verlaufen könnten. Schluck. Grafiker werden aber möglicherweise eine größere Arbeitsfläche begrüßen.

Mehrere Desktops einrichten

Um mit mehreren Desktops arbeiten zu können, müssen Sie einfach nur den Pager so konfigurieren, daß er die gewünschte Anzahl von Desktops anzeigt. Jeder Desktop hat die gleiche Anzahl von Seiten, nämlich die mit *DeskTopSize* angegebene (siehe den vorgehenden Abschnitt »Die Größe des Desktops ändern«).

Um mehr als einen Desktop haben zu können, müssen Sie eine Zeile editieren, die ungefähr so aussieht:

```
*FvwmButtons(2x2 Frame 2 Swallow(UseOld) "FvwmPager" "Module FvwmPager 0 0")
```

Diese Zeile nimmt den Pager im FvwmButtons-Modul (der Buttonleiste) auf. Die beiden Zahlen am Ende der Definition geben den Bereich der sichtbaren Desktops an. Der erste Desktop hat die Nummer 0, und in diesem Fall hat auch der letzte Desktop diese Nummer; es gibt also nur einen.

Wenn Sie gern zwei Desktops hätten, dann ändern Sie einfach die letzte Zahl in eine 1:

```
*FvwmButtons(1x2 Frame 2 Swallow(UseOld) "FvwmPager" "Module FvwmPager 0 1")
```

Die folgende Zeile würde einen Pager mit vier Desktops erzeugen, die von 0 bis 3 durchnumeriert sind:

```
*FvwmButtons(1x2 Frame 2 Swallow(UseOld) "FvwmPager" "Module FvwmPager 0 3")
```

Nur wenige Leute werden so viel Platz benötigen. Aber selbst wenn Sie nur einen einzigen Desktop hinzufügen, denken Sie bitte daran, daß Sie möglicherweise auch den Gesamtumfang des Pagers und damit der umgebenden Buttonleiste ändern müssen, um eine halbwegs verwendbare Sicht auf Ihre verschiedenen Desktops zu bekommen. Möglicherweise müssen Sie auch neuen Platz anfordern, damit der Pager genug Platz bekommt.

Es gibt einige wenige relevante Größen, an denen Sie herumschrauben können, um Platz für einen Pager zu schaffen, der mehrfache Desktops anzeigt:

- die Größe der Buttonleiste (das FvwmButtons-Modul)
- die Anzahl der Spalten in der Buttonleiste
- wie viele Spalten dieser Pager belegt

Ein typisches FvwmButtons-Modul könnte 520 Pixel breit und 100 Pixel hoch sein:

```
*FvwmButtonsGeometry 520x100-1-1
```

Es könnte mit zwei Zeilen und fünf Spalten konfiguriert sein (deren Größen vollständig von der FvwmButtons-Geometrie abhängen):

```
*FvwmButtons(Frame 2 Padding 2 2 Container(Rows 2 Columns 5 Frame 1 Padding 10 0))
```

In dieser Einstellung belegt der Pager eine Spalte und zwei Abschnitte im FvwmButtons-Modul:

```
*FvwmButtons(1x2 Frame 2 Swallow(UseOld) "FvwmPager" "Module FvwmPager 0 1")
```

Der Icon Manager belegt drei Spalten:

```
*FvwmButtons(3x2 Frame 2 Swallow "FvwmIconMan" "Module FvwmIconMan")
```

Und die verbleibende Spalte wird von den Desktop-Applikationen (z.B. **xbiff**, **xclock** und **xload**) eingenommen, die in einem Container im FvwmButtons-Modul ausgeführt werden:

```
*FvwmButtons(1x2 Frame 0 Container(Rows 2 Columns 2 Frame 0))
*FvwmButtons(Frame 2 Swallow(UseOld,NoHints,Respawn) "xbiff" 'Exec exec xbiff
-bg bisque3')
*FvwmButtons(Frame 3 Swallow(UseOld,NoHints,Respawn) "xclock" 'Exec exec xclock
-bg bisque3 -fg black -hd black -hl black -padding 0 update 1')
*FvwmButtons(2x1 Frame 2 Swallow(UseOld,NoHints,Respawn) "xload" 'Exec exec
xload -bg bisque3 -fg black -update 5 -nolabel')
```

Beachten Sie, daß der Container weiter in zwei Zeilen und zwei Spalten unterteilt wird, damit die Applikationen passend angeordnet werden können. Lassen Sie sich von dieser Schicht aber nicht verwirren. (Das Parsen der Konfigurationsdatei kann kompliziert sein.)

Zurück zu unseren Desktops. Wenn Sie zwei Desktops haben wollen, dann ändern Sie zunächst die Nummer des letzten Desktops am Ende dieser Zeile in eine 1:

```
*FvwmButtons(1x2 Frame 2 Swallow(UseOld) "FvwmPager" "Module FvwmPager 0 1")
```

Um den Pager groß genug zu machen, um beide Desktops sinnvoll anzuzeigen, verbreitern wir die Buttonleiste etwas. Fügen wir den anfänglichen 520 Pixel noch hundert hinzu:

```
*FvwmButtonsGeometry 620x100-1-1
```

Lassen Sie uns auch die verfügbaren fünf Spalten so umverteilen, daß der Icon Manager nur noch zwei bekommt (anstelle der ursprünglichen drei) und der Pager die frei gewordene Spalte erhält. Der Abschnitt mit den Applikationen bleibt eine Spalte breit:

```
*FvwmButtons(2x2 Frame 2 Swallow "FvwmIconMan" "Module FvwmIconMan")
*FvwmButtons(2x2 Frame 2 Swallow(UseOld) "FvwmPager" "Module FvwmPager 0 0")
*FvwmButtons(1x2 Frame 0 Container(Rows 2 Columns 2 Frame 0))
```

Abbildung 17-2 zeigt unseren neuen doppelten Desktop in der aktualisierten Buttonleiste. Dies ist nur eine benutzerspezifische Anpassung. Sie können sich vorstellen, wie kompliziert das werden kann, wenn Sie Ihre eigenen Bedürfnisse und die Eigenschaften Ihres Displays mit berücksichtigen. Aber man kann die Änderungen ja leicht überprüfen, indem man den Window Manager neu startet.

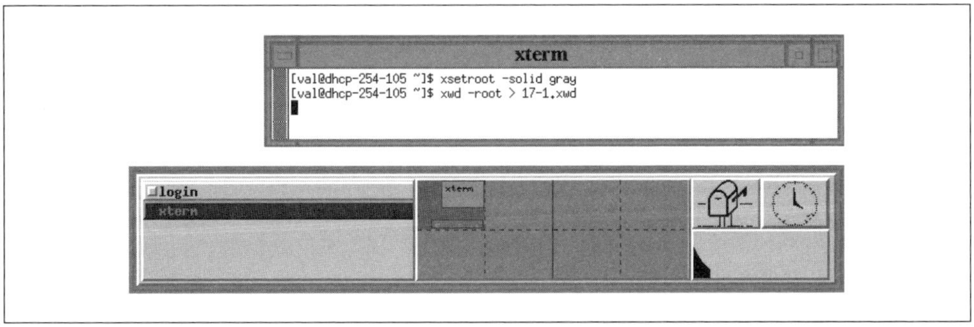

Abbildung 17-2: Das modifizierte FvwmButtons-Modul zeigt zwei Desktops im Pager an

Das gleiche Fenster auf jeder Seite erscheinen lassen

Ein Fenster, das auf jeder virtuellen Bildschirmseite erscheint, wird *sticky* (klebend) genannt, weil es auf dem Hintergrund zu kleben scheint. Manche Fenster werden in der Datei *system.fvwm2rc* als klebend gekennzeichnet, darunter **xbiff**, Programme, die auf *lock* enden (wie die Uhrenprogramme **xclock** und **oclock**) und alle **fvwm2**-Module (weil Sie die Buttonleiste, den Pager usw. auf jeder Seite benötigen.

Wenn ein Fenster unabhängig davon, welche Seite Sie gerade vor Augen haben, auf dem Desktop erscheinen soll, dann müssen Sie das in Ihrer *.fvwm2rc*-Datei angeben. Dazu wird die Variable *Style* verwendet, gefolgt vom Namen des Clients und einem nicht so leicht zu vergessenden Parameter namens *Sticky*. Die *Style*-Variable wird für viele verschiedene Eigenschaften verwendet. Hier kommen einige Zeilen, die Sie möglicherweise in Konfigurationsdateien vorfinden werden, mit denen ein Fenster u. a. klebend gemacht wird:

```
Style "xbiff"       NoTitle, Sticky, WindowListSkip, ClickToFocus
Style "*lock"       NoTitle, NoHandles, Sticky, WindowListSkip, ClickToFocus
Style "Fvwm*"       NoTitle,  Sticky, WindowListSkip
```

Beachten Sie, daß die Variable *Style* Jokerzeichen (*) verarbeiten kann, um den Definitionsbereich zu erweitern. fvwm* würde alle **fvwm2**-Module umfassen.

Versuchen Sie einmal, die folgende Zeile hinzuzufügen, die angibt, daß eine Applikation namens **xpostit** am Hintergrund kleben bleibt:

```
Style "xpostit"      Sticky
```

Normalerweise werden Sie auch wollen, daß **xpostit** Klick-Fokus verwendet und nicht in der FvwmWinList erscheint, weswegen die folgende Definition besser ist:

```
Style "xpostit"     Sticky, WindowListSkip, ClickToFocus
```

In den meisten Fällen sollte man nur Fenster, von denen es nur eine Instanz gibt (und die Sie häufig benutzen) »ankleben«. Eine Terminalemulation wie *xterm* auf jeder Seite wäre nicht so praktisch; das würde einfach zuviel Platz benötigen. Wenn Sie aber wollen, daß Ihnen ein Client wie *xterm* folgt, dann stellen Sie sicher, der Instanz des Programms mit der Option **-name** einen eindeutigen Namen zu geben.

Beispielsweise könnten Sie in Ihrer Startdatei für die X Sitzung ein **xterm** ausführen, das Sie **mailwindow** nennen:

```
xterm -name mailwindow &
```

Lassen Sie dann durch Hinzufügen der folgenden Zeile zu Ihrer *.fvwm2rc*-Datei das Fenster auf jeder Seite erscheinen:

```
Style "mailwindow"  Sticky
```

Wenn Sie ein bestimmtes Fenster anpinnen wollen, dann können Sie im Root-Menü nach dem Menü FVWM WINDOW OPS suchen. Dort werden Sie üblicherweise einen Schalter namens (UN)STICK A WINDOW finden. Sie können solch einen Menüeintrag auch selbst einrichten, siehe dazu den Abschnitt »Menüs anpassen« weiter hinten in diesem Kapitel.

Fenster auf verschiedenen Desktops und Seiten starten

Es gibt natürlich eine einfache, auf der Hand liegende Möglichkeit, Applikationen auf verschiedenen Desktops und verschiedenen Seiten zu starten: Schalten Sie in die Ansicht des Desktops und der Seite, die Sie haben wollen (mit dem Pager, mit Tastaturabkürzungen oder wie auch immer sie mögen), öffnen Sie ein Terminalfenster (z.B. mit dem Root-Menü) und führen Sie dann ein beliebiges Programm aus. Voilà. Das Applikationsfenster wird auf dem aktuellen Desktop und der aktuellen Seite ausgeführt.

Es gibt aber auch zwei automatische Wege, das gleiche zu erreichen. Bei der ersten Methode geben Sie in Ihrer *.fvwm2rc*-Datei an, daß bestimmte Programme automatisch auf bestimmten Desktops und/oder Seiten erscheinen sollen, wenn Sie sie ausführen. Das geschieht mittels der *Style*-Variable von **fvwm2**, die zwei weitere Optionen kennt: StartsOnPage und StartsOnDesk.

Jetzt kommt der verwirrende Teil: StartsOnPage erwartet bis zu drei numerische Argumente. Wenn es nur ein Argument gibt, entspricht dieses der Nummer des Desktops, auf dem die Applikation geöffnet werden soll. Wenn es drei Argumente gibt, dann identifizieren das zweite und dritte mittels X,Y-Koordinaten die Seite. Wir kommen darauf gleich zurück. (Zwei Argumente werden als X,Y-Koordinaten der Seite interpretiert.)

Und was macht die damit eng verwandte Variable StartsOnDesk? Hier wird es noch verwirrender. StartsOnDesk erwartet nur ein Argument, die Nummer des Desktops. Aber weil Sie das auch schon zusammen mit der spezifischeren Seitenadresse mit StartsOnPage auswählen können, gibt es in der Praxis keinen Grund, StartsOnDesk überhaupt zu verwenden. Der einzige wirkliche Grund dafür, StartsOnDesk zu verwenden, ist es, die Definitionen in der Datei *.fvwm2rc* so offensichtlich wie möglich zu machen.

Aber zurück zur Adressierung der Desktops und Seiten. Schauen wir uns das Adressierungsschema eines einfachen Zwei-mal-zwei-Desktops an. So, wie der erste Desktop die Nummer 0 hat, hat auch die erste Seite auf einem Desktop die Nummer 0,0. Die nächste Seite rechts davon ist 1,0. Die dritte Seite im Uhrzeigersinn (der rechte untere Quadrant) ist 1,1. Und die vierte Seite im Uhrzeigersinn (der linke untere Quadrant) ist 0,1.

Angenommen, es gibt mindestens zwei Desktops mit jeweils vier Seiten, dann besagt die folgende Definition, daß ein Programm namens **bigxterm** im linken unteren Quadranten (0,1) des zweiten Desktops (Nummer 1) gestartet wird:

```
Style "bigxterm"     StartsOnPage 1 0 1
```

Nehmen Sie diese Änderung an Ihrer *.fvwm2rc*-Datei vor, starten Sie den Fenstermanager neu und führen Sie folgenden Befehl aus:

```
xterm -name bigxterm &
```

Damit wird das Fenster an der gewünschten Stelle geöffnet.

Sie haben auch die Möglichkeit, das gleiche mittels der Ressourcen-Syntax von X auf der Kommandozeile zu erreichen. Diese Strategie ist vielleicht sogar noch etwas praktischer als das Schreiben der Definitionen in die *.fvwm2rc*-Datei, weil Sie nicht viele verschiedene Instanzen der diversen Programme (beispielsweise bigxterm, littlexterm, mailwindow oder was auch immer) definieren müssen. Die Option **-xrm** (die von vielen X Clients verstanden wird), ermöglicht das Angeben einer X Ressourcenvariablen auf der Kommandozeile:

```
xterm -xrm '*Page: 1 0 1' &
```

Sie können sogar eine ganze Reihe solcher Zeilen in der Startdatei Ihrer X Sitzung eintragen, um Applikationen gleich beim Anmelden an der gewünschten Stelle zu öffnen.

Es mag vielleicht so aussehen, als würden diese beiden Methoden des Öffnens von Fenstern auf verschiedenen Desktops oder Seiten (die Style-Variable mit StartsOnPage oder StartsOnDesk und die Kommandozeilenoption **-xrm**) identische Ergebnisse hervorbringen, aber es gibt tatsächlich einen subtilen Unterschied im Verhalten. Wenn Sie Style mit StartsOnPage (oder StartsOnDesk) verwenden und nur die Desktopnummer angeben, dann wird das Fenster auf der ersten Seite (0,0) dieses Desktops geöffnet. Geben Sie dagegen die gleiche Information mittels **-xrm** auf der Kommandozeile an, dann wird das neue Fenster auf der gleichen Seite geöffnet wie die, auf der Sie den Befehl ausführen. Das neue Fenster erscheint auf der analogen Seite des angegebenen Desktops.

Es gibt sogar noch eine Alternative, ein Fenster auf einer anderen Seite des aktuellen Desktops zu öffnen. Öffnen Sie ein Fenster mit der Option **-geometry** und übergeben Sie dabei Koordinaten, die groß genug sind, um das Fenster auf die gewünschte Seite des Desktops zu bringen. Wenn Sie einen Desktop benutzen, der drei mal drei Seiten groß ist, dann bringt die folgende Zeile ein Fenster auf die mittlere Seite:

```
xterm -geometry +1200+1200 &
```

Vergessen Sie aber nicht, daß für das Messen solcher Distanzen die Charakteristika des Displays maßgeblich sind und diese nicht einfach zu erraten sind.

Wenn das Bewegen des Zeigers zwischen den Seiten zu schwer (oder zu einfach) ist

Wenn Sie versuchen, sich auf dem Desktop durch Verschieben des Mauszeigers von Seite zu Seite zu bewegen, und das entweder zu leicht oder zu schwer ist, dann gibt es eine weitere Variable in der Konfigurationsdatei, die Sie anpassen können. Mit der treffend benannten Variablen EdgeResistance können Sie einstellen, wie einfach es sein soll, den Zeiger über den Umfang der aktuellen Seite hinauszuschieben.

Die Variable erwartet zwei Parameter. Der erste ist für das aktuelle Programm relevanter: die Anzahl der Millisekunden, die sich der Zeiger am Bildschirmrand befinden muß, damit Sie auf die nächste Seite gelangen können. Der zweite Parameter beeinflußt, wie ein Fenster zwischen Seiten bewegt werden kann: Es handelt sich um die Anzahl der Pixel, die ein Fensterrand über die Bildschirmkante herausragen muß, bevor es teilweise vom Bildschirm verschoben wird. Typische Default-Einstellungen sind:

```
EdgeResistance 250 10
```

Manche Leute empfinden den Wert für EdgeResistance als zu niedrig, was dazu führt, daß man den Zeiger unabsichtlich von der aktuellen Seite schiebt. Wenn Sie ebenfalls dieses Problem haben, können Sie den Wert des ersten Parameters erhöhen:

```
EdgeResistance 500 10
```

Wenn der erste Parameter zwischen 500 und 1.000 liegt, wird der Widerstand deutlich erhöht. Der maximale Widerstand ist 10.000, was gleichbedeutend damit ist, daß es unmöglich ist, den Zeiger auf die nächste Bildschirmseite zu verschieben.

Wenn es sich aber für Sie so anfühlt, als müßten Sie die Maus gegen eine harte Gummiwand stoßen, um auf die nächste Seite zu gelangen, können Sie die erste Zahl herabsetzen:

```
EdgeResistance 100 10
```

In einer typischen Default-Konfiguration ist **fvwm2** so konfiguriert, daß es eine Reihe von Menü-Einträgen gibt, mit denen Sie die Seiteneinstellungen direkt ändern können. Einige davon finden Sie im Menü FVWM SIMPLE CONFIG OPS, einem Untermenü des Root-Menüs. Sie können dort das Wechseln von Seiten mit FULL PAGING ON und ALL PAGING OFF ein- bzw. ausschalten.

ALL PAGING OFF macht genau das, was man erwartet: Der Mauszeiger kann die aktuelle Seite nicht verlassen. Das kann sinnvoll sein, wenn Sie wissen, daß Sie eine Zeitlang auf dieser Seite bleiben wollen, und sich keine Sorgen darüber machen wollen, den Zeiger eventuell auf eine andere Seite zu verschieben. Sie können das Wechseln von Seiten mit FULL PAGING ON wieder einschalten.

Es gibt noch andere Menüeinträge, mit denen man das Wechseln von Seiten auf verschiedene Art und Weise beschränken kann (z.B. HORIZONTAL PAGING ONLY, VERTICAL PAGING ONLY usw.).

Mit dem Menüeintrag PARTIAL PAGING können Sie den Zeiger so bewegen, daß Sie zwei benachbarte Seiten gleichzeitig sehen können; der sichtbare Bereich wird im Pager-Fenster hervorgehoben.

Der Menüeintrag FULL PAGING & EDGE WRAP erweitert die Möglichkeiten beim Seitenwechsel noch. Wenn Sie normalerweise an eine Kante des Desktops kommen, können Sie den Zeiger nicht mehr weiterbewegen. Wenn aber dieser Menüeintrag ausgewählt ist, können Sie den Zeiger über die Kante des Desktops hinausbewegen, und er gelangt so auf die Seite am anderen Ende (entweder horizontal oder vertikal). Wenn sich Ihr Mauszeiger also in der rechten oberen Ecke eines Zwei-mal-zwei-Desktops befindet und Sie den Zeiger über den rechten Rand hinausbewegen, dann gelangt dieser auf die linke obere Seite.

All diesen Menüeinträgen liegt die Variable EdgeScroll zugrunde. Hier sind die Parameter von EdgeScroll, die zu den einzelnen Menüeinträgen gehören:

```
Full Paging ON              EdgeScroll 100 100
All Paging OFF              EdgeScroll 0 0
Horizontal Paging Only      EdgeScroll 100 0
```

```
Vertical Paging Only          EdgeScroll 0 100
Partial Paging                EdgeScroll 50 50
Full Paging & Edge Wrap       EdgeScroll 100000 100000
```

Die beiden Parameter von EdgeScroll geben den Prozentsatz einer Seite an, der gescrollt werden soll, wenn Sie den Seitenrand erreicht haben. Der erste Parameter wird für horizontale, der zweite für vertikale Bewegungen verwendet. Wenn die horizontalen und vertikalen Prozentsätze mit 1.000 multipliziert werden, dann geschieht das Scrolling um die Kanten des Desktops herum. `EdgeScroll 100000 100000` tut dies also sowohl in horizontaler als auch in vertikaler Richtung.

Anstatt sich auf solche Menüeinträge zu verlassen, könnten Sie jeden einzelnen davon auch zum Default-Verhalten machen, indem Sie die EdgeScroll-Variable in eine eigene Zeile in Ihrer *.fvwm2rc* schreiben. Siehe dazu die Man-Page von **fvwm2** und die Datei *system.fvwm2rc*.

Beachten Sie, daß es mit keiner dieser Varianten möglich ist, von einem Desktop auf einen anderen zu scrollen. Im nächsten Abschnitt werden Sie lernen, wie Sie Tastaturkürzel konfigurieren können, die genau das tun.

Tastaturkürzel definieren

Die knappe *system.fvwmrc*-Datei, von der wir ausgegangen sind, bietet nur wenig zum Thema Tastaturkürzel zur Fenster-Verwaltung an. Aber wenn Sie zu den Benutzern gehören, die Ihre Hände am liebsten auf der Tastatur und weg von der Maus lassen, dann können Sie in Ihrer *.fvwm2rc*-Datei leicht die notwendigen Tasten definieren, um eine Vielzahl von Funktionen auszuführen.

Tastaturkürzel zum Navigieren des Desktops

Der Pager ist ein großartiges Werkzeug, um sich auf den Desktops umherzubewegen. Aber viele Leute hassen es, die Maus zu verwenden. Sie können daher eine Reihe von Tasten definieren, mit denen Sie sich bewegen können.

Fügen Sie Ihrer *.fvwm2rc*-Datei die folgenden Tastenkombinationen hinzu, um mit der Strg-Taste und einer Pfeiltaste jeweils eine Seite in einer beliebigen Richtung weitergehen zu können. Die Ansicht wird dann in Pfeilrichtung weitergescrollt.

Jede Definition verwendet die Variable Key gefolgt von:

1. dem Namen der Taste
2. dem Kontext (dem Ort), in welchem die Taste gedrückt werden muß
3. eventuellen Modifikator-Tasten (die ebenfalls gedrückt sein müssen)
4. der Aktion, die die Taste oder die Tastenkombination auslösen soll

Im folgenden Beispiel bedeutet die erste Definitionszeile also, daß beim Drücken der linken Pfeiltaste in einem beliebigen (»A«) Kontext, während auch die Strg-Taste (»C«) gedrückt ist, der Bildschirm auf dem aktuellen Desktop eine Seite nach links gescrollt wird:

```
# Strg+Pfeil in einem beliebigen Kontext
# scrollt eine Seite in Pfeilrichtung
```

```
Key Left        A       C       Scroll -100 0
Key Right       A       C       Scroll +100 +0
Key Up          A       C       Scroll +0   -100
Key Down        A       C       Scroll +0   +100
```

Tabelle 17-1 faßt die Funktionalität zusammen.

Tabelle 17-1: Tastenkombinationen zum Wechseln der Seite

Tastenkombination	Änderung der Ansicht
Strg, Pfeil nach rechts	eine Seite nach rechts
Strg, Pfeil nach links	eine Seite nach links
Strg, Pfeil nach oben	eine Seite nach oben
Strg, Pfeil nach unten	eine Seite nach unten

Die Variable Scroll erwartet die gleichen Parameter wie die Variable EdgeScroll, die im Abschnitt »Wenn das Bewegen des Zeigers zwischen den Seiten zu schwer (oder zu einfach) ist« weiter vorn in diesem Kapitel erklärt wurde. Siehe dazu die Man-Page von **fvwm2**. Beachten Sie, daß Sie sich mit den hier genannten Tastenkombinationen zwar auf einem Desktop herumbewegen, aber nicht zu einem anderen Desktop kommen können. Darum werden wir uns später kümmern.

Hier kommt noch eine mögliche Tastenbindung. Diese bewegt die Sicht zu jeder Seite des Desktops in ihrer Reihenfolge und geht am Ende wieder zur ersten Seite zurück. Sie verwenden die Tab-Taste bei gedrückter Strg-Taste, auch hier in einem beliebigen Kontext. Die Definitionszeile sieht folgendermaßen aus:

```
# Tab + Strg in einem beliebigen Kontext scrollt
# eine Seite weiter und springt auch zum Anfang zurück
Key Tab        A       C       Scroll 100000 0
```

Tabelle 17-2 zeigt eine andere Kombination zum Wechseln der Seite.

Tabelle 17-2: Weitere Tastenkombination zum Wechseln der Seite

Tastenkombination	Änderung der Ansicht
Strg, Tab	zur nächsten Seite auf dem Desktop

Weil Applikationsfenster Seitengrenzen überschreiten können, wollen Sie manchmal vielleicht etwas anderes als genau eine bestimmte Seite (oder vielleicht auch die Fenster auf zwei verschiedenen Seiten gleichzeitig) sehen können. Die folgenden Abkürzungen scrollen eine Zehntelseite weiter. Anstatt der Strg-Taste verwenden diese Abkürzungen die sogenannte Meta-Taste. Dies ist ein symbolischer Name, welche Taste tatsächlich die Meta-Funktion hat, unterscheidet sich von Tastatur zu Tastatur. In vielen Fällen ist das die Alt-Taste. Hier kommen die Definitionszeilen für die Konfigurationsdatei:

```
## Pfeil+Meta in einem beliebigen Kontext scrollt um eine
## Zehntelseite in Pfeilrichtung
Key Left            A          M          Scroll -10   +0
Key Right           A          M          Scroll +10   +0
Key Up              A          M          Scroll +0   -10
Key Down            A          M          Scroll +0   +10
```

Diese Zeilen bringen die in Tabelle 17-3 zusammengefaßte Funktionalität.

Tabelle 17-3: Tastenkombination zum Scrollen um eine Zehntelseite

Tastenkombination	Änderung der Ansicht
Meta, Pfeil nach links	eine Zehntelseite nach links
Meta, Pfeil nach rechts	eine Zehntelseite nach rechts
Meta, Pfeil nach oben	eine Zehntelseite nach oben
Meta, Pfeil nach unten	eine Zehntelseite nach unten

Wenn Sie mehr als einen Desktop haben, dann können Sie auch zur Navigation zwischen diesen Tastenkürzel definieren. Mit den folgenden beiden Kürzeln können Sie sich in einer Umgebung mit zwei Desktops vor- und zurückbewegen:

```
## Strg+Eingabetaste in einem beliebigen Kontext
## scrollt um einen Desktop vorwärts
Key Return        A       C       Desk 1 1 1
## Umschalt+Strg+Eingabetaste in einem beliebigen Kontext
## scrollt um einen Desktop rückwärts
Key Return        A       SC      Desk -1 0 0
```

Tabelle 17-4 faßt diese Abkürzungen zusammen.

Tabelle 17-4: Tastenkombinationen, um auf den nächsten Desktop zu scrollen

Tastenkombination	Änderung der Ansicht
Strg + Eingabetaste	einen Desktop nach vorn
Umschalt + Strg + Eingabetaste	einen Desktop nach hinten

Der zweite und der dritte Parameter der Variablen Desk beschränken den Seitenwechsel, so daß Sie nicht vor den ersten oder hinter den zweiten Desktop gelangen können. (Theoretisch könnten Sie sich aus dem Bereich des Pagers herausbewegen!) Wenn Sie mehr als zwei Desktops haben, dann müssen Sie diese Definitionen anpassen. In der Man-Page von **fvwm2** finden Sie weitere Informationen über die Variable Desk.

Den Mauszeiger mit der Tastatur bewegen

Im letzten Abschnitt haben Sie einige Tastaturkürzel kennengelernt, mit denen Sie in der Seitenansicht scrollen können. Aber Sie können auch Kürzel definieren, um die Position des Mauszeigers auf dem Bildschirm zu bewegen. Das ist natürlich vor allem für ausgesprochene Maushasser gedacht. Aber immer wenn man lieber die Tastatur als die Maus benutzt, können diese Abkürzungen praktisch sein. Dazu wird die Variable CursorMove verwendet, die auch in der Man-Page von **fvwm2** beschrieben wird.

Die Tastaturkürzel in der ersten Gruppe bewegen den Mauszeiger jeweils um ein Zehntel des Bildschirms. Die erste Definitionszeile besagt, daß beim Drücken der Links-Pfeiltaste in einem beliebigen Kontext (»A«) bei gleichzeitigem Gedrückthalten der Umschalt-(»S«-) und Meta-(»M«-)Tasten der Mauszeiger um ein Zehntel einer Seite in Pfeilrichtung bewegt wird:

```
## Umschalt + Meta + Pfeil in einem beliebigen Kontext
## bewegt den Zeiger um ein Zehntel der Seite in Pfeilrichtung
Key Left          A          SM           CursorMove -10  +0
Key Right         A          SM           CursorMove +10  +0
Key Up            A          SM           CursorMove +0   -10
Key Down          A          SM           CursorMove +0   +10
```

Tabelle 17-5 faßt die Befehle zusammen.

Tabelle 17-5: Tastenkombinationen, um den Mauszeiger um ein Zehntel der Seite zu bewegen

Tastenkombination	Bewegt den Zeiger
Meta, Umschalt, Pfeil nach links	um ein Zehntel der Seite nach links
Meta, Umschalt, Pfeil nach rechts	um ein Zehntel der Seite nach rechts
Meta, Umschalt, Pfeil nach oben	um ein Zehntel der Seite nach oben
Meta, Umschalt, Pfeil nach unten	um ein Zehntel der Seite nach unten

Wenn Sie genausoviel Kontrolle über die Bewegung des Mauszeigers haben wollen wie bei der Benutzung der Maus selbst, dann können Sie auch Tastaturkürzel definieren, mit denen der Mauszeiger um ein einziges Prozent einer Seite bewegt wird:

```
## Umschalt + Strg + Pfeil in beliebigem Kontext
## bewegt den Zeiger um 1% einer Seite in Pfeilrichtung
Key Left          A          SC           CursorMove -1    0
Key Right         A          SC           CursorMove +1   +0
Key Up            A          SC           CursorMove +0   -1
Key Down          A          SC           CursorMove +0   +1
```

Tabelle 17-6 faßt die Befehle zusammen.

Tabelle 17-6: Tastenkombinationen, um den Mauszeiger um ein Prozent der Seite zu bewegen

Tastenkombination	Bewegt den Mauszeiger
Umschalt, Strg, Pfeil nach links	ein Prozent der Seite nach links
Umschalt, Strg, Pfeil nach rechts	ein Prozent der Seite nach rechts
Umschalt, Strg, Pfeil nach oben	ein Prozent der Seite nach oben
Umschalt, Strg, Pfeil nach unten	ein Prozent der Seite nach unten

Tastaturkürzel zur Menü- und Fenstermanipulation

Bisher haben wir uns auf Tastaturkürzel zum Scrollen der Ansicht und zum Bewegen des Mauszeigers beschränkt. Aber Sie können für jede Funktion des Fenstermanagers Tastenbindungen definieren.

Hier kommen als Beispiel einige Bindungen für einfache Fensteroperationen und zum Anzeigen einiger Menüs:

```
# Tastenkürzel
Key F1          A       M       Iconify
Key F2          A       M       Move
Key F3          A       M       Resize
Key F4          A       M       Popup "RootMenu"
Key F5          A       M       Popup "Misc-Ops"
Key F6          A       M       Popup "Utilities"
Key F7          A       M       Popup "Module-Popup"
Key F10         A       M       Restart fvwm2
Key F12         A       SM      Close
```

Dies sind lediglich Beispiele; Sie wollen vielleicht einige Tastenkürzel definieren, die ganz andere Funktionen erfüllen. Aber mit diesen Bindungen können wir uns einige der Möglichkeiten wie auch der potentiellen Probleme anschauen.

In unseren Beispieldefinitionen legt die erste Bindung fest, daß beim Drücken der Funktionstaste F1 in einem beliebigen Kontext (»A«) bei gleichzeitigem Gedrückthalten der Meta-Taste (»M«) das Fenster, das den Fokus hat, ikonifiziert (oder wiederhergestellt) wird. Mit Meta+F2 können Sie das Fokus-Fenster verschieben und mit Meta+F3 vergrößern. (Die Meta-Taste wird im Abschnitt »Tastaturkürzel zum Navigieren des Desktops« erläutert.)

Wenn Sie die Tastaturkürzel zum Bewegen des Mauszeigers aus dem letzten Abschnitt übernommen haben, können Sie das Vergrößern, Verkleinern und Verschieben ausschließlich mit der Tastatur erledigen. Drücken Sie beispielsweise Meta+F2, um das Verschieben einzuleiten, und ziehen Sie dann den Fenster-Umriß durch Bewegen des Mauszeigers mit den jeweiligen Tastenkombinationen und drücken Sie schließlich die Eingabetaste, um die Operation abzuschließen.

Wir haben außerdem Funktionstasten definiert, um vier verschiedene Menüs aufzuklappen, deren Inhalt ebenfalls in der Datei *.fvwm2rc* definiert wird. Wenn ein Menü aufgeklappt ist, können Sie sich mit dem Pfeil nach unten und dem Pfeil nach oben im Menü bewegen, mit dem Pfeil nach links und dem Pfeil nach rechts in und aus Submenüs gehen, mit der Eingabetaste einen Menüeintrag auswählen und schließlich mit der Esc-Taste das Menü wieder schließen, ohne etwas auszuwählen.

Weil wir ziemlich viel mit der Konfiguration von **fvwm2** herumspielen, haben wir Meta+F10 so definiert, daß diese Tastenkombination den Fenstermanager neu startet. Das ist viel schneller, als über die Menüs zu gehen.

Außerdem haben wir eine Tastenkombination definiert, mit der man das Fenster, das den Fokus hat, schließen kann: Umschalt+Meta+F12. Natürlich ist es praktisch, ein Fenster auf Tastendruck schließen zu können, aber das sollte auch wiederum nicht zu einfach sein, weil man das Fenster sonst leicht unabsichtlich schließt. Durch einen zusätzlichen Modifikator (Umschalt) und die Verwendung der allerletzten Funktionstaste (F12) muß man sich schon anstrengen, um ein Fenster auf diese Art und Weise zu schließen.

Menüs anpassen

Zu den Features und Funktionen des Fenstermanagers, die in der Konfigurationsdatei definiert werden, gehört auch der Inhalt von Menüs. Die Datei *system.fvwm2rc* enthält üblicherweise eine Reihe von Menüs, die für viele Leute nützlich sind. Aber welche Menüs Sie verwenden, wenn überhaupt, und was Sie enthalten, liegt bei Ihnen.

Das Root-Menü wird typischerweise so definiert:

```
AddToMenu RootMenu      "Root Menu"                 Title
+                       "XTerm"                     Exec exec xterm
+                       "Rxvt"                      Exec exec rxvt
+                       ""                          Nop
+                       "Remote Logins"             Popup Remote-Logins
+                       ""                          Nop
+                       "Utilities"                 Popup Utilities
+                       ""                          Nop
+                       "Fvwm Modules"              Popup Module-Popup
+                       "Fvwm Window Ops"           Popup Window-Ops
+                       "Fvwm Simple Config Ops"    Popup Misc-Ops
+                       ""                          Nop
+                       "Refresh Screen"            Refresh
+                       "Recapture Screen"          Recapture
+                       ""                          Nop
+                       "Exit Fvwm"                 Popup Quit-Verify
```

Mit der Variable AddToMenu wird ein Menü erzeugt. Der erste Parameter ist der Name des Menüs, in diesem Falle RootMenu. Der Menüname wird dazu verwendet, an anderer Stelle in der Konfigurationsdatei darauf Bezug zu nehmen (etwa um eine Tastenkombination zu definieren, mit der das Menü aufgeklappt werden soll). Beachten Sie, daß die Variable AddTo-Menu und der Menüname auf jeder Zeile der Menüdefinition wiederholt werden, was hier durch das Plus-Zeichen angegeben wird.

Jede Zeile in der Definition erzeugt einen Eintrag im Menü; dabei kann es sich um den Menütitel, einen normalen Menüeintrag, eine Leerzeile oder einen Trennstrich handeln. Der dritte Eintrag jeder Zeile gibt den Text an, der hier erscheinen soll, und der vierte Eintrag die auszuführende Funktion des Fenstermanagers.

Die erste Zeile in unserem Beispiel gibt den Menütitel an. Zeilen mit leeren Textfeldern ("") und der Nop-Funktion (was für »No operation« steht) definieren Trennstriche im Menü.

Die Funktion Pop-up hat eine genauere Untersuchung verdient. Pop-up legt fest, daß ein Menü angezeigt werden soll; der Name des Menüs wird als Argument von Pop-up angegeben. Wenn Pop-up von einem anderen Menü aus aufgerufen wird, erzeugt es ein Untermenü (ein sogenanntes kaskadierendes Menü). Diese Beispieldefinition des Root-Menüs hat sechs Untermenüs namens Remote-Logins, Utilities, Module-Popup, Window-Ops, Misc-Ops und Quit-Verify. Diese Menüs werden an anderer Stelle der Konfigurationsdatei ebenfalls mit dem Befehl AddToMenu definiert.

Sie können die Beispielmenüs in der Datei *system.fvwm2rc* und der Man-Page von **fvwm2** verwenden, um exstierende Menüs anzupassen oder neue zu definieren. Das Ersetzen der Definitionszeilen in den Beispielmenüs ist einfach und das Schreiben völlig neuer Menüs auch nicht viel schwieriger.

Sie können auch einstellen, wie die Menüs angezeigt werden. Vielleicht wollen Sie ja keinen Haufen kaskadierender Menüs am Root-Menü hängen haben. Im letzten Abschnitt haben wir einige Funktionstasten definiert, die bestimmte Menüs angezeigt haben. Das ist eine Möglichkeit. Sie können auch bestimmte Maustasten zum Anzeigen verschiedener Menüs verwenden. In einer typischen Defaultkonfiguration zeigt die erste Maustaste das Root-Menü und die zweite das Window Ops-Menü an. Aber weil die meisten Funktionen von Window Ops (wie Move, Resize und Iconify) auch direkt über den Mauszeiger an verschiedenen Stellen des Fensters zur Verfügung stehen, kann es eventuell sinnvoller sein, die zweite Maustaste ein anderes Menü (wie etwa Utilities) anzeigen zu lassen.

Das Modul FvwmWinList: Umschalten des Fokus

FvwmWinList ist ein **fvwm2**-Modul, mit dem Sie den Überblick über alle Applikationsfenster auf Ihren vielen Bildschirmseiten behalten. Die WinList ist normalerweise so konfiguriert, daß Sie damit den Fokus an ein beliebiges Fenster zuweisen können, aber theoretisch könnten Sie damit auch andere Operationen durchführen.

In vielen typischen Umgebungen können Sie die FvwmWinList aus einem **FVWM MODULES**-Menü heraus starten, das selbst wiederum oft ein Untermenü des Root-Menüs ist. Wenn Sie die WinList lieber gleich automatisch beim Start von **fvwm** öffnen wollen, dann lesen Sie im nächsten Abschnitt, Die FvwmWinList zu einem Bestandteil Ihrer Default-Umgebung machen, nach. (Sie könnten das WinList-Modul auch mit einer Tastenkombination starten; Näheres dazu im Abschnitt »Tastaturkürzel definieren« weiter oben.)

Einige Aspekte des Aussehens und des Verhaltens von FvwmWinList können angepaßt werden. Im nächsten Abschnitt werden wir einige typische Definitionszeilen für dieses Modul sehen. Wenn Sie diese Konfiguration benutzen, dann führt FvwmWinList die folgenden Operationen aus:

Klicken mit der ersten Maustaste:
: Gibt dem jeweiligen Fenster den Fokus. Wenn das Fenster ikonifiziert ist, wird es wiederhergestellt. Schaltet die Bildschirmansicht so um, daß die Seite mit dem Fenster zu sehen ist.

Klicken mit der zweiten Maustaste:
: Ikonifiziert das Fenster oder stellt es wieder her; die angezeigte Seite ändert sich nicht.

Klicken mit der dritten Maustaste:

Zeigt eine Aufklappbox mit Informationen über das jeweilige Fenster an (unter anderem die Ausmaße in Pixeln, ob das Fenster klebrig, permanent oder transient ist usw.). Die Box kann durch Anklicken mit einer beliebigen Maustaste wieder geschlossen werden.

Eines der interessanten Features der WinList ist, daß keiner dieser Befehle den Zeiger in das Fokus-Fenster bewegt. Statt dessen bleibt der Zeiger auf dem Eintrag in der WinList, der dem Fokus-Fenster entspricht.

Theoretisch könnten Sie den Zeiger immer auf der FvwmWinList lassen und sämtliche Navigation von dort vornehmen – es sei denn, Sie wollten mit dem FvwmButtons-Modul oder einem der anderen Fenster arbeiten, die normalerweise nicht in der WinList stehen.

Die FvwmWinList mit mehreren Instanzen des gleichen Fensters verwenden

Die Haupteinschränkung der FvwmWinList besteht darin, daß es etwas schwierig ist, zu sagen, welches Fenster in der Liste welchem Fenster entspricht. Jeder Eintrag in der FvwmWinList zeigt den Text an, der in der Titelleiste des korrespondierenden Fensters steht. (Wenn die Titelleiste unterdrückt wird, wird der Text angezeigt, der normalerweise dort stehen würde.) Wenn Sie das gleiche Programm mehrfach ausführen (z.B. mehrere **xterms**), dann sehen alle in der FvwmWinList gleich aus. (Mit dem einen Unterschied, daß die Einträge der ikonifizierten Fenster in runden Klammern stehen.)

Wenn Sie sich an die FvwmWinList gewöhnt haben, dann ist es am besten, wenn Sie für verschiedene Instanzen des gleichen Fensters verschiedene Titel verwenden. Die Standard X Optionen **-title** und **-name** sorgen dafür. Beachten Sie dabei, daß **-title** nur den Text in der Titelleiste ändert, während **-name** buchstäblich den Namen der Applikation ändert, was also auch beeinflußt, welche Ressourcen und Konfigurationsdateien verwendet werden.

Die FvwmWinList zu einem Bestandteil Ihrer Default-Umgebung machen

Wenn Sie FvwmWinList zu einem Bestandteil Ihrer Default-Umgebung machen wollen, dann sollten Sie Ihre Konfigurationsdatei so editieren, daß das Modul sowohl beim Start als auch beim Neustart des Fenstermanagers gestartet wird. Wir haben zu diesem Zweck im folgenden Beispiel die Zeilen drei und sechs hinzugefügt:

```
AddToFunc InitFunction    "I" Module FvwmButtons
+           "I" exec xsetroot -mod 2 2 -fg \#554055 -bg \#705070
+           "I" Module FvwmWinList

AddToFunc RestartFunction "I" Module FvwmButtons
+           "I" exec xsetroot -mod 2 2 -fg \#554055 -bg \#705070
+           "I" Module FvwmWinList
```

Diese Zeilen geben an, daß das Modul FvwmWinList immer dann ausgeführt werden soll, wenn Sie den Fenstermanager starten oder neu starten. Das Fenster erscheint dann in der linken unteren Ecke des Bildschirms.

Alternativ dazu könnten Sie die FvwmWinList auch zu einem Pop-up-Menü machen. Die folgende Definition bindet das Modul an die dritte Maustaste, wenn diese auf dem Hintergrund gedrückt wird (das ist wahrscheinlich nicht so praktisch, wie das Modul immer zur Verfügung zu haben):

```
Mouse 3          R       A       Module FvwmWinList Transient
```

Das Starten eines Moduls ist aber etwas anderes als die Angaben, wie es aussehen und sich verhalten soll. Wie auch bei einer Reihe anderer Module (FvwmButtonBox, FvwmPager usw.) werden die diversen Eigenschaften von FvwmWinList an anderer Stelle in der Konfigurationsdatei definiert. Hier kommen einige typische Definitionszeilen:

```
########################FvwmWinList########################
*FvwmWinListBack #908090
*FvwmWinListFore Black
*FvwmWinListFont -adobe-helvetica-bold-r-*-*-10-*-*-*-*-*-*-*
*FvwmWinListAction Click1 Iconify -1,Focus
*FvwmWinListAction Click2 Iconify
*FvwmWinListAction Click3 Module "FvwmIdent" FvwmIdent
*FvwmWinListUseSkipList
*FvwmWinListGeometry +0-1
```

Die ersten drei Zeilen geben die Hintergrundfarbe, die Vordergrundfarbe und den Font an, der von der Applikation verwendet werden soll. Die nächsten drei definieren, welche Aktionen beim Klicken mit der ersten, zweiten und dritten Maustaste in die WinList ausgeführt werden sollen. UseSkipList teilt der WinList mit, keine Fenster aufzuführen, denen an anderer Stelle in der Konfigurationsdatei der Stil WindowListSkip zugewiesen wurde. (Das trifft im allgemeinen auf alle Modul-Fenster zu, die also nicht in der FvwmWinList erscheinen.) Die letzte Zeile schließlich gibt die Lage des Fensters auf dem Bildschirm (die linke untere Ecke) an.

Die WinList ist außerdem ein klebriges Fenster; sie erscheint also auf jeder Seite jedes Desktops. Aber die Konfigurationsdatei kann schon verwirrend sein. Diese Eigenschaft wird nämlich an anderer Stelle mit der *Style*-Option angegeben:

```
Style "Fvwm*"        NoTitle, Sticky, WindowListSkip
```

Diese Zeile legt fest, daß alle Module (einschließlich der WinList) keine Titelleiste haben, klebrig sind und nicht in der FvwmWinList erscheinen. Im Falle der FvwmWinList wäre es verwirrend, wenn diese als Eintrag in sich selbst erscheinen würde.

Index

B

D

E

G

I

J

K

L

M

S

T

Über die Autoren

Ellen Siever ist Autorin und Lektorin bei O'Reilly. Neben *Linux in a Nutshell* hat sie an *Perl in a Nutshell* und an der *Perl Modules Reference* für die Unix-Ausgabe des Perl Resource Kit mitgewirkt. Ellen sammelte über viele Jahre Erfahrung als Programmiererin, bevor ihr klar wurde, daß ihr über Computer zu schreiben noch mehr Spaß macht.

Auch **Stephen Spainhour** schreibt für O'Reilly: Er ist Ko-Autor von *Webmaster in a Nutshell* und *Perl in a Nutshell* und hat einen wesentlichen Beitrag zu vielen weiteren O'Reilly-Titeln geleistet. Stephen ist süchtig nach Profi-Tennis, und wenn er nicht gerade die neuesten Tennisergebnisse im Web recherchiert, verfeinert er seine Kochkünste, genießt elektronische Musik, versucht, seinen selbstgebastelten PC am Laufen zu halten, und schaut viel zu viel fern.

Stephen Figgins arbeitet als Lektor für O'Reilly. Bevor er anfing, Bücher zu machen, beantwortete er fünf Jahre lang die technischen Fragen der O'Reilly-Kunden. Es war ein Traumjob für einen Techniker: Er wurde dafür bezahlt, O'Reilly-Bücher zu lesen und mit anderen Leuten darüber zu diskutieren. Das Betriebssystem seiner Wahl ist (natürlich) Linux.

Jessica P. Hekman lebt in Arlington, Massachusetts. 1995 hatte sie mit einem Abschluß in mittelalterlicher Geschichte und Literatur den Sprung ins »echte Leben« gewagt. Sie hat das Beste daraus gemacht – bei O'Reilly & Associates als Produktionsassistentin, Assistentin der System-Administratoren, Autorin und Entwicklerin von Online-Publikationen, bei ZDNet als Entwicklerin und als Programmiererin für die Curl Corporation.

Über die Übersetzer

Matthias Kalle Dalheimer ist Geschäftsführer von Klarälvdalens Datakonsult AB und freiberuflich als Autor und Übersetzer tätig. Für O'Reilly hat er z.B. *Programming with Qt*, *KDE Anwendung & Programmierung* und *LaTeX kurz & gut* geschrieben sowie zahlreiche O'Reilly-Bücher aus dem Englischen ins Deutsche übersetzt. Kalle war schon immer ein glühender Fan Schwedens, seiner Bewohner wie seiner Produkte (von Volvos bis IKEA-Möbeln), weswegen er jetzt mit seiner Frau Tanja und Sohn Jan Lennart auf einem alten Bauernhof im kleinen Ort Hagfors in Schweden lebt.

Sven Riedel hofft, bald sein Informatik-Diplom der TU Clausthal in den Händen zu halten. Mit Linux beschäftigt er sich seit 1996 – als Netzwerkadministrator seines Studentenwohnheims, Systemadministrator des Universitätsnetzes und Gründungsmitglied der Linux User Group Clausthal. Sein geballtes Wissen gibt er auch im Rahmen von Linux-Schulungen weiter. Sven verbringt seine verbleibende Freizeit am liebsten mit Büchern von Terry Pratchett, Industrial Music und First-Person-Shootern.

Ahmet Ertem arbeitet als Systemberater für hochverfügbare UNIX-Serversysteme, Datensicherungslösungen und Speichersubsysteme. Für O'Reilly hat er bereits *CVS kurz & gut* und *Windows NT TCP/IP Netzwerk-Administration* übersetzt sowie zahlreiche

Fachgutachten erstellt. In seiner Freizeit pflegt er das Frankfurter Brauchtum beim »Schobbe petze« und versucht sich als Hobbykoch.

Matthias Warkus ist trotz seiner jungen Jahre (er blickt bei Erscheinen dieses Buchs auf sein gerade bestandenes Abitur zurück) schon ein alter Linux-Hase. Seit 1999 ist er engagierter Mitstreiter beim GNOME-Projekt, für das er übersetzt, Artikel schreibt und Vorträge hält. In seiner Freizeit übt sich Matthias ebenfalls an verschiedenen Tastaturen, auf dem Klavier und als Rock-Keyboarder. Die realistische Alternative zur Karriere als Musiker wird wohl ein Informatik- und Sprachstudium sein, wobei Tasten in seinem Leben nie alles sein sollen.

Kolophon

Das Tier auf dem Buchtitel von *Linux in a Nutshell* ist ein Araber. Diese Pferderasse, die für ihre Anmut und Intelligenz bekannt ist, ist eine der ältesten überhaupt; die ältesten Beweise für ihre Existenz sind 5000 Jahre alt. Die Rasse der Araberpferde bildete auch den Ausgangspunkt für eine Reihe bekannter Züchtungen wie z.B. der Vollblutpferde des 17. und 18. Jahrhunderts. Sie gilt als eine der besonders charakteristischen Rassen; die Tiere zeichnen sich durch große, ausdrucksvolle Augen und Nüstern, kleine Ohren und einen kurzen, stämmigen Rücken aus. Wegen ihrer Zähigkeit eignen sich Araber besonders für Distanzritte, eine Sportart, in der sie vorherrschend sind. Ihr wundervolles Temperament hat die Araber in Nordamerika zu einer beliebten Reitpferderasse gemacht, obwohl sie auch in spezialisierteren Sparten wie Dressur oder Springreiten erfolgreich sind.

Der Umschlagsentwurf dieses Buches basiert auf dem Reihenlayout von Edie Freedman und stammt vom Ellie Volckhausen, die hierfür einen Stich des *Dover Pictorial Archive* aus dem 19. Jahrhundert verwendet hat. Das Coverlayout der deutschen Ausgabe wurde von Pam Spremulli und Risa Graziano mit Quark XPress 3.33 unter Verwendung der Schriftart ITC Garamond von Adobe erstellt. Die in diesem Buch enthaltenen Abbildungen wurden von Robert Romano und Rhon Porter mit Adobe Photoshop 5 und Macromedia Freehand 8 erstellt. Für den Einband wurde die Spezialbindung »Freier Rücken« verwendet. Das Kolophon wurde von Joachim Kurtz übersetzt.